THiNKr
新思

新 一 代 人 的 思 想

终结所有和平的和平

奥斯曼帝国的衰亡
与现代中东的形成

THE FALL OF
THE OTTOMAN EMPIRE
AND THE CREATION OF
THE MODERN MIDDLE EAST

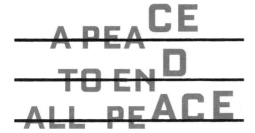

A PEACE
TO END
ALL PEACE

DAVID FROMKIN

[美] 戴维·弗罗姆金 —————— 著　　栾力夫 —————— 译

中信出版集团｜北京

图书在版编目（CIP）数据

终结所有和平的和平：奥斯曼帝国的衰亡与现代中东的形成 / (美) 戴维·弗罗姆金著；栾力夫译. -- 北京 : 中信出版社, 2020.9 (2024. 5 重印)

书名原文: A Peace to End All Peace: The Fall of the Ottoman Empire and the Creation of the Modern Middle East

ISBN 978-7-5217-1937-6

Ⅰ. ①终… Ⅱ. ①戴… ②栾… Ⅲ. ①奥斯曼帝国—历史—研究②中东—历史—研究 Ⅳ. ①K374.3②K370.7

中国版本图书馆CIP数据核字(2020)第109188号

终结所有和平的和平——奥斯曼帝国的衰亡与现代中东的形成

著　者：［美］戴维·弗罗姆金
译　者：栾力夫
出版发行：中信出版集团股份有限公司
　　　　　（北京市朝阳区东三环北路 27 号嘉铭中心　邮编　100020）
承 印 者：北京通州皇家印刷厂

开　本：880mm×1230mm　1/32　　印　张：26.25
字　数：696千字　　　　　　　　　插　页：16
版　次：2020年9月第1版　　　　　印　次：2024年 5 月第 7 次印刷
京权图字：01-2015-8260
书　号：ISBN 978-7-5217-1937-6
定　价：138.00元

目录

终结所有和平的和平

"在打完了'终结所有战争的战争'之后，看起来他们在巴黎大获成功，缔造了'终结所有和平的和平'。"

——巴勒斯坦战役期间效命于埃德蒙·艾伦比麾下的阿奇博尔德·韦维尔
（后来成为陆军元帅、获封韦维尔伯爵）
如此点评终结第一次世界大战的和约

致　谢

　　写作本书的念头，是在与蒂莫西·迪金森聊到对中东历史的看法时涌现出来的。随后，我把我的想法写了下来。贾森·爱泼斯坦建议我围绕着某一个人写作本书。我采纳了他的建议，并选择了温斯顿·丘吉尔。现在，我已经想象不出这本书还能以别的什么方式构建起来了。

　　每当有相关领域的书籍在伦敦出现，我的朋友和同事罗伯特·L.西格蒙就会买下来，用航空邮件寄给我。威斯康星大学密尔沃基分校的斯坦利·马利亚奇教授则帮我找到了一些他处无法找到的书籍。

　　我的挚友、布林莫尔学院的历史学教授阿拉因·西尔韦拉一直在为我提供学报上的文章以及一些卓越的洞见、消息和建议，使我可以了解学术圈的最新动态。他反复阅读我的手稿，提供了细致的修改意见和建议。他还把手稿拿给他的博士生凯·帕特森阅读，帕特森也提供了大量细致的点评。在我的请求下，剑桥大学的欧内斯特·盖尔纳教授替我安排了与伊利·凯杜里（Elie Kedourie）教授的会面，因为我十分希望可以让凯杜里教授成为我的另一位来自学术界的读者。凯杜里教授阅读了我的手稿，他渊博的学识和极具权威性的点评让我受益匪浅。我要感谢他，也要感谢凯杜里教授的夫人，是她善良而又富有耐心地允许我占用其先生宝贵的时间。尼古拉斯·里佐波罗斯（Nicholas Rizopoulos）博士阅读了有关希腊和土耳其关系的章节，提供了宝贵的建议。我希望后面这句声明不会派上用场：凯杜里教授、西尔韦拉教授、里佐波罗斯博士和帕特森女士不应为我在本书中阐述的任何观点和结论负责。此外，在他们阅读了我的手稿之后，我又对手稿进行了大篇幅的修改，因此，文中可能会有一些事实性或陈述性的错误是他们当时未能读到的。

学术界的读者们在阅读本书的过程中会发现，还有许多学者的著作和论文给予了本书巨大的帮助，而我无法在此逐一列出。我尤其要感谢伊利·凯杜里，他对中东及英国历史和政治的卓越研究让我受益匪浅；我还要感谢马丁·吉尔伯特，他对温斯顿·丘吉尔生平的记叙是任何书写这段历史的作者都无法忽视的资料。像其他人一样，我也十分依赖吉尔伯特的著作。霍华德·萨查尔的典范之作则让我确信，我也可以从宏观的角度来书写中东历史。

吉尔伯特·克莱顿的儿子塞缪尔·克莱顿十分慷慨地花了将近一个下午的时间给我讲述他父亲的故事。我要感谢他和他的夫人玛丽盛情款待我在肯辛顿宫喝茶。

我花了多年时间在英国和其他地方研读文献档案，得到了友善且有耐心的图书馆员的大力帮助，其中包括杜伦大学的莱斯利·福布斯、帝国战争博物馆的克莱夫·休斯、赫尔大学的诺曼·希格森、牛津大学罗德楼图书馆的艾伦·贝尔，以及牛津大学圣安东尼学院中东中心的吉莉恩·格兰特。我对他们表示衷心的感谢。

非常感谢我的编辑、亨利·霍尔特出版公司的罗布·考利，他同时也是一位"一战"史的权威。他为我提供了卓有见地的和大有裨益的建议，还热情洋溢地给予我持续的鼓励。亨利·霍尔特出版公司的玛丽安·伍德和安德烈·多伊奇出版公司的萨拉·门居奇（Sara Menguç）在整个出版过程中一直用鼓励的态度和高超的效率支持着我。

在引用文献方面，我要感谢以下为我提供大力支持的人：

——英国上议院文献室的文献管理员，他们特许我引用由上议院文献室保管、由比弗布鲁克收集的劳合·乔治的文献；

——杜伦大学的苏丹档案馆，我畅行无阻地从中引用了大量文献；

——罗德楼图书馆的特蕾莎·西赖特夫人，她允许我引用理查德·梅纳茨哈根的日记；

——赫尔大学的布林莫尔·琼斯图书馆和塔顿·赛克斯准男爵，他们允许我引用马克·赛克斯爵士的文献；

——牛津大学圣安东尼学院中东中心的工作人员，他们特许我引用馆藏文献，包括与休伯特·杨爵士、T.E. 劳伦斯、艾伦比勋爵、威廉·耶尔、F.R. 萨默塞特、C.D. 布伦顿和费萨尔国王等人有关的文献资料，以及《贝尔福宣言》的相关档案；

——牛津大学新学院的管理者和员工，他们允许我引用米尔纳勋爵的文档；

——伦敦国王学院利德尔·哈特军事档案馆的受托人，他们允许我引用艾伦比勋爵的文件；

——皇家出版局的工作人员，他们授权公共记录办公室提供了版权归皇家所有的档案的抄本和译本。

我还要感谢伦敦大英图书馆、伦敦卡梅莉亚投资公司、以色列雷霍沃特魏茨曼档案馆、牛津大学博德利图书馆、伦敦帝国战争博物馆、哈佛大学霍顿图书馆和纽约公共图书馆提供的文献资料。

　　　　　　　　　　　　　　　　　　　终结所有和平的和平

引　言

　　我们今天时常在新闻标题中看到的中东，其形成可以归因于第一次世界大战期间和战后协约国所做的一系列决定。在本书中，我将讲述这些决定是为何及如何做出的，这些决定的做出究竟是出于什么样的希望与恐惧、热爱与仇恨、错误与误解。

　　关于本国当时在中东地区的所作所为，俄国和法国的官方记录只是宣传工作的产物，这并不让人感到奇怪；英国的官方记录，甚至包括相关官员后来在回忆录中的记叙，也同样不可靠。那些曾经在中东问题决策中发挥过重大作用的英国官员所描绘的故事，在最好的情况下也只能说是经过加工的版本，而在最坏的情况下则干脆纯属杜撰。他们试图掩盖自己干涉穆斯林宗教事务的事实，并佯装自己进入中东地区是为了充当阿拉伯独立运动的庇护者，而实际上他们对这场运动毫无信念可言。甚至，在他们的叙事之中占据核心地位的"阿拉伯起义"，与其说发生在现实中，不如说发生在 T.E. 劳伦斯的奇妙想象中。劳伦斯是一个讲荒诞故事的人，而长于包装的美国人劳威尔·托马斯（Lowell Thomas）将其包装成了"阿拉伯的劳伦斯"。

　　在过去的几十年中，真相在一点一点地浮出水面。而如今，随着保密的官方档案和私人文件的解密，我们得以大步一跃，逼近真相。当我于 1979 年展开这项研究时，我认为似乎已经到了有可能揭示出事实真相的时候。于是，便有了这本书。

在这 10 年间，我埋首于档案与文献之中，比较研读当代学者的种种发现，试图展示出全部拼图完成后的图景。我在本书中引用的文献的作者们贡献了大部分新发现，而我本人也有一些新的发现。例如，为了说服德国人与自己结盟，青年土耳其党的领袖们在 1914 年 8 月 1 日可能做了些什么；为什么阿拉伯谈判代表法鲁基在叙利亚内陆地区划了一条界线，作为阿拉伯民族独立运动的边界。

另外，有一些误会导致 1916 年英国官僚体系内部发生了一场深藏不露的拉锯战，拉锯的双方分别是在伦敦负责中东事务的马克·赛克斯爵士和他的好友、在开罗主持情报工作的吉尔伯特·克莱顿。我或许是第一个厘清了这些误会，至少是在某种程度上引发人们关注此事的人。我发现，赛克斯在 1916 年与法国人进行谈判时，误解了克莱顿对他的要求，而无论是赛克斯还是克莱顿都从未意识到这一点。赛克斯诚心诚意地以为自己在按照克莱顿的意愿办事，但他所做的事情其实与克莱顿的意愿完全相反；与此同时，克莱顿则深信赛克斯是在故意跟自己作对。由于克莱顿从未对赛克斯提及此事，赛克斯并没有意识到二人之间已经出现了隔阂。于是，在接下来的岁月里，赛克斯一直误以为自己与克莱顿站在同一条战线上。而实际上，克莱顿已经成了赛克斯的政策在官僚体系内的一个对头，或许还是最危险的对头。

我希望自己可以在本书中厘清官僚政治的来龙去脉，毕竟这是我写作本书的主要动机之一。不过，除了弄清楚具体的办事过程和场景片段，我在本书中还有其他的目标。我写作本书的目的，在于全景式地描绘出当时在整个中东地区究竟发生了什么，以及大国政治是如何在那样一个特殊的时刻重塑中东的。那个时刻的特殊之处在于，西欧帝国主义的扩张恰在此时达到了它的最高潮，并随即感受到了第一股推动它退潮的强大力量。

在我的理解中，中东地区不仅包括埃及、以色列、伊朗、土耳其和亚洲的阿拉伯国家，还包括苏联版图内的中亚和阿富汗。在这片广阔的竞技场上，英国从拿破仑战争时期起就开始为了保护通往印度的道路而战，它的对手先是法国，后来又换成了俄国。这一过程又被人们称作"大博弈"（Great Game）。

关于第一次世界大战及其后果的研究，往往倾向于针对某一个国家或某一片区域。即便是那些把欧洲国家的阿拉伯（或者说整个土耳其东方世界）政策视作一个整体来研究的学者，往往也只关注英国在其中扮演的角色，或是把关注的目光投向英国和法国。而我则把现代中东的塑造过程放在一个更广阔的框架下审视：在我看来，这一切实际上是 19 世纪"大博弈"的最顶峰。因此，俄国在这个故事中也应当享有主角地位。基钦纳[*]为何提出英国应当与阿拉伯的伊斯兰势力结盟？为什么英国和法国最终决定占领、瓜分中东？尽管它们原本都宁愿在这一地区维持土耳其帝国的统治。为什么英国外交部公开表示赞成在巴勒斯坦建立犹太民族家园？为什么在战争结束之后，许多英国官员认为英国有义务在中东阻挡汹涌的布尔什维主义？这一切，都与或部分与俄国有关。然而，据我所知，目前为

---

* 霍拉肖·赫伯特·基钦纳（Horatio Herbert Kitchener，1850—1916），第一代基钦纳伯爵，英国陆军元帅，曾指挥多场殖民战争，镇压马赫迪运动和南非的布尔人，第一次世界大战初期任陆军大臣。——译者注

止这还是第一本以最宏大的视角——以俄国为主角之一的"大博弈"视角——审视中东的著作。

您在阅读本书的过程中会发现，本书在中东地区的特质、环境和政治文化方面涉及有限，只有在描述欧洲政治家在决策过程中究竟忽略了哪些要素时才偶有提及。这是因为，本书记述的重点是决策的过程，而在 1914—1922 年，坐在桌旁做决定的只有欧洲人和美国人。

在这个时期，中东的国家和边界是由欧洲人一手炮制的。例如，伊拉克和我们今天所说的约旦，都是英国人创造出来的，"一战"后的英国政治家在空白地图上勾勒出了它们的疆界；沙特阿拉伯、科威特和伊拉克的国界由一位英国公务员于 1922 年划定；在叙利亚和黎巴嫩，法国人划定了穆斯林与基督徒之间的边界，俄国人则在亚美尼亚和苏维埃治下的阿塞拜疆之间做了同样的事情。

当时的欧洲强国相信，它们可以从根本上改变亚洲伊斯兰世界的政治形态，于是在中东地区引入了一种人为创造的国家体系。结果，时至今日，这个地区的各个国家都没有能够形成民族国家。宗教是中东地区政治生活的基础，却饱受质疑：俄国人想用共产主义将其代替，而英国人想用民族主义与对王室的忠诚取而代之。这个问题时至今日依然存在：在什叶派世界，有霍梅尼的伊朗；在逊尼派世界，有遍布埃及、叙利亚和其他地方的穆斯林兄弟会。法国政府的确允许宗教成为中东地区的政治基石，甚至宗教也是法国身在中东地区活动的政治基石，但它的做法是支持其中的一个教派来对抗其他教派。这一问题也同样延续至今，尤其在 20 世纪 70、80 年代的黎巴嫩教派冲突中表现得淋漓尽致。

　　　　　　　　　　　　　　　终结所有和平的和平

在我看来，从1922年这一年开始，中东地区的各个族群就走上了注定相互碰撞的不归路。因此，本书所涉及的这段时期——1914—1922年——就变得特别有趣且引人入胜，因为这是现代中东格局形成的时期，看上去似乎一切皆有可能（事实或许的确如此）。在这一时期，欧洲人相信阿拉伯民族主义和犹太民族主义是天然的盟友（这并非天方夜谭），法国人（而不是阿拉伯人）是犹太复国运动最危险的敌人，而石油在中东地区的政治中还无足轻重。

而到了1922年，选项已经所剩无几，未来的轨迹已定，中东地区走上了一条战乱不已的道路（尤其是以色列和它的邻邦之间的战争，以及黎巴嫩敌对教派的民兵组织之间的战争），恐怖主义活动日渐升级（绑架、暗杀、无特定目标的屠杀）。这些现象都成了20世纪70、80年代的国际社会具有标志性意义的特征，而它们都是本书所记述的历史的部分遗产。

本书将讲述两个故事，而这两个故事最终将合流成一个故事。第一个故事始自基钦纳伯爵在第一次世界大战初期的一个决定。他打算在战争结束后，让英、法、俄三国瓜分中东，并指派马克·赛克斯爵士去解决细节问题。接着，我们会看到赛克斯如何在战争中为英国勾勒出中东的未来蓝图。随后我们将看到，赛克斯的计划大部分在战后得以实现，并于1922年被写进各种文件，其中大部分内容被正式付诸实施。

这就是我最初想写的故事。我想把1922年出台的一系列文件和所做的一系列决定放在一起，为读者全景式地展现当时对中东问题的解决方案，其中包括：名义上确认了埃及独立的《艾伦比宣言》；对巴勒斯坦的托管和丘吉尔关于巴勒斯坦问题的白皮书（从中诞生了以色列和约旦）；英国确立伊拉克地位的条约；法国对叙利亚和黎巴嫩的托管；英国为埃及、伊拉克和未来的约旦分别安排新的君主或统治者；俄国人建立苏联并重建其对中亚地区的统治。1922年解决方案（这是我给它们取的名字，因为大部分相关事件都在1922年左右发生）源自马克·赛克斯爵士在大战期间与法国和俄国的谈判，他与法、俄两国就战后如何瓜分中东达成了共识。在实际层面，法国人的收获比之前约定的要略少一点，而俄国人只被允许保留他们在战前已经取得的权益。不过，允许法、俄两国与英国一道瓜分并统治亚洲伊斯兰世界的原则还是得到了尊重。就英国方面而言，一切都遵循着赛克斯的计划：在大部分地区，英国都作为名义上独立的阿拉伯君主的保护者实现了间接统治，并自诩为阿拉伯民族主义和犹太民族主义的支持者。

在阐明 1922 年中东解决方案的基础上，我将进一步指出，我们对这个解决方案的不满情绪或许放错了地方。回过头来审视，我们或许会认为他们本可以设计出一个截然不同的新中东。然而，事实上，当时的英国政府并非没有能力拿出一个可以满足中东各民族需求和愿望的解决方案，只是这原本就不是其努力的目标。对基钦纳伯爵和他指派的代理人马克·赛克斯而言，中东问题的本质跟之前的一个多世纪是完全一样的：法国人在中东的势力范围应该划到哪儿？更重要的是，俄国人在中东的势力范围又应该划到哪儿？

就像我之前说过的，这是我原本想讲述的故事。不过，在讲述这个故事的过程中，又有一个故事浮出了水面：1914—1922 年，英国和英国的官员及政治家究竟为何改变了主意，以至于到了 1922年，当他们正式启动重塑中东的工作时，他们对这项工作的目标已经失去了信念。在讲述的过程中，我们会看到英国政府曾经在 1914 年、1915 年和 1916 年十分欢迎俄国和法国在战后的中东据有一席之地；可到了战后，英国政府却把俄国在中东的存在视作一种威胁，把法国在中东的存在视作一场灾难。我们将会看到，在 1917 年支持犹太复国运动的人，到了 1921 年和 1922 年却变成了犹太复国运动的反对者；那些原本支持费萨尔的阿拉伯运动的人，后来却反对费萨尔和他的兄弟阿卜杜拉，认为费萨尔不值得信任，认为阿卜杜拉的无能令人绝望。最重要的是，我们将看到英国在中东开启一项全新的帝国主义事业。如果英国想如同当年重塑印度那样重塑中东，那么这项规模宏大的事业将会花上几代人的时间。然而，恰在此时，英国公众却日渐倾向于减少英国在海外的活动，并且对更多的帝国主义冒险心生厌倦。

今天中东地区的政治文明危机，既缘于英国在 1918 年摧毁了中东地区的旧秩序，并且在 1922 年决定以一种新秩序来取而代之，又缘于英国在随后的岁月里推行它所承诺的 1922 年解决方案时缺乏坚定的信念。

在构思本书的时候，我原本只打算写欧洲是如何改变中东的；而当我写完之后，却发现书中也记述了欧洲本身与此同时发生了怎样的改变，以及这两种改变是如何互相影响的。

劳合·乔治、伍德罗·威尔逊、喀土穆的基钦纳、阿拉伯的劳伦斯、列宁、斯大林和墨索里尼，这些塑造了 20 世纪的人物在本书的故事中也扮演着举足轻重的角色，他们都努力按照自己的设想去改变这个世界。而在本书中，最重要的人物是温斯顿·丘吉尔，这个主宰式的人物用他的天才推动了历史事件的发生，而他不同凡响的个性更是使这些事件变得丰富多彩、富有生气。

对丘吉尔来说，正如对劳合·乔治、威尔逊、列宁、斯大林，或是扬·克里斯蒂安·史末资[*]、利奥·埃默里[†]和米尔纳勋爵而言一样，中东是检验其世界观的重要试验场。从他们各自对中东未来的愿景中，我们可以看出他们对从"一战"灰烬中浴火重生的世界在20世纪的命运有着怎样热切的期许。从这种意义上说，本书中所记叙的历史，不仅是关于现代中东如何被创造出来的故事，更是关于20世纪的世界如何被创造出来的故事。

---

* 扬·克里斯蒂安·史末资（Jan Christian Smuts，1870—1950），南非政治家、军事领袖，曾担任南非联邦总理。——译者注

† 利奥·埃默里（Leo Amery，1873—1955），英国保守党政治家，曾任英国殖民地事务大臣。——译者注

第一部分

在历史的十字路口

1

老欧洲的最后岁月

I

1912 年暮春，雅致的游艇"女巫号"从阴雨连绵的热那亚入海，开始了一次愉快的地中海之旅。这是一次无忧无虑的航行，既无固定行程，更没有什么时间表。随着船一路南行，天空逐渐放晴，很快"女巫号"就沐浴在了阳光之下。

"女巫号"属于英国海军部，船上的陈设装潢就像国王本人的游艇一样富丽堂皇。船上有将近一百名船员，他们服侍着十来位宾客。客人们从英国而来，途经巴黎时下榻在丽兹酒店。宾客中包括英国首相赫伯特·阿斯奎斯（Herbert Asquith）和他光彩照人的 25 岁的女儿维奥莱特（Violet）、海军部的文官首脑温斯顿·丘吉尔，以及丘吉尔的家人和亲密同僚。在那场终结了他们的世界的第一次世界大战爆发之前的最后美好岁月里，他们可谓是世界上最幸运的一群人。

维奥莱特·阿斯奎斯在旅途中记了日记。在庞贝，她和她的朋友们徜徉在"漫长、怡人又安静的街道上"。那里曾经见证了罗马帝国时代的生活，而今，她提到，这些曾经喧闹的街道上却布满了草木。[1]在西西里，他们一群人爬上了一座古希腊要塞的废墟，坐在残垣断壁间享用野餐，周围簇拥着他们的是野生薰衣草和其他花草。随后，他们继续登高，在高处一座古希腊剧场的废墟上眺望海上的落日。在那里，他们躺在"野生百里香和嗡嗡飞舞的蜜蜂之间，注视着海面从蔚蓝变得火红，继而又变成冷冷的翠绿色。太阳落下，繁星升起"。[2]

这些轮回与更替——天体运动带来的昼夜变迁、寒暑变化，改变景物的风貌和明暗——都映入了她的眼帘。在这次年轻人造访古典文明土地的远游旅程中，维奥莱特始终怀着欢快的情绪。文明必然终结，政治权力与统治权力必然衰亡，这一切并未给她带来吊古伤今之感。她的父亲主政的这个帝国版图几近罗马帝国鼎盛时期的两倍。她或许认为，这个帝国的寿命也会延续到罗马帝国寿数的两倍。

首相本人是一位充满热情的观光客，贝德克尔[*]旅行指南从不离身。他对古典文明满怀热忱，可以毫不费力而又兴味盎然地读写古希腊文和古拉丁文。温斯顿·丘吉尔则算不上古典语言或古典文学的专家，他像一个孩子似的充满嫉妒之情。"人们对那些希腊人和罗马人实在是过誉了，"他不满地表示，"他们只不过先把什么话都给说了。我自己也说过同样精彩的话，但他们就是比我说得早。"[3]

维奥莱特记载道："我父亲指出，在希腊人和罗马人登上历史舞台之前，这个世界已经存在很长一段时间了。但这个论点并没有什么作用。"[4]作为一位知识分子，首相知道研究古典世界的历史学家们已经开始把目光从欧洲的希腊和罗马文化上移开，转向他处。

---

[*] 贝德克尔（Baedeker），一家创办于19世纪的德国出版社，以出版旅行指南闻名遐迩。——译者注

美国教授詹姆斯·亨利·布雷斯特德*的论断得到了广泛的认可。他认为，现代文明，也就是欧洲文明，其源头并不在希腊和罗马，而是在中东，在埃及和犹太地（Judaea），在巴比伦和亚述，在苏美尔和阿卡德。文明孕育于数千年前，孕育于早已化为尘土的中东君主国脚下的土壤上，然后在欧洲人的全球霸权及他们的理想和生活方式的支配下达到了顶峰。

在丘吉尔和他的宾客们登上"女巫号"的20世纪初，人们往往自然而然地认为，欧洲民族将在可以预见的未来继续扮演世界主宰的角色。许多人认为，为地球上的其他民族规划政治命运是西方世界的历史使命。鉴于西方世界已经完成了大部分的工作，那么深信它将彻底完成这一使命，自然也是并不少见的想法。在还有待西方世界改造的地域里，中东地区格外显眼，因为在这个星球上，已经鲜有几个地区像中东这样，无论是在社会层面、文化层面还是政治层面上，都还未按照欧洲的蓝图进行重塑。

II

对于西方外交家和政治家而言，中东地区在19世纪是一个值得关注的焦点，因为这里正是"大博弈"的竞技场。然而，到了20世纪初，随着"大博弈"各方之间的敌对关系在表面上的消解，中东变得不再引人注目，成了在政治上无足轻重的地区。大家固然都相信，有朝一日欧洲列强还会把这个地区抓在手中，但列强现在不

---

* 詹姆斯·亨利·布雷斯特德（James Henry Breasted, 1865—1935），美国考古学家、埃及学家、历史学家，以提出"肥沃新月"这一概念而闻名学界。——译者注

再认为这么做还有什么紧迫性。

在丘吉尔那一代欧洲人中，很少有人了解或是关心在奥斯曼苏丹或波斯沙阿（Shah，波斯君主的称号）统治下的疲态尽显的帝国里究竟发生着什么。土耳其人对亚美尼亚人的大屠杀自然会引发西方世界公众的愤慨，但就像俄国人对犹太人的屠杀一样，这样的偶发事件并不会让西方人长久地关注当地事务。老于世故的政治家们私下里认为对于此类事件根本无可奈何，但在公开场合却会要求苏丹进行改革，而一切努力也就到此为止了。在欧洲人的印象里，中东地区的图景无非是无关紧要的宫廷阴谋、腐化堕落的官僚机构、反复无常的部族政治和麻木不仁的当地民众的集合。对于生活在伦敦、巴黎或纽约的普通人来说，中东地区并没有什么东西足以影响到自身的生活和利益。诚然，在柏林，有些人计划在中东铺设铁路，开拓市场，但这些不过是商业冒险而已。* 今天，军人和恐怖分子在中东地区的相互杀戮吸引着全球的目光，但这种情况在当时并不存在。

那时候的中东政治版图与今天的大不相同。以色列、约旦、叙利亚、伊拉克和沙特阿拉伯并不存在。就像在之前的几个世纪里一样，中东的大部分地区还处于奥斯曼帝国慵懒散漫的统治之下。在这片相对平静的土地上，历史就像其他所有东西一样脚步迟缓。

而到了 20 世纪末，中东的政局则呈现出截然不同的特征：极

---

* 时至今日，巴格达铁路依然是德国在中东地区经济渗透的最佳例证。整个故事十分复杂，又常被人们误读。起初，英国对这个计划是持支持、鼓励态度的，并没有意识到它可能会带来怎样的威胁。最终，这个计划成了英德两国之间的重要分歧点。不过，随着两国于1914 年签署相关协议，关于这个计划的分歧得以解决。——原注

易引发暴力。尽管有时是出于无意，但温斯顿·丘吉尔在塑造今日中东的过程中扮演的角色比其他任何人都重要。在第一次世界大战爆发前，丘吉尔只是一名处于上升期，但人们普遍不信任的英国年轻政治家，他对亚洲的伊斯兰世界并没有表现出格外的兴趣。但吊诡的命运却一再让丘吉尔与中东的政治前途纠缠在一起。这种纠缠留下了它的痕迹：如今中东大地上的许多国界线，就是丘吉尔与中东的命运交错留下的疤痕。

2

亚洲"大博弈"的遗产

I

丘吉尔、阿斯奎斯，以及包括外交大臣爱德华·格雷爵士
（Edward Grey）、财政大臣戴维·劳合·乔治和后来出任陆军大臣的
基钦纳伯爵在内的其他英国内阁成员，将在创造现代中东的过程中
发挥决定性的作用。虽然阿斯奎斯的自由党政府自以为摆脱了维多
利亚时期的政治传统，但实际上并非如此。阿斯奎斯和格雷决意抛
弃19世纪在中东与法、俄两国为敌的做法，他们深信自己不至于落
此窠臼，但事实将证明，他们实在是大错特错。

II

英国在中东与欧洲列强的角逐斗争，其根源是哥伦布、瓦斯
科·达·伽马、麦哲伦和德雷克的远航开启的帝国主义扩张。欧洲
列强在15、16世纪发现了海上航路，随即开始争夺对世界其他部分
的控制权。在这场角逐之中，英国起步较晚，但最终却后来居上。

到了18世纪，本土狭小的不列颠群岛终于成了一个全球性帝
国的中心。像之前的西班牙人和荷兰人一样，英国人也开始夸耀说，

终结所有和平的和平

在他们的君主统治的领土上，太阳永不落下。到了1912年，也就是温斯顿·丘吉尔和赫伯特·阿斯奎斯搭乘"女巫号"出航的时候，他们的君主乔治五世统治着地球陆地表面的四分之一。

在闻名遐迩的东方完成的征服伟业是最让英国人引以为傲的。英国在亚洲和太平洋地区胜过了法国，尤以赢得印度为至高无上的成就。然而，福兮祸之所伏，这些胜利让英国的交通线拉得极为漫长，有很多地方都可能被人截断。

1798年，拿破仑·波拿巴让英国人的这一弱点暴露无遗。他率军入侵埃及，向叙利亚进军。他后来坚称，自己本打算从叙利亚出发，沿着写满传奇和光荣的路线，经过巴比伦，一直打到印度。虽然自己的计划未能实现，拿破仑后来又去游说疯狂的俄国沙皇保罗一世，让沙皇派遣俄军沿着同样的路线进军。

英国的应对策略是支持中东当地政权，以对抗欧洲国家的扩张企图。英国并不想控制中东地区，但也绝不允许其他欧洲国家插手。

因此，在整个19世纪，英国的历届政府都采取支持亚洲伊斯兰政权的政策，以对抗其他欧洲国家的干涉、颠覆和入侵。很快，英国的主要对手就变成了俄罗斯帝国。一代又一代的英国政界和军界要员都将挫败俄国在亚洲的企图视为至关重要的目标。这是因为，在他们看来，"大博弈"[1]背后的筹码实在太重了。后来曾出任印度总督的乔治·寇松（George Curzon，下文也称作寇松勋爵）说得很清楚："俄国突厥总督区、阿富汗、外里海（Transcaspia）、波斯，对很多人来说，这些名字只会带来一种遥远的距离感……对我来说，我得承认，它们就是争夺世界的棋局上的棋子。"[2]维多利亚女王说得更直白："这事关究竟是由俄国还是英国来统治这个世界。"[3]

III

第一个说出"大博弈"这个名词的是一位名叫阿瑟·康诺利（Arthur Conolly）的英国军官。他十分英勇地投身到"大博弈"之中，活跃在喜马拉雅边境地带及中亚的沙漠与绿洲之间，但结局十分凄惨：一位乌兹别克的埃米尔 * 把他投进一口装满了毒虫的井中，两个月后才把他的残骸拖上来斩首。一位研究第一次阿富汗战争 † 的历史学家在康诺利留下的文件中找到了"大博弈"这个词，并加以引用。⁴ 鲁德亚德·吉卜林 ‡ 的小说《吉姆》（Kim）则让这个词名声大噪，这部小说讲述了一位在英属印度长大的男孩与他的阿富汗精神导师一起在通往印度的路上挫败俄国人阴谋的故事。§ 这场博弈其实在 1829 年之前就已经开始了。当时的英国首相威灵顿公爵在官方文件中探讨了如何保护印度，从而使之免遭俄国取道阿富汗袭击的问题。文件中指出，要达到这一目的，最好的方法就是不让俄国人插手阿富汗事务。从此之后，利用亚洲伊斯兰世界那些日渐衰败的当地政权，使其成为保护英属印度至埃及的交通线不受俄国威胁的屏障，就成了英国的战略。这一政策经常与巴麦尊勋爵（Lord Palmerston）的名字联系在一起，他曾长期出任英国的外交大

---

* 此处指的是布哈拉埃米尔国的首领。布哈拉埃米尔国是 1785—1920 年存在于中亚的国家，西邻希瓦汗国，东邻浩罕汗国，后成为俄国的保护国。——译者注

† 第一次阿富汗战争即第一次英阿战争，发生于 1839—1842 年。英国为了建立一个亲英政权而从英属印度入侵阿富汗，随后在阿富汗人不断的反抗下被迫撤出，几乎全军覆没。——译者注

‡ 鲁德亚德·吉卜林（Rudyard Kipling，1865—1936），出生于印度的英国记者、作家。——译者注

§ 一些作者在使用"大博弈"一词时，专指这种敌对的情报活动；而在本书和其他一些著作中，"大博弈"的含义要更加宽泛。——原注

　　　　　　　　　　　　　　　　　　　　　终结所有和平的和平

臣（1830—1834、1835—1841、1846—1851）和首相（1855—1858、1859—1865），并将这一战略付诸实施。

扶植屏障政权的努力，焦点在亚洲大陆的东西两端，因为这些地方有着至关重要的战略意义。在亚洲的西端，战略的重心是伊斯坦布尔，即古代拜占庭帝国的首都君士坦丁堡。多少个世纪以来，这里都是世界政治地图的十字路口。伊斯坦布尔俯视狭窄的土耳其海峡，控制着欧亚之间的东西通路和地中海与黑海之间的南北通路。只要伊斯坦布尔不落入敌手，强大的英国海军就可以经土耳其海峡进入黑海，控制俄国的海岸。反之，一旦俄国人征服了海峡，他们不仅可以拒英国舰队于黑海之外，还能把自己的舰队送入地中海，威胁到英国的生命线。

而在亚洲大陆较远的另一端，战略的重心则是阿富汗及其周边的高山地带。从这里出发，入侵者可以居高临下，快速深入英属印度的平原地区。因此，英国在亚洲东部的目标就是防止俄国在这些至关重要的高山地区实现任何形式的战略存在。

从达达尼尔到喜马拉雅，英俄之间的斗争持续了近一百年，时而以冷战的形式对抗，时而直接兵戎相见。双方大体上打了个平手。

IV

英国对俄国的长期斗争关乎许多至关重要的利益。有些利益最终变得无足轻重，另一些则一直十分重要，还有一些新的利益不时浮出水面。

1791 年，时任英国首相的威廉·皮特（小皮特）表达了对俄国打破欧洲力量均势的担心。俄国在 1814—1815 年最终打败拿破仑的过程中扮演了重要角色，这也使得这种担心重新出现。不过，到了 1856 年，随着俄国在克里米亚战争中战败，这种担心又得以缓解。

从 1830 年开始，巴麦尊勋爵和他的继任者们就担心，一旦俄国摧毁了奥斯曼帝国，欧洲列强可能会为了争夺奥斯曼帝国的遗产而爆发一场大战。这一担忧一直延续了下来。

到了 19 世纪中叶，随着英国与奥斯曼帝国之间的贸易关系日趋重要，经济因素也被考虑了进来，给英俄之间的对抗赋予了新的意义：支持自由贸易的英国对抗支持保护主义的俄国。法国和意大利深深涉足了奥斯曼帝国的经济事务，随后德国也开始了对奥斯曼帝国的经济渗透。于是，这块原本只有英俄两国角力的竞技场，变成了事关多国经济利益的雷区。

一直到 20 世纪初，石油才成为故事的一部分，但在“大博弈”中它并没有扮演重要的角色。一方面，几乎没有哪个政治家预见到了石油日后的重要性；另一方面，当时的人们也不知道中东地区拥有如此丰富的石油资源。英国的大部分石油来自美国（在“一战”前和大战中，这一比例超过了 80%）。当时，除了俄国，波斯是中东地区唯一重要的产油国；而放眼全球，波斯的产油量也是微不足道的。在 1913 年，美国的产油量高出波斯 140 倍。[5]

从“大博弈”伊始，一直到进入 20 世纪之后很久，英国的领导者们最关心的问题都是东方道路的安全。1877 年，维多利亚女王开始使用“印度女皇”的称号，英国正式成为一个由大英帝国和印度帝国组成的二元君主国。于是，连接英国本土和印度的道路成了重要的生命线。然而，沙皇的宝剑却悬于头上，在这条道路上投下长长的阴影。

英国的领导者们似乎没有考虑到这样一种可能性：俄国向南和向东的扩张与印度或英国无关，而只是迫于其内在的历史惯性。沙皇和他的臣僚们相信，向南方和东方扩张是俄国的使命，正如当时的美国人深信征服西部是美国的"昭昭天命"。无论是俄国还是美国，它们的梦想都是占据两洋之间的整片大陆。1864年，俄罗斯帝国外交大臣戈尔恰科夫公爵在一份阐明其施政目标的备忘录中，就曾经说过类似的话。他认为，为了保障边境的安全，俄国人必须向南进发，吞并那些腐朽的当地政权。他指出："无论是美国在美洲，法国在阿尔及尔，还是荷兰在其殖民地，它们的所作所为背后的动机与其说是勃勃野心，还不如说是一种迫切的内在需要。而最大的难点在于搞清楚应当在何时收手。"[6]

英国人担心俄国不知道何时该适可而止。经过一代又一代人与专制主义俄国的斗争，越发民主化的英国逐渐对俄国产生了一种超越两国间政治与经济分歧的仇恨。英国人之所以反对俄国人，不仅因为他们的所作所为，更因为他们是俄国人。

然而，与此同时，对于本国政府为了对抗俄国而支持那些腐朽、专制的中东政权，议会内外的自由党人也开始表达他们的不满。他们的主张得到了选民们的呼应。在1880年大选期间，自由党领袖威廉·尤尔特·格莱斯顿（William Ewart Gladstone）强烈谴责了奥斯曼帝国对基督徒这样的少数群体犯下的暴行。最终，他在选战中获胜，击败了保守党政府首相、比肯斯菲尔德伯爵本杰明·迪斯累里（Benjamin Disraeli）。

格莱斯顿指责苏丹的政府是"充满欺诈与谎言的无底深渊"。[7]

于是，在 1880—1885 年执政期间，他让英国远离了奥斯曼帝国事务，放弃了对伊斯坦布尔的保护和影响力。无法应对孤立局面的土耳其人只好转而寻求另一个强国——俾斯麦的德国——的支持。于是，德国在奥斯曼帝国政府那里取代了英国的位置。

等到保守党再度执政时，英国想恢复原本的影响力，但为时已晚。第三代索尔兹伯里侯爵罗伯特·塞西尔*清楚地看到，奥斯曼帝国统治者糟糕的治理能力正在损害他们自身的主权，因而想利用英国的影响力对奥斯曼帝国加以引导，在一定程度上改造其政权。目睹了格莱斯顿对英国影响力造成的损害后，他悲叹道："他们就那样白白把英国的影响力丢进了大海，连任何形式的回报都没能得到。"[8]

V

随着德国在伊斯坦布尔和其他地方登上舞台，世界政治的一个新时代开始了。成立于 1871 年 1 月 18 日的德意志帝国只用了几十年时间就取代了俄国，成了对英国利益的最大威胁。

这部分是由于英国工业实力的相对衰落。在 19 世纪中叶，英国生产了全世界三分之二的煤、一半的铁和超过 70% 的钢，全球用于贸易的制成品超过 40% 是在不列颠群岛生产的。当时，英国人贡献了全球工业产值的一半。而到了 1870 年，这个数字下滑到了32%，到 1910 年则只有 15%。[9] 在重要性日渐提高的新兴工业领域，比如化工和车床行业，德国已经取得了领先地位。哪怕是在英国拥

---

* 罗伯特·塞西尔（Robert Cecil，1830—1903），曾于 1885—1886 年、1886—1892 年、1895—1900 年、1900—1902 年数次出任英国首相。——原注

有优势地位的国际金融领域（1914年，英国贡献了国际投资总额的41%）[10]，人们也能从一个侧面看出英国的衰落：英国的投资者更愿意把钱投向美洲和其他更有活力的经济体。

军事因素也发挥了一定作用。铁路的发展急剧改变了陆权国家和海权国家之间的战略平衡，局势开始朝着不利于海权国家的方向发展。先知般的地缘政治学家哈尔福德·麦金德爵士（Sir Halford Mackinder）强调说，新的现实情况是，敌人的铁路选取了两点之间最短的直线路径，因而可以迅速地运输军队和军火；而英国海军却只能绕着陆地缓慢地航行，姗姗来迟。德意志帝国的铁路网络让德皇拥有了世界上最先进的军事力量，而英国摇摇欲坠的海上霸权似乎变得不再像以前那样至关重要。

在极具影响力的伦敦杂志《经济学人》任编辑的沃尔特·白芝浩＊总结道，因为德国的存在，俄国的扩张不再值得担忧，"……把俄国视作欧洲必须恐惧的强国，这种古老的观点……属于德国崛起前的时代"。[11]俄国先是在1904—1905年的战争中灾难性地被日本击败，接着又在1905年经历了从圣彼得堡波及全国各地的革命。这一切都表明，无论如何，沙皇的军队都已经不足为虑了。

不过，阿瑟·詹姆斯·贝尔福（Arthur James Balfour）的保守党政府（1902—1905年执政）决定在对付新敌人的同时，仍然防范老敌人。英国不仅与日本结盟对抗俄国，还与法国结盟对抗德国。但是，在亨利·坎贝尔-班纳曼（Henry Campbell-Bannerman）的自

＊ 沃尔特·白芝浩（Walter Bagehot，1826—1877），英国记者、商人、评论家。为了纪念他的贡献，时至今日，《经济学人》每周评论英国时事的专栏名称依然是"Bagehot"。——译者注

由党政府（1905—1908年执政）接掌政权之后，担任外交大臣的爱德华·格雷爵士认定这两项政策是相互矛盾的。"俄国是法国的盟友，"他写道，"我们不可能一边寻求与法国达成一致，一边又与他国结盟对抗俄国。"[12]

因此，格雷着手与俄国谈判，并于1907年签署了一份条约。根据条约，两国就亚洲事务上的分歧达成了谅解：两国都不插手中国西藏事务；俄国放弃其在阿富汗的利益，并允许英国继续掌控该国的外交政策；波斯则被分成三部分，分别是俄国势力范围、英国势力范围和中立地区。"大博弈"似乎就此画上了句号。

英俄两国于1907年签署的这项协议使伊斯坦布尔大为不安，土耳其人担心英国不会再继续保护土耳其免受俄国的威胁。土耳其的这种担心其实是可以预见的。倘若英国政府里还有巴麦尊勋爵或是斯特拉特福德·坎宁[*]那样的人物，他们或许会设法减轻土耳其的恐惧；但现实却是，爱德华·格雷爵士和他派到伊斯坦布尔的大使才懒得在这件事上费心呢。

VI

在伦敦和帝国的边境前哨之间存在认知上的时差。格雷、阿斯奎斯和他们的自由党同僚把英国的宿敌法国和俄国视作后维多利亚时代的盟友。然而，在从埃及和苏丹（Sudan）到印度的巨大弧形边疆上任职的军官、密探和公务员们则在很多时候跟不上这种新思

---

* 斯特拉特福德·坎宁（Stratford Canning，1786—1880），雷德克利夫子爵，在19世纪中叶曾经长期担任英国驻奥斯曼帝国大使，在奥斯曼帝国政府中颇具影响力。——译者注

维。他们已经把毕生的精力都用在对抗俄国人和法国人在中东地区的阴谋诡计上了，因而依旧把俄国和法国视作祖国的敌人。而发生在1914年及随后数年中的事情，将会出人意料地让他们这种维多利亚时期的政治观点重新占据主导地位。

不过，地方上的官员和伦敦的大臣们在一点上是可以达成一致的。他们都相信，中东地区剩余的独立部分最终也会遵从欧洲的支配和指引。阿斯奎斯和格雷并不谋求英国在中东地区的进一步扩张，但开罗和喀土穆的下级官员们却企图获得东方讲阿拉伯语的地区。不过，他们都相信，中东的奥斯曼帝国总有一天会垮掉，欧洲列强中的一个或几个将会出来收拾残局。这一假设——奥斯曼帝国消失的那一天，欧洲将填补其权力真空——最终成了推动历史进程的因素之一。

3

战前的中东

I

早在第一次世界大战于 1914 年爆发前的几十年，甚至几个世纪里，中东地区的本土政权就已经开始在欧洲人面前全面落败了。中亚的汗国，比如希瓦汗国和布哈拉汗国，已经被俄国征服，波斯帝国的一些地区也遭遇了同样的命运。在连接苏伊士和印度的波斯湾沿岸，分布着一些阿拉伯小邦*，它们都任由英国摆布。塞浦路斯和埃及在名义上还属于奥斯曼帝国，但实际上由英国占领和管理。1907 年签订的《英俄协约》把阿富汗划进了英国的势力范围，同时又让英、俄两国瓜分了波斯的大部分土地。在中东的伊斯兰世界，只有奥斯曼帝国仍旧保持着独立地位，但它的边境上也是危机四伏，其独立地位岌岌可危。

诚然，依旧维持着独立地位的奥斯曼帝国看上去与现代世界格格不入。奥斯曼帝国属于已经完结的时代，却又苟延至今，仿佛一座废弃的古代神庙，只剩下残垣断壁供游人（就像"女巫号"上的那些观光者）凭吊。奥斯曼帝国实际上是千年前东方入侵的遗迹：从

---

* 原文为 sheikhdom，直译为"由谢赫统治的国家"。谢赫，通常为部落长老或伊斯兰教教长的称号。——译者注

大约公元 1000 年开始，来自中亚或东北亚草原和沙漠的游牧民就一拨接着一拨地涌来，他们骑在马背上一路向西，征服沿途的土地和人民。他们或是信仰异教，或是信奉万物有灵。他们操着蒙古语族或突厥语族中的某种语言，建立了各种各样大大小小的国家，其中包括成吉思汗和帖木儿建立的帝国，以及奥斯曼帝国———一个由皈依了伊斯兰教，讲着突厥语的游牧民族建立的帝国。帝国的名字得自奥斯曼（Osman），一位出生于 13 世纪，活跃在东罗马帝国（拜占庭帝国）安纳托利亚边疆地带的加齐（ghazi，为伊斯兰教信仰而战的战士）。

到了 15 世纪，奥斯曼的继承者们征服了拜占庭帝国，取而代之。接着，奥斯曼土耳其人又踏上了新的征程，四处扩张，北抵克里米亚，东至巴格达和巴士拉，南达阿拉伯半岛的海岸和波斯湾，西到埃及和北非，并且进入了欧洲。在 16 世纪，奥斯曼帝国进入鼎盛期，其版图涵盖了中东的大部分地区、北非和今天所说的欧洲巴尔干国家（希腊、前南斯拉夫、阿尔巴尼亚、罗马尼亚和保加利亚），以及匈牙利的大片土地。其疆域从波斯湾一直延伸到多瑙河，奥斯曼大军一直打到维也纳城下才停下脚步。据估算，统治着超过 20 个民族的奥斯曼帝国拥有大约 3 000 万到 5 000 万人口，而同时期英国的人口可能只有 400 万左右。[1]

奥斯曼人以劫掠起家，也从未彻底背弃这一本业。他们依靠掠夺财富和奴隶来壮大自身。掳来的奴隶会被编入行伍，成长起来后代替退伍的老兵，再去掠夺新的财富和奴隶。* 征服新的土地是他们

---

* 此处指的是奥斯曼帝国的近卫军制度。奥斯曼帝国从基督教家庭强征男孩编入近卫军，让他们从小过集体生活，并皈依伊斯兰教。近卫军在奥斯曼帝国历史中很长的一段时期里都是帝国军事力量的中坚。——译者注

所知的实现经济增长的唯一途径。到了16世纪和17世纪，随着往日的辉煌被失败和撤退所取代，奥斯曼帝国丧失了支撑其存续的根本动力。土耳其人是战争艺术的大师，但并不擅长治理国家。

19世纪的奥斯曼统治者尝试了大规模的改革，其目标是实现中央集权，建立由苏丹的首席大臣大维齐尔领导的行政体系，理顺税收和征兵机制，确立宪法的权威性，兴办世俗化的公立学校，提供技术、职业和其他方面的培训。奥斯曼帝国在这些方面都开展了改革，但前进的步幅有限。大部分的改革沦为一纸空文。与现代世界格格不入的、摇摇欲坠的奥斯曼帝国似乎注定要面对衰亡的命运。

帝国的内部纷乱不堪。奥斯曼帝国的统治阶层并不来自同一民族。尽管他们都讲土耳其语，但其中很多人都是欧洲巴尔干地区和其他地方的基督徒奴隶的后代。帝国的子民们也来自不同族群，操着土耳其语、闪族语、库尔德语、斯拉夫语、亚美尼亚语、希腊语或其他语言，相互之间鲜有共同点，在很多情况下也互不喜欢。后来的欧洲观察者们喜欢把一些不同的族群归为一类，比如把一些人统称为"阿拉伯人"，但实际上，埃及人、阿拉伯半岛上的居民、叙利亚人和伊拉克人有着各自不同的历史、民族背景和对事物的看法。这个多民族、多语言的帝国，就像是一块由多个无法相互融合的民族组成的镶嵌画。在城镇里，亚美尼亚人、希腊人、犹太人和其他族群都相互分开，生活在属于本民族的区域内部。

宗教可以在某种程度上起到黏合剂的作用，因为奥斯曼帝国本身就是一个神权国家，与其说它是一个土耳其民族国家，还不如说它是一个伊斯兰国家，它的大部分子民都是穆斯林。伊斯兰教中的多数派——逊尼派——将奥斯曼帝国的苏丹视作哈里发（先知穆罕默德在世俗权力和宗教权威两方面的继承人）。不过，伊斯兰教71个教派中的其他派别，尤其是信徒人数可观的什叶派，都不认同苏丹的逊尼派信仰，也不承认他的哈里发地位。除此之外，奥斯曼帝国内部还有大量的非穆斯林人群（在20世纪初，非穆斯林大概占帝国总人口的25%）：希腊东正教徒、罗马天主教徒、亚美尼亚天主教徒、亚美尼亚-格列高利教会信徒、犹太人、新教徒、马龙派基督徒、撒马利亚人、聂斯脱里派基督徒、叙利亚正教会信徒、基督一性论信徒等等。对他们来说，宗教非但不是有助于凝聚统一的政治因素，反而是造成不和与分歧的力量。

对19世纪和20世纪初到访中东的欧洲来客而言，宗教在这一地区的日常生活中所具有的重要地位会给他们留下深刻的印象，因为这样的景象在欧洲已经消失了几个世纪之久。实际上，欧洲人来中东主要就是为了看看过去的时代。他们或是参观《圣经》时代的遗迹，或是发掘古代世界的奇观，或是探访那些仿佛还生活在亚伯拉罕时代的游牧民。

奥斯曼帝国政府似乎也还停留在过去。比如说，奥斯曼帝国的官员们佯装保加利亚仍然是帝国的一部分，把埃及人还当作自己的子民。可实际上，奥斯曼帝国早在1878年就丧失了对保加利亚的控制，而英国人已经在1882年控制了埃及。出于此类原因，奥斯曼帝国的统计数据根本不可靠。我们只能非常粗略地估算，在20世纪初，奥斯曼帝国的总人口大概在2 000万到2 500万之间，而帝国的疆域面积大约是得克萨斯州的六倍。大体来看，奥斯曼帝国当时的领土包括阿拉伯半岛的大部分地区，以及今天的土耳其、以色列、黎巴嫩、约旦、叙利亚和伊拉克。

在 20 世纪初之前，奥斯曼帝国在大部分时间里都处在苏丹个人的专制统治之下。至少在一个方面，奥斯曼帝国的苏丹与欧洲君主大不相同：苏丹的母亲往往是后宫里的奴隶。奥斯曼帝国被精心划分成若干个省份，苏丹治下的行政、军事和宗教权力机关也泾渭分明。然而，这种井然有序只不过是表面现象罢了，其实帝国根本谈不上有什么有效的政府管理。正如在中东大地上游历许久的英国旅行家格特鲁德·贝尔[*]后来所写的那样："世人都以为奥斯曼帝国拥有中央集权的政府和像模像样的统治，但实际上这一切都是假象。在这一点上，世间各国无出其右者。"[2] 的确，奥斯曼帝国有四散在帝国各地的驻军，但除此之外，奥斯曼帝国的权力虚无缥缈，所谓的中央集权政府与其说是事实，不如说是传说。格特鲁德·贝尔在旅途中发现，一旦走出城镇，奥斯曼帝国政府的统治就消失不见了，取而代之的统治者是当地的谢赫或部落头人。还有一些地方则是土匪横行。摇摇欲坠的帝国政府甚至没有能力自己征税，而这是一个帝国最基本的行政职能。在第一次世界大战爆发的前夜，奥斯曼帝国境内只有 5% 的税收是由政府征收的，其他 95% 的税收都是由独立的包税人收取的。[3]

在奥斯曼帝国内部，其他国家发挥着各自的影响力和控制力。英国在 19 世纪晚期占领了埃及和塞浦路斯，因此这两个地方实际上由英国管辖，而波斯湾沿岸的小邦也在英国的控制之下。根据 1864 年达成的协议，黎巴嫩成了一个由基督徒出身的军事长官管理的地区。名义上，这位长官需要向奥斯曼帝国政府直接汇报，但实际上，

---

[*] 格特鲁德·贝尔（Gertrude Bell, 1868—1926），英国作家、探险家、官员和考古学家。——译者注

他的任何行动都需要征求六个欧洲强国的意见。俄国和法国分别保有在奥斯曼帝国内部保护东正教徒和天主教徒的权力，其他强国也以支持某些族群为由，插手帝国内部的事务。

如果有人以为苏丹和他的政府在以欧洲人所理解的体制和机构统治着这个帝国，那么他就大错特错了。奥斯曼帝国里真实存在的都是地方政权：部落、部族、宗教派别或是城镇，这些才是人们效忠的真实的政治单元。奥斯曼帝国的政治格局就像一块由破布拼成的被单，"公民身份"和"国家认同"这样的现代概念根本不适用于这个国度，也难怪头脑里装着这些理念的欧洲人会对他们在奥斯曼帝国看到的现象感到困惑。欧洲人认为，终有一日他们将控制奥斯曼帝国管辖下的土地，并用更合理的方式重新组织这片土地。在20世纪的早期，人们有充分的理由认为，土耳其人在这片土地上统治的日子已经所剩无几。

到1914年，奥斯曼帝国已经被大大削弱，丢掉了北非、匈牙利，以及东南欧的大部分地区。从18世纪起，奥斯曼帝国就已经陷入颓势，此时则似乎已经开始崩溃。几十年以来，在奥斯曼帝国的军队和学校里，心怀不满的人们时常秘密聚会，指出帝国必须迅速实现变革，以应对现代欧洲带来的知识、工业和军事领域的挑战。早已成为欧洲人的信条的民族主义，一方面刺激着奥斯曼帝国的知识分子，一方面又让他们感到困惑。这些来自各个不同民族、讲着土耳其语或阿拉伯语的知识分子，试图找到或是创造出属于他们自己的政治认同感。

临近第一次世界大战爆发的那些年，默默无闻却又野心勃勃的新派人物夺取了奥斯曼帝国的大权，把苏丹变成了有名无实的傀儡。

这些面临着历史考验的青年土耳其党的领袖，既是帝国首都伊斯坦布尔内部骚动情绪的产物，也是进一步激发骚动情绪的因素。他们决心在现代世界摧毁奥斯曼帝国之前，把这个国家带进 20 世纪。

II

今天的伊斯坦布尔，起初被人们称为拜占庭，后来又被称为君士坦丁堡。这座城市曾在 11 个世纪的时间里是东罗马帝国的首都，随后又在超过 4 个世纪的时间里成为其继承者奥斯曼帝国的首都。像罗马一样，伊斯坦布尔也建在七丘之上；像罗马一样，伊斯坦布尔也是一座永恒之城：它极具战略意义的地理位置赋予了它在世界舞台上长久的重要性。

伊斯坦布尔是数座城镇的集合。这些城镇主要分布在连接地中海和黑海的海峡的欧洲一侧，在那里，分隔欧亚两洲的海峡非常狭窄，只有 800 米宽。这个位置可谓是天然的堡垒，不仅难以攻克，连对其发动袭击都十分困难。在伊斯坦布尔北部还有一处 6.4 千米长、被称为"金角湾"的天然良港，可以让守卫城市的舰队在其中停泊。

1914 年，伊斯坦布尔大约有 100 万人口，居民来源多元，讲着各种语言。大部分居民是穆斯林、希腊人或亚美尼亚人，但也有人数可观的欧洲人和其他外国人。欧洲文明对这座城市的影响体现在许多方面：新式的建筑风格、人们的衣着，以及街灯之类的新发明。

最基本的现代化才刚刚起步。1912 年，电灯首次被引进伊斯坦布尔。[4]在这座城市狭窄、肮脏的街道下方，下水道系统工程刚刚开工。在市政委员会的推动下，在城市里游荡了几个世纪之久的野狗被送到没有水源的荒岛上等死。[5]平整道路的工程也开始了，不过规模有限。每当暴风雨来临，大部分街道还是会化为泥潭，而待到大风吹过，干燥的尘土又被卷入空中。

频繁交替的北风和南风主宰着这座城市的天气，忽而带来严寒，忽而带来酷暑。而在20世纪初，这里的政治气候也时不时遭遇突然而极端的变化。在1914年之前的许多年里，来到这里的英国观察家们全然不知道风会从哪边吹来，又会吹向何方。高门（Sublime Porte，通往大维齐尔办公室的大门，也用来指代奥斯曼帝国政府）背后的政治博弈总是笼罩着神秘的面纱，让英国大使馆时常摸不着头脑。

III

像其他列强一样，英国的大使馆也坐落于佩拉（Pera）。这里是伊斯坦布尔的欧洲人聚居区，位于金角湾的北侧。紧挨着各国使馆的外国人社区蓬勃发展，他们的生活与伊斯坦布尔这座城市关系疏远。在佩拉，法语是使馆区举办的派对和娱乐活动上的通用语言；希腊语（而非土耳其语）则是街头使用的语言。从巴黎引进的讽刺剧和戏剧在三家剧院上演。佩拉宫酒店的设施堪与欧洲主要城市里那些富丽堂皇的酒店相媲美。

对大多数欧洲人来说，生活在这块属于他们自己的国中之国有着无法抗拒的诱惑力。在金角湾以南的旧城区斯坦布尔*，街巷狭窄肮脏，城墙和要塞倾颓残破，几乎没什么人愿意住在这里。只有为数不多的欧洲人在金角湾两侧都如鱼得水，其中就包括一位名叫温德姆·迪兹（Wyndham Deedes）的英国人。他在青年土耳其党的新政府里扮演着十分重要的角色。

迪兹是一位出生于肯特郡的世家子弟，他的祖先在之前的4个世纪里都是当地乡绅。从伊顿公学毕业之后，他加入了英国皇家来复枪团（King's Own Rifles），随后一直在军中效命，担任军官22年。（有一次，有人问他关于布尔战争的可怕经历。他回答道："怎么说呢，反正这世上没什么事情比在伊顿公学就读更糟糕了。"）[6] 在军旅生涯的早期，他志愿加入了奥斯曼帝国宪兵，这是一支新组建的、由欧洲军官指挥的帝国警察力量。由于帝国旧有的警察队伍已经与那些他们应当镇压的匪徒团伙别无二致，欧洲列强逼迫苏丹推行改革，组建了这支宪兵队伍。在这支新的武装力量中担任军官的同时，迪兹和他的欧洲同僚们还保留着他们在本国军队里的军籍。

在老照片里，在奥斯曼帝国宪兵中任职的迪兹看起来与他所处的东方环境格格不入。他个子不高，瘦得惊人，脸色苍白，在奥斯曼帝国的大环境里算是个异类。作为一个习惯了清苦生活的虔诚基督徒，他对睡眠、休息和食物都兴致索然。他一天工作15个小时，不好享乐，不畏危险。论及与土耳其军官的差别，没有人比他

---

* 斯坦布尔（Stamboul），斯坦布尔是伊斯坦布尔的另一种称呼。在英文语境中，特别是19世纪和20世纪早期，人们用"君士坦丁堡"来指代整个伊斯坦布尔大都市区，而用"斯坦布尔"来指代位于拜占庭时代城墙内的老城区。——译者注

更大——如果欧洲人的记载可信，土耳其军官大多贪腐、怯懦。在这个充满挑战的职位上，他做得十分成功，在土耳其人中间也颇受欢迎。

在他于 1910 年加入奥斯曼帝国宪兵的时候，迪兹还是个不为人知的小人物。而到了 4 年之后，他已经声名显赫，奥斯曼帝国新政府里的头面人物都请他来帮助他们管理帝国的内政部。到了 1914 年，也就是他 31 岁的时候，可以讲一口流利土耳其语的迪兹成了为数不多的了解土耳其事务的英国人。不过，英国政府并没有善加利用他的经验和知识。在接下来的岁月中，迪兹仿佛成了卡珊德拉*：他发出的警告和对土耳其政治动向的精准分析一直被英国政府无视。

1914 年，迪兹所在的奥斯曼帝国内政部的大臣是穆罕默德·塔拉特（Mehmed Talaat）。关于塔拉特和他所领导的政党，英国政府当时所知的信息大部分都是错的，而其中有些错误原本是可以由迪兹来纠正的。但是，英国驻伊斯坦布尔大使馆却认为自己已经对奥斯曼帝国的政局了如指掌，没有必要进一步深挖信息了。

IV

穆罕默德·塔拉特是奥斯曼帝国的内政大臣，同时也是执政党内最主要派别的领袖。在英国外交人员眼里，塔拉特的出身十分可疑，也没有良好的家庭背景，因此并不能算是一位绅士。他们在报

---

* 卡珊德拉（Cassandra），希腊神话里特洛伊的公主。她拥有预言的能力，但又被太阳神阿波罗诅咒，使她的预言不被人相信。——译者注

告中语带轻蔑地写道，塔拉特出身于吉卜赛人家庭。他长着浓密的黑头发和浓重的黑眉毛，生就一只鹰钩鼻。对他有好感的英国人并不多，其中的一位曾写道："他的眼中闪着光，这种光亮在人眼中并不常见，倒是经常出现在黄昏时刻的动物眼中。"[7]

作为奥斯曼帝国政坛最重要的人物，他完全靠自己白手起家。人们对他的出身和家庭背景所知甚少，只知道他出身寒微。最初，他只是邮政电报部门里的一名小职员。据说，他还曾经是土耳其最大的托钵僧教团（一种穆斯林的宗教兄弟会）拜克塔什教团的成员（Bektashi）。人们还认为，他曾经加入过共济会，还组织过秘密的政治团体，后来因为这些地下活动一度被捕入狱。

在塔拉特青年时期的奥斯曼帝国，参加秘密组织是司空见惯的行为。在专制的苏丹阿卜杜勒·哈米德二世统治期间（1876—1909），公开的政治活动是十分危险的。这位苏丹废除了宪法，解散了议会，他无法容忍异议，并用秘密警察部队镇压持异见者。帝国内的政治活动被迫转入地下，秘密社团蓬勃发展。最早的一批政治社团借鉴了19世纪欧洲革命团体，特别是意大利烧炭党的经验，由一个个只有几名成员的小单元组织而成，每个小单元中通常只有一名成员认识其他小单元的成员。许多政治社团都是由大学生和军事学院的学生创办的，其中就包括青年土耳其党的前身。军队也是产生此类社团的沃土，因为年轻的军人对帝国军队在战场上接连不断的灾难性表现十分不满。

阿卜杜勒·哈米德二世的警察部队在伊斯坦布尔和其他一些地方成功摧毁了这些秘密社团。但是，也有些地方是他们鞭长莫及的，比如萨洛尼卡（Salonika，今称塞萨洛尼基）。萨洛尼卡今天属于希腊，当时是一座熙熙攘攘的非土耳其化的马其顿*港口。不少秘密社团都把总部设在萨洛尼卡，并且与奥斯曼帝国第三军的人员发展出了密切的关系。驻扎在此的第三军需要对付帝国边疆省份马其顿的混乱局势和分离主义情绪。不过，在这一过程中，这里的秘密社团也趁机从军队里招募人员，发展壮大。

其中的一个秘密社团后来与其他组织合并组成了统一与进步委员会（Committee of Union and Progress，缩写为 C.U.P.），并成为其中的最主要派别。这个组织的创建者之一就是生活和工作在萨洛尼卡的塔拉特。C.U.P. 也被称为"青年土耳其党"，其成员后来被称为"青年土耳其人"。新入会的人需要对着《古兰经》和一支枪宣誓。塔拉特在第三军的领导层中最早发展入会的人名叫杰马尔贝伊†，这位当时的参谋军官后来在中东政坛上扮演了十分重要的角色。

1908 年的一天，一位名叫恩维尔（Enver）的下级军官接到命令，要求他回伊斯坦布尔。恩维尔就驻扎在萨洛尼卡，也参加了塔拉特的团体。他担心秘密警察已经发现了自己参与秘密社团的事情，于是溜出萨洛尼卡，逃进了山里。当时，另一位参加了青年土耳其党的军官也已经逃进了那座山里。不久，另一名军官也效法恩维尔，并且带着部队和武器弹药一起进了山。苏丹派兵镇压，结果前去镇压的军队倒戈，加入了起义者。萨洛尼卡随后发生了一场自发的不流血革命，C.U.P. 控制了这座城市。青年土耳其人控制了当地的邮政电报部门——考虑到塔拉特曾在这个部门任职，这或许并非

---

* 当时的马其顿仍然在奥斯曼帝国版图内，但希腊和保加利亚对这一地区都有领土主张。——译者注

† 杰马尔贝伊（Djemal Bey）后来常被称作杰马尔帕夏。——译者注

偶然——从而与渗透进军队和奥斯曼帝国上下的 C.U.P. 分支组织取得了联系。当一切尘埃落定，宪法、议会和政党政治全部得以恢复，苏丹则在第二年退位，把宝座让给了自己的弟弟。

老的政客们接管了政权，青年土耳其人则仍然留在幕后。不过，C.U.P. 已经变成了需要考虑的政治力量。这不仅是因为 C.U.P. 已经深深渗透进军官阶层之中，更重要的是，在这个缺乏组织能力的社会，C.U.P. 在帝国的各个角落都有分支机构，这也成了该组织的力量源泉。

一开始，领导了这场成功起义的领袖们在西方世界获得了舆论的赞许，人们开始用"青年土耳其人"来指代那些站出来反对陈腐的领导层、心中充满理想同时又十分冲动的年轻人。伦敦的外交部对青年土耳其人充满同情，但伊斯坦布尔的英国大使馆却对他们怀着厌恶和蔑视。英国大使杰勒德·劳瑟（Gerard Lowther）似乎深受他的首席译员（官方译员，同时也充当东方事务顾问）杰拉尔德·菲茨莫里斯（Gerald FitzMaurice）的影响，此人几乎从一开始就十分讨厌 C.U.P.。

对于整个 1908 年事件，菲茨莫里斯因其发生的地点——萨洛尼卡——而产生了成见。在萨洛尼卡的 13 万居民中，大约半数是犹太人或东马（Dunmeh，于 17 世纪改信伊斯兰教的犹太人）。与此同时，萨洛尼卡城中也有共济会组织。一位名叫埃曼努埃尔·卡拉索〔Emmanuel Carasso，也被人叫作卡拉苏（Karasu）〕*的犹太人律师曾创办了一处意大利共济会会所，躲避苏丹的秘密警察的塔拉特和他

---

* 他出身于当地显赫的卡拉索家族，该家族属于塞法迪犹太人。——译者注

的秘密社团曾经在此处开会。菲茨莫里斯据此认为，C.U.P. 就是一个受到西欧影响的国际犹太人共济会阴谋组织，劳瑟则把他的这一看法老老实实地写进了呈递伦敦外交部的报告中。劳瑟把 C.U.P. 解读为"犹太统一与进步委员会"。[8]

菲茨莫里斯后来又对 C.U.P. 进行了一次调查，其调查结果体现在了劳瑟于 1910 年 5 月 29 日提交给外交部部门长官查尔斯·哈丁爵士[*]的秘密报告中。劳瑟在报告中指出，意大利共济会组织（包括卡拉索的会所）和青年土耳其运动都使用了源自法国大革命的"自由、平等、博爱"作为口号。他声称，青年土耳其人"在效法法国大革命及其使用过的那些目无上帝、追求平等的做法。法国大革命曾导致了英国与法国之间的敌对关系。因此，如果任由土耳其革命沿着同样的路径发展下去，它或许也会发现自己与英国的理念和利益充满冲突"。[9]

在他长达 5 000 多字的详细报告中，劳瑟声称犹太人掌控了一个共济会组织网络（"东方的犹太人十分善于操控神秘力量……"），并已经通过它控制了奥斯曼帝国。在劳瑟看来，犹太人共济会阴谋的元凶之一，就是美国驻奥斯曼大使奥斯卡·斯特劳斯[†]，斯特劳斯的两位兄长拥有纽约的梅西百货商店和亚伯拉罕-斯特劳斯百货商店。

对英国来说，劳瑟写道，主要的风险在于"犹太人憎恨俄国和俄国政府，而鉴于英国现在与俄国友好，犹太人可能会产生某种程

---

[*]　查尔斯·哈丁爵士（Sir Charles Hardinge，1858—1944），第一代彭赫斯特的哈丁男爵。此时的哈丁担任英国外交部常务副大臣。——译者注

[†]　奥斯卡·斯特劳斯（Oscar Straus，1850—1926），出生于德国的犹太人，曾经在西奥多·罗斯福总统的政府中担任商务与劳工部部长。他是美国历史上第一位犹太人部长。——译者注

度的反英情绪……在下以为，德国人很了解这一情况"。[10] 劳瑟又总结道："我有理由相信我的德国同行*很清楚统一与进步委员会在多大程度上受到了犹太人和西欧共济会组织的影响，他也必然一直在向德国政府通报青年土耳其人的这一政治特点。"[11]

不过，在 1908 年的奥斯曼帝国议会选举中，288 名当选议员里只有 4 名犹太人。1909 年，C.U.P. 设立了中央委员会，卡拉索也没有入选。无论是在党内还是政府内，卡拉索都从未出任过领导职务，他从未像外国人以为的那样成为非常具有影响力的人物。卡拉索和其他 3 位犹太人议员都竭尽全力地想要证明，自己首先是土耳其人，其次才是犹太人。实际上，他们甚至支持 C.U.P. 反对犹太复国主义者在巴勒斯坦设立定居点的做法。† 对此，劳瑟的解释是，犹太复国主义者并不想把犹太人的家园建在巴勒斯坦，他们的新目标是把犹太人家园建在今天的伊拉克。

菲茨莫里斯和劳瑟的报告在英国政府内获得了广泛认可，导致英国政府至少产生了三个对未来影响深远的重大误解。

第一项误解是关于 C.U.P. 的内部运转机制的。菲茨莫里斯和劳瑟让英国政府以为，青年土耳其党由两个人控制。菲茨莫里斯和劳瑟认为，塔拉特和贾维特‡是"委员会神秘力量的官方代表。他们是内阁里仅有的有影响力的成员，也是土耳其共济会的头领"。[12] 实际上，C.U.P. 内部分成多个派别，如果英国政府知晓这一点，他们原

---

* 此处指德国驻奥斯曼帝国大使。——译者注
† 不过，卡拉索确实不止一次试图调和犹太复国主义与 C.U.P. 的民族主义目标之间的矛盾。——原注
‡ 穆罕默德·贾维特贝伊（Mehmed Djavid Bey, 1875—1926），Djavid 一般写作 Cavit，经济学家、编辑、政治家。——译者注

本是可以选择与其中的某些派别联手的。[13] 颇具讽刺意味的是，被菲茨莫里斯和劳瑟指控为"隐秘犹太人"*的贾维特恰恰领导着委员会里的亲英派别。可是，菲茨莫里斯和劳瑟对此一无所知。

第二项误解是所谓一小群犹太人执掌了奥斯曼帝国政权的说法。实际上，犹太人当时并未掌控世界上任何地方的政治权力。若干年后，菲茨莫里斯从他的误解出发，得出了一个推论：只要收买这个强大的犹太人群体，就可以赢得（英国参与其中的）世界大战。在他看来，只要许诺支持犹太人在巴勒斯坦建立家园（此时的他转而坚信犹太复国运动的目标是在锡安建立犹太人家园，而不是伊拉克），就可以收买这个群体。在英国外交部下决心表态支持犹太复国运动的过程中，他的这一推论起到了推波助澜的作用。英国外交部最终在1917年这样表态了。

菲茨莫里斯传递的错误信息还催生出了一个影响深远的观点：青年土耳其党的领袖们是外国人，不是土耳其人，他们为外国利益服务。这与事实恰好相反，因而让英国对青年土耳其人政府的行为产生了错误的预判。实际上，就像菲茨莫里斯和劳瑟也能看到的那样，C.U.P.最主要的弱点就是其土耳其民族沙文主义。他们歧视犹太人、亚美尼亚人、希腊人、阿拉伯人和其他民族。他们最大的力量源泉也在于他们反对外国利益，他们反欧洲的倾向为他们赢得了民众的广泛支持。

英国政府一直没有意识到劳瑟和菲茨莫里斯提供的有关奥斯曼

---

* 隐秘犹太人（Crypto-Jew），指表面拥有其他信仰，但私下里信奉犹太教的人。——译者注

政局的信息是有问题的。在战时成为英国情报主管的约翰·巴肯*把C.U.P. 的领导层形容为"一群犹太人和吉卜赛人"，把奥斯曼帝国政府描述为全世界犹太人的工具，还把恩维尔帕夏称作"一个波兰冒险家"。事实上，他把恩维尔和一位名字相似的土耳其军官搞混了，那个人的父亲才是波兰人，但也并非犹太人。[14]

V

对奥斯曼帝国来说，1908 年之后的岁月可谓是一场灾难。在这期间，帝国与意大利打了一场战争，又与巴尔干国家的联盟打了一场战争。在 1913 年，在第二次巴尔干战争中节节失利的奥斯曼帝国又经历了 C.U.P. 的突然夺权。年轻的恩维尔，也就是那位在 1908 年的萨洛尼卡加速了事件进程的军官，鲁莽地发动了一次针对奥斯曼帝国政府的突袭，他的手下在行动中杀死了陆军大臣。恩维尔和他的友人接管了政府。恩维尔取得了前线指挥权，并且大获成功。1914 年 1 月 4 日，他亲自出任陆军大臣一职。恩维尔后来又迎娶了苏丹的侄女，搬进了苏丹的宫殿，成了土耳其政坛的关注焦点。

杰马尔帕夏成了伊斯坦布尔的军事长官，借此加强了 C.U.P. 对政府的控制。哈利勒贝伊（Halil Bey）出任众议院议长，经济学教师贾维特则被任命为财政大臣。C.U.P. 的核心领袖塔拉特成了内政大臣和奥斯曼帝国政府的真正首脑。温文尔雅的贵族赛义德·哈利

---

* 约翰·巴肯（John Buchan，1875—1940），第一代特威兹穆尔男爵，苏格兰小说家、历史学家，还曾出任过加拿大总督，代表作为《三十九级台阶》。——译者注

姆 * 出任大维齐尔和外交大臣，让这届政府拥有了名望极高的人物。

英国政府派出对青年土耳其人抱有同情心的路易斯·马利特爵士（Sir Louis Mallet）出任新一任大使。不过，他也并不了解伊斯坦布尔发生的一切。与那位时时提防犹太人和德国人幕后干预的前任不同，在马利特交给伦敦的报告中，他对奥斯曼帝国政府动机的分析洋溢着盲目的乐观情绪。像前一任大使一样，马利特也并不清楚 C.U.P. 的领导层对土耳其的利益是如何理解的。

伦敦的内阁仍然把劳瑟和菲茨莫里斯的错误结论奉为圭臬，误以为 C.U.P. 是一个铁板一块的组织。劳瑟和菲茨莫里斯声称，塔拉特和贾维特掌控着 C.U.P.。后来的报告和大部分历史学家则认为，实际控制这一组织的是独断专行的三巨头——恩维尔、塔拉特和杰马尔。但是，根据德国档案的记载，真正掌权的是一个由大约四十人组成的中央委员会，尤其是一个拥有十二名成员的常务委员会。这个常务委员会的运作方式有点类似政治局，委员之间不乏个人矛盾。中央委员会的决议由在内阁和众议院中身居要职的党员执行。

C.U.P. 内部经常有多种不同的意见，派系斗争和阴谋诡计并不罕见。不过，对于奥斯曼帝国所面临的威胁和所需要采取的政策，C.U.P. 内部有着共识。

---

* 赛义德·哈利姆（Said Halim，1865—1921），出身于埃及贵族家庭，他的祖父是开创了现代埃及的穆罕默德·阿里。——译者注

4

青年土耳其人急于寻找盟友

I

持续不断的领土沦丧影响了青年土耳其人对时事的看法。名义上仍然归属于奥斯曼帝国的波斯尼亚和黑塞哥维那在 1908 年正式被奥匈帝国吞并，正是此举导致了 1914 年弗朗茨·斐迪南大公遇刺身亡，继而引发了第一次世界大战。在帝国主义扩张方面，意大利可谓是后来者，但它也毫不掩饰自己对奥斯曼帝国领土的觊觎。凭借十分苍白的借口，意大利对土耳其发动了攻击，并于 1911—1912 年夺取了今天利比亚的沿岸地区，以及罗得岛和土耳其海岸外的其他一些岛屿。与此同时，阿尔巴尼亚人揭竿而起，反抗奥斯曼帝国的统治。这不禁让人怀疑，奥斯曼帝国究竟还能否确保非土耳其族裔臣民对帝国的忠诚。

此外，在第一次巴尔干战争中（1912—1913），巴尔干同盟（保加利亚、希腊、黑山和塞尔维亚）击败了土耳其，夺走了奥斯曼帝国在欧洲残存的领土中的大部分。在第二次巴尔干战争中（1913），奥斯曼帝国夺回了色雷斯（与帝国亚洲部分隔海相望的地区）的部分土地，但这似乎也只是短暂延缓了帝国持续不断的领土沦丧。在伊斯坦布尔，那些夺取了政权，作为苏丹的大臣统治帝国的青年土耳其人冒险家，担心他们的国家正处于生死存亡的边缘，他们害怕悄悄逼近的欧洲掠食者准备发动最后一击。

就在不久之前，欧洲国家刚刚瓜分了非洲大陆。一些欧洲国家非常渴望征服新的土地，但已经没有太多的猎物供它们选择了。地球表面的大部分土地都已经被瓜分殆尽：大英帝国夺取了四分之一，俄罗斯帝国瓜分了六分之一。西半球在门罗主义的范围之内，因此被保护在美国的羽翼之下。中东成了唯一有机可乘的地区。据说，法国人对叙利亚颇有野心，意大利和俄国想要更北方的土地，希腊、保加利亚和奥匈帝国则试图争夺西部地区。C.U.P. 的领袖们能够感受到，在篝火后面的黑暗之中，野兽正在逼近，并即将发动攻击。

II

C.U.P. 的领袖们深信，他们试图使奥斯曼帝国摆脱欧洲控制的努力（英国的政治家们对这一计划一无所知，或是不甚理解）会促使欧洲国家加快对奥斯曼帝国的攻击。C.U.P. 对欧洲抱着复杂的情绪，一方面十分蔑视这些非伊斯兰国家，另一方面又推崇它们的现代化道路和成就。C.U.P. 想要摆脱欧洲国家的束缚，以便为自己赢得条件，更好地效仿欧洲。尽管青年土耳其人似乎并没有一套合理的执行方案，但他们还是想终结欧洲人在经济上的支配地位。

实现交通和通信现代化是 C.U.P. 国内计划的重要一环。欧洲人愿意为奥斯曼帝国提供它急需的运输网络和体系，但他们自然希望自己成为这一网络体系的所有者，而且最好是具有排他性权益的所有者。像奥斯曼帝国以往的领导者一样，C.U.P. 的领袖们希望引进欧洲的技术，但非常不希望欧洲人拥有或掌握奥斯曼帝国的命脉。在 19 世纪，虽然欧洲列强在奥斯曼帝国内部拥有自己的邮政服务系统，但土耳其人还是创办了他们自己的邮政系统，与欧洲人的邮政系统并存。[1] 奥斯曼帝国还拒绝了一家英国公司的提议，自己建设了电报网络。[2] 在 1914 年，伊斯坦布尔和士麦那（Smyrna，今称伊兹密尔）已经有了一些电话。早在 1911 年，奥斯曼帝国就已经允许一家外国机构在伊斯坦布尔建设电话系统，但工程进展缓慢。[3]

随着蒸汽船的出现，奥斯曼帝国的航运交通基本上落入了外国人手中。[4] 和水路一样奥斯曼帝国有限的铁路线也掌握在外国人手里。[*][5] 公路很少，汽车的数量更少：截至 1914 年，伊斯坦布尔有 110 辆汽车，其他地方加在一起只有 77 辆汽车。传统的运输方式是由骆驼、马匹、骡子和畜力车组成的车队，这样的交通工具完全无法与被外国人掌控的铁路相匹敌。通常来说，一个混杂着各种牲畜的车队每小时只能行进 3~5 千米，一天只能走 24~32 千米。[6] 铁路的速度至少要快上十倍，而使用铁路运载货物的成本或许只有畜力车队成本的十分之一。[7]

C.U.P. 的困境在于，它一方面想从畜力车队升级为铁路运输，另一方面又不愿意让帝国落入那些掌握铁路的欧洲人之手。欧洲人已经在经济上占据了优势地位，这让 C.U.P. 十分反感，但又无计可施。土耳其只能对外提供自然资源，同时必须进口所需的制成品，因而处在不利的地位。想要恢复经济上的平等，土耳其就必须实现工业化，但奥斯曼帝国政府却没有实现工业化的方案。奥斯曼帝国

---

[*] 1914 年，在奥斯曼帝国 190 万平方千米的土地上，只有 5 991 千米的单轨铁路。这从一个侧面体现了奥斯曼帝国发展水平之低下。——原注

只能提供缺乏技能的劳动力。在修建铁路或其他设施的时候，欧洲人会把保养维护工作交给自己人。本地人急需技术培训，但奥斯曼帝国却不能提供这种培训。

在政治实体的核心环节——财政——方面，欧洲人也掌控着局势。1875年，奥斯曼帝国政府公债违约，金额超过10亿美元，苏丹被迫在1881年下诏，将奥斯曼帝国的公债管理权交给了欧洲人。为此，一个委员会组建起来，负责掌管奥斯曼帝国将近四分之一的财政收入。一些基本商品，比如酒精、邮票、盐和鱼，其海关关税都完全由这个委员会管理。[8]奥斯曼帝国政府甚至失去了对国库和海关的绝对管理权。C.U.P.想在这些领域收回主权，但又没有一个拿得出手的再融资偿债的计划。

奥斯曼帝国的领导者们最痛恨的是各种不平等条约。这些条约给予了欧洲人在奥斯曼帝国境内的经济特权，还出于种种原因让欧洲人只受本国领事的管辖，而不受奥斯曼帝国法律的约束。如果得不到所属国领事的许可，土耳其警察就不能进入欧美国家人士的居所。C.U.P.想要废除不平等条约带来的这些特权。

另一个让C.U.P.心生怨恨的问题是，欧洲国家时不时地借口保护基督徒少数群体和他们的权利，侵犯奥斯曼帝国的主权。欧洲国家的这种倾向与C.U.P.私下里的执政目标相抵触，因为青年土耳其人不仅想在外国人面前主张自己的权利，还要让帝国内居住的其他群体服从自己的命令。这一目标与他们在1908年的公开主张截然相反。当时，C.U.P.公开宣称要保障帝国版图内信仰不同宗教、使用不同语言的群体拥有平等的权利。在获得政权之后，C.U.P.就暴露出了民族主义的黑暗面，转而主张讲土耳其语的穆斯林拥有至高无上的地位。在帝国版图内，讲土耳其语和讲阿拉伯语的人口大致相等，都在 1 000 万左右，各占总人口的大约 40%。但是，在奥斯曼帝国的众议院中，土耳其人议员有 150 名，阿拉伯人议员却只有大约 60 名（这两个数字并不精确，因为有些人说不清楚究竟是土耳其人还是阿拉伯人）。剩下的 20% 人口，主要是希腊人、亚美尼亚人、库尔德人[*]和犹太人，他们的境遇比阿拉伯人还要糟糕。根据 1910—1911 年出版的《大英百科全书》第 11 版的记载，当时的奥斯曼帝国拥有 22 个不同的"种族"，而"并不存在一个所谓的奥斯曼民族"。即便真的曾有机会创造出奥斯曼民族的话，C.U.P. 的领导者们也把这个机会丢掉了，因为他们根本没有把帝国内部 60% 的人口放在眼里。

塔拉特、恩维尔及其同僚们可谓是没有民族的民族主义者。在奥斯曼帝国内部（与东方草原上的情况截然不同），即便是那些讲土耳其语的人往往也不是土耳其血统出身。英国议员马克·赛克斯爵士曾经在亚洲四处游历。他在一本著作的开篇发问道："有多少人能意识到，当他们谈论所谓土耳其和土耳其人的时候，其实并没有土耳其这么一个地方和土耳其人这么一个民族……？"[19]突厥民族[†]的古老家园在遥远的中亚。在亚洲，超过半数的突厥语族民族生活在俄国突厥总督区或其他位于奥斯曼帝国版图之外的地方。因此，沙皇

---

[*] 库尔德人是散居在伊拉克、伊朗、亚美尼亚和土耳其交界处的高原和山地的部落居民。他们大部分是逊尼派穆斯林，讲一种伊朗语支的语言，据推断其祖先是印欧人种。今天，库尔德人的总人口大约有 700 万（21 世纪初，库尔德人总人口约为 3 000 万——编者注）。他们依旧在为了争取自治而战，这是伊拉克和土耳其政府面对的主要难题之一。——原注

[†] 在英语中，突厥人与土耳其人是同一个词（Turk）；而在汉语语境中，突厥人指古代生活在中国西北部的一个游牧族群，土耳其人通常指与后来的奥斯曼土耳其的发源关联更紧密的部分突厥人后裔。——译者注

其实比苏丹更有权主张自己是突厥语族民族的代言人。恩维尔帕夏后来曾投身于团结所有突厥语族民族的理想。因此，想必在1914年的时候，这个在思想界很流行的理念对他而言也并不陌生。不过，此时的他并没有把这个理念放进他的行动计划之中。这个个子不高的男人对戏剧化的行动和以"泛"开头的宏大计划非常痴迷，因此心中很有可能也藏着泛伊斯兰主义的野心。不过，从他对待同为穆斯林兄弟的阿拉伯人的做法可以看出，泛伊斯兰主义对他来说也只不过是一个口号，而并没有体现在他的政策中。

在C.U.P.的领导者们看来，欧洲国家无论如何也不会让奥斯曼帝国继续苟延残喘，自然也就不会允许C.U.P.推行其计划，除非他们能引诱列强中的某一个，让它成为土耳其的保护者。因此，寻找一个欧洲盟友就成了C.U.P.最紧急、最重要的任务。杰马尔本人亲法，但当他听说恩维尔提出要与德国结盟时，还是赞许地评论道："只要能帮助土耳其摆脱现今孤立无援的境地，我愿意立刻答应任何联盟提议。"[10]

III

C.U.P.内部的各派一致同意，土耳其目前最紧要的任务就是找到一个强大的欧洲盟友。青年土耳其人认为，如果能与欧洲国家联盟中的某一方，或者哪怕是顶尖强国中的某一个（英国、法国或德国）结盟，奥斯曼帝国就可以抵御对其领土的进一步侵蚀。除了俄国之外，其他有可能入侵奥斯曼帝国的国家（意大利、奥匈帝国、希腊、保加利亚）实力都要逊于这几个一流强国。

持亲英态度的财政大臣贾维特已经于 1911 年向英国表达过结盟的意愿。当时，意大利刚刚发动对土耳其的进攻。在英国内阁的资深阁员之中，只有丘吉尔愿意响应土耳其人的邀约。丘吉尔给外交大臣写信，向他阐述为什么土耳其人的友谊比意大利人的更重要。他写道，土耳其是"德国人可以用来在陆地上对付我们的最大的武器"。[11]1911 年底，当贾维特书面提议土耳其与英国结成永久性同盟时，丘吉尔想要报以积极的回应，但英国外交部却不同意他这么做。[12]

在 1914 年 5 月至 7 月间，越发焦急的 C.U.P. 又秘密接触了另外三个欧洲强国，寻求结盟。[13]亲法的海军大臣杰马尔向法国示好，但遭到了拒绝。绝望中的塔拉特转向了俄国，他这种与虎谋皮的举动也遭到了拒绝。最后，C.U.P. 的领导者们在大维齐尔的别墅开会，授权曾经在柏林任职的恩维尔去寻求与德国结盟。1914 年 7 月 22 日，恩维尔向德国递交了提议。德国驻伊斯坦布尔大使汉斯·冯·旺根海姆（Hans von Wangenheim）拒绝了他的提议。奥斯曼帝国彻底陷入了外交孤立，没有任何一个强国愿意保护它。

奥斯曼帝国的陆军大臣开诚布公地向德国大使解释了为什么青年土耳其人要寻找盟友。恩维尔对冯·旺根海姆解释说，只有在奥斯曼帝国"不惧怕外国攻击"的情况下，C.U.P. 的国内改革方案才有可能推行下去。[14]他说，他相信奥斯曼帝国只有在"得到大国集团之一的支持"时，才能不畏惧外部的威胁。[15]显然，他无法让德国大使相信奥斯曼帝国有什么等价的东西可以回馈给德国。

与此同时，英国政府并没觉察到土耳其频繁的外交活动，也没有意识到奥斯曼帝国政府急切地想要寻找一个大国盟友。就在德国大使拒绝奥斯曼帝国提议的几天后，英国的内阁大臣们第一次察觉到，一场可能把英国卷入其中的战争危机正在欧洲出现。从 1914 年 7 月 23 日奥匈帝国向塞尔维亚发出最后通牒，到 8 月 4 日英国吃惊地发现自己已经和协约国盟友（法国和俄国）一起对同盟国（德国和奥匈帝国）开战，在此期间，英国人几乎没有考虑过奥斯曼帝国的事情。不过人们通常会认为，德国或许会试图拉拢奥斯曼帝国加入自己一方。

当时的英国领导者从未想过，真实情况可能是完全相反的：是土耳其人在寻求与德国人结盟，而德国人并不情愿接受。哪怕是到了战争结束之后，当人们发现是塔拉特和恩维尔主动寻求与欧洲国家结盟的时候，也没有人清楚奥斯曼帝国和德国结盟的具体细节。当时的人们和一些历史学家指责温斯顿·丘吉尔，认为是他把土耳其人赶进了德国人的怀抱。但不断解密的外交档案讲述了一个复杂且迥然不同的故事。这个故事就发生在 1914 年，发生在丘吉尔和他的内阁同僚们都未能预见到的那场突如其来的战争爆发的前夜。

5

战争前夕的温斯顿·丘吉尔

I

1914年，年近40岁的温斯顿·丘吉尔即将开始他在赫伯特·阿斯奎斯首相的自由党政府里担任海军大臣的第四个年头。雷厉风行的丘吉尔把这个重要的部门管理得井井有条，但当时的他还不像后来那样为世人所熟知。他精力旺盛、天资过人，也非常善于宣扬自己的功劳。因此，他年纪轻轻就已然出人头地。不过，他能够留在政府中任职，主要靠的是首相的宽容和财政大臣戴维·劳合·乔治的大力支持。他比内阁里的其他成员至少年轻十几岁。普遍的看法是，他还不够沉稳、成熟，不适合担任高官。

他讲起话来，还有点像个学生似的口齿不清。在他的脸上，青春期的最后痕迹刚刚开始褪去。一直到最近，他才开始变得好斗，阴沉的神色开始爬上脸庞，并且开始叼起雪茄吞云吐雾。他浅棕色的头发刚开始变得有一点稀疏。这几年，他的体重增加了一些，不过还谈不上发福。他面色红润、身高中等，身材有变圆的迹象，这使得他的外表不是特别讨人喜欢。只有在事后看来，我们才会觉得有朝一日他将变成一个令人敬畏的人物。

他最打动人的不是他的长相，而是他冲劲十足的性格。他聪

终结所有和平的和平

明、充满热情而又情绪多变。他的父亲在 45 岁时就去世了，在政治上也不甚成功。这一阴影笼罩着他，让他十分担心自己也会英年早逝，因此他在自以为所剩无几的余生里拼命向上攀爬，为此不惜厚颜无耻地把他的朋友和敌人都挤到一旁。有些人怀疑，他像他父亲一样情绪不太稳定，另一些人则认为他只是太年轻。他的身上既有伟大之处，也有幼稚之处，只是他的同僚们更容易看到他身上的幼稚之处。他情绪多变，喜欢把事情归结为私人恩怨，经常在应当倾听或观察的时候滔滔不绝地搬出长篇大论。他慷慨而热心，却对他人的想法和感受不甚敏感，经常无法觉察到自己的言谈举止对别人产生了怎样的影响。他说话声音很大，无论做什么都投入极大的热情。那些追求超然和低调的同僚觉得他十分恼人。

他经常改变自己的观点。由于他捍卫自己观点的时候总是激情满满，他改变观点的时候就会显得既剧烈又极端。他曾是一名保守党人，现在又成了自由党人；他曾经是内阁大臣里最亲德的，现在又变成了最反德的；他曾经是内阁里亲土耳其派的代表人物，后来又变成了最反土耳其的人物。在他的敌人看来，他愚蠢到了危险的地步；在他的朋友看来，他实在太容易被他人左右。

与其他人不同，他对稳妥谨慎的做事风格深感不屑。他曾经在印度从军，在古巴和苏丹见证战争，还曾经从南非的战俘营里逃亡，成了大英雄。甘冒风险的性格让他声名显赫、平步青云。他有着幸福的婚姻和顺利的仕途，但他骨子里就是个闲不住的人，总是在寻找待他征服的世界。

三年之前的 1911 年的夏天，他意外地迎来了一次施展抱负的大好机会。在一次短暂的国际危机期间，阿斯奎斯政府发现海军部根本没做好执行战时任务和支援陆军行动的准备，深感震惊。内阁大臣们惊讶地得知，皇家海军并没有能力把英国远征军送过英吉利海峡。他们还发现，海军部甚至不愿意设立一个海军参谋部。阿斯奎斯和他的同僚们意识到，是时候任命一位新的海军大臣来推动基本的改革了。

时任内政大臣的丘吉尔对这个职位很感兴趣，他的政治导师劳合·乔治也提名他出任这一职务。很自然地，他的年龄成了阻碍他任职的一大因素。此时 36 岁的丘吉尔已经是史上最年轻的内政大臣了。他的很多政敌指责他总是急不可耐地要实现自己的野心，认为他实在太过年轻，不适合担此重任。在他们看来，他身上满是不够成熟导致的缺点：固执己见、经验不足、判断力欠缺，以及过于冲动。另一位同样争夺海军大臣职位，且在角逐中占据优势的竞争者表示，他十分欣赏丘吉尔身上的干劲和勇气。但是，像其他人一样，他也指责这位年轻的内政大臣总是先行动再思考。[1]

不知是出于何种考虑，首相最终决定在丘吉尔身上碰碰运气。丘吉尔在 1911 年夏天到 1914 年夏天的任职经历表明，首相这次赌对了。丘吉尔沿着已经退休但仍然充满争议的海军元帅费希尔勋爵（Lord Fisher）的思路，把英国海军从一支仍在使用燃煤军舰的 19 世纪海军改造成了一支使用燃油军舰的 20 世纪海军。

II

丘吉尔于 1900 年第一次当选议员，随后加入了保守党，成了一名"统一党人"（当时通常使用这个称呼），或者说是"保守党人"，再或者说是"托利党人"（这个叫法则老派一些）。然而，在1904年，因为在自由贸易问题上的激烈争吵，他走到议院的另一边，加入了自由党。

丘吉尔成了政治上的变节者，因而两党对他都不信任。这种不信任也并非毫无根据，因为从政治本性上来说，他既不是全然的保守派，又不是彻底的自由派。在社会和经济议题上，他倾向于自由主义；而到了外交和国防政策上，他又持托利党人的观点。丘吉尔在本质上十分好战，对自由党上下那一套理想主义色彩浓重的和平主义毫无好感。他从自己的先祖、英国历史上最伟大的将领之一马尔博罗公爵（Duke of Marlborough）*身上继承了战争天赋。在受教育的过程中，他上的是军事学院，而非一般的大学。他还曾作为陆军军官服役，对军事十分痴迷。1912年，当"女巫号"上的维奥莱特·阿斯奎斯面对着美丽的地中海海岸慨叹"多么完美"的时候，丘吉尔接口答道："没错，完美的距离，完美的能见度，如果这船上有几门六英寸口径火炮的话，这是绝佳的射击条件……"[2]

1914年，当战争的阴云笼罩了夏日的天空，推崇和平主义的自由党人似乎变得不合时宜，而海军部的丘吉尔仿佛成了出现在正确的时间和正确的地点的那个正确的人。

---

* 此处指第一代马尔博罗公爵约翰·丘吉尔（1650—1722），英国军事、政治家。——译者注

6

丘吉尔扣押土耳其军舰

I

在战争刚爆发的时候，温斯顿·丘吉尔曾短暂成为英国的国家英雄。在内阁拒绝授权的情况下，他自作主张地在战争爆发前最后的和平时光里动员了舰队，并把它们派往北方的斯卡帕湾（Scapa Flow），以使它们免遭德国人的突然袭击。尽管他的这一做法很可能并不合法，但事态的发展证明他的选择是正确的，从而让他获得了国内各方的一致赞誉。

首相夫人玛戈·阿斯奎斯（Margot Asquith）曾在日记里发问，究竟是什么让温斯顿·丘吉尔变得如此出色。"显然不是他的头脑，"她写道，"也不是他的判断力，实际上他总是犯错……"她总结道："真正的原因当然是他的勇气和个性——勤奋与进取心的奇妙结合。他总是能够想尽各种办法让自己大获成功，从不推卸责任、逃避或是**明哲保身**——虽然他总是在为自己考虑。他**总是甘冒巨大的风险**。"[*1]

无视内阁的决定擅自动员舰队，这是一次大获成功的冒险。在

---

* 这些强调符号都是日记原文中所加。——原注

英国卷入战争之后的那段时间，就连与他关系最差的政敌也写信给丘吉尔，表达对他的崇敬之心。在他余生的很大一部分时间里，他最爱吹嘘的段子就是：战争爆发的时候，舰队已经准备好了。

而在当时，为他赢得几乎同样多赞誉的，还有他扣押土耳其战舰并将其编入英国皇家海军的举动。1914 年 8 月 12 日的《尚流》（Tatler）杂志在插图页上刊载了丘吉尔的一张照片。照片上是一脸坚毅的丘吉尔（一旁有他夫人的套印小图），上面的说明是："威武的丘吉尔！迅速的战争动员和购买两艘外国无畏舰充分印证了你的辛勤与睿智。"[2]

杂志里所说的军舰，指的是"雷沙迪耶号"和更大的"苏丹奥斯曼一世号"。这两艘军舰都是在英国的造船厂里制造的，十分强大，"苏丹奥斯曼一世号"上的重炮数量比以往建造的任何一艘战舰都多。[3] 起初是巴西订购了这两艘军舰，不过后来它们的买主换成了奥斯曼帝国。"雷沙迪耶号"早在 1913 年就已经下水，但由于土耳其人缺乏必要的现代化码头设备，这艘军舰迟迟未能交付。在丘吉尔的支持下，率领英国海军使团的海军少将阿瑟·H. 利波斯爵士（Sir Arthur H. Limpus）[*] 说服了奥斯曼帝国政府，为两家英国公司——维克斯（Vickers）和阿姆斯特朗·惠特沃思（Armstrong Whitworth）——赢得了修建码头设施的订单。在码头设施修建完成后，两艘军舰的交付也提上了日程。"苏丹奥斯曼一世号"定于1914 年 8 月完工下水，随后驶离英国；"雷沙迪耶号"也将随后起程。

---

[*] 第一次世界大战前，英国曾在 1910—1914 年先后向奥斯曼帝国派出三支海军使团，协助奥斯曼帝国改造其海军。利波斯所率的是第三支使团。——译者注

丘吉尔明白，这两艘军舰对奥斯曼帝国来说意义非凡。它们可以让奥斯曼帝国拥有一支现代海军，能让它在爱琴海对抗希腊，在黑海对抗俄国。奥斯曼帝国靠着举国上下怀着爱国热情的公众捐资，才凑够购买这两艘军舰的钱。有的故事或许有夸张成分，但据说有些妇女卖掉了自己的首饰，一些学童则捐出了自己的零用钱。[4] 1914 年 7 月 27 日，利波斯少将随奥斯曼帝国海军的舰船一起从伊斯坦布尔出海，等着迎接"苏丹奥斯曼一世号"，并护送它通过达达尼尔海峡，驶入奥斯曼帝国的首都。在伊斯坦布尔，土耳其人准备了奢华的庆典，他们将把这个"海军周"献给海军大臣艾哈迈德·杰马尔和英国与土耳其的伟大友谊。

在阿斯奎斯的内阁中，丘吉尔被认为是最亲土耳其的成员。利波斯少将出使土耳其的想法在几年前甫一提出，丘吉尔就一直热情地支持这一计划，并且随时关注其进度。英国派驻奥斯曼帝国海军的这个顾问团，其规模几乎可以跟由普鲁士骑兵将领奥托·利曼·冯·桑德斯（Otto Liman von Sanders）率领的、被派驻土耳其陆军的顾问团相媲美。在某种程度上，两支顾问团形成了相互制衡的关系，英国人的影响力主要在海军部，而德国人的影响力主要在陆军部。在伦敦，人们几乎对中东政治一无所知，但丘吉尔却难能可贵地亲自接触过奥斯曼帝国政府五巨头中的三个：塔拉特、恩维尔和财政大臣贾维特。正因如此，他才有机会了解到，作为奥斯曼帝国的海军装备供应商和顾问，英国是可以在伊斯坦布尔施加一定政治影响力的。

然而，欧洲的战争阴云却让这两艘新建的土耳其军舰在伦敦和柏林的眼里有了非同小可的意义。"雷沙迪耶号"和"苏丹奥斯曼一世号"都是最新的无畏舰,其实力足以睥睨其他水面舰船,在某种意义上也让它们变得过时。在1914年夏天,皇家海军接收的完工的无畏舰只比德国多七艘。当时,人们都预计欧洲的大战将会速战速决,因此看起来似乎没有时间在决战爆发前建造更多的军舰了。如果可以把这两艘为土耳其建造的无畏舰编入皇家海军,就可以显著提升皇家海军的实力。相反,倘若这两艘战舰落入德意志帝国或其盟友手中,海军实力的天平就会向对英国不利的方向倾斜。如果有人说"雷沙迪耶号"和"苏丹奥斯曼一世号"的归属可能会对第一次世界大战的结果产生不可忽视的影响,这大概也不能算是奇谈怪论。

在1914年7月27日那个星期的早些时候,面对战争危机的英国海军大臣决定采取一些预防性行动。他提出,皇家海军可以考虑征用这两艘土耳其战列舰。在丘吉尔提出这一动议之后,先后发生了一连串的事件,最终使他被指责为造成中东战事不幸爆发的责任人。他后来则为自己辩解,装出一副自己不过是执行命令的样子。从那之后,这段历史的真相就一直模糊不清,因为无论是丘吉尔还是那些恶意抨击他的人,他们讲的故事都不是真的。

根据丘吉尔对第一次世界大战的记载,英国在1912年制订了应急方案,提出在战争爆发时可以扣押英国船厂里在建的所有外国战舰。当战争于1914年爆发时,英国的船厂正在为土耳其、智利、希腊、巴西和荷兰建造战舰。丘吉尔认为,他所做的无非是遵循1912年制订的方案。按他的说法,他发布的命令适用于所有在建的外国战舰,并非专门针对奥斯曼帝国的军舰。他提到,扣押战舰的"详细方案"都是多年前制订的,后来又在1912年更新了一次。[5]

这一说法并不属实。夺取土耳其战舰的想法完全出自丘吉尔，而且他的这个想法就是在 1914 年夏天形成的。

在战争爆发前的那个星期，丘吉尔第一次提出了扣押外国军舰的问题。那是在 1914 年 7 月 28 日星期二，丘吉尔在发给第一海务大臣 * 巴滕贝格的路易斯亲王 † 和第三海务大臣阿奇博尔德·穆尔爵士（Sir Archibald Moore）的公函中写道："鉴于有可能需要征用英国造船厂中即将完工的两艘土耳其战舰，请制订解决相关行政问题和财务交易问题的具体方案。"[6]

穆尔海军上将进行了一番研究，发现并没有任何行政或法律上的程序能让征用土耳其战舰这件事合法化。他咨询了外交部的一位法务官员，得知这种行为并无先例。这位外交部的法务官员说，倘若英国正处于战争状态，他们尚可使用国家利益高于合法权益的借口；然而，鉴于英国并没有处于战争状态，‡ 丘吉尔征用外国舰船的行为就不合法。该法务官员给海军部的建议是，倘若他们真的需要这些舰船，就应当尝试说服奥斯曼帝国政府同意将它们卖掉。[7]

土耳其人也在怀疑丘吉尔不怀好意。7 月 29 日，英国外交部接到警告称，"苏丹奥斯曼一世号"正在装载燃油，并且已经接到命令，要在尚未彻底完工的情况下即刻起程开赴伊斯坦布尔。[8] 丘吉尔

---

* 第一海务大臣（First Sea Lord），职业海军军官的最高职务，有别于由内阁文官出任的海军大臣。——译者注

† 巴滕贝格的路易斯亲王（Prince Louis of Battenberg，1854—1921），与英国王室联姻的德国贵族，其妻为黑森和莱茵的维多利亚公主，也是英国维多利亚女王的外孙女。鉴于"一战"中英国越发浓重的反德情绪，亲王后来将自己的姓氏改为意思相同，但较少德语色彩的蒙巴顿（Mountbatten），其子即主持了印巴分治的著名末代印度总督蒙巴顿伯爵。他还是英国女王伊丽莎白二世的丈夫菲利普亲王的外祖父。——译者注

‡ 英德两国在一星期之后才进入战争状态。——原注

立刻下令，要求两艘军舰的建造方扣押船只。他还派遣英国安全部队守卫这两艘船，阻止土耳其船员登船或在船上升起奥斯曼帝国旗帜（根据通行的国际法，一旦升起旗帜，这两艘军舰就会变成奥斯曼帝国的领地）。

第二天，英国总检察长告诉丘吉尔，他的做法并不符合法律规定，但考虑到英国的利益高于一切，他可以暂时扣押这两艘船。[9] 就在同一天，外交部的一位高阶事务官也表达了相同的观点，不过他的说法更露骨，也更实用主义："在我看来，我们必须让海军部采取他们认为有必要采取的行动……然后再尽我们所能地向土耳其人解释我们做法的合理性。"[10]

7月31日，内阁接受了丘吉尔的观点，同意他为皇家海军征用这两艘土耳其战舰，以备对德作战之用。随后，英国水手登上了"苏丹奥斯曼一世号"。奥斯曼帝国大使来到外交部，要求英国解释这一行为。他得到的答复是，这艘战列舰只是暂时被扣押。[11]

接近8月1日的午夜时分，丘吉尔书面指示穆尔海军上将动员英国舰队，同时让他通知维克斯和阿姆斯特朗这两家公司，告诉它们两艘奥斯曼帝国战舰将被扣押，英国海军部将发起谈判，探讨购买这两艘军舰的问题。[12]

丘吉尔还第一次提到了在英国造船厂里建造的其他国家（除了土耳其之外）战舰的问题。穆尔海军上将在几天前就向海军大臣提出过这一问题，但丘吉尔当时并未给予答复。现在，尽管其他国家的战舰没有土耳其战舰这样的重要性，丘吉尔还是下令将它们也一并扣押，在建造完成后再行收购。

8月3日，海军部与阿姆斯特朗公司协商完毕，立即着手将

"苏丹奥斯曼一世号"编入皇家海军。[13] 当晚，外交部给伊斯坦布尔的英国大使馆发电报，指示他们通知奥斯曼帝国政府，英国希望奥斯曼帝国将"苏丹奥斯曼一世号"的购买合同转让给英王陛下的政府。[14] 次日，爱德华·格雷爵士又发了一封电报到伊斯坦布尔。电报中说，他深信土耳其政府会理解英国的处境，"对于土耳其蒙受的经济损失和其他方面的损失，英国将给予充分考虑"。[15]

一个关键却被忽略的事实是，早在 8 月 3 日接到官方通知电报之前，奥斯曼帝国政府就已经得知丘吉尔扣押军舰一事了。土耳其人在 7 月 31 日就知道英国人在夺取战舰，且最晚在 7 月 29 日这天，土耳其人就已经高度怀疑英国人可能会采取这一行动。接下来，我们就会看到这些日期意味着什么了。

II

7 月 23 日，随着战争危机的降临，柏林开始重新考虑土耳其成为盟友的潜在价值。1914 年 7 月 24 日，德皇威廉二世亲自推翻了德国驻伊斯坦布尔大使给土耳其人的拒绝答复，命令他重新考量恩维尔的结盟提议。就在前一天晚上，奥匈帝国向塞尔维亚发出了最后通牒，正是这一最后通牒造成了欧洲的战争危机。得知这一消息后，德皇认为"此时此刻"应当"出于现实的考虑"，利用奥斯曼帝国对结盟的渴望。[16]

在伊斯坦布尔，双方立刻展开了密谈。奥斯曼帝国方面出席的谈判代表包括：大维齐尔兼外交大臣赛义德·哈利姆亲王、内政大臣塔拉特贝伊和陆军大臣恩维尔帕夏。恩维尔告诉德国大使，

C.U.P. 中央委员会的大部分成员都赞同与德国结盟；但实际上，除了三位谈判代表之外，中央委员会的其他成员并不知晓这次谈判，甚至连他们颇有权势的同僚——海军大臣杰马尔帕夏——都不知情。[17]

7月28日，奥斯曼帝国方面的领导者们将他们的结盟草案递交给了柏林方面。尽管德皇已经表达了积极的态度，但德意志帝国宰相特奥巴尔德·冯·贝特曼·霍尔韦格（Theobald von Bethmann Hollweg）却依旧对与土耳其产生瓜葛不感兴趣。就在7月31日，也就是德国总参谋部通知他签署命令投入战争的那一天，贝特曼·霍尔韦格给德国驻伊斯坦布尔大使发电报，告诉他，除非他确信"土耳其能够针对俄国采取有意义的行动"，否则就不要与奥斯曼帝国缔结盟约。[18]

8月1日是整个谈判中最重要的一天。双方讨价还价的具体细节至今仍是一个谜。德国方面，冯·旺根海姆完全遵照了其政府首脑的指示：远在柏林的帝国宰相说得很清楚，除非土耳其人能对战争中的德国做出什么出乎意料的重大贡献，否则就要拒绝奥斯曼帝国的请求。实际上，土耳其人也完全不愿意参战。正如事态的发展将证明的那样，大维齐尔和他的同僚们并不希望土耳其卷入战争。因此，从表面上看，土耳其人没什么能提供给德国的东西。然而，到这一天结束的时候，三位青年土耳其党的领袖却从德国人手里拿到了一份结盟协议，双方在次日下午正式签署了这项协议。

不仅整个谈判是秘密进行的，协议的第八款还规定，整个协议也应当继续保密。协议的第四款给了 C.U.P. 的领袖们他们最想要的东西："一旦奥斯曼帝国的领土遭遇威胁，德国有保卫其不受侵犯之义务，必要时应不惜诉诸武力。"[19] 整个协议到1918年12月31日到期，在此之前，德国的此项义务一直有效。

反过来，根据协议，对于当时塞尔维亚与奥匈帝国之间的冲突，奥斯曼帝国应当严守中立，仅在德国按照德奥之间的协议被迫卷入战争时，奥斯曼帝国才有参战的义务。*仅在这种情况下，奥斯曼帝国承诺将进行武装干预，并准许德国驻伊斯坦布尔的军事使团对奥斯曼帝国军队的行动施加"有效影响"。

就在协议签署的第二天，奥斯曼帝国下令开始总动员，但同时宣布在欧洲冲突中保持中立。奥斯曼帝国与德国之间的协议依然保密，恩维尔和他的同谋们宣称其总动员令并不针对协约国。奥斯曼帝国的领导者们还故意与协约国的代表对话，强调他们之间依然有可能维持友好关系。恩维尔甚至向他们暗示，土耳其或许会加入协约国一方。

在此之前一直对奥斯曼帝国的能力持怀疑态度的柏林方面，此时焦急地想要获得土耳其的援助。8月5日，德国总参谋长开始向土耳其人施压，要求他们在对英和对俄战事方面支援德国；而就在几个星期之前，这位总参谋长还说，如果奥斯曼帝国与德国结盟，它对德国来说并不是一项"资产"。[20]尽管有来自德国的压力，但土耳其人不想被迫匆忙投入战争。实际上，由于缺乏运输设施，奥斯曼帝国也无法迅速地完成动员。

德国军事代表团已经指导了奥斯曼帝国陆军数年。因此，德国大使应当很清楚，奥斯曼帝国最早也要到秋末或冬天才可能真正投

---

* 就在协议签署的前一天，德国对俄国宣战。德国并不是按照德奥之间的协议被迫参战的。实际上，奥匈帝国直到德国宣战的几天之后才对俄国宣战。因此，按照书面条款的规定，德国与奥斯曼帝国签署的这项奇怪的协议并没有要求土耳其人投入战争。——原注

入战斗。在 8 月 1 日的时候，几乎所有人都认为战争会在几个月内结束。所以，在冯·旺根海姆看来，等到奥斯曼帝国做好战争准备，战争恐怕已经接近尾声了；即便如此，他还是跟青年土耳其党缔结了盟约。然而，他从柏林得到的指示是，只有在青年土耳其党证明自己有能力为战争中的德国提供重大支持的情况下，他才可以与土耳其缔约。那么，这个"重大支持"到底是什么呢？

大多数历史学家认为，土耳其人在那一天并没有拿出什么新的东西来。也就是说，冯·旺根海姆并没有遵守柏林发出的指示。或许，他这么做是为了博取德皇的欢心；或许，是欧洲战争全面爆发的前景让他改变了 10 天前的看法，对奥斯曼帝国的军事重要性有了新的认识。但事实上，冯·旺根海姆一直是依照柏林发来的指示办事的。因此，这里就出现了一个尚未有历史学家问过的令人迷惑的问题：恩维尔究竟在 8 月 1 日给了德国什么新的承诺，使德国大使改变了主意，同意由德国保护奥斯曼帝国？

III

20 年前，一个有趣的事实浮出了水面。一位研究德国外交档案的学者发现，1914 年 8 月 1 日，恩维尔和塔拉特在与德国大使冯·旺根海姆的一次会谈中突然提出，他们可以把世界上最强大的战舰之一——"苏丹奥斯曼一世号"——移交给德国。[21] 冯·旺根海姆接受了这一提议。两个星期之后，英国的情报机关得到来自德国的情报称，德国舰队的指挥官们曾十分热切地期待着接收这艘十分重要的全新战舰。而显然，当丘吉尔将这艘军舰扣留之后，他们又感到非常失望。[22]

历史学家们没有仔细地研究过这段历史，有可能是因为它在表面看上去不合情理。恩维尔和塔拉特不可能想要把土耳其视若珍宝的战列舰交给别人，毕竟土耳其民众不仅在这艘军舰身上花费了大量的金钱，更投入了炽热的感情，整个帝国都以这艘军舰为荣。哪个领导者要是胆敢提出把这艘军舰送给他国，无异于政治上的自杀。但是，证据就明明白白地摆在那里，他们确实私下里向冯·旺根海姆提议，要把这艘军舰送给德国。

而在20多年前，一份对奥斯曼帝国档案的研究中曾捎带提到了一段对话，这或许有助于我们理解这段史实。就在恩维尔和塔拉特向德国提出转让军舰的同一天——1914年8月1日——恩维尔向青年土耳其党的其他领袖透露说，英国已经控制了"苏丹奥斯曼一世号"。[23] 也就是说，在8月1日这一天，他就已经知道这件事了！我们现在知道，土耳其人在7月29日就担心丘吉尔即将对"苏丹奥斯曼一世号"动手，随后在丘吉尔确实动手之后的7月31日向英国表示了抗议。因此，恩维尔完全有可能在8月1日之前就已经获悉英国夺取了这艘战列舰。

这样一来就可以回答前面提出的问题了。除非土耳其人可以证明他们有能力为击败协约国做出重大贡献，否则冯·旺根海姆不应当同意奥斯曼帝国与德国结盟。事实是，他在8月1日同意了缔结盟约的请求，尽管在那之前的一个星期里他都不相信奥斯曼帝国的武装力量能做出什么重大贡献。因此，为恩维尔和塔拉特赢得了德国这个盟友的所谓"重大贡献"，莫非就是他们在8月1日做出的转让"苏丹奥斯曼一世号"的提议？

倘若恩维尔和塔拉特在做出这一秘密承诺之前就已经知晓英国人夺走了"苏丹奥斯曼一世号"，他们就完全可以在做出这一承诺的同时不受国内的指责，因为在提议之时，这艘军舰其实就已不在土耳其人手中了。实际上，德国人自始至终都没有意识到自己被要了。他们似乎一直以为，恩维尔和塔拉特提出这一条件时是真心实意的，只是在几天之后接到了有关丘吉尔所作所为的正式通知时，这才意识到恩维尔和塔拉特已经无法履行承诺了。而到了这个时候，德国已经正式签署了协议，承诺保护奥斯曼帝国不受敌国侵害；而德国人得到的，却只是恩维尔和塔拉特开出的空头支票。

7

高门阴谋

I

8月1日，德国和青年土耳其党的代表在伊斯坦布尔举行了秘密会谈。在会谈期间，土耳其陆军大臣恩维尔在德国大使馆秘密会见了德国大使汉斯·冯·旺根海姆和德国军事代表团负责人奥托·利曼·冯·桑德斯。[1] 他们会面探讨的主题是，如果土耳其和保加利亚签订条约并加入德国一方对俄国作战，德土两国之间的军事合作应当采取何种形式。在他们看来，如果想取得战争的胜利，必须先掌握制海权。他们得出的结论是，德国的地中海舰队——包括强大的"戈本号"及其姐妹舰"布雷斯劳号"——应当驶往伊斯坦布尔，以加强黑海中奥斯曼帝国舰队的实力，从而让土耳其和保加利亚陆军可以放心大胆地入侵俄国。值得注意的是，他们三个人似乎都不认为"苏丹奥斯曼一世号"可以加入这一任务。我们可以猜测，恩维尔其实已经知道英国人夺走了这艘战舰，而德国人相信这艘战舰正在奉恩维尔之命驶向北海的港口，以便加入德国舰队。因此，他们相信，已经在地中海中游弋的"戈本号"和"布雷斯劳号"直接驶往伊斯坦布尔是更加合理的安排。

会谈结束后，利曼和冯·旺根海姆就请求德国政府将德国舰队派往土耳其。8月3日，德国海军部向地中海舰队的指挥官威廉·苏雄（Wilhelm Souchon）海军少将下达了这一命令。苏雄在8月4日清晨收到了无线电报。此时，他的舰队正在阿尔及利亚海岸附近，准备阻挠法国从法属北非向本土运兵。苏雄决定不马上执行命令，而是先炮轰了阿尔及利亚的两座港口，随后返航到中立的意大利西西里的港口墨西拿（Messina）补充燃料，那里有德国的补煤站。由于"戈本号"的锅炉出了些问题，这支舰队直到8月5日早上才抵达墨西拿。

就在补煤的间隙，苏雄又收到了从柏林发来的电报。发给他的命令有变。恩维尔在邀请德国战舰前往伊斯坦布尔之前，并没有征求其同僚的意见，而他的同僚们完全不急于卷入战争。因此，在发现德国军舰已经出发之后，奥斯曼帝国政府马上警告柏林说，他们不同意德国军舰来伊斯坦布尔。于是，柏林方面只好发电报给苏雄，告诉他造访奥斯曼帝国首都的行程已经"不可行"。但是，苏雄认为这只是一个预警，而不是命令，决定继续向土耳其进发，迫使土耳其人就范。德国海军将领的这个个人决定成了整个事件的转折点。

与此同时，奉丘吉尔命令跟踪"戈本号"的英国舰队在8月4日的夜幕中丢失了目标。不过，到了8月5日，他们又发现了"戈本号"。英国舰队的指挥官准备在"戈本号"加煤完毕，驶出墨西拿海峡时实施截击。他预计"戈本号"会再次前去袭击北非海岸，于是把舰队部署在西西里岛的西侧，待"戈本号"从墨西拿返航时发动攻击。另一支规模小得多的舰队则被部署在了东北方向很远处的亚得里亚海上，准备在"戈本号"逃回母港普拉*时挡住其去路。

在英国一边，伦敦方面的政治想象力有多差劲，英国海军在海上的军事表现就有多糟糕。无论是外交部、陆军部还是海军部，都没有把奥斯曼帝国纳入其战略计算之中。而无论是伦敦的领导者还是前线的指挥官，也都没考虑过苏雄可能会率领舰队驶往伊斯坦布尔。在看到他一路向东驶去之后，他们还认为他只是在设法躲避英国舰队，并认为他早晚会掉头向西折返。

8月6日，"戈本号"及其姐妹舰"布雷斯劳号"驶出墨西拿海峡。苏雄本以为会被一支实力强大的英国舰队挡住去路，结果却发现前方一片坦途，于是直奔爱琴海而去。

"都是舰队指挥官的错，"首相的女儿后来对丘吉尔说，"他竟然没有在墨西拿海峡的两端各部署一艘战列巡洋舰，反而在其中的一端部署了两艘，在另外一端什么也没部署。"[2] 她对丘吉尔建议说，不如让他手下的海军将领们都退役，提拔校官们取而代之。

苏雄在向东行驶的路上其实还遇到过一支英国舰队。但是，面对强大的"戈本号"，这支英国舰队选择了避战退缩。凭借德国舰队的出色发挥和英国追击舰队的愚蠢表现，苏雄的舰队终于抵达了达达尼尔海峡的入口处。

II

8月6日凌晨1时，大维齐尔与德国大使商讨了"戈本号"和

---

* 普拉（Pola），位于亚得里亚海东岸的海港，当时是奥匈帝国最大的军港。今属克罗地亚。——译者注

　　　　　　　　　　　　　　　　　　终结所有和平的和平

"布雷斯劳号"的命运。英国地中海舰队正紧紧跟随着两艘德国战舰。因此，如果土耳其人不许德国战舰进入海峡，它们就会被困在土耳其要塞和英国舰队之间。大维齐尔赛义德·哈利姆告诉德国大使，他的政府决定允许德国战舰进入海峡，躲避追击。但是，有一个前提条件，这个条件一说出口，德国大使就意识到它非常之苛刻。显然，与英国人的理解完全相反，青年土耳其党政府的目标是摆脱德国和其他欧洲国家的控制。奥斯曼帝国政府要求德国必须接受六项影响深远的提议。第一项提议就是要废除不平等条约及其赋予德国人和其他欧洲人的种种特权，这也是 C.U.P. 最重要的政治主张之一。其他提议则在书面上确保了土耳其在德国取得战争的胜利之后可以分到一杯羹。在德国人看来，这些提议简直无法形容。但对冯·旺根海姆来说，他别无选择，只能接受这些条件，除非他想把"戈本号"和"布雷斯劳号"抛弃在英国海军射程极远的舰炮火力之下。土耳其人的做法无异于拿枪指着他，逼他做决定。

土耳其人允许德国战舰进入海峡的举动，被伦敦的英国海军部解读为伊斯坦布尔和柏林之间的勾结串通。丘吉尔和他的同僚们并不知道真实的情况其实是土耳其敲诈了德国。恼火的丘吉尔飞快地起草了一封电报，命令英国海军封锁达达尼尔海峡。[3] 他其实并没有独立下达这一命令的权力。而且，一旦英国海军执行了这一命令，这种做法完全可以被伊斯坦布尔方面解读为战争行为。英国舰队发电报回来要求确认这一命令，海军部只好回复说"措辞有误"，"无须封锁"。于是，英国军舰就停留在了公海，等德国军舰出来。[4]

英国向奥斯曼苏丹的政府抗议说，根据国际法的惯例，作为中立国的土耳其必须让德国军舰离开海峡，或是直接将其羁押。但奥斯曼帝国政府并没有采取这两种做法。利用法律上的这种局面，奥斯曼帝国政府决定进一步敲诈德国人。

冯·旺根海姆还没从8月6日土耳其人提出的无理要求中缓过劲来，大维齐尔又在8月9日找上门来，给这位德国大使带来了更多的消息。赛义德·哈利姆宣称，奥斯曼帝国可能会与希腊和罗马尼亚一道签署一份条约，公开宣示中立。这样一来，还留在土耳其水域的"戈本号"和"布雷斯劳号"就会破坏土耳其的中立地位，因此必须想办法解决此事。奥斯曼帝国政府提出，他们可以假装购买这两艘战舰：土耳其人取得这两艘战舰的所有权，并且装作已经为购买它们向德国付过款了。如此，这两艘战舰留在土耳其就没有任何阻力了，也不会妨碍土耳其的中立地位。

8月10日，德国宰相从柏林给冯·旺根海姆发电报，命令他拒绝土耳其的提议，并且督促土耳其马上参战。但是，青年土耳其党的领袖们并不急于让奥斯曼帝国卷入欧洲的战事。当天，冯·旺根海姆被召到奥斯曼帝国政府，大维齐尔怒气冲冲地对他横加指责，抱怨"戈本号"和"布雷斯劳号"来得太早了。赛义德·哈利姆全然不顾奥斯曼帝国政府自身在事态发展过程中的影响，再次提出了由土耳其接手两艘德国战舰的建议，但遭到了冯·旺根海姆的拒绝。

于是，奥斯曼帝国政府单方面发表了一项公开声明，谎称已经购买了这两艘德国巡洋舰，并且为此支付了8000万马克。消息一出，帝国上下欣喜若狂。8月14日，十分沮丧的冯·旺根海姆告诉柏林，他们除了配合这个"出售军舰"的故事之外已经别无选择。如果德国否认这一消息，可能会激起当地民众强烈的反德情绪。柏林采纳了他的建议。8 月 16 日，海军大臣杰马尔帕夏出席庆典，正式将这两艘军舰纳入奥斯曼帝国海军。

土耳其人缺乏能够操纵和维护这两艘复杂战舰的军官和船员，于是决定暂时由德国人代劳。苏雄被任命为奥斯曼帝国黑海舰队的指挥官，他手下的水手则收到了菲斯帽*和奥斯曼帝国海军的制服，并完成了入伍手续，加入了苏丹的海军。5 在伦敦，整个事件都被视作德国人精心设计的阴谋，其目的是要让奥斯曼帝国的人看到，丘吉尔用不正当的方式夺走了他们的现代化战舰，而德国人却慷慨地把现代化的战舰交给了他们。甚至直到今天，历史学家们还在沿用这一说法。

就在大约一星期之前，愤怒的学童涌上了伊斯坦布尔的街道，抗议丘吉尔夺走了他们用自己的钱购买的战舰。6 因此，英国政府的领导者们确信这两件事情是有关联的。英国首相对土耳其"购买"德国军舰一事的评价是："土耳其人对温斯顿扣押战舰的事情非常不高兴，这再自然不过了。"7

现在，轮到丘吉尔对土耳其人不满了。8 月 17 日，首相注意到"丘吉尔变得极为好战，还要求派遣一支鱼雷艇分队闯进达尼尔海峡，威胁'戈本号'及其姐妹舰，如有必要，就将它们击沉"。8 但是，内阁却更倾向于陆军大臣†和印度事务大臣‡的意见：此举会让英国看起来像是侵犯奥斯曼帝国的入侵者，这对英国的利益有害。

---

* 菲斯帽（fezz），红色的毛毡软帽，在 19 世纪 20—30 年代马哈茂德苏丹改革期间成为奥斯曼帝国标配的军帽，取代了沿袭数百年的头巾。——译者注
† 时任陆军大臣是基钦纳伯爵。——译者注
‡ 时任印度事务大臣是克鲁侯爵（Marquess of Crewe，1858—1945）。——译者注

但是，奥斯曼帝国似乎还是在滑向敌方阵营。在伦敦，最让人信服的解释是丘吉尔扣押土耳其战舰的做法导致了这一后果。温德姆·迪兹从土耳其返回了英国，途中还十分大胆地经过了柏林。他在伦敦拜访了他的老朋友——奥斯曼帝国驻英国大使。他发现，伦敦流行的这种说法是站不住脚的，扣押战舰的事情根本不是问题的关键所在。奥斯曼帝国政府当然对战舰被扣押这件事感到不满，但即便英国人交还战舰，也不会改变土耳其人亲德的政策。

对俄国扩张的担忧是左右奥斯曼帝国政策的核心因素。土耳其大使告诉迪兹，倘若协约国赢得战争，它们会主动参与或被动默许对奥斯曼帝国的瓜分，而如果德国赢得战争，它就不会允许奥斯曼帝国被瓜分。[9]这就是奥斯曼帝国政府亲德的原因。迪兹告诉他，协约国也不会允许奥斯曼帝国被瓜分。但是，恩维尔已经跟这位大使说过，协约国以前也给过类似的保证，最后却食言了。（恩维尔没有告诉大使，德国还做出了保卫奥斯曼帝国领土的书面承诺。恩维尔和他的同僚们仍然把土耳其与德国之间的盟约对外保密，人们直到多年之后才知晓它的存在。）

与土耳其大使的交谈让迪兹大为警觉。他警告新任陆军大臣基钦纳伯爵，土耳其对协约国的意图感到忧心忡忡，因此正在滑向敌方阵营。在过去的一个半世纪里，俄国一直在试图肢解奥斯曼帝国，而现在俄国是英国的盟友。因此，英国要想让奥斯曼帝国政府感到安心绝非易事。但迪兹还是认为英国应该为此努力。

与此同时，丘吉尔对奥斯曼帝国的敌意正在日渐增加。在他看来，奥斯曼帝国正在变成敌国。他在 8 月下旬得到的情报表明，德国军官和其他人员正在经由中立的保加利亚从陆路进入土耳其，到奥斯曼帝国的军队中任职。到了 8 月 26 日，利波斯海军少将向丘吉尔汇报说："此时此刻，君士坦丁堡已经几乎完全落入德国人手中。"[10]

丘吉尔继续催促英国政府采取行动。9 月 1 日，他推动海军部和陆军部举行联合参谋会议，制订进攻土耳其的行动预案。第二天，他得到内阁的授权，如果土耳其军舰与"戈本号"和"布雷斯劳号"一同驶出达达尼尔海峡，英国舰队可以将它们击沉。随后，他告诉守在达达尼尔海峡入口处的英国舰队的指挥官，如果土耳其舰船单独驶出达达尼尔海峡，英军指挥官可以自行决定是否将它们赶回去。丘吉尔的这个命令可谓是一记昏着，它迫使土耳其人采取了一项收效惊人的反制手段。

9 月 27 日，英国舰队根据丘吉尔的命令截住了一艘土耳其鱼雷艇，并把它赶了回去，因为这艘鱼雷艇上载着德国水手，违反了中立法则。为了报复英国人的行为，恩维尔帕夏授权指挥达达尼尔海峡土耳其防御工事的德国军官封锁了海峡，并且完成了海峡内的布雷工作。此举切断了协约国商船的航路，带来了十分严重的后果。对俄国来说，达达尼尔海峡是一条通往西方的没有冰封期的航路，俄国 50% 的出口贸易都依赖这条航路，尤其是它的小麦出口。俄国需要靠出口小麦来换取资金，以及购买战争所需的武器和弹药。[11]如果协约国的领袖们能意识到第一次世界大战将演变为一场旷日持久的消耗战，他们就会发现，土耳其人在海峡内布雷的行为可能会导致沙皇俄国的崩溃，继而让协约国在战争中失败。

达达尼尔海峡的自由通航是受到条约保护的。因此，奥斯曼帝国当局再一次违犯了国际法，而且似乎又是温斯顿·丘吉尔的所作所为招致了这一后果。

不过，奥斯曼帝国仍然没有宣战。这种消极对抗的姿态使得丘吉尔束手无策、分外沮丧。[12]

III

丘吉尔并不知道，此时的形势让德国政府也感到束手无策、分外沮丧。德国军方一直试图让土耳其加入战争，结果只收获了恼怒与绝望。

持续发酵的"戈本号"和"布雷斯劳号"问题未能刺激英国向土耳其宣战，这让柏林方面大为失望。德国和奥匈帝国驻土耳其的大使不断收到来自本国政府的命令，要求他们推动土耳其人采取行动。但是，两位大使都意识到，不论青年土耳其党的终极目的究竟是什么，大维齐尔和他的同僚们都有充足的理由不让土耳其立刻卷入欧洲战事：土耳其武装力量的动员工作尚未完成；即便动员完毕，空虚的奥斯曼帝国国库如何供养大军也是一个问题。除此之外，土耳其与巴尔干邻国，尤其是与保加利亚的谈判也还没有取得成果。

从一开始，奥斯曼帝国政府就说得很清楚，土耳其只可能与保加利亚一起参战。的确，在恩维尔、冯·旺根海姆和利曼·冯·桑德斯在8月1日制订的战争方案中，他们也假定保加利亚会与奥斯曼帝国共同出兵。首先，保加利亚就横在土耳其通往欧洲其他部分的主要路线上；另外，还有一个更重要的因素，那就是保加利亚这个邻邦一直在企图夺取更多的土地。如果保加利亚在奥斯曼帝国军队在外与俄军作战时乘虚而入，入侵土耳其，奥斯曼帝国就会陷入无助的境地。"我十分确信,"大维齐尔对德国大使说,"德国不想让土耳其自杀。"[13]

但是,保加利亚人却不愿意轻易做出承诺。8月19日,塔拉特与保加利亚签署了一项共同防御条约。条约规定,如果两国中的任何一方遭到第三国的进攻,另一方有义务提供援助。不过,这项条约是不适用于土耳其加入德国一方对俄国开战这种情况的,因为保加利亚还没准备好介入俄德之间的冲突。身在伊斯坦布尔的德国人意识到,这就意味着奥斯曼帝国会继续保持中立。

柏林和伦敦都对伊斯坦布尔的局势感到十分沮丧。我们提到过,丘吉尔当时不再相信土耳其会严守中立,因而请求内阁批准他派遣舰队进入达达尼尔海峡,击沉"戈本号"和"布雷斯劳号"。而就在两天之后,身在伊斯坦布尔、站在丘吉尔对立面的利曼·冯·桑德斯将军也深感绝望,认为自己已经无法让土耳其投入战争,因而向德皇请求准许他和他的军事代表团回国。像丘吉尔一样,他对青年土耳其党感到非常恼火,他甚至说要与恩维尔和杰马尔决斗。[14]利曼在发给德皇的请求书中指出,从恩维尔近期的表态和军事部署可以看出,C.U.P.打算让土耳其一直袖手旁观,直到战争结束,或者至少也要等到局势明朗、德国已经胜券在握的时候再动手。他还指出,如果奥斯曼帝国政府继续让军队处于动员状态,那么或许还没投入战争,土耳其军队就会因为缺少资金和食物而崩溃。[15]差不多就在利波斯海军少将向温斯顿·丘吉尔汇报说"君士坦丁堡已经几乎完全落入德国人手中"的时候,利曼·冯·桑德斯将军也向德皇汇报说,伊斯坦布尔的整体氛围已经让他难以忍受,德国军官已经无法继续在此履职了。[16]

但是，德皇拒绝了利曼回国的请求。在 9 月初的第一次马恩河战役结束之后，德国在西欧速战速决、迅速赢得战争胜利的计划破灭，德国随之加紧对土耳其施压，要求其投入战争。在德国大使冯·旺根海姆看来，这项任务非常不切实际，至少眼下如此。就连曾被他形容为"像磐石一样坚定地支持德国"[17]的恩维尔也认为时机尚不成熟：土耳其还没有在军事上做好准备，而且恩维尔的同僚们依然反对参战。但冯·旺根海姆没办法向本国政府解释这一情形。

1914 年 9 月 8 日发生的事情清晰地揭示了德土两国政府在根本目标上的分歧。当天，奥斯曼帝国政府突然单方面宣布废除不平等条约赋予外国的特权，其中也包括赋予德国的。得知这一消息后，德国大使勃然大怒。他威胁说，他本人和德国军事代表团将马上收拾行装返回母国。结果，不论是他自己还是军事代表团都没有离开。这充分表明，土耳其的话语权自 7 月下旬以来已经大为增强。

不同寻常的事情发生了：德国和奥匈帝国的大使居然与他们的敌人——英国、法国和俄国的大使——一道向奥斯曼帝国政府表示了抗议。随后发生的事情表明，土耳其政府的领导者们已经变得非常善于在不做出任何承诺的前提下与外国眉来眼去。德奥两国大使私下里告诉奥斯曼帝国政府，他们眼下无意彻底解决这一问题；协约国的大使们则表示，只要土耳其继续保持中立，他们可以接受土耳其的决定。

于是，10 月初，奥斯曼帝国政府决定采取行动。奥斯曼帝国境内所有的外国邮局全部关闭；外国人从此开始受土耳其法律和法院的管辖；土耳其不仅收回了对外国进口货物的关税管辖权，还提高了关税税率。

IV

土耳其的不参战政策正在带来实实在在的好处。因此，恩维尔帕夏选择在这个时候开始密谋反对这项政策和它的主要倡导者——大维齐尔，乍看上去着实让人感到匪夷所思。德国在伊斯坦布尔不可忽视的军事存在，包括"戈本号"和"布雷斯劳号"这两艘战舰，可能是恩维尔考虑的因素之一。不过，德俄战争的局势可能是更重要的因素。在7月和8月，对俄国侵占土耳其领土的担忧是决定其政策的主要因素。但到了9月，随着俄军的溃败，恩维尔似乎开始转而考虑夺取俄国的土地，于是从支持防御性的政策转向了支持进攻性的政策。对奥斯曼帝国和中东局势而言，他的这一政策转变可谓是一个转折点。

我们可以推断，德国在8月底的坦能堡战役和9月正在进行的马祖里湖战役*中的军事胜利让恩维尔相信，如果土耳其想要分得俄国的土地，就必须赶在德国独自击败俄国之前迅速参战。随着数十万俄军阵亡或被俘，即便是比恩维尔冷静的观察者也会认为俄国即将输掉战争。德国这班胜利的列车即将离站，一心投机的恩维尔似乎相信，这是他跳上列车的最后机会了。9月26日，恩维尔没有跟他的同僚们商量，就亲自下令对所有外国船只（实际上是对协约国的船只）封闭达达尼尔海峡。一星期之后，他告诉冯·旺根海姆，局势已经不在大维齐尔的掌控之中。

在伊斯坦布尔，一扇扇紧闭的门后正进行着权力斗争。英国外

---

* 坦能堡战役和马祖里湖战役均为第一次世界大战中德国在东线击败入侵俄军的战役。——译者注

交部对 C.U.P. 的内部政治几乎一无所知，他们用一种十分简化的观点看待问题。外交大臣爱德华·格雷爵士后来回忆，自己曾说"只有暗杀恩维尔才能阻止土耳其与德国结盟"，还曾说"在土耳其充斥着危机和暴力的时期，往往会产生两类人——暗杀者和被暗杀者，而大维齐尔比他的反对者们更有可能成为后一类人"。[18]

倘若当时能有一位消息灵通的英国大使，他是否有机会对发生在伊斯坦布尔的事件的进程施加一些影响呢？历史学家们不停地辩论着这一话题，当然也并没有什么方法能够验证谁对谁错。[19]

尽管细节依然不为人所知，但在 1914 年的秋天，C.U.P. 中央委员会的内部的确存在不同派系和个人拉帮结伙的斗争。恩维尔的影响力增强了，因为他赢得了塔拉特贝伊的支持，而塔拉特本人是党内最主要派别的领袖。

C.U.P. 内部的其他领袖也像恩维尔一样认为德国很可能会赢得战争。不过，到当时为止，他们还认为没有必要为了这个预测赌上帝国的命运。他们都是政治家，恩维尔却是一位斗士。他比丘吉尔更年轻、更冲动，与丘吉尔一样对荣誉充满了渴望。如果土耳其加入德国一方参战，身为陆军大臣和德国最亲密的伙伴，恩维尔会得到很多机会提高自己的名望和地位。这位风度翩翩的人物似乎有着用不完的好运气，但他的能力却是有限的。他没有意识到，自己既可能在赌桌上赢，也可能在赌桌上输。他把自己的筹码押在德国人身上，以为自己是在进行一项投资，殊不知这不过是一次赌博。

10 月 9 日，恩维尔告诉冯·旺根海姆自己已经获得了塔拉特和众议院议长哈利勒贝伊的支持。他说，下一步就是要争取海军大臣杰马尔帕夏的支持。如果得不到杰马尔的支持，恩维尔就打算挑起一次内阁危机。他宣称，凭借自己在中央委员会里的拥趸（实际上这些人是塔拉特的拥趸），他可以组织一个支持参战的新政府。恩维尔夸大了自己的政治影响力，他向德国人担保说，最晚到 10 月中旬他就能让土耳其参战。他告诉德国人，他唯一需要的就是德国人拿出黄金来，帮他供养军队。[20] 利曼已经向德皇汇报过，如果没有资金支持，奥斯曼军队可能很快就会崩溃。因此，德国人早已经知道他们对资金的迫切需求了。

10 月 10 日，杰马尔加入了恩维尔的密谋。10 月 11 日，恩维尔、塔拉特、哈利勒和杰马尔进行了磋商，随后告诉德国人，他们一伙人已经下决心参战。只要德国送价值 200 万土耳其里拉的黄金到伊斯坦布尔来充当军费，他们就会立刻授权苏雄对俄国发动进攻。10 月 12 日，德国通过铁路，经由中立的罗马尼亚运出了价值 100 万土耳其里拉的黄金，随后在 10 月 17 日又运出了价值 100 万里拉的黄金。10 月 21 日，第二笔黄金抵达伊斯坦布尔。

接着，塔拉特和哈利勒就改了主意。他们提出，土耳其可以留着这笔钱，但是依旧在战争中保持中立。10 月 23 日，恩维尔把这一消息告诉了德国人。他告诉德国人，只要另一位军人出身的大臣杰马尔还站在他一边，他们就不需要担心。尽管他后来宣称塔拉特又回到了主战派的阵营，但恩维尔已经不打算再尝试说服青年土耳其党和奥斯曼帝国政府参战了。既然无法让土耳其向协约国宣战，他决定设法刺激协约国政府向土耳其宣战。

恩维尔和杰马尔下达密令，准许苏雄率领"戈本号"和"布雷斯劳号"进入黑海袭击俄国船只。恩维尔打算宣称，这两艘战舰是在遭到俄国人攻击之后被迫自卫的。然而，苏雄却并没有依令行事，而是炮击俄国海岸，公开挑起了战端。这位德国海军将领又一次推动了历史的进程。他后来说，他的目的就是要"迫使土耳其人卷入战争，哪怕他们不情愿"。[21] 苏雄的做法让外界清清楚楚地看到，"戈本号"和"布雷斯劳号"发动的攻击是有预谋的，恩维尔再也找不到任何借口来掩饰他的真实意图了。

这一变故的结果是，在伊斯坦布尔发生了公开摊牌。大维齐尔和内阁逼迫恩维尔给苏雄发电报，命令他停火。在接下来的近两天时间里，伊斯坦布尔发生了一场政治危机，其细节就连通常情况下消息灵通的德国人和奥地利人也知之甚少。奥斯曼帝国政府内阁和C.U.P. 中央委员会召开了一系列会议，这些会议充斥着辩论、威胁、拉帮结派和提出又撤回的辞呈。看起来，他们最终达成的共识与英国的阿斯奎斯在战争爆发前的想法相似：第一要务是维系党内团结。中央委员会的大部分成员都赞同新组成的三巨头——塔拉特、恩维尔和杰马尔——的观点，即奥斯曼帝国现在应当参战。不过，他们也兼顾了大维齐尔和财政大臣主张的少数派的观点，以避免党内出现分裂。

10 月 31 日，恩维尔告诉德国人，他在内阁里的同僚们坚持要给俄国人送一封道歉函。在德国人看来，这是一个非常危险的提议。但是，恩维尔表示，在攻击俄国一事上"欺骗"了同僚们之后，他在内阁里已经被孤立了。他说，他已然身不由己。[22]

恩维尔和他的德国同谋们不知道的是，他们已经没必要紧张了。在伦敦，英国内阁已经咬钩了。英国人不知道青年土耳其党内部出现了严重的意见分歧，他们还以为奥斯曼帝国政府一直以来就是与德国人沆瀣一气的。在苏雄对俄国人发动了袭击之后，这边的

　　　　　　　　　　　　　　终结所有和平的和平

奥斯曼帝国政府还没来得及起草道歉函，那边的英国内阁就授权向土耳其人递交了最后通牒，要求他们立即驱逐德国军事代表团以及"戈本号"和"布雷斯劳号"上的德国官兵。土耳其人没有照办。这次，丘吉尔干脆省掉了向内阁汇报的步骤，直接在10月31日下午向英国在地中海的舰队下令，"立刻对土耳其展开敌对行动"。[23]

接到丘吉尔命令的英国舰队指挥官并没有立即执行命令。因此，土耳其并不知道英国已经对自己开战。在伊斯坦布尔，恩维尔仍然在担心俄国可能会接受土耳其的道歉。为了避免这种情况发生，他又一次从中作梗，在土耳其人的道歉函里加上了愤怒指责俄国挑衅的字眼。[24] 接下来发生的事情就在预料之中了：沙皇政府拒绝接受这一指控，向奥斯曼帝国政府发出了最后通牒，随后于11月2日宣战。

11月1日，英国海军开始对奥斯曼帝国采取敌对行动。在11月1日到2日的夜里，奥斯曼帝国内阁召开了一次充满戏剧性的会议，就连以大维齐尔为首的主和派也不得不承认帝国已经处于战争状态。但是，伦敦方面尚未正式对土耳其宣战。

11月3日，英国战舰按照丘吉尔的指示炮击了达达尼尔海峡的外围要塞。后来有人批评丘吉尔，认为他孩子气的轻举妄动相当于给了土耳其人一个警告，让他们明白自己的要塞有多么脆弱。不过，土耳其人似乎并没有在得到这个警告后采取什么补救措施。对当时的土耳其人而言，这场炮击的主要意义是它宣告了战争的开始。

11月4日，阿斯奎斯坦言"我们现在已经与土耳其公开开战了"，[25] 但例行程序却被人忽略了。一直到11月5日上午的枢密院会议上，英国人才在对霍亨索伦王朝和哈布斯堡王朝的宣战声明中加上了奥斯曼帝国的名字。

就这样，英国有些漫不经心地卷入了与奥斯曼帝国的战争之中，这也反映出了当时英国内阁中各位大臣的态度：他们并不十分重视与奥斯曼帝国的战争，也没有花大力气去阻止这场战争的发生。他们并没有把土耳其视作一个特别危险的敌人。

V

伦敦并不知道（实际上一直到多年之后才知道），早在英国海军部夺取土耳其战舰**之前**，恩维尔就已经提出、开始磋商并最终签署了土德两国之间的秘密盟约。同样，伦敦也不知道，其实是奥斯曼帝国不顾德国的反对，主动夺取了"戈本号"和"布雷斯劳号"。唐宁街相信的是官方的记录，即德皇主动提出将德国军舰转让给土耳其，以弥补"苏丹奥斯曼一世号"和"雷沙迪耶号"被英国人强征带来的损失，并以此来拉拢被丘吉尔伤害了的土耳其人，使他们亲近德国。

因此，人们普遍认为是丘吉尔导致了英国与土耳其的战争。即便是到了1921年，劳合·乔治还在用这件事指责丘吉尔。[26]实际上，是苏雄和恩维尔开启了土耳其与协约国的战争，但英国公众却认为开启战争者是丘吉尔。

丘吉尔本人则从1914年8月开始就不断指出，把奥斯曼帝国变成英国的敌人是有好处的。现在，英国终于可以在探讨最终和平方案的时候考虑肢解奥斯曼帝国，并把它的领土许诺给其他国家了。英国可以用奥斯曼帝国的领土作为诱饵，吸引意大利和巴尔干国家加入英国一方参战。

作为殖民帝国道路上的后来者，意大利把羸弱的奥斯曼帝国视作最主要的可供瓜分的目标，迫不及待地想要夺取更多奥斯曼帝国的领土。最终，这一渴求将助推意大利加入协约国一方参战。

巴尔干国家也企图夺取更多的土地。如果英国想要用奥斯曼帝国的土地来诱使巴尔干国家与自己结盟，它首先必须调解巴尔干国家之间相互冲突的领土野心。一旦英国成功做到这点，这些巴尔干国家将会给奥斯曼帝国和哈布斯堡王朝带来巨大的军事压力，也有助于推动协约国迅速取得对德战争的胜利。

早在 8 月 14 日，阿斯奎斯就曾记录道："希腊首相韦尼泽洛斯（Venizelos）有一个大计划，他想要组织一个巴尔干国家联邦，对抗德国和奥匈帝国……"[27] 阿斯奎斯在 8 月 21 日提到，内阁里的一些大臣把意大利、罗马尼亚或保加利亚视作潜在的重要盟友。他写道，劳合·乔治"非常热衷于组建一个巴尔干邦联"，"温斯顿则极为仇视土耳其"。但是，他本人"极为反对任何针对土耳其的侵略行动，以免刺激到我们在印度和埃及的穆斯林子民"。[28] 其实，丘吉尔并不像阿斯奎斯描述得那么冲动。实际上，丘吉尔还花时间与奥斯曼帝国的领导人进行了私下沟通，其中包括恩维尔和希望保持本国中立地位的一些领导人。他只是比其他人早两个月放弃了这方面的努力。直到他确信土耳其已经不可能继续保持中立的时候，他才转而开始鼓吹让土耳其卷入战争的有利之处。

到了 8 月底，丘吉尔和劳合·乔治成了巴尔干邦联方案的积极倡导者。8 月 31 日，丘吉尔给巴尔干国家的领导者们写了一封密信，力劝他们组建一个包括保加利亚、塞尔维亚、罗马尼亚、黑山和希腊的邦联，并加入协约国一方。9月2日，他开始与希腊政府密谈，讨论英国和希腊应当采取何种方式进行军事合作，共同进攻奥斯曼帝国。

9月底，丘吉尔写信给爱德华·格雷爵士说："我们安抚土耳其的尝试，让我们在巴尔干地区的政策变得束手束脚。我并不是说我们应该对土耳其采取咄咄逼人的态度，或是对它宣战。只是，从现在开始，我们应当与巴尔干国家，尤其是保加利亚进行磋商，并且无须考虑土耳其的利益和领土完整。"他又补充了一些看法，随后总结道："我所要求的就是，在您以后确保巴尔干地区的基督教国家采取一致行动的努力尝试中，就不要再顾及土耳其的利益和领土完整了。"[29]

格雷和阿斯奎斯更加谨慎，不像丘吉尔和劳合·乔治那么热衷于巴尔干邦联方案。不过，至少在一点上，他们还是取得了共识。起初，为了说服土耳其保持中立，格雷和阿斯奎斯指示英国谈判代表可以向土耳其做出承诺：只要土耳其保持中立，奥斯曼帝国的领土完整将得到尊重。至于土耳其不能保持中立会有怎样的后果，格雷早在8月15日就明确地给出了答案："反过来，如果土耳其站到德国和奥地利一边，并且又打输了战争，那么倘若土耳其在小亚细亚地区丢掉土地，我们自然是不会对此负责的。"[30]

因此，当奥斯曼帝国真的卷入了战争（当时的人们认为它是被丘吉尔拉进了战局，现在看起来则是被恩维尔和苏雄推进了战局），英国决策者们的态度就是不言而喻的了。1914年11月9日，首相在伦敦发表演说时预言，这场战争"已经为奥斯曼帝国的统治敲响了丧钟，不仅在欧洲如此，在亚洲也一样"。[31]

1914 年早些时候，保守党议员、该党最主要的土耳其问题专家马克·赛克斯爵士在英国下议院警告说："奥斯曼帝国的覆亡将是我们自身消亡的第一步。"[32] 威灵顿公爵、坎宁、巴麦尊和迪斯累里都曾意识到，保持奥斯曼帝国的版图完整对英国和欧洲都十分重要。然而，就在不到一百天的时间里，英国政府彻底扭转了一百多年来推行的政策，试图摧毁这个起到缓冲作用的大帝国；而以往的英国政府曾经为了保卫这个帝国不惜冒开战的风险，甚至真的走向战场。

英国内阁制定这项新政策的理由是，土耳其的种种作为已经让它不应再享有英国的保护。在战争的混乱之中，阿斯奎斯政府忽视了英国传统外交政策中最重要的一个事实：保护奥斯曼帝国的领土完整，并不是为了保障土耳其的利益，而是为了保障英国的利益。

几个世纪以来，欧洲人一直有这样一种想法：奥斯曼帝国覆亡后，中东的政治命运将由欧洲国家左右。现在，英国最终肢解奥斯曼帝国的决定终于让历史走上了这条轨道。

因此，在 1914 年，有一件事英国的领导者们看得十分清楚：奥斯曼帝国参战，标志着中东重塑的开始——更确切地说，是现代中东形成的开始。

第二部分

喀土穆的基钦纳伯爵筹划未来

8

基钦纳接过指挥棒

I

1914 年夏秋时节，就在奥斯曼帝国一步步滑向战争的同时，伦敦一项重要的政府人事任命也开始影响英国的中东政策。像许多事情一样，这件事也是起自温斯顿·丘吉尔。

1914 年 7 月 28 日，也就是丘吉尔提出扣留土耳其军舰的那一天，他与霍拉肖·赫伯特·基钦纳元帅共进午宴，探讨日渐加深的国际危机。作为英国驻埃及的总督[*]，这位久经沙场的大英帝国将领负责保卫苏伊士运河的安全，确保能够在战争期间顺利转运从印度赶来的部队。海军大臣丘吉尔则负责派遣海军为远道而来支援欧洲前线的部队保驾护航。午宴当中，年轻的政治家和年长的老兵分享了各自对时事的看法。

丘吉尔告诉基钦纳："如果战争爆发，你就回不了埃及了。"[1]这可不是元帅愿意听到的。他这次回到英国，本不想久留，他打算在完成 7 月 17 日的元帅晋升和"喀土穆的基钦纳伯爵"封爵典礼之

---

[*] 原文中用了 proconsul 一词描述其职务，此词原意为古罗马卸任执政官后到地方行省出任总督的高官。英文中常用它来指代 19 世纪和 20 世纪之交英国派驻殖民地的、拥有生杀予夺大权的地方大员。基钦纳的官方职务称谓是英国驻埃及总领事（consul-general）。——译者注

后尽早起程，赶快回到他英国驻埃及代表和总领事的岗位上去。他的目光总是朝着东方。他告诉英王乔治五世，等到印度总督这个职位如期于 1915 年空出来的时候，他希望可以接任。不过，他担心"那些政客"会设法阻挠。[2] 暴躁易怒的基钦纳非常厌恶政客。

哪怕是国际局势的剧变也无法让他留在伦敦。8 月初，他来到多佛尔（Dover），准备搭乘轮船渡过海峡，再从加来坐火车去马赛，从马赛搭乘前往埃及的客轮。8 月 3 日，他在接近正午时分登上了多佛尔港的轮船。轮船未能按时起程前往加来，他还非常不耐烦地抱怨了一番。

结果，他的行程可不只是被延误了那么简单，而是干脆被取消了。就在前一天晚上，有人在伦敦布鲁克斯（Brooks）俱乐部的吸烟室里对一位保守党议员说，陆军部里现在一团糟，怎么没人让基钦纳来接手呢？稍晚些时候，这位议员把这番话告诉了在同一家俱乐部的半私密房间里谈论国际形势的两位保守党领袖——安德鲁·博纳·劳（Andrew Bonar Law）和爱德华·卡森爵士（Sir Edward Carson）。二人又把这番话说给了前任保守党首相阿瑟·贝尔福听，贝尔福则把这个建议告诉了与他私交不错的丘吉尔。

8 月 3 日早晨，也就是德国向法国宣战的当天，《泰晤士报》上出现了一篇文章，该报的军事记者在文章中呼吁任命基钦纳为陆军大臣。同一天早晨，丘吉尔见到了首相，向他提议任命基钦纳为陆军大臣。不过，他似乎没有告诉首相，这个想法其实出自保守党人。根据丘吉尔的备忘录记载，他当时认为阿斯奎斯接受了这项提议。但实际上，首相有些犹豫不决，于是决定先让基钦纳留在英国，出任一个顾问职位。

　　　　　　　　　　　　　　　终结所有和平的和平

船还没有离开多佛尔，船上的基钦纳就收到了首相的消息，要他立刻返回伦敦。元帅先是拒绝，随后勉为其难地下了船。他的担心不无理由——回到伦敦之后，他发现阿斯奎斯似乎并不想给他一个常任职位，更不用说这个职位会有什么明确的权力和职责了。在同僚们的敦促下，基钦纳决定让首相明确表态。8月4日晚上，也就是英国决定参战的当晚——当时德军已经在比利时肆虐——他去跟首相谈了一个小时，明确告诉首相，如果一定要他留在伦敦，除了陆军大臣之外，他不会接受其他次要的职务。

　　在政界和媒体的压力之下，首相在第二天让步了，基钦纳被任命为陆军大臣。首相写道："（公允地说，）K* 并不急于寻求入阁，但当这个职务作为一项责任摆在他面前时，他接受了。我们都很清楚，他不想参与政治倾轧，他在开罗的位置也还给他留着，一旦和平降临，他就可以回去。这是一场危险的实验，但我想在当前的环境下，这已经是我们最好的选择了。"[3] 像几乎所有人一样，阿斯奎斯也以为战争会在几个月之内结束，因此他并没有找人接替基钦纳的驻埃及代表和总领事的职务。他以为元帅不久之后就会回到埃及的岗位上。8月6日，基钦纳在位于白厅的陆军部接过了新的职责。

　　在伦敦，基钦纳伯爵住在一所借来的房子里，明白地让人们看到他没打算久留。† 这座住宅就在卡尔顿府联排街（Carlton House Terrace）与卡尔顿花园街交叉口不远处，步行到陆军部只需要 5 分钟。因此，他几乎可以把所有醒着的时间都用在工作上。他早上 6 点起床，上午 9 点到办公室，通常会在办公室里吃一顿冷午餐，下

---

* 此处指基钦纳。——译者注

† 1915 年 3 月，他搬到了英王乔治为他提供的住所——圣詹姆士宫的约克馆。——原注

午6点回到临时居所读晚报，打盹，晚餐后，他会阅读公文电报，一直读到深夜。[4]在埃及的时候，他晚饭时会喝上一两杯红酒，夜里还会来点苏格兰威士忌和苏打水，而现在他把这些享受全戒掉了。在乔治五世的要求下，他决心做一个全国的榜样，在战争期间不喝酒精饮料。

阿斯奎斯之所以不愿意让这位声名显赫的老兵进入内阁，似乎是担心成为陆军大臣的基钦纳会取代首相成为英国的战时领袖。在威灵顿公爵之后的近一个世纪中，再也没有哪位著名军人出任过重要的政府职位；而上一次有现役军官进入内阁，还要追溯到乔治·蒙克将军，他在1660年帮助英格兰国王复辟了君主制，被奖以高官职位。从那以后，政客们就一直充满警觉地秉持着文官执政的原则。不过，鉴于自己急需基钦纳元帅就任，阿斯奎斯只好违背这一原则。

基钦纳是一个传奇，在王国的各个角落，他的照片都被挂在墙上，宛如这个国家的神话人物。在他进入内阁之后，每天都有大批民众围观他出入陆军部。首相的女儿后来写道：

> 他几乎是一位具有象征性的人物。我想，他象征着力量、果决，更重要的是，成功……只要是他接手的事情，都能取得成功。基钦纳给人一种感觉，那就是他绝不可能失败。他的上任立刻带来了巨大的心理作用，大大提振了公众的信心。他也立即凭借他个人的魅力，让这届政府获得了国民的认可。[5]

据说，公众根本不会用理性去思考基钦纳做的事情，而是给予他完全的信任，"只要基钦纳在，一切都没问题"。[6]

以往，他总是能取得成功。他摧毁了托钵僧的帝国，重新征服了苏丹，为喀土穆失陷时殒命的查理·乔治·戈登将军报了仇。*接着，法国人又试图闯入英帝国的势力范围。1898 年，基钦纳在苏丹的法绍达（Fashoda）要塞与法国人对峙，法国人最终屈服并撤退。在南非，英国在布尔战争中开局不顺，也是在基钦纳接管指挥权之后走上了胜利的轨道。到了 20 世纪初，成为印度军队指挥官的基钦纳也像他在埃及时一样杀伐果决。

他在帝国遥远的前哨地区赢得了一场场精彩的胜利，这些地方本身的魅力也为他的形象增添了色彩。遥远的距离给他带来了一道神秘而传奇的光环，他仿佛成了一头雄踞沙漠的斯芬克斯。他本人其实是一个孤僻、不安而又内敛的人，利用一小群助手处理事务，把自己和世界隔绝开来；然而，在公众的神话想象里，他却成了一个强大而沉默的英雄。公众看不到他痛苦的腼腆，他对政客的畏惧被解读为对他们的不屑。在一次与首相、爱德华·格雷爵士和戴维·劳合·乔治的聚会上，外交部的一位年轻职员对元帅做了一番观察，在其日记里这样写道："基钦纳看上去就像是一个不小心混进了巡回剧团的军官，竭尽全力地假装自己不认识他们。"[7]

他个子很高，肩膀宽阔，方下巴，眉毛浓密，胡子竖立，眼距颇宽，冷冷的蓝色眼睛瞪视别人时令人胆怯。他比他的同僚们都要

---

* 查理·乔治·戈登（Charles George Gordon，1833—1885），英国陆军少将，曾在中国指挥"常胜军"镇压太平天国。他后来在统治埃及的伊斯梅尔帕夏手下效命，成为苏丹总督。1881 年，苏丹爆发马赫迪起义。1885 年，起义军攻陷喀土穆，戈登被杀。1892 年，基钦纳率军重新征服了苏丹。由于马赫迪起义军中有大量的伊斯兰教托钵僧（Dervish），因此本书作者将马赫迪政权称作"托钵僧的帝国"。——译者注

高大，看上去就是一副天降大任于斯人的模样，也很符合通俗报章描绘的形象。他很幸运，从他军旅生涯的开端就有记者一直跟随他的脚步，为他塑造出被公众所熟知的形象。他也的确生逢其时，刚好赶上英国的帝国主义热情、文学和思潮的上升期。迪斯累里、吉卜林、A.E.W. 梅森（A.E.W.Mason，《四根羽毛》的作者）、莱昂内尔·柯蒂斯（Lionel Curtis，鼓吹帝国联邦主义的季刊《圆桌》的创始人之一）、约翰·巴肯等人共同掀起了时代的巨浪，而在那浪潮顶端的正是基钦纳。

《每日邮报》的乔治·斯蒂文斯（George Steevens）可能是当时战地记者中的翘楚。他在 1900 年为读者写道，基钦纳总是能做到"非人般的精确，他更像是一部机器，而不是人"。[8]斯蒂文斯在一本关于苏丹战役的书中写到，基钦纳（他当时是埃及军队的色尔达*，即指挥官）率军向南，踏着砂石行军千余千米，从河水丰沛的尼罗河河谷来到从不下雨的不毛之地，前来征服拥有 200 多万平方千米土地的国度。他在书中忽略了基钦纳在指挥方面可被指摘的部分，详细描述了他出众的组织能力，并将之归功于其工兵军官出身的背景。在斯蒂文斯看来，基钦纳在计划行动时总是十分谨慎小心，"只有在确信能够大破敌军时才会动手……"[9]斯蒂文斯写道："那个人已经不存在了……根本没有赫伯特·基钦纳这个人，只有一位色尔达。他既不要求别人爱戴他，也不对任何人抱有任何感情。他手下的官兵都是战车上的轮子，他给他们足够的给养，保证他们可以保持高效，然后像对待自己一样无情地使用他们。"[10]

---

* 色尔达（Sirdar）是 19、20 世纪之交，授予指挥埃及军队的英国军官的称号。其词源是波斯语 "Sardar"，本是用来称呼贵族的词语。——译者注

他与内阁里的大部分同僚都算不上熟识。在他进入内阁之后，其他人都对他抱有敬畏之情，这种敬畏甚至持续了许多个月。他在军事上的许多论断都与其他人之前的认知截然相反，但在震惊之余，他们全都毫无异议地接受了他的观点。他们曾经以为，英国职业军人的规模已经足够战争之用，但基钦纳来到陆军部的第一天就评断说："我们根本没有陆军。"[11] 当时人们普遍接受的观点是，这场战争会速战速决；但有着精准的洞察力的基钦纳却说，英国必须保有一支数百万人规模的陆军，战争至少要打上3年，最终决定胜负的不是海战，而是在欧洲大陆的血腥陆战。[12] 这些看法让他的内阁同僚们十分惊讶（根据丘吉尔的说法，他们将信将疑）。通常的观点认为，只有靠征兵制才能召集起一支规模庞大的陆军；但基钦纳却只凭募集志愿兵就做到了这一点。这一成就不仅让与他同时代的人们大为惊叹，也让后世的人们讶异不已。

基钦纳打算像在喀土穆战役时那样，通过精心组织他的部队来赢得战争的胜利。他计划在战争的最初阶段系统地组建、训练和武装一支实力强悍的陆军，然后集中使用他们，而不在次要战场分散兵力。在他看来，即将爆发的与奥斯曼帝国的战争就是一场次要的战争，把更多的部队派去对付土耳其人完全是浪费资源。他也担心土耳其人会进攻苏伊士运河，那是他在中东地区唯一的军事顾虑。但是，他相信英国驻埃及的军队足以应付这一挑战。在他赢得战争的计划中，中东地区无足轻重，但这并不意味着他没有中东政策。我们将会看到，他对赢得欧洲战争后的英国在这一地区应当扮演的角色有着十分明确的观点。

II

无论是在他自己还是他人的眼中，东方都对基钦纳有着特殊的意义；而机缘巧合之下，这位战争英雄成了政府中主持战争事务的人。恰恰因为这种偶然，才产生了格外特殊的东方政策。

在进入内阁之前，基钦纳在埃及主政。名义上，埃及仍然是奥斯曼帝国的一部分；但实际上，埃及一直是一个独立的国家，直到英国在1882年打着恢复秩序的旗号将其占领。英国人原本许诺在秩序恢复之后就撤离，结果他们却留了下来。在1914年，埃及可以被看作不久前被纳入大英帝国势力范围的一个地区。与基钦纳一同在那里效力的英国军官开始对时局产生一种与众不同的观点。由于他们驻扎在一个讲阿拉伯语的国家，他们就开始误以为自己是阿拉伯问题的专家。传统上，与奥斯曼帝国内部阿拉伯语地区打交道的任务，一般会被交给外交部和印度政府。驻扎在埃及的英国官员对这种情况感到十分沮丧，认为自己被排除在了制定相关外交政策的圈子之外。无论是基钦纳还是他的助手，似乎都没有真正意识到中东的各个族群之间存在着巨大的差异。比如说，阿拉伯半岛上的居民和埃及人虽然都讲阿拉伯语，但是在诸如人口结构、历史、文化、外表和生活环境等其他方面却差异颇大。即便基钦纳的这些助手像他们自以为的那样是埃及问题的专家，他们也未必是阿拉伯半岛问题的专家。

在苏丹战役期间，基钦纳全然不顾外交部和克罗默勋爵*的埃及

---

* 克罗默勋爵（Lord Cromer，1841—1917），全名埃弗林·巴林（Evelyn Baring），第一代克罗默伯爵，英国官员、外交家，曾主政埃及20余年。——译者注

政府的顾虑，大大拓展了英国管辖之下的阿拉伯语世界的范围。或许就是在苏丹战役期间，基钦纳第一次设想在中东为英国开辟大片新的领地，并由他本人出任总督。

早在19世纪末，英国官员就清楚赫迪夫（被英国当作傀儡统治埃及的当地统治者）想要扩大自己的版图。在名义上，赫迪夫还是奥斯曼帝国苏丹的埃及总督，但长久以来，他想要取代苏丹的传闻就没间断过。据说，他想要在帝国讲阿拉伯语的地区取代奥斯曼帝国苏丹作为世俗统治者（苏丹）和宗教领袖（哈里发）的地位，从而分去帝国的半壁江山。还有一种说法是，他打算吞并阿拉伯半岛的伊斯兰圣地，并在那里另立一个处在自己保护之下的哈里发。[13] 赫迪夫手下的英国和埃及的官员都明白，如果能实现这些计划，他们自己手中的权力也会大大增加。

当时，也就是19世纪末，对英属埃及的扩张构成最大阻碍的强国就是法国。法国当时已经与俄国结盟。在位于地中海附近的英国海外领地官员看来，法俄联盟似乎就是针对英国的。不过，俄国人在遥远的地方，对埃及和苏丹来说，法国才是近在咫尺的威胁。一直以来，基钦纳手下的官员们就致力于在阿拉伯世界与法国人争权夺势。

对于开罗的一名典型的英国官员来说，更宏大的国际政治命题根本不在考虑范围之内。基钦纳的一位助手曾提到，英国控制下的开罗就是一块飞地，里面充斥着"英国驻军城市那种典型的目光狭隘和地方主义……"[14] 当地的英国官员和他们的家庭彼此联系紧密且高度趋同。体育俱乐部和赛马会是当地生活的重心。当地最好的酒店每个星期有六个晚上在办舞会。

在此之前，英国国际政策的制定者一直忽略了这个地方性的驻军团体对阿拉伯政策的看法。而基钦纳伯爵就来自这里。

III

随着英国与奥斯曼帝国之间爆发战争，弄清楚英国在埃及和塞浦路斯的军事存在究竟算是何种性质变得很有必要，因为这两个地方在名义上仍然在奥斯曼苏丹的帝国版图之内。英国内阁倾向于吞并这两个地方，而就开罗的官员们所知，内阁已经做出了这个决定。基钦纳伯爵在开罗的东方事务秘书（精通东方事务的幕僚）罗纳德·斯托尔斯（Ronald Storrs）抗议说，英国如果吞并埃及，就会违背英国政府40年来的承诺——英国只是临时占领埃及。代表处（英国驻埃及代表基钦纳伯爵的办事机构）建议把埃及变成英国的保护国，至少在名义上保留让埃及最终获得独立的可能。倡导这一方案的主要是米尔恩·奇塔姆（Milne Cheetham），他在基钦纳不在时代为管理代表处。内阁最终放弃了自己的观点，转而遵从代表处的意见。这就决定了后来事情的发展方向。

在埃及问题上，内阁允许基钦纳的代表处创立一种统治模式，元帅本人和他的幕僚们后来则想把这种模式推广到整个阿拉伯世界。与在印度许多地区实行的直接统治不同，基钦纳的埃及政府由一位世袭的贵族王公以及由当地人组成的内阁和地方长官构成。他们以自己的名义发号施令，但各级政府内的英国顾问会为他们提供建议。这就是基钦纳集团青睐的保护国政府模式。罗纳德·斯托尔斯巧妙地解释说："我们不使用命令式的语句，而更倾向于用虚拟语态，甚

终结所有和平的和平

至用一种真诚的祈愿般的态度说话。"[15]

埃及只是一个开始。在此之后，斯托尔斯及基钦纳其他的助手还会继续在这位深居简出的元帅的威名庇护之下，为中东地区制定政策。每当英国政府与基钦纳伯爵在对东方事务的看法上出现分歧，往往都是后者的意见占上风。那些本该由首相、外交大臣、印度总督或内阁来做的决定，现在却总是出自一些较低阶的官员之手。他们要么代表基钦纳做决定，要么自称代表了基钦纳的想法。除了具有独一无二威名的基钦纳元帅，没有人能够做到这点。

外交大臣爱德华·格雷爵士在一封来自开罗的电报上批示道："基钦纳伯爵同意吗？如他同意，则我无异议。"[16] 他或许可以在所有此类电报上都写上同样的话。基钦纳总是一丝不苟地与格雷探讨外交决策的问题，而格雷则总是迁就这位陆军大臣，就连那些他本不同意的提议，他也都表示赞同。

议员和内阁之所以在东方问题上如此倚重基钦纳和他的随员，一个重要的原因就是他们对东方问题确实知之甚少。对于一个生活在 20 世纪 80 年代的政府官员来说，有大量的参考资料可以查阅，有全球的新闻报道可以阅读，还有各国政府收集的大量有关外国的具体情报可以使用。在这样一个人看来，英国政府在 1914 年对中东事务的无知程度简直令人难以想象。英国与奥斯曼帝国开战后不久，作为为数不多的去过东方的议员之一，马克·赛克斯爵士抱怨说，在整个英文世界都找不到一部可靠的奥斯曼帝国历史。[17] 当时能找到的史书都不是原创研究的产物，而都是基于一部德文著作。问题是，这部德文著作成书于 1744 年，早已过时。[18] 即便是到了 1917 年，准备北进叙利亚的英军要求英国的情报部门提供一份有关当地情况的指南时，他们得到的答复仍是，没有任何用欧洲语言写成的书介绍那一地区的社会和政治情况。[19]

对于这个与自己处于战争状态的帝国，英国政府连一些最基本的信息都没有，比如地图。在 1913—1914 年，基钦纳手下的一名情报官员秘密测绘了靠近英属埃及西奈半岛边境的荒野地区，这也成了英国情报部门收集到的为数寥寥的资料之一。[20] 在战争的前几年，在奥斯曼帝国领土上执行任务的英国军官基本上就是在黑暗中摸索。1915 年，英国对土耳其的入侵遭到了失败，其中一个原因就是英军只有一张有关其即将进攻的半岛的地图，而事实证明这张地图并不准确。无论是政治家还是军人都知道，只要一涉及中东，他们就如同来到了一片未经测绘的土地。

但是，那些在中东问题上事事遵从基钦纳的内阁大臣并没有意识到，即便是这位陆军大臣和那些在开罗和喀土穆为他提供建议和情报的助手，其实对中东的理解也极为有限。

终结所有和平的和平

9

基钦纳的助手们

I

陆军大臣既不愿意接触女性（他一贯如此），也尽量与外部世界相隔绝，只生活在一个由男性组成的小圈子里。他的私人军务秘书奥斯瓦尔德·菲茨杰拉德（Oswald FitzGerald）中校几乎是唯一一个常伴他左右的同伴。菲茨杰拉德经常代表基钦纳与人通信和交谈。如果有人说自己曾与基钦纳通信，实际上与他们通信的就是菲茨杰拉德。

基钦纳一直十分倚赖他的幕僚们。现在，随着他跻身伦敦的权力中心，不仅仅是菲茨杰拉德，就连其他留在埃及和苏丹的幕僚们也都鸡犬升天，与他一同进入了权力中枢。就这样，为了实现自己的政策目标，基钦纳伯爵不仅选取了新的中东政策方向，还精挑细选了一些第一线的官员，由他们指导或直接参与政策的执行。埃及和苏丹的英国官员不再像以前那样感到被人冷落和忽视，终于获得了一展身手的机会。

基钦纳在阿拉伯世界的老部下们跟他一道，在东方政策的制定方面获得了重要的地位。到1914年底，基钦纳已经在政府出台的政策上打上了明显的个人印记。不过，给英国带来更深远影响的是，基钦纳挑选出了那些在中东事务上为英国政府提供信息和建议的人，这些人在战争中乃至战后都发挥着重要的作用。由于基钦纳把权柄交到了他们手中，衡量信息价值和制定政策的任务就从这个世界性大帝国的首都转移到了埃及和苏丹的殖民地首府。伦敦的官员们或许对中东事务并不精通，但他们更倾向于用更加宏大的、具有全球视野的角度去看待问题；而在埃及和苏丹操持中东事务的老手们却有着根深蒂固的种种偏见，完全不受外界约束。对陆军大臣本人来说，开罗和喀土穆的英国领地是他心心念念想要回去的地方，而他在精神上从未离开过这些地方。

有人评论说，陆军大臣的弱点是他在英国"差不多算是一个外乡人"。[1]对他来说，伦敦比开罗和加尔各答更陌生。元帅在陌生的面孔前总是感到非常局促不安。因此，他总是从埃及的幕僚那里获取有关中东的信息和建议，而不依靠伦敦的陆军部和外交部。在他被任命为陆军大臣的时候，他要求他的东方事务秘书罗纳德·斯托尔斯跟他一起留在伦敦，但斯托尔斯告诉他此举不符合政府制度。即便在斯托尔斯回到埃及之后，基钦纳依然向他寻求建议。斯托尔斯出生于一个英国圣公会神职人员家庭，毕业于剑桥大学的彭布罗克学院（Pembroke College），颇有学识，当时年纪在35岁上下。他只受过东方语言文学方面的本科教育，但在开罗代表处东方事务秘书职位上十多年的履历，让他成了一位中东事务专家。尽管直到战争爆发后他才终于获得了外交人员身份（只是二等秘书），但较低的职位并不能反映出他在元帅心目中崇高的地位。

II

到了 1914 年底，局面已经很清楚：战争不可能迅速结束。这也就意味着元帅暂时无法回到开罗，因此英国需要选出一位新的驻埃及代表。为了给自己留住这个职位，基钦纳亲自选择了亨利·麦克马洪爵士（Sir Henry McMahon）代他理事（麦克马洪的官职头衔是高级专员，而非英国驻埃及代表）。麦克马洪是一位来自印度的平平常常的军官，原本已经快要退伍。

即便在麦克马洪上任之后，罗纳德·斯托尔斯和他在埃及与苏丹的同僚们依然把陆军大臣视作他们真正的首长。埃及英军的指挥官约翰·马克斯韦尔爵士（Sir John Maxwell）每次都直接向陆军部的基钦纳汇报工作，而不通过这位新来的高级专员。

弗朗西斯·雷金纳德·温盖特（Francis Reginald Wingate）中将是陆军大臣在中东的追随者中的头面人物。他是基钦纳埃及军队色尔达和苏丹总督这两个职位的继任者。温盖特在他的整个职业生涯里都在东方服役，主要从事军事情报工作。据说，他精通阿拉伯语。关于他在喀土穆战役中的角色，记者乔治·斯蒂文斯这样写道："温盖特上校无所不知，他正是因此而闻名的……每当对付满嘴谎言的阿拉伯人时，温盖特上校可以跟他们聊上几个小时，然后不仅知道他们说的话里哪些是真的，而且还能挖掘出被隐藏起来的真相……在温盖特上校面前根本没有秘密。"[2]

温盖特在喀土穆管理着苏丹。这座常年被太阳炙烤的首都有大约 7 万名居民，全城都是按照基钦纳伯爵的规划重新建设的。喀土穆距离开罗 2 165 千米，可以乘轮船和火车来往。温盖特感觉自己孤零零地留在这里，被人遗忘了。1915年2月18日，他在一封标记为**绝密**的信里，对驻扎在埃及首都的苏丹代表抱怨道：

> "厨房"里有太多的"厨子"，所以我们的阿拉伯政策才会落到今天这般田地。我越思考阿拉伯政策的问题，就越觉得我们最好不要发表意见，除非政府正式要求我们发表自己的观点。
>
> 至于我自己，你肯定还记得，尽管我在埃及和苏丹待了这么多年，也担任过重要的职务，但几乎没有人在阿拉伯政策问题或其他相关问题上征求过我的看法。
>
> ……
>
> 就像我经常说的，我们的地缘政治位置和与邻近的阿拉伯半岛之间的联系，让我们可以比其他人更好地了解这些地区的情况和居住在圣地的穆斯林的想法。但很显然，英国或印度的政府当局并不这么看。所以，我眼下还是保持缄默为好。[3]

但实际上，温盖特根本保持不了缄默。就在12天之后，他又提到，自己已经改变了主意，认为"我们应该把有用的信息和观点分享给"负责制定政策的人。[4]

温盖特在开罗的代表是苏丹政府驻埃及官方代表吉尔伯特·克莱顿，此人也曾经在苏丹战役期间效命于基钦纳伯爵帐下。1895年，克莱顿被任命为皇家炮兵部队的军官，随后来到埃及，此后就一直在埃及或苏丹生活。在1908—1913年，他是温盖特的私人秘书。他从1913年开始担任苏丹政府驻开罗代表，同时兼任埃及军队的情报主管。1914 年 10 月 31 日，直接向基钦纳汇报的埃及英军指挥官约翰·马克斯韦尔爵士任命克莱顿为开罗的情报工作主管，同时负责英国行政当局、英国军队和埃及军队的情报工作。因此，伦敦得到的有关埃及的情报数据，实际上全都出自身兼三职的克莱顿一人之手。以前曾在军中担任上尉军官的克莱顿，在战争期间扶摇直上，到战争结束时已经成了一名将军。*

对于在战争期间蜂拥来到开罗投身情报机关的那些追求冒险的年轻考古学者和东方学者来说，克莱顿就像是一位慈父般的导师。他一定有着一些出类拔萃的品格，因为这些形形色色的年轻人全都对他充满了喜爱和崇敬之情。在他们看来，他精明、持重、理智、可靠。他比他们大多数人都年长 10 岁左右。对他提出的建议，不论最终是否接受，他们都会洗耳恭听。在他们看来，他就是熟练老手的化身。

III

虽然外交部和印度事务部经常不同意温盖特和克莱顿支持的观点或提议，但是鉴于他们在中东地区多年的经验，战争期间并没有人质疑他们的专业能力或专业知识。一直到战争结束后多年，戴维·劳合·乔治才根据从德国人那里得到的信息提出了一个观点：温盖特和克莱顿的能力欠缺到了危险的程度。

在劳合·乔治看来，开罗的英国当局对敌后的情况一无所知。他写到，在 1916 年的某一个时间点，奥斯曼帝国已经疲惫得无力再

---

* 克莱顿在成为温盖特的私人秘书后离开了军队，他最后的军衔是准将。——译者注

战了。如果埃及的英军可以在此时——哪怕是在 1915 年——向西奈半岛和巴勒斯坦发动进攻，就可以不费吹灰之力地"击垮"土耳其人，继而让英国可以穿过巴尔干半岛去击败德国。[5] 在他看来，错失良机的根源在于情报部门，他们要么是不知道奥斯曼帝国内部的情况，要么是未能准确报告他们了解的情况。他认为，这导致英国失去了按照自己希望的条件赢得战争的机会。

开罗情报机关的失职还有一个更显而易见的例证：它未能发现敌人的特工已经在何种程度上渗透进了埃及政府。一直到 1916 年，奥斯曼事务专家温德姆·迪兹来到开罗工作，发现埃及的警察部队已经被间谍渗透得千疮百孔，土耳其人的间谍网络这才遭到摧毁。

在与奥斯曼帝国的战争爆发前大约一个月，也就是 1914 年的秋天，埃及的英军指挥官马克斯韦尔将军在写给基钦纳伯爵的信中说："从君士坦丁堡、小亚细亚和叙利亚发来的报告难辨良莠……土耳其人在边界守卫森严，我们的情报人员无法渗透进去，而之前安插在边境那一边的情报人员已经被干掉了。因此，我得不到任何直接的信息。"他还令人不安地提到，敌我双方的情报工作水平差距悬殊："东方到处都是德国间谍，他们总能搞到很有价值的情报。"马克斯韦尔很早就发现了这些迹象，足以说明开罗的情报工作存在严重不足，却没有引起应有的重视。[6]

马克斯韦尔至少还知道自己对伊斯坦布尔的情况一无所知，温盖特和克莱顿则深信自己对那里的情况了如指掌。他们对杰拉尔德·菲茨莫里斯的错误论断全盘接受，认为奥斯曼帝国政府掌握在一群亲德的犹太人手里。在 1914 年底，温盖特将军还把战争罪责归在伊斯坦布尔的"那群犹太人、金融家和出身卑贱的阴谋家"的头上。[7]

有关穆斯林民意的错误情报，更是让马克斯韦尔和他的同僚们错上加错。战争刚一爆发，斯托尔斯就给马克斯韦尔发了一份报告，内容是叙利亚的一位线人关于敌后民众情绪的汇报。据这位线人说，叙利亚的居民对奥斯曼帝国政府充满了仇恨，因为他们认为帝国政府支持犹太复国主义。"犹太复国主义者与柏林和君士坦丁堡联系密切，是左右巴勒斯坦政策的最重要因素。"这位线人如此说道。[8] 有关柏林和伊斯坦布尔即将支持犹太复国主义的谣言传了一年又一年，最后导致"一战"中的英国内阁认为自己必须马上发表一份支持犹太复国主义的宣言。

在 1914 年底的时候，斯托尔斯写信给基钦纳（也就是说，写给基钦纳的私人军务秘书奥斯瓦尔德·菲茨杰拉德中校），对战后中东的安排方案做了一番评论。他宣称穆斯林反对犹太人控制巴勒斯坦，因为他们认为是犹太人是战争的开启者。"不过，如果我们把新征服的土地交给一个没有作为一个国家参加战争的民族，穆斯林应该不会特别愤怒，尤其是考虑到正是那个民族中的一些人把土耳其人推下了悬崖。"[9] 不过，从外交部和阿拉伯局后来发布的报告可以看出，即便在非土耳其人聚居的地区，穆斯林其实也是普遍支持奥斯曼帝国政府的，而且支持它与德国结盟。斯托尔斯认为穆斯林反对犹太人控制巴勒斯坦是因为战争的缘故，但这种观点也是错误的。早在战争爆发前很久，穆斯林就开始反对犹太人控制巴勒斯坦了，这一历史可以追溯到 19 世纪末犹太复国主义者开始建立定居点的时期。

克莱顿和斯托尔斯收集信息的方法有一个重大的缺陷：他们经常不加检查和比对，就全盘接受单一信息源提供的信息。他们似乎十分依赖直觉，就像斯蒂文斯笔下的温盖特那样，靠直觉判断当地人到底讲了多少真话。后来在战时成为伦敦情报主管的约翰·巴肯在他的冒险小说《绿斗篷》(Greenmantle)的第二章里写道："事实上，地球上只有我们这个民族能培养出一些奇人，他们能够洞悉来自遥远地方的陌生民族的真实想法。或许苏格兰人在这方面的天赋更胜过英格兰人一筹，但我们整体上要比其他民族强上十倍。"温盖特、克莱顿和斯托尔斯表现得就像巴肯小说中的苏格兰英雄一样，能够了解奥斯曼帝国当地人的真实想法。但事实证明，他们在这方面的能力十分有限。

有一些报告声称，奥斯曼帝国的部分地区对帝国的统治心存不满。在评估这些报告的时候，开罗的英国当局没能领会到中东伊斯兰世界的一个显著特点：不被非穆斯林统治，是他们的一大政治理念。在敌人的国境内，的确有一些穆斯林不满青年土耳其党政府的统治，但他们只想用另一个土耳其政府，或者另一个伊斯兰政府取而代之。对他们来说，由英国或是别的欧洲基督教国家来统治他们，是难以忍受的。

显然，斯托尔斯认为自己有办法解决这一问题：用形式上的埃及人的统治来替代土耳其人的统治。他提出，可以在中东的阿拉伯世界缔造一个新的埃及帝国，用它来取代奥斯曼帝国，而在这个埃及帝国的背后，英国总督基钦纳伯爵实际控制政权。有关奥斯曼帝国的统治在叙利亚失去民心的报告尤其让斯托尔斯感到欢欣鼓舞，他相信自己可以为叙利亚人提供一个受欢迎的替代方案。他经常收到报告说，除了与法国人关系密切的马龙派基督徒，大部分叙利亚人都不愿意在战后被法国人统治。这些报告的内容是准确的。斯托尔斯和他的同僚们想当然地认为，阿拉伯语民族没有能力实现自我管理，因此唯一可行的方案就是斯托尔斯倡导的方案：把叙利亚并入英属埃及。

这样一来，既然叙利亚人认为德国人和土耳其人都支持犹太复国主义，同时他们又厌恶法国人，那么叙利亚人自然是亲英的。在阅读了一位呼吁阿拉伯独立的叙利亚领袖人物递交的备忘录后，克莱顿这样总结道："无论是叙利亚的基督徒，还是那里的泛阿拉伯民众，他们都在倒向英国，也只能倒向英国。"[10]1915 年 2 月 2 日，斯托尔斯在写给菲茨杰拉德（或者说基钦纳）的信中写道："毫无疑问，无论是叙利亚的基督徒还是穆斯林，他们都强烈赞同将叙利亚并入埃及苏丹国……"[11]在他看来，唯一的问题是英国是否应当积极利用这种情绪。就在同一天，刚刚到任的开罗高级专员麦克马洪也写信给菲茨杰拉德（或者说基钦纳）寻求指导。麦克马洪显然受到了斯托尔斯和克莱顿的影响。他写道："叙利亚人希望我们能够介入。他们还表示，如果我们不能保证给他们帮助，他们就只好向法国人求助；尽管比起法国人，他们更喜欢我们。"[12]

身处第一线的英国人执迷不悟而又野心勃勃，一心以为阿拉伯人想要被欧洲人统治。正是在这种错误信念的鼓舞下，基钦纳的左右手们打算控制叙利亚。身处第一线的法国人同样执迷不悟、野心勃勃，而他们的目标也是叙利亚。

IV

在十字军东征期间，法兰西的骑士们曾经在叙利亚建立王国，建设城堡。而到了1000年之后的1914年，仍然有法国人把叙利亚视作法国理所当然的一部分。法国人与叙利亚黎巴嫩山海岸地区的一个基督徒群体保持着紧密的联系，而法国的航运业、丝织业和其他利益团体都看好这一地区的商业机遇。因此，无论是从宗教、经济还是历史的角度上看，法国都认为自己有必要涉足叙利亚事务。

因此，就在奥斯曼帝国卷入战争的时候，法国的中东官员（就像他们的英国同行温盖特、克莱顿和斯托尔斯一样）制订了吞并奥斯曼帝国叙利亚省的计划。法国驻开罗公使和驻贝鲁特总领事也立刻要求本国政府出兵入侵黎巴嫩海岸。根据他们堂吉诃德式的计划，法国只需要派2000名士兵登陆，因为他们相信会有3万名当地志愿者加入法军。兵贵神速。在他们看来，法国必须赶在土耳其在当地召集起一支军队或是英国人先发制人之前就采取行动。[13]

他们的提议来得太不是时候了。法国政府接到这份提议时是1914年11月。当时，法国政府还流亡在波尔多。在此之前，面对德军的马恩河攻势，法国政府被迫撤出了巴黎。尽管在议会、外交部和内阁里都有一些颇具影响力的殖民主义者，但是在11月，每个法国人的注意力仍然还集中在法国北部和比利时的残酷战场上。因此，派兵前往叙利亚的提议被否决了。

不过，到了12月，在欧洲对峙的两方军队已经进入堑壕，法国政府也回到了巴黎。此时，入侵叙利亚的提议引起了注意。一个殖民主义政客代表团成功争取到了一些政治人物对远征叙利亚方案的支持，其中最主要的支持者是法国陆军部长亚历山大·米勒兰（Alexandre Millerand）。不过，法国外交部长泰奥菲勒·德尔卡斯（Theophile Delcassé）却仍然极力反对这一方案。"没有比入侵叙利

终结所有和平的和平

亚更没意义的事情了。"他说道。[14] 德尔卡斯代表了许多法国官员的观点，他们认为与其吞并叙利亚，还不如保留奥斯曼帝国，这样更符合法国的利益。在 1914 年，奥斯曼帝国私营部门 45% 的境外投资来自法国，法国还持有奥斯曼帝国国债的 60%。因此，让奥斯曼帝国好好活下去对法国来说关系重大。[15]

1914 年 12 月 30—31 日，即将去开罗接替基钦纳职位的亨利·麦克马洪爵士造访巴黎，会见了法国外交部和陆军部的官员。不过，他未能妥善回答他们关于英国中东政策的问题。麦克马洪以鲁钝无能闻名，但法国人并不认识他，还以为他非常精明狡猾。法国陆军部长米勒兰把麦克马洪含糊其词的答复视作有意为之的回避，认为其目的是掩盖英国入侵并独占叙利亚的阴谋。[16]

米勒兰立刻把他们的会面情况汇报给了法国内阁。内阁授权米勒兰，只要英国人组建入侵叙利亚的远征军，那么不论英国是否邀请法国一同行动，他也应该立刻组建一支远征军。1915 年 2 月，德尔卡斯来到伦敦，向爱德华·格雷爵士提及了叙利亚问题。格雷向法国外交部长保证，英国不会在没有提前通知法国的情况下入侵叙利亚。两位外交首脑似乎达成了共识：如果要瓜分奥斯曼帝国，英国不会阻挠法国在叙利亚的计划；但最好还是不要瓜分奥斯曼帝国。

就这样，两国的外交首脑化解了两国之间的分歧，虽然只是暂时的。但是，英法两国在中东第一线的人员却继续在两国之间制造麻烦。与此同时，对中东地区充满误解的基钦纳和他的助手们也继续追寻着他们危险的目标。

10

基钦纳意欲控制伊斯兰教

I

在 20 世纪的大部分时间里，西方和中东都对彼此充满了误解，而很多误解的根源都可以追溯到第一次世界大战最初几年里的基钦纳伯爵。他那古怪的性格、他对伊斯兰世界认识的缺失、他在开罗和喀土穆的助手经常提供给他的错误信息，再加上他亲手挑选出来与之打交道的阿拉伯政治家，这一切与他有关的因素都改变了以后的政治进程。

要想理解基钦纳中东计划的特别之处，我们首先要记住这样一个事实：在奥斯曼帝国加入第一次世界大战时，无论是阿斯奎斯、格雷还是丘吉尔都没想过让英国瓜分奥斯曼帝国的任何土地。诚然，他们打算让英国的盟友占领土耳其在欧洲和小亚细亚的土地，但阿斯奎斯的英国政府本身对奥斯曼帝国、中东乃至其他地方的土地并没有图谋。但是，基钦纳却坚持认为，到战争结束时，英国必须从奥斯曼帝国身上拿走一大片土地：讲阿拉伯语的那片地区。这就意味着对英国传统政策的彻底背离。

就像大部分曾经在东方生活过的英国人一样，基钦纳也认为宗教在伊斯兰世界里意味着一切。但是，元帅和他在开罗和喀土穆的同僚们似乎误以为穆罕默德的宗教有一个中央集权和专制主义的组织架构。他们把伊斯兰教当成一个整体，一个"它"，一个组织，认为整个宗教都服从于它的领导者。几个世纪以前，科尔特斯（Cortez）擒获了阿兹特克的皇帝，从而控制了墨西哥。中世纪的法兰西国王则把教皇扣留在阿维尼翁（Avignon），试图借此控制整个基督教世界。沿着差不多相同的思路，基钦纳和他的同僚们相信可以通过收买、操纵或挟持伊斯兰宗教领袖的方式来收买、操纵或挟持整个伊斯兰教。有一个思路让他们感到格外兴奋：谁能控制哈里发——穆罕默德的继承人，谁就能控制伊斯兰教。

基钦纳的主要担忧是哈里发可能会煽动穆斯林反对英国。由于逊尼派穆斯林（印度的穆斯林主要是逊尼派）将土耳其苏丹视作哈里发，基钦纳一直十分担心这一威胁。在1914年，开罗和喀土穆都认为哈里发已经落入犹太人和德国人的控制之中。英国陆军大臣担心，等到协约国赢得战争，哈里发可能又会落入英国在中东的竞争对手手中，尤其是可能落入俄国的手中。

基钦纳相信，如果哈里发落入敌手，敌人可能会利用他来动摇英国在印度、埃及和苏丹的地位。英国统治着世界上超过一半的穆斯林。[1] 单单是在印度，就有大约 7 000 万穆斯林，而且穆斯林在印度军队中所占的比例奇高。埃及和苏丹也有数以百万计的穆斯林，他们分布在从苏伊士运河到印度的海路沿岸。规模有限的英国守军管理着数以千万计的当地居民。但基钦纳心中很清楚，一旦当地人反叛，这些守军根本无力应对。

1857—1859 年的印度哗变一直让英国人心有余悸。这次被宗教因素煽动起来的不可思议的大起义摧垮了东印度公司的统治。更近的事例则是被基钦纳英勇扑灭的苏丹起义，那次起义的发起者是一位自称马赫迪的宗教领袖（所谓马赫迪，就是欧洲人所说的弥赛亚）。1905—1906 年在埃及发生的泛伊斯兰主义骚乱也让英国深感忧虑。对基钦纳和他的助手们来说，穆斯林针对英国的圣战是一场不时重现的梦魇。

情报主管约翰·巴肯在他 1916 年的小说《绿斗篷》中戏剧化地描写了这种恐惧。在书中，德国利用一位穆斯林先知，谋划了一场旨在摧毁大英帝国的阴谋。这位先知在土耳其出现，伴随着圣人降临的征兆、历史悠久的预言和发生在当代的启示性事件。至于他要在哪里燃起反叛之火，也说得十分清楚。"一阵干热之风席卷东方，焦枯的野草等待着火星。这阵风正在吹向印度的边疆。"[2]

基钦纳相信，如果哈里发在 1914 年战争期间号召穆斯林反对英国，他或许可以利用其他穆斯林宗教领袖的言行来抵消这种威胁。不过，在赢得战争之后，英国需要采取更具决定性的行动。这是因为，一旦赢得战争，俄国必然会占领伊斯坦布尔，这也就意味着他们会拥有哈里发（除非做点什么阻止这件事的发生）。在基钦纳看来，落在德国人手中的哈里发是危险的，因为哈里发可以尝试在印度煽动叛乱，让英国在欧洲战场分心；而如果哈里发落到俄国人手里，对大英帝国则意味着致命的威胁。基钦纳与阿斯奎斯和格雷不同，他坚信俄国人依然存有从英国手中夺走印度的野心。基钦纳认为，德国是英国在欧洲的敌人，俄国则是英国在亚洲的敌人。因此，1914 年战争就让英国陷入了自相矛盾的境地：由于英俄是盟友，一旦英国在欧洲赢得了战争，它就有失去亚洲的风险。在基钦纳看来，唯一让人完全满意的结果就是，在德国输掉战争的同时，俄国也不能赢得战争。而在 1914 年，没人知道要怎样才能达成这样的目标。因此，陆军大臣计划在战后与俄国的较量中先发制人，控制住进出印度的道路。

基钦纳认为，英国应当在战争结束后自行提名一位哈里发的人选。由于穆罕默德是阿拉伯人，因此有一种观点认为穆罕默德的哈里发继承人也应该是阿拉伯人。基钦纳支持这种观点，因为英国海军可以轻而易举地控制阿拉伯半岛的海岸线，从而使哈里发完全不受英国的欧洲对手的影响。基钦纳认为，一旦英国可以在自己势力范围内的阿拉伯半岛上拥立一位哈里发，英国就可以控制伊斯兰教。甚至早在奥斯曼帝国卷入战争之前，基钦纳在开罗的助手们就提醒他说，已经有一位显而易见的阿拉伯哈里发候选人与他有过接触了，那就是麦加的统治者。

II

临近 1914 年夏末，就在奥斯曼帝国濒临卷入战局之际，吉尔伯特·克莱顿突然想起几个月前的一件事。当时，麦加的统治者侯赛因*最喜欢的儿子阿卜杜拉造访开罗，告诉克莱顿阿拉伯人已经准备好发动起义了。当时，阿卜杜拉十分担心青年土耳其人要对他父亲动手。看似慵懒、实则机敏的阿卜杜拉希望可以寻求外国的支持。不过，不久之后，他的父亲就和奥斯曼帝国政府达成了谅解，因此他也就不再需要英国人的援助了。

---

* 此人便是侯赛因·本·阿里，当时是麦加的埃米尔。——译者注

直到今天，我们也不清楚阿卜杜拉在开罗说了些什么，又听到了些什么。阿卜杜拉第一次见到基钦纳伯爵似乎是在1912年或1913年。在1914年的2月和4月，他又在开罗见到了基钦纳，同时也见到了罗纳德·斯托尔斯。阿卜杜拉似乎想寻求英国人的保证：如果奥斯曼帝国试图罢黜他父亲，英国人会对其伸出援手。当时，基钦纳在具体询问了在阿拉伯半岛可能面临的种种困难之后，似乎表示无意涉足奥斯曼帝国的内部事务。在阿卜杜拉看来，基钦纳与其说是没有兴趣，还不如说是充满顾虑。[3]

显然，阿卜杜拉告诉了斯托尔斯一个虚假的信息：阿拉伯半岛上相互敌视的酋长们已经准备好跟随他的父亲一起反对奥斯曼帝国政府。他建议，阿拉伯半岛和英国之间可以效仿阿富汗和英国之间的关系，内部自治事务交给阿拉伯人，对外关系事务则交给英国人管理。斯托尔斯对这个建议很感兴趣，但是就像其主官一样，他也无法给予阿卜杜拉想要的承诺。[4]

的确，有几位阿拉伯埃米尔已经与伊斯坦布尔的青年土耳其党领导层较量了好几年。但是，吉尔伯特·克莱顿没有意识到，在这些阿拉伯埃米尔之间存在着宗教权力和世俗权力等多方面的矛盾。那些来到开罗的阿拉伯流亡者可能在这方面误导了他。实际上，没有哪个阿拉伯埃米尔甘居人下，愿意接受同侪的领导。

在与克莱顿交谈过的阿拉伯流亡者中，有一位十分有趣的人物：奥斯曼帝国前军官、C.U.P. 政治家阿齐兹·阿里·马斯里（Aziz Ali al-Masri）。马斯里是一名切尔克斯人[*]，在埃及出生，长大。他曾

---

[*] 切尔克斯人（Circassian），源自高加索地区的一个民族，一开始被土耳其人统治，后来又被俄国人统治。——原注

经在奥斯曼帝国的军事院校学习，参加过战争，后来又成为青年土耳其党的一位领袖。不过，他只是总参谋部里的一位上校，而那位让他很看不起的同学恩维尔，却已经做到了陆军大臣。心怀不满的马斯里组建了阿赫德（al-'Ahd），这是一个由军官组成的小型秘密社团，旨在反对 C.U.P. 的集权化政策及其在高级职位上对阿拉伯族裔人士的排挤。阿赫德组织内的军官一致反对 C.U.P. 的土耳其化政策。他们提出，要么在中央政府给阿拉伯族裔更多的话语权，要么就走上分权路线，给予地方政府更多的自治权；同时在这两个方向上推动改革也是一个选项。[5]

1914 年初，恩维尔帕夏下令拘捕马斯里上校，并以捏造出来的罪名指控他。就这样，马斯里不情愿地发现自己成了阿拉伯革命运动中的一个领袖人物。之所以说不情愿，是因为马斯里想要跻身奥斯曼帝国的最高领导层，而不只是在某一个地区内掌权。为了响应开罗的呼声，基钦纳伯爵决定出面斡旋。杰马尔帕夏设法特赦了马斯里，准许他流亡到他的家乡埃及。从孩提时代起，马斯里就反对英国在埃及的统治。他反英，亲德，衷心拥护奥斯曼帝国，只是反对现任政府而已。作为一个拥有军方背景的政客，马斯里的支持者里其实只有为数不多的几位同袍。然而，英国的情报官员却误以为他是一位实力强劲的潜在盟友。

1914 年 9 月初，马斯里造访了开罗的英国代表处，见到了克莱顿。[6] 马斯里知道，阿卜杜勒·阿齐兹·伊本·沙特 * 和其他一些阿拉伯人领袖以前曾经考虑过起兵反抗奥斯曼帝国。他可能把这一情

---

* 阿卜杜勒·阿齐兹·伊本·沙特（Abdul Aziz Ibn Saud, 1875—1953），后来成为沙特阿拉伯王国的开国君主。——译者注

况告知了克莱顿。或许，克莱顿因此回忆起了阿卜杜拉来访的经历，以及阿卜杜拉曾经对斯托尔斯和基钦纳说过的话。

在会见过马斯里之后，克莱顿与罗纳德·斯托尔斯会面，安排由后者转交一份秘密备忘录给基钦纳伯爵。克莱顿的备忘录被附在斯托尔斯的一封信里捎给了基钦纳伯爵，而那封信里谈了些相比之下显得无关紧要的骆驼问题。

III

在 1914 年，英国人普遍担心，奥斯曼帝国一旦加入战争可能会对苏伊士运河发动袭击。欧洲国家陆军部里的军官会分析敌国的铁路设施情况，以此来判断其军事潜力；与他们类似，罗纳德·斯托尔斯把注意力集中在了奥斯曼帝国军队的骆驼运输能力上。他在写给基钦纳的信中提到，奥斯曼军队需要从位于阿拉伯半岛西部的骆驼产区——汉志[*]——获取骆驼。斯托尔斯建议怂恿当地的统治者——麦加的埃米尔——不向奥斯曼帝国提供骆驼。

这条关于骆驼的消息其实只起到了掩护的作用，斯托尔斯随信附上了 1914 年 9 月 6 日克莱顿发给基钦纳的秘密备忘录。在备忘录中，克莱顿敦促基钦纳与麦加的统治者就其他事宜展开对话。克莱顿在备忘录中提到，或许可以用一位亲英的阿拉伯领导人取代奥斯曼帝国苏丹，使其成为伊斯兰教的哈里发。如果这种思路可行，那么麦加的埃米尔，作为穆斯林圣地的守护者，是一个显而易见的

---

* 汉志（Hejaz），阿拉伯半岛的西部沿海地区，毗邻红海。——译者注

人选，尤其是考虑到他还可以在穆斯林朝觐问题上给予英国莫大的帮助。

在东方的伊斯兰世界，一年中没有什么事情比前往阿拉伯圣地的大规模朝觐更重要了。每一位有能力参加朝觐的穆斯林，一生中至少要朝觐一次。但世界大战的爆发阻碍了朝觐的进行，尤其是在1915年。即便印度的穆斯林可以原谅英国与世界上唯一独立的伊斯兰大国开战这件事，他们也未必能够原谅朝觐的中断。毕竟，这是他们生命中的一件大事。

阿拉伯半岛的圣地麦加和麦地那都位于汉志地区。因此，如果想保证英国的穆斯林在战争期间可以继续朝觐圣地，就必须求助于汉志的统治者。麦加的埃米尔不仅是汉志的统治者，还自称是先知穆罕默德的圣裔，*因而认为自己可以顺理成章地继承哈里发的衣钵。

在他的秘密备忘录中，克莱顿做出了一个错误的论断。他说，阿拉伯半岛上那些相互竞争的地方酋长，比如阿西尔†和也门的统治者或伊本·沙特，再或是内志‡的伊本·拉希德（Ibn Rashid），都愿意加入麦加统治者追求的事业，为创造"阿拉伯人的阿拉伯"而努力。[7]克莱顿在备忘录中说，名义上效忠于奥斯曼帝国苏丹的埃及统治者赫迪夫也支持这一运动，而且他也把自己视作可以取代苏丹并成为伊斯兰世界哈里发的人选之一。克莱顿并没有说明他打算怎样调和这些人相互冲突的野心。

---

* 麦加的埃米尔侯赛因出自哈希姆家族，该家族将自己的先祖追溯到先知穆罕默德的曾祖父。——译者注

† 阿西尔（Asir），位于阿拉伯半岛西南部，今属沙特阿拉伯，与也门接壤。——译者注

‡ 内志（Nejd），即今沙特阿拉伯中部地区。——译者注

其他酋长愿意团结在麦加埃米尔背后的说法，是大约五个月前阿卜杜拉替他父亲游说时向罗纳德·斯托尔斯提出来的。克莱顿把这个说法当成一则新信息写在备忘录里，可能是在暗示马斯里或其他流亡的奥斯曼政治人物近期对他确认了这个说法。这份备忘录提出的新观点是，阿拉伯人不仅可以在战争结束后为英国人服务，甚至在战争期间也可以为英国人所用。

基钦纳立刻给出了答复。1914年9月24日，他给开罗发电报，命令斯托尔斯派一位可靠的信使去找阿卜杜拉，私下里问他一个问题：如果爆发战争，汉志会站在英国一边，还是会反对英国？在发电报之前，基钦纳与爱德华·格雷爵士交换了意见。格雷对克莱顿的备忘录十分肯定，称其"非常重要"。[8]

几个星期之后，化装潜入奥斯曼帝国控制下的阿拉伯半岛的信使带回了略显含糊但给人希望的答复。阿卜杜拉答复说，希望陆军大臣能够阐明他的想法。开罗方面在发给基钦纳的电报中说："对方不乏戒备之心，但态度友善，前景光明。"[9]

与此同时，代表处又与马斯里上校和其他流亡开罗的阿拉伯流亡者展开了交流。这些奥斯曼帝国的流亡者又探讨了一个争论了几十年的老问题——帝国境内这些形形色色的讲阿拉伯语的族群到底是什么人，或者应当是什么人。从19世纪开始，在大马士革和贝鲁特的咖啡馆与巴黎的学生宿舍里，人们就一直在探讨这个民族认同问题；也正是这个问题，在奥斯曼帝国内部催生出了各种各样的文学俱乐部和秘密社团。

从奥斯曼帝国政治的角度看，身在开罗的这些讲阿拉伯语的流亡者，主要是不满青年土耳其党政府偏袒土耳其人的政策。帝国境内讲土耳其语的人口大约占 40%，但他们却统治着人数上占大多数的奥斯曼帝国其他族裔的居民。这些流亡者想要的无非是让讲阿拉伯语的人口在政治上拥有更多的话语权，并让他们占据更多、更高的政府职位，在这些方面达到与讲土耳其语的人口势均力敌的水平。

尽管这些人经常被称作民族主义者，但更准确地说，他们其实是分离主义者。[10] 他们并不要求独立，只想要更高的政治参与度和更彻底的地方自治。大体上，他们愿意接受土耳其人的统治，因为土耳其人也是穆斯林同胞。与欧洲的民族主义者不同，他们的理念核心是宗教因素，而非世俗因素。在精神上，他们生活在同一座伊斯兰之城里。就像中世纪阿拉伯世界的城市以清真寺为核心一样，这些穆斯林的生活也以清真寺为中心。这样的生活状态，基督教欧洲自中世纪早期之后就再也没有体验过了。他们并不代表某一个民族群体，因为在历史上，所谓"真正"的阿拉伯人指的是生活在阿拉伯半岛的居民，而在巴格达、大马士革这样的省份，或是阿尔及尔、开罗这样的城市里生活的讲阿拉伯语的人口其实有着十分复杂的民族起源和背景；从大西洋沿岸到波斯湾的广阔地域里，那些古老的民族和文明的血脉都已经汇入其中。

在 1914 年 10 月，阿拉伯民族主义（分离主义）运动只有几十名活跃的参与者。他们都隶属于像法塔特（al-Fatat）和阿赫德这样的秘密社团中的一个或几个，这些组织在开罗的英国代表处那里的名声越来越响。[11] 关于这些人和他们的主张，我们现在知道的要比当时的英国人知道的多得多。总体来看，这些人属于讲阿拉伯语的精英人群，这一人群与被青年土耳其党推翻的旧势力有着千丝万缕的联系，他们对 C.U.P. 那些带有土耳其主义和中央集权倾向的政策十分警觉。[12] 1914 年 10 月 26 日，正当基钦纳思考应当如何回复阿拉伯人的时候，在开罗代理英国驻埃及代表和总领事职务的米尔恩·奇塔姆给他发来了一封电报，里面提供了关于这些秘密社团的情报。

IV

基钦纳起草了一封电报，经外交部的格雷批准，被转发给了英国驻埃及代表处。基钦纳在电报中指示斯托尔斯这样回复阿卜杜拉："如果阿拉伯人在这场由土耳其人强加到我们头上的战争中向英国施以援手，英国保证不干涉阿拉伯半岛的内部事务，并尽可能地帮助阿拉伯人反对外来入侵。"（基钦纳在这里所说的"阿拉伯人"，指的是生活在阿拉伯半岛的人）换句话说，如果阿拉伯的领导者们能够把自己从苏丹的统治下解放出来，宣布独立，英国将帮助他们对抗任何来自外部的侵略。

在英国驻埃及代表处，奇塔姆和斯托尔斯负责监督将这一回复翻译成阿拉伯文的工作。显然，在克莱顿的怂恿下，他们略微夸大其词，承诺说英国将支持"阿拉伯人的解放事业"。[13] 这种措辞更符合雷金纳德·温盖特所主张的路线。温盖特认为应该煽动阿拉伯的部落，让它们为英国而战。与主张在战后跟阿拉伯人做交易的基钦纳不同，温盖特没有那么多的耐心，他认为应当在战争伊始就立即采取行动。他的目标是引诱阿拉伯人叛离奥斯曼帝国。早在 1915 年 1 月 14 日，他就在写给克莱顿的信中说："我担心英国的行动已经太过迟缓，现在我们未必能够成功地煽动阿拉伯人背叛奥斯曼帝国了……"[14] 他经常抱怨说,他的上司们没能及时听从他的建议。

就在基钦纳电报的阿拉伯文版本发出之际,一直与克莱顿保持联系的开罗流亡者团体告诉他,汉志地区的阿拉伯人可能会怀疑英国人的动机,英国人应当澄清一下他们到底承诺了些什么内容。得到格雷许可的基钦纳立刻授权代表处发出了另一份声明。代表处又一次擅自做主,不仅把声明发到了阿拉伯半岛,还发到了亚洲所有讲阿拉伯语的地区("巴勒斯坦、叙利亚和美索不达米亚")。他们在声明中许诺,只要当地的居民推翻土耳其人的统治,英国就将承认并保证他们的独立。[15]

尽管代表处没有严格按照它接到的指示来发布这份公开声明,但这一承诺本身是很合理的。关于讲阿拉伯语的亚洲地区的未来,英国并未对其他协约国做过任何与此相矛盾的承诺。如果这些讲阿拉伯语的省份能够想方设法从奥斯曼帝国中分裂出来,靠自己的努力赢得自由,并替协约国给敌人沉重一击,那么英国就没有理由不保证帮助它们维护独立。无论是为了对付战时的敌人还是战后的对手,这样做都符合英国的国家利益。

实际上,基钦纳授权代表处外发的那部分信息才是会惹来麻烦的。在基钦纳看来,阿拉伯人在战争中可能扮演的角色并不重要,重要的是他们在战后可能扮演的角色。因此,他在发给麦加的消息结尾加上了这么一段惊人的话:"或许一位真正的阿拉伯人将在麦加或麦地那成为哈里发。在神的帮助下,眼前的所有罪恶将被涤尽,良善之果将从中生出。"[16] 基钦纳认为,等到对德战争结束后,英俄两国必将进入竞争状态。根据他的战略,英国应当在13个世纪前诞生穆罕默德和哈里发制度的阿拉伯半岛重新扶植一位哈里发,以此来帮助自己应对俄国的威胁。但是，生活在半岛内部的政治圈子里的阿拉伯人却不大可能理解基钦纳的想法。他们不会明白，在欧洲强国间的一场大战才刚刚开始的时候，基钦纳就已经开始为下一场较量谋篇布局了。他们更不可能意识到，基钦纳、温盖特、克莱顿和斯托尔斯都根本不理解哈里发制度的本质。

从那时开始，学者们就一直不厌其烦地对研究中东的西方学生解说，中世纪欧洲的那种"教皇对抗皇帝"式的精神领袖与世俗领袖间的分裂状态，在伊斯兰世界根本不存在。基钦纳、温盖特、克莱顿和斯托尔斯都误以为哈里发可以只作为精神领袖存在。在伊斯兰世界，生活中的一切事物，包括政府和政治，都在神圣法的管辖之下。因此，在逊尼派穆斯林看来（奥斯曼苏丹和麦加埃米尔都是逊尼派穆斯林），作为神圣法的维护者，哈里发应当管理一切。埃及的英国当局并不理解的一点是，哈里发本身也是一位世俗领袖。他既是宗教领域的首脑，也是执政者，还是军队统帅。

囿于他们对伊斯兰世界的了解，基钦纳的追随者们还忽视了重要的一点：伊斯兰世界的不统一与碎片化。正因如此，基钦纳才打算让伊本·沙特——清规戒律极端严格的瓦哈比派的领袖——承认麦加的逊尼派统治者的宗教权威。可是，这根本就不可能。因为就像伊斯兰教内部其他几十个相互竞争的派别之间的关系一样，两者之间势同水火，势不两立。

基钦纳和他的追随者们发给麦加的提议也误导了对方。在麦加的统治者看来，这份提议是要让他成为一个辽阔王国的统治者，因为一个新的伊斯兰哈里发理应如此。我们后面会看到，当麦加的统治者提到他的新王国的疆域问题时，斯托尔斯大吃一惊，因为他和

终结所有和平的和平

基钦纳都没打算要扩大这位埃米尔所管辖的领土范围。1915年夏天，斯托尔斯写信给菲茨杰拉德（或者说基钦纳）说，如果麦加的统治者能跟阿拉伯半岛上其他的埃米尔和酋长达成谅解，并且告诉他们"他无意在他们的领土上主张任何世俗权力，那么他的哈里发地位就很有可能获得大部分人的认可——当然，要想获得完全认可是不太现实的"。[17]

英国人打算支持侯赛因角逐伊斯兰教的"教皇"职位，但他们不知道的是，这样一个职位根本不存在。他们也不知道，他们使用的措辞会被他理解为支持他成为整个阿拉伯世界的统治者；而事实上，斯托尔斯认为侯赛因任何扩大自己统治范围的企图都是错误的。如果基钦纳和他的左右手们知道自己的话语对阿拉伯的穆斯林来说究竟意味着什么的话，一定会感到惊讶万分。

11

印度的不满

I

　　一直到 1914 年 12 月 12 日，英国印度事务部政治司司长阿瑟·希策尔（Arthur Hirtzel）才看到基钦纳发给侯赛因的消息，那时这条消息早已经送达麦加了。读到基钦纳的消息后，希策尔大为惊讶，马上批评说它"非常危险"，因为暗示拥立一位阿拉伯人哈里发的做法"恰恰是印度事务部一直以来确信英王陛下的政府不会做的事"。[1] 印度事务大臣克鲁侯爵私下里告诉印度总督，基钦纳对两个事实视而不见：首先，当前的哈里发，也就是土耳其苏丹的宗教地位依然牢固；其次，印度的穆斯林对当前的哈里发十分尊重，他们或许可以接受他的地位被人取代，但绝不会容忍外国势力从中作梗。[2]

　　当他看到基钦纳承诺保护阿拉伯人的独立时，希策尔评价说，"这一书面承诺……根本没有得到英王陛下政府的授权"，"令人惊诧"。[3] 无独有偶，在此之前，印度政府外交部联合亚丁*、孟买等地的省督，给印度事务部发去了一份备忘录。备忘录中解释说："我们

---

*　亚丁（Aden），位于阿拉伯半岛南端，亚丁湾北岸，当时受英印政府管辖。今属也门。——译者注

想要的不是一个统一的阿拉伯，而是一个脆弱、分裂的阿拉伯。让阿拉伯在我们的宗主权之下尽可能地分裂成一个个的小邦。这样一来，它们既可以成为防范西方强国的缓冲带，同时又无力联合起来反对我们。"⁴他们其实误解了开罗方面的动机。就像克莱顿后面写给温盖特的信中所说的那样："印度方面似乎格外担忧会出现一个强大和统一的阿拉伯国家。但是，除非我们蠢到去创立这么一个国家，否则，它根本就不可能存在。"⁵

克鲁侯爵试图平息印度事务部和印度政府的怒气。他解释说，基钦纳之所以没有事先征求他们的意见，是因为这并非英王政府的官方联络，"只是基钦纳伯爵与对方的私人沟通"。⁶不过，克鲁侯爵的努力并没有能够彻底平息这场管辖权争端，它还将在战争期间和战后绵延不绝。

II

印度政府就像一个处境困难的守备队，由于守卫着过于漫长的战线而力量单薄。因此，印度政府的本能反应就是不想再涉足新的地盘。印度政府的中东战略是只控制住最有必要控制的地方，即海湾沿岸地区，以保证来往英国的海路畅通，他们对于向内陆发展毫无兴趣。

但是，与奥斯曼帝国这场情非得已的战争使得吞并相距不远的巴士拉和巴格达有了可能。尽管印度政府内的官员以往经常告诫政府不要再考虑开拓新的领土，但印度政府显然对此动心了，因为他们相信，在这两个地方进行殖民和发展经济将会带来巨额财富。无论做什么，英印政府都坚定地认为政府自身的利益就等同于其臣民的利益，而其臣民之中包括大量的穆斯林。基钦纳伯爵的伊斯兰政策会威胁到他们的利益。

基钦纳的提议还侵犯了印度政府的外交决策权。印度政府在此方面十分敏感，一直防范着英国政府内部的其他部门涉足这一领域。印度政府外交部负责管理与周边地区之间的关系，如中国西藏、阿富汗、波斯和阿拉伯半岛东部地区，同时还通过一个由省督和当地代理人组成的网络管理着英国在亚丁和海湾地区的保护地。因此，基钦纳与麦加的统治者展开对话，相当于插足了印度政府关切和活动的区域。

从波斯湾到苏伊士运河的沿岸港口一直是印度政府高度重视的地区，同时它也尽量避免插手内陆地区的政局。不过，受雇于印度政府政治部的威廉·亨利·莎士比亚（William Henry Shakespear）上尉却作为驻科威特的政治代表与阿卜杜勒·阿齐兹·伊本·沙特建立了政治联系和私人关系。在"一战"爆发前的岁月里，这位当地的埃米尔可谓是阿拉伯半岛中部地区日渐崛起的一位人物。[7]像跑到开罗去游说的阿卜杜拉一样，伊本·沙特也表达过类似的意愿，想让他的领地成为英国的附庸；而同基钦纳和斯托尔斯一样，莎士比亚也只能表示，英国政府无意介入奥斯曼帝国的内部事务。对莎士比亚来说，当时的他更是只能这样表态，因为当时英国外交部还在支持亲土耳其的拉希德家族——阿拉伯半岛中部最强大的势力，同时也是沙特家族的世仇。本来，在战争爆发之后，就再也没有什么阻力可以妨碍印度政府支持沙特家族了，结果他们却发现开罗方面在麦加支持了一个竞争对手。

开罗方面也发现印度在阻挠自己的计划。1914 年 11 月，也就是奥斯曼帝国加入战争的那个月，开罗方面提出派马斯里上校到美索不达米亚去煽动骚乱，甚至引发革命。开罗方面的提议也得到了爱德华·格雷爵士的批准。但印度方面却否决了这个提议，因为他们一直非常反感煽动事端，担心局势可能会失控。

印度方面认为，如果阿拉伯人要起来反对土耳其政府，应当由伊本·沙特来领导叛乱。不过，一直到 1914 年 12 月，印度总督还认为采取行动的时机尚不成熟。[8] 与印度方面相反，基钦纳与他在开罗和喀土穆的追随者们则把谢里夫 * 侯赛因视作英国重要的阿拉伯盟友，还发表宣言鼓励阿拉伯人发动叛乱。除了大的战略方针上的分歧之外，西姆拉 † 方面还通过战前的一些接触了解到，如果英国选择支持麦加的埃米尔，阿拉伯世界中其他一些地方的统治者会因此而疏远英国，其中包括长久以来与英国关系密切的科威特谢赫穆巴拉克 ‡、向来对英国友好的波斯港口穆哈马拉（Muhammara，今称霍拉姆沙赫尔）的统治者，甚至是巴士拉的掌权者赛义德·塔利布（Sayyid Talib，尽管希策尔认为他是一个"危险的恶棍"）。[9] 外交部的一位官员也十分担心阿拉伯人的反弹。他指出，麦加的埃米尔在阿拉伯半岛的两个死敌——伊本·沙特和阿西尔的统治者赛义德·穆罕默德·伊德里西（Seyyid Mohammed al-Idrisi）——都是英

---

* 谢里夫（Sherif），伊斯兰世界对先知穆罕默德的外孙哈桑及其后裔的尊称。伊斯兰国家一些贵族或有政治地位的人也自称谢里夫。——译者注

† 西姆拉（Simla），位于印度北部，因海拔较高、气候凉爽，从 19 世纪后半叶起成为英印政府的夏都，此处用以指代英印政府。——译者注

‡ 穆巴拉克（1837—1915），科威特萨巴赫王朝的第七代统治者，被称为"现代科威特之父"。他于 1899 年与英国签订条约，使得科威特的领土完整受到英国保护。——译者注

国的朋友。[10]

印度政府的官员认为，开罗方面的政策不仅轻率鲁莽，而且根本不可能奏效。他们认为，如果英国支持一个阿拉伯哈里发上台，那么不仅会影响印度穆斯林的态度（在英国人看来，这是整个哈里发问题中最关键的一点），对阿拉伯世界也不会产生什么好的影响。印度政府政治部的珀西·考克斯（Percy Cox）在 1915 年 12 月汇报说，他会见了科威特的谢赫和伊本·沙特，发现他们对哈里发问题并不感兴趣。伊本·沙特说，阿拉伯的酋长们"根本不在乎谁自称哈里发"。他还说，他所在的瓦哈比教派根本不承认四大哈里发之后的任何一个哈里发（而四大哈里发早在 1 000 多年前就去世了）。[11]

III

1914 年末的一次考验揭了哈里发的老底，让人们看到哈里发的所谓权势不过是虚幻。奇怪的是，伦敦和西姆拉都没有能从这一幕中得出正确的结论。

1914 年 11 月，随着奥斯曼帝国加入第一次世界大战，奥斯曼苏丹兼哈里发宣布对英国发动"圣战"（jihad），同时在伊斯坦布尔举行了精心策划的示威活动，人群、乐队和演说成了当日的主题。威廉大街*下令，立刻把奥斯曼帝国的圣战宣言发到柏林来，翻译成"阿拉伯语和印度语"（命令原文如此）后再印成小册子，散发到敌军的穆斯林士兵当中。[12] 德国外交部的工作人员认为，苏丹的行动

---

* 威廉大街（Wilhelmstrasse），柏林的一条街道，德国政府所在地，通常用来指代德国政府，尤其是其外交部。——译者注

将"激发起伊斯兰宗教狂热",还可能在印度引发大规模的革命。[13]

德国驻伊斯坦布尔使馆的武官认为,苏丹的宣言会极大影响英法军队中的穆斯林士兵,使得他们拒绝向德军开枪。但是,心存怀疑的德国大使的预测要准确得多。他在一封私人信件中写道,那份宣言"只能哄骗少数穆斯林"[14]加入同盟国阵营。他是对的。事实上,用"一战"中出现的新词来说,所谓"圣战"就是一颗"臭弹",炮弹打出去了,但是却没有爆炸。*

人们对"圣战"的热情不高,即便在伊斯坦布尔也是如此。在宣布了"圣战"之后,并没有任何事情发生。不过,英国人还是很担心,害怕会有哪一阵颠簸让这颗臭弹突然爆炸。1915 年 10 月,吉尔伯特·克莱顿在一份备忘录中提到,尽管迄今为止"圣战"运动并不成功,但它还是有死灰复燃的可能。[15]在印度事务大臣克鲁侯爵看来,"圣战"没有得到响应的唯一原因就是奥斯曼帝国没能控制汉志地区的圣地。他认为:"倘若 C.U.P. 能够控制麦加,他们或许就能发动一次真正的'圣战';它在影响到阿富汗的同时,还会给印度带来巨大的麻烦。"[16]

与此同时,温盖特、克莱顿和斯托尔斯还在积极推进基钦纳的方案,即在战后的世界与阿拉伯人和一位阿拉伯宗教领袖结成紧密的关系。克莱顿比较小心谨慎,认为阿拉伯哈里发这个问题十分微妙,应当由阿拉伯人自己提出来;[17]而一贯缺乏耐心的温盖特则向菲茨杰拉德(或者说基钦纳)担保说:"我们应当竭尽所能促使阿拉伯人行动。我在这件事上已经做了许多准备。"[18]

---

* 埃及与利比亚边境的赛努西(Senussi)游牧民制造了一些小麻烦。不过,不论有无那份圣战宣言,他们都很可能会制造麻烦。——原注

然而，印度事务部仍然担心，一旦英国人过多涉足，麦加可能会被卷入世界政治的旋涡。印度的民心可能会因此在万万不能出现波澜的时候出现波澜。在战争期间，西姆拉会把许多欧洲裔士兵送到欧洲战场上，跟他们一同上战场的还有大量的印度士兵。因此，一旦在战争期间爆发起义，印度政府将难以镇压。在西姆拉方面看来，开罗和伊斯坦布尔所推行的政策都有可能在印度激起穆斯林的宗教热情，进而给印度帝国带来严重的危害。

　　随着战争的进行，统治印度的英国官员越发坚定地认为，他们最危险的敌人既不是土耳其人也不是德国人，而是治理埃及的英国官员。尽管印度方面不断地提出反对意见，开罗的英国当局仍然在推进着与麦加统治者的密谋。

12

左右为难

I

麦加，是穆罕默德出生的地方；麦地那，是他后来迁徙到的地方。对所有的穆斯林来说，这两个地方都是圣城。因此，阿拉伯半岛最西部濒临红海的那一片山峦起伏的长条地带——汉志地区——也就具备了独一无二的重要性。汉志的意思是"分隔"，得名于将它与东方的高原分隔开来的山脉。20 世纪初的阿拉伯半岛是一片空旷的不毛之地，而汉志地区——借用 1910 年版《大英百科全书》的说法——是"阿拉伯境内最荒凉且缺乏吸引力的一片土地"。整个地区就是一片缺水而无人定居的荒野。汉志地区长约 1 200 千米，最宽处约 320 千米，十分勉强地供养着大约 30 万人口，其中一半是贝都因人*，一半是城镇居民。尽管隶属于奥斯曼帝国，但汉志地区与伊斯坦布尔相距甚远，再加上原始的交通和通信条件，使得汉志地区一直拥有相当程度的自治权。

椰枣是这里的主要作物，据说可以细分成 100 多个品种。不过，这一地区真正的产业是一年一度的朝觐活动。每年都有大约 7 万名

---

*　贝都因人（Bedouin）是以氏族部落为单位、过着游牧生活的阿拉伯人。——译者注

朝觐者来到麦加。保护朝觐者不受贝都因部落的劫掠是奥斯曼帝国政府派驻当地官员的主要职责之一。当局还给这些部落发放财物，希望能让其意识到，比起骚扰朝觐者，保护朝觐者可以获得更多的收益。

从最近的港口出发，人们抵达麦加要走 72 千米，骑骆驼要骑两天。麦加坐落在一个炎热、荒芜的山谷里，控制着通往四周山区的要道。麦加的居民大约有 6 万人。麦加城不允许非穆斯林进入，而这种禁令反而让它充满了诱惑力。只有为数不多的欧洲旅行者曾经乔装打扮混入城中，带回了对麦加城详细的描绘。

这些欧洲人报告说，即便在圣城里也有野蛮原始的黑暗勾当。根据《大英百科全书》的记载："麦加城中令人难以启齿的罪恶是伊斯兰教的耻辱，也时常让虔诚的朝觐者感到大为惊异。奴隶贸易与朝觐之旅的关系还不十分清楚，但是在朝觐的掩护下，的确有大量的奴隶进出口在进行。"

不过，欧洲的旅行者们也记载说，汉志的居民，乃至整个阿拉伯半岛的人民都是天生的贵族。《大英百科全书》中说：

> 从身体上来说，阿拉伯人是世界上最强壮、最高贵的种族之一……因此，他们在身体素质上几乎不输给人类中的任何一个民族；在精神上，他们也超越了大部分民族。唯一阻碍他们进步的是他们在组织能力和协同能力上的显著欠缺。他们的政府形式十分松散，漏洞百出，但即便是这样的政府他们也不愿意负担……

如果《大英百科全书》的说法是可信的，那么麦加埃米尔的工作可并不好干。

对穆斯林来说，麦加一直是世界的中心。基钦纳领导下的开罗和 C.U.P. 领导下的伊斯坦布尔的勃勃野心则让荒凉的汉志地区进入了 20 世纪政治舞台的中心。麦加的埃米尔不情愿地看到，1914 年爆发的战争让麦加以另一种方式成了人们关注的焦点。他发现自己陷入了左右为难的境地。

代表奥斯曼苏丹统治汉志的是侯赛因·伊本·阿里，他被称作麦加的谢里夫和埃米尔。一个人如果被称作谢里夫，他必须是穆罕默德的后裔；而侯赛因与穆罕默德一样，出自哈希姆家族。[*]一段时期以来，奥斯曼帝国政府习惯于从相互敌对的谢里夫中挑选麦加埃米尔的人选。1908 年，苏丹亲自挑选来自达武·阿温（Dhawu-'Awn）氏族的侯赛因为麦加的埃米尔，而没有选择 C.U.P. 支持的另一个候选人。

就像他温文有礼的好友大维齐尔和苏丹本人一样，侯赛因无论在血统上还是在学识上都是一个老派人物，惯用华丽的辞藻。他中等身材，长着一把白胡子，1914 年时大约 60 岁上下，一生之中有很长一段时间都在伊斯坦布尔的宫廷里度过，充当一个地位尊贵的人质。在那里，即便是那些不怀好意的敌人也无法捕捉到他任何不当的行为，因为他把时间都花在了冥思上。

侯赛因一直对苏丹本人表现出无限的忠诚。但是，苏丹只是个傀儡，奥斯曼帝国的大权掌握在青年土耳其党手里。侯赛因对于这

---

[*]　侯赛因一直把他自己和他的家人称作"哈希姆家族的人"。——原注

些没有家族背景的新兴权贵毫无感情。尽管他一直忠于苏丹，但他却发现自己与苏丹政府的矛盾越来越多。他尤为反感政府的中央集权政策。

侯赛因不仅想要保住自己作为埃米尔的地位，还想让他的家族世袭这一职位。他竭尽全力想要巩固自己的独立地位，而推行中央集权的 C.U.P. 政府则想方设法削弱其独立性。政府努力推动汉志铁路的建设，其目的之一就是试图通过此举来削减埃米尔的自治权。从大马士革（今天叙利亚的首都）到汉志的麦地那的铁路已经竣工，政府还想把铁路继续修到麦加和吉达（Jeddah）。对于汉志地区那些拥有骆驼的贝都因部落来说，这条铁路会危及他们对朝觐之路的控制，切断他们的滚滚财源。C.U.P. 政府试图利用铁路和电报实现对麦地那、麦加乃至汉志其他地方的直接统治。如果土耳其政府的计划得以实现，侯赛因就会变成一个普普通通的下级官僚。侯赛因的对策是煽动骚乱。

对于起初利用土耳其军队来威慑阿拉伯部落，进而取得行政权力的侯赛因来说，此举标志着一次政策转向，但并不意味着他改变了效忠的对象。他依然站在一个模糊的立场上：拥护奥斯曼帝国，但是反对执政的政府。

在欧洲战争爆发之前的几年，大马士革的秘密社团和阿拉伯半岛大大小小的地方权贵一直保持着频繁的接触，试图团结起来对抗青年土耳其党，为帝国里讲阿拉伯语的半壁江山争取更多的权利。阿拉伯半岛主要的地方首领时不时地会展开这样的对话。1911 年，奥斯曼帝国议会里的阿拉伯人议员曾向侯赛因提议，要求他领导讲阿拉伯语的民众推翻土耳其人的压迫。他拒绝了。一年后，一些秘密社团转而接触了侯赛因的一些竞争对手，没有再找侯赛因。到了1913年，阿拉伯民族主义者似乎已经把侯赛因视作"土耳其人用来鞭笞阿拉伯人的工具"。[1]但是，土耳其政府其实也非常不信任侯赛因，一直在找机会除掉他。

侯赛因的两个儿子在政治舞台上非常活跃。他最喜爱的儿子阿卜杜拉在奥斯曼帝国议会里是代表麦加的议员，另一个儿子费萨尔则是代表吉达的议员。阿卜杜拉建议他父亲与政府对抗，他相信如果能取得秘密社团和英国的支持，他们是有实力做到这一点的；费萨尔则不同意与政府对抗。阿卜杜拉身材矮小、敦实，十分精明，非常擅长政治家那套安抚、调和的手段，做事大胆激进；费萨尔身材修长，动作敏捷，略显紧张，为人谨慎为上。

多年来一直善于挑拨敌人之间矛盾的侯赛因倾向于拖延时间，静观其变。他在埃米尔的位置上多坐一年，他的声望就可以多增加一点，他也就能更好地掌控当地复杂的私人、家族和部族关系网络，增强他在汉志的权力。他已经削弱了 C.U.P. 在麦加和麦地那的地方实力，确立了自己在领地内至高无上的地位。

但是，到了1913年和1914年，他却发现自己身边外敌环伺。他领地的南方和东方是他的邻邦和宿敌，这些阿拉伯酋长和他一直相互威胁。阿拉伯民族主义者也是他的敌人，他们中的一些人认为他归根结底还是一位土耳其官僚。英国人也虎视眈眈，一旦与奥斯曼帝国开战，英国海军可以轻而易举地控制汉志漫长的海岸线，倘若侯赛因与奥斯曼帝国同进退，他确信英国人会变成他的敌人。还有奥斯曼帝国政府，他们威胁要在自治权问题上与这位埃米尔彻底摊牌。

现在，由于进入了战争状态，C.U.P. 推迟了铁路完工和采用新的政府规章的进程，同时也暂停了任命新的埃米尔取代侯赛因的秘密计划。不过，它还是命令侯赛因为军队提供兵员。侯赛因和阿卜杜拉有充足的理由怀疑这是 C.U.P. 的一个阴谋：来自汉志的士兵会被派到遥远的战场，而土耳其正规军则会被送来代替他们守卫汉志，进而夺取这一地区的控制权。

侯赛因向他所有危险的邻居保证，自己会遵从他们的意愿，但他们需要给他一点准备时间。他向他的劲敌、来自东方的强大军阀阿卜杜勒·阿齐兹·伊本·沙特征求意见，探讨麦加是否应当响应苏丹的号召，对英国及其盟友发动"圣战"。他还与来自大马士革的阿拉伯民族主义运动的领袖展开会谈，商讨联合起来对付奥斯曼帝国政府的可能性。面对奥斯曼帝国政府的要求和命令，他要求帝国政府拨款供他征兵和储备给养，但一直拖延派兵加入帝国军队的时间。

他与基钦纳保持电报往来，并向基钦纳承诺会响应其提议。1914 年底，杰马尔帕夏准备在苏伊士运河向英国人发起进攻。侯赛因写信给杰马尔，许诺自己将派兵参加这次进攻；与此同时，阿卜杜拉则回信给开罗的斯托尔斯，告诉他汉志决定在战争中站到英国一方。不过，阿卜杜拉表示这一切尚需保密，因为此时埃米尔还不能让人察觉到他要与英国结盟，更不可能采取任何实际行动。阿卜杜拉和侯赛因表示，时机尚不成熟。

II

通过斯托尔斯的联络，英国驻埃及高级专员公署与麦加方面建立了密切的联系，这一成就让斯托尔斯感到十分欣喜。1915 年 1 月 27 日，他给菲茨杰拉德（或者说基钦纳）写信道："我与麦加的谢里夫保持着友好且亲密的关系。我十分确信，他比其他地方的酋长更值得我们关心和关注，因为只有他可以每年接纳全世界穆斯林的代表前来朝觐，并获得他们的敬意；而其他酋长，不论他们的实力多么强大，都不能享有这份荣光。"[2]

此时，基钦纳和英国驻埃及高级专员公署对侯赛因的全部要求就是要他保持中立，而侯赛因也想尽量避免被卷入这场危险的战争。因此，双方可谓一拍即合。侯赛因本人和麦加都没有对"圣战"宣言做出任何响应。因此，对于英国驻埃及高级专员公署来说，与麦加方面进行联络所能达到的一切目的都已经达到了。1915 年 2 月 2 日，高级专员亨利·麦克马洪爵士向基钦纳汇报说："当前没有立刻采取任何行动的必要……因为与麦加的谢里夫有关的必要举措都已经完成了。"[3]

陆军大臣很满意。他并不像温盖特那样认为在阿拉伯半岛煽动部族叛乱可以对英国的战局产生影响。因此，当侯赛因没有表示要带头发动这样一场叛乱时，基钦纳也没有表现出失望的情绪。在基钦纳看来，德国才是最重要的敌人，欧洲战场才是唯一能够左右局势的战场。控制哈里发的长期方案是留给战后的世界的。在他看来，他和中东地区都可以等到战争结束后再来料理此事。

第三部分

英国陷入中东泥潭

13

土耳其指挥官险些输掉战争

I

在基钦纳被任命为陆军大臣的时候，他并不打算让英国在战争期间卷入中东事务。而当他真的走上这条道路的时候，他并没有意识到自己的所作所为最终会导致这样的结果。到了1915—1916年，当他发现自己的国家已经完全陷入中东泥潭的时候，他一定会奇怪自己究竟是怎么允许这一切发生的。毕竟，从战争爆发之初，他始终坚持的信条就是专注西线，忽略东方。

基钦纳认为，英国可以在欧洲战争期间安心地忽略掉土耳其和中东，这部分是由于他推测奥斯曼帝国不会对英国构成重大的军事威胁。很多人都持同样的观点。

英国官员十分轻视奥斯曼帝国的军事实力，东线战场前6个月的局势也印证了他们的观点。从1914年10月，也就是"戈本号"和"布雷斯劳号"炮击俄国海岸的时候开始，到1915年2月英国舰队报复性地炮轰达达尼尔海峡，并朝着伊斯坦布尔进发时为止，奥斯曼军队的表现可谓是从一个失败走向另一个失败。

土耳其武装力量的最高指挥官是恩维尔帕夏。他在战争爆发前一个星期任命自己为"副总司令"，这就让他在理论上成了仅次于傀偏苏丹的二号人物。而实际上，他就是最高统帅。

恩维尔适合做一个独来独往的冒险家，但不适合做统帅。尽管他颇具冒险精神，也堪称诡计多端，但他并不是一个合格的指挥官。他经常与来自普鲁士的陆军顾问利曼·冯·桑德斯产生矛盾。在后者看来，恩维尔在军事领域就是个滑稽可笑的小丑。

恩维尔却把自己视为一位形象截然不同的领导者，他认为自己是奥斯曼帝国缔造者的真正传人。那些活跃在 14 世纪的"加齐"，即那些为伊斯兰教信仰而战的勇士，曾经在拜占庭帝国无人关注的边疆纵马驰骋，继而跃入了历史舞台的中央。

战争刚一爆发，他就迫不及待地想要进攻俄罗斯帝国。[1] 在他前进的道路上有一个巨大的障碍：耸立在两个帝国陆地边疆之间的险峻的高加索山脉。他不顾利曼·冯·桑德斯的反对，执意要在严冬季节越过这道让人望而却步的自然疆界，发动一次正面进攻。而俄国人不仅占据了高地，还修筑了严密的防御工事。恩维尔计划先在土耳其境内一片长约 1 000 千米、宽约 500 千米的地区内集结部队，但这片地区内并没有可供运输部队和补给品的铁路，仅有的几条道路也又陡又窄。河流上的桥梁早已坍塌，也未经修复，因此部队只能涉水渡河。离这里最近的铁路终点站也在近 1 000 千米之外，因此每一颗子弹、每一发炮弹都只能用骆驼运输，需要 6 个星期才能运抵前线。这里的大片地区都没有人烟，未经探索，也没有相关地图。漫长的冬天和山区的暴风雪使得整片地区在一年中的很长一段时间里都无法通行。

他向利曼·冯·桑德斯解释说，他下一步的计划是率军离开集结待命区，跨过边界进入沙皇的领土，然后像军事教科书上描绘的那样采取协同行动，攻击俄军在高加索高地上的要塞阵地。一部分部队将正面进攻，其他部队则会迂回到侧翼，或者包围敌人。利曼提醒他说，由于当地没有铁路和其他交通工具，他的部队根本没有足够的战略机动性来实现他设想的这种军事调动。但他对这种提醒完全不为所动，对自己的成功信心十足。恩维尔说，在击垮俄国人之后，他接下来要取道阿富汗征服印度。

恩维尔在 1914 年 12 月 6 日离开伊斯坦布尔，并于 12 月 21 日接管了奥斯曼帝国第三军的指挥权，亲自率军发动对高加索高地的攻击。俄国人大为惊恐，请求英国施以援手，他们并不知道自己面对的对手无能透顶。

由于深深的积雪，恩维尔只能把他的炮兵留在后方。他的部队也只能在零下 30 摄氏度左右的低温下露营，连帐篷都没有。食物短缺，伤寒斑疹流行。冬季的大雪封锁了大路，他们只能在杂乱的山间小路上乱转。恩维尔原本打算让他的部队对挡在入侵道路上的一座名叫萨勒卡默什（Sarikamish）的俄军基地发动协同突袭，但各支土耳其部队彼此失去了联系，在不同的时间抵达萨勒卡默什并发动攻击，结果被各个击破。

1915 年 1 月，大军的残部七零八落地撤回了土耳其东部。有大约 10 万名土耳其士兵参与了此次进攻，[2] 结果人员损失了 86%。奥斯曼帝国总参谋部的一位德国军官评价第三军的命运时这样说："这场灾难发生之迅速、彻底，在军事史上无出其右者。"[3]

然而，就在从灾难般的东北方前线返回的路上，恩维尔又下令发动了一次筹划得十分糟糕的攻势。指挥这次行动的是海军大臣杰马尔帕夏。杰马尔十分嫉妒恩维尔出众的威望和权势，于是决定亲自指挥驻扎在叙利亚和巴勒斯坦的奥斯曼帝国第四军。1915年1月15日，他开始朝着埃及进军，打算越过苏伊士运河发动一次突袭。

后勤问题又一次被忽视了。叙利亚和巴勒斯坦的道路糟糕透顶，很多道路连马车都无法通行，[4] 而宽达200千米的西奈沙漠更是无路可循。不过，奥斯曼士兵展现出了惊人的忍耐力和勇气，还是想方设法把自己和装备从叙利亚运到了苏伊士。德国工程兵军官克雷斯·冯·克雷斯施泰因（Kress von Kressenstein）沿途打井，使大军得以走出沙漠。这次出征的时间倒是选得恰到好处，1月出征埃及可以免受炎热之苦。

但是，等到第四军抵达苏伊士运河的时候，杰马尔发现他的大部分部队都无法按原计划使用浮桥过河。德国工程兵从德国带来了这些浮桥，但是土耳其的部队却没有被训练过如何使用它们。不过，杰马尔还是下令发动进攻。2月3日清晨，进攻在天还半黑的时候开始了。要塞中的英军醒来时发现，运河对岸出现了一支奥斯曼大军。他们立刻用优势火力向奥斯曼军队开火。在这场战斗中和随后的溃退过程中，大约有2 000名奥斯曼士兵丧生，大约占杰马尔麾下部队的10%。杰马尔下令撤退，大军便一路后撤，退回了叙利亚。[5]

土耳其人的用兵之道成了笑话。奥布里·赫伯特（Aubrey Herbert）在开罗的施普赫尔德酒店（Shepheard's Hotel）写信给他的朋友马克·赛克斯说，奥斯曼军队最新的计划是"带几千峰骆驼到苏伊士运河，再把它们的毛点燃。骆驼的睿智众所周知，它们一定会冲到运河里试图灭火。等到运河里的骆驼足够多了，土耳其人就可以踩着它们的背过河了"。[6]

对于奥斯曼军队的进攻，在伦敦的首相轻描淡写地评论道："土耳其人想在苏伊士运河上架桥，试图用这种巧妙的方法找到一条进入埃及的道路。这些可怜的家伙和他们还未完成的桥梁被炸成了碎片，于是他们只好退回到沙漠之中。"[7]

II

恩维尔以为战争会很快结束，认为只要通过几次闪电般的战役就可以决定战局。他既没有制订打消耗战的计划，也不知道打一场消耗战需要做些什么。他缺乏组织的天赋，没有搞后勤的头脑，也没有耐心做行政管理工作。作为陆军大臣，他草率地把自己的国家带入了混乱之中。[8]

首先，他命令帝国境内所有符合条件的男子立刻到军队报到，自带3天的口粮。人们按照他的命令在同一时间前去报到，结果征兵处人手不足，根本无法同时接待这么多人。从乡下蜂拥而至的应征者很快吃光了他们的3天口粮，开始饿肚子。不久，他们就纷纷离去，结果被视作逃兵。他们既不敢回到征兵处，也不敢回家。

由于大量的人手被从乡下征调了上来，1914年原本可以获得的大丰收现在成了泡影。这种糟糕的模式在整个战争期间一直持续。由于军队抽调了大量的人手和役畜，导致无论年景好坏都会出现饥荒。在战争期间，役畜的数量迅速减少，马的数量下降到战前的40%，黄牛和水牛的数量下降到战前的15%。农业活动的减少也同样剧烈，谷物耕种面积减少了一半，棉花的产量只剩下战前的8%。掌控食品和其他稀缺产品的供应成了获得财富和权势的捷径。在庞大而杂乱的伊斯坦布尔城中，一个有黑帮背景的芝加哥式政坛大佬与恩维尔手下的军需处主管争夺着经济的控制权。

战争还摧垮了帝国的交通系统。以往，由于缺乏铁路和堪用的道路，货物运输主要依靠海运。而现在，帝国长达 8 000 千米的海岸线都处在协约国海军的威胁之下。为了守卫达达尼尔海峡，德国人和土耳其人从北方撤回了"戈本号"和"布雷斯劳号"，把黑海的控制权丢给了拥有新入水战舰的俄国人。地中海则在法国海军和英国海军的控制之下。协约国舰队切断了奥斯曼帝国的煤炭供应，整个帝国的燃料都只能依靠德国通过陆路运来的那一点微不足道的补给。

在战争爆发前夕，这个拥有 2 500 万人口的帝国只有大约 1.7 万名产业工人。这个国家基本等同于没有工业，而它仅有的农业现在也被毁掉了。[9] 到战争结束时，奥斯曼帝国的出口贸易额下降到了战前水平的 1/4，进口贸易额更是只有 1/10。

在战争期间，奥斯曼帝国政府大幅增加了财政赤字，而且只能无助地通过拼命印钞来偿付债务。整个战争期间，物价上涨了 1 675%。

战争很快就让奥斯曼帝国的经济濒临崩溃，而青年土耳其党政府对此根本无计可施。

14

基钦纳允许英国进攻土耳其

I

英国政府同样也遭遇了始料未及的问题，不知该如何处理。在战争刚爆发的时候，没有哪个英国人能预见到交战双方会在西欧挖掘战壕对峙。现在，在这已经成为既成事实之后，同样也没有哪个英国人知道应当如何攻破敌人的防线。

随着时间从1914年来到1915年，英国内阁对战争的走势开始越发感到不满。基钦纳伯爵在西欧集中兵力放手一搏的战略似乎在可以预见的未来都无法带来胜利。内阁里最足智多谋的政治家——戴维·劳合·乔治——更是急于找到一个突破口。

劳合·乔治是自由党和内阁里仅次于阿斯奎斯的二号人物，他可不是一个甘愿与船共沉的人物。他总是能设法挺过困难时刻。我们后来可以看到，从第一次世界大战爆发到战争结束，他是唯一一个能够一直留在内阁里的英国大臣。

这位来自威尔士的政治奇才总是热情洋溢，充满活力，他是当时最出色的战略家。当然，也有人会说他是个机会主义者。与他同时代的一个人曾这样写道："对劳合·乔治来说，没有什么政策是永恒不变的，也没有什么保证要履行到最后。"由于他的政策十分多变，他总是时而寻求某个团体的支持，时而又寻求另一个团体的支持，"就像马戏团里的杂耍骑手，总是要从一匹马的背上跳到另一匹马的背上"。[1] 他善于故弄玄虚是出了名的，就连他的一位崇拜者都说，在他那里，事实真相不是一条直线，而"更像是一条曲线"。[2] 用他自己的话说："无论是战争还是政治，只要有可以迂回的路线，我就不支持代价惨重的正面进攻。"[3]

对于协约国军队在法国和佛兰德等地对敌人的堑壕阵地发起的毫无希望的正面进攻，没有哪位内阁大臣比劳合·乔治更感到沮丧。每当他想找出一个解决方案或是迂回方案时，他不是被代表英军将领的陆军部阻挠，就是被代表英国盟友的外交部掣肘。

从一开始，劳合·乔治就想在东方找寻一个解决方案。他是英国与巴尔干国家结盟方案的支持者之一，认为英国尤其应当与希腊结盟，以便击败奥斯曼帝国并威胁德国人的侧翼。内阁里的其他成员也赞同这个方案。最具影响力的事务官、战时内阁秘书莫里斯·汉基（Maurice Hankey）也支持这个方案。汉基在1914年12月28日的备忘录里提出，应当联合巴尔干国家一起进攻达达尼尔海峡。他在备忘录里中肯地描述了内阁的观点："我们或许可以通过打击德国的盟友，尤其是土耳其，来给德国最致命的一击，借此实现最持久的世界和平。"[4]

但是，外交大臣爱德华·格雷爵士却驳回了这一动议。与劳合·乔治同属自由党左翼的同僚认为，正是格雷阻塞了英国在战争中保持中立的道路，因为他在战前与法国签订了秘密协议。*[5]（哲

---

* 目前的证据表明这并非事实，但自由党的左翼当时一直持这种观点。——原注

学家伯特兰·罗素后来写道："我注意到，爱德华·格雷爵士在之前的一些年头里小心翼翼地编织了谎言，以避免让公众了解到他是如何向法国许诺英国将在战争爆发时支持他们。"）[6] 现在，又是格雷在战前与俄国签订了有关达达尼尔海峡的秘密条约，其中关于战后领土分配的条款使得他不愿意让巴尔干国家卷入战争。在外交部看来，由于保加利亚与罗马尼亚和希腊都有矛盾，因此要组建一个同时包含这三个国家的联盟是不切实际的。而且，英国也不能让希腊协助攻占伊斯坦布尔，因为这样会冒犯到俄国人。

但是，海军部、陆军部与内阁都认为只靠皇家海军是无法占领伊斯坦布尔的，还需要一支陆军参战。如果不允许希腊陆军或者别的巴尔干国家的陆军参战，那么就需要英国陆军参战。但是，协约国前线的指挥官们认为，在欧洲的战事结束之前，绝不能从西线的堑壕里调走军队。他们的观点也得到了基钦纳伯爵的支持。

然而，不论前线的协约国指挥官们抱有怎样的期望，在战争的最初几个月乃至最初几年里，内阁里的主要成员都看不出协约国在西线战场有任何即将取胜的迹象，他们甚至对能否最终取胜都没有头绪。早在 1914 年 10 月 7 日，阿斯奎斯就曾经记载说，基钦纳认为"敌我双方在未来几个月的时间里陷入僵持状态……并非不可能"。[7] 到了 12 月底，丘吉尔告诉首相，他认为"在西线战场，双方很可能都没有足够的实力穿透对方的防线"。与此同时，劳合·乔治在写给内阁同僚的备忘录中说，在西线取得突破"根本不可能"。[8]

1914 年秋天自发形成的堑壕战是历史上前所未见的。基钦纳虽然很早就预见到了堑壕战带来的问题，但他也承认自己毫无办法。协约国和同盟国修筑的平行的防御工事很快从大西洋延伸到了阿尔卑斯山，彻底将双方隔绝开来。

堑壕战一开始还是一场忍耐力的比拼，到后来则变成了一场生存竞赛。双方最终一共挖掘了大约 5.6 万千米的堑壕，双方军队就在低于地表的血污里苟活，经受着难以忍耐的、几乎永不停歇的弹炮射击。炮火停歇时，总会有一方朝着另一方的铁丝网和机枪发起自杀般徒劳无功的冲锋。每当一方频频发动进攻之际，另一方就变成了行刑队，双方就在行刑与被行刑的角色之间来回转换，他们占据的地盘却没有丝毫的增减。这是一场僵局。

内阁里的文官大臣希望他们的军人同僚能够指点一二，但这位被他们视作神谕者的军人要么十分尴尬地沉默不语，要么说出一些无稽之谈，让他们不禁对他的判断力产生怀疑。很不幸，菲茨杰拉德没办法在内阁充当他的喉舌耳目。基钦纳元帅总是觉得很难向别人解释自己的军事观点，即便是在面对关系亲近的同僚时也是一样。而如果他要面对的是他害怕的陌生人、平民和政客，他干脆就变成了哑巴。为了打破沉默，他有时会转而对一些非军事的话题展开长篇大论，而对这些话题他其实一无所知。他对着爱尔兰的领袖卡森谈论爱尔兰问题，对着劳合·乔治评论威尔士。对方惊讶地发现，他居然如此无知、愚蠢。

基钦纳身上有天才的部分，但只是偶尔才显露出来。战争结束多年之后，劳合·乔治有一次评价基钦纳，说他"废话连篇"，但接着又说了这样一段话以修正之前的评论：

哦不，他就像一座巨大的旋转灯塔。有时，他的智慧之光会照射出来，照亮了广阔无垠的欧洲大地和集结起来的大军，让人感到自己仿佛借着这光看到了事物的本质；但接着，光亮就转了过去，在接下来的几个星期里就只剩下纯粹的黑暗。[9]

由于基钦纳给不出在西线打破僵局的办法，英国的文官领袖们只好自己制订方案。这些方案大同小异，都是打算绕过壁垒森严的西线，要么从北面，要么从南面，要么从东面发动进攻。将军们的信条是在敌人最强大的地方打击敌人，而政治家的信条则是在敌人最脆弱的地方打击敌人。

劳合·乔治倾向于在脆弱的东南欧地区与希腊联合，而丘吉尔则在费希尔勋爵（丘吉尔把已经退休的费希尔请了回来，出任第一海务大臣）的启发之下，提出把战场转移到欧洲西北部，在波罗的海一座靠近德国本土的岛屿上登陆。不过，莫里斯·汉基在1914年12月28日的备忘录中提出的建议极具说服力，要优于之前提出的所有方案。

汉基提出，英国应当派遣三个军，与希腊、保加利亚和罗马尼亚一起在达达尼尔海峡进攻土耳其，占领伊斯坦布尔，进而打败德国的两个盟友——奥斯曼帝国和哈布斯堡王朝。他指出，要完成这一计划，首先必须调和保加利亚与另外两个国家——希腊和罗马尼亚——之间的政治分歧。他认为，如果协约国亲自派兵参加这一行动，并且担保这三个国家可以公平地瓜分战利品，这个困难是可以克服的。

在看到这份备忘录之后，丘吉尔说他自己在两个月前就提出过要进攻达达尼尔海峡，但基钦纳拒绝调配人手。另外，在1月份实施这一行动要比11月时难得多。丘吉尔仍旧认为波罗的海方案是更好的方案，但他也承认汉基筹划侧翼进攻的思路与他不谋而合。

但是，汉基的方案从未付诸实施，阻挠因素还是老生常谈的那几个：基钦纳不愿意从西线分兵，爱德华·格雷爵士担心希腊向伊斯坦布尔进军会引起俄国不满。格雷不认为保加利亚会愿意对其他巴尔干国家妥协。不过，他更大的担忧是，一旦希腊人对达达尼尔海峡发动进攻，并且成功夺回了他们的旧都君士坦丁堡（光辉的拜占庭帝国的首都），希腊人不太可能再放弃这座城市。而在格雷看来，如果这座城市被其他国家占领，俄国可能会怒而转投同盟国一方。

在雅典，希腊首相韦尼泽洛斯从世界大战爆发伊始就提出要对土耳其开战，现在仍然倾向于加入协约国一方；而他的政敌、德皇的妹夫、亲德的国王康斯坦丁一世（Constantine I）则设法阻挠希腊加入协约国。英国外交部非但没有支持韦尼泽洛斯，反而像康斯坦丁国王一样反对希腊参战。

事后我们知道，倘若希腊军队于 1915 年初在英国海军的配合下向伊斯坦布尔进军，奥斯曼帝国的首都可谓是完全不设防的。但这一切并没有能够成真。在 1915 年的冬天，温斯顿·丘吉尔曾经给格雷写了一封从未发出的信，信中他的痛苦已经溢于言表：

> 我恳求您……三心二意的态度会毁掉一切，战争将因此而延长，又有 100 万人会因此死去……我们绝不应该阻挠希腊与我们合作。我对你放弃希腊，以及把一切希望寄托在俄国人身上的做法非常担忧。如果俄国阻挠希腊出兵，我将竭尽我的所能阻止俄国夺取君士坦丁堡……又及，如果你不支持希腊——韦尼泽洛斯的希腊——那么就会出现一个效忠德国的希腊。[10]

II

刚一进入 1915 年，基钦纳伯爵就突然改变了主意，提出英国应当进攻达达尼尔海峡。俄国最高指挥部急切地要求他在这里发动一次牵制性的进攻。基钦纳担心，如果他不照办，俄国可能会被迫退出战争。如果俄国在这个时候退出战争，会给英国和法国带来致命的后果，因为德国人就可以腾出手来，把全部兵力投到西线。但是，基钦纳坚持认为只能由皇家海军独自完成这一进攻，他的手里拿不出来可用的陆军部队。不过不要紧，内阁里的文官大臣认为西线已经毫无希望（协约国军队的将领们不这么看），因此只要有绕开西线的机会，他们绝不想放过。

正是恩维尔对高加索地区的进攻导致俄国向英国发出请求，也间接导致了基钦纳改变主意。俄国在发出绝望的请求之后，于 1915 年 1 月迅速而轻松地彻底击溃了恩维尔手下的土耳其军队。从逻辑上讲，在击败奥斯曼入侵者之后，俄国人应该告诉基钦纳伯爵，他已经无须对伊斯坦布尔发动牵制性的进攻了；基钦纳自己也应该能够得出这一结论。然而，在 1 月和 2 月，英国的领导者们还是在考虑应当如何进攻伊斯坦布尔，以帮助俄国人解除来自土耳其人的威胁，尽管这种威胁已然不复存在。

就这样，终将改变丘吉尔、基钦纳、阿斯奎斯、劳合·乔治，乃至英国和中东命运的达达尼尔战役开始了。

15

在达达尼尔向着胜利迈进

I

基钦纳提出，应当由皇家海军独自远征达达尼尔海峡。对此，丘吉尔从海军部发出的回应说出了军中和政府中每一个有识之士的心声：只有海陆并进才能拿下达达尼尔海峡。人们只要看一眼地图，就能明白其中缘由。这道长达61千米的海峡，最宽处还不到7千米。顶着强劲的逆流进攻海峡的战舰在正前方会遇到水雷阵，在两翼则要承受欧亚两岸炮台的交叉火力。在海峡中前进21千米之后，战舰会来到宽度只有约1.46千米的海峡最窄处，这里完全处于岸上炮台火力的覆盖之下。因此，只有在陆军控制了两侧海岸，让岸上的大炮哑火的情况下，入侵的舰队才有机会扫清面前的水雷阵。换句话说，如果海军想要通过海峡，必须首先由陆军攻克或是摧毁岸上的要塞。

基钦纳与他在陆军部的顾问们会面，要求他们重新考虑一下在开辟新战场一事上所持的立场，但他们还是坚定地表示腾不出任何陆军部队来参与这次行动。与之相对应，丘吉尔也在1915年1月3日召集海军部的参谋人员开会，询问他们只派遣海军参与行动是否真的毫无胜算，并向他们再三强调了让俄国留在战争中的重要性。有人提出，可以只派遣那些哪怕消耗掉也并不值得可惜的陈旧船只参与行动。最终，他们决定让前线的指挥官发表自己的看法。

会议结束后不久，丘吉尔就给守在达达尼尔海峡外海的英国舰队指挥官萨克维尔·卡登*发电报，询问道："依你之见，仅凭海军强攻达达尼尔海峡是否可行？"丘吉尔进一步补充说，他可以只动用比较陈旧的船只；而且考虑到行动的重要性，即便遭遇惨重的损失也在所不惜。[1]

让所有人感到惊讶的是，卡登海军上将回复丘吉尔说，虽然达达尼尔海峡不能一鼓而下（或者说不能通过一次攻击夺取），"但可以用大量舰船久攻图之"。[2]鉴于卡登已经在达达尼尔海峡附近指挥舰队数月之久，他的观点获得了一致认可。

于是，内阁否决了丘吉尔的方案（丘吉尔倾向于让海军在波罗的海采取行动），授权他把卡登的达达尼尔方案付诸实施。丘吉尔并不反对达达尼尔方案，只是更倾向于波罗的海方案而已。因此，既然内阁已经决定采纳达达尼尔方案，丘吉尔立刻全身心地投入其中。

II

丘吉尔在很多方面颇具天赋，但是他对同僚们的情绪和反应缺乏敏感，察觉不到自己对其他人产生的影响。海军军官们有时会觉得丘吉尔越俎代庖，代替他们发布了一些命令，因此整个机构里的

---

* 萨克维尔·卡登（Sackville Carden，1857—1930），英国海军上将，他在第一次世界大战中负责指挥英国在地中海的舰队。——译者注

同僚都对他产生了一种敌意，而他自己却浑然不知。他并不知道，这些军官将他视作一个到处指手画脚的外行，他对技术术语的胡乱运用更是增添了其他人对他的厌烦。

他也不知道（因为他们没告诉他），他在内阁里的同僚对他的另外一些特质也十分厌恶。他经常十分兴奋地对其他部门的工作发表意见，在他的同僚们看来这就是越权。他一开口就是长篇大论，冗长到令人难以忍受。他的下属和同僚都不敢当面告诉他，但他经常让人觉得无法与他共事。就连他在海军中的偶像和导师、被他请来出任第一海务大臣的费希尔也觉得难以与丘吉尔沟通。不过，据说二人之间的这种沟通困难是相互的。

费希尔勋爵像基钦纳一样，有着天才般的直觉和极为古怪的性格。最晚在1月19日，他突然产生了一种预感，认定派遣海军远征达达尼尔海峡是一个错误，但他却说不清产生这种预感的依据是什么。因此，他无法说服丘吉尔改变主意。

一开始，远征达达尼尔海峡的计划获得了一致同意，但支持这一计划的激动情绪渐渐退去，在几天之内出现了逆转，继而迅速朝着另一个方向发展。

费希尔曾经在1月向莫里斯·汉基抱怨过丘吉尔。汉基本人也记载说，他反对在没有陆军参与的情况下发动对达达尼尔海峡的远征。作为那个时代水平最高的官僚，汉基比丘吉尔本人更能觉察到丘吉尔的海军部里的意见起伏。2月中旬，他觉察到海军部里的主流意见已经开始反对海军单独行动，但此时距离计划中进攻开始的时间只有几天了。*2 月 15 日，一个月前要求丘吉尔立刻执行卡登计划的亨利·杰克逊爵士†发表了一份备忘录，表示单纯由海军参与进攻的方案"并非完善的军事行动方案，不值得推荐"。[6] 海军参谋部作战部助理部长赫伯特·威廉·里士满（Herbert William Richmond）上校也持类似的批评意见。他于此前一天在自己的备忘录里写下了类似的论断，还把这份备忘录的一份副本转发给了汉基。

2 月 16 日清晨，费希尔向丘吉尔发出了类似的警告。丘吉尔大为震惊，他马上开始联系内阁战争委员会的成员，能见到谁就见谁。情势非常严重，因为英国海军舰队即将在 48 小时或 72 小时之内向土耳其海岸发动进攻，而且不能继续拖延，否则敌人的潜艇可能很快就会出发袭击舰队。[7] 但是，根据海军部领导层突然发来的最新意见，如果舰队在没有得到陆军实际援助的情况下发动进攻，他们很可能会遭到失败。而基钦纳一直拒绝派出陆军；而且，即便此时立刻派出陆军，他们也绝不可能及时抵达目的地。

在出席战争委员会会议之前，基钦纳与战前曾在奥斯曼帝国宪兵部队中效命的温德姆·迪兹做了一番交谈，询问他对于从海上进攻达达尼尔海峡的看法。此时在伦敦的情报机关任上尉军官的迪兹

---

* 汉基是这么对内阁说的，他也是这么对首相说的，他在信件和备忘录里也是这么写的。他在 3 月 19 日的日记里写道："在这个动议提出来的第一天，我就警告首相、基钦纳伯爵、总参谋长、劳合·乔治和贝尔福，单凭舰队是无法通过海峡的，所有的海军军官也都同意这个意见。"[3] 汉基的确发出过这样的警告，但他发出警告的时间比他自己宣称的要晚一个月。他给贝尔福写信表达这些意见的时间是 2 月 10 日，而不是 1 月 13 日（内阁委员会决定远征达达尼尔海峡的那天）。[4] 他告诉阿斯奎斯的时间要更晚。首相在 2 月 13 日写道："我刚刚和汉基聊了一下，他的意见总是值得一听。他强烈主张海军的行动……必须得到强大的陆军登陆支援。我得出相同的结论也有一段时间了。"[5]——原注

† 亨利·杰克逊爵士（Sir Henry Jackson, 1855—1929），英国海军元帅。此时他的军衔是海军上将，担任海军部总参谋长。——译者注

回答说，他认为这样的方案根本行不通。他正要开始解释这么说的原因，勃然大怒的基钦纳就打断了他的话，说他根本不知道自己在说什么，然后十分唐突地打发他离开了。

不过，与迪兹的会面让基钦纳改了主意。几个小时之后，基钦纳告诉战争委员会的成员，他同意派遣第 29 师——当时唯一留在英国的正规师——去爱琴海支援海军作战。此外，如有必要，也可以派遣已经抵达埃及的新组建的澳大利亚和新西兰部队前去支援。新的计划达到了费希尔、杰克逊、里士满和其他一些人要求的标准。根据新的计划，在海军取得了海峡的控制权之后，陆军会跟进夺取附近的海岸，最终占领伊斯坦布尔。根据当日的一篇日记记载："基钦纳伯爵对温斯顿说：'你让舰队打过去！我来找陆军的人手。'"[8]

这个方案是有问题的。如果土耳其守军指挥得当，弹药充足，英军就必须发动海陆联合袭击。陆军不应该坐等海军赢得海峡控制权，而是应当帮助海军进攻守卫达达尼尔海峡的要塞。莫里斯·汉基并不是军人，但他把这点看得很清楚，反倒是那些陆海军的将领没能意识到这一点。

2 月 22 日，海军部发布公告，宣布对达达尼尔海峡的攻击已经开始，并具体描述了这一行动的细节。报纸对这个故事很感兴趣，大肆报道，使得公众对这一行动充满了期待。《泰晤士报》写道："单凭海上的远距离炮击是无法达到行动目标的，除非有陆军的配合。"该报还警告说："如果协约国决定对达达尼尔海峡发动持续进攻，那么他们只能成功，不能失败。"[9]

基钦纳也向他的内阁同僚们发出了类似的警告。他原本提议说："如果炮击收效甚微，就不要继续下去了。"[10] 不过，当劳合·乔

　　　　　　　　　　　　　终结所有和平的和平

治对这个方案表示赞同的时候（"如果达达尼尔海峡战事不顺，我们就应该马上尝试别的计划"），基钦纳却改了主意。在 2 月 24 日战争委员会的一次会议上，陆军大臣辩解说，海军部发布的公告让他改变了想法。"在东方遭到失败的后果将十分严重。因为有了这份公开声明，我们已经没有回头路可走了"，他表示，如果舰队的进攻不顺利，"陆军将完成这项任务"。[11]

他一开始提议派海军去，现在又决定派陆军去。就这样，基钦纳一步一步而又浑然不觉地让英国深深卷入了中东事务。

III

土耳其人预料到了丘吉尔会进攻达达尼尔海峡，但此时他们却无力防御。虽然德国人很了解这一情况，但在英国一方，就连一向熟悉奥斯曼事务的温德姆·迪兹也不知道这一情形。战争刚一爆发，奥斯曼帝国的武装力量就与其德国顾问一起开始加强达达尼尔海峡两岸的要塞防御。但是，他们发现自己的努力徒劳无功，因为缺少弹药。在 1914 年底和 1915 年初，柏林方面了解到，达达尼尔海峡的弹药补给水平只够一次战斗之用，有些奥斯曼帝国炮艇上的炮弹只够开火一分钟。

在接下来的 6 个星期里，奥斯曼帝国的高级指挥官们接到了一系列情报，表明协约国即将动用海军袭击海峡。1915 年 2 月 15 日，他们接到了详细的情报，表明英法战舰正在地中海东部集结。

2 月 19 日早晨，卡登海军上将指挥下的英国战舰打响了达达尼尔战役的第一炮。美国驻土耳其大使记录说，协约国的胜利似乎是难以阻挡的，伊斯坦布尔的居民认为他们的城市将在几天之内陷落。[12]

奥斯曼帝国政府十分绝望，甚至动过向他们的宿敌俄国寻求援助的念头。就在英国人的进攻开始后的第二天，土耳其驻德国大使提议组建俄、土、德三国联盟。他提出，土耳其可以给予俄国在达达尼尔海峡的自由通行权，以此来换取俄国在战争中倒戈。[13] 大维齐尔向德国驻伊斯坦布尔大使解释说："我们应该与俄国议和，这样就可以专心对付英国。"[14] 德国把这个提议转达给了俄国，随后就没了下文。在土耳其人看来，在达达尼尔海峡吃败仗似乎已经成了板上钉钉的事情。

就在英国海军的舰炮于达达尼尔海峡的入口处轰鸣之时，在极具战略重要性的各个巴尔干国家的首都里也在发生着政治剧变。在雅典、布加勒斯特和索菲亚，政治家们开始倒向协约国阵营。很明显，如果能够赢得达达尼尔战役，这些巴尔干国家，就连保加利亚也不例外，都会加入协约国一方参战。[15] 就像劳合·乔治不停强调的那样，如果巴尔干国家成为英国的盟友，协约国就可以取道对德国心生不满的奥匈帝国，从相对而言防御薄弱的南方入侵德国，进而结束战争。

当强大的英国舰队在一支法国舰队的支援下于 2 月 19 日早晨发动远距离炮击的时候，达达尼尔海峡入口处的土耳其岸炮组甚至都无法还击，因为射程不够。为了更有效地摧毁土耳其人的岸上要塞，卡登指挥战舰驶近了岸边。当晚，天气发生了变化，低下的能见度和凛冽的寒风迫使海军暂停了行动。5 天后的 2 月 25 日，进攻重新开始。英国海军陆战队在半岛的南端*登陆，发现海峡入口处的要塞已经被土耳其人放弃。土耳其人和德国人撤退到了海峡的最窄处，那里集中了达达尼尔海峡守军的大部分火炮。

英国派驻索菲亚的使团汇报说，保加利亚军队可能会加入对土耳其的进攻。罗马尼亚首相则对驻布加勒斯特的英国代表表示，不仅罗马尼亚是协约国的朋友，"意大利也会很快采取行动"。[16]3 月初，兴高采烈的丘吉尔收到了仍在担任希腊首相的韦尼泽洛斯的机密电报，得知希腊将会出兵援助英国，包括向加利波利半岛派遣三个师。韦尼泽洛斯告诉丘吉尔，就连亲德的康斯坦丁国王也打算加入协约国一方了。[17]

胜利近在咫尺，这让患了流感的丘吉尔十分高兴。他对首相的女儿维奥莱特·阿斯奎斯坦言："我真是太高兴了，我猜我是中了什么诅咒。我知道，这场战争每一秒钟都在摧毁数以千计的生命，但我喜悦得不能自已。生命里的每一秒钟都让我如此享受。"[18]

海军上将卡登在 3 月 4 日发电报给丘吉尔说，如果天公作美，舰队可以在大约 14 天内抵达伊斯坦布尔。[19]奥斯曼帝国的战后命运成了国际政治日程表上的头等大事，就连尚未参战的意大利人也开始宣称要在"瓜分土耳其时得到一份"。[20]丘吉尔似乎感到说这种话还为时太早。他在写给外交大臣的密信中提出，协约国应当占领土耳其的欧洲部分，但也应当在停火协议中保证奥斯曼人仍然可以保留其亚洲部分的领土，至少暂时如此。[21]

费希尔的审慎态度比其他人多保持了几天。他写道：**"我越是**

琢磨达达尼尔的情形，就越感到不安（强调符号为原文所加）。"[22]

不过，到了 3 月 10 日，就连他也改变了看法，因为根据一份被截获的德国电报披露，达达尼尔海峡两岸剩余的要塞，包括控制海峡最窄处的关键要塞，都即将面临弹药告竭的窘境。费希尔一下子变得非常积极，提出要亲赴爱琴海执掌舰队。面对即将到来的胜利，人们迫不及待地开始争功。

　　一天晚上的晚宴后，陆军大臣基钦纳伯爵破天荒地与维奥莱特·阿斯奎斯进行了交谈。维奥莱特告诉他，胜利应当归功于丘吉尔。她说："如果我们能攻克达达尼尔海峡，温斯顿厥功至伟，甚至是唯一的大功臣。在费希尔和其他人优柔寡断之时，是他勇于担当，展现出了勇气和执着。"她在日记中记载道："基钦纳伯爵生气地回答说：'才没有这回事呢，我一直强烈赞同这一行动。'"[23]

16

俄国索要土耳其

I

基钦纳和丘吉尔发动对达达尼尔海峡的远征缘于俄国的敦促。然而，当这次远征看起来即将成功之际，沙皇政府却感到十分惊恐。盟友的胜利似乎是值得庆祝的，但这也意味着伊斯坦布尔会落入英国人手中。突然之间，伴随"大博弈"长达一个世纪的恐惧和妒意又一次涌上了俄国人的心头。俄国政府担心，一旦英国占领伊斯坦布尔，它可能会决定将其据为己有。

1915 年 3 月 4 日，俄国外交大臣谢尔盖·萨宗诺夫（Sergei Sazonov）给伦敦和巴黎发去密电，向英法两国转达了沙皇尼古拉二世的意见：沙皇要求英法两国将伊斯坦布尔、海峡和附近领土交给俄国。作为回报，沙皇和萨宗诺夫承诺，如果英国和法国对奥斯曼帝国或其他地方有任何领土诉求，俄国都将报以同情之理解，洗耳恭听。

俄国人的要求让巴黎大为惊诧。法国人担心，如果俄国据有伊斯坦布尔，它就会在地中海变成法国的重要对手。因此，法国政府打算用模糊的"善意"[1]来搪塞俄国人。德尔卡斯建议，可以等到最终和谈的时候再商讨具体的领土分配方案。

爱德华·格雷爵士却没有跟法国人站在一起。格雷总是对盟国在敏感问题上的主张抱有同情。因此，当法国人对英国在叙利亚的企图心生疑窦时，他曾经设法打消法国人的疑虑；现在，既然俄国人对英国在达达尼尔海峡的企图产生了疑惑，他又想设法打消俄国人的疑惑。但是，这样一来，他就打开了潘多拉的魔盒。如果他在和平会议之前就答应了俄国的要求，那么法国人也会提出他们的要求，接着基钦纳伯爵又会提出自己的要求。或许格雷也意识到了这一风险，但他还是决定先让俄国人安心。

II

英国外交部认为，如果在伊斯坦布尔问题上不能让俄国人满意，那么彼得格勒*的亲德派可能就会压倒亲协约国派。

格雷后来解释说，如果英国不能给俄国人保证，俄国宫廷里的亲德派（格雷似乎对他们格外忌惮）可能会这样曲解英国在达达尼尔海峡的军事行动：

> 不让俄国人获得君士坦丁堡和海峡，是英国一直坚持的政策……今日依然如此。英国人现在即将占领君士坦丁堡。这样一来，当英法在俄国的帮助下赢得战争后，俄国却无法在和平降临后拥有君士坦丁堡。如果不是这样的话，英国人为何要在法国前线吃紧的时候把军队派到达达尼尔海峡来呢？别忘了，

---

* 在第一次世界大战爆发之后，为了去掉圣彼得堡这一名字中浓重的德国色彩，俄国政府将圣彼得堡更名为彼得格勒。此处代指俄国政府。——译者注

与此同时，俄国军队正在为了解救法国前线的英法军队而付出前所未闻的牺牲。[2]

只要英国的战时盟友提出要求，自由党政府的首脑格雷和阿斯奎斯总是愿意做出让步。他们继承了格莱斯顿的政治传统，对土耳其十分反感，同时能够理解俄国人的诉求。而且，就在1903年，当时保守党政府的帝国防务委员会曾经得出结论，把俄国排除在伊斯坦布尔之外不再是英国的核心利益诉求之一。在与奥斯曼帝国的战争刚刚爆发时，首相曾写道："没有什么比土耳其帝国在欧洲最终消亡，以及君士坦丁堡落入俄国手中（我想这是一个很合理的命运安排）或者至少实现中立化能给我更多的喜悦了……"[3]1915年3月，当伊斯坦布尔归属问题浮出水面时，他又写道："很显然，俄国打算把君士坦丁堡和海峡地区并入其帝国版图。"他又补充说："就个人而言，我向来支持俄国的这一诉求……"[4]

在内阁其他成员不知情的情况下，爱德华·格雷爵士曾在1908年向俄国政府承诺，英国将支持俄国最终控制伊斯坦布尔。[5]他认为，如果俄国在海峡地区的合理诉求得到了满足，它就不会再在波斯、东欧和其他地方咄咄逼人了。

在此之前的一个月，一次旨在让土耳其退出战争的反德军事政变在伊斯坦布尔酝酿。但是，格雷却拒绝支持这次政变，因为一旦政变成功，他就没法将伊斯坦布尔交给俄国了。[6]他在此事上的所作所为，与英国政府之前在希腊和巴尔干国家问题上做出的决定是一致的。他之所以不想让希腊和巴尔干国家加入协约国一方参战，是因为这样做"会损害俄国全心全意投入战争的决心"。[7]

丘吉尔不同意格雷的看法。他认为英国可以含糊地表示理解俄国的诉求，但是不能给出比这更多的承诺。他写信给格雷说，他已经授意海军部研究俄国占领伊斯坦布尔和海峡会给英国的利益带来怎样的影响。他敦促格雷不能只顾及战时的需要，而应该看到长远的利益。他提醒道："英国的历史并不会随着这场战争终结。"[8]

但是，出于对俄国单方面退出战争的恐惧，英国政府没有理睬丘吉尔的忠告，而是接受了萨宗诺夫和沙皇提出的条件。英国和法国先后在 1915 年 3 月 12 日和 4 月 10 日接受了俄国的秘密提议，条件是英法自身对奥斯曼帝国的要求也必须得到满足，且缔约各方必须共同作战直到战争胜利。

在 1915 年 3 月 10 日的另一份备忘录中，格雷向萨宗诺夫展示了英国国内的其他意见和希望得到的条件。格雷注意到，俄国原本只要求得到伊斯坦布尔和海峡，现在却还要加上周边的领土。格雷指出，"俄国现在想要的是整场战争中最令人垂涎的战利品，还想让英国明确地保证其愿望可以被满足"，而英国甚至还没有机会决定自己要在战争中得到些什么。格雷不停地强调说，英国政府此番同意沙皇的提议就是英国对俄国的友谊与忠诚的最佳例证。格雷提到，不可能有哪一届英国政府会比阿斯奎斯政府能更好地满足俄国的需求。就拿阿斯奎斯政府刚刚答应的这个条件来说，此举"已经彻底背离了英王政府一贯的传统政策，与整个英国曾经普遍持有的对俄态度背道而驰，而直到今天，这种态度在英国都未完全消失"。

格雷接下来又告诉萨宗诺夫，英国希望俄国能够相应做出一些让步。他说，英国政府对其在东方的大部分目标尚无规划，但希望至少可以修改英俄两国在 1907 年签订的协议，将波斯原本处于

　　　　　　　　　　　　　终结所有和平的和平

中立状态的那 1/3 也划入英国的势力范围（这样英国就可以控制波斯的 2/3）。他还强调说，刚刚达成的关于伊斯坦布尔的协议必须保密。

格雷要求保密，是由于担心协议条款一旦被披露，会对印度的穆斯林产生不好的影响，使他们把英国视作摧毁最后一个重要且独立的伊斯兰国家的刽子手。因此，格雷告诉俄国人，一旦协议条款大白于天下，他就会公开发表声明，宣称"在协商过程中，英王政府要求伊斯兰圣地和阿拉伯半岛必须处于独立的伊斯兰国家的管辖之下"。[9]

格雷认为，英国必须为了毁灭奥斯曼帝国而补偿伊斯兰世界，补偿方式就是在其他地方重建一个伊斯兰国家。从宗教角度考量，鉴于麦加和麦地那的地理位置，这个新的伊斯兰国家毫无疑问应该建立在阿拉伯半岛。而且，做出这个承诺代价低廉，因为没有哪个强国觊觎这一地区。戴维·劳合·乔治后来写道："没有人担心会有外国军队占领阿拉伯半岛的任何一部分。这个地方太过干旱了，即便是有饥不择食的强国想占有一块永久性的草场，也不会把时间浪费在这里。"[10] 当时的人们并不知道，这一地区蕴藏着储量丰富的石油。

III

不过，在那位强势的英国陆军大臣的战后计划中，阿拉伯半岛还是扮演了一个角色。俄国先在 1915 年 3 月 4 日提出要求，英国又在 3 月 12 日接受了要求。随后，基钦纳伯爵在 3 月 16 日发表了一份备忘录，警告内阁说，等到战争结束之后，"那些被欧洲当前的危机遮掩了的古老的仇恨和妒意将会复活"，英国可能会"与俄国或法国交恶，甚至与俄法两国同时为敌"。[11] 他所预见的情况实际上就是"大博弈"的重演。他还要求建立一个包括麦加和麦地那在内的独立的阿拉伯王国，但他认为这个国家必须由英国扶植。只有这样，英国才能掌控伊斯兰世界的精神领袖。

按照基钦纳对战后中东的整体规划，英国将从刚刚在地中海兼并的塞浦路斯岛出发，控制一条可以安全通往印度的陆上通路，不受法国或俄国的干扰。这位陆军大臣打算让英国夺取塞浦路斯对面的亚历山大勒塔*，然后从这座位于亚洲的天然良港出发，修筑一条通往美索不达米亚（今天属于伊拉克）的铁路。美索不达米亚也将处于英国的控制之下。当时，人们普遍相信美索不达米亚拥有丰富的石油储量（但这一猜测在当时还未经证明），而丘吉尔和海军部都认为石油非常重要。基钦纳和其他人还相信，被底格里斯河与幼发拉底河浇灌的古老的美索不达米亚还有可能被开发为富饶的农业产区。不过，在基钦纳看来，他的计划最主要的优点还是在战略层面上。倘若能够拥有一条从地中海到波斯湾顶端的铁路，英国就可以迅速地调兵进出印度；而如果英国能在铁路沿线拥有一片宽阔的土地，这片土地就可以像盾牌一样，保护波斯湾和进出印度的道路的安全。他担心，如果英国不能占据这片地区，俄国就会出手。

差不多在同一时间，印度事务部的阿瑟·希策尔也写了一份内容类似的备忘录，只是有一个重要的区别：他认为应该把美索不

---

* 亚历山大勒塔（Alexandretta），今称伊斯肯德伦（Iskenderun），位于今天土耳其的最南端，接近土耳其与叙利亚的边境。——原注

达米亚并入印度帝国。[12] 在他看来，来自印度的殖民者可以灌溉这片土地，使之变成一片富足之地。根据他的计划，这一地区的管理权应当交给印度政府，并受到印度事务部的管辖。伦敦相互角逐的两股力量——开罗的英国驻埃及高级专员和西姆拉的英国驻印度总督——正在争夺奥斯曼帝国的一部分领土，这一点正在变得越发明显。

希策尔和基钦纳的计划都基于一个相同的想法，这个想法也被英国政府内的大部分成员所接受：参与瓜分奥斯曼帝国并从中获取一大片土地当前是符合英国的利益的。只有首相一个人认为应当重新审视这个想法。不过，他也承认，几乎所有人都赞同以丘吉尔为代表的一些政治家的看法，即到战争结束的时候，英国应当像它的盟友一样有所收获。

阿斯奎斯写道：

> 我相信，此时此刻，只有格雷和我对这些方案均持怀疑和不信任的态度。我们俩都认为，从未来的实际利益出发，最好的情况就是到战争结束时，我们可以说……我们一无所获。我们这么说不是出于道义和情感方面的考虑……而是纯粹出于现实的考量。就拿美索不达米亚来说，不论是否占有亚历山大勒塔……占领这一地区都意味着要在灌溉、开发等方面投入巨大的资金，而在短期内又不会得到什么回报；也意味着要在这个陌生的国度供养一支规模可观的、由白人和有色人种混编而成的大军；还意味着要解决各种棘手的行政管理问题，而这些阿拉伯部落是远比印度还要麻烦的大马蜂窝。[13]

首相对他的内阁成员们说，他们讨论奥斯曼帝国领土的未来的时候，"活像一群海盗在分赃"。[14] 不过，就像往常一样，他并不能在面对内阁同僚的反对意见时坚持立场。他对他们说，尽管他非常理解格雷的观点（"我们占有的领土已经达到了我们能控制的极限"），但他也不认为自己和同僚理所应当地要控制自己不去索求。如果"我们坐视其他国家争夺土耳其，自己却一无所获，那么我们肯定没有尽到自己的职责"。[15]

在谈判伊斯坦布尔归属的过程中，俄国实际上相当于在逼迫西欧强国提出它们自己的领土诉求。阿斯奎斯接受了这一挑战。他组建了一个由职业外交家莫里斯·德·本森爵士（Sir Maurice de Bunsen）领衔的跨部门委员会，去研究英国在对奥斯曼帝国的最终和谈中应当提出哪些诉求。

就这样，在鲜有人察觉和议论的情况下，英国又迈出了重要的一步。在对德战争爆发与对奥斯曼帝国战争爆发之间的短短100多天时间里，英国改变了其奉行超过一个世纪的外交政策，不再承诺保证奥斯曼帝国的领土完整。如今，在对奥斯曼帝国的战争爆发约150天之后，阿斯奎斯政府又进一步认为瓜分奥斯曼帝国是一件好事，且英国会从中获得好处。

IV

阿斯奎斯政府开始策划瓜分奥斯曼帝国的诱因是俄国对伊斯坦布尔的索求。早在战争爆发伊始，基钦纳伯爵就预料到了俄国的野心。在阿斯奎斯任命外交家莫里斯·德·本森爵士组织跨部门委员会研究英国在中东的战后目标之前几个月，基钦纳就已经就同一问题展开了非正式调查。在德·本森进行相关研究之前、之中和之后，基钦纳的手下们一直在做着相同的工作。

基钦纳让以前与他在开罗共事的手下们为他的战后中东方案制订详细的规划，特别是要考虑到俄国和法国可能会在这一地区重燃对英国的敌意。

基钦纳的助手奥斯瓦尔德·菲茨杰拉德曾给斯托尔斯写信，提出法国和（或）俄国的势力可能会在战后出现在巴勒斯坦以北的地区，因此想了解一下他对战后巴勒斯坦地区所能扮演的角色的看法。这可能是英国人在战时第一次考虑犹太复国主义（在巴勒斯坦创建犹太人家园的运动）问题。斯托尔斯在 1914 年底回复道：

> 关于巴勒斯坦，首先，我想我们不会考虑吞并这一地区，以免给我们带来新的责任和负担。同时，在我看来，我们也不愿意让俄国人的势力向南进入叙利亚；虽然法国不可避免地会在黎巴嫩建立保护国，但我们也不愿意让法国人的势力范围扩展得太过广大。法国固然是个比俄国更好的邻居，但我们也不能指望任何"协约"（Entente）能够永久存续下去，别管这协约有多"友好"（Cordiale），* 特别是在充满战争记忆的那一代人逝去之后。最好的解决方案是设置一个缓冲国，但我们能做到这一点吗？我看不出当地有什么因素能够在巴勒斯坦支撑起一个伊斯兰王国。从理论上讲，建立一个犹太国家是个颇具吸引

---

* 斯托尔斯在这里玩了一个文字游戏。所谓"友好协约"（Entente Cordiale），指的就是英法两国在 1904 年签署的协约，这一协约确立了英法两国的联盟关系。——译者注

力的主意。但是，虽然犹太人在耶路撒冷占多数，但他们在整个巴勒斯坦还是少数群体，只占总人口的1/6。

在考虑了其他方案之后，斯托尔斯认为最好的方案是由埃及吞并巴勒斯坦。他在结尾处说："请代我问候长官。埃及人希望他能继续从远方指引他们的命运。"[16]

1915 年 3 月初，斯托尔斯又写了一封信，提出基钦纳应当在战后回到开罗，出任一个新设立的"北非或近东总督，其管辖范围包括埃及、苏丹，以及从亚丁到亚历山大勒塔之间的地区"。[17]他认为，对于基钦纳来说，这个职位可以是印度总督职务之外另一个不错的选择。按照他的提议，阿拉伯世界的大部分地区都会并入一个由英国保护的邦联，并由基钦纳坐镇开罗统治。[18]

陆军大臣为英国制定中东政策的时候，正是以斯托尔斯的提议为蓝本的。1914 年 11 月 11 日，基钦纳告诉爱德华·格雷爵士，应当说服法国在战后放弃其一直念念不忘的叙利亚，英国可以用更多的北非土地提供补偿。如此，名义上独立的叙利亚就可以处于英国的保护之下，并且与阿拉伯半岛一样奉一位阿拉伯哈里发为精神领袖。（基钦纳几个月前与麦加的侯赛因商谈的正是此事。）

基钦纳随后向格雷建议，英国或许可以直接与阿拉伯世界的领袖谈判，而不必告知法国政府。印度事务大臣克鲁侯爵却告诉格雷，这种做法"不可行"。[19]不过，基钦纳、斯托尔斯、马克·赛克斯爵士和在 1915 年站到基钦纳伯爵一边的保守党议员们都犯了一个相同的错误：他们都认为英国可以说服法国放弃其在叙利亚的利益（当然，他们也知道法国人是不会放弃他们在黎巴嫩山的基督徒聚居区的利益的。斯托尔斯曾说，法国人在那里的存在是"不可避免的"）。[20]

负责处理东方事务的英国官员一直普遍信奉一个信条，那就是认为讲阿拉伯语的民族没有能力实现真正的独立。战前活跃于阿拉伯世界的最著名的英国旅行家格特鲁德·贝尔也重复着人们普遍接受的观点，她写道："阿拉伯人不能自我管理。"[21] 在战争期间，英国官员所说的阿拉伯世界的"独立"，指的仅仅是他们独立于奥斯曼帝国之外，言下之意是阿拉伯人随即就会进入某个欧洲强国的势力范围。[22]

在接下来的两年里，基钦纳和他的同僚们继续执行着自己的计划。1915 年 8 月 26 日，元帅的同僚、苏丹总督雷金纳德·温盖特在给印度总督的信中写道："在略显遥远的未来，或许会出现一个由半独立的阿拉伯国家组成的联邦，它将在欧洲人的指导和支持下存在。这个联邦靠共同的种族和语言维系，在宗教层面上向同一位阿拉伯宗教领袖效忠，同时又把大不列颠视作自己的支持者和保护者。"[23]

温盖特率先推动了拥立阿拉伯哈里发这件事。他通过苏丹的一位阿拉伯宗教领袖——赛义德·阿里·米尔加尼爵士（Sir Sayyid Ali al-Mirghani）——与基钦纳心目中的候选人、麦加和麦地那的统治者侯赛因建立了联系。温盖特的私人秘书 G.S. 赛姆斯（G.S.Symes）上尉准备了一份详细的备忘录，描绘了一个包括拥立阿拉伯哈里发在内的泛阿拉伯主义方案。斯托尔斯则在 1915 年 5 月 2 日提交了另一份支持拥立阿拉伯哈里发的备忘录。开罗情报主管吉尔伯特·克莱顿也支持英国占领叙利亚和拥立阿拉伯哈里发的计划。这样一来，看上去似乎有许多声音都支持这一计划，但其实这些声音都出自同一个派系。[24]

在伦敦，基钦纳伯爵向他的同僚们解释了为什么拥立阿拉伯哈里发是他的战后世界战略中的重要步骤，他的听众里还包括对他在几个月前与侯赛因的来往大为警觉的印度政府代表。1915 年 3 月 19 日，在内阁战争委员会的一次会议上，克鲁侯爵提到印度事务部里对奥斯曼帝国的未来有两种不同的观点。政治部认为可以为了阿拉伯牺牲土耳其，军事部则认为应当让土耳其尽可能地保持强大，使其可以成为阻隔俄国威胁的屏障。会议纪要中写道：

> 基钦纳伯爵反对军事部的方案。他说，土耳其人会一直处于他们强大的邻居俄国的压力之下，因此土耳其的哈里发有可能深受俄国影响，进而让俄国可以间接影响到印度的穆斯林人口。而一旦哈里发的宝座落入阿拉伯人手中，哈里发就依然可以深受英国的影响。[25]

外交部认为涉足穆斯林宗教事务是不明智的，印度事务部则干脆说这种做法非常危险。但是，外交部不愿意驳回基钦纳的意见，印度事务部则没有能力做到这点。他不只是陆军部的首脑，不只是一位内阁大臣，不只是处理亚非事务的老手，也不只是帝国最伟大的军人，他是苏伊士运河东西两岸传颂的活着的传奇，是喀土穆的基钦纳。在他职业生涯的暮年，这位高大的老兵给中东的未来投下了一道长长的影子。[*]

---

[*] 这个说法来自比弗布鲁克男爵（Baron Beaverbrook）。——原注

17

英国制定其在中东的目标

I

1915年4月8日，阿斯奎斯组建了德·本森委员会——一个旨在就英国在中东的目标向内阁提出建议的跨部门委员会。1915年6月30日，这个委员会提交了它的报告。外交部、海军部、印度事务部和其他相关部门各自为这个委员会贡献了一位成员。代表基钦纳的陆军部的委员是查尔斯·卡尔韦尔爵士（Sir Charles Calwell），这位将军是陆军部军事行动司的主管。此外，基钦纳还把马克·赛克斯爵士作为他的个人代表（而非陆军部的部门代表）安插进了委员会。通过赛克斯，陆军大臣掌控了委员会的议事进程。从此之后，在整个战争期间，赛克斯一直都是伦敦负责中东事务的官员。

赛克斯准男爵时年36岁，是一位富有的罗马天主教徒。1911年，身为保守党人的赛克斯被选入英国下议院。他在剑桥大学接受了本科教育，从读大学时开始，他就游历了土耳其亚洲部分的大片地区，还出版了游记。就这样，他成了保守党中的奥斯曼事务专家。但是，在1911—1914年，奥斯曼事务在英国政务中的地位并不重要，再加上保守党是在野党，因此无论是公众还是政坛同僚都对他并不熟悉。

赛克斯的家庭背景十分引人好奇。他是家中独子，父母的婚姻并不幸福。他的母亲是个热心肠但略显轻佻的女人，他的父亲则年长而严厉，两人后来分居。在他 3 岁那年，赛克斯随母亲一起皈依了罗马天主教。在他 7 岁那年，他父亲带他去了东方。他虔诚的天主教信仰和对东方的强烈好奇伴随了他一生。

他接受的教育断断续续，总是从一所学校转到另一所学校，有的时候干脆就没有上学。他在剑桥大学耶稣学院学习了两年，但还没有拿到学位就离开了。他总是闲不住，就算是他继承的大片田宅和他的养马场也不足以把他拴在家里。他经常在东方漫游，在伊斯坦布尔的英国大使馆工作了四年。由于他的天赋，他在任何地方都受到欢迎。他喜欢画漫画和表演哑剧，几乎可以达到专业水准；他为人风趣幽默，很容易交到朋友。他会坚决捍卫自己的观点，但又可能迅速改变自己的看法。

战争爆发时，赛克斯试图找到一份可以发挥自己的中东事务专长的工作。1914 年夏天，他给温斯顿·丘吉尔写信，希望得到一份"在前沿"对抗土耳其的工作，宣称自己有能力"组织起一支由当地混混组成的队伍，还能争取到当地的名人或其他奇人异士的支持"。他写道："我对当地趋势和时局的全部知识都可以为您所用，我相信您一定不会认为我只是一个追逐私利的人。"[1] 但是，丘吉尔要么是手头没有合适的职位，要么是没有把机会给他，总之并没有给他提供一份工作。

赛克斯与基钦纳元帅的密友兼私人军务秘书奥斯瓦尔德·菲茨杰拉德中校见了一次面，从此进入了基钦纳的班子。1915 年初，菲茨杰拉德把赛克斯安排进了陆军部，让他在卡尔韦尔手下工作，负责为地中海地区的部队准备情报手册。在陆军部工作期间，他与

G.M.W. 麦克多诺（G.M.W.Macdonogh）成了好友。麦克多诺也是一名罗马天主教徒，与赛克斯上过同一所公学。身为军事情报主管的麦克多诺成了使赛克斯的职业生涯更进一步的重要推手。

刚刚进入陆军部不久，赛克斯就得到了在德·本森委员会工作的任务。基钦纳希望找到一位了解中东事务的年轻政治家，而年轻的马克·赛克斯爵士正是议会里熟悉这一领域的少数几个人之一。作为一名保守党人，他与基钦纳有着许多相同的情绪和成见。无论从哪种角度讲，他们都可以说是同一个俱乐部的成员。[*]

但是，在获得任命的时候，赛克斯几乎不认识基钦纳，后来与基钦纳也一直没有太熟悉。按照指示，赛克斯每天晚上给菲茨杰拉德打电话，向他完整汇报德·本森委员会当天讨论的内容。稍后，菲茨杰拉德会告诉他基钦纳希望他在下一次开会时说些什么或做些什么。赛克斯偶尔也想尝试见上这位隐居的国家传奇人物一面，但他的请求似乎都没有得到满足。赛克斯后来评论说："我见到他的次数越少，完成他布置的任务就越容易……"[2]

不过，从一开始，委员会里的其他成员就认为赛克斯说的话完全代表基钦纳伯爵的意见，使得这位略显稚嫩的议员掌控了这个跨部门委员会。直率而固执的赛克斯是整个委员会里唯一去过奥斯曼帝国大部分地区的成员，只有他能依据第一手的见闻发表观点。同时，他也是一位政治家。他把委员会里另一位关键成员——莫里斯·汉基——变成了自己的朋友和支持者。同样 30 多岁的汉基时任帝国防务委员会秘书和内阁战争委员会秘书，日后还将成为首任英

---

[*] 他们俩的确也都是"另一俱乐部"（The Other Club）的成员，这个俱乐部由温斯顿·丘吉尔和弗雷德里克·埃德温·史密斯发起。——原注

国内阁秘书。负责控制会议日程、记录会议纪要的汉基后来会成为官僚体系中最有价值和最为重要的人物，给赛克斯带来极为可贵的支持。

在德·本森委员会之中，赛克斯负责勾画出英国可以选择的政策选项。他比较了几种不同的领土划分方式的优劣，这些方式是：由协约国吞并奥斯曼帝国领土；将奥斯曼帝国的领土划分为几个大国的势力范围，而不是直接吞并；保留奥斯曼帝国，但让其政府处于唯命是从的地位；或是将奥斯曼帝国的行政权力分解开来，化作一些半自治的单位。（最终，委员会建议先选择最后一个选项，因为其操作难度最低。）

为了便于讨论，委员会必须先给他们意欲分割的奥斯曼帝国领土的不同区域命名。在他们看来，完全没有必要依照奥斯曼帝国现有的行政区域——维拉亚特（vilayet，即省份）——来划分各个区域，而是可以随心所欲地重新规划中东地区的面貌。这一举动就体现了他们执行这项任务时的心态。委员会的成员们就像英国的整个统治阶层一样，醉心于他们在公学读书时学习到的希腊和拉丁古典知识，因而采用了约2 000年前希腊化时期的地理学家使用的那些含义模糊的希腊词语。他们把阿拉伯半岛以北的讲阿拉伯语的亚洲地区大而化之地划分成两部分，把东部称为"美索不达米亚"，把西部称为"叙利亚"，但每个区域具体包括哪些地方并没有明确的定义。叙利亚的南部地区被称作"巴勒斯坦"，即"非利士"（Philistia）一词的变体，指的是公元前1 000多年非利士人（Philistine）居住的海岸地带。从来没有哪个国家曾自称巴勒斯坦，这只是当时的西方基督教世界用来称呼圣地的地理名词。

在马克·赛克斯的指引下，委员会建议在中央集权瓦解后的奥斯曼帝国中设立 5 个基本自治的省份，分别是叙利亚、巴勒斯坦、亚美尼亚、安纳托利亚和贾兹拉-伊拉克（Jazirah-Iraq，即美索不达米亚的北部和南部地区）。委员会认为，英国最好能对从地中海沿岸延伸到波斯湾的广阔地区施加影响或实现控制。英国应当从地中海沿岸的一座港口修建铁路到美索不达米亚，打通一条通往东方的陆上路径。基钦纳坚持主张这座港口应该是亚历山大勒塔，赛克斯则认为应该选择海法（Haifa）。居中调解的菲茨杰拉德决定听从赛克斯的意见。

在其他方面，赛克斯都遵从基钦纳的意见，只会做一点细微的修改。与基钦纳一样，他也主张把哈里发转移到南方，远离俄国的势力范围。他还指出，此举还能保证哈里发摆脱法国在经济方面的影响力。他认为，鉴于法国持有巨额奥斯曼帝国公债，法国人将会在奥斯曼帝国的财政事务上拥有很大的话语权。[3]

不过，总体来看，赛克斯的计划依然是基钦纳的计划。虽然赛克斯本人是议会中著名的亲土耳其派，但他却放弃了维护奥斯曼帝国领土完整的信念。他在 4 月 1 日愚人节的时候写信给他的密友、同样亲土耳其的议员奥布里·赫伯特说：

> 从你的信中我可以看出，你现在依然亲土耳其。元帅让我去参加一个奥斯曼协会的会议，但我从未加入过这个协会……我马上给麦克纳（McKenna，内政大臣）发了电报，满心希望那群家伙都已经扑倒在了铁丝网上——哈哈！这肯定让你大为光火吧！我还要再哈哈一次！你的政策错了。土耳其必须灭

亡。士麦那应该属于希腊，安塔利亚（Antalya）应该属于意大利，托罗斯山脉的南部和叙利亚的北部应该属于法国，非利士（巴勒斯坦）应该属于英国，美索不达米亚应该属于英国，其他地方——包括君士坦丁堡——属于俄国……我将在圣索菲亚教堂唱响《感恩赞美诗》（*Te Deum*），在奥马尔清真寺唱起《西面颂》（*Nunc Dimittis*）。我们要用威尔士语、波兰语、凯尔特语和亚美尼亚语歌唱，来赞美这些勇敢的小民族。

在接着说了一些差不多的话之后，赛克斯以一段注释结尾：

致信件审查员

　　这是一位天才写给另一位天才的充满智慧的信件，资质平庸的人无法理解信中的内容。请安心放行这封信吧。

马克·赛克斯 Lt. Col., FRGS, MP, CC, JP.[*] 4

---

* 这些缩写意为中校、皇家地理协会会员、下议院议员、郡议会议员、太平绅士。——译者注

18

在命运的最狭处

I

伦敦正在为即将在达达尼尔海峡取得的胜利飞快地做着政治准备，但在前线的舰队却进展缓慢。由于天气原因，战舰无法全力开火。随着时间的推移，海岸上的土耳其部队逐渐恢复了信心，还学会了用榴弹炮和可以移动的小型火炮骚扰英国的扫雷艇。3月13日，丘吉尔收到卡登的电报，发现扫雷艇的工作进展并不尽如人意。卡登将其归咎于土耳其人猛烈的炮火，但其实英军并没有任何人员伤亡。丘吉尔写道，这种情形"让我坐立不安"，"我不明白为什么扫雷工作会受阻于没有造成任何人员伤亡的火力袭击。只要能把通往海峡最窄处的水路上的水雷都排除掉，就算承受两三百人的伤亡也算不上什么大的代价"。[1]

问题的部分原因在于，操作扫雷艇的都是些平民雇员，他们不愿意冒着炮火作业，这也是卡登的行动方案的缺陷之一。不过，更严重的问题是卡登海军上将正在走向精神崩溃的边缘。3月13日，丘吉尔在电报里告诉他："情报表明，土耳其人的要塞正面临弹药短缺问题，德国军官已经发出了灰心丧气的报告。"[2]卡登回复说，如果天气状况允许，他将在3月17日前后向海峡里发动一次总攻，夺取至关重要的海峡最窄处。但是，这位海军上将一直忧心忡忡，吃不下也睡不着。他一艘船也没有损失，而且汇报说舰队没有任何伤亡，但是他已经无法再承受焦虑带来的压力了。他的精神突然崩溃了。

就在对海峡发动总攻的前夜，卡登海军上将告诉他的副手，他无法再坚持下去了。舰队的一位医生为他做了检查，确认他患了消化不良，认为应该把他的名字放在病号名单里，还认为他应该休养三到四个星期。3月16日，卡登给丘吉尔发电报说："我成了病号，对此感到万分抱歉。随电报请见医务官的决定。"[3]

丘吉尔立刻任命舰队的副指挥官约翰·德·罗贝克（John de Robeck）接替卡登。德·罗贝克在发给海军部的电报中说，他在3月18日上午10点45分发动了总攻。

当天开局不顺，一艘法国战列舰在接近下午2点钟的时候莫名其妙地爆炸然后消失了。两个小时之后，又有两艘英国战列舰触雷。一艘前去援救"无阻号"战列舰的船也触了雷，随后与"无阻号"一同沉没了。接着，一艘被炮火击伤的法国军舰搁浅。不过，德·罗贝克还是向海军部汇报说，剩余的舰只可以在三到四天内准备好再次发动进攻。伦敦的海军部里一片兴高采烈，因为海军情报处认定，一旦舰队再次发动进攻，敌人必然败退。3月19日下午，海军情报处的主管威廉·雷金纳德·霍尔（William Reginald Hall）上尉给丘吉尔和费希尔送去了一封被截获的电报。这封被解密的电报发自德皇，丘吉尔和费希尔立刻就注意到了这封电报的重要价值。丘吉尔兴奋地高呼："他们的弹药用光了！"事实也的确如此。费希尔在头顶挥舞着电报，喊道："上帝为证！我们明天就要通过海峡！"他接着又反复地说："明天！我们或许会损失掉六艘船，但我们一定可以通过海峡。"[4] 出于保护信息源的考虑，丘吉尔和费希尔没有告诉内阁这个消息，也没有把消息告诉德·罗贝克。他们只是给他发电报说，千万不要让土耳其人以为行动会暂缓下来。

丘吉尔和费希尔不知道，海军情报处主管霍尔上尉采纳了莫里斯·汉基的建议，开始与青年土耳其党的领袖塔拉特贝伊谈判，试图用一大笔钱金钱来诱使奥斯曼帝国退出战争。3月15日，英国和土耳其的谈判代表在土耳其欧洲部分的一座海港会面。[5] 但是，英国政府已经承诺要满足俄国的野心，因此无法保证奥斯曼帝国可以保留伊斯坦布尔。谈判破裂了。3月19日夜，还不知道谈判已经破裂的霍尔上尉告诉丘吉尔，他们打算用400万英镑说服土耳其退出战争。得知这一消息后，丘吉尔大为惊诧，费希尔则陷入狂怒。在他们的坚持下，霍尔给他的特使发电报，告诉他英国收回了自己的条件。霍尔后来回忆说，费希尔当时从椅子上跳起来大喊道："400万？不，不，我告诉你，我们明天就能通过海峡！"[6]

II

挡在英国主导的协约国舰队和伊斯坦布尔之间的只有一些埋设在水中的水雷。而且，土耳其人连水雷也快要耗尽了，他们不得不去打捞俄国人布下的对付他们的水雷，再把这些打捞上来的水雷重新投入使用。

在伊斯坦布尔，士气已经瓦解。谣言四起，恐慌弥漫，整座城市开始疏散。政府档案和银行里的黄金储备被送到了安全的地方。

供苏丹和外交使团使用的特别列车也准备好了。有钱人把妻子和家人都送到了内陆地区。内政大臣塔拉特征用了一台马力强劲的梅赛德斯汽车供自己使用，还为它加装了额外的油箱，以便长途跋涉到遥远的地方避难。谴责政府的海报开始出现在城市街头。当局已经预料到希腊人和亚美尼亚人的社区会欢迎协约国占领军，但是现在，警察搜捕嫌疑人的范围已经扩大到了讲土耳其语的区域。

与此同时，那些支持恩维尔和塔拉特，从而让国家走到这一步的青年土耳其党人开始囤积汽油，准备在协约国军队到来时将整座城市付之一炬，还在阿亚索菲亚清真寺和其他伟大的建筑物里安置了炸药。"戈本号"已经做好了逃入黑海的准备。

恩维尔勇敢地决定留下来保卫城市。但是，利曼·冯·桑德斯回忆说，恩维尔的军事部署太差劲了，土耳其人试图阻挡协约国登陆伊斯坦布尔的计划没有一个是行得通的。

III

伦敦一片欢腾，伊斯坦布尔一片绝望。但是在达达尼尔海峡，英军指挥官的情绪并不高。水雷在3月18日造成的伤亡和损失让德·罗贝克海军上将十分沮丧，他对自己的职业生涯感到忧心忡忡。据说，在3月18日晚上，德·罗贝克先是检查了当天的战果，然后说："我想我已经完了。"[7]

德·罗贝克灰心丧气，因为他不知道他的舰队遭受损失的真正原因。实际上，他的舰队撞上的是一串平行于海峡布置的水雷，而不是横着封锁海峡的雷阵。这一串水雷是前一天夜里布置的，而英国人的空中观察员没能发现这一情况。这天发生的事情只是一次偶然事件而已。

这时，命运的安排开始在极具个人魅力的伊恩·汉密尔顿爵士（Sir Ian Hamilton）身上发挥作用了。这位将军是被基钦纳提前派来指挥陆军部队的。等到陆军部队一到位，汉密尔顿就会接管他们的指挥权，并在海军赢得海峡战役之后实施登陆，占领海岸。根据他接到的命令，如果海军无法占领海峡，汉密尔顿就要率军入侵海峡欧洲一侧的海岸，夺取海峡最窄处，为海军打通道路。

德·罗贝克突然意识到，除了再次投入战斗之外，他还有另外一个选项：伦敦方面允许他把任务交给汉密尔顿及其陆军。于是，他认为自己没有理由继续冒险了。我们不清楚是谁先开的口，但德·罗贝克和汉密尔顿达成了共识，认定在陆军可以投入战斗之前，海军应该按兵不动。在此之前，汉密尔顿就曾经把他的看法用电报发给了基钦纳，基钦纳又在3月18日把电报转给首相过目。阿斯奎斯看完电报后认为："海军部的确对海军单独出击所能取得的战果过于乐观了。"[8]3月22日，德·罗贝克在与汉密尔顿会面后发电报给丘吉尔说，"在与汉密尔顿将军会面……并听取了他的意见后，我现在的意见是"，陆军必须投入战斗。[9]

3月23日上午，海军部的参谋人员开会讨论德·罗贝克的决定。温斯顿·丘吉尔对他的决定深感震惊，但第一海务大臣费希尔却认为无论如何都要接受前线指挥官的决定。费希尔的观点得到了海军元帅阿瑟·威尔逊爵士（Sir Arthur Wilson）和海军上将亨利·杰克逊爵士的支持。丘吉尔强烈反对他们的看法，在会议结束后把这个议题带到了内阁去讨论。他起草了一封给德·罗贝克的措辞强硬的电报，明确要求他继续进攻。丘吉尔希望这封电报能得到内阁的批准。在内阁会议上，首相和基钦纳都赞同丘吉尔的看法，基钦纳还起草了一封发给伊恩·汉密尔顿爵士的措辞强硬但又不失得体的电报。

当天下午，回到海军部的丘吉尔发现费希尔、威尔逊和杰克逊仍旧强烈反对他发那封电报给德·罗贝克。作为一名文官大臣，丘吉尔认为只有在取得首相支持的情况下才能在海军事务上驳回第一海务大臣和其他海军将领的看法。丘吉尔回去要求得到首相的首肯，但阿斯奎斯却拒绝了他。首相个人也认为应该继续进攻，但他不想在海务大臣们反对的情况下强行下达这个命令。

丘吉尔知道，土耳其人的弹药已经快要耗尽，这意味着通往伊斯坦布尔的道路已经畅通无阻。因此，他绝不肯让海军放弃这次战役。既然他不能直接命令德·罗贝克继续进攻，他只好试图说服他采取行动。他给德·罗贝克发电报，尝试与这位海军将领讲道理，试图向他证明海军为什么必须继续进攻。他又跟首相谈了一次，首相只是说自己也"希望"进攻能马上恢复。[10] 但这一切都徒劳无功。在遭受了不过几百人的伤亡之后，英国海军部主导的达达尼尔战役就结束了。

IV

3月18日的战斗让德·罗贝克惊慌不已，他决定率领舰队返航退却。而就在同一场战斗结束之后，奥斯曼军队的指挥官也感到大势已去。就在军舰上的英国海军上将德·罗贝克下令撤退的同时，对此毫不知情的土耳其陆上守军也刚刚接到命令，要求他们打完手中的弹药之后就立刻放弃海岸阵地。英国海军上将德·罗贝克只率军进行了一天的战斗，如果他能在第二天再一次投入战斗，他就会发现敌人已经撤退不见了。在没有敌人干扰的情况下，他手下的扫雷艇可以在几个小时之内清理出一条航道，直抵海峡最窄处，而在扫清围绕海峡最窄处的水雷阵之后，海峡更深处就再也没有水雷了。舰队可以一路畅通无阻地驶入伊斯坦布尔。

温斯顿·丘吉尔距离胜利只有几个小时。他知道自己曾离胜利如此之近，几乎触手可及，而这一点将给他带来毕生的折磨。他的痛苦不仅来自从指缝间溜走的个人成功，更重要的是，这是他拯救他在此间成长的那个熟悉世界的最后机会。他本可以在赢得战争的同时，保住那个熟悉的、既有王朝和帝国继续存在的传统欧洲。[*]

对于英国、法国和俄国来说，这也是它们可以轻而易举地改造中东的最后机会。尽管它们还会继续在这一地区追逐它们自 19 世纪以来就在追逐的目标，但从此以后它们面对的将是 20 世纪那种十分棘手的周边环境。

已经被判了死刑的奥斯曼帝国则出乎意料地在最后一分钟得到了苟活的机会。奥斯曼帝国的领导者们赶忙利用起英国人留给他们的最后机会，直到新的战争考验到来。

---

* 历史学家们仍然在争论：如果英国在 1915 年赢得了对奥斯曼帝国的战争，协约国能迅速赢得对德战争吗？以劳合·乔治为首的"东方主义者"对这个问题的答案无比肯定。——原注

19

战士

I

3月18日，在协约国炮火的震慑之下，恩维尔帕夏做了一个一反常态但又十分重要的决定：将达达尼尔海峡的奥斯曼军队的指挥权交给了德国将军利曼·冯·桑德斯。把穆斯林士兵交到外国人手中，而且还是一名基督徒指挥官的手中，恩维尔帕夏原本是绝不情愿的。在此之前，不论面对怎样的压力，他一直拒绝把权力交给外国人，哪怕是那些在政府部门和参谋部当顾问的德国专家也得不到任何权力。尽管他允许德国军官出任陆军部行动处、情报处、铁路处、补给处、弹药处、煤炭处和要塞处的一些关键岗位，但他总是戒心十足地质疑他们的决定，限制他们的权力。在其他一些地方，他也坚持着同样的做法。不过，在协约国舰队的舰炮威胁下，他最终还是把这个最重要的战场的指挥权交了出去。

留给利曼的时间不多，他也的确没有浪费时间。他尽量挖掘出帝国所剩无几的资源，把人员和补给品集中起来。他自己任命了一些指挥官，特别是把一个重要的职位交给了穆斯塔法·凯末尔（Mustapha Kemal）。这位土耳其军官推崇欧洲的行为方式，对奥斯曼帝国的落后痛心疾首，而且十分看不起那些爬到他头上的高官。

正因为如此，在此之前，他一直被安置在默默无闻、不甚重要的岗位上。在即将到来的战斗中，凯末尔将证明自己是一位战场上的天才，他总是能发现关键的战略位置，进而占据要地，支配全局。

利曼十分清楚英国人的动向，对英国远征军的组织进程了如指掌。英国远征军集结并在埃及登陆的新闻见于开罗的报章后，接着又被亚历山大港的商人报告给了土耳其人。随后，身处中立的希腊的奥斯曼帝国谍报人员又报告了一支庞大舰队驶经爱琴海诸岛的情况。他们根本不可能错过这一动向，因为这支舰队的灯光和信号灯在夜里异常闪亮；而到了白天，连风浪声也遮掩不住舰队军乐团发出的号声。

奥斯曼帝国军队终于难得地拥有了优秀的指挥官。等到英国人准备入侵时，他们面对的奥斯曼守军已经在利曼的精心指挥下严阵以待。这种情形最适合发挥奥斯曼军人的坚韧特质。马克·赛克斯爵士曾经在 2 月下旬给丘吉尔的信中写道，土耳其人很容易被突袭击溃，"但如果给了他们回过神来的时间，他们就会变得十分难缠"。[1]

II

对于英军指挥官伊恩·汉密尔顿爵士来说，这场战役开始于 3 月 12 日的早上。当时，基钦纳伯爵出乎意料地把他叫到陆军部，没有给出任何解释，就让他接管了这场战役的陆军指挥权。他告诉陆军大臣，他对土耳其一无所知，因此至少需要一些解释和指导。

汉密尔顿后来回忆称，陆军大臣在会面时一边把即将被派往达达尼尔海峡支援海军的部队的指挥权交给他，一边告诫他说，这支部队"只是借给你使用的，能腾出手来的时候就要把这支部队交回去"。陆军大臣解释说："在国内和法国的一些大人物看来，任何被送到东方战场的东西都是从西线战场偷来的。"[2]

接着，陆军部军事行动处的主管给汉密尔顿做了任务简报，向他展示了从希腊总参谋部借来的一张地图和一份作战计划。陆军部连自己做一份进攻计划的时间和精力都没花。

汉密尔顿带着一张粗糙且过时的地图出发了，除此之外再无任何任务指引。当他第一次看到加利波利半岛时，他不禁评价道："与基钦纳伯爵那张又小又平淡无奇的地图上画的那个地方相比，这个半岛看起来要难对付得多。"[3]此地沟壑密布，崎岖不平，一座座小山把海岸线切割成了一个个彼此隔绝的小海滩。

汉密尔顿从马赛出发，搭乘一艘航速很快的巡洋舰，在3月18日就抵达了加利波利半岛的海岸附近，恰好来得及对德·罗贝克施加影响，让他取消了海军的行动。到4月下旬，汉密尔顿才又乘船回到海峡附近，准备指挥陆军的攻击行动。他十分谨慎地遵照陆军大臣的指示行事。根据陆军大臣给他的指示，他只能在海峡欧洲一侧的加利波利半岛发动进攻，且只有在全部部队到位之后才可以发动攻击（尽管他本人对这种做法颇有微词），这也是为什么他命令海军将他从土耳其送回埃及去集结部队。他花了大约三个星期集结远征军，接着又用海军将他们运到土耳其，准备在达达尼尔海峡西岸（也就是欧洲一侧）的加利波利半岛登陆。

这是一场巨大的冒险。早在2月底，阿斯奎斯就曾向内阁展示过一份战前完成的军事研究，研究认为英国陆军无法完成对加利波利半岛的进攻，因为风险实在太大。[4]但是，基钦纳还是下令行动。在他看来，在奥斯曼帝国将领们的指挥下，海峡的欧洲一侧几乎可以说是不设防的。

在战争委员会的一次会议上，委员会里唯一的保守党成员——前首相阿瑟·贝尔福——问："如果土耳其人被截断了后路，他们是会投降呢，还是会背水一战呢？"劳合·乔治说，他"认为土耳其人很可能会拼死一战"，但基钦纳却回答说，土耳其人应该会选择投降。[5]

一年之后，在前线作战的协约国军人给出了这个问题的答案。成为战地记者的年轻小说家康普顿·麦肯齐（Compton Mackenzie）从达达尼尔海峡发回报道称："曾经在西线作战的法国军官表示，一个土耳其军人抵得上两个德国军人。土耳其人在被逼入绝路时有着惊人的表现。"[6]

III

1915 年 4 月 25 日清晨，英国、自治领和盟国（主要指法国）军队涉水登上了加利波利半岛六块狭窄的、互不相连的海滩。*土耳其人知道协约国即将进攻，但并不知道会在哪里进攻，因此还是被打了个措手不及。他们原本很有可能在当天就一败涂地。

在最北端登陆的澳大利亚和新西兰军队也吃了一惊——他们登陆的实际地点是阿里布尔努（Ari Burnu），海军把他们送错了海滩。

---

* 除英国本土军队之外，参战的还有法国、英属印度的部队，以及英国自治领澳大利亚、新西兰和纽芬兰的部队。——译者注

他们沿着陡峭的山坡爬上了耸立在海滩上方的山脊，在那里遇到了土耳其军队。这些土耳其士兵本来已经开始逃跑，但是又被他们的指挥官穆斯塔法·凯末尔集结了起来。激烈的战斗持续了一整天，双方几经较量，最终土耳其人将入侵者赶下了山坡。

在加利波利半岛的尖端，协约国军队的另外五个登陆场地分别被称作 S 滩、V 滩、W 滩、X 滩和 Y 滩。在 Y 滩，入侵部队没有遇到土耳其人，于是畅行无阻地登上了支配这片滩头的山崖顶端。但是，他们并没有继续前进，反而因为混乱的指挥权归属问题而在原地停了下来。在 X 滩，土耳其人的抵抗也极为微弱，进攻部队爬上了山头，同样也停留在了那里。在 S 滩，登陆部队也没遇到什么像样的抵抗，但他们甚至都没有尝试爬上山坡，干脆就在海滩上安营扎寨。

在这一天，协约国军队有着绝对的人数优势，利曼的大部分部队都被当作预备队留在遥远的后方。因此，Y 滩、X 滩和 S 滩的入侵部队原本可以利用突然袭击的优势继续前进，消灭周边地区实力孱弱的土耳其守军。

到 4 月 26 日，情况发生了变化。土耳其人的增援部队接踵而至。从某种意义上说，协约国的行动——目标是在不付出巨大代价的前提下夺取加利波利半岛——至此已告失败。澳新军团的指挥官伯德伍德（Birdwood）将军在下级军官的建议下，提出应当放弃已占领的地盘，让部队撤回船上；但他的上级伊恩·汉密尔顿爵士拒绝了这个建议，命令部队开始挖掘战壕。

汉密尔顿没有意识到，他的这个命令等于宣布这次远征必将失败。这次远征的目的是打破战争僵局，但就像我们在法国和佛兰德看到的那样，挖掘战壕根本无助于打破军事僵局，反而会造成军事僵局。于是，西线的堑壕战在加利波利半岛上重演，任凭双方发动一次次徒劳而血腥的进攻，战线却兀自岿然不动。

在汉密尔顿的这种部署下，他的军队最多也只能跟土耳其人打个平手，而在最坏的情况下还可能遭遇灾难性的失败。土耳其人在居高临下的高处挖掘战壕，而英军指挥官却命令他们的部队在海滩上挖掘战壕。就这样，挣扎在海岸线上的协约国部队最终只能为生存而战。不久，伦敦的英国政府里的大部分成员就都意识到，将部队撤出已经成了唯一可行的方案，但丘吉尔和基钦纳却表示反对。丘吉尔反对撤军，是因为他从来都不愿意接受失败；而基钦纳反对撤军是因为他相信，如果让世人看到英国军队被一支中东国家的军队击败，那将会是一场灾难。

20

政客

I

温斯顿·丘吉尔固执地坚持英军在加利波利必须取胜，这就让他一直处于聚光灯之下，哪怕是在陆军已经从海军的手里接过了达达尼尔海峡战役的作战任务之后也是如此。在外界看来，导致英国与奥斯曼帝国开战的人是他，让英国在这场战争中接连失利的人也是他。

其实，从 4 月份开始，达达尼尔海峡的战斗就已经不在海军部的指挥之下了，但是陆军依然在加利波利半岛上绝望地战斗着，不断遭遇伤亡与挫败，而丘吉尔则被当成这一切的替罪羊。基钦纳声望太盛，无论是媒体、公众还是议会，都无法相信他应该为这一系列愚蠢的决定负责。而丘吉尔只是一个到处插手的文官大臣，当海军将领们宣称英国的失败缘于丘吉尔这个外行在海军事务上指手画脚时，人们很容易就相信了他们的话。《泰晤士报》5 月 18 日的社论很能代表 1915 年公众的心声：

> 人们不停地、直截了当地指责说，海军大臣专擅权力，置专业顾问的意见于不顾，已经到了影响国家安危的地步。这一

说法早已不是什么传闻了……如果一个执掌军务部门的文官大臣总是想操持不应该由他这个外行人操持的权柄，并且屡次试图用十分危险的方式使用他的权力，那么他在内阁里的同僚们就应该采取果决行动了。[1]

在战时内阁之外，并没有太多人知道只派遣海军袭击达达尼尔海峡是基钦纳伯爵的主意，反而为此责怪丘吉尔。因此，他们也就认为是丘吉尔给了恩维尔和利曼·冯·桑德斯预警，让恩维尔和利曼·冯·桑德斯获得了几个星期的时间来加强防御，以抵抗协约国军队对加利波利半岛的进攻。在加利波利半岛的海滩上作战的军官们认为，海军此前发动的进攻完全是海军大臣的一次愚蠢的卖弄，这次失败的冒险现在又威胁到了他们自己的生命。奥布里·赫伯特此时就在加利波利半岛的军中，他在日记中写道："一听到温斯顿的名字，每个人都感到怒火中烧。罗马皇帝会为了让自己受欢迎而牺牲奴隶的生命，他则为了让自己出名而牺牲自由人的生命。如果他没有尝试那次冒险，而是选择与陆军合作，我们或许就能不费吹灰之力夺取君士坦丁堡。"[2] 他后来又写道："我在这里看到许多人痛苦地死去，我希望温斯顿也能遭遇同样的厄运。"[3]

对丘吉尔的责难从四面八方汹涌而至，他的政治地位迅速下滑。压垮骆驼脊梁的最后一根稻草是丘吉尔与英国最伟大的海军军官、第一海务大臣、海军元帅费希尔勋爵的分道扬镳。5月14日星期五，丘吉尔和费希尔商讨了一项方案，计划向支援达达尼尔战役的舰队派去增援舰只。第二天清晨，费希尔收到了丘吉尔发来的几份备忘录，里面总结了两个人在前一天达成的共识的几个要点，与此同时里面又添加了丘吉尔个人的几条建议。费希尔在看完备忘录之后勃然大怒，步行离开海军部，走到了相距不远的唐宁街 11 号，告诉财政大臣戴维·劳合·乔治他决定辞职——他此前已经八次宣布自己要辞职。劳合·乔治把首相从隔壁的唐宁街 10 号官邸请了过来，和他一起劝说费希尔不要辞职，至少暂时不要。费希尔拒绝了他们的挽留，接着走回海军部自己的房间，锁上房门，还拉下了百叶窗，暂时消失在了人们的视野之外。

由于费希尔拒绝见他，丘吉尔是从其他同僚口中了解到这一情况的。当下最大的问题是，海军部在战争期间失去了它的最高级指挥官，而海军部其他成员的去留也暂时不明。5 月 16 日星期日，丘吉尔得到保证，第二、第三和第四海务大臣都同意留任。在战前曾出任第一海务大臣的海军元帅阿瑟·威尔逊爵士也同意接替费希尔的职务。鉴于媒体和政界尚不知晓费希尔辞职的消息，丘吉尔打算在星期一一早向下议院同时宣布费希尔辞职的消息和海军部最新的人事安排，以免给反对党留下从中作梗的机会。

然而，费希尔却向反对党领袖安德鲁·博纳·劳暗示了自己辞职的决定。博纳·劳读懂了他的暗示，然后在星期一清晨找到劳合·乔治，问他费希尔是否已经辞职。在得到肯定的答复之后，博纳·劳表示这将带来严重的政治后果。迄今为止，反对党一直尽量避免在战争期间给现任政府制造麻烦，但博纳·劳表示，费希尔辞职的消息将让他难以要求反对党继续配合现任政府：费希尔是他们心目中的英雄，如果费希尔离开了海军部，他们绝不会容忍丘吉尔还留在那里。而且，他们攻击的目标也不会局限在海军部。在英国遭遇了一场又一场军事失败之后，议会里的保守党人不再认为自己应当给予自由党政府无条件的支持了。

博纳·劳提出的方案是扩大政府，即由议会两大政党外加工党共同组建联合政府，取代自由党政府。

劳合·乔治立刻就意识到博纳·劳所言不虚。他请博纳·劳在唐宁街11号稍候，自己则跑到隔壁去与首相商议。劳合·乔治强烈要求阿斯奎斯组建联合政府，后者马上就同意了。

丘吉尔对此一无所知。当天午后，他来到下议院，打算宣布海军部的海务大臣们已经同意留任，并由海军元帅威尔逊出任第一海务大臣的消息。当他进入下议院时，他发现劳合·乔治和阿斯奎斯不想让他发言。阿斯奎斯告诉丘吉尔说，他不打算按会议日程进行党派间的辩论了，他将要组建一个新政府，由自由党、保守党和工党共同组阁。

1915年5月19日，新政府名单公布了。丘吉尔虽然还留在战时内阁，但离开了海军部，只获得了兰开斯特公爵领地大臣（Chancellor of the Duchy of Lancaster）这个不重要的职务，实际上成了不管部大臣。

当时的政界并没有意识到，如果当初听取了丘吉尔的意见，英国本可以只付出几百人伤亡的代价就赢得达达尼尔战役，而恰恰是因为海军和陆军的将领们推翻了丘吉尔的意见，英国才被拖进了一场伤亡超过20万人的战役。也就是说，英国政界并没有认识到事情的真相：是英国的陆海军将领们打输了战争，这个国家迫切地需要文官更多地掌控军事，而不是更少。

英国的政界还没能认识到另一个重要的事实：这场东方战争不仅象征着协约国的失败，也标志着对方的成功。这场战役的结果让人们看到，奥斯曼军人的勇气与坚韧并不输给澳大利亚、新西兰、英国和法国的军人。

II

劳合·乔治造就了第一届联合政府，而这届政府将丘吉尔排除在了重要的内阁职务之外。劳合·乔治称自己"曾经努力为温斯顿争取一个重要职务……但他的同僚们却不同意，只肯给他一个无足轻重的职务"。[4] 不过，劳合·乔治也知道，深感受伤和恼火的丘吉尔对他有怨气。[5] 直到多年以后，丘吉尔的夫人还刻薄地把这位财政大臣比作犹大，说是他的"威尔士式诡计"毁掉了丘吉尔的海军大臣生涯。丘吉尔的堂兄马尔博罗公爵在 5 月 24 日给丘吉尔送去一张便条，上面写道："这次 LG（指劳合·乔治）害了你。"[6] 丘吉尔自己也说："我是一场政治阴谋的牺牲品。我完了！"[7]

劳合·乔治始终认为奥斯曼战争的爆发要归咎于丘吉尔。1915年春天，这位财政大臣站在更高的视角上审视了丘吉尔——他曾经的门徒——的失败。当时，形势已经变得很清楚了，丘吉尔将不得不离开海军部。劳合·乔治评论道："他多年来一直想打这场战争，现在他的报应来了。战争爆发的时候，他认为这是他赢得荣誉的机会。于是，他匆忙投入到一场冒险的战役之中，丝毫没有考虑到这场战役可能会给数以万计的人带来怎样的痛苦和磨难，只是想着他可以通过这场战争证明自己是一个了不起的人物。"[8]

21

熄灭的光

I

在英国新政府里任职的保守党人相信，自己执政的目标就是要让这个国家的军事指挥权免受文官的干涉。在将丘吉尔逐出海军部之后，他们的下一个目标就是捍卫基钦纳伯爵，帮助他对抗他的主要对手——自由党政治家劳合·乔治。

在基钦纳元帅成为陆军大臣之后，财政大臣戴维·劳合·乔治是内阁里第一个敢于质疑基钦纳决定的人，而且一旦开始，他就停不下来。劳合·乔治吸取了丘吉尔在海军部的教训，一开始并不敢在纯粹的军事问题上挑战陆军元帅。财政大臣只在自己精心挑选的领域发起挑战。他选中了军需品和其他补给品的短缺问题作为突破口，因为这些问题涉及劳工、生产和财政等多个方面，他在这些领域比基钦纳更有发言权。

就在1915年5月19日，也就是宣布新政府人选的这一天，劳合·乔治完成了这场战役的最后一步，成功地将军需品和物资供应的管理权从基钦纳的陆军部手里夺了过来，由他亲自出任军需大臣管理这些事务。在这个新组建的部门里，他做到了基钦纳未能做到的事情：将更多战争物资交由民用企业生产，找到新的供应商。

进入新的联合政府的保守党议员原本已经在劳合·乔治和基钦纳伯爵的争执中站好了队，现在却开始重新审视这两个人。身为军需大臣的劳合·乔治成了一枚蕴藏着巨大能量、可以摧毁敌人的鱼雷，保守党人开始渐渐对他产生敬佩之情，为他的努力鼓掌喝彩。博纳·劳和他的同僚们进入内阁，本来是要来捍卫基钦纳和军人，使其免受外行的自由党文官的干扰，但他们却惊讶地发现自己开始与劳合·乔治一道质疑起基钦纳的能力了。

新政府面临的最紧要的军事决策就是决定加利波利半岛远征的命运。内阁战争委员会重组为达达尼尔委员会，于1915年6月7日在下议院阿斯奎斯的房间里召开了第一次会议，专门研究这一问题。这个委员会从此开始频繁开会。保守党人发现，陆军大臣并不能为他们提供决策所需的信息，因为基钦纳总是守口如瓶，不愿意向文官披露军事信息。有些时候他会回避问题，因为他自己也没有完整且准确的信息；有些时候他还会对相互矛盾的观点都表示赞同。

博纳·劳和他最主要的保守党同僚、新任总检察长爱德华·卡森爵士认为，要么干脆放弃这次冒险，要么就派遣足够的增援部队去加利波利半岛，确保能够取得战役的胜利。问题是，要派遣多少增援部队才能确保胜利呢？基钦纳既不肯说土耳其人在加利波利半岛有多少军队，也不肯说英国到底需要多少部队才能打赢战役。他只是不停地说陆军能从西线抽出多少部队来。到了9月初，卡森十分恼火地写道："我深刻地意识到，我们的计算（如果这也配得上被称作"计算"的话）是非常随意的。他们一直告诉我们现在能够派出去多少部队，而不是前方究竟需要多少部队……"[1]

在一次质询陆军部的过程中，内阁大臣们发现陆军部曾经收

　　　　　　　　　　　　终结所有和平的和平

到一封十分重要的电报，但陆军部却否认知晓这封电报的内容。基钦纳要么是忘了有这么一封电报，要么就是误解了它的内容。卡森在唐宁街 10 号的文书室写了一封便签，通过内阁办公室发给了劳合·乔治："基钦纳不读电报，我们也看不到电报。这真是让人难以忍受。"[2]

卡森开始像审问被告席上的犯人一样在内阁会议上质问基钦纳。基钦纳的回答总是躲躲闪闪，而来自伊恩·汉密尔顿爵士的乐观预期也总是落空，这一切都让保守党的领袖们深感沮丧和绝望。达达尼尔委员会的会议上开始屡屡出现这样的词句："E. 卡森爵士说，持续不断的血战并不成功，是否还有必要继续"，"博纳·劳询问伊恩·汉密尔顿爵士，如果进攻行动显然毫无希望，是否还要继续进攻"。[3]

关于应该怎么做的讨论一直持续到了秋末。由于基钦纳拿不出能确保成功的其他方案，内阁逐渐坚定了从加利波利撤军的决心。基钦纳表示反对，强调英国必须坚持下去。他宣称："放弃这次行动将是帝国历史上最具灾难性的事件。"但他承认他也"希望能够了结这一切"。[4]

不过，内阁不愿意在基钦纳伯爵不同意的情况下下令从加利波利撤军，特别是考虑到前线的指挥官伊恩·汉密尔顿爵士仍然觉得行动有希望成功。在加利波利的海滩上，情况让人感到绝望。曾经在基钦纳面前反对这次达达尼尔海峡冒险的温德姆·迪兹恰恰在这里服役，他和另外两名军官乔治·劳埃德（George Lloyd）与盖伊·道内（Guy Dawnay）决定做些什么。三个人计划促成他们当中的某个人被派回伦敦去，告诉内阁这里的真实情况。道内后来得到一个机会，他也没有错失良机。

回到伦敦之后，道内见到了基钦纳和英国的其他领导人，甚至还见到了刚刚被贬黜的丘吉尔。他试图让他们理解前方的情况，但这些人都不愿意接受这个令人不快的事实。迪兹早就预料到了这一幕，他曾经对道内说："我打赌，你能找到的最有用的人也就是温斯顿了！"[5]

最终，伊恩·汉密尔顿被人取代，新上任的英军指挥官很快就意识到战事已经毫无希望，要求立刻撤军。但内阁还在犹豫不决，原因还是老问题：基钦纳伯爵。

II

劳合·乔治生动地把基钦纳的思维比喻成不停转动的灯塔的灯光，而在加利波利战役这场凶猛的风暴中，灯塔的灯光却突然消失了。元帅的同僚们希望强有力的灯柱能够重新出现以驱散夜幕，且不再消失。他们在黑暗中等待着，越发恼怒且焦急。

就连保守党人博纳·劳都改变了主意，提出要让劳合·乔治取代基钦纳出任陆军大臣。但首相拒不接受这一提议。只有政府里的核心圈子知道元帅的缺点，他在全国上下的威信依然很高。因此，首相认为解除基钦纳的职务在政治上是不可能的。首相使用了他惯用的手法，派基钦纳去达达尼尔海峡实地考察，希望这个任务可以让他无限期留在那里。

终于，基钦纳在离开英国并亲眼看到战场之后，也意识到必须放弃加利波利了。在得到了基钦纳的许可之后，内阁终于发出了必要的命令。1916年初，从加利波利撤军的行动完成了，这也是整场战役中最为出色的行动。迪兹把这场撤退称作"历史上最值得铭记的事件之一"。[6]

III

在1915年4月25日，协约国原本可以利用突然袭击赢得一场轻而易举、兵不血刃的胜利，而到了259天之后，这场战役却成了历史上代价最高昂的军事交锋之一，协约国不得不从达达尼尔海峡血流成河的海滩上灰溜溜地撤出他们的败军。双方各派出了50万军队投入到这场战役之中，各自蒙受了25万人伤亡的损失。

这是一场决定性的战役。协约国本可以赢得这场战役，并一举赢得中东的战争，但它们却没能做到。这场战役还预示了未来要发生的事情：一支被人们认为很落后的亚洲军队却击败了一支现代化的欧洲军队。

这场战役还让欧洲长久地卷入了中东事务。基钦纳一直担心英国会在军事上涉足中东，却没能阻止这场战役的爆发。现在，随着撤离行动的完成，英国在中东的军事行动暂时停止了，但还会在一年之后恢复。更重要的是，协约国的这场失利还让英国在微观和宏观两个层面上更深地陷入中东事务之中。在微观层面上，我们在下文中会看到，这场战役的失利让基钦纳的助手们急于与一位中东的统治者结盟，因为他们相信可以借此让伊恩·汉密尔顿爵士在加利波利的部队免遭灭顶之灾。而在宏观层面上，英国在加利波利战役中的巨大投入和损失，让英国人在数年以后认为自己应当在战后的中东世界扮演举足轻重的角色，这样才能让这次重大的牺牲变得多少有一点意义。

IV

1915 年 11 月 18 日，已经辞去兰开斯特公爵领地大臣职务的温斯顿·丘吉尔自告奋勇来到法国，成为一名在西线服役的陆军军官。政界仍然把加利波利战役的失败归罪于他。不过，内阁认为这场战役的失利是基钦纳的责任，基钦纳也知道这一点。

基钦纳伯爵知道他的内阁同僚们希望他不要从达达尼尔海峡回来，但他就是故意要让他们失望。他在 1915 年底回到伦敦，开诚布公地对首相说，他知道自己在内阁里已经失去了支持，因此提出辞职。鉴于内阁找不到合适的替代者，他采取了另一个方案达到同样的目的。在首相的许可之下，他设法从根本上改变了陆军大臣这一职务的权限，减少了这一职务的权力和责任。接着，在西线服役的陆军元帅威廉·罗伯逊爵士（Sir William Robertson）被任命为帝国总参谋长，其职权大为扩张，许多之前属于陆军大臣基钦纳的权力都被纳入了他的职权范围。

不过，在制定中东政策方面，基钦纳仍然保留了自己的权威。就在他于 1915 年底回到伦敦的时候，他的助手马克·赛克斯爵士也回到了伦敦。赛克斯刚刚做了一次长途的实地考察，带回来一个令人兴奋的消息：有一位中东统治者可能会与英国结盟。在这个联盟关系的基础上，赛克斯还设想了一个革命性的计划，可以一举扭转对奥斯曼战争的局势，而基钦纳将在内阁里大力推动这个计划。

22

创立阿拉伯局

I

在 1915 年和 1916 年之交的这个冬季，协约国筹划并执行了加利波利半岛的撤军行动，基钦纳伯爵在战争事务上的职权也遭到了削减。与此同时，英国的中东政策发生了新的转折：基钦纳和他的同僚们开始专注于有组织地利用奥斯曼帝国境内心怀不满的阿拉伯领袖和军人。他们行动的理念基石是基钦纳钦点的中东问题专家——马克·赛克斯爵士——从东方带回来的建议。赛克斯进行了一次漫长的探索之旅，研究协约国应当如何处理奥斯曼帝国战败后的中东。在土耳其人取得了加利波利战役的胜利之后，这一研究课题失去了紧迫性。

行动本身通常会产生惯性。英国派海军袭击达达尼尔海峡，原本是为了解决俄国的问题；但是到了 1915 年冬天，当俄国的问题已然解决后，英国在达达尼尔海峡的行动却还在持续着。英国人研究应当如何瓜分中东，是因为丘吉尔预计不久即可征服伊斯坦布尔；可到了冬天结束的时候，伊斯坦布尔并没有被征服，英国人却还在继续研究应当如何瓜分中东。

1915 年 6 月 30 日，马克·赛克斯爵士指导下的德·本森委员会提交了有关战后中东安排的报告。随后，英国政府把赛克斯派到中东，去与当地的英军将领和官员讨论该委员会提出的种种建议。他去了巴尔干半岛，两次进出埃及（去程和返程都途经埃及），还去了波斯湾、美索不达米亚和印度。这是一次很重要的出差，前后耗时半年之久，也给了赛克斯独一无二的机遇，让他接触到了许多不同的观点。一直到将近1916年的时候，他才回到伦敦，得以面见内阁成员，告诉他们自己的旅途收获。

赛克斯在1915年夏天第一次途经开罗，在那里会见了基钦纳在埃及的中东事务顾问们。赛克斯在战前就认识罗纳德·斯托尔斯，后者又为他引见了吉尔伯特·克莱顿。宗教信仰立刻让他们两个人之间形成了一种联结：作为一名虔诚的基督徒，克莱顿的严肃认真给赛克斯留下了十分深刻的印象。他们不仅是同事，也成了朋友，只不过，在二人的交往之中，赛克斯比克莱顿要更加开诚布公。

赛克斯的朋友们给他介绍了一些令人愉悦的、持亲英态度的讲阿拉伯语的人士。赛克斯渐渐也开始鼓吹克莱顿的观点，认为叙利亚应当属于英国。克莱顿和斯托尔斯让赛克斯相信，叙利亚人民乐于见到这样的情形。赛克斯认为，法国可以在其他地方得到补偿，在法国其实只有神职人员和商业利益的鼓吹者才想占有叙利亚。[1] 赛克斯一直主张应当在更南方的地方扶植一位哈里发，这就与他的朋友们和温盖特的想法——让谢里夫侯赛因成为哈里发——不谋而合。因此，赛克斯成了斯托尔斯的"埃及帝国"计划的支持者。根据这一计划，阿拉伯语人口将组建一个单一的政治实体，谢里夫侯赛因将成为其精神领袖，埃及的傀儡君主则会出任其名义上的世俗统治者，而实际上统治这个国家的将是驻地在开罗的英国高级专员——

基钦纳伯爵。

不过，在开罗有一种观点让赛克斯十分不安，那就是：英国和法国会在中东地区成为敌人。赛克斯认为，这两个战时盟国之间并没有什么严重的分歧。在他看来，法国并不是真的在乎叙利亚，英国可以设法让法国在别的地方找寻战利品。他推测，是敌国的宣传人员在鼓吹英法之间的敌对关系。不过，在若干个月之后，他会发现反法言论（而且不只是言论而已）恰恰来自他在开罗的朋友们。还有一个事实是他一直没有发现的，那就是这个反法团体的核心成员之一就是他的朋友吉尔伯特·克莱顿。

II

在政治的另一极印度，赛克斯发现那里的人对他连友好都称不上。他只是个年轻人，在他的第一份政府职位上才待了半年，却从伦敦跑到印度来给这里的人讲东方的事情。他在印度见到的那个人比他年长约 20 岁，在政府里服务了一辈子，还是英国最杰出的外交政策专家之一。曾经做过驻俄大使的查尔斯·哈丁在来到印度出任总督之前，长期任职于英国外交部。他的家族出任印度总督的历史可以追溯到 19 世纪，他的祖父曾在 19 世纪 40 年代（印度大起义前的那个 10 年）出任印度总督。哈丁主张由印度占领并吞并美索不达米亚。在他看来，开罗方面的提议"纯属幻想"，"极为致命"。他拒不接受阿拉伯独立的想法，哪怕只是名义上的也不行。他写道："赛克斯似乎意识不到，在土耳其的某些领土上根本不适合采用代议制度。"[2]

赛克斯比以往任何时候都倾向于支持开罗和反对西姆拉。他还认识到，观点之争和管辖权之争本身就是有害的。他认为："我们的传统做法是允许政府的各个部分各谋其政，这在以前是适宜的，因为它们处理的事情互不相关。但是到了今天，这种做法就不再是好的做法了，因为每个部门处理的事情都彼此息息相关。"[3] 英国并没有一个中央政策，西姆拉、开罗、外交部、陆军部和海军部各行其是，在地方上任职的官员们也是如此，互相都不知道其他人在做些什么，而他们往往在做一些目的截然相反的事情。要在某项政策上达成一致非常困难。赛克斯曾经计算过，在某一项决定达成共识之前，需要征求 18 个部门的意见。[4]

在旅程中，赛克斯曾考虑组建一个机构来统筹阿拉伯事务。开罗方面对这一想法非常热心。1915 年 12 月 13 日，克莱顿报告说，他已经着手筹划组建一个近东办公室，并希望赛克斯可以推进这一计划。[5] 如他所愿，赛克斯在 1915 年底回到伦敦之后，提出应当组建一个中央机构来协调政策。赛克斯认为，应当在开罗组建一个由他本人管理的阿拉伯局。与此同时，新上任的印度事务大臣奥斯汀·张伯伦*主张设立一个伊斯兰局，以应对敌国在印度、波斯和阿富汗的煽动性宣传。印度方面对此的回应是，总督明确反对设立任何侵犯他管辖权的政府机构，他尤其不能容忍由赛克斯和他的朋友们出面领导这样的机构。1916 年 1 月初，阿斯奎斯命令召开一次跨部门会议，商讨创立伊斯兰局的问题。

---

* 奥斯汀·张伯伦（Austen Chamberlain，1863—1937），1915 年 5 月接替自由党政治家克鲁侯爵出任印度事务大臣。他是后来因"二战"前的绥靖政策而饱受批评的内维尔·张伯伦同父异母的兄长。——译者注

在这次会议上，赛克斯的提议获得了通过。但会议对赛克斯的提议做了一个重要的修改，实际上损害了这一提议的核心意义。新组建的机构将被称作阿拉伯局，但它并不是一个独立的机构，而是隶属于开罗的情报部。基钦纳（在会上由菲茨杰拉德代表）和外交部特地坚持了这一点，因为他们不愿意把自己对英国政策的掌控权拱手让人。开罗方面将负责组建这个新的机构并为其遴选组成人员。赛克斯提议的核心诉求——组建一个负责制定整体政策的中央机构——并没有得到满足，政府里的各个部门还是会继续制定并执行它们各自独立又经常相互矛盾的政策。由于外交大臣总是遵从基钦纳的意见，因此实际掌权的还是基钦纳。赛克斯仍然只是作为基钦纳的代表制定政策，而不是作为一个独立的政府机构的负责人。基钦纳不愿意失去对局势的控制，因而坚持要维持这种状态。

海军情报处的主管对依照赛克斯和克莱顿的建议在开罗组建新机构并不满意。为了安抚他的情绪，这个新机构的主管就由他推荐的人选戴维·G. 霍格斯（David G. Hogarth）担任。霍格斯是一位毕业于牛津大学的考古学家，此时在海军情报处任职。早在战争爆发之前，霍格斯就在幕后协助英国情报机关工作。

于是，霍格斯接替了代管阿拉伯局的阿尔弗雷德·帕克（Alfred Parker，职业军人，同时也是基钦纳的外甥）。自上任伊始，霍格斯就在克莱顿的直接领导下工作，他似乎也十分认同克莱顿的基本理念。在霍格斯的主持下，阿拉伯局一直试图与外交部和印度政府抗衡，竭力推行温盖特和克莱顿的主张——让英属埃及控制阿拉伯世界。

一位性格温和、做事低调、来自苏丹政府的官员基纳汉·康沃利斯（Kinahan Cornwallis）成了霍格斯的副手，而温盖特的秘书G.S. 赛姆斯也从苏丹赶来加入了阿拉伯局。加入阿拉伯局的还有曾在《泰晤士报》担任记者的菲利普·格雷夫斯（Philip Graves）。霍格斯还带来了一位名叫托马斯·爱德华·（T.E.）劳伦斯的年轻人，此人曾在牛津的阿什莫林博物馆（Ashmolean Museum）为他工作，从那以后他就一直主导着这名年轻人的职业生涯。正是这位劳伦斯，后来以"阿拉伯的劳伦斯"的名号为人们所熟知。*

起初，克莱顿手下并没有土耳其事务专家，这在与土耳其的情报战中显然是一个巨大的劣势。但他很快就交了好运。1915 年 12 月 10 日，在战前曾服役于奥斯曼帝国宪兵部队的温德姆·迪兹从加利波利来到了开罗。1 月初，克莱顿成功将迪兹任命为埃及情报部门的副主管。在这个岗位上，迪兹掌握的关于土耳其事务的知识将成为无价之宝。

很快，议会里的年轻议员和其他想在中东政策上有所建树的人士就开始围绕着阿拉伯局与开罗方面频繁互动。这些人里包括马克·赛克斯在战前就认识的两位朋友：奥布里·赫伯特议员和乔治·劳埃德议员。最终，开罗成了英国制定中东政策的中心。克莱顿则十分欣喜地获悉，在伦敦真正把持英国中东政策的人物正是开罗当局的领导者基钦纳伯爵，以及代表他的马克·赛克斯。

---

* 劳伦斯一直与阿拉伯局紧密合作，但直到 1916 年底才正式成为该局的一员。——原注

23

向阿拉伯人承诺

I

当赛克斯于 1915 年底从东方回到伦敦的时候，他其实带回了一个比创立阿拉伯局的主意更让人惊讶、影响力也更持久的消息：一个神秘的阿拉伯年轻人宣称他和他的朋友们可以在战争中帮助英国。这个年轻人的名字叫穆罕默德·谢里夫·法鲁基（Muhammed Sharif al-Faruqi）。

当时的人们对法鲁基一无所知，即便到了今天，我们对他也知之甚少。他在 1915 年的秋天走进人们的视野，在 1916 年吸引了英国政府的目光，随后又走出了人们的视线范围，直到在 1920 年的一场部落冲突中英年早逝，死于伊拉克境内的一条道路上。在 1915—1916 年出现在聚光灯下的这若干个月中，他直接或间接地导致英国向法国、俄国、阿拉伯人和其他势力做出了有关战后中东安排的让步承诺。作为英国官员和阿拉伯领袖之间的中间人，他传达的信息要么是被听者误解了，要么就是他自己有意曲解了信息，没人能说得清他的动机。对于 20 世纪的中东来说，他在当时留下的种种误解，直到今天尚未完全消散。

II

围绕法鲁基发生的一切令人惊奇的故事，源头可以追溯到基钦纳伯爵在战争刚爆发时与麦加的埃米尔侯赛因达成的准协议。上文中提到过，基钦纳伯爵只把侯赛因视作一位精神领袖，而不认为他在世俗事务上有什么力量。[*]他在1914年秋天开始与侯赛因联络，并且与其达成了令双方都感到满意的条款。侯赛因[†]暂时不需要做任何事情，他只要不利用他的宗教权威在奥斯曼战争中与英国作对即可（基钦纳原本很担心这一点）；而在未来的某个时刻，他还可以利用他的宗教权威来帮助英国（基钦纳希望侯赛因可以在战争结束后英俄两国之间产生矛盾时这样做）。

事情本来就这样在1915年初定了下来。然而，在半年之后的1915年夏天，开罗的英国驻埃及高级专员公署却意外地收到一封来自侯赛因的信。侯赛因在信中未做任何解释，直接要求将亚洲的几乎整个阿拉伯世界变成一个独立的王国，并交给他统治。（如前所述，英国官员并没有意识到，当他们提出让侯赛因成为阿拉伯哈里发的时候，侯赛因接收到的信号是英国人要交给他一个王国。而在那个时候，真正吸引侯赛因的也并不是哈里发的称号，而是这个王国。）

在几个月的沉寂之后，侯赛因突然不加解释地抛出这样让人

---

[*] 在基钦纳的追随者中，只有执掌苏丹事务的雷金纳德·温盖特从奥斯曼战争爆发伊始就认为侯赛因可以为英国提供军事援助。——原注

[†] 侯赛因·本·阿里，麦加的谢里夫和埃米尔，有许多种称呼：侯赛因、谢里夫、谢里夫侯赛因、埃米尔侯赛因，后来还被称作侯赛因国王。他还被称作汉志的统治者，后来则称作汉志的国王。——原注

始料未及的要求，着实让英国驻开罗当局感到又吃惊又可笑。罗纳德·斯托尔斯觉得此事十分可笑，他认为侯赛因应当满足于保住汉志这一省份的统治权。斯托尔斯评论说，侯赛因"很清楚他所索要的东西根本就是他没有权利，没有希望，也没有能力索要的，他可能只是想抛出来一个开价，在此基础上继续谈判"。[1] 英国驻埃及高级专员亨利·麦克马洪爵士不想让侯赛因失望，于是很温和地回复他说，等到战争结束再讨论中东的疆界问题比较合适。

不过，侯赛因突然提出要建立一个独立的阿拉伯王国的举动，并不像当时的开罗当局认为的那样毫无道理。麦克马洪和斯托尔斯并不知道 1915 年 1 月在麦加究竟发生了什么。当时，侯赛因找到了书面证据，证实奥斯曼帝国政府计划在战争结束后将他罢黜。实际上，要不是战争爆发，他们早就把侯赛因罢黜了。[2] 发现此事后，侯赛因立刻派自己的儿子费萨尔去伊斯坦布尔面见大维齐尔，结果却发现奥斯曼帝国政府已经打定主意，没有回旋的余地了。

鉴于青年土耳其党计划罢黜自己，侯赛因不得不违背自己的本意，考虑在战争中倒戈反对土耳其。侯赛因担心这样做会让自己被整个阿拉伯世界孤立，于是派费萨尔到大马士革去试探那些把总部设在那里的阿拉伯秘密社团的口风，看是否可能得到它们的支持。在执行这次任务的过程中，费萨尔一共在大马士革停留了两次：一次是在前往伊斯坦布尔拜见大维齐尔的路上，一次是在从伊斯坦布尔返回的途中。

1915 年 3 月下旬，费萨尔第一次在大马士革停留。他得知，有三个主要由阿拉伯人组成的奥斯曼陆军师集结在大马士革地区，而秘密社团里的阴谋家们相信，这三个陆军师会响应自己的号召。这些秘密社团的成员经常谈论发动反对土耳其的叛乱这件事，但又对真正付诸行动持保留意见。一方面，他们中的大多数人相信德国很快就会赢得战争，因而不想加入行将战败的阵营。另一方面，在奥斯曼帝国和欧洲的协约国之间，他们宁愿选择被同为穆斯林的土耳其人统治，而不是被来自欧洲的基督徒统治。

虽然缺乏证据证明他们的计划，但这些秘密社团显然倾向于让英国人和土耳其人竞价，争夺阿拉伯人的忠诚。他们通过费萨尔建议侯赛因，劝他不要加入协约国一方，除非英国承诺支持西亚的大部分阿拉伯地区获得独立。一旦拿到英国人的承诺，这些秘密社团就又可以以此来要挟奥斯曼帝国了。

在大马士革的会见结束后，费萨尔来到伊斯坦布尔与大维齐尔见面。1915 年 5 月 23 日，当在返程途中又经过大马士革时，他发现情况发生了巨大的变化。土耳其政府任命的叙利亚总督杰马尔帕夏觉察到了阿拉伯人的密谋，采取行动实施镇压。杰马尔摧毁了秘密社团，社团的核心人物或是被捕，或是逃散。他还把三个阿拉伯陆军师拆散，将其中许多军官派到了加利波利或其他地方。[3]

剩下的少数几位密谋者（有人说有 6 位，还有人说有 9 位[4]）告诉费萨尔，他们现在已经无力发起反对奥斯曼帝国的叛乱了。他们说，这一任务应该交给侯赛因，只要他能先诱使英国人承诺支持阿拉伯独立，他们就愿意追随侯赛因。

秘密社团的人员起草了一份文件，画出了独立的阿拉伯国家未来的疆界，这份文件被称作《大马士革议定书》（Damascus Protocol）。费萨尔把这份文件从大马士革带回了麦加。这份议定书阐明了埃米尔侯赛因应当向英国人提出哪些诉求。对于侯赛因来说，提出这些诉求毫无损失，不仅可以让他在举事时获得这些秘密社团的支持（他们的支持有多大价值另当别论），还可以让他更有资格成为阿拉伯半岛和阿拉伯政界的领导者，同时也能让他支持基督教国家和反对同为穆斯林的土耳其人的行为更具正当性。于是，他在1915年夏天将包含《大马士革议定书》中提出的要求的信函发给了开罗的英国驻埃及高级专员公署。但是，就像前文所说，他提出的要求并没有得到英国人的认真对待。

III

在费萨尔于1915年初第一次途经大马士革的时候，来自摩苏尔（Mosul）、时年24岁的穆罕默德·谢里夫·法鲁基中尉还只是一名驻扎在大马士革的阿拉伯裔奥斯曼帝国参谋军官，他同时也是一个秘密社团的成员。他可能是当时与费萨尔会面的秘密社团成员之一，也可能是从参与会面的同僚那里得知了会面的内容。

杰马尔帕夏把一些参与秘密社团的军官调离了大马士革，送到了伤亡率很高的加利波利前线，法鲁基也是其中之一。把可疑的阿拉伯阴谋分子送到前线送死，似乎是杰马尔镇压叛乱的手段之一。不过，鉴于奥斯曼帝国正在加利波利打着一场生死攸关的战役，把更多的部队送到那里在军事上也是合理的。因此，法鲁基可能猜测过，杰马尔是不是因为他有叛国嫌疑才把他送到了加利波利，但他并没有办法找到一个确定的答案。

法鲁基依然与留在大马士革的秘密社团的军官们保持着联系，并从他们口中获得了更多有关费萨尔和侯赛因的信息。他得知，只要英国人愿意支持秘密社团制订的阿拉伯独立方案——《大马士革议定书》，大马士革秘密社团的残余力量就会支持侯赛因领导一场反抗奥斯曼帝国统治的阿拉伯革命。他还得知，侯赛因已经在1915年夏天写信给开罗的英国人，阐述了《大马士革议定书》的内容，并以此为条件，要求英国人支持他成为一个涵盖绝大部分西亚阿拉伯地区的阿拉伯王国的君主。

1915年秋天，在加利波利的奥斯曼军中服役的法鲁基中尉叛逃到了协约国军队的阵地。他宣称自己有重要的情报要带给英国在开罗的情报机关，于是被迅速送往埃及审问。他或许是担心杰马尔很快就能找到他参与反土耳其密谋的证据，于是先走一步；他也可能就是想成为一个国际政治舞台上的独行侠，扬名立万。不论他的动机究竟是什么，他完全是凭自己的冲动行事的，并没有任何人交给他任何任务。

法鲁基几乎不会说英语。凭借残缺零碎的历史记录，我们也很难说得清人们是否正确理解了他所表达的意思，还是说有人故意曲解了他的话，让他"说出"了他们自己想听的话。在英国情报官员讯问的过程中，这位年轻军官宣称自己是秘密的阿拉伯军事社团阿赫德的成员，他还提到了该组织在大马士革的领导人——奥斯曼第十二师的总参谋长亚辛·哈希米（Yasin al-Hashimi）将军。法鲁基坦陈，"我没有得到官方授权与你们讨论"阿赫德组织的提议。但不知出于何种目的，这位年轻的叛逃者又佯装成该组织的发言人，而开罗的英国情报机关负责人吉尔伯特·克莱顿也对此信以为真。[5] 英国情报机关轻易就相信了法鲁基那未经佐证的故事，也没有做进一步的调查。实际上，他既不是阿赫德组织的代表，也不是任何一个组织的代表。克莱顿完全被愚弄了。

法鲁基之所以能宣称自己代表了阿赫德组织，是因为他从大马士革的同僚们那里得知了英国人与谢里夫侯赛因通信的细节，很清楚侯赛因在 1915 年夏天对开罗提出的要求。

法鲁基自称代表了大马士革的阿拉伯军官，要求英国承诺支持阿拉伯人在侯赛因划定的疆界内建立独立的阿拉伯国家。在英国情报机关看来，他的要求一经提出，一切就都解释得通了。克莱顿认为，阿拉伯人提出的两套要求别无二致，而且都与阿赫德组织的创始人马斯里和开罗其他阿拉伯流亡者从战争伊始就提出的要求完全一样，这绝非巧合。如果这些秘密社团也在支持侯赛因，那么这位麦加的埃米尔代表的就不仅仅是他自己在阿拉伯半岛的领地。倘若这些阿拉伯秘密社团真的像法鲁基宣称的那样强大（克莱顿也误以为真的如此），那么侯赛因就代表了数十万的奥斯曼军人和数百万的奥斯曼臣民。

法鲁基警告说，克莱顿和他的同僚们必须马上答复侯赛因。法鲁基表示，如果英国人想要让阿赫德组织在奥斯曼帝国内部领导一场阿拉伯起义，他们就必须保证讲阿拉伯语的中东地区可以获得独立。这名年轻人给英国人下了最后通牒，要求他们必须在几个星期之内接受他的提议，否则阿拉伯人就会倒向德国和奥斯曼帝国一方。

开罗方面兴奋不已。1915 年 10 月 10 日，罗纳德·斯托尔斯在给菲茨杰拉德（或者说基钦纳）的信中写道："阿拉伯问题已经到了紧要关头。"[6] 差不多与此同时，克莱顿也为埃及英军的指挥官马克斯韦尔将军准备了一份备忘录，其中概述了他与法鲁基的交谈记录。马克斯韦尔立刻在 10 月 12 日给基钦纳发电报，告诉他在敌后存在着一个"强大的组织"，正是这个组织炮制了侯赛因的提议，如果英国不能与这个组织达成协议，阿拉伯人就会倒向敌人一方。*[7]

显然，基钦纳在开罗的追随者们相信，一场阿拉伯叛乱可以拯救在达达尼尔海峡的加利波利半岛边缘为生存而战的协约国军队。当时在加利波利半岛指挥战斗的英军指挥官是伊恩·汉密尔顿爵士，考虑到他也是基钦纳的门徒，基钦纳在开罗的追随者们可能也与他取得了联系，让他帮助他们劝说仍在迟疑的英国驻埃及高级专员亨利·麦克马洪爵士接受阿拉伯人的要求。麦克马洪在一年之后发布了一个声明，拒绝对（当时已告失败的）阿拉伯起义负责，这一声明表明开罗方面可能曾经联系过伊恩·汉密尔顿。麦克马洪写道：

> 把阿拉伯运动推给我负责的那天，是我人生中最不幸的一天。我想我有必要做一些解释，表明此事与我无关。阿拉伯运动完全是一场军事行动，一切的根源是伊恩·汉密尔顿爵士在加利波利提出的紧急要求。外交部恳请我马上采取行动，让阿拉伯人退出战争，因为当时在加利波利的很大一部分敌军和在美索不达米亚的几乎所有敌军都是由阿拉伯人组成的。[8]

英国驻埃及高级专员公署的人员一边请求伦敦授权他们答应法鲁基的要求，一边又汇报说法鲁基提出的要求还有协商的余地，这位年轻的阿拉伯人在必要的时候可能会做出妥协。在接下来的几个星期乃至几个月里，法鲁基都一直让自己处于对话中的核心位置。

---

* 这个说法很有趣，毕竟阿拉伯人本来就在敌方阵营里。——原注

整个谈判正在变成一场巨大的骗局。这位年轻人不停修改着国家和帝国的版图，周旋于英国驻埃及高级专员公署、麦加的埃米尔和阿拉伯民族主义领袖之间，每一方都以为法鲁基是谈判中另一方的特使。在写给侯赛因的信里，法鲁基自称是阿赫德的成员，还宣称自己在英国人面前颇有话语权；而在开罗，他又自称代表侯赛因与英国人谈判。费萨尔发现这个神秘的阿拉伯人在开罗成了重要人物，想要调查一下他的真实身份，但除了他的名字之外一无所获。"我不了解这个人。"费萨尔在发给侯赛因的报告中写道。[9]

IV

克莱顿强烈反对法国对叙利亚内陆地区［即阿勒颇、霍姆斯（Homs）、哈马（Hama）到大马士革一线］的主张。他汇报说，法鲁基表示侯赛因永远不会允许法国人占有阿勒颇、霍姆斯、哈马和大马士革。

我们并不清楚克莱顿究竟是在援引法鲁基的话，还是歪曲了法鲁基的话，或者是用自己的语言转述了法鲁基的话。克莱顿承认无法将法国人赶出叙利亚-黎巴嫩的沿海地区，因为那里居住着受法国保护的基督徒。他汇报说，法鲁基在这方面也支持他的观点，似乎也愿意以侯赛因的名义放弃阿拉伯人在这一地区的领土主张。法鲁基则告诉侯赛因说，英国人要求他在这方面做出让步，但是侯赛因拒绝了。

基于克莱顿的报告，英国驻埃及高级专员亨利·麦克马洪爵士在发给外交部的电报中转述了法鲁基的话，宣称麦加的埃米尔不会坚持要求自己的版图一定要向西延伸到海岸，但他也不会允许法国人"用武力"夺取阿勒颇、霍姆斯、哈马和大马士革。[10]麦克马洪和克莱顿希望英国政府能够授权他们接受这些条件。

不过，麦克马洪提及的地理范畴十分模糊。比如说，他所说的大马士革，究竟指的是大马士革的市区，还是大马士革的周边地区，或者是大马士革省？他所说的"地区"，到底指的是维拉亚（wilayah，周边地区），还是维拉亚特（省份）？提及这些地区的人，究竟是法鲁基，还是麦克马洪或克莱顿？英国人嘴里说的"地区"，指的是不是城镇？

从那以后，阿勒颇—霍姆斯—哈马—大马士革这条线就成了人们争论的焦点。在此之后的几十年里，人们对这四个地理概念的准确含义提出了不同的主张，支持阿拉伯占有巴勒斯坦的人认为开罗英国当局的承诺意味着巴勒斯坦应当属于阿拉伯人，而支持犹太人占有巴勒斯坦的人则持截然相反的观点。可以说，这种争论毫无意义。我们会发现，麦克马洪其实在做出承诺的时候故意使用了这些模糊的字眼，其目的就是根本不做出任何实际的承诺。

如果克莱顿是阿勒颇—霍姆斯—哈马—大马士革这条地理界线的发明者，他脑海中想的可能是如何将叙利亚-黎巴嫩的内陆地区与深受法国影响的沿海地区分割开来。在叙利亚，自北向南有两条文明带，一条是海岸线，一条就是这四座城镇。这四座城镇坐落于山脉和一成不变的沙漠之间，组成了叙利亚内陆一条狭长的灌溉农业区走廊。在当时的《大英百科全书》（1910年版）中的叙利亚地图上，阿勒颇、霍姆斯、哈马和大马士革被标注为叙利亚内陆地区仅有的几个城镇。因此，对于一个想要描述叙利亚内陆地区的英国人

　　　　　　　　　　　　终结所有和平的和平

来说，他很可能会用这几座城镇来指代这一地区。诚然，这几座城镇并不相似，因此顶尖的历史学家[*]会认为把它们归在一起描述是不合理的；但是，对于《大英百科全书》的读者而言，把它们放在一起叙述是再合理不过的了。

这几座城镇还有另外一个重要的共同点：它们共同组成了一条铁路线。由法国的奥斯曼大马士革—哈马及延长线铁路公司（Societe Ottomane du Chemin de Fer Damas-Hama et Prolongements）修筑的铁路从叙利亚北部的阿勒颇一直延伸到南部的大马士革，于1895 年通车。[11] 大马士革、阿勒颇、霍姆斯和哈马就是这条铁路途经的四个站点。这条铁路在大马士革与汉志铁路相接，后者向南一直可以抵达麦地那，将叙利亚与侯赛因的领地连接到了一起。无疑，这一点在当时有着显而易见的重要性。如果是法鲁基而非克莱顿率先提到了这四座城镇，那么他显然是考虑到了这一因素。

在那个时代，铁路在军事和政治上都有着十分重要的意义。因此，任何一个代表侯赛因参与领土谈判的军人或政治家，都必然会坚持要求掌控这几座铁路沿线的城镇：不仅仅是南部的大都市大马士革和北部的大都市阿勒颇，还包括将它们连接起来的两座铁路沿线城镇霍姆斯和哈马。

近来的经验也支持这一诉求。在战争阻挠他们的计划之前，青年土耳其党曾打算通过掌控由大马士革南下抵达汉志地区主要城市的铁路来控制汉志。因此，如果侯赛因能在这场较量中占据主动，他必然会寻求一个镜面式的策略：通过控制铁路线来支配叙利亚内

---

* 　其中就包括伊利·凯杜里教授。——原注

陆地区。

不论法鲁基的"从阿勒颇到大马士革"的要求究竟是怎样提出的，克莱顿和他的朋友们担心英国的其他官员可能无法理解满足这些要求的重要性。罗纳德·斯托尔斯在圣诞节写信给菲茨杰拉德（或者说基钦纳），恳请他们优先考虑与阿拉伯人谈判的事宜。他写道："请原谅我用这些事情给您添乱。但是，如果您知道在去年秋天，克莱顿和我为了让米尔恩爵士就阿拉伯问题提出建议，或者说让他表现出起码的关心而历经了怎样的艰辛，您一定可以理解我们焦急的心情。"[12] 他在这里提到的米尔恩爵士，指的是他的上级、在麦克马洪到任之前曾代行高级专员职权的米尔恩·奇塔姆爵士。

对于克莱顿来说，非常走运的是马克·赛克斯爵士在于1915年11月从印度返回伦敦的路上又一次途经开罗。克莱顿和他的同事们把法鲁基的事情告诉了赛克斯，让赛克斯也像他们一样深信奥斯曼帝国的阿拉伯半壁江山可能会在战争中倒向协约国一方。赛克斯一抵达开罗就得知了这个令人兴奋的消息，从而改变了之前的一切盘算。

阿拉伯世界竟然能在这场战争中发挥重要的作用，这在赛克斯看来算是一个大新闻。他对这一地区原本的观点是，这里的政治安排都是大国角逐的产物，而当地人民的利益和渴望在他的盘算之中从来都无足轻重。他向来欣赏奥斯曼帝国里那些讲土耳其语的统治阶层，但同时也一直轻视生活在亚洲的帝国子民。在大学岁月留下的记述之中，他对这些民众满是轻蔑之词。

在他的笔下，居住在城镇里的阿拉伯人"胆小怕事"，"粗鲁且令人生厌"，"身体孱弱却又不乏恶意"。游牧的贝都因人则是"贪婪成性的……动物"。[13] 然而，根据克莱顿提供的最新信息，恰恰是这些人将在中东的战事中成为英国的重要盟友。赛克斯向来以不假思索就接受他人的观点而闻名，现在可以证明的是，他还可以同样不假思索地抛弃自己的观点。他立刻就成了中东当地人利益的支持者。

从学生时代起，赛克斯就一直对犹太人充满了恐惧，几乎达到了强迫症的程度。他总能在各种各样的角落里隐隐约约地嗅到犹太人国际阴谋网络的危险气味。不过，还有另外一个族群让他更为切齿痛恨。"就连犹太人也有他们的优点，"他曾经写道，"但亚美尼亚人一无是处。"[14] 而现在，他却在开罗与亚美尼亚人的领袖们见了面，还热情洋溢地提议从战俘和美国的亚美尼亚裔居民里招募人手，组建一支亚美尼亚军队进攻土耳其。他宣称自己可以只花八个星期左右的时间就组建成这支军队。[15]

对中东民族突然产生巨大热情的赛克斯完全接受了克莱顿的观点：阿拉伯军队可以成为打开胜利大门的钥匙。克莱顿让他在回到伦敦后宣扬开罗的新观点：如果要在东方速战速决赢得战争，侯赛因比法国人更重要。

在开罗的情报部门工作的议员奥布里·赫伯特也是克莱顿的信徒。他也即将回到伦敦，并且打算当面向基钦纳伯爵和外交大臣爱德华·格雷爵士解释开罗的想法。在克莱顿的帮助下，赫伯特起草了一份措辞强硬的备忘录，敦促法国人放弃对大马士革、阿勒颇、霍姆斯和哈马的主张，以便让侯赛因获得这几座城镇。

V

1915 年 12 月，赛克斯带着大量值得汇报的新情报和值得宣传的新观点回到伦敦，受到热烈的欢迎。就是在这次回到伦敦之后，他提出了创设阿拉伯局的建议，并朝着这个方向迈出了第一步。（具体经过详见第 22 章）

从巴尔干到埃及再到印度，这些地方所有重要的英国军官都和他见过面，赛克斯的这一经历可谓绝无仅有。在莫里斯·汉基的安排下，他觐见了英王乔治。身为内阁战争委员会秘书的汉基，还为赛克斯安排了亲临这一高层机构的机会。

赛克斯给内阁带回来的最重要的消息是：那些曾被他认为在战争中无足轻重的阿拉伯人，对于协约国而言已经成为一股十分重要的力量。英国迫切需要与侯赛因达成协议。

伦敦政府注意到了开罗和赛克斯可能忽略掉了的一个事实：英国必须付出代价，而且是很高的代价——对法国做出重大让步，才有可能说服法国对阿拉伯人做出让步，并让法国同意英国给予侯赛因的承诺。基钦纳和格雷愿意承担这个代价，但其他人不愿意。

前任印度总督寇松勋爵认为，英国根本不应该对阿拉伯人做出任何承诺，因为"这个民族此时此刻正在竭尽全力与我们作战"。[16] 新任印度事务大臣奥斯汀·张伯伦也持反对意见。但是，基钦纳却支持赛克斯、克莱顿和斯托尔斯的主张，强烈要求授权开罗方面立刻回应侯赛因，并与之达成协议。基钦纳的观点最终占了上风。在得到伦敦方面的授权和指示之后，亨利·麦克马洪爵士恢复了与麦加方面的通信联络，这就是著名的麦克马洪信函。后来，这些信函

终结所有和平的和平

的真实意义成了在巴勒斯坦问题上支持阿拉伯人的一方和支持犹太人的一方长久以来激烈辩论的话题。[*]

在此期间，侯赛因又给麦克马洪写了第二封信。他在信中指责麦克马洪"三心二意，犹豫不决"，因为麦克马洪迟迟不肯与他探讨疆界问题。这位埃米尔在信中说，如果这些只是他本人的要求，那么等到战争结束之后再谈的确也不迟，但是，这些并非他本人的要求，甚至并不代表他的想法，提出这些要求的是其他人，是"我们的族人"。[17] 此时开罗的高级专员公署已经知道，"其他人"指的是那些极具神秘色彩的秘密社团的密谋者，而公署相信这些人在阿拉伯世界拥有大量的支持者。

1915 年 10 月 24 日，麦克马洪给侯赛因写了回信，他的态度与之前大为不同。由于基钦纳伯爵指示他要做出必要的承诺，麦克马洪略显犹豫地表示同意开始探讨具体的领土和疆界问题。不过，他还是使用了闪烁其词的语言，显然不愿意做出清晰的承诺并为此负责。一方面，他同意阿拉伯人可以在战后获得独立；但另一方面，他又表示阿拉伯国家需要欧洲顾问和官员的帮助才能组建起政府，并坚持认为这些顾问和官员只能出自英国。换言之，战后中东的任何一个"独立的"阿拉伯王国都必须成为英国的保护国。

那么，这个受英国保护的独立的阿拉伯王国应当拥有哪些领土呢？麦克马洪在他的回信中把侯赛因主张的领土划分成了四个区域，同时表示英国无法承诺在其中任何一个区域完全支持侯赛因的领土

---

[*] 如前文所述，在巴勒斯坦问题上支持阿拉伯人的一方一直认为他们解读麦克马洪所用地理名词含义的方式是正确的，麦克马洪实际上承诺了巴勒斯坦应当属于阿拉伯人；支持犹太人的一方则持截然相反的观点。——原注

主张。

首先，麦克马洪认为侯赛因必须放弃对大马士革、阿勒颇、霍姆斯和哈马以西地区的领土主张。法鲁基已经代表侯赛因同意放弃这一区域；或者说，至少麦克马洪相信法鲁基已经同意了这一点。麦克马洪后来提到，他在信中想要表达的意思是，侯赛因和阿拉伯人不能拥有叙利亚的沿海地区、黎巴嫩和巴勒斯坦，这一区域的东部边界可以定在今天的约旦附近。我们当然可以按他后来的解释来理解他的话，不过按照更自然的解读方式，他在这里指的仅仅是叙利亚–黎巴嫩地区，而不包括巴勒斯坦。

在中东阿拉伯世界的东部，即美索不达米亚的巴士拉省和巴格达省，麦克马洪认为必须在这里做出"特殊的行政安排"才能符合英国的既有主张和利益。至于这种安排是否与阿拉伯人的主权要求相冲突，或者会在何种情况下与何种程度上发生冲突，他完全没有提及。

在西部——叙利亚和巴勒斯坦，英国只有在"不会损害法国盟友利益"的地区才能支持侯赛因的领土主张。由于法国人在当时对这一整片地区都有领土主张（实际上，赛克斯和法鲁基在1915年11月还探讨过法国对巴勒斯坦的领土要求），因此英国人实际上不能在这一地区支持阿拉伯人的主张，甚至就连阿拉伯人对大马士革、阿勒颇、霍姆斯和哈马的主张都无法支持。

这样一来，就只剩下了诸侯并立（侯赛因也是这些诸侯中的一个）的阿拉伯半岛。当时，英国人也很愿意拉拢其他阿拉伯酋长，包括侯赛因的对头伊本·沙特。麦克马洪在信中指出，他不能对侯赛因做出任何有损英国与其他阿拉伯酋长关系的承诺。根据排除法逐一算下来，英国实际上没有在任何一个地区支持侯赛因的诉求。

后来，供英国的军界、政界和情报界首脑参阅的《阿拉伯简报》(*The Arab Bulletin*) 在 1916 年 6 月 18 日出版的第 5 期中总结说，在麦克马洪与侯赛因的通信过程中，英王政府表达了推动亚洲阿拉伯地区独立的意愿，但对于在该地区应当建立何种形式的政府，以及具体边界应当如何划分，英国政府拒绝做出任何承诺。

作为一位经验丰富的官僚，麦克马洪早就意识到绝不能做出任何承诺。此时，赛克斯尚未与法国人协商中东的未来（我将在下文中讲述此事）。因此，英国政府中没有人知道可能需要对法国做出哪些让步，更何况后面还需要与俄国人谈判。尽管基钦纳命令麦克马洪必须维系与侯赛因的盟友关系，但这位高级专员肯定担心，如果他答应了侯赛因的要求，而事后证明侯赛因的要求与英国后面需要做出的其他承诺相冲突，那么他本人可能会成为替罪羊。

这种担心不无道理。1916 年初，开罗情报机关的奥斯曼帝国问题专家温德姆·迪兹分析时局时指出，阿拉伯人一共有三股势力，而英国人实际上无法满足任何一股势力的要求。首先是叙利亚人，他们的首要目标就是不让可恶的法国人获得叙利亚（"我们很难说清楚这种极端的厌恶源自何处……"他写道。但这确实客观存在），而这自然与法国人的诉求相冲突。接下来是侯赛因，他的目标是统治一个阿拉伯王国。但是，迪兹认为，大多数阿拉伯人和所有的土耳其人都会反对侯赛因的这一目标。迪兹写道，"我认为，我们大多数人，以及很多阿拉伯人和所有的土耳其人都认为"，"这一理想是不现实的"。迪兹提到，其他阿拉伯人不愿意奉侯赛因为他们的领袖。最后一股力量是伊拉克的阿拉伯人。迪兹认为，伊拉克的阿拉伯人想要获得独立，但这与印度政府谋求吞并和统治这一地区的野心相抵触。迪兹担心，与这些分属不同势力的阿拉伯人达成一致意见几乎是"不可能"完成的任务。[18]

因此，对于身为高级专员的麦克马洪来说，向侯赛因做出任何明确的承诺可能都是有风险的。他认为缺乏耐心的温盖特曾经试图迫使他这样做。不过，雷金纳德·温盖特在写给克莱顿的信中说，麦克马洪误解了他的观点，印度总督哈丁男爵也是如此。

> 高级专员和哈丁男爵恐怕都以为我赞同创建一个统一的阿拉伯王国，并将其交给那位谢里夫管理。这种说法自然与我的真实想法相去甚远。不过，如果阿拉伯运动的领导者们误以为我们持这种观点，且认为开罗方面（发给侯赛因）的信函完全代表了我们的想法，我想这对我和我们所有人来说都是很合适的结果，因为这就可以让阿拉伯人以为我们迄今为止都对他们满怀善意。[19]

吉尔伯特·克莱顿强烈反对在战争结束前明确英国与阿拉伯人之间的关系。他认为，麦克马洪的信函成功地起到了拖延作用，让英国免于做出任何真正的承诺。几个月之后，克莱顿这样总结麦克马洪的作为："幸运的是，我们十分谨慎地让自己没有对任何事情做出承诺。"[20]

侯赛因回复麦克马洪说，他无法接受大马士革-阿勒颇-霍姆斯-哈马方案，坚持要获得阿勒颇和贝鲁特这两个省份。他在信中提到了法国对黎巴嫩的主张，写道："我们绝不允许把这些地方的土地划给法国或其他列强，哪怕是一平方英里*的土地也不行。"因此，他并没有能够与麦克马洪达成协议，但他还是感到有必要与协约国结盟。鉴于青年土耳其党打算将他废黜，他无论如何都要起兵反叛，不管英国人是不是能够满足他的要求。多年以后，侯赛因告诉供职于阿拉伯局的戴维·霍格斯，他并不认为巴勒斯坦、黎巴嫩和中东其他地方的问题已经有了结论，而是认为所有这些问题最终都要拿到和平会议上去讨论。霍格斯记录道："他把我们和他自己……比作两个即将住在同一幢房子里的两个人，只不过还没有决定谁要住在哪层楼的哪一个房间。" [21]

伦敦的外交部认为，英国给侯赛因的承诺其实永远都不会兑现。英国支持阿拉伯独立的条件是由阿拉伯人组成的那一半奥斯曼帝国要站出来反对苏丹，而外交部认为这根本不会实现。既然阿拉伯人无法信守他们的承诺（外交部认为如此），那么英国人也没有义务信守自己的承诺。外交部有自己的消息源，并不依赖于克莱顿。在外交部看来，阿拉伯世界并不会在战争中倒戈。不过，外交大臣爱德华·格雷爵士认为，让基钦纳和他的追随者们去引诱阿拉伯人叛变也没有什么坏处，至于他们开出的条件是什么并不重要。格雷告诉奥斯汀·张伯伦，不要担心开罗给对方开出了怎样的条件，因为"整件事不过是一座空中楼阁，根本不会实现"。 [22]

而在另一边，麦克马洪却担心整件事并不是一座空中楼阁。毕竟，他此前供职于印度政府，而印度政府一直非常担忧民族主义骚动。麦克马洪对温德姆·迪兹吐露心声，说他并不担心阿拉伯起义

---

* 1平方英里 ≈2.6平方千米。——编者注

的计划破产，他担心的反而是这场起义可能会成功，因为这可能给英国带来威胁。[23]

印度总督认为，麦克马洪在与侯赛因通信的过程中并没有考虑过印度的利益。麦克马洪对他解释说："我不得不使用模糊的措辞，因为这是十分有必要的。一方面，英王政府不愿意对未来做出任何明确的承诺；另一方面，如果我们提出的要求太过具体，也可能会把阿拉伯人吓跑。"他声称，他与侯赛因的谈判"既没有明确我们的权利……也没有绑住我们自己的手脚"。[24]

他的解释让印度总督大为不安。后者给印度事务大臣写信说，麦克马洪声称"这场谈判不过是一些表面虚文，既没有明确我们的权利，也没有在中东绑住我们自己的手脚。事实可能的确如此，尤其是如果阿拉伯人继续身处敌营的话。但是，我十分反感在不打算守信的情况下就做出承诺的做法"。[25]

1916 年初，阿拉伯秘密社团领袖马斯里写信给基钦纳伯爵，阐述了谈判另一方的观点。他（用外交语言法语）写到，除非英国愿意让阿拉伯人获得完全的、真正的独立，否则英国绝不可能达到它在中东阿拉伯语地区的战略目的。他还写道，他所代表的人民的要求是"既不想被英国人占领，也不想成为英国的保护国"。[26] 他们不会接受麦克马洪和克莱顿提出的那种阿拉伯独立，他们想要的是真正的独立。他还指出，如果英国打算统治阿拉伯人——这正是麦克马洪和克莱顿的打算——阿拉伯人就不会支持英国。

马斯里看穿了英国人的虚情假意。基钦纳和他的追随者们迫切需要阿拉伯人的支持，但又不愿意接受埃米尔侯赛因开出的价码。于是，他们打算欺骗阿拉伯人，假装接受侯赛因的要求，实际上付出的只是假币——毫无意义的空话。

　　克莱顿和他的同僚们并不知道，马斯里、法鲁基和埃米尔侯赛因开给英国人的也是空头支票。侯赛因手里没有军队，秘密社团也没有看得见的支持者。他们号称成千上万的阿拉伯军队将集结到他们的麾下。不管他们自己是否真的相信这点，但这纯属天方夜谭。

　　法鲁基最初曾经许诺说阿拉伯人会率先发动起义。但是，当他于 11 月 15 日会见马克·赛克斯爵士的时候，他又改变了自己的说辞。他说，除非协约国军队先在叙利亚海岸登陆，否则阿拉伯人不会发动起义。侯赛因也希望英国人先发起军事行动，于是宣称发动起义的时机尚不成熟，拒不采取行动。换句话说，如果英国军队不先出手，阿拉伯人什么都不会做。赛克斯对此信以为真，于是认定英国必须立刻入侵叙利亚和巴勒斯坦。

24

向欧洲盟友承诺

I

1915 年 12 月，赛克斯向本国政府汇报说，法鲁基在开罗告诉他，如果英属埃及入侵巴勒斯坦和叙利亚，奥斯曼帝国境内的阿拉伯军人和阿拉伯省份就会倒向协约国一方。问题是，如果英国要从西线调拨资源支持中东的攻势，它需要征得法国的同意。赛克斯告诉内阁大臣们，他们应当马上就这一问题征求法国的意见。（法国不愿意从欧洲战场调拨任何资源，这不无道理。1916 年初，德国在凡尔登发动进攻，这场进攻后来发展成了世界历史上规模最大的战役之一。在 1916 年，双方共有 70 万人在凡尔登伤亡、中毒或被俘，双方还在索姆河蒙受了共计 120 万人的损失。因此，在这一年，协约国很难从西线抽调人手到其他地方去。）

与此同时，赛克斯还提出了一个相关的问题：出于对法国在阿拉伯世界的野心的担忧（赛克斯这样汇报说），谢里夫侯赛因对加入协约国阵营一事依然犹豫不决。他认为，解决这一问题的关键在于与法国谈判，打消侯赛因的担忧。赛克斯警告说，如果这些与法国相关的问题不能迅速得到解决，土耳其人可能会推翻并杀掉谢里夫侯赛因，而在圣地即将发生的一切可能会导致一场**真正**的圣战。[1]

赛克斯从中东带回来一个激进的新观点：如果要打赢战争，阿拉伯人比法国人更重要。事后看来，赛克斯的新观点根本站不住脚。[2] 法国是一个已经动员了 800 万人投入战争的现代化工业强国，而侯赛因缺乏工业、经济、军事和人力等方面的资源，他可能发挥的作用只是动摇奥斯曼帝国阵营内部的忠诚度。但是，英国政府还是试图说服法国，要法国做出赛克斯认为必要的让步。

实际上，英国政府早就开始与法国人磋商了。由于英国外交大臣爱德华·格雷爵士曾经确认过法国在叙利亚的特殊利益，英国无法在不征得法国同意的情况下对埃米尔侯赛因做出有关叙利亚的承诺。不仅如此，法鲁基还说服了基钦纳伯爵和他的追随者们，使他们相信侯赛因在叙利亚的主张必须得到满足，至少要部分得到满足。因此，外交部在 1915 年 10 月 20 日授权麦克马洪向侯赛因做出承诺之后，立刻要求法国政府派遣一名代表到伦敦，商讨未来叙利亚的边界问题，以便决定英国可以在何种程度上与侯赛因讨价还价。就这样，法鲁基中尉的骗局不仅催生了麦克马洪信函，更重要的是，它还使得英国先后与法国、俄国和意大利谈判，并签署了《赛克斯-皮科-萨宗诺夫协定》，继而又导致协约国签署了一系列的秘密协议。

II

1915 年 11 月 23 日，法国代表弗朗索瓦·乔治·皮科 (Francois Georges Picot) 来到伦敦，开始了谈判。最初，带领英国谈判代表

---

* 该协定又称《赛克斯-皮科协定》。——编者注

团的是外交部常务次长（Permanent Under-Secretary）阿瑟·尼顾逊爵士（Sir Arthur Nicolson），他的代表团里还包括来自外交部、印度事务部和陆军部的资深人士。就在赛克斯于12月返回伦敦时，谈判陷入了僵局。12月下旬，英国政府指派赛克斯——作为基钦纳的手下——接替尼顾逊的代表团参加谈判，试图借此打破僵局。实际上，外交部就这样把责任转给了基钦纳伯爵。

赛克斯具备完成这一使命的一些必要素质。他十分热切地想要与对方达成协议。他亲法，又由于早年在海外接受过教育，因而可以讲法语，不过我们并不清楚他的法语水平如何。作为一名罗马天主教徒，他可以理解法国在黎巴嫩保障天主教徒利益的目标。他还曾经在东方生活和游历过，认识那里的英国军人和公务人员，并且了解他们的想法。

不过，另一方面，他只有不到一年的公职经验，这也是他第一次接手外交任务。他从未与外国政府谈判过，而且在这次谈判中也处于不利的地位，因为他想从对方那里得到的东西太多，而且也表现得太过明显。

一直到1916年1月3日之前，赛克斯每天都去法国大使馆谈判。每天夜里，他会向菲茨杰拉德详细汇报当天的谈判情况，并通过后者从基钦纳那里获得语焉不详的指导。[3] 我们无法知道赛克斯究竟说了些什么或得到了什么指示，因为基钦纳和菲茨杰拉德都没有留下什么正式的文件，他们三个人也都没有记录当时究竟发生了什么。在谈判的进退取舍方面，赛克斯与基钦纳之间可能存在着一些误解。马克·赛克斯后来在描写自己与基钦纳伯爵的交往时评论道："我从来都无法让他理解我的意思，我一直无法理解他在想什么，他也一直无法理解我在想什么。"[4]

关于谈判中究竟涉及了哪些隐秘的愿望与计划，法国代表团一方留下了更多的证据，有文件可以表明皮科和他的政治助手们究竟想从谈判中得到些什么，以及他们想通过怎样的方式达到他们的目的。

皮科出身于法国的一个殖民者世家。他的父亲是法国非洲委员会（Comite de l'Afrique Francaise）的创始人之一，同时也是法国亚洲委员会（Comite de l'Asie Francaise）的成员。他的兄长则是法国亚洲委员会的财务主管。皮科本人是奥赛码头*里殖民主义者的代言人，同时也是法国政府所能找到的支持法国占据叙利亚方案的最坚定支持者。[5]1915 年初，皮科在巴黎发起了一场议会运动，反对那些准备在中东对英国让步的政府部长。事实证明，皮科的主张在法国国内获得了商业界、宗教界和政治界的强有力支持。里昂商会和马赛商会都向奥赛码头表示支持法国占据叙利亚，支持法国占据叙利亚的派别还掌控了法国众议院的外交事务委员会。[6]

1915 年，法国参议院中占据叙利亚运动的领袖皮埃尔-艾蒂安·弗朗丹（Pierre-Etienne Flandin）发表了一份关于叙利亚和巴勒斯坦问题的报告，这份报告成了法国政坛中"叙利亚党"的宣言，而皮科正是"叙利亚党"的领袖式人物。弗朗丹认为，叙利亚和巴勒斯坦在几个世纪的时间里深受法国影响，实际上已经成了法国在近东地区的领地。（他一直追溯到将近 1 000 年前的十字军东征和西欧十字军在叙利亚和巴勒斯坦建立的若干王国。）因此，法国有义务

---

* 奥赛码头（Quai d'Orsay），巴黎的一个码头，法国外交部所在地，因此常被用来代指法国外交部。——译者注

在这里继续完成其"历史使命"。他声称,这里蕴藏着巨大的潜在财富,因此无论是从商业、历史还是地理的角度出发,法兰西帝国都应该拥有这一地区。在弗朗丹看来,占据这一地区还有着重大的战略意义。与基钦纳关于麦加和哈里发制度的观点相类似,弗朗丹认为大马士革是伊斯兰教的第三大圣城,也是阿拉伯伊斯兰世界的潜在中心。因此,法国不能让其他大国主宰这一地区,或是利用这一地区来反对法国。[7]弗朗丹宣称,叙利亚-巴勒斯坦的人民在内心中已经归属于法国了。他和他的同僚们认为,这一地区的居民无不期望接受法国的统治。

法国人可谓是自欺欺人。除了马龙派教徒,即受到法国人资助的东仪罗马天主教徒之外,叙利亚的知识阶层对法国统治的反感是十分强烈的。赛克斯和他的开罗友人们认为,法国人故意对这些反对者视而不见。(不过,克莱顿和他的同僚们认为这些地区的人们热切地盼望接受英国的统治,其实同样是自欺欺人。)

皮科起草了一份谈判纲要,确立了与英国人谈判的策略。这份纲要显示,皮科其实宁愿保持奥斯曼帝国的领土完整,因为这个帝国"孱弱的状况"可以让法国"不受限制地"扩大其经济影响力。[8]不过,既然对奥斯曼帝国的瓜分已经无法避免,那么法国不妨也分上一杯羹,控制住叙利亚和巴勒斯坦。

法国外交部意识到,管理叙利亚内陆地区将耗费法国大量的资源。因此,皮科和法国政府最希望看到的情形是,由法国直接管理地中海沿岸地区和黎巴嫩及其周边地区,同时通过阿拉伯傀儡统治者来间接控制叙利亚的其他部分。皮科打算在赛克斯面前虚张声势,佯装法国坚持要获得对整个叙利亚的直接统治权,以便在后续谈判中再软化态度，同时让英国人也做出一些让步作为补偿。他希望能把法国的势力范围从叙利亚向东扩展到摩苏尔。

皮科秘密地筹划着夺取摩苏尔。他不知道，其实基钦纳和赛克斯也暗自计划要把摩苏尔交给他。他们希望法国的势力范围可以从西边的地中海沿岸一直向东延伸，与俄国控制的区域平行分布并接壤。这样一来，法占区就可以成为英国人的屏障，挡在英俄之间。法国和俄国势均力敌，法属中东就可以像中国的长城一样，保护英属中东免受北方俄国野蛮人的侵袭。这一想法曾经出现在德·本森委员会的报告之中。或许是斯托尔斯把这一建议告诉了基钦纳，从此这一理念就成了基钦纳战后中东战略的核心组成部分。由于预计俄国人有朝一日可能会发动进攻，基钦纳决意要把法国人放在第一线，即便是为此牺牲英国对摩苏尔（人们猜测那里石油储量很可能十分丰富）的诉求也毫不足惜。陆军部认为："从军事角度上讲，把一片法国属地插在英国控制的地盘与俄国的高加索地区之间是非常合理的。"[9]

在谈判中，赛克斯代表的英国一方还希望法国可以允许英国从埃及发动进攻。基钦纳想要得到亚历山大勒塔，因此需要法国人同意英国从亚历山大勒塔入侵奥斯曼帝国。开罗方面给赛克斯发来的指示是，开罗希望英军可以占据那些许诺给谢里夫侯赛因的叙利亚城镇。英国政府里也没人愿意看到有任何强国在战后的世界里横卧在通往印度的道路上。要让法国人接受这样的条件绝非易事，尤其是对于赛克斯这样一个外交新手而言。

英国人担心皮科会坚持要求法国必须直接统治整个叙利亚，法国人则担心英国人不会允许他们统治叙利亚的任何一个地区，甚至让他们连黎巴嫩沿岸地区都得不到。皮科声称，信奉基督教的黎巴嫩不会接受麦加埃米尔的统治，即便是名义上的统治也不行。法国驻伦敦大使保罗·康邦（Paul Cambon）则警告说，要想在这一地区避免宗教战争的发生，就必须由法国人在此地建立统治："在东方，不同教派和宗教之间的仇怨已深，一旦没有任何外部力量抑制他们的行为，黎巴嫩立刻就会出现内部冲突的暴力局面。"[10]

最终，赛克斯和皮科都从对方那里得到了自己想要的东西：法国将会统治大黎巴嫩地区，叙利亚剩余的部分也将被划为法国专属的势力范围，法国的势力范围还将扩展到摩苏尔。赛克斯成功地把摩苏尔送了出去，皮科则成功地把摩苏尔拿了过来。巴士拉和巴格达这两个美索不达米亚省份则会归属于英国。

巴勒斯坦成了一个棘手的障碍。尽管基钦纳伯爵并不想要巴勒斯坦，但赛克斯想为英国争取到巴勒斯坦，而皮科则决意要让法国拥有这片地区。最终，双方达成了妥协。英国将会获得阿卡（Acre）和海法的港口，另外还可以获得一条带状的土地，用以修建一条从港口通往美索不达米亚的铁路；而巴勒斯坦剩余的地方则会处于某种国际共管的状态之下。

除了巴勒斯坦和由英法分别直接统治的地区之外，中东的其余地区将会组成一个阿拉伯国家，或是一个阿拉伯国家邦联。这个阿拉伯国家或邦联在名义上是独立的，但实际上其领土将分别处在法国和英国的势力范围之内。

只有在阿拉伯人宣告起义之后，赛克斯和皮科达成的协议才会生效。皮科和法国大使康邦不相信侯赛因能为协约国做出任何有价值的贡献。在他们看来，英国为了能与侯赛因谈判而对法国做出了巨大的让步。因此，皮科和康邦告诉法国外交部长，要求他尽快批准草拟的《赛克斯-皮科协定》（双方于 1916 年 1 月 3 日达成了最终协议），以免英国人在对阿拉伯人抱有的幻想破灭之后反悔。[11]

III

马克·赛克斯爵士相信，他已经为阿拉伯人赢得了侯赛因和法鲁基要求的东西。赛克斯认为，阿拉伯人想让外界承认他们的统一，但这种统一只是观念层面上的。他说，在实际层面，统一并不符合他们的民族特性，从经济和政治角度上讲也并不现实。他曾经告诉陆军部，阿拉伯人"没有我们所说的那种民族精神，不过他们倒是有一种种族自尊心，这也很不错"。[12] 他说，阿拉伯人应当会对"一个在一位阿拉伯贵族保护下的阿拉伯国家邦联"感到满意。[13] 赛克斯没有意识到，侯赛因和各秘密社团想要的是一个统一的阿拉伯国家，而且是一个完全独立的国家，而不是一个欧洲国家的保护国。

赛克斯同样也误解了他在开罗的英国友人和同僚。虽然看上去见多识广，但赛克斯其实是一个很天真的人，他以为人们说出来的话就代表了他们的本意。无论是通过直接对话的方式还是通过奥布里·赫伯特转述，克莱顿总是告诉赛克斯，把大马士革、阿勒颇、霍姆斯和哈马许诺给侯赛因的独立的阿拉伯邦联，是达成协约国目标的重要一环。因此，赛克斯也要求皮科答应这一条件（赛克斯自以为是他设法赢得了皮科的同意，他并不知道，其实这正好也符合皮科的心意）。根据《赛克斯-皮科协定》，这四座城镇将被排除在由法国直接统治的区域之外，而属于一个或多个独立的阿拉伯国家。

当然，它们仍将处在法国的势力范围之内。在赛克斯看来，他已经把给法国人的承诺和给阿拉伯人的承诺完美地匹配了起来，也刚好从法国人那里得到了他的开罗友人想要的东西。

赛克斯一直专注于满足开罗方面的要求。开罗方面告诉他，这些要求都是侯赛因提出的。赛克斯没有意识到，其实开罗方面在这些要求的背后有着自己的诉求。克莱顿和斯托尔斯嘴上说他们想为阿拉伯人争取叙利亚的内陆地区，但他们的真实想法是借着阿拉伯人的名义，为英国和作为英国在这一区域代表的自己争取到这一地区的管辖权；当他们说他们想让这一地区获得独立的时候，他们的真实想法是要让这一地区受英国而不是法国的统治。赛克斯并不理解这些真实的用意。

在赛克斯看来，由法国官员来充当顾问，并不会比由英国官员充当顾问的情形更有损于侯赛因在叙利亚地区统治的独立性。但是，开罗方面却认为英国和法国的统治方式有着天壤之别。克莱顿和他的同僚们认为，法国的殖民当局不知道如何让一个地方维持其自身的特色。他们的这一观点倒也不无道理。在英国人看来，法国人所谓的"文明开化使命"无异于吞并，法国人似乎经常把法语和法国文化强行灌输给当地社会。相反，无论是在埃及还是其他地方，英国人往往将自己封闭在自己的俱乐部和居住区里，除了监督、管理政府事务之外，尽量不与当地的社会和人民产生瓜葛。在克莱顿和他的同僚们看来，这就是讲阿拉伯语的人民可能获得的最高程度的独立了。多年之后，克莱顿的一位同僚还告诉英国军事参谋学院的学生们说，阿拉伯知识阶层将英国的统治视作替代奥斯曼帝国统治的方案中"唯一体面的"方案。[14]

在克莱顿和他的同僚们的脑海中，法国等同于吞并，而英国意味着独立。因此，他们认为《赛克斯-皮科协定》背叛了给予阿拉伯邦联独立地位的承诺（不过他们并没有告诉赛克斯这一点）。基钦纳的追随者们原本打算由他们自己来统治叙利亚，因而对赛克斯很失望。不过，他们嘴上并不是这么说的。他们说的是：赛克斯让**阿拉伯人**失望了（就好像是阿拉伯人而不是他们希望由英国来统治叙利亚似的）。

在克莱顿和斯托尔斯看来，赛克斯断送了他们打造一个新的埃及帝国的梦想。这不仅在政治上对他们是一个打击，或许在私人情感上也让他们深受伤害。西姆拉方面早就提出要管理邻近的美索不达米亚省份。因此，《赛克斯-皮科协定》划给英国的最主要的地区——巴格达和巴士拉——实际上会落入埃及的对头印度政府手中；而原本应当被纳入开罗管辖范围内的叙利亚却被牺牲给了法国人。根据《赛克斯-皮科协定》，开罗和喀土穆当局只能将其影响力扩张到荒凉不毛的阿拉伯半岛。基钦纳可以在战争结束后去印度当总督，但对于克莱顿和斯托尔斯这样的阿拉伯问题专家来说，无论是在个人情感上还是在职业发展上都只能依附于开罗的英国驻埃及高级专员公署。因此，他们难以抑制地对赛克斯的所作所为深感沮丧。

自始至终，赛克斯都不知道他的开罗友人们是这样想的，他还以为自己正是按照他们的要求行事的。他以为自己为阿拉伯人争取到了叙利亚的内陆地区，并没有意识到开罗方面实际上认为他丢掉了这一地区。他从未想过开罗方面会试图破坏《赛克斯-皮科协定》。他对这一协定的签署引以为豪。具有讽刺意味的是，他本人发起创建的阿拉伯局却成了阴谋破坏这一协定的核心力量。

克莱顿认为《赛克斯-皮科协定》彻底破坏了开罗方面的阿拉伯政策。尽管赛克斯对此并不知情，但他的老友、在开罗的阿拉伯局工作的奥布里·赫伯特却对克莱顿的怨恨情绪心知肚明。赫伯特把这一切都归咎于皮科。他写道：

> 恐怕那位令人生厌的P先生（皮科）坏了M.S.（马克·赛克斯）的大事。我告诉过他有可能会发生这种情况。对于这件事本身和M本人，这都是很糟糕的结果。而且，那些生在维多利亚时代早期的老家伙们还可以借此机会说："我们早就说了，不顾外交常识，让业余人士尝试关系微妙而又十分重要的谈判，就是会有这样的结果。"[15]

IV

1916年2月初，英法两国的内阁分别批准了《赛克斯-皮科协定》。不过，这一协定的条款内容，乃至签订了这一协定的事实本身都尚属机密。一直到差不多两年之后，外界才知道协约国已经就战后中东的问题达成了协议。在伦敦，少数几名了解这一协定的官员也对其内容持保留态度。英国人普遍的态度是，这一协定对法国人做了太多的让步。

对于赛克斯来说，对法国人做出让步的一些理由很快就站不住脚了。开罗方面想要进攻叙利亚，借此促使阿拉伯人像法鲁基许诺

终结所有和平的和平

的那样发动起义，赛克斯也设法让法国同意了这一计划。但是，英国的将领们坚持认为必须把全部军队集中在欧洲的西线战场。首相接受了他们的意见，拒绝在中东发动新的战役，以免占用西线战场的资源。

赛克斯怒不可遏，在下议院发表演讲指责阿斯奎斯，说他的领导混乱不堪，应当组建一个四人内阁委员会来主持战争事务。此时，首相的领导地位恰好已经岌岌可危，赛克斯的演讲因而获得了广泛的支持。随后，赛克斯进行了两次对他的政界生涯至关重要的会见：一次是与劳合·乔治，另一次见的则是曾任南非总督的米尔纳勋爵（Lord Milner）及其颇具影响力的个人小圈子，其中包括《泰晤士报》的编辑杰弗里·鲁宾逊（Geoffrey Robinson）。

尽管未能取得入侵叙利亚的许可，赛克斯认为还是要按照协商好的条款与法国签署协定。至少，《赛克斯-皮科协定》让基钦纳得到了他想要得到的东西：在战后的中东世界遏制俄国的势力。不仅如此，在赛克斯看来，协约国之间能够化解分歧，达成明确的协议，这一结果本身就是好的。由于英法之间的协定需要得到俄国的准许，赛克斯立刻就踏上了前往彼得格勒的旅程。他将在那里与已经先行抵达的皮科一道，确保俄国也认可他们签订的协定。

V

在赛克斯和皮科带到彼得格勒的协定里，有一处奇怪的遗漏。在巴勒斯坦问题上，这份协定考虑了法国、英国、其他协约国和阿拉伯穆斯林领袖麦加的侯赛因的利益，却没有考虑《圣经》时代就生活在圣地的民族——犹太人——的利益。但是，政治化的犹太复国运动，即有组织地将犹太民族迁回巴勒斯坦建国的运动，已经在全世界范围内活跃了二三十年。在19世纪和20世纪初，一直持续不断地有犹太人回巴勒斯坦定居。在1916年，在巴勒斯坦生活和工作的犹太人人数已经颇为可观。

赛克斯在起程前往俄国之前，注意到了海军部情报处的主管威廉·雷金纳德·霍尔发表的评论。霍尔不赞同英国开给侯赛因和阿拉伯人的条件，他认为英国应该派遣军队在巴勒斯坦登陆，只有这样才能确保阿拉伯人加入协约国一方。"武力是阿拉伯人最能听得懂的宣传手段。"霍尔宣称。他还认为，英国对阿拉伯人的承诺可能会招致犹太人的反对。他说，对于犹太人而言，"这个国度的未来有着重要的**现实**意义，以及更加重要的**政治**意义"。[16]看到霍尔提到犹太人，赛克斯如梦初醒，因为在此之前他从未在他的计算中考虑过犹太人的因素。于是，在动身前往俄国之前，赛克斯联系了身为犹太人的内政大臣赫伯特·塞缪尔（Herbert Samuel），希望可以借此了解一下犹太复国主义。

起初，赛克斯和皮科在谈判的时候同意在巴勒斯坦问题上放下分歧，将巴勒斯坦的大部分地区置于国际共管之下，至于具体的管理方式则等到与相关的协约国（俄国和意大利）及麦加的侯赛因商议之后再行确定。但是，霍尔的评论不由得让赛克斯担心他和皮科达成的方案没有考虑到一个重要的因素：犹太人可能会十分关注巴勒斯坦未来的政治格局。

赛克斯显然很担心，如果他把这一遗漏说给皮科听，这个法国人可能会以为他是打算反悔并推翻他们此前达成的协议。因此，从他抵达彼得格勒伊始，赛克斯就拼命地展现他的善意。天真的赛克斯并不知道，法国政府早就开始背着他破坏此前达成的巴勒斯坦协议了，而他甚至从未对此起过疑心。1916年3月25日，在由法国总理阿里斯蒂德·白里安（Aristide Briand）发起的法俄秘密会谈上，法国与俄国达成了一致，认定赛克斯与皮科达成的巴勒斯坦国际共管方案根本不切实际，应当由法国人在巴勒斯坦建立统治。1916年4月26日，法俄两国签署了秘密换文，确认了两国在奥斯曼帝国领土上的势力范围划分。同时，俄国还在换文中向法国承诺"将在与英国政府的谈判中支持由（法兰西）共和国政府提出的巴勒斯坦方案"。[17]

俄国人对犹太人和犹太人的主张毫无同情心。在赛克斯抵达彼得格勒之后，沙俄政府的东道主们就设法说服了他，让他相信那些主张犹太复国主义的犹太人是俄国境内十分危险的潜在敌人。从此之后，赛克斯也认为犹太人在世界各地都有势力，这可能会危及协约国的目标。不过，与俄国人不同，赛克斯认为可以尝试将犹太人争取到自己这一方。他在发给外交部的报告中说，他告诉皮科，英国对占有巴勒斯坦毫无兴趣，想要占有巴勒斯坦的是犹太复国主义者，而如果协约国想要赢得战争，就应该努力安抚犹太复国主义者。[18]他提出，应当允许犹太复国主义者在巴勒斯坦成立一家土地公司。他对外交部提出的问题是："只成立一家土地公司是否足够？"外交部给出的回答简单粗暴：没人想听他的想法。[19]（很显然，外交部不想让赛克斯涉足一个他明显一无所知的领域。）

赛克斯于1916年4月回到伦敦，继续研究犹太复国主义。他又一次见到了塞缪尔，并由后者为他引见了塞法迪犹太人*的大拉比摩西·加斯特（Moses Gaster）博士。赛克斯说，加斯特"让他明白了犹太复国主义究竟意味着什么"。[20] 随后，赛克斯将加斯特介绍给了法方谈判代表乔治·皮科。他告诉皮科，英国和法国不应当在中东各行其是，而应该联起手来充当阿拉伯人和犹太人的赞助者。皮科对加斯特和赛克斯的提议都不以为然，仍然执着于他的领地诉求。

此时，协约国还远远看不到打赢战争的希望，赛克斯开始担心犹太人的力量可能会让胜利的天平朝着德国和土耳其一方倾斜。他试着劝说皮科，如果协约国不能在巴勒斯坦给犹太人留下一席之地，法国就可能输掉战争，同时丢掉法国本土的那些城市和省份，而对于法国人来说，这些地方要比巴勒斯坦重要得多。他敦促皮科告诉法国政府，为了拯救巴黎和凡尔登，收复阿尔萨斯，在中东做出一点让步是值得的。

正当赛克斯在彼得格勒之行的前前后后研究犹太复国主义的同时，伦敦的英国外交部也在做着同样的事情。促使外交部这样做的是赛克斯的老友杰拉尔德·菲茨莫里斯。菲茨莫里斯与赛克斯上的是同一所公学（博蒙特公学），也和他持有许多相同的观点和偏见。前文曾经提到过，正是菲茨莫里斯为英国政府提供了错误的情报，让他们以为奥斯曼帝国政府已经落入了犹太人手中。1916年初，菲茨莫里斯在海军部偶然地引发了这个话题：一位供职于外交部的博蒙特校友休·奥贝恩（Hugh O'Beirne）受到他的启发，提出："如果我们能为犹太人提供一个颇具吸引力的有关巴勒斯坦的方案，那

---

* 塞法迪犹太人是中世纪生活在西班牙和葡萄牙的犹太人的后裔。——原注

么我们就一定可以说服他们，让他们不再支持青年土耳其党政府，使其自动崩溃。"[21] 正如开罗方面相信强大而神秘的阿拉伯人社团可以推翻青年土耳其人，伦敦方面同样相信强大而神秘的犹太人社团有此威力。

显然，奥贝恩打算由他本人在外交部完成这一使命，但是他却没有机会了。他于1916年春天去世。于是，最终还是要由赛克斯在英国的官僚体系内提出有关犹太复国主义的问题，尽管他对犹太人和他们的事业知之甚少。

与菲茨莫里斯一样，赛克斯也还像小时候一样，相信存在着一个遍布全球、暗中掌控着整个世界的犹太人组织。剑桥大学亚当斯阿拉伯语教授爱德华·格兰维尔·布朗（Edward Granville Browne）在赛克斯的学生时代就认识他。他在其他方面对赛克斯的评价都很高，但他也承认，赛克斯"无论在哪儿都能看到犹太人的身影"。[22]

VI

不过，犹太复国主义并不是赛克斯在1916年寒风凛冽的彼得格勒要应对的主要问题。谈判的主要内容是要确定中东方案的总体框架。在抵达彼得格勒之后，赛克斯发现俄国的领导者与伦敦的英国官员们持相同的看法——他许诺给法国人的东西太多了。法国大使莫里斯·帕莱奥洛格（Maurice Paleologue）向俄国外交大臣解释说，英国之所以要让法国把它的势力范围向东扩展那么远，就是为了让法国成为英国的屏障，挡在俄国面前。[23] 他说的完全正确。伦敦的外交部因自己的想法泄露而大为光火，不断地给彼得格勒方面发函否认。英国外交部的官员私下里评论说，帕莱奥洛格"简直无可救药"。[24]

开罗当局完全中了法鲁基的圈套，对阿拉伯秘密社团的能力深信不疑。开罗方面说服了伦敦方面，让伦敦方面相信麦加的侯赛因有能力摧垮奥斯曼帝国。于是，阿斯奎斯的联合政府做出了种种承诺，抵押了战后中东的未来。这一切真的值得吗？在签订了《赛克斯-皮科-萨宗诺夫协定》几个星期之后，英国人就会发现这一问题的答案了。

25

土耳其人在底格里斯河的胜利

I

开罗的阿拉伯局在等待阿拉伯人发动起义摧垮奥斯曼帝国的时候，又接到了一个新的任务——在对土耳其的战争中，为了又一场灾难性的糊涂行动替英印政府收拾烂摊子。美索不达米亚的底格里斯河畔正上演着一场规模更小，但更加耻辱的"加利波利战役"。[1]

1914 年秋天，就在与奥斯曼帝国的战争爆发前一个月，英国政府下令从印度调一支待命的部队到波斯湾，以防从波斯到英国的石油供应遭到威胁。这支部队最初的目标是，一旦战争爆发，他们要负责保护阿巴丹（Abadan）岛上的炼油设施。这是一座属于波斯的岛屿，位于幼发拉底河与底格里斯河交汇形成的、最终注入波斯湾的阿拉伯河之中。1914 年 11 月 6 日，也就是英国向土耳其宣战的次日，这支得到增强的部队开始向前推进。在遭到英国巡河护卫舰"奥丁号"的短暂炮击之后，土耳其人位于阿拉伯河河口法奥（Fao）的要塞即告陷落。两个星期之后，数千名英军占领了位于上游 120 千米处的美索不达米亚城市巴士拉。尽管英印军队已经在美索不达米亚登陆，但他们的目标是保护邻近的波斯免遭进攻。

奥斯曼军队和补给品的集结地位于巴格达附近，那里距离巴士拉前线有数百千米之遥。因此，土耳其人在巴士拉一线的抵抗十分微弱。英印远征军一面着手巩固着他们在巴士拉地区的阵地，一面轻松打退了土耳其人的反击。

1915年4月，约翰·尼克松爵士（Sir John Nixon）作为指挥官走马上任。看到土耳其人连连退却，野心勃勃的尼克松决心夺取沼泽遍布的下美索不达米亚腹地。他命令前线指挥官查尔斯·维尔·费勒斯·汤曾德（Charles Vere Ferrers Townshend）少将率军不断向上游进发，扩大战果，但他并没有明确的战略方向或意图。最终，尼克松不顾汤曾德的顾虑，命令部队一路杀向巴格达。

从巴士拉向巴格达进攻需要以出色的后勤工作为支撑，还需要充足的部队、河运能力、医疗设施、火炮和补给品，而所有这一切，英印政府都无力为远征军提供。部队跋涉在一个遍布沼泽和沙漠的地区，这里既没有公路也没有铁路。他们不得不沿着弯弯曲曲、危机四伏的底格里斯河河岸浅滩前行，因此急需适应这种环境的内河船只。此外，这一地区容易暴发疫病，到处都是令人恼火又可能致病的成群蚊蝇，因此部队还需要便于移动的医疗设施和医疗用品。正如土耳其人在巴士拉苦于补给线过长而实力大打折扣，汤曾德的部队在巴格达前线也同样受制于补给线过长的问题。他们本应携带足够的食品和弹药补给出征，却没有想到这一点。

尽管他的部队缺乏这些显而易见的必需品，但汤曾德凭借其近乎天才的指挥才能，差一点就取得了胜利。他率军一直杀到巴格达东南方向40千米处的泰西封*，而从他在巴士拉的补给基地到这里要

---

* 泰西封，底格里斯河畔的城市，曾是帕提亚帝国和萨珊波斯帝国的首都，今属伊拉克。——译者注

沿河行进数百千米。他在这里取得了最后一场胜利——如果这也能称为胜利的话。在这场皮洛士式的胜利之中，他手下这支人单势孤的部队损失了一半的兵力。11月25日晚上，他开始率军撤退。

汤曾德得知，德国陆军元帅科尔曼·冯·德·戈尔茨（Colman von der Goltz）已经全面接管了美索不达米亚奥斯曼帝国军队的指挥权。在汤曾德看来，戈尔茨是当时最伟大的战略家之一。汤曾德还得知，除了在泰西封与他对垒的1.3万名土耳其军人之外，还将有3万名土耳其军人赶来增援。汤曾德手下的作战部队此时只有4 500人，而且缺少弹药和食品。

汤曾德不无道理地认定，距离他最近的安全区域在下游约400千米处，那里可供他的军队抵挡来敌。但是，他却不甚明智地认为，他的部队人困马乏，无力走完这么远的距离。在接下来的一个星期里，他一边时不时地停下来阻击土耳其追兵，一边率领精疲力竭的部队后撤了将近160千米。在又蒙受了大约1 000人的伤亡之后，汤曾德决定停下脚步，在库特（Kut el-Amara）阻击敌军。

库特是一个坐落在底格里斯河河湾处的村庄，三面环水。依托着三面的河水和陆地一侧的防御工事，汤曾德仿佛把自己困在了一个要塞之中。土耳其人很难攻进来，汤曾德也难以冲出去。结果，冯·德·戈尔茨麾下的奥斯曼军队在库特留下了一支部队来阻止英军逃脱，其余部队则继续前进，在下游修筑工事，阻挡英国人可能派来的援军。

汤曾德原本希望可以获得增援，结果却自毁长城。其实，他手里的补给足够他撑到1916年4月，但他却发电报说自己只能坚持到1月。援军来不及在1月全部集结完毕，他们尚需要几个星期的准备时间。但是在汤曾德前后不一、内容日渐失实的电报的催促下，已经集结的部分部队只好一次又一次地在准备尚不充分的情况下发动进攻，结果又一次接一次地被击退。如果英国人能等到部队全部集结完毕再发动总攻，原本是有机会冲破敌人的封锁的。

II

1916 年 4 月 26 日，库特的守军耗尽了最后一点粮草。伦敦的陆军部给汤曾德派来了奥布里·赫伯特上尉和 T.E. 劳伦斯上尉，帮助他与土耳其协商投降条款。赫伯特和劳伦斯都与开罗的阿拉伯局有关联，而身为议员的赫伯特在战前就是广为人知的对奥斯曼帝国友好的人士。他们二人刚刚抵达美索不达米亚，劳伦斯便感染了当地流行的热病。

此时，库特围城战已经持续了 146 天之久，打破了此前莱迪史密斯*围城战和普列文†围城战创下的纪录。在这场战役中，守军表现出了史诗般的英勇精神。他们饱受疾病、饥馑和洪水的折磨，还经历了种种令人心碎的不幸：空投给他们的补给品偏离目标，掉进了河水中；派来支援他们的内河船只要么搁浅，要么被土耳其人在水面布设的铁索挡住。

汤曾德此前在夏日里约 52 摄氏度的高温中罹患了热病，一直

---

* 莱迪史密斯（Ladysmith），位于今天南非的东北部。第二次布尔战争期间这里爆发了一场围城战，持续时间为 1899 年 11 月初至 1900 年 2 月底。——译者注

† 普列文（Pleven），位于今天保加利亚的北部。1877 年的俄土战争期间，这里发生了一场围城战。——译者注

没有痊愈，此时他的情绪已经濒临失控。在围城期间，他一度认为可以用 100 万英镑的金钱来说服土耳其人放他们逃走。4 月 27—28日，赫伯特和劳伦斯与他一起同土耳其商议条款。伦敦方面给了他们更大的自由，允许他们许诺给土耳其人 200 万英镑，全然不顾此举带来的耻辱。显然，英国人乞求用金钱换取自由的屈辱让恩维尔大为享受，他授意土耳其军队指挥官拒绝了英国人的请求。

于是，库特的英国守军只好毁掉了火炮，随后无条件投降。汤曾德获得了礼遇，被土耳其人送往伊斯坦布尔，过上了舒适，甚至可以说是豪奢的生活。然而，他那遭到疾病与饥饿摧残的部众却踏上了死亡行军的道路。他们先要步行 160 千米到巴格达，随后还要再步行 800 千米到安纳托利亚，在那里戴着镣铐在铁路上劳作。最终幸存下来的人为数寥寥。

从他们向巴格达进军算起，到最终投降为止，汤曾德的部队蒙受了超过 1 万人的伤亡。而为了从库特解救这支部队，英军又损失了 2.3 万人。但最终，这支守军还是落了个被俘的下场，其中许多人死在了押解路上。

向来被英国官员视为乌合之众的奥斯曼军队又一次羞辱了英国。到了 1916 年下半年，阿拉伯局开始盘算煽动奥斯曼帝国内部的颠覆活动，试图借此来搞垮奥斯曼帝国。

第四部分

颠覆

26

敌后

I

在 1916 年，摆在全世界面前的问题是，在战争的重压之下率先倒下的究竟会是德国和它的盟友，还是英国和它的盟友？开罗方面视角独特，认为土耳其会第一个崩溃。侯赛因计划在 1916 年年中发动的叛乱，是否足以煽动起数十万奥斯曼军人和数百万奥斯曼臣民叛变？英国情报机关向来认为苏丹的统治危如累卵，因而认定这种情况并非不可能发生。

在过去的几十年中，西方世界一直认为摇摇欲坠的奥斯曼帝国终有一日会崩溃或解体。沿着这样的思路，西方世界进一步认为，对英、法、俄开战带来的压力将会让奥斯曼帝国濒临覆灭，而内部的叛乱则会进一步加大它面对的压力。

然而，在 1916 年年中，现实情况却是另一副样子。青年土耳其党的领袖们都是一些民族主义者，一直致力于对抗外国势力和根除殖民主义的残余。他们对任何外来者都十分敏感，就连对他们的盟友也不例外。恩维尔和塔拉特都表示过担忧，认为德国人在土耳其的战时事务中的影响力可能会变得过大。*不过，在土耳其人和德国人之间并没有产生特别严重的隔阂。

许多在奥斯曼帝国武装部队中服务的德国人发现，他们下达的命令在执行过程中总会遇到很多阻碍，这让他们十分沮丧和恼火。不过，他们还是努力维持着与土耳其人之间的关系。德国人在奥斯曼帝国内部发挥影响力的目标只是要赢得战争，他们并不想危及奥斯曼帝国政府的独立性，或是威胁 C.U.P. 领袖们的地位。德国尽量不让自己在战后亚洲的企图影响到战时做出的决定，在这方面它比双方阵营中的其他大国做得更好。因此，德国也最善于抓住机会，在敌后制造麻烦。哈布斯堡王朝和奥斯曼帝国政府相互猜忌，它们也都不相信德国人，相互争权夺利的军官们也难免在前线发生一些摩擦。但是，总的来看，在战争最初几年的亚洲，德国让其盟友们感到，德国还是把赢得战争视作最重要的目标。†

阿富汗是个例外。在那里，前线的军官们无法克制彼此之间的不信任感。他们的目标是颠覆英国对这个桀骜不驯的伊斯兰国家的控制。1907 年，英国和俄国达成协议，让英国取得了对阿富汗的控

---

* 在加利波利战役结束后，恩维尔又重新开始限制德国人的影响力。1916 年初，他认为就连 5 500 人的德国驻军也太多了，应该让他们撤出奥斯曼帝国。为了表明土耳其不需要这些德国驻军，他坚持要把七个奥斯曼师送到东南欧，与其他同盟国的部队并肩作战。不过，他的努力并不成功。到战争结束的时候，仍有 2.5 万名德军官兵在奥斯曼帝国境内效力。——原注

† 要做到这点并非易事。奥匈帝国的档案显示，哈布斯堡王朝的官员们对德意志帝国和奥斯曼帝国的扩张企图深感不安。[1] 几个世纪以来，奥匈帝国一直在蚕食着奥斯曼帝国在欧洲的领土。正是奥匈帝国对原本属于奥斯曼帝国的波斯尼亚的吞并导致了巴尔干战争，从而为萨拉热窝事件备好了舞台。奥匈帝国也不承认奥斯曼帝国对阿尔巴尼亚的主权要求，在世界大战的初期占领了这一地区。自己抱着领土企图的哈布斯堡王朝的官员们怀疑霍亨索伦王朝的官员们也有着相似的目标。因此，当杰马尔发动苏伊士战役时，他们担心德国可能企图吞并埃及。而奥斯曼帝国的官员们则一如既往地不信任他们的欧洲盟友。——原注

　　　　　　　　　　　　　　　终结所有和平的和平

制权，从而终结了俄英两国之间的"大博弈"。在战争爆发之初，一共有四支考察队试图通过陆路进入阿富汗，但由于德国人与土耳其人之间，乃至德国人内部的种种矛盾，只有一支考察队最终抵达了喀布尔。在那里，德国人花了6个月的时间，试图说服当地的埃米尔对英国宣战，却徒劳无功。埃米尔表示，除非同盟国愿意出兵相助，确保他的起义可以成功，否则他不会对英国人发动战争。由于同盟国无法做到这一点，这位埃米尔决定继续安静地留在英国的势力范围之内。

不过，同盟国在波斯取得了很大的成功。德国人早在战争爆发之前很久就与波斯的主要政治人物建立了稳固的关系。1915年，他们又成功地诱使波斯首相签署了一份秘密的同盟协议。德国大使还取得了由瑞典人充当军官、拥有7 000多名官兵的波斯宪兵部队的支持。与此同时，他派出的密探们还争取到了多个部落的支持，这些部落代表了波斯总人口的大约20%。1915年底，协约国发现形势已经十分凶险。于是，俄国人在由俄国军官指挥的、拥有8 000多人的波斯哥萨克部队的支援下，占领了波斯北部，控制了波斯首都德黑兰和刚刚加冕的软弱且年轻的沙阿。波斯政治人物中最亲德的一派先是逃到了圣城库姆（Qum），随后又逃到了邻近奥斯曼边境的克尔曼沙阿（Kermanshah）。在那里，他们在奥斯曼军队的支持下组建了一个受德国控制的傀儡政权。

在南方，最成功的德国密探威廉·瓦斯穆斯（Wilhelm Wassmuss）煽动起了一场激烈的部族起义，印度政府的准将珀西·赛克斯爵士（Sir Percy Sykes）竭尽全力才将其平息。珀西·赛克斯在1916年招募当地人组建了一支1.1万人的南波斯来复枪部队，由英国人出任军官，他本人则坐镇设拉子（Shiraz），统领波斯南部。此时，在这个曾经十分重要的主权国家里，有组织的武装力量只剩下了南波斯来复枪部队、波斯哥萨克、波斯宪兵队的残部和受德国支持的部落武装联盟。沙阿已经无力维持波斯的中立，也无力维护波斯的法律以及保持波斯的领土完整。自从恩维尔在战争爆发之初向高加索地区发动进攻以来，北方的阿塞拜疆省就成了土耳其与俄国之间的战场。而随着战争的进行，俄国军队和奥斯曼军队来回拉锯，随意出入和占领波斯的领土。

就这样，德国和奥斯曼帝国联手将协约国的后院波斯变成了激烈争夺的战场。到1915—1916年，这个国家已经不能算是一个主权国家，协约国也失去了对它的完全控制。

II

相比之下，英国在奥斯曼帝国内部煽动阿拉伯人反叛的努力就没有那么成功了。不过，C.U.P. 三巨头之一的杰马尔帕夏还是如临大敌，在大马士革大举镇压了那些他怀疑有叛国行径的人员。他先是在1915年突袭了叙利亚的阿拉伯秘密社团，随后又于1916年在伊斯坦布尔打着奥斯曼第四军的名义出版了《叙利亚问题的真相》（*La Verite sur la question syrienne*）一书。在这本书中，他披露了种种证据，试图证明他的镇压行动并非捕风捉影。他在书中详细探讨了这些秘密社团的性质和它们的目标，认定被捕者并非民族主义者，而是叛国者。

阿拉伯人对奥斯曼帝国的忠诚并没有动摇，不知是慑于杰马尔

　　　　　　　　　　　　　　终结所有和平的和平

的镇压，还是说就算被镇压他们也不会改变自己的忠心。对于奥斯曼帝国政府来说，更重要的一点是，阿拉伯士兵不仅显示出对伊斯兰教的忠心，也展现了对奥斯曼帝国政府的忠诚。在战俘营里访问了被俘的阿拉伯裔军官之后，英国情报机关提交了一份备忘录，称大部分军官都支持青年土耳其人政府，而少数不支持者也认为"在大敌压境之际发动军事叛乱会良心难安"。[2]

III

在青年土耳其党看来，帝国内非穆斯林居民的忠诚度就值得怀疑了。奥斯曼帝国政府认为，可疑的不只是基督徒，犹太人也一样，尤其是生活在巴勒斯坦的至少 6 万名犹太人。

在巴勒斯坦居住的犹太人当中，有至少一半并非奥斯曼帝国的臣民，这让塔拉特和他的同僚们十分不安。这些人几乎都来自俄罗斯帝国，他们大多在 1914 年之前的半个世纪里陆续移居巴勒斯坦，并最终留了下来。在理论上，这些人仍然是沙皇的臣民。

青年土耳其党其实没有理由怀疑这些人。他们离开欧洲是为了躲避政治与阴谋，而不是为了投身政治与阴谋。他们为了逃避俄国、乌克兰和波兰的种族迫害而背井离乡，本可以像许多其他犹太人一样到像美国这样充满机遇又欢迎移民的土地上寻找新家园。然而，他们却选择了贫瘠的巴勒斯坦，选择了艰苦的拓荒生涯。这些人心怀梦想，他们的全部所求就是可以安宁而自由地信奉自己的宗教和理念。

一些人出于宗教因素被吸引到了圣地，一些人想要重建 2 000

多年前被罗马人毁灭的犹太人国家，但大多数人其实是具有社会主义思想的理想主义者，他们想要在一个远离欧洲反犹主义的国度建设一个人人平等、团结协作、自给自足的农业社会。他们一来到这里，就复兴了古老的希伯来语，开垦了贫瘠的土地，形成了自力更生的氛围。20世纪初，犹太人定居点开始蓬勃发展，超过40个定居点散布在圣地的土地上。他们还建设了新的城镇。1909年，他们开始在海边贫瘠的沙丘上兴建一座新城，这座新城就是今天的特拉维夫。他们的事业得到了海外一小群犹太人的鼓励和支持，这些犹太人发起了一场呼吁犹太人重返锡安山的运动：锡安主义运动，即犹太复国运动。

1914年底，就在奥斯曼帝国加入第一次世界大战后不久，负责为土耳其统治叙利亚和巴勒斯坦的杰马尔帕夏对犹太人定居者采用了暴力。在一位强烈反对犹太复国运动的奥斯曼官员贝哈埃丁（Beha-ed-din）的影响下，杰马尔着手摧毁了犹太复国主义者建设的定居点，并下令驱逐所有外籍犹太人，这就意味着巴勒斯坦大部分犹太人都将被驱逐。在驱逐行动开始后，德国政府担心此举会让中立国家的犹太人对同盟国产生不满情绪，于是劝说塔拉特和恩维尔出面干预。美国大使亨利·摩根索（Henry Morgenthau）与冯·旺根海姆共同参与了此事。

美国政府和德国政府可以对奥斯曼帝国政府施加影响，但奥斯曼帝国政府却并不总是能够节制杰马尔。杰马尔经常独断专行，而且他认为巴勒斯坦的犹太人是潜在的颠覆分子。在某种程度上，这成了一句自我实现的预言。虽然大部分巴勒斯坦犹太人不愿意卷入世界大战，但曾在伊斯坦布尔大学学习法学，后来成为劳工锡安主义运动领袖的戴维·本-古里安*和伊扎克·本-兹维†却在1914年提出要组建一支巴勒斯坦犹太人军队，保卫奥斯曼帝国统治下的巴勒斯坦。然而，杰马尔非但没有接受他们的提议，还在1915年把他们连同其他犹太复国主义领袖一起驱逐出境。本-古里安和本-兹维来到美国，继续筹建亲奥斯曼帝国的犹太人军队。不过，到了1918年初，他们两人却参与进了另一支犹太人军队的组建工作之中，这支军队随后将在巴勒斯坦与英国人并肩作战，对抗奥斯曼帝国。毕竟，奥斯曼帝国政府在大战期间的所作所为已经让他们两人无法继续维持亲土耳其的态度。

不过，尽管杰马尔的行径反复无常，又时常十分凶残，巴勒斯坦的大部分犹太人定居者却并没有采取任何行动来颠覆奥斯曼帝国的统治，只有很少的一部分人开始反对奥斯曼帝国。关于这一小部分由农业科学家阿龙·阿隆索赫恩（Aaron Aaronsohn）领导的极具战斗力的反抗分子，我们会在后文中做更多的介绍。

IV

土耳其人认为，在1914—1915年，俄国试图在安纳托利亚东北部奥斯曼帝国边境地区的亚美尼亚人中间煽动叛乱，这一地区与俄国控制的亚美尼亚人居住区接壤。这一事件后来成了人们激烈争

---

* 戴维·本-古里安（David Ben-Gurion，1886—1973），犹太复国运动领袖，生于俄属波兰会议王国（Congress Poland），1930年创建以色列工党，后成为以色列首任总理。——译者注
† 伊扎克·本-兹维（Itzhak Ben Zvi，1884—1963），犹太复国运动领袖，生于俄罗斯帝国的波尔塔瓦（Poltava，今属乌克兰），后成为以色列第二任总统。——译者注

论的焦点。

　　起初，恩维尔在对高加索高地发动进攻之时，就以土耳其治下的亚美尼亚地区作为部队集结地。到了1915年初，当俄军反过来从高加索入侵土耳其之际，这里又成了俄军进攻的第一个目标。亚美尼亚人是基督徒，他们通常更加亲俄而不亲土。奥斯曼帝国统治的历史也让他们找不到理由保持对伊斯坦布尔的忠诚。土耳其人在1894年、1895年、1896年和1909年对亚美尼亚人的大屠杀依然让他们记忆犹新。在那之后，恩维尔还把由库尔德人组成的奥斯曼帝国武装力量派进亚美尼亚，库尔德人是亚美尼亚人的死敌，他们的到来使双方旧仇未解，又生新恨。

　　1915年初，陆军大臣恩维尔和内政大臣塔拉特宣称亚美尼亚人在公开支持俄国，并且已经出现了群体暴力行径。他们下令实施报复行动，将东北部省份里的全部亚美尼亚人口都迁移出安纳托利亚。直到今天，土耳其政府的代表依然坚称，"在沙皇俄国的煽动与支持下，亚美尼亚叛乱分子试图在土耳其人占多数的地区建立一个亚美尼亚人国家"，而且早在土耳其开始驱逐亚美尼亚人之前，"亚美尼亚武装分子已经在凡城（Van）屠杀了当地的穆斯林，还不断利用游击战争的方式骚扰土耳其军队的侧翼"。[3]

　　这场由内政大臣塔拉特组织的驱逐亚美尼亚人行动，至今还以"1915年亚美尼亚人大屠杀"为人们所铭记。在驱逐亚美尼亚人的过程中，强奸和殴打等罪行十分常见。那些没有被当场杀害的人在没有食物、饮水和住宿条件的情况下被迫穿越山地和沙漠。数十万亚美尼亚人因为无法承受这样的折磨而死亡，或是惨遭杀害。亚美尼亚方面认为，死亡人数可能高达150万。尽管围绕着这一数字还

　　　　　　　　　　　　　　　　　　　　　　终结所有和平的和平

有着激烈的争议，但有一个后果是无可置疑的：土耳其治下的亚美尼亚地区遭到了毁灭，损失了一半的人口。

时至今日，依然有历史学家支持恩维尔和塔拉特的观点：奥斯曼帝国的统治者之所以对亚美尼亚人采取行动，是因为亚美尼亚人举事在先。[4]但是，当时许多没有任何理由反对土耳其的观察者却报告说，这并非事实。驻扎在亚美尼亚的德国军官承认，直到驱逐活动开始之前，该地区一直十分平静。[5]

德国和奥地利大使馆忽略了最早一批有关驱逐活动的报告：很显然，那里的官员们相信针对基督徒的屠杀很快就要开始，但他们并不想了解其详情。他们欣然接受了塔拉特的再三保证。

到了1915年5月，关于大屠杀的报告已经言之凿凿，再也无法被人忽视了。奥匈帝国大使向本国政府汇报说，他认为自己应当"友好地告诫土耳其政要"，他们的所作所为可能会带来负面的反响。[6]他后来报告说，他确实找到了塔拉特，并要求塔拉特妥善处理此事，避免"迫害妇女和儿童"，以免给协约国的宣传部门留下口实。[7]5月24日，协约国公开谴责了奥斯曼帝国政府的"大屠杀"政策。奥斯曼帝国政府反唇相讥，说一切责任都应当由煽动亚美尼亚人叛乱的协约国来承担。[8]（如前文所述，亚美尼亚人叛乱到底是不是由俄国人组织或支持的，甚至究竟是否存在这次叛乱，都尚无定论。）

一线的德国官员发回的报告纷至沓来，里面详细记录了种种可怕的暴行。德国大使冯·旺根海姆发觉，想要忽略眼下正在发生的事情已经变得越发困难。6月中旬，他在发给柏林的电报中说，塔拉特承认大规模驱逐亚美尼亚人的行动"并非完全出于军事考虑"。[9]

在没有得到本国政府指示的情况下，冯·旺根海姆和奥匈帝国大使约翰·冯·帕拉维奇尼（Johann von Pallavicini）决定告知奥斯曼帝国政府，伴随着劫掠与屠杀的无差别大规模民族驱逐行动恐怕会在海外，尤其是美国造成十分恶劣的影响，有损德国和土耳其的共同利益。[10]

7月，冯·旺根海姆向德国宰相汇报说，毫无疑问，奥斯曼帝国政府试图"在土耳其帝国境内灭绝整个亚美尼亚民族"。[11]他和帕拉维奇尼都认为，任何进行干预的企图都将无功而返。他向德国政府建议，德国应当保存证据，证明德国不应当为正在发生的事情负责。[12]而牧师约翰内斯·莱普修斯（Johannus Lepsius）及另外一些德国官员则不同意他的观点，主张进行干预。不过，威廉大街最终还是采纳了冯·旺根海姆的建议。10月，德国政府要求奥斯曼帝国政府发表一份公开声明，证明此事与德国无关，并且说明德国驻奥斯曼帝国代表曾试图拯救亚美尼亚人。[13]奥斯曼帝国拒绝了这一要求。威廉大街一度威胁要自行发布这样一份声明，但最终还是由于担心会破坏与土耳其的盟友关系而作罢。

就像德奥两国大使担心的那样，亚美尼亚大屠杀让协约国获得了十分有效的宣传武器。*不仅如此，亚美尼亚大屠杀可能还影响了协约国对战后协议的看法，因为这一事件的发生让更多的人坚信，

---

* 亲亚美尼亚的自由党政治家、历史学家和法学家詹姆斯·布赖斯（James Bryce）主持了一个委员会，在战争期间调查了1915—1916年的亚美尼亚大屠杀事件。这个委员会在报告中谴责了 C.U.P. 政府。时至今日，土耳其的发言人依然认为布赖斯报告只是战时宣传工具，认为其观点偏颇、扭曲。他们还援引布赖斯的助手之一阿诺德·汤因比（Arnold Toynbee）的话说，这份报告的目的是帮助英国的宣传工作，达到英国的政策目标。[14]的确，这份报告在这方面是成功的。——原注

绝不能再让奥斯曼帝国掌控任何非穆斯林人口，甚至就连不讲土耳其语的穆斯林人口也不应当留在奥斯曼帝国的统治之下。

站在中立的角度可以很清晰地看到，塔拉特和恩维尔很乐于除掉亚美尼亚人。他们公开宣称自己挫败了一场叛乱阴谋。的确，他们确实成功地消除了叛乱隐患——亚美尼亚已经成了一片死地。

V

协约国曾经有过一个颠覆奥斯曼帝国的好机会，但它们却主动放弃了这个机会。把机会送上门来的是杰马尔帕夏。

在青年土耳其人三巨头之中，只有杰马尔有意让自己远离了亚美尼亚大屠杀，以此来确保自己与协约国的谈判渠道依然畅通。在1915年初战败于苏伊士运河之后，杰马尔入驻大马士革，开始统治大叙利亚地区——叙利亚及其西南方向的各个省份，包括今天的黎巴嫩、约旦和以色列。这些地方几乎成了他的个人封地。1915年底，就在亚美尼亚大屠杀发生的同时，杰马尔提出希望得到协约国的支持，帮助他夺取奥斯曼帝国的政权。

杰马尔通过最重要的亚美尼亚政治团体达什纳克楚琼（Dashnaktsutiun，即亚美尼亚革命联盟）传达了他的诉求。杰马尔误以为拯救亚美尼亚人是协约国的一项重要目标，殊不知它们只是想利用此事来达到宣传目的。1915年12月，达什纳克楚琼的特使扎夫里耶夫医生（Dr. Zavriev）告知俄国政府，杰马尔准备推翻奥斯曼帝国政府。就在这个月，协约国开始从加利波利半岛撤军。在这次灾难性的远征结束之后，协约国似乎应当愿意终止与土耳其的战争，并为此付出一定的报偿。

俄国外交大臣萨宗诺夫总结说，杰马尔希望以他本人为最高领袖（苏丹），建立一个自由、独立的亚洲土耳其国家，其版图涵盖叙利亚、美索不达米亚、属于基督徒的亚美尼亚、奇里乞亚（Cilicia）和库尔德斯坦等自治省。杰马尔知道俄国肯定想要得到伊斯坦布尔和达达尼尔海峡，于是就提前应允了这一要求。他还提出，他可以立即采取行动保护幸存的亚美尼亚人。他提出可以在协约国的支援下向伊斯坦布尔进军，推翻苏丹及其政府。作为回报，他要求得到经济援助，以便在战后重建他的国家。

俄国人认为应当接受杰马尔的提议，萨宗诺夫似乎也深信俄国的盟友会答应这一要求。[15] 然而，法国在 1916 年 3 月拒绝了杰马尔的提议，坚持咬住奇里乞亚和大叙利亚地区不放。

英国外交大臣爱德华·格雷爵士也表示，即便这样可以在敌后煽动内乱，他也不愿意违背英国将土耳其的亚洲部分给予盟友的承诺。协约国政府的眼中只有战利品，却忘了要得到这些战利品是有条件的：他们得先打赢战争。他们只看到了奖品，却忘了需要争夺才能得到奖品。

杰马尔给了协约国一个从内部颠覆奥斯曼帝国的绝佳机会，但它们却放弃了这个机会。恩维尔和塔拉特一直没有发觉杰马尔秘密通敌的行为，杰马尔本人也依旧站在他们一边对协约国作战。

VI

奥斯曼帝国所处的战场并非其敌人的主要战场，协约国的兵力都集中在了其他地方，这对奥斯曼帝国非常有利。即便如此，奥斯曼军队取得的成功依然可以说是惊人的。三面作战的奥斯曼帝国在1915—1916年于西边击败了英法军队，同时又在东边瓦解了英印军队的攻势，还在北方挡住了入侵的俄军。

在敌后工作方面，奥斯曼帝国的表现同样出色。土耳其和德国的颠覆活动让协约国控制下的波斯陷入了一片混乱之中。相比之下，到1916年年中，英国仍然没有能够赢得奥斯曼帝国境内阿拉伯人的忠诚，而俄国对亚美尼亚人的引诱只招来了可怕的大屠杀。

侯赛因的起义即将在1916年6月开始。他的努力会扭转局势吗？会比协约国此前在奥斯曼帝国境内制造麻烦的举动更加成功吗？鉴于此前的种种迹象，想必在1916年年中的时候，人们对侯赛因起义的期望并不会太高，但克莱顿和他的同僚们依然满怀希望。如果他们是对的，他们将会赢得可观的战利品。开罗当局想要赢得东方的战争并挽回他们的领袖基钦纳伯爵在战争中的声誉，就全看侯赛因在即将到来的起义中的表现了。

27

基钦纳的最后使命

此时的伦敦，主持战争事务的权柄已经落入帝国总参谋长的手中，陆军大臣大权旁落。种种因素让内阁相信，基钦纳已经丧失了他在军事方面的才能，哪怕是在他最熟悉的东方战场上也是如此。唯一一场他从头到尾坚决反对的军事行动——加利波利撤军行动——恰恰成了英军在东方战场唯一一次十分成功的行动。

考虑到政治因素，阿斯奎斯认为他不能让基钦纳辞职，但让基钦纳留在原职又显得十分尴尬。于是，他想到了一个权宜之计，为陆军大臣安排了又一个远道出使的任务——出使俄国。基钦纳只能坐船前往俄国，这意味着他要把1916年的几乎整个下半年全都花在旅途上。对于这位来自热带且日渐衰老的老军人来说，途经北冰洋的这趟漫长而危险的旅程并非易事，但他还是接受了这项新的任务，开始做起程的准备。

他多年以来的好运终于在此时用尽了。如果他死在1914年，人们会把他当作威灵顿公爵之后英国最伟大的将领而永远传颂；如果他死在1915年，人们会因为他准确预言了第一次世界大战的特征和时长而把他当作一位先知式的人物来纪念，并且还会记得他是如何为英国组织起了庞大的陆军。然而，到了1916年，他已经成了一位来自往昔年代、日渐衰老、无法与时俱进地应对新的挑战的老兵。

"他们对我的期望太高了，这些家伙，"据说他曾经向一位内阁同僚吐露心声，"我不了解欧洲，不了解英国，也不了解英国陆军。"[1] 他的心灵还留在埃及和印度的殖民地军队身上，他重组并训练了那里的部队，让他们对他言听计从。而今，他迷失在了现代化的欧洲。

1916 年 6 月 2 日星期五，基钦纳伯爵在临近中午时分来到国王十字火车站，几乎无人照料，也没什么人留意到他。列车迟了一分半才发车，这让痛恨拖延的他感到十分不耐烦。随后，列车启动，带他驶向起航的港口。

在位于苏格兰北端外海的英国大舰队基地斯卡帕湾，基钦纳和他忠实的菲茨杰拉德于 1916 年 6 月 5 日下午登上了装甲巡洋舰"罕布什尔号"，准备驶往俄国港口阿尔汉格尔斯克（Archangel）。"罕布什尔号"的航线早就规划好了，但本应做一些改动。英国海军情报处此前破解了德国的无线电密码，并于 5 月下旬截获了一封发给德国布雷潜艇 U-75 号的电报。电报显示，这艘潜艇即将在"罕布什尔号"的航线上布雷。情报部门又截获了两封电报，都可以证实这一情报，对这艘潜艇的目击证词也可以佐证这一点。然而，斯卡帕湾的英国海军总部一片混乱，英国海军指挥官约翰·杰利科爵士（Sir John Jellicoe）及其参谋们竟然没有读到，或是没能理解海军情报处发给他们的警告。（在 1916 年晚些时候召开的调查此次事件的调查庭上，杰利科成功隐匿了这些情报。人们直到 1985 年才发现这些警告的存在。）[2]

海上有暴风雨，但基钦纳拒绝推迟行程。天气图表显示，暴风雨将会越发猛烈，但杰利科手下的军官们却误读了天气图表，以为暴风雨即将减弱。下午 4 时 45 分，"罕布什尔号"在狂风暴雨中驶入大海。两个小时之后，护航的驱逐舰由于经受不住过于恶劣的天气条件而返航，只有"罕布什尔号"独自继续航行。在傍晚 7 时 30 分到 7 时 45 分之间，"罕布什尔号"撞上 U-75 号布下的一颗水雷，带着几乎所有乘员沉入了海底。

"罕布什尔号"刚刚触雷，基钦纳和菲茨杰拉德就带着随行幕僚出现在了右舷上层后甲板。一名幸存者后来回忆说："船长让基钦纳伯爵登上一艘救生艇，但基钦纳伯爵要么是没听到，要么是未予理睬。"[3] 逃出这艘在劫难逃的军舰似乎已经毫无希望，陆军元帅也没有试图逃脱。他面无表情，冷静地在甲板上站了大约一刻钟。"罕布什尔号"上唯一活到今天的幸存者永远忘不了投向基钦纳伯爵的最后一瞥：他身穿军大衣站在甲板上，无动于衷地等待军舰沉没。[4] 随后，基钦纳伯爵和他乘坐的军舰就沉入了波涛汹涌的大海之中。

菲茨杰拉德的遗体被冲到了岸上，基钦纳则消失在了大海之中。不久之后，英国出现了一则民间传说：基钦纳伯爵幸存了下来，终有一日会回来。

28

侯赛因起义

I

就在基钦纳伯爵消失在大海中的时候，麦加的埃米尔侯赛因发动了针对奥斯曼帝国的叛乱。这一巧合一直为人们津津乐道。侯赛因之所以下令发动叛乱，是因为他发现奥斯曼帝国意欲将他废黜。不过，开罗和喀土穆的英国官僚们对此并不知情，而是把这一行动归功于基钦纳一党——温盖特、克莱顿和斯托尔斯等人。他们一直把模糊而不切实际的胜利前景展示给这位埃米尔，还自以为是他们的这一战术取得了成功。在此之前，英国驻埃及高级专员公署已经花了近九个月时间怂恿阿拉伯人起义。当这场沙漠中的起义的消息传到开罗时，温德姆·迪兹把它看成"克莱顿的巨大成功"。[1]

对侯赛因来说，这场起义更像是承认失败：他一直试图保持中立，以便左右渔利。他十分不情愿地倒向了协约国一方，只是因为青年土耳其人将他废黜的威胁已然迫在眉睫。他早就知道他们早晚要除掉他，但是他在1915年的夏天嗅到了新的威胁。当时，杰马尔帕夏开始镇压阿拉伯人中的异见者，而侯赛因曾经通过他的儿子费萨尔与这些人在大马士革联络过。杰马尔在贝鲁特和大马士革的法国领事馆中得到了一些文件，上面写着一些阿拉伯阴谋分子的名字，以及至少一名重要的英国特工的名字。逮捕、审讯、折磨和军事法庭审判接踵而至。1915 年 8 月 21 日，11 人被以叛国罪处决。在接下来的几个月中，又有更多人被捕入狱，然后出庭接受审讯。在被捕者中，有一些是阿拉伯社会中的显赫人物。在狱中遭到折磨和审问的人里，有些人可能会泄露费萨尔与阿赫德和法塔特等秘密社团的沟通细节，也可能会供出侯赛因给予基钦纳和麦克马洪的承诺。麦加的埃米尔无法确定这些人是否会保持沉默。他请求杰马尔和奥斯曼帝国政府对这些囚徒开恩，但这些请求只能让他处于更加不利的地位。

接着，在 1916 年 4 月，侯赛因从杰马尔那里得知，有 3 500 名经过精挑细选和特殊训练的奥斯曼士兵即将横穿汉志地区到达阿拉伯半岛的南端，在那里，与他们一同前来的一些德国军官将兴建一座电报站。这支军队的实力足以在横穿汉志地区的时候一举击溃侯赛因。在得到这一消息之后，侯赛因不得不采取紧急行动，以先发制人，并向沿岸的英国皇家海军寻求庇护。5 月 6 日，在贝鲁特和大马士革又有 21 人被处决。这一意外的消息让侯赛因加紧了他的行动步伐。

行事谨慎的侯赛因早就以募集军队抗击英国为名，从奥斯曼帝国手里搞到了超过 5 万金镑。除此之外，他还以募集军队抗击土耳其人为名，向英国人索要了一大笔款项，其中的第一笔钱已经到了他的手里。[2] 大概在 1916 年 6 月 5 日到 10 日之间，汉志地区的起义开始了。皇家海军立刻开始沿着汉志海岸航行，阻止德国和土耳其军队进一步推进。

阿拉伯局相信这场起义可以获得穆斯林和阿拉伯世界的普遍支

　　　　　　　　　　　终结所有和平的和平

持。最重要的是，阿拉伯局还相信起义可以获得大部分由阿拉伯人组成的奥斯曼军队的支持。费萨尔和侯赛因曾经报告说，他们预计可以获得 10 万名阿拉伯军人的支持，[3] 这一人数相当于奥斯曼陆军作战部队的 1/3。还有其他一些报告称，侯赛因预计可以获得 25 万军人的支持，这几乎等于奥斯曼陆军全部有效作战部队的人数。[4]

结果，侯赛因期盼的阿拉伯大起义并没有发生。在奥斯曼军队中，并没有任何阿拉伯单位倒向侯赛因。奥斯曼帝国中也没有任何政界和军界人物投向侯赛因或协约国。法鲁基许诺过的会加入侯赛因麾下的强大秘密武装也不见踪影。几千名靠英国资助的部落武装成了侯赛因的主力部队，侯赛因手里没有任何正规军。除了汉志和与其相邻的部落，整个阿拉伯世界并没有什么人站出来支持他的起义。麦加埃米尔麾下少数几名来自汉志以外地区的军官都是早已生活在英国控制区里的战俘或流亡者。

他们最先遇到的军事难题是，埃米尔手下的这点部落武装根本无法抵挡奥斯曼军队的炮火。他们对麦加和邻近的塔伊夫（Taif）的进攻被土耳其守军打退，对麦地那和吉达的攻击也无功而返。英国舰船和飞机前来支援，袭击了吉达。在夺取了吉达港之后，英国人让来自埃及的穆斯林军队登陆，让他们在内陆帮助侯赛因夺取麦加和塔伊夫。他们轻松夺取了只有不到 30 名土耳其守军的港口拉比格（Rabegh），接着又占领了延布港（Yanbo）。就这样，英国皇家海军控制了阿拉伯半岛的红海沿岸，并且在各港口建立了陆上据点。

侯赛因不允许由基督徒组成的英国部队深入内陆。他认为，如果他允许非穆斯林进入环绕圣地的土地，他本人在伊斯兰世界的地位就会受到损害，穆斯林会对他产生巨大的怨恨。英国人认为他的看法很狭隘。

问题是，侯赛因自己根本不是土耳其人的对手。苏丹总督雷金纳德·温盖特是个行动派，他写信给克莱顿说，不论侯赛因是否愿意接受，英国都应该派兵。他说，他一直赞同英国向汉志派遣远征军。[5] 但温盖特的上级不同意他的看法。英国采取的政策是，在可能的情况下，只派遣穆斯林军官和士兵为汉志提供专业的军事援助。在这样一片充满阴谋的土地上，即便是这一政策也面临着许多困难。

在英国当局的强烈推荐下，马斯里上校被任命为当地部队的总参谋长。这支部队在名义上由埃米尔的儿子阿里指挥。马斯里于1916年底走马上任，上任不到一个月之后就成了阴谋诡计的受害者，丢掉了指挥权。替代他的是一位能干的阿拉伯将领贾法尔·阿斯卡里（Jaafar al-Askari）。他曾经在奥斯曼军队中服役，后来被英军俘虏。

据说，马斯里密谋夺取侯赛因的权力，以便与奥斯曼帝国方面商讨倒戈的条件。他曾提到，只要奥斯曼帝国同意给予阿拉伯语地区自治的权利，他可以率领汉志军队重新回到奥斯曼帝国的麾下。[6]

认为德国将赢得战争并非马斯里和他的同僚们这样做的唯一原因。两年后，就在协约国胜局已定的时候，曾经在大马士革指挥阿拉伯秘密社团的亚辛·哈希米（Yasin al-Hashimi，法鲁基在开罗哄骗克莱顿等人时，曾自称代表了这位亚辛·哈希米）仍然拒绝改变立场。吉尔伯特·克莱顿其实误读了阿拉伯秘密社团的政治立场。实际上，他们十分反感英国在中东的图谋。在战争爆发时，他们坚定地打算帮助奥斯曼帝国抵御欧洲人的征服。[7] 此时，他们依然没有改变自己的看法。如果可以的话，他们希望可以取得自治权或独立；如果不能，他们则宁愿被土耳其穆斯林统治，也不想被基督徒统治。

从公开反叛的那天起，侯赛因本人就依然与青年土耳其人保持着联系，以便有朝一日可以重新回到奥斯曼帝国的阵营。1916 年 10 月 7 日发行的第 25 期《阿拉伯简报》援引阿拉伯军阀阿卜杜勒·阿齐兹·伊本·沙特的话说："谢里夫原本的打算就是利用英国人对抗土耳其人，然后让土耳其人给予他独立地位，并由德国人出面担保。"

侯赛因的基本诉求并没有变：他想作为奥斯曼帝国境内的一位埃米尔获得更大的权力和更高的自治权，并让他的埃米尔地位变为世袭制。英国人尚不知道他在与敌人暗通款曲，但他们很快也由于其他原因而对这位埃米尔大感失望。他们发现，侯赛因远远不是什么新兴的阿拉伯民族主义的领袖人物，而只是一个对民族主义不感兴趣，一心只想为自己争得更多权力和领地的统治者。领导阿拉伯局的情报官员戴维·霍格斯打趣道："很显然，对于这位国王来说，所谓阿拉伯统一与他的王位是同义词……"[8]

埃米尔坚持要宣布自己为阿拉伯人的国王，全然不顾罗纳德·斯托尔斯代表开罗当局发来的告诫。斯托尔斯后来写道，"他根本当不了"所有阿拉伯人的国王，"他自己比我们更清楚这一点"。[9] 在斯托尔斯看来，"他的虚妄几乎如同一出悲喜剧"。不过，斯托尔斯还是认为英国现在应该尽可能地支持侯赛因。[10] 侯赛因未能取得对阿拉伯人的领导权，这一点让阿拉伯局深感失望。

II

多亏了当时在阿拉伯局担任初级职位的 T.E. 劳伦斯，我们才得以很方便地得知阿拉伯局的真实看法，包括他们当时的一些观察，以及策划了侯赛因起义，并对其寄予厚望的那一小群基钦纳的追随者的个人想法。正是劳伦斯提议阿拉伯局出版一份信息简报。他们最初用的名称是《阿拉伯局摘要》(*Arab Bureau Summaries*)，后来更名为《阿拉伯简报》。这份简报创刊于 1916 年 6 月 6 日，不定期发行，一直出版到 1918 年底。劳伦斯编辑了第 1 期。在接下来的三个月里，大部分期的编辑都是阿拉伯局的主管、牛津大学的考古学家、海军少校戴维·霍格斯。到了夏末时节，霍格斯的副手基纳汉·康沃利斯又接替他成了主要的编辑。

《阿拉伯简报》由位于开罗萨伏伊酒店 (Savoy Hotel) 的阿拉伯局办公室发行。作为"机密"级刊物，《阿拉伯简报》每期只发行 26 份，其有限的发行对象包括印度总督和埃及与苏丹的英军总司令，伦敦的陆军部和海军部也各能收到一份。这一刊物内容丰富，提供了有关阿拉伯世界和伊斯兰世界的最新信息和背景知识。

《阿拉伯简报》的第 1 期发行于 1916 年 6 月 6 日，恰逢汉志地区的阿拉伯起义爆发之际。劳伦斯在这期简报中提到，即便是为了发动起义而走到一起，聚在一起的阿拉伯人也是有可能出现问题的。他提到，阿拉伯各部落每次举行部落大会，总是很快就会产生内部矛盾。土耳其人深知这一点，因此选择按兵不动，"等待阿拉伯各部落的联盟由于内部摩擦而分崩离析"。

1916 年 6 月 18 日发行的《阿拉伯简报》第 5 期介绍了大约一

两个星期之前侯赛因起义爆发的情况。这一期和第 6 期（1916 年 6 月 23 日发行）的《阿拉伯简报》认为，侯赛因的军事行动进展有限，而且就连这一点有限的进展也是拜英军之赐。《阿拉伯简报》第 6 期中提到，海岸地区的土耳其人被困在了英国的舰船和水上飞机与阿拉伯人之间。土耳其人在城镇里面寻求庇护，但水井却都位于城外。于是，缺少食物和饮水的土耳其人只好投降。《阿拉伯简报》第 7 期（1916 年 6 月 30 日发行）转述了在吉达被俘的土耳其战俘的话，说是英国人的"炮火攻破了这座城市"。

《阿拉伯简报》十分轻视侯赛因的部队。该刊物的第 6 期写道，"他们只不过是些部族武装"，"没受过训练，也没有火炮和机枪。他们只喜欢耀武扬威，很难让他们统一行动，除非拨给他们的军饷和配给品实在太过诱人"。T.E. 劳伦斯在第 32 期（1916 年 11 月 26 日发行）里做了一番细致的分析和描述，表达了同样的看法："只要把一个连的土耳其人放在开阔地带的工事里，他们就能打退谢里夫的大军。这些部落武装只在打防御战时有一些作用，他们真正擅长的战争形式是游击战。"他写道，这些人"太过个人主义，完全听不进指挥，无法保持作战队形，也不懂得互相帮助。我认为，把他们训练成一支组织良好的军队根本是不可能完成的任务"。

《阿拉伯简报》认为，侯赛因的起义呼吁在阿拉伯世界和伊斯兰世界里根本没有引起任何反响。1916 年的《阿拉伯简报》报道了世界各地的情况，侯赛因的呼吁得到的回应要么是无动于衷，要么是敌意满满。《阿拉伯简报》第 29 期（1916 年 11 月 8 日发行）报道了侯赛因自封为阿拉伯人的国王一事。文章冷冰冰地评论道："这位贵族自加尊号，但完全名不副实。"文章还说，英王政府不会在阿拉伯人未来的政治组织形态问题上给他签下空白支票，不会任他摆布。霍格斯在第 41 期（1917 年 2 月 6 日发行）里写道："不论是由汉志的国王还是由别的什么人来统治，只要是想把阿拉伯人团结在一起都非常困难。'阿拉伯主义'在阿拉伯半岛显然没什么号召力。对土耳其人的厌恶能引起更多的共鸣，而与英国保持良好关系的想法则更受欢迎。"

就在侯赛因宣布发动阿拉伯起义差不多一年之后，霍格斯已经打算给它贴上失败的标签了。他在《阿拉伯简报》第 52 期（1917年 5 月 31 日发行）中回顾了他所谓的汉志"起义的一年"。他总结说，这场起义没能达到人们的期望，也不会让人产生更多的期许："即便只观察初期的战事，我们也可以清楚地看到，汉志的贝都因人只是一些表现堪忧的**游击者**。毫无疑问，他们不会去进攻土耳其正规军，也顶不住土耳其正规军的进攻。"他还提到，侯赛因的阿拉伯运动的最好结果也就是"仅仅维持现状"。

英国人在这一事业上的投资可谓收益甚微。根据罗纳德·斯托尔斯后来的记载，英国为了资助侯赛因的起义一共花费了 1 100 万英镑。[11] 这笔钱在当时折合 4 400 万美元，放在今天差不多相当于 4 亿美元。英国在军事和政治方面付出的成本同样可观。1918 年 9 月21 日，当时已经接替基钦纳和麦克马洪成为英国驻埃及最高长官的雷金纳德·温盖特写道，"总体来说，穆斯林对汉志起义和英国在其中扮演的角色抱着怀疑或厌恶的态度"；而为了不让英国太丢面子，只能假装侯赛因的事业并没有一败涂地。[12]

III

在侯赛因宣布起义三个星期之后，远在伦敦的英国陆军部就向内阁汇报说，阿拉伯世界并没有追随侯赛因的脚步。1916 年 7 月 1 日，陆军总参谋部在为内阁战争委员会准备的一份秘密备忘录中写道，侯赛因"在与驻埃及高级专员联络的时候一直自诩为阿拉伯民族的代言人。但据我们所知，他并没有获得任何阿拉伯人组织的普遍支持……它们并不会自动无条件地执行他承诺的条款"。[13] 因此，备忘录指出，英国政府应当明白，其他阿拉伯领袖并不会尊重侯赛因与英国政府达成的协议。

差不多与此同时，马克·赛克斯爵士也准备了一份题为"近东问题"的秘密备忘录。赛克斯预测到，如果英国不立即施以援手，谢里夫侯赛因的运动到 1917 年初就会失败。赛克斯悲观地认为，到这场战争结束的时候，土耳其会变成所有参战国中最衰弱的一个，从而被其盟友德国彻底控制。赛克斯提到，奥斯曼帝国将几乎无异于德国的殖民地。[14] 在第二年，英国政界将在利奥·埃默里及其同僚的影响下对中东问题产生新的看法，而赛克斯的分析恰与即将流行的新观点不谋而合。

此时，赛克斯已经获得了一个新的职位，成了他的好友、阿斯奎斯战时内阁秘书莫里斯·汉基的助手。赛克斯的关注焦点依然是东方。他在伦敦发行了《阿拉伯报告》（*Arabian Report*），这是一份与开罗的《阿拉伯简报》相似，但比其面世更早的刊物。他的朋友吉尔伯特·克莱顿于 1916 年下半年从埃及来到伦敦，和他一同要求战时内阁为侯赛因在汉志的起义提供援助。此外，他们还要求派人替换驻埃及高级专员亨利·麦克马洪爵士。麦克马洪起初之所以得到这一职位，只是为了给基钦纳保留位置。既然元帅已经去世，基钦纳的追随者们现在希望由他们的自己人雷金纳德·温盖特接任这一职位。（他们最终取得了成功，温盖特被任命为高级专员。不过，他直到1917年1月才获得这一任命。）

1916年夏天，赛克斯花了很多时间进行公开演讲。通过演讲，他让"中东"这个描述性的词语流行了起来。这个词语是由美国海军军官、历史学家阿尔弗雷德·赛耶·马汉于1902年发明的，用以描述阿拉伯半岛与印度之间的区域。[15] 通过演讲，赛克斯还让公众将他视作中东地区问题的专家。

9月，来自开罗的情报显示，汉志起义的失败比他预想的还要快。于是，赛克斯提出应该立刻给予侯赛因军事支持。麦克马洪和温盖特都十分热切地支持这一计划。但是，赛克斯的敦促并没有任何效果，大权独揽的新任帝国总参谋长罗伯逊拒绝从西线抽调任何兵力或其他资源。

对于侯赛因而言，1916年的夏末和秋季是一段令人绝望的时间。不过，回过头来看，英国海军一直控制着红海沿岸，这其实大体上保障了埃米尔的支持者们的安全。英国人还想到一个主意，打算派英印军队在美索不达米亚前线俘获的几百名阿拉伯战俘去加入侯赛因的阵营。于1916年1月上任的埃及英军指挥官阿奇博尔德·默里（Archibald Murray）再三重申，他手里拿不出部队去保护侯赛因。于是，高级专员亨利·麦克马洪爵士提出可以向法国人求援。他还把他在高级专员公署的助手罗纳德·斯托尔斯派到了阿拉伯半岛，让斯托尔斯看看还有其他什么可以做的。

IV

1916 年夏末，法国政府向汉志派出使团，试图挽救谢里夫侯赛因发动的濒临失败的起义。1916 年 9 月 1 日，率领法国使团的爱德华·布雷蒙（Edouard Brémond）中校抵达亚历山大港，随后搭船前往阿拉伯半岛，于 9 月 20 日抵达汉志的港口城市吉达。[16]

布雷蒙在吉达遇到的英方代表是 C.E. 威尔逊（C. E. Wilson）上校。此人是英军在汉志地区的高级长官，同时也是苏丹政府的代表——所谓的苏丹政府，其实指的就是温盖特，他很快就会成为英国主管汉志起义事务的官员。威尔逊的副手休伯特·杨（Hubert Young）上尉负责在吉达的英国领事馆*接待布雷蒙。布雷蒙还会见了英国海军中将罗斯林·威姆斯爵士（Sir Rosslyn Wemyss），威姆斯麾下的英国舰队控制着埃及、苏丹与阿拉伯半岛之间的红海航路，并且负责在此间运送官兵。

布雷蒙此行的目的是带来一支职业军事顾问团队以支持汉志起义。这支团队的组成人员都是来自法兰西殖民帝国的穆斯林军人，他们的穆斯林身份更容易获得谢里夫的接受。布雷蒙率领的法国使团由 42 名军官和 983 名士兵组成。鉴于法国代表团的规模，英国人也增派了一批军官到威尔逊麾下效命。布雷蒙反过来也想再增加他麾下官兵的人数，以增强谢里夫的实力。毕竟，谢里夫手下的士兵少得可怜，处境危险。谢里夫诸子中最了解谢里夫本人想法的阿卜杜拉说，谢里夫非常担心驻扎在麦地那的奥斯曼军队可能会袭取通

---

* 该领事馆自称为朝圣办公室，因其负责管理从英属印度和其他地方赶来朝圣的穆斯林。——原注

往麦加路上的起义军据点。

10月中旬，来自开罗英国驻埃及高级专员公署的罗纳德·斯托尔斯乘船从埃及来到汉志，带来了另一个解决方案。他此行的目的是支持阿拉伯民族主义秘密社团的领袖阿齐兹·阿里·马斯里少校。在此之前，开罗曾提名马斯里负责汉志军队的训练与重组，但如前文所述，他仅仅掌权了很短的一段时间。马斯里认为，如果让协约国军队大张旗鼓地加入谢里夫的军事行动，必将带来一场政治灾难，哪怕这些协约国军队完全由穆斯林组成也不行。在他看来，只要训练麦加的部队如何打好游击战，他们是可以独当一面的。

在乘船前往吉达的旅途中，斯托尔斯还带了他年轻的友人、初级情报官 T.E. 劳伦斯一同出行。劳伦斯之前攒了几个星期的假期，想利用这些假期前往他从未到访过的阿拉伯半岛。斯托尔斯争取到了上级的批准，劳伦斯获许与他同行，于是两人就一起来到了吉达。

劳伦斯时年28岁，不过看起来更像是19岁或20岁。陆军没有招募他入伍，只因为他个头太小——大概刚刚1.6米。休伯特·杨称他为"安静的小个子"。[17] 罗纳德·斯托尔斯则像大多数人一样叫他"小劳伦斯"，有时候还叫他"机灵鬼"。[18]

劳伦斯看上去很平凡，他家境贫寒，背景普通，特别是在充斥着议员、百万富翁和贵族子弟的阿拉伯局里就更是如此。他是在家乡牛津读的城市学校，而非伊顿、哈罗、温彻斯特之类的英式公学。在阿拉伯局中，他的职衔很低，也没有什么军事上的功勋。

劳伦斯曾在阿什莫林博物馆为身为考古学家的戴维·霍格斯工作。1914年秋天，日后成为阿拉伯局首脑的霍格斯把劳伦斯带进了陆军部的地理处，让他在那里担任挂临时少尉军衔的翻译员。[19] 随

　　　　　　　　　　终结所有和平的和平

后，劳伦斯又去往中东绘制地图，继而为了其他任务留在了开罗。

在斯托尔斯和劳伦斯抵达吉达之后，埃米尔侯赛因的儿子阿卜杜拉会见了他们。劳伦斯对阿卜杜拉印象不佳，但阿卜杜拉却十分欣赏劳伦斯，甚至给了他梦寐以求的机会，允许他深入腹地会见麦加埃米尔的其他几个儿子。对于劳伦斯而言，这算得上一大惊喜。1916 年 10 月 24 日，曾经担任阿拉伯局首任主管，此时负责与汉志起义相关的军事情报工作的阿尔弗雷德·帕克给克莱顿写道，"在劳伦斯到来之前，我一直在推动深入腹地考察的计划，也希望自己能够成行。我并不怨恨劳伦斯，我也相信他做得不会比别人差，甚至还会更好。只是，在他出发了之后"，汉志政府"就不太愿意批准其他人进行同样的深入腹地之旅了"。[20]

深入一线的劳伦斯拜会了费萨尔和其他领袖人物。他发现费萨尔十分有魅力。他后来在写给一位同事的信中说，费萨尔"绝对是个狠角色"。[21]劳伦斯认为，应当由费萨尔在前线指挥汉志起义。抛开他的其他种种素质不说，费萨尔看上去就可以担此大任。

劳伦斯自作主张地给时任苏丹总督、即将取代麦克马洪出任英国驻埃及高级专员的雷金纳德·温盖特寄去了一份报告。劳伦斯于 11 月离开汉志后，并没有直接回到开罗，而是先到了苏丹，向温盖特毛遂自荐。

鉴于吉尔伯特·克莱顿是苏丹当局驻开罗的代表，而劳伦斯又是克莱顿的朋友，劳伦斯想必很了解温盖特对中东政治前景的看法。他应该知道，温盖特想要让英国在战后主宰中东的阿拉伯世界，并且像自己一样希望可以阻止法国人在这一地区立足。温盖特固然希望可以拯救侯赛因的部队，使其免遭覆灭，但他也不想让法国人主导这一行动。否则，侯赛因的阿拉伯运动就可能落入法国的长期影响之中。

布雷蒙计划使用法国和其他协约国的正规军承担侯赛因军队所要承担的主要战斗任务，而劳伦斯则向温盖特提出了另一个方案：让侯赛因的部落武装作为非正规军投入由英国人领导的游击战争之中。最早向劳伦斯提出采用游击战争形式的是阿齐兹·阿里·马斯里，马斯里打算借此方式让阿拉伯半岛免于被法国和英国介入。劳伦斯修改了马斯里的方案，现在的目的是只把法国人排除在外。劳伦斯补充说，应当由费萨尔指挥谢里夫的部队，他还宣称只有他本人能负责与费萨尔的联络工作。

温盖特倾向于同意劳伦斯的建议。早在 1914 年，温盖特是第一个提出应该煽动阿拉伯部落给土耳其制造麻烦的人。可以说，劳伦斯提出的计划就是温盖特本人的计划。大概 20 多年之后，温盖特在写给另一位将领的信中说，是他本人——而不是"可怜的小劳伦斯"——发起并支持了阿拉伯运动，让这场运动成为可能。[22]

开罗的英国军事当局也赞同劳伦斯的提议。他们并不认为劳伦斯提出的游击战能取得什么重大的成功——实际上他们认为很可能会失败，但鉴于没有多余的部队可以派到汉志，他们很愿意接受不需要他们派兵的方案。因此，并不要求开罗派兵支援的劳伦斯方案获得了他们的欢迎。

1916 年 11 月 25 日，劳伦斯又一次离开了开罗，并于 12 月初成了费萨尔身边的联络官。温盖特于 1917 年 1 月正式出任英国驻埃及高级专员，随后为劳伦斯提供了越来越多的资金，以帮助他获取阿拉伯部落的支持。然而，1917 年冬去春来的时候，劳伦斯的部落武装却并没有赢得任何一场值得一提的军事胜利。

终结所有和平的和平

V

　　麦加起义最明显的失败之处在于，汉志地区的另一座圣城——麦地那——并没有参加起义。麦地那位于麦加东北方向约 480 千米处，挡住了继续向北通往叙利亚的道路。起义爆发之初，谢里夫侯赛因的追随者们就对麦地那发动了进攻，却被轻而易举地打退了。在战争期间，谢里夫的部队既无法夺取这座城市，也不敢绕过它采取行动，以免城中强大的土耳其守军袭击自己的侧翼或后方。

　　麦地那四周环绕着坚固的石头城墙，城墙的历史据说可以追溯到 12 世纪。城墙中穿插着塔楼，在西北方向还有一座由奥斯曼守军控制的要塞。从大马士革延伸至此的汉志铁路的车站就坐落在城墙之内，补给品和增援部队可以通过铁路运送至此。在战争期间，效命于协约国的贝都因人突袭队多次破坏铁轨，但奥斯曼守军又不断将其修复，保证铁路一直畅通。

　　麦地那的奥斯曼军队挡住了谢里夫部落武装前进的道路，使他们无法投身到中东战事的主战场之中。因此，侯赛因的事业看起来毫无进展。人们清楚地看到，来自麦加的起义浪潮被麦地那有着几百年历史的城墙阻挡住了。奥斯曼帝国的政权架构依旧稳固，并没有像欧洲的观察家们一直以来所说的那样已经朽烂至极。

第五部分

协约国跌落至命运谷底

29

协约国政府垮台：英国与法国

I

从1916年秋天到1917年秋天，就在奥斯曼帝国依然坚挺之时，与之敌对的协约国的政府却纷纷垮台。这可是与欧洲军政领袖们的预期截然相反。

奥斯曼军队成功地守住了达达尼尔海峡，这直接导致了英国阿斯奎斯政府和俄国尼古拉沙皇政府的倒台。随着英国、俄国和法国的政府在1917年相继垮台，这三个协约国都迎来了对中东问题持强硬态度的新领袖，他们的看法与前任完全不同。

把英国带进战争的那位首相，成了协约国领袖中第一个被战争搞垮的。博纳·劳曾在写给阿斯奎斯的信中说："在战争中，仅仅积极主动是不够的，还需要看起来也很积极主动。"[1]与之相反，阿斯奎斯总是一副贵族式的慵懒模样。他已经在英国政坛取得了崇高的地位，但他的胜利好像总是来得轻而易举，这也是他特殊天赋的一部分。在处理政治和政府事务时，他总是显得从容不迫，看起来好像还有时间再去参加一场晚宴，再去乡下访问一次，或是再来上一杯干邑——他干邑喝得有些太多了。

随着英国在美索不达米亚、加利波利和西线遭遇一场又一场的军事灾难，这位首相依靠内阁共识来决定事务的政府管理方式就显得优柔寡断了。此外，由于他不愿意采取像义务兵役制那种强力措施，人们也认为他没有全身心地投入战争之中。

与阿斯奎斯形成强烈对比的是，劳合·乔治把实行征兵制当成自己的头等大事，一直带头推动此事。从这里也可以看出，劳合·乔治的政治立场发生了多么巨大的变化。把国家引入战争的阿斯奎斯仍然坚持着和平时期的公民自由和自由主义价值观，而直到最后一刻都反对加入战争的激进主义分子劳合·乔治却成了一位为了胜利不惜牺牲个人权利的领袖。在向来反对任何强迫行为的传统自由党人看来，劳合·乔治正在走向对方阵营。

劳合·乔治失去了他的政坛旧友，但也获得了新的朋友。事后证明，其中有两个人格外重要：一个是叛逆的爱尔兰保守党人爱德华·卡森，他是下议院里主张采取征兵制的议员领袖；另一位是帝国主义路线的代言人阿尔弗雷德·米尔纳，他既在上议院里主张采取征兵制，同时作为全国兵役联盟（National Service League）的主席，他也是在全国范围内主张征兵制的领袖。米尔纳是一位出色的殖民地管理者，也是19、20世纪之交时英国在南非采取冒险行动并发动布尔战争的重要推手——当时还是一位年轻的理想主义者的劳合·乔治曾强烈反对发动这场战争，[2]并使用尖刻的语言抨击米尔纳。作为一名激进主义分子，年轻的威尔士人劳合·乔治当时反对帝国主义扩张、对外干涉和军事冒险；而作为一名影响了右翼保守党人的自由统一党人*，米尔纳勋爵让自己成了帝国主义思想的核心人物。

---

* 自由统一党，由于反对爱尔兰自治而于1886年脱离自由党的一个政治派别，后与保守党合作，并于1912年与保守党合并。——译者注

他的理想是实现帝国内部的团结。[*]他在南非聚集了一批在他领导下的年轻人——他们被称作"米尔纳的幼儿园"——并与他们一道发起了一场政治运动，旨在将这个松散、辽阔的帝国整合为一个有机的整体。[†]事后证明，米尔纳出众的行政管理能力将在劳合·乔治赢得战争的努力中发挥极为重要的作用。

II

1916 年，基钦纳去世，劳合·乔治成了陆军大臣，但他发现自己无力终止当年令人震惊的种种军事灾难。在 1815 年到 1915 年的这 100 年中，欧洲所有国内矛盾和国际争端中伤亡的军民总人数不及 1916 年任何一场血腥战役的单日伤亡人数。[3]在加利波利和美索不达米亚的失败之后，英军在阿拉斯（Arras）战役的短短四天里又遭受了 14.2 万人的损失。接着，到了 1916 年 7 月，可怕的索姆河攻势让英国公众的绝望达到了顶点。7 月 1 日，英军损失了 6 万人，这是英国陆军有史以来损失最惨重的一天。[4]到这场攻势结束的时候，英军在索姆河的伤亡总共达到了 42 万人，阵亡人员中包括首相的儿子雷蒙德·阿斯奎斯。

劳合·乔治对打赢战争感到绝望，因为阿斯奎斯庞大的战时内

---

* 米尔纳的理想是把大英帝国境内的白人团结起来。不过，米尔纳圈子里的其他人则提倡实现帝国内多种族的团结。——原注

† 米尔纳的前任秘书莱昂内尔·柯蒂斯在 1910 年创办了季刊《圆桌》，鼓吹建立一个不列颠帝国联邦。他的另一位前任秘书约翰·巴肯也是一名狂热的帝国主义者，凭借其大受欢迎的冒险小说获得了公众的广泛支持。"米尔纳的幼儿园"的另一位毕业生杰弗里·鲁宾逊则是《泰晤士报》的编辑。——原注

阁总是召开漫长而低效的会议，没完没了地进行辩论，却又做不出任何决定。11 月 9 日，劳合·乔治告诉莫里斯·汉基："我们将会输掉这场战争。"[5]

差不多与此同时，人们又开始探讨饱受争议的加利波利战役，这也再次提醒了英国政界，阿斯奎斯政府在战争中的行为有多么愚蠢。6 月，英国政府十分不明智地批准了针对加利波利战役的一次正式调查。此时已经在野的丘吉尔不遗余力地想要证明，他的同僚们才应该为加利波利战役的灾难负责。首相对此大为警觉，于是规定调查报告的内容应当只包括调查委员会的结论，而不应当披露支撑这些结论的证词和其他证据。然而，此事在政治上的负面影响已然造成，对加利波利战役的调查直接导致了英国第一届联合政府的垮台。

阿斯奎斯倒台的故事已经被人们讲了太多遍，在此已无须赘述。在他倒台的过程中，英国媒体发挥了重要作用。当时的英国媒体完全被一个人掌控，这种情况是空前绝后的。此人就是诺斯克利夫子爵阿尔弗雷德·哈姆斯沃思（Alfred Harmsworth, Viscount Northcliffe），他控制着伦敦半数的报刊。要知道，在那个没有广播和电视的时代，出版物是唯一的大众传播媒介。他既拥有声名显赫的《泰晤士报》，也拥有广受大众喜爱的《每日邮报》，这就让他同时抓住了"精英与平民"的眼球。[6] 利用自己巨大的影响力，诺斯克里夫子爵用戏剧化的方式让人们相信，是阿斯奎斯和他的文官同僚们在阻碍英国的陆海军将领赢打战争。

诺斯克利夫子爵的报纸站在爱德华·卡森爵士背后摇旗呐喊。作为英国最出色的庭审律师，爱德华·卡森在议会和全国范围内领导着反对政府的斗争。在政治丛林之中，进攻中的卡森可谓是最危险的动物。在抨击政府的时候，这位消瘦、阴暗、尖刻的爱尔兰人似乎在方方面面都与首相截然相反。有一位历史学家曾这样写道："人们普遍认为，他对德国人有着一种冷酷、坚定、持久的敌意，这与阿斯奎斯及其同僚们的那种令人失望的拖延作风形成了鲜明对比。"[7]

尽管嘴上不承认，但劳合·乔治从1916年夏天就开始了与卡森的紧密合作，而日后成为比弗布鲁克男爵的马克斯·艾特肯爵士（Sir Max Aitken）则帮助博纳·劳与他们结成了政治联盟。在一番精细的政治运作之后，阿斯奎斯辞去了首相职务，与半数的自由党人一起变成了反对党，其中包括除劳合·乔治之外所有的自由党领袖人物。在艾特肯的推动下（劳合·乔治说，"正是他让博纳·劳下定决心脱离了阿斯奎斯政府"），[8]博纳·劳让劳合·乔治获得了整个保守党的支持（保守党人提出的主要条件之一是，不能让丘吉尔加入新政府）。人数可观的自由党后座议员*，以及弱小的工党也加入了他们。1916年12月7日，戴维·劳合·乔治作为第二届联合政府的领袖，就任英国首相。

劳合·乔治迅速开始了战时独裁，战争事务被交给了战时内阁。战时内阁最初有五位成员，除首相外，还包括已经成为下议院领袖和财政大臣的博纳·劳和来自工党的阿瑟·亨德森（Arthur Henderson），而主要负责战时内阁的是另外两位成员，一位是劳合·乔治格外倚重的米尔纳勋爵，另一位则是地位次之的寇松勋爵。

---

* 后座议员，指英国议会中不在政府中担任职位的执政党议员，或非领袖人物的在野党议员。他们通常坐在议会的后排。——译者注

莫里斯·汉基出任战时内阁秘书，负责推动内阁决议的执行。

政府管理英国的方式发生了全面的革命性改变。曾任首相的阿瑟·贝尔福在新政府中出任外交大臣，他在当时评价劳合·乔治时说："如果他想当独裁者，那就让他当独裁者吧。只要他认为他能赢得战争，我就全力支持他放手一搏。"[9]

英国政府的变化导致了英国中东政策目标的变化。阿斯奎斯和格雷是英国政府里仅有的对在东方获取新土地持怀疑态度的两个人，而他们现在都离开了政府。基钦纳伯爵曾经用自己对中东的观点左右内阁决策，而他已经死了。新任的首相则一直反对基钦纳的观点。

与基钦纳不同，劳合·乔治一直相信东方对于赢得战争来说十分重要。非常具有典型意义的一件事是，在劳合·乔治就任首相几天之后，汉基就在他的日记里写道："我和劳合·乔治共进了午餐，他一直在讲在叙利亚发动一次军事政变的计划。"[10]

对于这一地区的未来，劳合·乔治的看法很大程度上受到了他对土耳其政权的仇恨的影响。从他政治生涯的第一位领袖——19世纪的自由党人威廉·尤尔特·格莱斯顿——身上，他继承了对奥斯曼帝国的厌恶情绪，尤其反感这一政权对其基督徒子民施加的暴虐行径。他对希腊充满同情，而希腊在小亚细亚半岛有领土野心；他还对犹太复国主义者在圣地的企图表示支持。不过，他的态度很明确，他希望犹太民族的家园可以在英国的统治之下发展壮大。直到他已经出任首相一两年之后，人们才清楚地看到，劳合·乔治不仅把中东视作通往印度的必经之路，更把这一地区本身视作值得争夺的对象。19世纪的英国大臣们只想把其他欧洲强国排除在中东之外，而劳合·乔治则希望在中东建立英国的霸权。

身为首相的劳合·乔治比以往任何时候都更接近米尔纳和帝国主义思想。汉基后来写道，米尔纳"是劳合·乔治最信任的同僚，或许信任程度仅次于博纳·劳——但博纳·劳更多地是为他提供政治建议"。[11] 劳合·乔治是一个实用主义者，一个擅长随机应变的机会主义者，而有着德国背景的米尔纳勋爵讲究有条不紊的行动和系统化的思考，这可以弥补首相的短板。[*]

米尔纳还将自己的追随者安排进了汉基的秘书处，以巩固自己在劳合·乔治政府内的地位。汉基留住了马克·赛克斯爵士，让他成为自己的三名助理之一，[†] 他的另外两名助理分别是米尔纳的主要支持者利奥·埃默里和米尔纳在议会里的秘书威廉·奥姆斯比-戈尔（William Ormsby-Gore）。

劳合·乔治效仿美国的总统，建立了一个非正式的参谋团队。米尔纳名列其中，他的一些追随者也跻身此列，其中包括倡导帝国联合（imperial union）的《圆桌》杂志的创办者莱昂内尔·柯蒂斯和该杂志的编辑菲利普·克尔（Philip Kerr）。这个参谋团队的办公地点在唐宁街 10 号花园内的临时建筑里，该建筑被人们称作"花园偏厦"。

新首相甫一上任，两个人独裁的体制就形成了。每天上午 11 点，劳合·乔治都会与米尔纳、汉基和帝国总参谋长会面，直到中午他们才会与战时内阁的其他成员开会。到了 1918 年，米尔纳成了名义上和事实上的陆军大臣。他拥有担任这一职位所需要的丰富经

---

[*] 米尔纳出生在德意志的黑森大公国，曾在德意志接受教育。——译者注

[†] 汉基曾在致劳合·乔治的信中写道，赛克斯"主要是一位阿拉伯事务专家"，但他也"绝不是一个看法片面的人"，其视野的广度在"制定和平条约的过程中将极具价值"。[12]——原注

验。他曾经在布尔战争期间主管文官事务，现在又在劳合·乔治手下主持第一次世界大战期间的文官事务。

劳合·乔治不仅在思想层面上与米尔纳的小圈子联系紧密，他在实际事务和官僚体系中也与他们关系密切。每当《圆桌》杂志的读者聚会交流观点的时候，首相也会参加他们的社交活动。1917年年中，汉基写道："在我看来，当今最具影响力的就要数《圆桌》党人了。他们每周一共进晚餐……米尔纳是这个团体的真正领袖……劳合·乔治有时也会参加他们的聚会。"[13]

这种影响力是相互作用的。汉基不久之后写道，米尔纳"已经完全接受了劳合·乔治的观点……他也认为有必要把土耳其当作我们的主要目标"。[14]

III

已经有数届法国政府在战争期间倒台，但这些政府之间的差别都并不很大。但在1917年，这一点发生了变化。

1917年5月，法军发动兵变，这导致又一届战时政府倒台，而这届政府是法国政坛能够欣然接受的最后一届战时政府了。传统的领导层颜面扫地。维维亚尼（Viviani）、白里安和里博（Ribot）的政府起码还被允许辞职，而保罗·潘勒韦（Paul Painlevé）政府则干脆在1917年11月被议会罢免。至此，有可能带领法国坚持到战争胜利却还没有出任过总理一职的人选就只剩下了一个，但他却又是最为公众所恐惧和厌恶的一个人。就像劳合·乔治评价的那样："只剩下了一个选择，但毫不夸张地说，没有人愿意选择他。"[15] 正是此人，曾经披露了其政治同僚们的腐败行径，而他的同僚们永远都不会原谅他。

像劳合·乔治一样，乔治·克列孟梭（Georges Clemencaue）也是一名政治上的"独行者"。他也是一位激进主义者，尽管这一标签在法国有着不大相同的含义。像劳合·乔治一样，人们也认为他背弃了年轻时信奉的左翼信条。[16]与劳合·乔治一样，他也相信这场战争必须决出一个你死我活的结果。他曾经谴责那些鼓吹妥协求和的人，还在1917年借阿里斯蒂德·白里安之手破坏了德国人发起的和谈。他时年76岁，越发耳背、肥胖，但他仍然是一位斗士。法国总统意识到，他别无选择，只能让克列孟梭出任总理。总统评价道："所有的爱国者都站在这个恶魔一边。如果我不任命他为总理，那么在他强大的力量面前，其他任何人组建的内阁都将不堪一击。"[17]

克列孟梭最大的特点是他充满了仇恨，而在这个世界上，他最恨的就是德国。1871年，德国在战败的法国头上强加了苛刻的议和条款，而克列孟梭是那届对这些条款表示抗议的国民议会的所有成员中最后一位在世者。他从来没有放弃过。他一直认为，法国必须一心一意地增强自身实力，以对抗德国，而把精力花在殖民冒险上则是大错特错。因此，对于那些想要让法国吞并叙利亚和巴勒斯坦的议员来说，克列孟梭是他们的大敌。

在1881年至1885年期间，法国无视克列孟梭的反对，开始了新一轮的殖民扩张。法国先是找了个借口，入侵并征服了北非的突尼斯，接着又征服了亚洲的一些国家，也就是后来的法属印度支那。对于法国的殖民冒险，德国领袖奥托·冯·俾斯麦不仅支持，甚至持鼓励态度。1884年11月27日，克列孟梭对法国众议院讲话说：

"俾斯麦是个危险的敌人，而当他变成我们的朋友时，他或许就更加危险了。他把突尼斯展示给我们看，让我们与英国产生冲突。"[18]

无论是在议会讲话中还是在他自己的报刊《正义》（*La Justice*）上，克列孟梭都抨击争夺殖民地的行为，斥其为经济和军事上的巨大负担。对殖民地的争夺不仅让法国分心，使其不能专注于法德边境问题，而且还让法国人中了柏林的诡诈圈套，使得法国与英国产生争执。为了反对法国的殖民政策，他曝光了法国殖民统治中的经济腐败问题。他在《正义》上曝光了发生在突尼斯的种种可鄙行径，文中所写与现实情况相差无几：在地产、铁路和海底电报电缆等项目上的确存在着投机行为，不过这些究竟与政府决策的产生过程有多大关系就是另外一个话题了。发生在印度支那的经济腐败则更加骇人听闻。克列孟梭的指责与曝光让政府颜面扫地，黯然倒台。因此，早在获得"法兰西之虎"的称号之前，他得到的称号是"破坏者"。

温斯顿·丘吉尔后来曾这样描写当时的法国议会："法国议会纷乱、狂热且有害，令人目不暇接地上演着丑闻与骗局、揭发与伪证、谋杀与陷害、密谋与算计、个人野心与复仇、欺诈与背叛。在现代社会，只有芝加哥的黑道能与之相比。"[19]克列孟梭带着暴烈的狂怒穿行其中。在那个还惯于在决斗场上解决争端的时代，克列孟梭是个令人畏惧的决斗者。一位议长曾经这样评价克列孟梭，以此来奚落议会里的其他成员："他有三样东西让你们害怕：他的剑、他的枪和他的口舌。"[20]

出于对克列孟梭的恐惧，法国政府在1882年对出兵占领埃及一事犹豫不决，最终让英国独占了埃及。因此，他对殖民扩张的反对态度很容易遭人诟病，理由是他的主张让大英帝国从中渔利——也的确有人这样指责他。当他的政治地位不是特别稳固的时候，他的政敌就借此攻击他。他们制造伪证，说他向英国出卖法国的利益，还说他雇来一些人到处跟着他，用英语对他高呼："哦，真棒！"他们还散发免费的报纸，上面刊登的漫画里画着他用装满英镑的钱袋子玩杂耍。[21]1892年，一位著名的英国政治家给一位同僚写道："昨天，有一个法国人给我讲了一个在巴黎十分流行的荒谬说法——这些巴黎人什么都信……他们认为，克列孟梭的报纸《正义》一直在亏损，而有人在从英国为他提供资金，这位金主代表着德国和英国的利益。"[22]1893年，克列孟梭在连任选举中落败，从此无缘议会达10年之久。

而到了1917年这个最黑暗的时刻，绝望中的法国又把目光投向了他。他迅速在法国政府中贯彻了自己的意志。像劳合·乔治一样，他也成了某种意义上的战时独裁者，成了"不彻底击垮德国誓不罢休"的坚定信念的化身。像劳合·乔治一样，在中东政策方面，他也给本国政府带来了别具一格的观念。

身为法国总理的克列孟梭，依旧对在欧洲之外为法国谋取土地缺乏兴趣。法国一直以来对叙利亚的领土诉求已经体现在了《赛克斯-皮科协定》中。对此，克列孟梭表示，如果劳合·乔治能让法国获得在叙利亚建立保护国的权利，他是不会拒绝的，"毕竟这能让一些反动分子感到欢欣"，但他本人并不看重此事。[23]

就这样，战争与政治的大潮给英国送来了第一位想要在中东谋取土地的首相，同时也把唯一一位不想在中东获得土地的法国总理送上了权力的巅峰。

30

推翻沙皇

I

一系列原本不大可能发生的事情最终让法国推出了一位反对在中东搞帝国主义扩张的领袖，而就在同一个月，一系列更加不可能发生的事情也让俄国出现了一位同样反对在中东搞帝国主义扩张的领导者。

在 1917 年初，如果说有一件事是确信无疑的，那就是俄国已经在对付土耳其的中东战事中取得了优势。1915 年初，恩维尔在高加索战线遭遇了灾难性的失败，俄军随后于 1916 年成功入侵了安纳托利亚东部。接着，俄国完全控制了黑海，又开始从高加索地区向刚占领的土耳其东部修筑铁路，巩固在这一地区的战略优势。按照俄军统帅尼古拉大公*的计划，只要铁路完工，俄军就会立刻发动新的攻势。一位被派驻奥斯曼帝国军队的德国参谋认为，尼古拉大公的进攻"必将大获全胜，并有可能在 1917 年夏天迫使土耳其退出战争"。[1]

不过，劳合·乔治在多年以后曾在英国下议院表示，"俄国的

---

* 尼古拉大公（Grand Duke Nicholas, 1856—1929），俄国将领，俄国沙皇尼古拉一世之孙，俄国末代沙皇尼古拉二世的堂叔。——译者注

崩溃几乎可以完全归咎于"奥斯曼帝国。[2] 劳合·乔治的理由是，伊斯坦布尔的青年土耳其党领袖们几乎切断了俄国的进出口，从而让俄国无法获得武器弹药和出口收入。对劳合·乔治的判断持不同意见的人则认为，即便经过伊斯坦布尔的商路是畅通的，战争中的俄国也一样会陷入困境：大量的俄国农民在军中服役，导致食品产量低于和平时期，从而使俄国可供出口的农产品数量减少了；与此同时，俄国的盟友们也没有太多的武器弹药可以提供给俄国。不过，这两种观点都指向一个诡异的事实，那就是俄国在高加索前线的军事胜利在某种意义上讲毫无价值，因为战争实际上已经变成了一场经济和社会层面的生存竞赛。

德国实业家瓦尔特·拉特瑙（Walter Rathenau）率先意识到了这一点。1914 年，他在柏林为持怀疑态度的陆军部创建了一个原料局。起初，他只有一名秘书，在陆军部后面的一个小房间里办公。而到了 1918 年底，原料局已经成了陆军部里最大的部门，其办公场所占据了数栋楼房，规模几乎相当于其他部门的总和。[3] 拉特瑙十分超前地意识到，战争本身也在经历一场工业革命，成了一场规模巨大的经济能力、运输能力和供应能力的比拼，因此国家必须实现对经济全局的统一分配、规划和控制。

奉行实用主义的劳合·乔治也意识到了这一点。他给一直以来奉行个人主义至上的英国经济带去了战时社会主义。在他创办军需部的时候，他的办公场所是一家征用来的酒店，手下一个员工都没有。而到了战争结束的时候，这个部门已经拥有 6.5 万名雇员，并且控制着 300 万名工人。[4] 一个行业接着一个行业，它们的产品都被军需部征用、分配。包括大量妇女在内的新工人加入了劳动者的行列。

同德国和英国的情况一样，在俄国，战时工业革命带来了剧烈而迅速的社会变革，拉扯着固有的社会结构，使得早已不堪重负的支撑结构变得摇摇欲坠。社会道德、政治活动、就业、投资、家庭结构、个人习惯和语言都发生了变化。从卡内基基金会（Carnegie Endowment）于战后在 21 个国家进行的经济与社会变化调查中，我们就可以一窥这种变化的剧烈程度：这一调查报告长达 150 卷，单单是关于英国的调查报告就长达 24 卷。

事实证明，在第一次世界大战主要的欧洲参战国里，沙皇俄国最缺乏应对这些挑战的能力。能够让一个现代经济体变得富有弹性并极具适应力的，是交通体系、通信体系、机器制造业和资本市场之类的基础设施，而在这些方面，俄国都非常薄弱。不过，俄国失败的真正根源在于其领导层的失败。

在土耳其人扼住达达尼尔海峡咽喉之后发生的种种事情表明，俄国统治阶层中的一些人缺乏爱国热情，另一些人则缺乏办事能力。他们并没有什么站得住脚的理由能够解释 1916 年和 1917 年出现的严重物资短缺。俄国天然就是一个农业资源丰富的国家，其 80% 的人口是农民，谷物占了其总出口量的一半。[5] 既然伊斯坦布尔截断了俄国的出口贸易，原本会被运出国境的食品本可以供国内消费。诚然，征兵带来了农业劳动力的减少，在一定程度上影响了农产品产出，但俄国生产出来的粮食仍然足以养活自己。[6] 的确，运输体系与分配体系的瓶颈与失灵是造成粮食短缺的部分原因，但更重要的原因则是人祸：投机倒把、囤积居奇。

投机商人放大了土耳其截断俄国与西方之间商路的后果，而沙皇政府则十分轻率地忽视了打击投机行为的必要性。无论是大面积的罢工还是初露端倪的金融混乱都没能促使沙皇政府采取行动。到了 1917 年，公共债务的当期利息和支付给偿债基金的款项就已经超过了俄国政府 1916 年的总收入。鉴于国家已经无力偿债，俄国政府只好靠印钞来应对困局，结果在大战进行的几年时间里，俄国的物价上涨了 10 倍。[7]

一个显而易见的摆脱危机的方法就是结束战争。1915 年，奥斯曼帝国和德国提出，只要俄国退出协约国一方，它们就准许俄国使用达达尼尔海峡。在整个 1916 年，德国也一直在试探与俄国单独媾和的可能性。大量的试探工作都发生在中立国瑞典。一些人认为，德俄议和的主要障碍是沙皇不愿意放弃波兰。[8] 不过，俄国驻瑞典公使却告诉德国人，他"个人认为"，除非俄国能得到"通往黑海的钥匙"，即伊斯坦布尔和达达尼尔海峡，否则俄国将不得不继续留在协约国一方参战。[9] 在前线，沙皇的士兵们饥肠辘辘、衣衫褴褛，在为了生存而苦苦挣扎；而与此同时，尼古拉二世却如此回应德国人抛来的橄榄枝。显然，对他来说，他的帝国野心，尤其是征服他孜孜以求的达达尼尔海峡的野心，依然是他心目中最重要的事。

II

关于 1917 年俄国革命的历史，至今仍然有人在为之撰写著作，这一事件本身也对世界格局产生了持续的影响。不过，1917 年俄国革命的经过并不在本书的讨论之列。但是，在本书之中，我们还是需要讨论有关俄国革命的一个方面：正是在奥斯曼帝国境内酝酿的一个阴谋，最终让当时还默默无闻的列宁走上了历史的舞台。

投入欧洲战事给俄国带来了巨大的灾难。战争期间发生的种种事情证明，那些掌控着俄国政治、经济和工业等方面命脉的统治阶层与普罗大众的利益并不一致。早在战争爆发之初，就有一个默默无闻、离群索居的人物曾经说过同样的话——当然，他有着他自己的一套理论来解释这一现象。此人出自被定为非法的地下革命组织的左翼派别，战争期间正在瑞士苏黎世过着穷困潦倒的流亡生活，在那里生活、学习、写作。当时45岁上下的他，在警察和革命者的圈子之外还没有什么名气。

弗拉基米尔·伊里奇·乌里扬诺夫，他从1901年开始使用化名"列宁"。他曾经是一名律师，后来投身于马克思主义理论和派系斗争之中。他身材敦实，肌肉发达，生着一副斗士般的耸肩。他十分聪明，且对自己的逻辑坚信不疑。战争爆发时，他震惊地发现他的社会主义同志们竟然纷纷跑去支持各自的祖国。列宁的理论让他独自站在了战争的对立面，也因此让他反对自己的祖国。他的这一立场让他与其他人产生了分歧，即便在他所属的政治派别——布尔什维克——内部，人们也无法完全理解他对这场战争的态度。

1914年9月初，他写了《七论战争》(Seven Theses on the War)*。他在该文中提到，从俄国各民族的工人阶级和劳动群众的观点来看，沙皇君主政府和它的军队战败为害最小，因为它们压迫波兰、乌克兰和俄国的许多民族。他在文中反复谴责了俄罗斯人强加于沙皇统治下的其他民族的帝国主义行径。[10]尽管他本人是俄罗斯

---

* 这一文献收录在《列宁全集》中，篇名为《革命的社会民主党在欧洲大战中的任务》。——译者注

人，但是在他看来，他有责任将促使俄国战败和俄罗斯帝国解体当作他的奋斗目标。

与此同时，在伊斯坦布尔，有一位曾与列宁一同领导第二国际的同僚得出了与他相似的结论。此人就是使用化名"帕尔乌斯"（Parvus）的亚历山大·伊斯拉埃尔·格尔方德（Alexander Israel Gelfand）。他是一名出生在俄国的犹太人，以摧毁沙皇帝国为自己的政治使命。[11] 与对德国取胜与否漠不关心的列宁不同，帕尔乌斯十分热切地希望德国取得战争的胜利，他也恰好拥有充足的资金和政治资源帮助自己采取亲德的举措。

作为列宁的同辈人（帕尔乌斯生于 1869 年，列宁生于 1870 年），帕尔乌斯曾是革命的社会主义运动左翼的另一位思想领袖。他于 19 世纪 90 年代初期离开俄国，前往德国，成了一位知名的理论家和记者，与出生在波兰的德国犹太人罗莎·卢森堡一同为了纯粹的革命理想而战。在 20 世纪初，他又成了列夫·托洛茨基的导师。他在 1905 年提出的思想，后来融入了托洛茨基的"不断革命"理论。帕尔乌斯曾回到俄国，随后被流放到西伯利亚。不久之后，他又逃到了西欧。

不过，帕尔乌斯还有他逐渐显露的另一面：在他那些充满理想主义色彩的同僚看来，他是个十分可疑的鼓吹者，因为他把自己的生活经营得太好了。他曾经以服务革命事业的名义做出版生意，但这个生意似乎对他本人更有好处。后来，帕尔乌斯放弃了出版事业和革命活动，转而把精力全都放在了各种各样的生意上。他途经维也纳来到了巴尔干，接着又前往奥斯曼帝国。他对青年土耳其人运动产生了兴趣，并在那里从事玉米和其他商品的交易。到 1912 年，他已经与青年土耳其党的政府官员建立了紧密的联系。在他们的帮助下，他还拿到了为巴尔干战争中的奥斯曼军队提供补给品的订单。

第一次世界大战在欧洲爆发后，帕尔乌斯在土耳其报刊上发表了一篇文章，声称德国取得战争的胜利最符合奥斯曼帝国政府的利益。他的活动还助长了巴尔干国家内部的亲德情绪。在奥斯曼帝国参战后，他帮助奥斯曼帝国政府获得了至关重要的谷物和铁路配件的供应，他本人自然也从中渔利不少。他还在多个领域为奥斯曼帝国政府提供建议，帮助其进行经济层面的战争动员。他的目标就是要摧毁俄国政府，而他在伊斯坦布尔的居所成了反对沙皇的密谋者们的聚会场所。

借助他的人际关系网络，帕尔乌斯设法安排了一次与德国驻奥斯曼帝国大使的会面。他在 1915 年 1 月 7 日见到了冯·旺根海姆，告诉这位大使"俄国革命者的利益与德国政府的利益是一致的"。[12]两天后，冯·旺根海姆将有关这次会面的报告用电报发给了德国外交部。他在报告中说，帕尔乌斯告诉他："俄国的民主主义者将彻底摧毁沙皇制度和拆散俄国视作他们实现自身目标的必由之路。"[13]帕尔乌斯提出，德国应当帮助他把这些革命者团结起来，共同为一个以颠覆俄罗斯帝国为目标的计划努力。

德国政府高层对他的提议产生了兴趣。1915 年 2 月底，帕尔乌斯在柏林见到了德国外交部的官员，他们要求他书面概述一下他的提案。3 月 9 日，帕尔乌斯提交了一份备忘录，里面提出了一个宏大的方案，打算通过支持俄国社会主义革命者和民族主义者来颠覆沙俄政权。

德国领导层同意了帕尔乌斯的提案，并在 3 月底给了他第一笔

100 万马克（折合 24 万美元）的款项，以便他开始尝试将形形色色的革命团体团结起来。

帕尔乌斯表面上经营着一家贸易公司，而这个生意其实也让他发了大财。私下里，他则组织着颠覆活动，还出版了一份得到德国政府资助的革命报纸，但这份报纸并不太成功。他还打算在俄国组织一次总罢工，哪怕是在得不到列宁和其他人支持的情况下。这次罢工要成功得多：尽管他并没有能够组织成一次总罢工，但还是有4.5 万名示威者走上了彼得格勒的街头。

就这样，以伊斯坦布尔为家、与青年土耳其人有着亲密关系的帕尔乌斯给土耳其人的盟友德国带去了一件奇特的新武器。利用这件新武器，德国人可以将他们与土耳其人共同的敌人俄国彻底摧垮。

III

彼得格勒远离南部的粮食产区，这让当地居民在 1916—1917 年饱受食物短缺和食品价格暴涨之苦。在此期间，罢工和抗议已经成了一种生活方式。在 1915 年年中到 1917 年 2 月之间，彼得格勒一共发生了 1 163 次罢工（帕尔乌斯煽动的罢工也包括在内）。[14] 超过半数的罢工都有政治动机，而并不是单纯由经济因素引发的。这表明，对现政权的不满已经超出了物资短缺这一问题本身。

1917 年 3 月 8 日，人们为了庆祝国际妇女节走上了街头。家庭妇女为了抗议食品短缺而投入示威活动之中，另外还有来自大约 50 家工厂的 9 万名罢工工人加入其中。第二天，罢工人数达到了 20 万。第三天，总罢工开始了。两天之后，四个团的士兵也加入了民众的行列，这让警察越发显得势单力孤。事实证明，军队的兵变是决定性的，因为政府早就无法发挥作用了。该市的市长下令施行戒严，但是他连往墙上贴戒严令的胶水都找不到。[15]

3月15日，沙皇尼古拉二世宣布将在次日退位，并将皇位传给他的弟弟米哈伊尔大公（Grand Duke Michael）。第二天，米哈伊尔大公拒绝接受皇位。于是，俄国变成了一个由临时政府统治的共和国，临时政府最初的领导者是G.E. 李沃夫（G.E. Lvov）亲王，政权后来又落到了亚历山大·克伦斯基（Alexander Kerensky）手中。

各种派系的政治家们惊讶地发现，彼得格勒的人民推动的是一扇开着的大门。一位研究这段历史的著名历史学家曾写道："各个革命党派都没有直接参与这次革命。他们没预料到革命会发生……"[16] 彼得格勒发生的一切会不会是青年土耳其党的同谋者帕尔乌斯密谋的产物呢？帕尔乌斯和德国总参谋部的确利用他们手中的特工人员和金钱煽动了俄国的罢工和叛乱，但肯定达不到英国情报部门怀疑的那种程度。起初，他们甚至不知道推翻沙皇这件事究竟能否帮助他们达成击败俄国的目的，因为在这个时候，包括布尔什维克在内的所有俄国政党都认为应该将战争进行到底。在推翻了他们憎恶的政府之后，这些俄国爱国者想要继续作战并击败他们的敌人——德国人和土耳其人。

1917年4月，列宁返回俄国。

如帕尔乌斯所料，在抵达彼得格勒的芬兰车站之后，通常带着尖刻的态度与他人会面的列宁开始把他的布尔什维克看作俄国唯一主张立即结束战争的政治团体。在此之前，他的追随者认为他们此时应当支持自己的祖国，因为俄国已经拥有了一个左翼的共和政府。

　　　　　　　　　　　　　　终结所有和平的和平

但列宁认为他们犯了个大错。在列宁看来，这场战争表明资本主义已经进入了其最终阶段——帝国主义阶段。因此，现在已经到了全欧洲的社会主义政党发动革命的时候。它们不应该再进行任何国际战争，尤其是不能再与法国和英国这种应当被推翻的政府结盟并参与世界大战。

1917 年秋天，列宁在彼得格勒夺取了政权，并让自己成为已然四分五裂的俄国的统治者。他立即着手让俄国退出战争。1918 年 3 月，他接受了德国提出的和平条款。

IV

布尔什维克、德国人和犹太人的身影在 1917 年俄国革命里同时出现，这让英国的观察家们十分警觉。许多布尔什维克领袖都是犹太人，给他们带去德国人的金钱与支持，且在伊斯坦布尔与青年土耳其党关系密切的帕尔乌斯也是犹太人。英国官员们长久以来一直认为，青年土耳其党受犹太人共济会的控制，而正是共济会促使奥斯曼帝国与德国结盟。英国人也一直相信犹太人与德国人关系十分紧密。这一切似乎都说得通。

鼓吹帝国主义思想的畅销小说作家约翰·巴肯曾经在南非担任米尔纳的私人助理，后来又在米尔纳的推荐下成了劳合·乔治政府中的情报主管。他在他经典的悬疑小说《三十九级台阶》(*The Thirty-Nine Steps*，1915 年出版) 的第一章中这样写道：

在所有国家的政府和军队的背后，有一个非常危险的民族操纵着一场大规模的地下活动……这解释了很多问题……巴尔干战争中发生的一些事情，一些国家怎么突然间就占了上风，盟约为什么缔结，又为什么破裂，有些人为什么消失了，战争的根源究竟是什么。整个阴谋的目的，就是要挑拨俄国跟德国打起来……犹太人在所有这一切的背后，他们恨透了俄国……这就是他们对大屠杀*的复仇。犹太人无处不在……他眨着一双响尾蛇似的眼睛……他就是眼下统治着世界的人，手里的刀架在沙皇帝国的脖子上。

因此，英国人并没有把布尔什维克视作俄国人，甚至也没有把他们视作意识形态的极端信奉者，而是把他们看作敌方的秘密代理人。在 1917 年，乃至多年之后，英国官员都坚持认为，布尔什维克并非拥有自身主张和目标的主要角色，他们不过是被德国总参谋部收买的工具，而对德国总参谋部发号施令的是柏林的犹太人和普鲁士人。

从 1914 年 9 月开始，俄国的崩溃就一直是英国的噩梦，而这也恰恰是恩维尔帕夏的梦想，正是这一梦想让他把奥斯曼帝国带入战争，加入了同盟国一方。布尔什维克革命让英国人的噩梦和恩维尔的美梦同时成为现实。布尔什维克革命究竟是如何发生的，学者们至今仍然众说纷纭，但有一点是可以肯定的：俄国在 1917 年退出战争给了英国及英国的盟友沉重一击，同时这也是德国和奥斯曼土耳其的巨大胜利。

---

* 大屠杀（Pogrom），指 19 世纪末到 20 世纪初俄罗斯帝国境内对犹太人的大规模迫害。——译者注

V

在加利波利冒险期间，温斯顿·丘吉尔曾经说过："这是历史上最伟大的战役之一。想想看，君士坦丁堡对东方意味着什么，它比把伦敦、巴黎和柏林加在一起对西方的意义都更加重大。想想这座城市是怎样掌控东方的，以及攻陷它将意味着什么。"[17]

在 1915 年 3 月的丘吉尔看来，伊斯坦布尔已经是唾手可得的目标，但事实证明这个目标可望而不可即。英法联军在 1915 年没能一路杀到伊斯坦布尔，接着轮到了俄国人。他们于 1916 年在奥斯曼帝国版图内的亚美尼亚取得了一系列的成功，接着又在 1917 年做好了向伊斯坦布尔进军的准备。但彼得格勒随即爆发了革命，留在奥斯曼帝国土地上的俄国军队认为战争很快就要结束了，于是放弃了发动进攻的念头。

此时的土耳其人已经筋疲力竭，无力利用这一机遇向俄国人发动进攻。不过，他们的对手也同样筋疲力竭，因而放弃了占领伊斯坦布尔这个野心勃勃的目标。在 1917 年，米尔纳（或许连劳合·乔治也一样）已经开始考虑与德国达成谅解的可能性，此时将要作为战利品面对被瓜分命运的不再是奥斯曼帝国，而是俄罗斯帝国。[18]

在希望渺茫的情况下，奥斯曼帝国挺住了。那些把协约国列强带入与土耳其的战争的政府——英国的阿斯奎斯政府、法国的维维亚尼政府，以及俄国的沙皇及其大臣萨宗诺夫——都已经被推翻了。在某种程度上讲，土耳其在达达尼尔海峡成功的防御战引发了这些协约国政府的崩溃。起初，恩维尔和塔拉特把摇摇欲坠的奥斯曼帝国带入战争被看作一个疯狂而不计后果的举动，但他们却取得了成功。虽然他们损失了一些领土，但此时他们也获得了夺取一些领土的机会。1917年底，恩维尔和塔拉特在奥斯曼帝国政府内的地位比以往任何时候都更加稳固。他们认为自己已经不再需要借用赛义德·哈利姆的显赫威望了，终于允许他辞去了大维齐尔的职务。白手起家的党魁塔拉特贝伊不顾自己出身平民的身份，大胆地接过了大维齐尔的职位。

但是，对于塔拉特和恩维尔来说，前路依然十分凶险。尽管俄国的威胁已经消失，但英国的威胁又卷土重来。他们的敌人，也就是英国的新任首相，是一个精力充沛的人物，也是一位天才的战争领袖。尽管劳合·乔治愿意探索与青年土耳其党议和的可能性，但他还是一名斗士——在他的内心深处，他依然想要摧毁奥斯曼帝国。

终结所有和平的和平

第六部分

新世界与应许之地

31

新世界

I

1916—1917 年，美国的阴影第一次笼罩在劳合·乔治在中东地区的帝国野心之上。

到了 1916 年的最后一个季度，协约国不仅完全依赖美国提供的补给品，而且在资金方面也依赖美国。协约国的财力已经耗竭。经济学家约翰·梅纳德·凯恩斯代表英国财政部警告内阁称，到 1916 年底，"主宰这个国家的就将是美国政府和美国公众了"。[1] 1916 年 12 月，美国总统伍德罗·威尔逊干预了 J.P. 摩根公司为英国提供融资的事宜，这恰恰佐证了凯恩斯的观点：威尔逊可以在美国摧毁为协约国提供贷款的市场，从而让英国和法国陷入破产的境地。[2]

协约国并不清楚威尔逊究竟有何企图。实际上，威尔逊反对协约国的帝国主义野心，并打算对其加以阻挠。他认为，"英国和法国对和平的看法与我们不同"，他因而提出要"迫使他们接受我们的思维方式"。[3] 威尔逊与英法在包括中东在内的各个地方有着截然不同的目标，正是这种不同将会塑造随后多年的国际政治。威尔逊治下的美国步入国际舞台，既给劳合·乔治带来了威胁，也给他带来了机遇。

威尔逊并不是一个容易被英国和法国理解的公众人物。他是一名教士的孙子、一位长老会牧师的儿子。威尔逊曾从事法律和政府方面的研究，成了一名教授，后来又担任过普林斯顿大学的校长和新泽西州的州长，最终成为美国总统。不过，在人格、思想和秉性方面，他并不像一个典型的律师、学者或政治家，而是像他的父亲和祖父一样，更像一名神学家。[4] 比起协调和让步，他更愿意改变对手的想法，如果改变不了就将其打败。政治家总是以达成折中、妥协为荣，而不想表现得像一个政治家的威尔逊则以避免妥协为荣。

作为一个道德品格高尚、极具原则性的人，威尔逊经常在争论中注意到他人看不到的道德问题，他也时常激发别人注意到他所关注的东西。他一直以来都是一个富有争议的人物。这位总统先生戴着一副眼镜，为人正派，看起来态度冷漠，一身学者气息。在他的仰慕者看来，他简直像一位苦修者；而在其他人看来，他自命清高，自以为是。他就是这样一个复杂且令人望而生畏的人物。

当时，协约国方面误以为这位总统的言辞与表现都只是为国内政治服务的表演而已，没有意识到他是真的想要让美国远离这场世界大战，同时也要让协约国远离它们觊觎的中东等地区的新殖民地。因此，当德国宰相于 1916 年底恳请威尔逊从中调停的时候，协约国方面也误解了威尔逊谋求结束战争的真实动机。

几个月以来，文官出身的德国宰相贝特曼·霍尔韦格一直在谋求和谈。他在 1916 年 12 月 12 日发给美国一份照会，表达了进行和平谈判的意愿。囿于国内政治因素，贝特曼无法在照会里说得特别详细。不过，威尔逊在 12 月 18 日发出了一份和平照会，要求协约国提出自己的停战目标，以便尽量弥合战争双方在条件上的分歧。

此时，劳合·乔治刚刚成为英国首相。他和法国人都认为，威尔逊的真实意图是想让他们设计一个计划，使得威尔逊可以借助这个计划把美国拖入战争。美国国务卿罗伯特·蓝辛（Robert Lansing）倾向于让美国参战，是他让他们产生了这样的误解。他向协约国提供了一些答复照会的建议，实际上是在破坏总统的和平政策。协约国听从了他的建议，开出了狮子大张口的和平条件，其中包括"解放生活在土耳其暴政下的各民族，将与西方文明格格不入的奥斯曼帝国逐出欧洲"。[5]这哪里是什么和平条件，完全就是一篇战斗檄文。显然，奥斯曼帝国不可能在这样的条件面前展开和谈。这与美国总统想达到的目标全然背道而驰。如果不是德国突然把他推进协约国的怀抱，我们真的不知道他下一步将会做出什么反应。

II

1917 年初，贝特曼彻底丧失了对德国政府的掌控。新任总参谋长保罗·冯·兴登堡（Paul von Hindenburg）和他手下十分活跃的军事天才埃里希·鲁登道夫（Erich Ludendorff）相信德国可以迅速赢得战争，根本不需要做出任何妥协。这些军事领袖控制了德国的决策大权，他们于 1917 年 1 月向德皇保证，无限制潜艇战可以在六个月内迫使英国屈服，而即便美国人最终参战，也将为时已晚。

德国的潜艇战再加上著名的齐默尔曼电报[*]最终导致美国宣布参

---

[*] 德国外交大臣阿图尔·齐默尔曼（Arthur Zimmerman）给德国驻墨西哥大使发了一封密电，指示他寻求与墨西哥结盟，共同反对美国。他将克萨斯、新墨西哥和亚利桑那的土地许诺给了墨西哥。英国政府截获了齐默尔曼的电报，并将其提供给威尔逊总统。威尔逊随后将电报内容公开。——原注

战，尽管许多美国人并不接受这些事件的逻辑链条，并且坚定地反对卷入战争。不情愿地加入了协约国阵营的总统先生现在又面临着一项新的挑战：将他的国家团结在他身后。

美国总统面对的政治问题在于，他是国会里少数党的领袖，这一点将在他制定中东和其他地区政策的过程中产生影响。他之所以能在1912年赢得大选，完全是因为在国会中占多数的共和党发生了分裂：一部分共和党人把票投给了威廉·霍华德·塔夫脱代表的正统派，另一部分共和党人则把票投给了西奥多·罗斯福代表的进步派。1916年，威尔逊又在通常支持共和党的中部和西部地区获得了进步党人的支持，从而赢得连任。为了能让本党的候选人和他的计划能在未来的选举中获得支持，威尔逊就必须取悦那些让他赢得了1916年大选的摇摆团体：持反英态度、居住在大城市里的爱尔兰裔天主教徒，以及持亲德态度、大多支持共和党的、生活在中西部地区的德裔美国人（他们中的许多人就出生在德国）。如果他让美国加入协约国阵营，怎么可能不得罪这些团体呢？

但是，U型潜艇事件让他别无选择：1917年3月17日，德国潜艇击沉了三艘美国商船。3月20日，美国总统召开内阁会议征求建议。他听取了内阁的看法，自己说得不多，尽管他提到"中西部地区对此事态度冷漠"[6]是需要克服的问题之一。他并没有告诉内阁自己是否已经就下一步行动下定了决心。

3月24日，长期跟随总统先生的私人秘书约瑟夫·帕特里克·塔马尔蒂（Joseph Patrick Tumulty）在给总统的信里提到，从全国报章的社论观点可以看出，美国公众对战争的态度是，倘若美国决定对德国宣战，"宣战的理由必须直接与德美两国相关"。[7]美国不

　　　　　　　　　　　　终结所有和平的和平

应当被协约国的战争目标绑架，无论它们的目标有多么合理，美国政府都不能要求美国人为了其他民族的事业牺牲生命。

4月2日晚上，当威尔逊要求国会向德意志帝国宣战时，他的思路显然是与美国公众相一致的，因为他在演讲中大段探讨了美国的特殊利益。在解释他为何认为有必要对德宣战时，他把德美两国之间争端的核心聚焦到了让人对他无可指摘的一点上：德国人击沉了三艘美国商船，而且还会击沉更多。既然德国已经对美国采取了战争行为，那么以牙还牙才是唯一有尊严的回应方式。

为了强调美国参战的根源是德国潜艇击沉美国船只这件事，总统先生决定暂不考虑改变美国与德国的盟友——哈布斯堡王朝——之间的关系。他表示，既然奥匈帝国并没有对美国发动战争，那么至少在眼下，美国也不会对奥匈帝国发动战争（最终，美国一直到1917年底才向哈布斯堡王朝宣战）。为了进一步强调他参战的决定完全出于自身的政治考量，总统先生甚至完全没有提及奥斯曼帝国和刚刚加入同盟国一方作战的保加利亚。实际上，即便奥斯曼帝国在德国的压力下断绝了与美国的外交关系，美国到最后也没对这两个国家宣战，或是采取任何战争行为。

不过，威尔逊的演讲话题又从具体的商船事件转移到了对德国政府，乃至对协约国政府更广泛的谴责上。他对国会表示，德皇政府的所作所为实际上是"对世界上的所有国家发动了一场战争"，"向全人类发起了挑战"。[8] 他说，美国将"为了世界的终极和平与包括德国人民在内的所有民族的解放事业"而战。接着，他又说出了后来成为名言的那句话："为了民主，我们必须创造一个安全的世界。"[9] 威尔逊宣称："我们没有任何自私自利的目标，不为自己寻求任何赔款，我们甘愿付出牺牲，但不为这牺牲要求任何实质性的赔偿。"他借此含蓄地表示美国的政策将与协约国列强的政策大相径庭。[10]

美国后来更加明确地表明了这一点——为了让自己远离欧洲人及其可疑的政治野心，美国拒绝成为协约国的一员，只愿意成为协约国的战友，而不是盟友。这真是一个非同寻常的决定：美国一方面与英国、法国、意大利和俄国并肩作战，但又拒绝成为它们的盟友；美国对德国作战，但又拒绝与德国的盟友交战。这表明，欧洲的参战国与威尔逊的美国在对战争的目的和对和平形态的理解上有着根本性的矛盾。协约国列强曾经互相承诺在战争结束后奖励彼此，但美国的参战将在这些安排上投下长长的阴影，在中东地区就更是如此。

III

美国总统十分担心中西部的进步党和社会主义领袖攻击其战争政策，因为这些人代表着他无法忽视的票仓。他们谴责他的政策就是在支持帝国主义，认为这场正在进行的战争完全是为大金融家服务的。他们还把这场战争描绘成一场对战利品的贪婪争夺。

他们的攻击正中总统的要害。威尔逊意识到，协约国政府之间肯定存在着一些旨在增强其帝国实力的秘密协议，而一旦这些协议大白于天下，可能就会坐实那些人对他的指控：让美国参加一场主要服务于帝国主义利益的战争。例如，《赛克斯-皮科协定》允许英法瓜分中东的阿拉伯语地区，还有一些协议规定俄国和意大利可以吞并今天属于土耳其的一部分领土。尽管他的政坛密友爱德华·曼

　　　　　　　　　　　终结所有和平的和平

德尔·豪斯（Edward Mandell House）认为最好到打赢战争之后再探讨这些秘密协定的细节，但威尔逊要求立刻开展这项工作。应美国总统的要求，英国外交大臣阿瑟·贝尔福于 1917 年 5 月 18 日给华盛顿送了秘密协议的副本。这些秘密协议的内容让豪斯（他一直使用得自得克萨斯州的荣誉头衔"上校"）大为沮丧。豪斯上校颇具预见性地评价瓜分中东的计划说："这个计划糟透了，我也把我的看法告诉了贝尔福。这会让这个地区在未来成为战争的温床，血流成河。"[11]

协约国不会放弃它们在秘密协议中为自己划定的利益，美国总统也没法逼迫它们就范：既然美国已经与它们并肩作战，他不可能在不损害美国利益的前提下威胁到它们的利益。但他很清楚，一旦有关这些协议的消息走漏出去，美国和协约国都会受损。在原则上反对秘密协议的威尔逊陷入了两难的境地，只好尽量不让有关中东地区的秘密协议被公之于众。然而，他却无法做到这点。布尔什维克夺取了彼得格勒的政权之后公布了他们在俄国档案中发现的秘密协议副本。威尔逊十分担心这会在美国公众中造成不良影响，于是试图阻止协议内容在美国发表，但他未能如愿。

于是，威尔逊只好采纳了他在新闻界的那位年轻且杰出的支持者、时任《新共和》（*New Republic*）杂志编辑的沃尔特·李普曼[*]的建议，以重新定义战争目标的方式来应对外界的攻击。威尔逊希望可以通过此举净化协约国阵营的战争目标，重振己方的公众情绪，并且绕过德国的领导层，争取德国人民的支持。[12]

---

[*]　沃尔特·李普曼（Walter Lippman, 1889—1974），美国记者、政治评论家、传播学学者，德国犹太人移民后裔。——译者注

威尔逊在不同场合用多种方式诠释了新的战争目标，其中最著名的就是他于 1918 年 1 月 8 日在美国国会联席会议上提出的"十四点原则"。"十四点原则"中，有些是具有普遍意义的内容，如国家间不得订立秘密协议、在公众监督下进行外交磋商、航海自由、贸易自由、废除关税及其他经济壁垒、全面裁军、建立国际联盟以保证所有国家的独立与领土完整。其他条款则涉及具体事项。尽管美国与奥斯曼帝国并没有处于战争状态，但第十二点还是谈到了美国在这方面的目标："应当保证奥斯曼帝国的土耳其部分的主权，但当今处于土耳其统治下的其他民族应当获得切实的生命安全保障，并获得完全不受阻挠的自治发展的机会。"在他之前的草稿中，威尔逊曾提出要将土耳其从地图上抹去。[13] 他对中东地区的关注点主要集中在传教活动上，而且像劳合·乔治一样，他似乎也对土耳其人屠杀基督徒耿耿于怀。不过，由他的顾问们起草的最终版本与他的主张更加一致：美国在战争中的对手是敌国的政府，而不是敌国的人民。

第十二点体现了威尔逊和豪斯共同持有的观点，即中东不应当被参战的列强瓜分，那些迄今为止在土耳其人统治之下的民族应当获得自治权。[14] 不过，就在一年以前，威尔逊和豪斯还认为，身为总统的威尔逊不能公开谈论取代奥斯曼帝国政权的方案，以免危及美国在贝鲁特和伊斯坦布尔城外的教会学校的安全。[15]

在一个多月之后的 2 月 11 日，威尔逊对国会发表演讲，笼统地描绘了订立和平协议的"四点原则"。其中的第二点和第三点是：

2. 人民与土地不应被视作财物或如今已臭名昭著的权力制

衡游戏中的棋子，而任其在国与国之间交易；

3. 此次战争中涉及之领土决定，必须出于对当地人民之利益与福祉的考量，而不应成为相互角逐的大国之间的利益调整或折中妥协之工具……

在 1918 年 7 月 4 日的一次演讲中，威尔逊又描绘了美国及其战友为之而战的"四个目标"，其中包括：

领土或主权问题之解决、经济条约之制定、政治关系之确立，均应以与之直接相关之人民的自愿接受为基础，而不应出自意欲获取外部影响力或控制权之其他国家或民族的利益考量。

威尔逊的和平提议获得了人们热烈的回应。但显然，协约国的政府不在此列。为沃尔特·李普曼作传的作者写道：

起初，这让李普曼大为不解，他本以为威尔逊在公布其方案之前早已与协约国协调过了。但威尔逊并没有。他的理由也很充分：他知道协约国会否决他的方案。既然无法说服协约国放弃它们签订的秘密协议，威尔逊便试图诱使欧洲人民起来向本国政府施加压力。但他的这个计划也没能奏效。于是，"十四点"就变成了美国的一份单边声明而已，而不是代表协约国的政策宣言。[16]

实际上，"十四点原则"不仅给敌国政府带去了挑战，也给协约国带去了挑战。

IV

威尔逊的第十二点原则不仅是一项单边发起的提议，而且非同寻常的是，美国总统提议肢解奥斯曼帝国，但美国并没有与奥斯曼帝国交战。另一个非同寻常的现象是，美国已经向德国宣战，后来又向奥匈帝国宣战，却没有对它们的盟友宣战。

美国参议院外交委员会似乎倾向于对其他同盟国宣战，其主席要求国务卿蓝辛就威尔逊政府为何不对其他同盟国宣战给出更详细的解释。蓝辛回复了一份篇幅很长的备忘录，他在其中谈到了多点原因。[17] 当时，美国在中东地区并没有太多的贸易、经济或政治方面的利益，只有两所由传教士建立的学校——罗伯特学院（Robert College）和叙利亚新教学院（Syrian Protestant College）。威尔逊的朋友、他主要的经济赞助者克利夫兰·道奇（Cleveland Dodge）与这两所学院有着紧密的联系。蓝辛认为，保证这两所学院的安全本身就是足够重要的目标，足以解释为什么美国政府不打算向奥斯曼帝国宣战。他指出，这两所学院价值数百万美元，一旦开战必将面临被没收的命运。他还警告说，如果美国与奥斯曼帝国开战，那么生活在奥斯曼帝国境内的基督徒和犹太人可能会成为新的被屠杀的目标。在蓝辛看来，对奥斯曼帝国宣战并不会带来什么特别的好处，而且土耳其也并未攻击过美国。

不过，尽管蓝辛列举了种种理由，国会并没有被他说服。于是，参议院外交委员会在 1918 年向参议院提交了一项决议，呼吁对其他同盟国宣战。蓝辛在参议院外交委员会做证时指出，这在本质上是一个应当由国会来做的决定。在该委员会的要求下，他同意打探一下协约国的看法，看它们是否认为美国对其他同盟国宣战有益于战争的走向。

5 月，蓝辛向总统汇报说，协约国认为美国对其他同盟国宣战将有助于推动战争的进程。不过，蓝辛还告诉总统，在奥斯曼帝国境内的美国传教士每个月会收到超过 100 万美元的汇款，用以援助叙利亚人和亚美尼亚人。如果美国对奥斯曼帝国宣战，这项援助的通道就将被切断。[18]

总统再次重申他不会对奥斯曼帝国宣战。参议院外交委员会得知了这一决定，不情愿地表示接受。就这样，在美国总统制订着肢解奥斯曼帝国的方案的同时，美国依然与奥斯曼帝国保持着和平。

V

在总统的要求下，豪斯上校绕过了美国国务院，从 1917 年 9 月初开始召集一批助手，帮助他为美国制订对战后世界的规划。这个代号为"探求"（Inquiry）的独立小组不对外界曝光，其首次会议定在纽约公共图书馆举行。根据威尔逊的提议，豪斯主要从学术界征集人手，首先从哈佛大学校长和《新共和》的编辑推荐的人选开始——威尔逊总统亲自挑选了沃尔特·李普曼。在其鼎盛时期，豪斯召集起来的这个团队拥有 126 名成员。团队中绝大多数成员的最高学位都得自以下四所精英大学中的一所——芝加哥大学、哥伦比亚大学、哈佛大学和耶鲁大学，还有许多人直接来自这几所大学或其他水平相当的学术机构。[19]

但是，除了他们绘制的地图十分专业之外，[20]"探求"的活动充满了业余色彩。"探求"的中东组由 10 名来自普林斯顿大学的学者组成，但其中没有一名是当时中东问题的专家，小组主席是一位研究十字军的学者。小组主席的儿子也是该小组的成员，但他是一位研究拉丁美洲的专家。其他成员还包括一位研究美国印第安人的专家、一名工程师和两位钻研古代波斯语言文学的教授。[21]

将纽约公立图书馆选作其首个总部的做法，正体现了"探求"的工作方法：他们把所有让全人类产生隔阂的政治问题都提了出来，然后再查询解决它们的办法。许多研究者所做的事情无非是总结归纳他们在百科全书里找到的信息，还有许多人一头扎进文学和建筑学的问题之中，而这些问题与和平协议的条款毫无关系。他们提交的报告几乎与美国的国家利益毫无关联。[22]

很典型的一个例子是，在中东组报告的有关经济的章节中，竟然没有提到中东有可能拥有丰富的石油储量。此时的世界正在发生着一场属于 20 世纪的战争，坦克和飞机都已经在战争中初次露面。美国人在 1918 年意识到，由于现代战争需要消耗大量的石油，潜在的石油资源变得非常重要，法国在同一年意识到了这一点，而英国的温斯顿·丘吉尔早在战争开始之前就意识到了这一点。人们一直怀疑中东地区可能拥有潜在的石油资源，但"探求"的中东报告却全然忽视了这一要点，可见这些为总统服务的人员有多么不谙世事，这对未来的和平会议来说绝非一个好兆头。[23]

VI

尽管美国总统提出的和平方案在某些方面可谓异想天开，但它却在全世界范围内激起了非同寻常的反响。这表明，人们普遍想弄明白他们为什么在打这场战争。英国外交大臣贝尔福说，这场战争"可能是历史上最重要的事件"，但他的思考就到此为止了："未来的人们或许能看清事情的本质"，但他和他的同代人是无法做到这一点的。[24] 到了1917年，这场战争的规模已经变得如此之大，相比之下，当初引发这场战争的原因简直微不足道到了荒谬的地步。

就在伍德罗·威尔逊向国会发表演说要求宣战的第二天，沃尔特·李普曼在给他的信中写道（原文在同一星期稍晚些时候刊载在《新共和》上）："只有一位堪称伟大的政治家才能让美国的参战变成一件慷慨高尚的事，才能让恐怖的战争变得充满意义。"[25] 向来擅长遣词造句的李普曼使用的说法恰如其分：总统先生为这场战争赋予了意义。

1919年，在乘船前去参加巴黎和会的旅途中，威尔逊曾经在私下里对他的助手们这样说："我深信，如果我们不能以最崇高的正义标准来缔造和平，那么这和平必将在不到一代人的时间里被世人抛弃。如果我们不能得到那样的和平，那我宁愿躲藏起来……因为其他形式的和平不仅会带来冲突，还将带来巨大的灾祸。"[26]

然而，无论是威尔逊还是参与其"探求"计划的人都未能创造出足以实现其美好愿望的切实方案：美国总统提出的方案过于模糊，又容易引起人们过高的期望，因此，无论政治家们未来会拿出怎样的协议，都几乎必然会让世人失望。

32

劳合·乔治的犹太复国运动

I

作为个人，在这个世界上没有哪两个人比美国总统和英国首相更不相像了：一个清高而严肃，另一个极富魅力而又道德感微弱。不过，作为政治家，他们两个人却又是相似的：他们都是独来独往的人物，借助党派分裂的机会获得了权力。他们分别绕过了美国的国务院和英国的外交部，各自推行着自己的外交政策。威尔逊和劳合·乔治起初都不愿意让自己的国家投入战争，但是本国一旦参战，他们就转而支持战争，因而难以调和与那些奉行和平主义的、反对战争的支持者之间的关系。他们两个人在政治上都属于左派，但他们之间的共同点也就到此为止了：威尔逊变得越来越倾向于进步主义和理想主义，而劳合·乔治却走向了相反的方向。

如果只参考他在政坛的过往经历，那么我们有理由认为劳合·乔治可能会像美国人一样反对列强在中东的帝国主义图谋。作为一个奉行激进主义的年轻人，劳合·乔治曾经反对英国的帝国主义路线；而在成为英国首相之后，他的个性也有可能会让他决定推翻阿斯奎斯政府与其他协约国签订的那些旨在扩大各帝国版图的协议。但是，他并没有这样做。

像威尔逊一样，劳合·乔治也感到有必要修改战争目标，但他得出的结论与威尔逊截然相反。威尔逊认为，鉴于这场战争的巨大影响力，各国应当签署不涉及任何领土兼并的和平协议。劳合·乔治却持不同的观点：既然这场战争的波及范围如此之广，那么就必须要有巨额的战争赔款和大规模的领土兼并。

　　威尔逊和劳合·乔治都许诺要给奥斯曼帝国境内的各民族以更好的生活，但威尔逊深信民族自治的力量，而劳合·乔治则只在嘴上讲着民族解放，实际上却提出要给中东人民比自治政府更好的政府。在这一点上，英国首相与那些日常执行着英属埃及中东政策的基钦纳的左右手不谋而合。正因如此，他的政策也更有可能得到执行。

　　在1916年和1917年之交接掌政权的新任首相为新的战争目标，比如摧毁反动的奥斯曼帝国带去了旧式的激进主义狂热，而这些新的目标仿佛把人们带回了19世纪自由主义的光荣岁月。劳合·乔治在成为首相后所做的最早的决定之一，就是下令埃及的英军发动进攻。另一项决定则是命令约翰·巴肯（劳合·乔治在米尔纳的建议下任命他为情报主管）启动一项宣传活动，将摧毁奥斯曼帝国描绘为战争的主要目标之一。这项宣传活动引起了公众的热烈反响，事实证明，"土耳其人必须滚"的口号十分有效。[1]至少在短期来看，这种宣传就像威尔逊提出的要点和原则一样成了收效良好的政治活动。

　　劳合·乔治派兵前往东方作战的计划立刻就让他与手下的将领之间产生了矛盾。这些将领仍然要求在军事领域拥有最高控制权，这一要求也获得了英王乔治的支持。他们的战略依旧是把一切资源都集中在西线。因此，他们抱怨新任首相公然蔑视了他们的专业判断。他们在舰队街*的报界朋友也站在他们一边。1917年1月初，报界大亨诺斯克利夫子爵在一次激烈的谈话中威胁说，如果劳合·乔治不叫停其东方战略，他就要"毁掉"劳合·乔治。[2] 诺斯克利夫认为是他自己在上一年12月推翻了阿斯奎斯政府，因而相信只要他愿意，可以在1月把劳合·乔治搞垮。

差不多与此同时，陆军部也让一位与劳合·乔治相熟的人士告诫他，将军们打算跟他对抗，而他"或许不会有好果子吃"。[3] 在德国，德军总参谋部正在把身为文官的帝国宰相架空。鉴于英国国王、首相自身所属的自由党的领袖，以及报界和将领们都站在其对立面，英国首相也不确定英国的帝国总参谋部是否会如法炮制。在这个时候的世界政坛上，任何事，哪怕是以前无法想象的事情，都有可能发生。

但是，他还是无视了他的军事顾问们的意见，尽最大的努力坚持他的东方战略。他在很久之后写道："在1915—1916年，在这个世界上唯有我们自己的总参谋部能让土耳其人免遭彻底崩溃的命运。"[4] 劳合·乔治认为，如果能在1916年底保加利亚参战之前击败奥斯曼帝国，"那么战争的前景可能就会发生决定性的变化"。[5] 他认为，在任何时候打败土耳其人都绝非难事，"土耳其人展示给协约国一副坚强的面孔……但他们的门面背后其实一无所有。陆军部假装土耳其人拥有强大的武装力量和充足的预备队，但这不过是陆军部搞的把戏。或许他们真的相信这一点，如果是这样的话，要么是他

---

* 舰队街（Fleet Street），伦敦的一条街道，传统上英国媒体的总部都在这条街上，因而被用作英国媒体的代称。——译者注

们的信息源有问题，要么就是他们太容易上当了。"[6]

早在战争刚爆发的时候，劳合·乔治就主张可以从巴尔干发动进攻，击败德国，而击败土耳其人就可以打通前往巴尔干的道路。多年之后，他援引德国总参谋长兴登堡的话来支持自己的观点："如果有什么地方能创造一个杰出的战略奇迹，那么就是这里了……为什么英国从未利用这一机会呢？……或许有朝一日历史会告诉我们这个问题的答案……"[7]

劳合·乔治倒是想这么做，但问题是他的政治实力既不足以压倒他手下的将领，也无法强行征调足够多的部队和装备来完成这一使命。在整个1917年和1918年的大部分时间里，劳合·乔治一直在和英国的军事首脑们钩心斗角。劳合·乔治的地位岌岌可危。他在议会里的根基并不深厚，他以前的政敌们暂时支持着他，他以前的朋友们则对他缺乏信任。对政府攻讦最激烈的政治家就是他曾经的门生温斯顿·丘吉尔。他们两个人共同的一位朋友注意到，"每次一提到劳合·乔治，他的言语就变得十分恶毒。显然，他已经把劳合·乔治当成了一个令人厌恶的对头"。[8]丘吉尔的恶毒不无理由，因为劳合·乔治把他排除在了内阁之外。"是他让土耳其卷入了战争，"首相说，"让这样的人身居高位实在太危险了。"[9]

利用自己在军事领域的广博知识和对细节的精确把握，丘吉尔一直在演讲和报刊文章中批评英国在战争中的表现。劳合·乔治很清楚，其中的确有许多值得批评之处，但他无法把自己的看法强加在协约国军队的指挥官头上，同时，作为首相，他又不得不为接连不断的惨重失败向议会负责。丘吉尔还保持着他与首相之间畅通的沟通渠道。丘吉尔私下里警告首相说，对战争表现的不满有可能会让下议院里形形色色的反对派团结起来拉首相下马。

1917 年 5 月 10 日，丘吉尔和劳合·乔治恰巧在一次下议院会议结束后碰了面，首相借机表达了让丘吉尔进入内阁的想法。尽管他依旧认为"阅读拿破仑的事迹让丘吉尔过于自负"，但他还是向自己的秘书兼情妇弗朗西丝·史蒂文森*吐露心声说，在这个被面色阴郁的同僚们包围的时刻，他需要丘吉尔来帮他打起精神和鼓足干劲。[10]

像往常一样，让丘吉尔留在内阁外面，或是把他安插进内阁里面，很难说哪种做法更加危险。7 月中旬，劳合·乔治将丘吉尔任命为军需大臣。尽管这一任命并未让丘吉尔进入战时内阁，但还是立刻引发了强烈的反对，一度威胁到了这届政府的存亡。[†]

丘吉尔的姑妈在写信祝贺他成为军需大臣时补充道："我建议你就待在军需大臣这个位置上，不要试图掌控政府！"[12] 在丘吉尔获得这一新的任命之后，连《泰晤士报》都发文告诫道，这个国家"不会容忍外行人干预军事战略的企图，哪怕是多么微不足道的一次尝试也不行"。[13] 然而，就在他获得任命还不到一个星期时，丘吉尔就找到战时内阁秘书，向他重新提交了一份入侵中东的计划。无论是为他本人感到担忧的家人和朋友，还是为国家感到忧虑的政敌

---

* 弗朗西丝·史蒂文森（Frances Stevenson，1888—1972），她于 1913 年成为劳合·乔治的私人秘书和情妇。二人最终于 1943 年，即劳合·乔治的第一任妻子去世两年后成婚。——译者注

† 挽救劳合·乔治的是博纳·劳，是他平息了保守党人的怒火。博纳·劳并不喜欢丘吉尔，而且因为劳合·乔治没有就此事先征求他的意见而心怀不满。不过，他还是支持首相的决定。劳合·乔治很聪明地告诉博纳·劳说，阿斯奎斯已经许诺，一旦重新成为首相，就会让丘吉尔官复原职，再度出任海军大臣。[11] 劳合·乔治的言外之意是，相比之下，丘吉尔在自己的政府里只会待在相对来说不那么重要的位置上，因此这样的政府更值得信赖。——原注

和诋毁者，都会对这一消息感到十分沮丧，但又丝毫不会感到意外。丘吉尔提出，要派遣英军在亚历山大勒塔港登陆并入侵叙利亚北部，切断奥斯曼帝国的交通线。[14] 战时内阁没有理睬他的提案，提案就此不了了之。

II

劳合·乔治刚刚执掌政权几个月，就开始与青年土耳其党领袖恩维尔帕夏展开了秘密谈判。英国首相的谈判代表是军工巨头维克斯公司的财务主管文森特·凯拉德（Vincent Caillard），他曾经作为奥斯曼帝国公债管理委员会的主席在伊斯坦布尔供职多年。凯拉德又通过他的商界密友巴西尔·扎哈罗夫（Basil Zaharoff）从中活动。扎哈罗夫自士麦那的黑道起家，最终成了世界上最声名显赫的军火商人，大众媒体称他为"死亡贩子"。在 1917—1918 年，扎哈罗夫来到日内瓦报告说，他可以在这里与恩维尔帕夏展开磋商，先通过中间人传递消息，再举行面对面会谈。[15]

通过他的密使，英国首相向恩维尔及其同僚们许以巨额银行存款作为贿赂，要求土耳其按照英国开出的条件退出战争：阿拉伯半岛获得独立；亚美尼亚和叙利亚在奥斯曼帝国内部取得地方自治权；美索不达米亚和巴勒斯坦像战前的埃及一样成为英国事实上的保护国，但名义上仍然臣服于奥斯曼苏丹；确保达达尼尔海峡的自由通航。作为回报，劳合·乔治承诺废除不平等条约（给予欧洲国家优惠待遇的条约），并向土耳其提供慷慨资助以帮助其恢复经济。与之前阿斯奎斯政府的和平条件相比，劳合·乔治提出的条件有两点主要不同：法国、意大利和俄国将一无所获；英国将获得巴勒斯坦和美索不达米亚。

扎哈罗夫汇报说（其真实性难以捉摸），想法和情绪都十分多变的恩维尔最终没有接受劳合·乔治开出的条件。或许，恩维尔从来就没认真考虑过要接受这些条件。不过，从扎哈罗夫得到的指示中，我们可以看出劳合·乔治在中东地区的主要意图。

III

1917年5月10日，首相在下议院的一次秘密会议中明确表示，英国未来不会归还在战争中夺取的德属非洲殖民地，而土耳其也不能再保有巴勒斯坦和美索不达米亚。[16] 就连首相的亲密盟友都对他的发言感到十分惊愕。劳合·乔治对获得自由后的奥斯曼领土的未来命运有着十分明确的想法，但他的同事们对此却毫不知情。他尽量避免在公共场合谈及他的想法，只是在与恩维尔帕夏秘密谈判的时候才详细阐述了他的观点。正因如此，他与恩维尔帕夏磋商的内容才显得十分重要。

关于法国在战后中东世界的地位，马克·赛克斯爵士曾经做出过承诺，但首相并不打算遵守这些承诺。在他看来，《赛克斯-皮科协定》并不重要，只有实际占领才是真正重要的。至于巴勒斯坦，他曾经在1917年4月告诉英国驻法国大使，法国人将来必须接受"既成事实"："我们将征服那里，并且留在那里。"[17]

在自己的政府里，劳合·乔治是唯一一直想让英国占有巴勒斯坦的人。他还想鼓励犹太人在巴勒斯坦建立一片家园。他的同僚们并不了解他在这方面的态度有多么坚决。

劳合·乔治的同僚们忽视了他的信仰背景。与阿斯奎斯和英国内阁里的其他成员不同，劳合·乔治并没有在强调希腊和拉丁古典文化的高档公学里接受过教育。在他成长的过程中，《圣经》扮演了非常重要的角色。他经常说，比起欧洲战场上那些爆发战役的地点和有争议的边境地区的名称，他更熟悉《圣经》里提到的那些地名。他在提及这些地点时总是充满了狂热。他在后来的回忆录中提到，他反对《赛克斯-皮科协定》里那种分割巴勒斯坦地区的做法（巴勒斯坦大部分地区都会落到法国人手里，或是变成国际共管地区），因为此举会让这一地区不再完整。他认为，如果占领圣地的目的只是"要在上帝面前把这一地区切成碎块"，那么还不如干脆不要占领圣地。[18] 他坚称："我们夺回的巴勒斯坦必须是一片完整而不可分割的土地，如此它才能焕发勃勃生机，重新成为一片伟大的土地。"[19]

IV

与他的同僚们不同，劳合·乔治十分清楚英国的非国教教徒*和福音派信徒的一项有着几个世纪历史的思潮：由英国带头，让犹太人重返锡安。实际上，这种思想也构成了劳合·乔治本人非国教信仰的背景。从"五月花号"扬帆驶向新世界的清教徒时代开始，英国就一直不乏怀着犹太复国主义思想的基督徒，而劳合·乔治正是这一悠久传统的一位最新继承者。当时，无论是在美国还是在巴勒

---

* 非国教教徒（Nonconformist），指不服从英国国教的基督教新教徒。——译者注

斯坦，都有许多人对应许之地念念不忘。

在 17 世纪中叶，曾有两位定居在荷兰的英国清教徒——约翰娜·卡特赖特（Johanna Cartwright）和埃比尼泽·卡特赖特（Ebenezer Cartwright）*——向他们的政府请愿，主张："英格兰国家与尼德兰居民应当最先，也应当是最具备条件利用他们的船只将以色列（Izrael，即雅各）的儿女们送回许给他们先祖亚伯拉罕、以撒和雅各之土地，使他们在那里永久定居。"[20] 根据《圣经》的记载，清教徒们相信，一旦犹太人回到他们的故土，弥赛亚就会降临人间。

这一想法后来又出现过。在 19 世纪中叶，后来成为沙夫茨伯里伯爵（Earl of Shaftesbury）的社会改革家安东尼·库珀（Anthony Cooper）在英国国教会内部发起了一场轰轰烈烈的福音派运动，旨在将犹太人送回巴勒斯坦并让他们改信基督教，从而促使耶稣基督早日再临人间。在沙夫茨伯里伯爵的影响下，他的姻亲、时任英国外交大臣的巴麦尊勋爵决定将巴勒斯坦的犹太人也置于英国的领事保护之下。沙夫茨伯里伯爵在日记中写道："上帝已经选择了巴麦尊，通过他来施恩于自己古老的子民。"[21]

与活跃于下一个世纪的劳合·乔治相似，巴麦尊的行动背后既有理想主义的因素，也有实用主义的考量。他之所以主张在奥斯曼帝国内部建立一个犹太人定居的巴勒斯坦，是出于与法国进行"大博弈"的考虑。在 19 世纪 30—40 年代，奥斯曼帝国桀骜

---

* 二人是母子关系。——译者注

不驯的埃及总督穆罕默德·阿里*在法国的支持下从埃及出兵向叙利亚进发，威胁到了奥斯曼帝国的领土完整和苏丹的宝座。巴麦尊一如既往地支持奥斯曼帝国。他提出让犹太人定居巴勒斯坦的动机之一，就是要让奥斯曼帝国获得犹太人的支持，从而巩固奥斯曼帝国的统治。而且，此举还可以在法国及其代理人穆罕默德·阿里的进军道路上设置一个英国人支持下的犹太人家园，挡住法国及其代理人的前进路线，从而阻挠他们的计划。此外，英国还可以借此在中东地区培植一个代理人，从而获得插手奥斯曼帝国事务的借口。无论是东正教信仰的捍卫者俄国，还是定居在极具战略意义的黎巴嫩的马龙派教徒（他们信奉罗马天主教）的保护者法国，都可以宣称自己在中东地区有着重要的利益和需要保护的代理人。由于这一地区没有新教徒居民，英国必须找到别的代理人方能与俄法两国相抗衡。

与此同时，巴麦尊把应许之地归还给犹太人的动议也包含着国内政治方面的精明打算。他的这一提议点燃了英国公众清教徒式的热情，获得了热烈的响应。† 研究巴麦尊外交手腕的权威学者认为，他的政策"与在 19 世纪经久不衰的一个神秘主义理念产生了关联：是上帝选中了英国，让它将犹太人带回圣地"。[22] 这一理念很奇妙地与十分流行的反犹主义思潮实现了共存，至少在英国的上层社会是这样的。

---

* 穆罕默德·阿里（Mehemet Ali，1769—1849），出身于阿尔巴尼亚的军事将领，后在埃及成为割据一方的地方势力，自称"赫迪夫"，仅在名义上奉奥斯曼帝国苏丹为君主。他开启的王朝在埃及的统治一直延续到 20 世纪 50 年代。——译者注

† 这一想法也启发了世俗的理想主义者。乔治·艾略特（George Eliot）在她 1876 年出版的小说《丹尼尔的半生缘》（*Daniel Deronda*）中也提出了一个犹太复国主义方案。——原注

1914 年，随着奥斯曼帝国加入战争，似乎终于出现了能让犹太复国主义理想得以实现的政治环境。"还有什么能阻止犹太人获得巴勒斯坦并恢复真正的犹太国度呢？"当土耳其加入战争时，H.G. 威尔斯*在报纸上发表的一封公开信中问道。

不久之后，阿斯奎斯政府的邮政大臣、身为自由党领袖之一的赫伯特·塞缪尔爵士（他也是英国内阁里第一个信奉犹太教的成员）也产生了类似的想法。1915 年 1 月，他给首相阿斯奎斯发去一份备忘录，提出鉴于巴勒斯坦对大英帝国的重要战略意义，应当将其变为英国的保护国。他还鼓吹了一番鼓励犹太人大规模前往巴勒斯坦定居的好处。当时，首相正好在读《坦克雷德》(*Tancred*) 这本小说。该书的作者本杰明·迪斯累里是 19 世纪英国的政坛领袖，他虽然受洗成为基督徒，但其实出生于一个犹太人家庭。本杰明·迪斯累里一直主张让犹太人重返巴勒斯坦。阿斯奎斯坦言，塞缪尔的备忘录"读起来就好像是现代版的《坦克雷德》。我必须承认，我对这种给英国平添责任的提议并不感兴趣。不过，看到平日里思考问题总是有条不紊的赫伯特·塞缪尔竟然怀着近乎诗人般的浪漫热情提及此事，不禁让人想到迪齐（迪斯累里）最喜欢的座右铭：'种族就是一切'……"[23]

1915 年 3 月，修订后的塞缪尔备忘录开始在内阁里流传。不过，他的提议并没有得到太多人的响应。阿斯奎斯私下里评论说："内阁里唯一支持这一提议的竟然是劳合·乔治，这太让人感到惊异了。要知道，劳合·乔治对犹太人及他们的历史和未来完全不关

---

* H.G. 威尔斯（H.G.Wells, 1866—1946），英国作家，曾创作描述火星人入侵的地球的科幻小说《世界大战》，是科幻小说的先驱之一。——译者注

　　　　　　　　　　　　　　　　　终结所有和平的和平

心……"[24] 首相并没有意识到，劳合·乔治的支持态度背后其实有着复杂的动机。劳合·乔治对内阁表示，如果让巴勒斯坦的基督教圣地落入"持不可知论和无神论的法国人"之手，那绝对会成为骇人听闻的事情。[25] 看到塞缪尔和劳合·乔治由于截然不同的原因鼓吹英国在巴勒斯坦建立保护国，阿斯奎斯感到大惑不解："如此殊途同归，很难不使人感到惊诧！"[26] 这可以说是颇有预言性的点评了。在接下来的许多年里，很多英国官员都经由截然不同的路径得到了相同的结论：英国不断演进的巴勒斯坦政策的一个重要特色就是其背后并没有一个单一的决定因素。

拥有巨大影响力的基钦纳反对塞缪尔的提议。基钦纳告诉内阁，无论是从战略角度还是从其他角度来看，巴勒斯坦都毫无价值，这个地区甚至连一个像样的港口都没有。[27] 于是，塞缪尔的提议没有被采纳。不过，劳合·乔治依然在巴勒斯坦的战略意义这一问题上与基钦纳持不同看法。

V

劳合·乔治出身于威尔士家庭，但他其实出生在英国第二大城市曼彻斯特。曼彻斯特是激进自由主义传统的大本营，而劳合·乔治在他政治生涯的大部分时间里都信奉激进自由主义。除此之外，曼彻斯特还是仅次于伦敦的英国第二大犹太人聚居地。来自这一地区的议员，例如贝尔福和丘吉尔，都十分清楚当地的犹太人选民关注哪些特殊议题。

1914 年，定居在曼彻斯特的俄国犹太裔化学家哈伊姆·魏茨曼*让自由主义大报《曼彻斯特卫报》(*Manchester Guardian*)†的编辑C.P. 斯科特（C.P.Scott）成了犹太复国主义的信徒。充满理想主义精神的斯科特全心全意地把犹太复国运动当成自己的事业。要知道，斯科特是公认的劳合·乔治最亲密的政治密友。与此同时，《曼彻斯特卫报》的军事记者赫伯特·赛德博特姆（Herbert Sidebotham）还看到了犹太复国运动的另一层意义：它可以给英国带来军事上的优势。他在 1915 年 11 月 26 日的报纸上提到，巴勒斯坦必须成为一个"由饱含爱国热情的民族"定居的缓冲国，"大英帝国作为一个海洋帝国的未来"完全寄托于此。[28]

《曼彻斯特卫报》在第一次世界大战的大背景下拥抱了犹太复国主义，而劳合·乔治则早在 10 多年之前就投身于犹太复国主义，或者更确切地说，是犹太复国主义选择了劳合·乔治。1903 年，他成了犹太复国运动及其发起者西奥多·赫茨尔‡在英国的律师。他的工作涉及一项在犹太复国主义者中引起了痛苦分裂的问题：犹太人的国度是否必须在巴勒斯坦建立。劳合·乔治在那个抉择时刻充当了赫茨尔的代表，从而对犹太复国主义的矛盾处境有了深刻的理解。

犹太复国运动是一场新兴的运动，但它的源头却深深植根于古老的犹太地。这一地区的独立地位屡经削弱，最终臣服于古罗马。公元 2 世纪，当地的大部分居民都被驱赶到了他乡。流亡中的犹太地人——或者被称作犹太人——依然坚守着他们自己的宗教以及迥

---

* 哈伊姆·魏茨曼（Chaim Weizmann，1874—1952），化学家，犹太复国运动领袖，出生于俄罗斯帝国莫托尔（Motal，今属白俄罗斯），首任以色列总统。——编者注

† 该报于 1959 年更名为《卫报》。——译者注

‡ 西奥多·赫茨尔（Theodore Herzl，1860—1904），奥匈帝国犹太裔记者、剧作家、政治活动家，出生于匈牙利的佩斯城（今天布达佩斯的东部）。他被誉为"以色列国父"。——译者注

异于他人的律法和习俗，这让他们与在迁徙过程中遇到的其他民族形成了明确的分野。歧视、迫害、频繁的屠杀和放逐，这些遭遇进一步增强了犹太人独特的认同感和特殊的使命感。他们的宗教告诉他们，上帝最终将把他们带回锡安。在每一年的逾越节典礼上，他们都会重复同样的祷告词："明年在耶路撒冷！"

回归锡安一直只是一个弥赛亚降临式的宗教愿景，直到19世纪欧洲勃兴的一种思想观念把这一理想变成了一个现实的政治目标。经过法国大革命的火种播撒，有一种观念蓬勃发展，最终成了当时一种具有代表性的观念——每一个民族都应当拥有一个属于自己的独立国家（不过，究竟应该怎样定义一个民族，并没有确切的答案）。意大利革命家朱塞佩·马志尼（Giuseppe Mazzini）就是这一理念的杰出倡导者，他认为每个民族都应当获得自由，从而才能为全人类贡献其独特的天赋并完成其独特的使命。因此，每个民族的民族主义运动不仅是为了服务本民族的利益，同时也有利于其邻邦的福祉。正是怀着这种理念，马志尼的同志、意大利最伟大的英雄人物朱塞佩·加里波第（Giuseppe Garibaldi）才不仅为了意大利而战，还曾为了乌拉圭和法国而战。

从反面演绎这种观念，则会得出如下的观点：世界上各种问题的根本原因之一，就是有一些民族受到了阻碍，无法赢得统一或独立。马志尼和他的追随者们认为应该通过战争或革命的手段来改变这一点。后来，右翼从左翼手中接过了这杆大旗，加富尔和俾斯麦分别实现了意大利和德国的统一，民族独立也成了欧洲政治活动的主题之一。民族主义又在1847年的瑞士内战和1861—1865年的美国内战之中更进一步。在这两场战争中，瑞士的七个州和美国的十一个州分别试图脱离各自的联邦，结果被联邦政府出兵镇压。不管是否情愿，人民就这样被统一在了一个国家之中。

从这里我们可以看出，这种新兴的民族主义或许还有着阴暗的一面：无法包容与大多数人不同的群体。犹太人立刻就迎头撞上了这个阴暗面。在西欧的民族主义浪潮之中，犹太人问题披上了新的外衣：德国的犹太人是德国人吗？法国的犹太人是法国人吗？如果是，那么该如何看待他们的与众不同之处？到19世纪末，困扰西欧犹太人多个世纪之久的一系列限制都在法律上被取消了：他们可以移居到犹太人聚居区之外，可以自愿地选择职业和购买土地，还享有公民权利。但是，在那些把他们视作外人的邻居那里，他们还是感受到了汹涌的敌意。

在东欧，即属于俄罗斯帝国的波兰、波罗的海沿岸地区和乌克兰，犹太人的处境十分凶险。当时，世界上大部分犹太人都生活在俄罗斯帝国境内一片划定的区域里。只要他们还在沙皇的治下，他们就只能在这片被称作"帕累区"*的区域内生活。只有很少一部分犹太人可以生活在圣彼得堡、莫斯科或其他位于帕累区之外的地区，其中有些人是得到了特别的许可，有些人则是非法居留。在帕累区内部居住的600万俄国犹太人并没有被接纳为犹太裔俄国人。他们不仅受到法律上的各种限制，还经常沦为有组织屠杀的受害者。在19世纪后半叶和20世纪初，俄国犹太人的生活境遇严重恶化，大批犹太人被迫逃出俄罗斯帝国。

由于民族主义在当时被视作解决一切政治难题的良方，自然也

---

* "帕累区"（Pale），这一词本意为用来建造围栏的木头。——原注

就有人将其当作解决犹太问题的答案。许多作者都在他们雄辩滔滔的著作里不约而同地提出，应当在一个独立的犹太国家内部实现民族统一和民族自决。*因此，西奥多·赫茨尔并不是第一个提出犹太复国主义思想的人物。不过，是他第一个把犹太复国主义变成了切实的政治诉求。与此同时，逃出俄国的犹太人先行者们来不及等待政界的辩论结果，已经开始在巴勒斯坦进行殖民。

作为一个已经被同化的犹太人，当赫茨尔接触到政治化的犹太复国主义思想时，他的主要着眼点是犹太人必须拥有属于他们自己的民族国家，而这个国家的具体位置并不是他优先考虑的问题。其实，对于犹太人和犹太教，赫茨尔几乎一无所知。他本是一家维也纳的报纸派到巴黎去的时髦记者，早已忘记了自己的犹太人出身。但是，德雷福斯案†让他震惊地看到了法国的反犹主义情绪，他这才意识到有必要将全世界的犹太人从他们的历史苦难中解救出来。

阅历丰富的赫茨尔很清楚在当时的欧洲应当怎样运作政治活动，于是首先创办了一个犹太复国主义组织。接着，他以这个组织的名义开始与多个国家的政府展开磋商。直到他开始与其他犹太人以及那些在圣地从事殖民活动多年的犹太人组织产生工作联系，赫茨尔才意识到那片被世人称作巴勒斯坦（非利士人的土地），但被犹太人称作以色列的土地究竟有着怎样独特的吸引力。

---

* 其中包括摩西·埃斯（Moses Hess）的《罗马与耶路撒冷》（*Rome and Jerusalem*，1862 年出版）和莱昂·平斯克尔（Leon Pinsker）的《自我解放》（*Auto-Emancipation*，1882 年出版）。——原注

† 19 世纪 90 年代，法国犹太裔军官德雷福斯（Dreyfus）在证据不足的情况下被草率地认定犯叛国罪，惨遭流放。这一事件引发了法国社会的大讨论和对自身反犹主义的反思。——译者注

20 世纪初，在与奥斯曼帝国进行了多次对话之后，赫茨尔意识到苏丹不会同意犹太复国主义者的主张，至少眼下不会。于是，他把目光投向了其他地方。1902 年，赫茨尔与约瑟夫·张伯伦*进行了一次重要的会谈。约瑟夫·张伯伦曾经在第三代索尔兹伯里侯爵和贝尔福的内阁中担任殖民地大臣，权倾一时，同时还是现代英国帝国主义之父。张伯伦也认同应当通过民族主义路线来解决犹太人问题，他充满同情地聆听了赫茨尔退而求其次的提议：先在巴勒斯坦附近建立一个犹太人政治实体，再寄希望于巴勒斯坦有朝一日可以供犹太人定居。赫茨尔提议的犹太人定居地点是塞浦路斯或西奈半岛边缘紧邻巴勒斯坦的阿里什（El Arish），这两个地区在名义上都是奥斯曼帝国的领土，但实际上被英国占领。张伯伦否决了塞浦路斯方案，但提出可以帮助赫茨尔取得负责管理西奈半岛的英国官员的同意。

　　为了取得英国人的同意，赫茨尔决定通过他的英国代表利奥波德·格林伯格（Leopold Greenberg）雇用一位政治知识丰富的律师。他们最终选择了劳合·乔治。劳合·乔治代表他在伦敦的公司"劳合·乔治-罗伯茨公司"（Lloyd George, Roberts & Co.），亲自负责这桩业务。不过，由于英属埃及当局的反对，赫茨尔的计划搁浅了。英国外交部分别在 1903 年 6 月 19 日和 7 月 16 日两次致函赫茨尔，告诉他他的提议并不可行。

　　张伯伦随后提出，他可以在本部门管辖范围内为犹太人找一块定居地——英属东非的乌干达。时任英国首相阿瑟·詹姆斯·贝尔

---

* 约瑟夫·张伯伦（Joseph Chamberlain, 1836—1914），英国政治家，奥斯汀·张伯伦和内维尔·张伯伦的父亲。——译者注

福也深入思考了犹太人问题，同样认为应当用民族主义来解决犹太人问题，因此他对张伯伦的方案表示支持。赫茨尔赞同张伯伦的提议，于是劳合·乔治起草了一份犹太人定居方案，并正式提交给了英国政府。1903 年夏天，英国外交部做出了谨慎赞同的表态：如果接下来一年中的研究和对话收效良好，英王政府将考虑支持创立犹太人殖民地的提议。这就是第一份《贝尔福宣言》，是第一次有一国政府就犹太复国运动发表官方宣言，同时也是第一份暗示了犹太民族的国家地位的官方声明。[29]

在不久之后召开的一次世界犹太复国主义者大会上，赫茨尔公开了乌干达方案，提出将这块东非的定居点当作前往应许之地的中转站和避难所，接纳那些来自沙皇俄国、试图逃避大屠杀的犹太人。对于赫茨尔的提案，与会者在理性上能够赞同，但是在情感上却难以接受。作为犹太复国主义者的领袖，赫茨尔和他的提案获得了与会代表的投票赞同，但是大部分代表只对自己祖先曾经居住的土地感兴趣，而对其他地方兴味索然。犹太复国运动陷入了僵局：赫茨尔不知道如何将犹太复国运动带到巴勒斯坦去，而犹太复国主义者们又不愿意追随赫茨尔到其他地方去。1904 年夏天，赫茨尔与世长辞，犹太复国运动陷入分崩离析的局面。

1906 年，随着英国出现了一个新的自由党政府，劳合·乔治在利奥波德·格林伯格的鼓动下，再一次提交了西奈方案，但英国政府再次拒绝了这一方案。爱德华·格雷爵士在 1906 年 3 月 20 日提到，英国外交部的立场并未发生变化。[30]

在犹太复国运动成形的过程中，戴维·劳合·乔治一直充当这一运动的法律代表。诚然，犹太复国主义者只是他众多客户之一，甚至算不上是什么大客户，但是，由于他的这段职业经历，在英国政坛领袖之中，没有谁比他更能理解犹太复国运动的特点与目标。在1917—1918年，当劳合·乔治考虑征服巴勒斯坦事宜的时候，也没有人比他更清楚，一旦英国获得了这片土地应当如何处理它。

当伍德罗·威尔逊考虑中东问题时，他主要考虑的是美国在这一地区的新教学校和传教士的利益；与之相类似，劳合·乔治也想让自己的国家能在这一地区执行上帝的意志。但是，与美国总统不同，英国首相还打算在此过程中扩张本国的帝国势力。

英国应当在战后的中东支持犹太民族主义，劳合·乔治得出这番结论时有着自己的一番认识历程。在英国政府内部，他的一些同事在1917年也得出了相同的结论，但他们得出这一结论的路径不尽相同——正可谓条条大路通锡安。有趣的是，正如他们由于对阿拉伯人和穆斯林的一些错误认知才走上了支持埃米尔侯赛因的道路，他们之所以即将走上支持犹太复国运动的道路，也是因为他们对犹太人的一些错误认知。

·

终结所有和平的和平

33

通向《贝尔福宣言》之路

I

无论是在军事战略方面还是战争目标方面，劳合·乔治都是一位"东方主义者"。他成功赢得了政府内文官要员的支持，让他们意识到整个中东，尤其是巴勒斯坦对大英帝国来说都至关重要。他们通过各种不同的途径得出了同样的结论：无论在战时还是在和平时期，与犹太复国主义者结盟都符合英国的需要。

1917年冬，劳合·乔治让米尔纳勋爵及其同僚意识到了东方战局的重要战略意义。当时，人们还完全不知道协约国能否在东方或其他任何战场赢得决定性的胜利。即便在美国于1917年春天投入战争之后，交战双方看起来也完全有可能在美国军队及时赶到战场之前就达成和平协议，让双方各自保有当前占据的土地。既然首相已经强调了中东重要的战略意义，那么让德国人和土耳其人继续控制这一地区的前景就不免让一些人感到忧虑了。

战时内阁的助理秘书利奥·埃默里和马克·赛克斯担心，战后的奥斯曼帝国可能会完全陷入德国的掌控之中。倘若如此，通往印度的道路就会落入敌人手中，而要避免这样的威胁，大英帝国就必须赶走土耳其人和德国人，把奥斯曼帝国的南部边疆掌握在自己手中。从一开始，内阁就考虑要吞并美索不达米亚。至于阿拉伯半岛，英国已经与当地宣布独立的统治者们达成了协议，英国有理由相信这些获得英国资助的地方统治者会保持亲英态度。这样一来，唯一的软肋就只剩下了巴勒斯坦。作为连接亚非两洲的桥梁，巴勒斯坦不仅挡在从埃及前往印度的陆路交通线上，同时又可以威胁到邻近的苏伊士运河，从而影响到从埃及前往印度的海路。

作为米尔纳勋爵在政府内的首要助手，埃默里在 1917 年 4 月 11 日发给内阁的一份备忘录里讨论了这个问题。他警告说，德国可以在战争结束后从其欧洲领土或中东出兵再次袭击英国，因此，"让德国人控制巴勒斯坦"是"大英帝国在未来面对的种种危险中最危险的一个"。[1]

埃默里和马克·赛克斯一起被任命为莫里斯·汉基的助理，后来威廉·奥姆斯比-戈尔也加入其中，他们一起成了战时内阁秘书处的主要人物。作为议员和曾在陆军部任职的陆军军官，埃默里成了执掌战争事务的核心圈子中的一员。在秘书处的分工里，中东并不在埃默里的职责范围内，而是由赛克斯负责。不过，埃默里向一位老友伸出了援手，从而对中东政策施加了自己的影响。

埃默里在南非结识的一位军官约翰·亨利·帕特森（John Henry Patterson）中校曾经在加利波利战役中指挥一支犹太人部队。帕特森希望可以得到埃默里的协助，让陆军部批准他创立一支由非英籍犹太人组成的陆军团，在英国的指挥下作战。如果英国有朝一日从埃及和西奈半岛出兵进攻奥斯曼帝国，这个团可以被派到巴勒斯坦作战。帕特森是一名学习过《圣经》的爱尔兰新教徒、职业军官和业余猎狮者，以他的畅销书《察沃的食人魔》（*The Man-*

eaters of Tsavo）和他的冒险精神而闻名。组建犹太人陆军团的想法来自暴躁的俄国犹太裔记者弗拉基米尔·亚博京斯基（Vladimir Jabotinsky）。此人相信，大量肢体健全、尚未入籍的俄国犹太人活跃在英国而不服兵役，会让英国人心生厌恶。尽管一开始未提及此事，但亚博京斯基相信，一支能够帮助英国解放巴勒斯坦的犹太人部队，在未来也可以帮助犹太复国主义者实现自己的理想。[2] 帕特森对组建犹太人部队的这一想法十分热心，他在加利波利战役中指挥犹太人部队的经历十分愉快，而这支部队的组建在很大程度上要归功于亚博京斯基的助手约瑟夫·特鲁姆佩尔道（Joseph Trumpeldor）上尉。[3]

　　埃默里同意帮助帕特森，但这绝非易事。犹太人社群的官方领袖强烈反对这一计划。在他们看来，此举可能会让人以为犹太人选择站在协约国一方，从而威胁到生活在德意志帝国、奥匈帝国和奥斯曼帝国境内的犹太人的安全。与英国犹太人社群在大部分事情上都意见相左的犹太复国运动领袖们也赞同这一看法，他们认为不应当让犹太复国主义的诉求依附于交战双方中的任何一方。当亚博京斯基于1915年第一次提出这一想法时，英国当局也不认为让这支犹太人部队前去解放巴勒斯坦的提议有什么价值。一位高级官员说："没人知道我们究竟会在什么时候去巴勒斯坦，基钦纳伯爵说永远不会。"[4]

　　埃默里在1916年和1917年坚持不懈，终于把亚博京斯基的陈情递到了战时内阁。当时，英国政府与其他协约国政府达成了一项协议，允许各国将其他国家的公民编入本国军队，这就意味着，生活在英国的俄国犹太人现在可以加入英国军队了。英国议会批准了该协议。1917 年夏天，英国陆军编成了一支犹太人部队（后来被称作犹太军团），由帕特森中校指挥。劳合·乔治兴奋不已。他认为，在巴勒斯坦的战斗中，"犹太人或许会比阿拉伯人更有用"。[5]

埃默里起初并没有把他对巴勒斯坦战略地位的重视与对犹太军团的支持结合起来，直到他的同僚马克·赛克斯向他详细介绍了犹太复国运动，不过他原本就对犹太复国运动有一些好感。他的政治导师、已故的约瑟夫·张伯伦一直支持建立一个犹太国家实体，他的上司米尔纳勋爵则在年轻时就对犹太复国主义产生了同情，埃默里本人也怀着与之相似的同情之心。他后来写道，除了美国之外，"只有阅读《圣经》，按《圣经》的教导思考的英国一直把犹太人返回故土的憧憬视作一种无法拒绝的自然诉求"。[6]

威廉·奥姆斯比-戈尔后来也加入了埃默里和赛克斯的行列，成了战时内阁的三名助理秘书之一。他在犹太复国主义理想中看到了更为实际的短期利益。作为议员和米尔纳勋爵的秘书，奥姆斯比-戈尔曾经在中东与阿拉伯局的人一起工作。阿龙·阿隆索赫恩曾在他的领导下工作。阿龙·阿隆索赫恩领导着一支高效的情报收集团队，在奥斯曼帝国境内犹太人定居的巴勒斯坦地区工作，收集有关土耳其军队调动的信息。像亚博京斯基一样，阿隆索赫恩也遭到了犹太同胞的抨击，他们认为他把犹太复国运动的利益与协约国的利益混为一谈，从而威胁到了巴勒斯坦犹太居民的安全，因为杰马尔帕夏有可能像他的同僚们对待亚美尼亚人那样对付那里的犹太人。不过，事实证明，阿隆索赫恩有关土耳其国防与军事部署的情报对埃及的英国军方来说极具价值，这让奥姆斯比-戈尔对他刮目相看。

阿隆索赫恩还有让奥姆斯比-戈尔十分着迷的另一方面——他

赖以成名的农业探索和实验。10 年之前，阿隆索赫恩投身到了一场搜寻活动之中——搜寻几千年前曾经盛极一时的野生小麦品系。由于频繁的同系交配，小麦这一作物在随后的岁月里出现了退化，抗病性越发衰弱。对于生着碧蓝眼睛、讨人喜欢的阿龙·阿隆索赫恩来说，通过找寻大自然孕育的原始品种来拯救地球上最基本的粮食作物，是一项充满浪漫色彩的使命。1906 年春天，他完成了一生中最伟大的发现：他在靠近罗什平纳（Rosh Pina）犹太人定居点的黑门山（Mount Hermon）山脚下，找到了随着微风轻轻摇摆的野生小麦。

　　阿隆索赫恩在巴勒斯坦驻地的农业研究成果让奥姆斯比-戈尔深受触动，因为这一发现将影响到犹太复国主义的核心议题。在英国内阁里，寇松勋爵对犹太复国主义持反对态度，其理由是巴勒斯坦的土地太过贫瘠，根本无力供养数以百万计的犹太人在此定居。阿拉伯人后来也持这种观点，认为这片土地无法承载新增移民。多年以后，能言善辩的阿拉伯代言人乔治·安东尼厄斯（George Antonius）曾写道："巴勒斯坦没有留给第二个民族的生存空间，除非将已经定居在这里的那个民族赶尽杀绝。"[7] 阿隆索赫恩的实验驳斥了这种观点。* 他的研究表明，科学农业可以让这片土地变得富饶而肥沃，在不需要迁移巴勒斯坦西部 60 多万居民的情况下，这片土地还可以再养育数百万人。他的研究还有更深远的意义。奥姆斯比-戈尔给伦敦带来一个新的理念：犹太复国主义者可以帮助中东地区的阿拉伯人和其他民族复兴这片土地，让这片沙漠再一次繁荣起来。

---

* 截至 1984 年底，以色列拥有约 423.5 万人，而约旦河西岸的人口总数约为 130 万。也就是说，到本书写作之时，大约共有 553.5 万人生活在曾经的英国托管地巴勒斯坦 25% 的领土上。——原注

II

　　劳合·乔治刚刚成为首相，利奥·埃默里就发起了一项动议，要把巴勒斯坦问题置于大英帝国的未来这一大议题之下。1916年底，埃默里在发给米尔纳勋爵的文件中提出了创立帝国战时内阁（Imperial War Cabinet）的想法，米尔纳勋爵随后设法让劳合·乔治着手将其付诸实施。[8]

　　战争让英国确实有必要设立这样一个机构：大英帝国的其他部分为战争贡献了大量的人力，来自不列颠之外的部队构成了英国武装力量十分可观的一部分。各个自治领为英军提供了超过100万人，而印度帝国则至少贡献了50万战斗人员和数十万的支持人员。但是，却从来没有人就是否参战征求过加拿大、澳大利亚、新西兰、印度和英国在战争中的其他伙伴的意见。乔治五世宣布参战，他在海外自治领的总督们就代表各自的自治领也宣布参战，而没有征求过各个自治领的议会或政府的意见。虽然来得迟了一些，但埃默里的提议将会让这些海外领地在伦敦的一个中央机构中获得代表权，直接参与战争的总体决策，从而使它们的重要地位获得承认。

　　像米尔纳勋爵的其他友人一样，埃默里也相信大英帝国的结构应当发生彻底的改变。1916年底，随着伦敦的政治局势变得动荡不安，党派和派系分野开始瓦解，许多原本看起来不可能的事情都变为了可能。

　　在迪斯累里的时代以前，大英帝国的建立完全是一个随意为之的过程，也有人说它是心不在焉的产物。是迪斯累里赋予了大英帝国以魅力，让人们开始集中精力关注帝国的发展。作为后来者，埃默里与他在米尔纳小圈子里的其他友人曾经与塞西尔·罗德斯[*]和约瑟夫·张伯伦互相配合,可谓是最早的一批有意识地、系统性地为帝国添砖加瓦的拥护者,而他们的同侪鲁德亚德·吉卜林和约翰·巴肯则是帝国积极主动的鼓吹者。他们当中的许多人都支持创立一个全帝国范围内的经济体系,用关税将其他国家挡在外面。另外一些人则意识到,帝国内的一些部分在经济上存在着相互竞争的关系,因此转而倡导更密切的政治合作。创办了帝国主义刊物《圆桌》的莱昂内尔·柯蒂斯认为,大英帝国只有两条路可走,要么建立联邦,要么分崩离析。他代表了米尔纳小圈子里的一些人,他们认为帝国应当是一个有机的政治联盟,由不列颠与各自治领共同选举出一个帝国议会,再组成一个统治整个帝国的帝国内阁。1911 年,这一计划被帝国会议[†]否决。然而,随着世界政治格局在第一次世界大战期间的崩解,这一计划似乎又获得了第二次机会。

1916 年 12 月 19 日,劳合·乔治在埃默里的建议下向下议院发表讲话称,"我们认为,是时候正式征询自治领"对战争与和平等事宜的看法了。⁹ 于是,他宣布将于三个月之后在伦敦举行帝国战时会议。这个帝国战时会议还有一个容易令人产生混淆的名字,叫帝国战时内阁。

没有人比来自南非的代表扬·克里斯蒂安·史末资更怀疑英国政府的动机了。这位律师出身的将领曾经在布尔战争中与英国

---

* 塞西尔·罗德斯(Cecil Rhodes,1853—1902),英国商人,帝国主义的坚定支持者。——译者注

† 帝国会议(Imperial Conference),由大英帝国各殖民地和自治领首脑参加的会议,于 1887—1937 年定期举行。——译者注

为敌，他完全不愿意被人从伦敦遥控指挥。1917 年 3 月 12 日，他来到伦敦参加这次会议。就在同一天，他收到了在布鲁克斯俱乐部（Brooks's）与他的老对头米尔纳勋爵一同用餐的邀请。这让他的疑心越发加深了。

会议刚一开幕，与会各方就立刻投入到辩论之中，最终史末资赢得了一场影响深远的胜利。1917 年 3 月 16 日，他推动通过了一项决议，与会者同意在战争结束之后再推敲大英帝国重组的具体细节，但大会提前向与会各方做出承诺，南非、加拿大、澳大利亚和新西兰的独立将是大英帝国重组方案的基础。

对于这一结果，劳合·乔治或许不像米尔纳的小圈子那样失望。首相有他自己的目标，而在他看来，史末资可以满足他的目标。史末资是一个像米尔纳、埃默里和汉基一样的出色的管理者，可以帮助他们料理战争事务。除此之外，他曾在布尔战争和更晚近的东非战场上证明自己是一位成功的将领，同时他又是自治领的代表。因此，他可以利用自己的威望帮助劳合·乔治与英军将领们相抗衡。劳合·乔治说服了史末资，让他留在伦敦，并将他从本国的内阁"租借"到战时内阁来任职。就这样，史末资不仅是帝国战时内阁（或者叫帝国战时会议）的南非代表，同时还成了英国内阁的一位成员。在英国现代史上，他是唯一一位与英国上下两院皆无关系的内阁大臣。在战争的剩余岁月里，他一直远离家乡，就住在伦敦萨伏伊酒店的一间客房里。[10]

劳合·乔治后来写道，"史末资将军明确肯定了巴勒斯坦对大英帝国的重要战略意义"，[11] 并且立刻参与到相关事务之中。有一个共识是，大英帝国内部各部分的政治联系不应该进一步加强。或许是由于这个因素，史末资和埃默里同时把注意力放在了加强大英帝国各部分的地理联系方面，他们二人也都十分认可巴勒斯坦的重要性。广义的巴勒斯坦与美索不达米亚相接，可以让英国获得从埃及到印度的陆上交通线，从而将英国的非洲帝国和英国的亚洲帝国连接在一起。在路易斯·博塔*和史末资夺取了德属东非之后，英国控制下的非洲领土就连成了一片：一端是非洲最南端的大西洋港口开普敦，另一端是位于非洲大陆东北端、沟通地中海和红海的苏伊士。如果再加上巴勒斯坦和美索不达米亚，那么从开普敦到苏伊士的这片领土就可以与大英帝国的东方领土连接在一起，从英国控制下的波斯和印度帝国一直延伸到缅甸、马来亚和太平洋上的两个大自治领——澳大利亚和新西兰。在1917年，巴勒斯坦正是那缺失的一环。有了它，大英帝国的各部分就可以连在一起，形成一道从大西洋延伸到太平洋中部的连续链条。

英国首相自然也持相同的看法。他后来写道："对于大英帝国而言，与土耳其的战争有特殊的重要性……土耳其帝国横亘在我们前往广袤的东方领地的海陆通道上，截住了前往印度、缅甸、马来亚、婆罗洲、中国香港和澳大利亚及新西兰这两个自治领的道路。"[12]

埃默里即将向内阁建言，如果任由巴勒斯坦留在奥斯曼帝国手中（也就是留在德国人手中），大英帝国将在未来深受其害。与首相一样，埃默里也认为英国应当马上入侵巴勒斯坦，而史末资就是最合适的统帅；因为他不仅是一位成功的将领，同时也认同他们在短期战略和更广泛的地缘政治方面的观点。

---

* 路易斯·博塔（Louis Botha，1862—1919），南非军人、政治家，南非联邦首任总理。他曾在布尔战争中俘获丘吉尔。——译者注

1917 年 3 月 15 日，也就是史末资在帝国会议上大获全胜的那天，埃默里在给他的信中写道：

> 如果我们想在巴勒斯坦速成大事，有一件事情非常重要，那就是我们需要一位更有自信的将领……如果我是一名独裁者，我就会让您接手这一任务，因为只有您既拥有指挥运动战的经验……同时又没有在脑海里深深地嵌入堑壕战思维。[13]

劳合·乔治提出要把指挥权交给史末资，但史末资有些犹豫，于是向南非联邦总理路易斯·博塔将军寻求建议。史末资本人其实倾向于接手这一职位。他思索道："在其他战线上很难有所作为，只有在巴勒斯坦，加把劲或许还能取得可观的战果。"[14] 在进行了一番咨询之后，博塔和史末资认为应当接受这一任命，只要英国决定在巴勒斯坦"大打出手"，并"为这场战役配备第一流的人员和武器"。[15]

史末资随后与帝国总参谋长威廉·罗伯逊爵士交换了意见。威廉·罗伯逊明确表示，他不会从西线抽调出必要的部队和补给。在他看来，中东地区只是首相个人的一点执念所系，这个地方至多"只能算是次要战线"。[16] 刚刚上台几个月的劳合·乔治地位并不牢固，他在军事上的发言权非常有限。史末资意识到，劳合·乔治根本没有能力像他许诺的那样给予自己全力支持。于是，史末资没有接手巴勒斯坦方面的指挥权。在他看来，这场东方战役势必遭到罗伯逊及其同僚们的阻挠。

不过，史末资依然对巴勒斯坦保持着巨大的兴趣。后来，他和埃默里一起动身去了中东，研究当地的情况并发回了报告。回国之后，他们两人都主张在巴勒斯坦发动强大攻势。

作为一个泡在《圣经》里长大的布尔人，史末资在内阁会议上对犹太复国主义表示强烈支持。正如他后来所说的那样："南非人，尤其是老一辈的荷兰裔南非人，几乎就是遵循着犹太传统长大的。《圣经·旧约》……正是南非荷兰文化的核心。"[17] 像劳合·乔治一样，长大成人的史末资相信"终有一日，先知的预言会变为现实，以色列人民会回归他们的故土"。[18] 因此，他完全同意劳合·乔治的看法，认为犹太人应当在英国的支持下在巴勒斯坦建设家园。是不是史末资本人率先产生了这个想法，我们不得而知，但确实是史末资提出了一个可以被伍德罗·威尔逊接受，顺应了美国的反帝理念的方案：由像英国这样的国家根据未来的国际联盟的"授权"，在当地人民的委托下负责管理巴勒斯坦和美索不达米亚之类的地区。

1918 年底，埃默里在写给史末资的信中提出了一个新的帝国主义愿景：英国应当永久占据中东，在托管期结束之后也不撤离。虽然没有拿出具体方案，但他认为，就算在英国结束了对巴勒斯坦、美索不达米亚和一个阿拉伯国家的托管统治之后，它们也仍然应当留在英国的帝国体系之内。在他看来，未来的大英帝国应当像是一个规模稍小的国际联盟，世界其他地方也应当出现一些类似的小型国际联盟。这样一来，伍德罗·威尔逊主张的国际联盟就将由为数不多的几个成员组成，其中一个代表英国主宰下的小体系，其他几个小体系也应当各自拥有一个代表。[19]

因此，在埃默里看来，一个英国治下的巴勒斯坦和一个犹太人定居的巴勒斯坦并没有任何不相容之处。他也不认为英国人或犹太人的愿景与阿拉伯人的愿景有任何冲突。几十年后，他这样描绘1917—1918 年犹太复国主义梦想的支持者们："在我们这些年纪稍轻的犹太复国主义理想的支持者中，大部分人都像马克·赛克斯一样，既支持阿拉伯人又支持犹太复国主义，他们完全看不到这两种理想之间有什么重大的矛盾。"[20]

34

应许之地

I

在 1917 年这个多事之年，形形色色的人都在对英国的巴勒斯坦政策产生持续的影响：其中一方是内阁的诸位大臣，另一方则是如今鲜为人知，当时也仅有官员圈子知晓的一些官僚。

在战时内阁大权在握的秘书班子里，负责中东事务的是基钦纳的门徒马克·赛克斯爵士。他在战争爆发后不久就曾扮演过这个角色。他的上级莫里斯·汉基对中东事务并没有什么特别的见解。而自从基钦纳和菲茨杰拉德死后，赛克斯也就一直得不到什么来自上峰的真正指示。他并不知道，新任首相在中东问题上有着一套与他截然不同的鲜明观点。至于通过扎哈罗夫进行的、展现出首相对战后中东真实看法的秘密磋商，赛克斯也全然没有参与。

因此，在得不到任何指示的情况下，赛克斯继续略显迟疑地研究着巴勒斯坦问题。基钦纳和菲茨杰拉德曾指示他说，巴勒斯坦对英国来说并不具备什么重要的战略意义，也从来没有其他人告诉他应该改变这一态度。不过，在他于 1916 年与法国和俄国进行谈判的过程中，他意识到许多犹太人都对圣地抱有一种热切的关心。赛克斯认为，这些犹太人的支持对协约国来说可能意义匪浅。但是，他与英国的盟友和潜在的支持者商定的有关战后中东的一些安排，可能会让犹太人心生不满。就在他与法国人、俄国人、亚美尼亚人和阿拉伯人磋商的过程中，他一直怀着一种毫无根据却深信不疑的担忧——他达成的每一笔交易都可能招致犹太人的反对。

1917 年初，赛克斯与亚美尼亚商人詹姆斯·马尔科姆（James Malcolm）对话，讨论建立一个独立的亚美尼亚民族国家的问题。他们想让俄国在战后的中东世界成为统一的亚美尼亚的保护者。但是，赛克斯认为犹太人有着强烈的反俄情绪，因此建议提前做一些准备，防止犹太人反对这项可能会扩大俄罗斯帝国势力范围的计划。赛克斯要求马尔科姆搞清楚犹太复国运动的领袖都有哪些人，以便与他们进行交涉。

马尔科姆曾经见过《犹太记事报》（*Jewish Chronicle*）的编辑和所有者之一——利奥波德·格林伯格，此人恰好也做过西奥多·赫茨尔的英国代表。马尔科姆写信给他，询问他犹太复国主义组织的领导人都有哪些人，随后把得到的消息汇报给了赛克斯。其中提到的两个人似乎特别重要：一个是国际犹太复国运动的官员纳胡姆·索科洛夫 *；另一个是英国犹太复国主义者联合会的官员哈伊姆·魏茨曼博士，他反对犹太复国运动在世界大战中持中立态度的做法。† 马尔科姆向魏茨曼介绍了自己，不久后于 1917 年 1 月 28 日

---

* 纳胡姆·索科洛夫（Nahum Sokolow，1859—1936），出生于俄国统治下的波兰，犹太裔作家、翻译家。——译者注

† 魏茨曼出生于俄国，后来入籍英国。他十分热切地支持协约国，深信只有西方民主国家能够接受犹太人的理想。由于他并没有在国际犹太复国运动中担任任何职位，他可以不遵守他们的中立立场。不过，作为英国犹太复国主义者联合会的一名官员，他讲起话来又有一定的代表性。

　　　　　　　　　　　　　　　终结所有和平的和平

将魏茨曼介绍给了赛克斯。

魏茨曼并不知道协约国已经在为战后的中东制订规划了，但他想在战争还在进行时就从英国人这里得到关于巴勒斯坦命运的承诺。作为一名化学家，魏茨曼为战争中的英国做出了巨大的贡献：他发现了从玉米中提取丙酮（生产炸药的一种原料）的方法，并把这种方法告诉了英国政府。[*]然而，尽管他做出了如此重大的贡献，同时又与那些主导战争事务的高级官员越发熟络，但他并不知道有一名英国官员的主要工作就是磋商战后中东的和平方案。另一位英国犹太复国运动领袖、拉比加斯特认识赛克斯，也知道赛克斯正在从事这项工作。不过，加斯特把魏茨曼视作自己的竞争对手，因此并没有把这个消息告诉他。结果，魏茨曼只是在偶然间才得知了赛克斯其人。那是 1917 年初，在一次谈及各自的养马场的偶然谈话中，赛克斯对詹姆斯·罗斯柴尔德[†]提到了自己的工作，罗斯柴尔德后来又把这个消息告诉了魏茨曼。就在詹姆斯·马尔科姆为赛克斯安排与魏茨曼的会见时，魏茨曼已经打算主动提出会见赛克斯了。

两人可谓一拍即合：赛克斯想要找到一个人，与他商讨如何让英国政府和犹太复国主义者结成联盟；而魏茨曼刚好想扮演这一角色。

他们二人的第一次会面是一次非正式会面。从一开始，赛克斯就像往常一样，希望所有有关中东的计划都不与已经签订的《赛克

---

[*] 战争结束多年后，劳合·乔治在他的回忆录中编造了一个故事：为了感谢魏茨曼的发明，他给了犹太人《贝尔福宣言》。魏茨曼的伟大发明是实实在在的，但劳合·乔治的故事纯属虚构。——原注

[†] 詹姆斯·罗斯柴尔德（James de Rothschild，1878—1957），出生于法国的英国政治家、慈善家，犹太人。——译者注

斯-皮科-萨宗诺夫协定》产生冲突——尽管这仍然是一个秘密协定，魏茨曼对它一无所知。根据协定，圣地应当被置于国际共管之下。因此，赛克斯一开始就提议，在巴勒斯坦的犹太人团体应当服从英法两国的共同管理，但他并没有告诉魏茨曼他提出这一要求的理由是什么。赛克斯没有意识到，他提出的要求非但与犹太复国运动领袖们的想法格格不入，甚至与英国首相的步调也不一致。像魏茨曼及其同僚们一样，劳合·乔治也希望由英国统治巴勒斯坦。《曼彻斯特卫报》的编辑、劳合·乔治的心腹 C. P. 斯科特建议魏茨曼去跟劳合·乔治谈这件事，但魏茨曼只想改变赛克斯的想法，而不是越过他直接找他的上级。[1]

1917 年 2 月 7 日，赛克斯在伦敦会见了魏茨曼和英国另外几位犹太复国主义者。他们告诉赛克斯，他们反对共管方案，希望由英国来统治巴勒斯坦。赛克斯答复说，其他困难倒是可以克服（"我们有办法安抚阿拉伯人"），但拒绝共管方案会带来未必能够妥善解决的问题——法国是"真正的难题"。[2]他解释说，法国人不认为对犹太复国运动做出让步能给打赢战争带来什么帮助。他对犹太复国运动的领袖们坦白说，他自己也不理解法国人在此事上的看法。"他们的动机是什么？"他问道。[3]

第二天，赛克斯在他位于伦敦白金汉门 9 号的寓所为弗朗索瓦·乔治·皮科介绍了老成持重的犹太复国运动领袖纳胡姆·索科洛夫。皮科告诉索科洛夫，在看到犹太人在巴勒斯坦的殖民成果之后，他相信犹太人定居计划是切实可行的。索科洛夫对皮科说，犹太人十分敬重法国，但"一直以来都想奉英国政府为宗主"。[4]皮科回答说，这个问题需要由协约国之间协商解决。他表示，他会尽最大努力让本国政府了解犹太复国运动的目标，但在他看来，法国政府恐怕不会放弃对巴勒斯坦的诉求。他说，实际上有 95% 的法国人想让法国吞并巴勒斯坦。[5]

会面各方都同意静观事态变化——事态果然不久就发生了变化。不到两个月，俄国沙皇被推翻，而美国则加入了战争。赛克斯很快意识到这两件事对他和皮科签订的协议而言意味着什么。俄国居住着数以百万计的犹太人。在俄国于 3 月份爆发革命之后，赛克斯认为，如果协约国能够取得这些犹太人的支持，将有助于说服俄国新政府继续留在战争中。[6] 与此同时，赛克斯一直主张协约国支持像犹太人、阿拉伯人和亚美尼亚人这样的受压迫民族，以便增强自身在战后中东领土诉求上的合法性。随着美国加入战争，他的这一论断更加站得住脚了。这两点事态变化让赛克斯觉得自己获得了新的依据，可以用来说服法国政府对犹太复国运动采取更友善的态度。

与此同时，他即将重启与皮科的谈判。劳合·乔治终于成功地调动了埃及英军，命令他们于 1917 年尝试进攻巴勒斯坦。于是，法国政府坚持把皮科派到埃及，跟随攻入巴勒斯坦的英军一起行动。作为回应，英国政府把赛克斯也派到了埃及，居中协调皮科与英军指挥官之间的关系。在皮科看来，英国对巴勒斯坦的入侵计划将侵犯法国的利益。他汇报说："伦敦现在把我们之间的协议当成了一纸空文。英军将会从南方进入叙利亚（也就是从埃及和巴勒斯坦），驱散我们的支持者。"[7]

对于法国人在中东问题上的自以为是，劳合·乔治已经丧失了耐心。他告诉魏茨曼，巴勒斯坦问题应该交给英国人和犹太人解决。[8] 劳合·乔治宣称，他无法理解赛克斯为什么那么在意法国人的反对态度。他告诉魏茨曼，对他来说，巴勒斯坦是"这场战争中他真正感兴趣的部分"。[9]

1917 年 4 月 3 日下午，刚刚被任命为驻埃及远征军司令部政治特派团代表的赛克斯来到唐宁街 10 号，接受临行前的指示。他在这里见到了首相、寇松勋爵和莫里斯·汉基。赛克斯提出可以尝试在敌后煽动阿拉伯部族起义，但劳合·乔治和寇松勋爵都对他说，英国不应当与阿拉伯部族签订任何可能有损于英国利益的协议。他们特别强调说，千万不要做任何有可能进一步恶化与法国关系的事情，而且要时刻记住"不要危及犹太复国运动以及这场运动在英国的支持下发展壮大的可能性"。[10] 会议纪要中记载道："首相强调说，在可能的情况下，一定要让巴勒斯坦在战后成为英国在中东势力范围的一部分。"[11] 首相告诫赛克斯说，不要对阿拉伯人做出任何承诺，"尤其不要做任何有关巴勒斯坦的承诺"。[12]

赛克斯先在巴黎短暂停留，下榻在卡斯蒂廖内路（Rue Castiglione）上的洛提酒店（Hôtel Lotti），那里与纪念拿破仑·波拿巴赫赫战功的旺多姆广场（Place Vendome）近在咫尺。赛克斯在巴黎告诉皮科，法国必须改变其思维方式，转而接受一个不以兼并领土为目标的方案。在这个方案中，犹太地可能会在美国或英国的支持下复兴，而亚美尼亚人则会在法国的支持下重建自己的国家。他的表态似乎让皮科心烦意乱，这让赛克斯颇为吃惊。[13]

1917 年 4 月 8 日，赛克斯从洛提酒店给外交大臣阿瑟·贝尔福写信说，对于让美国人在巴勒斯坦充当犹太复国主义的支持者这一方案，法国人充满了敌意。法国人担心，美国可能会借此机会成为法国在中东的商业对手。"至于犹太复国运动本身，"他继续写道，

"法国人开始意识到，他们面对的是一项宏大的事业，已经无法假装视而不见了。"[14]

此时，法国外交部像赛克斯一样，认为俄国犹太人可能会帮助协约国让俄国留在战争中。由于在西线的一系列军事灾难，此时的东线局势显得尤为重要。经由赛克斯引荐给奥赛码头的纳胡姆·索科洛夫似乎愿意在这方面助协约国一臂之力。索科洛夫与法国官员的讨论进行得很顺利。4月9日，赛克斯写信给贝尔福说："现在的情况是，法国人已经认可了犹太复国运动的目标。"[15]

但是，法国人仍然坚持自身在中东的利益诉求。赛克斯会见了法国殖民主义分子的领袖皮埃尔-艾蒂安·弗朗丹，随后在4月15日写信给英国外交部汇报说，弗朗丹坚持要求法国必须占有叙利亚、黎巴嫩和巴勒斯坦一线，并一直向南延伸到埃及西奈半岛阿里什的整个沿海地区。弗朗丹声称，"皮科是个背叛了法国的蠢货"，因为他在《赛克斯-皮科协定》里对英国做了太多让步。[16]

赛克斯又从巴黎去了罗马，他在那里安排纳胡姆·索科洛夫向教皇和梵蒂冈的其他官员陈述了犹太复国主义者的诉求。不论他在这些会见中取得了什么收获，这些收获都被一个新冒出来的问题抵消掉了：意大利外交大臣西德尼·松尼诺男爵（Baron Sidney Sonnino）强烈要求意大利要在战后的中东分一杯羹。

刚一抵达开罗，赛克斯就把他形形色色的盟友召集到了一起，试图说服他们团结协作。他把皮科介绍给了开罗的阿拉伯领袖，随后又安排皮科和他一起去阿拉伯半岛会见了谢里夫侯赛因，以便向侯赛因介绍保密中的《赛克斯-皮科-萨宗诺夫协定》的条款（至少笼统介绍一下）。赛克斯乐观地认为，他已经让侯赛因认识到法国人可以帮助叙利亚的阿拉伯人，而且还让阿拉伯领袖们意识到，他们的实力不足以管理像巴勒斯坦这样各方利益错综复杂的地区。他还认为自己已经与阿拉伯领袖达成共识，只要他们可以获得同等的地位，巴勒斯坦地区的阿拉伯人愿意承认巴勒斯坦的犹太人社群的独立地位 *。[17]

在开罗，克莱顿和阿拉伯局的友人们告诫赛克斯说，让法国人涉足中东将会带来麻烦。[18] 但向来诚实守信、心地善良的赛克斯却认为，他的朋友们深受"法绍达主义"的荼毒，意欲效法基钦纳在法绍达的成功，处处与法国人争先。赛克斯认为，对于英国的盟友，他的朋友们应当多一份真诚。他仍然想把皮科变成自己的忠实伙伴，还建议这位法国代表与侯赛因的儿子们达成一致，以便让英法两国可以在战后的中东世界与新一代阿拉伯领导者们建立起平等且有建设性的合作关系。5 月 12 日，他发电报给伦敦说："皮科已经与阿拉伯代表们达成了协议。"[19] 几个星期之后，他写信给一位同事说："我想法国人已经准备好与我们合作，对阿拉伯人采取和我们同样的政策了……"[20]

II

1917 年上半年，埃及英军（埃及远征军）的指挥官、英国将领阿奇博尔德·默里爵士派遣他的部队向巴勒斯坦进发。不知是因为伦敦方面朝令夕改，还是他本人能力欠缺，或是二者皆然，总之他

---

* 此处指的是奥斯曼帝国使用的"米勒特"（millet）制度，即内部拥有一定自治权的社群。——原注

的部队走走停停，给了德国指挥官及其麾下的土耳其部队充足的时间重新部署。接着，默里的部队在3月26日的晨雾之中对扼守巴勒斯坦沿海道路的加沙贸然发动进攻，随即被击败。杰出的德国指挥官克雷斯·冯·克雷斯施泰因在加沙修筑了颇有成效的防御工事，其麾下部队遭受的损失只有英军损失的一半。

默里从埃及召来了援军，随后在4月29日对加沙发动了第二次进攻。这一次，克雷斯施泰因取得了更具决定性的胜利，英军和土军的伤亡比例达到了3∶1。英军疲惫不堪，士气低落，只得撤军。几个星期之后，阿奇博尔德·默里爵士被解除了职务。劳合·乔治决心要在秋天重新发动巴勒斯坦攻势，但此时的伦敦方面已经无意再往这里派遣新的部队了。

默里的两次失败让马克·赛克斯爵士忧心不已。他一直在代表协约国争取犹太人、阿拉伯人和亚美尼亚人的支持，现在他担心土耳其人会在英军于秋天重新发动攻势之前的间隙报复这些民族。他给外交部发电报说，只要犹太复国主义者、阿拉伯人和亚美尼亚人还暴露在危险之下，英国就不应当继续推进与他们有关的计划。他的提议没有收到任何回应。

令人失望的战地新闻一个接着一个：法国在香槟地区*的攻势遭遇失败，法军兵变，俄国崩溃，默里入侵巴勒斯坦失败。对战局大为失望的赛克斯把更多的希望放在了赢得中东人民的支持上。与利奥·埃默里及其同僚们一样，赛克斯也认为，即便协约国赢得了战争，他们的胜利可能也不是决定性的。因此，他们在中东赢得的一

---

* 香槟（Champagne）为法国东北部地区。1917年4月，法军在这里发动了第三次香槟战役。——译者注

切可能依然会处于土耳其的威胁之下。他们认为，被德国控制的土耳其将会充分利用苏丹作为伊斯兰教领袖的影响力。因此，在赛克斯看来，前克列孟梭时代的法国政府和松尼诺男爵代表的意大利政府提出的领土主张都十分短视。[21] 他在一份《关于小亚细亚协议的备忘录》中写道：

> 我们必须驳回那些涉及领土兼并的主张。它们不仅与时代的精神相违背，而且一旦俄国的极端主义分子拿到相关证据，他们就会用这些证据来反对整个协约国阵营。意大利的领土主张尤为无理，它完全不合乎民族分布、地理环境和常识，不过是松尼诺男爵对一群只知道公然掠夺的沙文主义分子低头妥协的产物。

他接着说，对于法国来说，明智的选择是像英国一样对待其在中东的势力范围：在叙利亚和黎巴嫩支持阿拉伯人独立。赛克斯提到，如果法国人不这样做，那么当它惹祸上身之际，英国就不应当施以援手。

在谈及他对未来的看法时，赛克斯写道："鉴于土耳其-德国联盟在霍亨索伦王朝灭亡之后仍然有可能存续下去，我希望看到英法两国结成永久性的协约关系，同时与犹太人、阿拉伯人和亚美尼亚人结盟。这个联盟应当可以接受泛伊斯兰主义，并且保护印度和非洲免受土耳其-德国联盟的威胁。"[22]

赛克斯让埃默里接受了他的观点。埃默里后来写道："犹太人只靠自己就可以在巴勒斯坦建立一个强大的文明，并且帮助这个国家抵挡德国-土耳其联盟的压迫……如果在战争结束之后，全世界的犹太人都把他们的利益寄托于德国人一方的话，那么对我们来说将是一场致命的灾难。"[23]

III

1917 年 2 月，哈伊姆·魏茨曼当选为英国犹太复国主义者联合会主席。这样一来，他就可以发出正式提议，要求英国政府公开承诺支持犹太人在巴勒斯坦建立家园。在会见了赛克斯之后，魏茨曼又会见了一些对犹太复国主义理想怀有同情的官员。

外交部政务次长罗伯特·塞西尔[*]勋爵成了魏茨曼的忠实信徒，他是维多利亚时代最后一位首相第三代索尔兹伯里侯爵的第三子。在第一次世界大战中，塞西尔家族有五名年轻人战死沙场，这让塞西尔勋爵决心起草一份备忘录，以实现永久和平规划蓝图——这就是日后形成《国际联盟盟约》的第一份草案。他提出的民族自决理念让他的政坛同僚们十分尴尬。他们指出，从逻辑上讲，他的方案会导致大英帝国的解体。[24] 当时的一位时评家惊讶地写道："他加入了一场国际范围的、以追求和平为目标的奇怪征程。在通常与塞西尔家族为敌的阵营里，他却找到了自己的盟友。"[25] 他还带着一种十字军式的精神投身到了犹太人重返巴勒斯坦的事业当中。

另一位对犹太复国运动表示同情的人是罗纳德·格雷厄姆爵士

---

[*] 罗伯特·塞西尔（Robert Cecil, 1864—1958），后获封为切尔伍德的塞西尔子爵。在英国政坛，一个部门的政务次长是执政党的议员，属于政府内的较低级官员；而前文中提到过的常务次长是部门内的常设高级文官。——译者注

（Sir Ronald Graham）。他是一位研究阿拉伯问题的专家，刚刚回到外交部工作，之前在埃及待了10多年的时间。他曾在埃及与弗拉基米尔·亚博京斯基交谈，是第一个与亚博京斯基谈到在英军内部组建犹太人单位的英国官员。现在，回到伦敦的格雷厄姆要求英国外交部公开表示对犹太复国运动的支持。让英国支持犹太复国运动的想法源自杰拉尔德·菲茨莫里斯和马克·赛克斯，但是如果谈到在官方文件上体现英国的支持态度，在英国政府里恐怕没有人比格雷厄姆的贡献更大。不过，格雷厄姆的贡献往往被历史学家们所忽略，这可能是因为他没有留下太多的私人文件档案。

格雷厄姆和外交部的其他官员清楚地知道，阻碍英国给予哈伊姆·魏茨曼公开支持的最大障碍就是法国。像赛克斯一样，格雷厄姆认为仅仅依赖于英国会对犹太复国运动造成损害。格雷厄姆担心，犹太复国主义者把所有的赌注都押在了英国会在未来统治巴勒斯坦这一前提下，但他们不知道的是，根据秘密的《赛克斯-皮科协定》，英国已经承诺不会统治巴勒斯坦。1917年4月19日，格雷厄姆给赛克斯写信说，犹太复国运动把全部希望都寄托在英国会统治巴勒斯坦这一前提下，这让人十分不安。[26]

但是，人们也很难想象要如何让犹太复国运动从法国人那里得到支持。在法国外交部内部，每次一提到犹太复国主义，人们总是使用不屑一顾的语气。法国的主流社会也一直对这一运动充满了敌意，因为他们认为犹太复国主义者是亲德分子。在法国犹太人中，也鲜有人支持犹太复国运动，因此法国政府对这一运动的力量评价不高，直到俄国革命的爆发大大提高了犹太人在政治上的重要性。在俄国革命之后，获得犹太复国主义者的支持似乎变成了一件有利可图的事情，但奥赛码头依然犹豫不决。他们担心，如果协约国一同表示对犹太复国主义的支持，法国可能要被迫放弃巴勒斯坦。

纳胡姆·索科洛夫解决了这个问题。在与法国外交部谈判的过程中，索科洛夫刻意没有去问应当由哪个国家来保护巴勒斯坦。这样一来，奥赛码头的官员们就认为，犹太复国主义者在这一问题上可能持中立态度。法国官员并没有准备在战后的巴勒斯坦支持犹太复国运动，也没有打算允许犹太人单独建国。但是，在他们看来，给犹太复国主义者一些鼓励话语并没有什么坏处，只要这些话语毫无实质意义。法国官员相信，只要给犹太复国主义者一些不构成实际承诺的口头鼓励，他们就可以赢得这些"做白日梦"的犹太复国主义者的支持。[27]索科洛夫同意到俄国去，利用他在俄国犹太人中的影响力来为协约国服务；作为回报，法国外交部秘书长朱尔·康邦*给了他一份法国政府的书面保证，表达了法国政府对犹太复国运动的同情：

> 非常感谢您提出这项您为之付出不懈努力、以在巴勒斯坦建立犹太人殖民地为目标的计划。在条件允许且圣地的独立得到保障的情况下，由协约国提供保护，让犹太民族回到以色列人民许多个世纪前被放逐出的土地上，可谓是合理的正义与报偿。
>
> 法国政府正在为了保卫无端遭受攻击的人民而战，拼死争取让公理战胜强权。因此，法国政府自然对您的事业充满了同

---

* 朱尔·康邦（Jules Cambon，1845—1935），法国外交家，保罗·康邦的弟弟。——译者注

情，而您的事业的成功也系于协约国的胜利。

　　能够在此给予您此保证，我感到无上荣幸。[28]

　　措辞很巧妙。在这份书面声明里，完全没有提到犹太复国主义理念的核心：犹太民族的复兴应当依托于一个属于犹太民族自己的政治实体。此外，法国在承诺中提到要保证圣地的独立，而根据《赛克斯-皮科协定》，法国人已经把约旦河以西巴勒斯坦大部分有人定居的地区都包含在了圣地的定义里。如果采用这一定义，那么法国人对巴勒斯坦犹太国家的领土承认就仅限于海法、希伯伦（Hebron）、加利利北部和内盖夫沙漠（Negev Desert）。因此，康邦的书面声明完全符合他的初衷，没有做出任何承诺。*

　　然而，法国人却可谓机关算尽太聪明。他们措辞谨慎地在正式的承诺书上没有做出任何有意义的承诺，但这一承诺书的存在本身就让英国人有理由对犹太人做出他们自己的保证。一旦支持犹太人在巴勒斯坦的抱负成了协约国的共识，那么无论它们如何定义犹太复国运动的目标，犹太复国主义者都可以自行选择自己的保护者，而他们无疑会选择英国。赛克斯和格雷厄姆不太在意这一点，因为他们此时的主要目标是确保犹太人可以在巴勒斯坦获得一片家园；相比之下，利奥·埃默里和他的朋友们要更重视这一点，因为他们支持犹太复国运动的主要原因是，这场运动可以保证由英国统治巴勒斯坦。

----

* 《贝尔福宣言》时常被人指摘，称其与法国人的承诺一样含糊。但是，《贝尔福宣言》与康邦的信件有着如下几点区别：1. 它是公开发表的宣言；2. 其中谈到的是整个巴勒斯坦地区；3. 其中提到要建立一个具有鲜明犹太民族认同的民族家园。——原注

索科洛夫把法国人的书面声明从巴黎带了回来。有了这一声明，格雷厄姆和塞西尔在 1917 年 6 月中旬告诉贝尔福，是时候由英国对犹太复国运动做出公开的书面承诺了。贝尔福也乐于如此，他还邀请魏茨曼参与文件的起草过程。这正是魏茨曼和赛克斯一直以来孜孜以求的。

从夏天一直到 9 月，他们都在忙着遣词造句，以及决定这份承诺书究竟应该以谁为对象。9 月，米尔纳和利奥·埃默里接手了这项工作。几乎所有的政府要员都赞同这份声明。在奥姆斯比-戈尔的帮助下，赛克斯已经让战时内阁的整个秘书处都接受了犹太复国主义。外交大臣贝尔福向来同情犹太复国主义，现在则认为英国应当公开支持犹太复国主义，并留下正式的记录。在外交部内部，塞西尔和格雷厄姆都在推动贝尔福向这个目标努力。史末资强烈支持犹太复国主义。米尔纳和他的一伙人，包括首相秘书班子里的菲利普·克尔都认为在巴勒斯坦建立一个犹太人的国家关系到大英帝国的核心利益。首相本人一直计划推行一个犹太复国主义方案。尽管他没有表示过想要提前公开英国的目标，但是当他在政府里的同事们认为有必要这样做的时候，他也没有设置任何障碍。

但是，由贝尔福发表支持犹太复国主义宣言的提议立刻遇到了一个巨大的阻碍，迫使这项计划停了下来。阻力来自英国犹太人群体的领袖们。内阁里的反对派以印度事务大臣埃德温·蒙塔古 * 为首。埃德温·蒙塔古与他的表亲赫伯特·塞缪尔还有鲁弗斯·艾萨克斯（第一代雷丁侯爵）一同开创了犹太人出任英国内阁阁员的历

---

*　埃德温·蒙塔古（Edwin Montagu，1879—1924），英国犹太裔政治家，1917—1922 年任印度事务大臣。——译者注

史。[*]蒙塔古的父亲是一名成功的金融家，后来获封成为贵族。作为家里的次子，蒙塔古十分珍视自己和自己的家族耗费了巨大的努力才刚刚取得的社会地位。在他看来，犹太复国运动会威胁到犹太人在英国的社会地位。他认为，犹太人是一种宗教认同，而不是民族认同；如果不承认这一点，那么就相当于说他本人不是百分之百的英国人。

在此之前，蒙塔古一直被视为自由党年青一代中最有能力的一个；而把蒙塔古和丘吉尔从阿斯奎斯那边拉拢过来，也被视作劳合·乔治首相的政治杰作。不过，当时有一种典型的评价是（此话出自陆军大臣德比伯爵[†]），"依我之见，任命蒙塔古这样一个犹太人为印度事务大臣，让印度和伦敦都感到很不舒服"；虽然德比伯爵还说，"本人很认可他的能力，而且相信他可以做得很好"。[29]蒙塔古并不是虔诚的犹太教信徒，但他还是会被人当作犹太人来对待，这让他烦恼不已。身为一个英国贵族和百万富翁的儿子，他却还是悲叹道："我用了一生的时间想要努力摆脱犹太人聚居区。"[30]

事实证明，蒙塔古对犹太复国主义的反对态度可以代表大部分犹太人。截至1913年（统计数字最晚只追踪到这一年度），在全世界的犹太人中，只有大约1%自认为是犹太复国主义者。[31]英国情报机关的报告显示，在大战期间，俄国的帕累区中有大量的犹太人接受了犹太复国主义，但报告中并没能提供任何证据，也没有列出可靠的数字。[32]在英国，犹太人联合委员会（在涉及海外犹太人的

---

[*] 迪斯累里出身于犹太人家庭，但他受洗成了基督徒。——原注
[†] 德比伯爵（Lord Derby），指第十七代德比伯爵爱德华·斯坦利（1865—1948），保守党政治家，曾于1916—1918年出任陆军大臣。——译者注

事务中代表英国犹太人的组织）从一开始就反对犹太复国主义，此时依然如此。[33]

蒙塔古的反对让一切都停滞了下来。格雷厄姆愤愤不平，汇报说这份宣言被蒙塔古"束之高阁"。他说，蒙塔古"代表了一些富有的犹太人，他似乎担心自己和自己的同类会被逐出英国，被赶到巴勒斯坦去种地"。[34]

在内阁之外，那些推动英国承诺支持犹太复国运动的官员试图打消这些担忧。正在帮助米尔纳重新起草宣言的埃默里向一位内阁成员解释说，他们发表宣言的对象并不是那些具有犹太教信仰的英国国民，而是那些生活在不承认犹太人公民权的国度里的犹太人。"除了那些在各自的国家里已经获得了完整公民权的犹太人之外，还有许多犹太人，尤其是生活在波兰和俄国的犹太人……依旧完全被当作另外一个国家的人……"[35]既然俄国拒绝让他们变成俄国人，那么他们应当得到一个在巴勒斯坦重建属于自己的家园的机会。

然而，蒙塔古对其他国家境内的犹太人并不关心，他在乎的是英国社会中犹太人的地位。因此，感受到威胁的蒙塔古不遗余力地想要阻挠犹太复国运动，使得英国内阁对这一事务的审议陷入了停滞。

蒙塔古得到了寇松勋爵的支持，后者认为巴勒斯坦资源贫瘠，根本无力支撑犹太复国主义者的梦想。更重要的是，蒙塔古还得到了安德鲁·博纳·劳的支持。博纳·劳是联合政府内多数党的领袖，同时也是首相重要的政治伙伴。博纳·劳认为，考虑犹太人复国的时机尚不成熟，因此他要求英国政府暂时搁置这一事宜。

支持蒙塔古的还有美国。在 1917 年 10 月中旬之前，美国一直小心谨慎地建议英国不要急躁。威尔逊总统固然同情犹太复国主义，但他对英国的动机充满了戒心；他乐于见到犹太人重返巴勒斯坦，但他对英国占领巴勒斯坦一事则缺乏热情。在考虑发表《贝尔福宣言》的时候，英国内阁征求了威尔逊总统的意见，其实也意在借由此举争取威尔逊的支持。英国内阁向美国政府解释说，起草《贝尔福宣言》的初衷是对被迫害的犹太人的关切，但这份宣言还将表达出英国政府对犹太复国运动的同情。威尔逊的外交政策顾问豪斯上校则这样解读英国政府的表态："英国人自然是想要保护通往埃及和印度的道路，劳合·乔治也无非是想要利用我们来继续推进这项计划。"[36]

如此解读英国首相和为他提供建议的米尔纳小圈子的想法，其实十分准确。哈伊姆·魏茨曼曾说过，菲利普·克尔（曾经是米尔纳的助手，后来成了劳合·乔治的秘书）"把犹太人定居的巴勒斯坦视作通往印度的道路上连接亚非欧三洲的桥梁"。[37] 不过，豪斯的评价用在英国外交部身上并不公允。英国外交部之所以考虑支持犹太复国主义，只是因为他们被人说服，认为发表支持犹太复国主义的宣言可以在战争中和战后为英国取得一件对付德国的重要武器。英国外交部相信，美国的犹太人群体以及更重要的俄国犹太人群体，拥有巨大的威力。英国驻彼得格勒大使非常清楚，犹太人在俄罗斯帝国只是一个弱小而饱受迫害的少数民族，并没有什么政治影响力。因此，他向国内汇报说，犹太复国运动根本不会影响到俄国权力斗争的结果。但是，英国政府却依然相信俄国的犹太人群体可以让俄国政府留在协约国阵营里。随着俄国的危机日渐加深，英国外交部感到迫切需要得到犹太人的支持。

IV

恐惧只会引发新的恐惧。有关英国外交部的传闻传到了德国，让德国媒体大为警觉。1917 年 6 月，哈伊姆·魏茨曼给罗纳德·格雷厄姆爵士发去了一份柏林的报纸，据说这份报纸与德国政府关系十分密切。报上说，英国人正在与犹太复国主义者眉来眼去，意欲取得巴勒斯坦这块连接埃及与印度的陆桥。这份报纸建议，德国应当抢先支持犹太复国主义，以打破英国的如意算盘。（不过，英国人并不知道，德国政府对支持犹太复国主义毫无兴趣，对此事感兴趣的只是德国媒体。）

1917 年夏天，格雷厄姆把他的担忧告诉了贝尔福。格雷厄姆在纪要中提到，他听说发表宣言一事又被耽搁了下来，他担心此举会"危及犹太人的整体安全"。他断言，由于俄国犹太人都持反对协约国的态度，此举将危及俄国的事态；此外，此举还会产生一个较为次要的负面影响，即损害英国政府在美国公众心目中的形象。他告诫说，英国绝不能"把犹太复国主义者送进德国人的怀抱"，"德国人随时有可能在犹太复国主义问题上挑战我们。别忘了，犹太复国运动发端于德国或奥地利的犹太人群体"。[38]

格雷厄姆在他的纪要里附上了一系列日期，这些全是英国政府在犹太复国主义问题上延期的记录。贝尔福在 10 月把纪要和日期列表都发给了首相。他表示，看看这个日期列表就知道，犹太复国主义者有充足的理由发牢骚。他还向首相建议，应当尽早由内阁出面处理这个问题。[39]

1917 年 10 月 26 日，《泰晤士报》发表了一篇社论，抨击英国政府的拖延政策。《泰晤士报》表示，英国和协约国政府一直在考虑发表关于犹太复国主义的宣言，这已经不是什么秘密了。现在是时候发表这一宣言了。

如果英国明确地对犹太复国主义表示支持，就可以赢得全世界犹太人对协约国价值连城的由衷好感。难道我们的政治家们看不到这一点吗？一旦协约国与犹太民族的愿望联系在一起，将会对德国的计划和宣传产生多大的危害，德国人很快就意识到了。他们也没有坐以待毙，一直试图阻止我们的行动。

1917 年 10 月 31 日，英国内阁不顾蒙塔古和寇松的反对，授权外交大臣发布了一份支持犹太复国运动的承诺。不过，比起魏茨曼想要的承诺，这份承诺的措辞要模糊得多。赛克斯热情洋溢地跑去告诉他这个消息："魏茨曼博士，是个男孩！"但这位犹太复国运动的领袖并不高兴，因为承诺的内容掺了太多水。[40]

1917 年 11 月 2 日，英国外交大臣在写给英国最负盛名的那位犹太人的信中写道：

亲爱的罗斯柴尔德勋爵：

我欣喜万分地代表英王陛下政府告知您，英国内阁已经审阅、批准了下列声明，以表示对犹太复国运动的同情："英王政府赞成在巴勒斯坦建立犹太人的民族家园，并将尽其全力支持这一事业。英王政府不赞成任何损害巴勒斯坦现有非犹太民族之民事与宗教权利的行为，亦不赞成任何有损于他国居住之犹太人的权利与政治地位的行为。"如蒙不弃，还望您将本声明告知犹太复国主义者联合会。

英国的领导层认为，他们的阿拉伯盟友不会有任何反对举动。在他们看来，只有法国可能会从中作梗，但这一问题也已经得到解决。关于阿拉伯领袖，首相后来这样写道："他们似乎不大关注巴勒斯坦。"[41] 他指出，英国政府已经将在圣地重建犹太人家园的计划告知了侯赛因国王和费萨尔王子。此外，他还尖刻地补充道："我们联系不上巴勒斯坦的阿拉伯人，因为他们正在跟我们打仗。"[42]

《贝尔福宣言》的公开发表，要一直等到下一个星期五*，当天也是每周一刊的《犹太记事报》的出版日。结果，《贝尔福宣言》被另一条新闻抢去了风头：列宁和托洛茨基夺取了彼得格勒的政权。英国外交部原本希望《贝尔福宣言》的发表可以争取到俄国犹太人对协约国的支持，让他们反对布尔什维主义。在布尔什维克于20世纪20年代初彻底赢得俄国内战的胜利之前，英国人一直抱着这种希望。那些支持《贝尔福宣言》的英国人误以为俄国犹太人有着强大的力量，可以成为重要的盟友。因此，在1917年11月，也就是俄国反对布尔什维主义的战争刚刚爆发之时，这些得知来自彼得格勒的惊人消息的英国人对《贝尔福宣言》的支持就更为热切了。

《泰晤士报》一直到11月9日才报道了《贝尔福宣言》的发表，到12月3日才刊发了支持《贝尔福宣言》的评论。在12月2日，英国犹太复国主义者联合会在伦敦歌剧院举行了庆祝仪式。除了犹

---

* 也就是1917年11月9日。——译者注

太复国运动的领袖之外，出席的演讲嘉宾还包括罗伯特·塞西尔勋爵、马克·赛克斯爵士、威廉·奥姆斯比-戈尔以及一位叙利亚基督徒、一名阿拉伯民族主义者和一些亚美尼亚的发言人。在这次会议上，众多演讲者共同探讨的主题是犹太人、阿拉伯人和亚美尼亚人应该如何相互扶持和共同进步。《泰晤士报》认为："极具影响力的阿拉伯人代表和亚美尼亚人代表的出席和发言，以及他们关于支持犹太人和与犹太人合作的承诺，已经足以让人们铭记这次会议。" [43]

关于这次会议，《泰晤士报》写道："整个会议弥漫着一种《圣经·旧约》的氛围。在伦敦歌剧院这样一个略显奇怪的地点，古老的预言接近成真，人们怀着虔诚与热忱为此庆祝。" [44] 这种描述再合适不过了：在英国人支持犹太人重返锡安的种种动机之中，最初也是最持久的动机正源自《圣经》中的预言。

无论如何，首相都想帮助犹太人在巴勒斯坦建立一片家园。他后来写道，"即便英国事先没有做出任何承诺"，[45] 最终签署的和约也会让犹太人在巴勒斯坦获得一片家园。他提到，《贝尔福宣言》的重要之处在于它对战争做出的贡献。他声称，正因为有了《贝尔福宣言》，俄国犹太人才在对抗德国的战争中给予了协约国宝贵的支持，感恩戴德的犹太复国运动的领袖们承诺要为了协约国的胜利而努力，他们也的确这样做了。在 20 年之后，也就是英国政府即将放弃《贝尔福宣言》的时候，贝尔福表示犹太复国主义者"信守了他们的诺言，现在唯一的问题是我们是否愿意信守我们的承诺"。[46]

首相低估了《贝尔福宣言》对于最终和谈的影响。作为一份公开文件，《贝尔福宣言》的发表事先征得了美国和法国的同意，经过了与意大利和梵蒂冈的协商，还在整个西方世界获得了公众和媒体的赞许。因此，在和谈进行期间，人们很难忽视英国在《贝尔福宣言》中的承诺。它仿佛拥有了属于自己的生命和前进的力量。

V

《贝尔福宣言》还在美国犹太人社会的犹太复国运动发展过程中发挥了重要作用。在战争刚刚爆发的时候，美国的犹太复国运动还十分微不足道。在美国，大约生活着 300 万犹太人，其中只有 1.2 万人分属于一些昙花一现的小团体，松散地围绕在犹太复国主义者联合会周围，而联合会的管理水平也十分业余。[47] 联合会的家底只有 1.5 万美元，[48] 年度预算最多时也不会超过 5 200 美元。[49] 在 1914 年之前，联合会收到过的最大额的单笔捐赠只有 200 美元。[50] 在纽约，联合会只有 500 名会员。[51]

路易斯·D. 布兰代斯（Louis D. Brandeis）是波士顿一位出色的律师，早年间并没有表现出对犹太人运动的明显兴趣。1912 年，他成了一名犹太复国主义者，并于 1914 年接过了美国犹太复国运动的领导权。布兰代斯是美国政坛进步主义运动的重要思想家，他被公认为对威尔逊总统有着巨大的影响力。布兰代斯可能是美国内战之后第一个在美国政坛发挥重要作用的犹太人。在此之前，只有一位犹太人曾经出现在美国总统的内阁班子中，*而布兰代斯日后还将成为美国最高法院的第一位犹太裔成员。

犹太人移民大规模涌入美国还是最近的事情，大部分移民都急

---

* 此人便是奥斯卡·斯特劳斯（Oscar Straus），他曾于 1906—1909 年担任美国贸易与劳工部部长。——原注

于学习英语，改掉自己的外国口音和生活方式，早日变成一个美国人。而那些在美国出生的犹太人也尽量避免带有外国色彩，他们害怕投身犹太复国运动会让他们看起来不像是全心全意效忠于美国的美国公民。

布兰代斯决心优先解决这一问题。在他看来，犹太裔美国人缺乏对其他族裔美国人而言非常重要的一件东西：故国。其他民族都有自己的祖辈曾经生活过的故土，并以故土与自己的身份为豪。在这方面，布兰代斯尤其羡慕爱尔兰裔美国人，并且非常钦佩他们坚持反对英国在爱尔兰的统治。

布兰代斯认为，这样的政治关切与政治参与不仅与美国的爱国主义没有冲突，而且还可以增进他们的爱国主义精神。他宣称："每一个支持爱尔兰自治的爱尔兰裔美国人，都因为他的奉献而变成了一个更好的人和更好的美国人。与之类似，每一个支持犹太人重返巴勒斯坦定居的犹太裔美国人……也将因此而成为一个更好的人和更好的美国人。"[52]

1917 年，当英国外交大臣阿瑟·贝尔福访问美国并探讨巴勒斯坦的前途时，布兰代斯的道德理想主义给他留下了非常深刻的印象。反过来，《贝尔福宣言》也佐证了布兰代斯向犹太裔美国群体讲话时的观点。《贝尔福宣言》表明，在战争时期，犹太复国主义与爱国主义是和谐一致的，因为让犹太人定居巴勒斯坦本身就是协约国的战争目标之一。不久之后，让犹太人定居巴勒斯坦就成了美国正式支持的目标之一。1918 年 9 月的犹太新年时，威尔逊总统在致犹太裔美国人群体的节日贺词中表示了对《贝尔福宣言》提到的原则的支持。[53]

不知是由于《贝尔福宣言》的缘故，还是因为布兰代斯卓有成效的领导，美国犹太人社群中对犹太复国主义的支持率迅速提高。在 1919 年，犹太复国主义者联合会的会员总数已经突破了 17.5 万。不过，犹太复国主义的支持者依然只占美国犹太人的一小部分。与此同时，较为富有、社会地位较高的犹太人依然强烈反对犹太复国运动，这一现象一直到 20 世纪 40 年代才消失。但是，布兰代斯还是让犹太裔美国人成功效法了支持爱尔兰独立的爱尔兰裔美国人，把美国的犹太复国运动组织变成了一个不可忽视的组织。在这一过程中，《贝尔福宣言》也帮助了布兰代斯，尽管英国外交部在发布《贝尔福宣言》时误以为美国的犹太复国运动已经颇成气候，是需要取悦的对象。

VI

从利奥·埃默里在 1917 年底写的日记中，我们可以一窥在劳合·乔治取代阿斯奎斯后的一年中，英国的战争目标发生了多大的变化。利奥·埃默里在日记中回顾了过去一年自己取得的成绩。他提到，在与英国政府内的同僚们打交道的过程中，他的主要成就之一就是"潜移默化地改变了他们对和平条件的理解，强调了东非、巴勒斯坦和美索不达米亚的重要性，并且从整体上改变了他们对帝国未来的看法"。[54]

正如埃默里所说，此时英国的主要目标已经不在欧洲了。前三年战争造成的巨大破坏，已经让欧洲战场的胜利变得意义不大，因为交战双方都已经被毁掉了。想要靠在欧洲吞并领土来弥补战争带来的损失根本不切实际，哪怕把德国整个毁掉也无法满足英国的需要。史末资在战争期间的一次演讲中指出，要想维持欧洲的力量均衡——这是英国的核心利益所在——就必须保留一个强大的德国。[55]

在弗朗西斯·德雷克爵士*的率领下驶向公海并驰骋全球的英国是否永远地随着1914年的那一代人在西线战场上的消失而陨落，这仍是一个值得辩论的话题。不过，如果那样一个英国能够复兴，就必须通过帝国扩张的手段来实现。它扩张的部分目标在非洲，但主要是在中东——也就是首相和米尔纳的小圈子的目光所在之处。

正是因为有了这样的转变，偶然发生的与奥斯曼帝国的战争才从一场微不足道的次要战争变成了首相的全球政策中的核心要素。从一开始，他就认为英国可以从这里取得突破，进而赢得大战。现在，他认为他的战后目标也可以在这里达成。凭借着他的政治本能，他认为他可以在这一地区为他的国民赢得实实在在的利益；与此同时，凭借着他的战略眼光，他与米尔纳、埃默里、史末资、克尔和奥姆斯比-戈尔一样注意到，这一地区可以为英国填补上从开普敦到印度，再到澳大利亚和新西兰的路线上缺失的那一环，从而加强大英帝国在非洲、亚洲和太平洋地区的统治。阿斯奎斯政府认为，在中东的霸权并不是英国需要的东西；劳合·乔治政府则认为，这块土地恰恰是英国需要的。

---

*　弗朗西斯·德雷克爵士（Sir Francis Drake，1540—1596），英国伊丽莎白一世女王时期的私掠船船长、探险家、航海家，是世界上第二个完成单次环绕地球航行壮举之人。——译者注

第七部分

入侵中东

35

圣诞大礼——耶路撒冷

I

随着戴维·劳合·乔治于 1916 年底成为首相，英国在东方的命运出现了好转。英印军队于 1915 年底向巴格达发动进攻，结果在 1916 年春天于库特战败投降。印度政府在美索不达米亚战役中的昏庸无能让伦敦大为震怒，于是撤换了所有相关的高级官员。英国换上了新的印度事务大臣、新的印度总督和新的印度军队总司令，并且任命了一位新的司令官统率远征军。斯坦利·毛德（Stanley Maude）少将非常了解在美索不达米亚作战需要怎样的后勤供应。他在 1916 年 12 月重启战端，率领底格里斯河流域的英印军队进攻美索不达米亚，随后稳扎稳打，于 1917 年 3 月 11 日夺取了巴格达。

并没有人能够说清楚巴格达战役在英国的世界大战整体规划中的战略意义。不过，能够夺取这座与《天方夜谭》有着密切联系、富于魅力的古老都市，还是让新任英国首相浮想联翩。这场胜利到来的时机可谓是雪中送炭，而且让他产生了在耶路撒冷再奏凯歌的憧憬。

英军在底格里斯河的胜利带来了一个问题：英国应当如何处理

它占领的奥斯曼帝国领土。印度政府不太情愿做出任何承诺，但它一直认为，如果美索不达米亚的巴士拉和巴格达地区有朝一日脱离了奥斯曼帝国的统治，它们就应当被纳入印度政府的势力范围。而在马克·赛克斯爵士和他在阿拉伯局的朋友们看来，让充满家长作风的印度政府统治这些地区是令人难以接受的方案。赛克斯在1916年的一份备忘录里告诫内阁："印度政府总是用一套非黑即白的老观念看待问题，但是用这种观念根本没法管理阿拉伯人。"[1]

在夺取巴格达之后，毛德少将统率的远征军的政治主官珀西·考克斯起草了一份给当地居民的公告。他的这份公告措辞保守，仅仅要求当地居民配合英印政府临时政权的管理。伦敦方面命令他不要发布这份公告。伦敦方面起草了好几份公告，最终战时内阁选择了马克·赛克斯爵士起草的那一份，在此基础上修改并发布。英国政府在公告中邀请阿拉伯人的领袖们——不过他们也不知道具体是哪些人——与英国当局合作，参加政府。按照赛克斯的习惯，这份公告用词浮夸，高谈解放、自由、昔日的辉煌和未来的伟业，并且表达了让四面八方的阿拉伯民族实现统一的愿望。这份公告模糊地提到，应当在侯赛因国王的领导下在中东建立一个阿拉伯邦联。不过，侯赛因国王是逊尼派穆斯林，而巴士拉和巴格达地区的大部分居民是什叶派穆斯林。逊尼派和什叶派已经分道扬镳了1 000多年，二者之间有着巨大的隔阂。

毛德少将对赛克斯起草的公告版本持反对态度。作为军人，他认为只要战争还在继续，就有必要建立一个英国行政当局以维持治安。而且，他注意到，尽管这份公告提出给巴格达的阿拉伯人一定的自治权利，但在他看来，这份公告忽略了一个事实：巴格达城的

大部分居民不是阿拉伯人，而是犹太人。[*]

不过，伦敦方面还是强令毛德少将和珀西·考克斯爵士使用赛克斯起草的公告。这一公告的内容让人们十分困惑。显然，这份公告不打算让英印占领军统治美索不达米亚，但它又没有说明应该由谁来统治。

1917 年 3 月 16 日，战时内阁组建了由寇松勋爵领衔的美索不达米亚管理委员会，由这一机构来决定应当在占领区采用何种政府模式。委员会决定，巴士拉地区应当由英国直接管理，而不是由英印政府管理；与此同时，巴格达地区应当成为一个在英国保护下的阿拉伯政治实体，或是成为这样一个实体的一部分。此外，印度裔人员应当撤出上述占领区。

毛德少将发电报给他的上级表示："根据当地的现实情况，除了英国军官之外，我们无法找到有能力与军事机关和当地居民打交道，且适合安排在重要职位上的人选。在我们给这座大厦装上阿拉伯门脸之前，似乎有必要先打好法律与秩序的基础。"²珀西·考克斯爵士则用另一种方式表达了同样的观点——他问伦敦，应当由什么人来充当巴格达的阿拉伯领导者。

显然，对于美索不达米亚的居民构成，伦敦方面要么是一无所知，要么是没有加以考虑。居少数的逊尼派穆斯林和占多数的什叶

---

* 当时版本的《大英百科全书》认为并非如此。无论如何，犹太人的确在经济上占主导地位。巴格达与耶路撒冷当时是亚洲犹太居民最多的两座城市。早在 1 000 年前，巴格达就成了犹太人流亡领袖——大流散之后东方的犹太教首领——的居住地，因而成了东方犹太教的首府。从巴比伦之囚的时代起——大约在公元前 600 年——就有大量的犹太人居住在美索不达米亚。也就是说，在阿拉伯人于公元 634 年到来之前，犹太人已经在这里定居了约 1 000 年。——原注

派穆斯林相互厌恶；各个部落和部族之间充满恩怨矛盾；历史和地理因素将这一地区割裂开来；犹太人社群在巴格达城中支配了商贸活动。以上种种因素，都让英国人难以在这里建立起一个既允许各族群表达自己的意见，又能实施有效管理，同时还能获得广泛支持的单一的统一政府。

考克斯还提出了另一个迫在眉睫的实际问题，而伦敦方面显然也没有考虑清楚这个问题。在底格里斯河流域的英军里，劳工和其他非战斗支持人员都是印度人。如果英国内阁真的要让印度人离开美索不达米亚，那么要由谁来填补这些人离开后留下的空缺呢？不仅如此，在土耳其的统治下，这一地区的司法体系都受伊斯坦布尔的高级法院节制，当地的案件也可以向伊斯坦布尔方面上诉。而在毛德少将治下，印度的司法体系也发挥了类似于伊斯坦布尔高级法院的作用。然而，一旦切断这一地区与印度之间的联系，这里的司法体系又当如何是好呢？

对此，美索不达米亚管理委员会并没有现成的解决方案。奥斯曼帝国政府在美索不达米亚的行政机构已经不复存在，而除了来自英属印度的人员之外，这里又没有任何有经验的官员能够组成一个足以取而代之的行政机构。战争还在继续，每天都有新的命令和行政指令需要执行，公共设施和服务也需要有人管理。这些事情要由谁来做呢？

伦敦方面被迫重新考虑自己的决定，最终只好接受由印度政府来管理这一地区，只要大家都认可这一管理不是永久性的。由于赛克斯的公告是以毛德少将的名义发出的，因此毛德少将既需要负责宣传这一公告，同时又不能鼓励人们严格按照公告的内容行事。英国人最终采取的这种折中方案，看起来简直像是故意要制造不满和不安：一方面，他们在一个并不寻求独立自主的地区做出了保证其独立的承诺；另一方面，由占领军组成的军政权力机关又要设法阻止这一地区真正独立。

美索不达米亚是英国在战争中从奥斯曼帝国手中夺取的第一个地区。很显然，英国对当地居民中的一部分做出了慷慨的承诺，但白厅没有想清楚应当如何在实际操作中履行其承诺。对于英国接下来要进占的地区——巴勒斯坦、叙利亚和黎巴嫩——来说，这并不是什么好兆头。这表明，在马克·赛克斯爵士和他的同僚们为中东制定政策时，并没有事先考虑这些政策在当前的条件下是否可行；而且，即便这些政策可行，他们也没有考虑当地的英国官员是否愿意执行。

这并不是一个好的开始。显然，当英国政府决定在亚洲取代奥斯曼帝国的时候，并不知道自己即将面临怎样的局面。如果连英属印度占领邻近的美索不达米亚都会产生这么多混乱的话，那么当英属埃及向一个国际利益错综复杂的地区进军时，自然将面对更多的麻烦。这个地区，就是巴勒斯坦。

II

赶赴埃及的新任指挥官是埃德蒙·艾伦比将军，这位骑兵指挥官曾经在法国有着杰出的作战与指挥表现。1917 年 6 月，在史末资下定决心不接受这一任命之后，艾伦比成了下一个人选。首相给艾伦比的指示是占领巴勒斯坦，并且在圣诞节之前拿下耶路撒冷。

艾伦比给埃及远征军带来了动力和纪律，以及一种新的专业主义精神。他选择了理查德·梅纳茨哈根（Richard Meinertzhagen）上校担任军事情报官，此人曾经在东非为史末资效力，从事性质类似的工作，而且成绩斐然。梅纳茨哈根又选择了奥斯曼问题专家温德姆·迪兹在他手下效命，负责政治情报工作。

　　梅纳茨哈根负责掌管敌后的情报工作，试图为艾伦比入侵巴勒斯坦的行动铺平道路。梅纳茨哈根曾经怀有强烈的反犹情绪，但阿龙·阿隆索赫恩在巴勒斯坦的犹太人间谍网为他提供了极具价值的情报，进而改变了他的想法。不过，为了赢得英国军事情报部门的尊敬和友谊，阿隆索赫恩付出了高昂的代价：他的间谍网使巴勒斯坦的犹太人定居者暴露在了土耳其人的报复威胁之下。而且，这个时机真是糟得不能更糟了，因为当地的奥斯曼帝国当局原本就虎视眈眈，打算消灭那里的犹太人社群。1917年春天，杰马尔帕夏在逾越节当天驱逐了雅法（Jaffa）的犹太人和阿拉伯人。我们并不清楚杰马尔打算把这些人赶到哪里去，不过他曾模糊地提到过叙利亚的内陆地区。逃难者缺吃少穿，历尽苦难，他们的惨状勾起了人们对亚美尼亚人受迫害的回忆。不久之后，杰马尔又表示他打算驱逐耶路撒冷城中的平民，其中大部分都是犹太人。多亏了德国外交部的强硬干预，一场悲剧才免于发生。

　　在这样的环境下，倘若阿隆索赫恩渗透广泛且卓有成效的间谍行动被人发现，巴勒斯坦的犹太人必将面临灭顶之灾，而阿隆索赫恩的行动最终确实暴露了。1917年10月，土耳其人逮捕了他的妹妹萨拉·阿隆索赫恩（Sarah Aaronsohn）和她的几位同伴，并对他们加以折磨拷打。一些人被绞死，萨拉·阿隆索赫恩则在遭受了四天的折磨之后设法自杀了。如果不是德国人和塔拉特插手，对犹太人的报复原本会接踵而至。不过，到了1917年底，留在耶路撒冷的犹太人还是只剩下了原来的1/3，其他人大部分已经死于饥馑或疾病。

III

在为英国入侵巴勒斯坦做准备的过程中，阿龙·阿隆索赫恩手下犹太人的才干给梅纳茨哈根留下了深刻的印象；相反，费萨尔帐下的阿拉伯人就没有那么出色了。

T. E. 劳伦斯是英国开罗行政当局与费萨尔的阿拉伯游击队之间的联络官，但开罗方面几乎与他失去了联系。1917年春天，劳伦斯消失在了沙漠之中。英国在开罗的军事机关则在前一年就对阿拉伯起义失去了兴趣，因此对劳伦斯和费萨尔究竟在做些什么漠不关心。

劳伦斯跟着奥达·阿布·塔伊（Auda abu Tayi）走了。此人是阿拉伯半岛北部贝都因部落联盟的酋长，劳伦斯花了1万英镑获取了他的效忠。他们的目标是亚喀巴（Aqaba）——位于巴勒斯坦南端的一座静谧小港。这座港口坐落在红海一个海湾的深处。这个海湾太过狭窄，只要沿岸的炮台还在敌人的手里，英国皇家海军就不敢冒险驶入。这里驻扎着数百名奥斯曼帝国守军，他们的阵地和炮位都是面朝大海布置的。因此，奥达的部众打算从后方发动奇袭，一举拿下亚喀巴。*

---

* 这很可能是劳伦斯的主意，不过奥达和费萨尔自己也可能会想到这个主意。——原注

虽然劳伦斯也一同前往，但领导这次远征的是奥达。奥达充分发挥了他作为一个贝都因人的狡黠，率领部众沿着阿拉伯半岛的海岸向北进入沙漠地带，让人无法发现他们的行踪。两个月之后，他们突然出现在巴勒斯坦南部。7月10日，他们奇袭亚喀巴，打了当地弱小的土耳其守军一个措手不及。尽管刚刚在沙漠里煎熬了两个月，但劳伦斯还是立刻启程，开始了一段艰难而危险的旅途。他打算穿过敌人控制下的不毛之地，向苏伊士进发，向英国人汇报奥达成功夺取亚喀巴的消息。就在艾伦比将军来到埃及接管英军指挥权后不久，穿着一身阿拉伯服装的劳伦斯出人意料地从西奈沙漠里现身，成了英军司令部里轰动一时的新闻。

劳伦斯身上有许多美德，但诚实不是其中之一。他把他的幻想包装成了现实。几个月之前，他给克莱顿准将写了一封信，描述了一次他自称由他亲自完成的远行，但他的记述几乎全是虚构。现在，他更是有了可以用来夸大吹嘘的个人经历。他让他的听众们相信，是他本人在亚喀巴战役中扮演了主要角色。[3] 就这样，从亚喀巴带着胜利的消息归来的劳伦斯把自己包装成了一名战场上的英雄，这一包装过程用时九个月。而对于英国军官来说，真正赢得了胜利的奥达·阿布·塔伊——东部哈威塔特人 * 的酋长——的名字太过拗口，因此没人提及。所以，就像后来的历史学家一样，英国军官们都说"是劳伦斯夺取了亚喀巴"。

不论亚喀巴的胜利应该归功于谁，夺取亚喀巴都彻底改变了汉志起义。在此之前，汉志起义军被麦地那的土耳其守军挡在了阿拉

---

* 哈威塔特人（Howeitat），外约旦（约旦河东岸地区，现为约旦王国）的一个部落联盟。——译者注

伯半岛内部；现在，英国皇家海军可以把阿拉伯部落武装运送到巴勒斯坦。因此，侯赛因的部队第一次有了投身英国与土耳其交战的正面战场的机会。劳伦斯让艾伦比相信，阿拉伯非正规军可以在即将到来的巴勒斯坦和叙利亚战役中助英军一臂之力。

艾伦比同意了劳伦斯的方案，打算把依然留在汉志的费萨尔和他的一小部分部落武装精锐从英国人控制下的阿拉伯半岛海岸运送到 250 英里[*]海路之外的亚喀巴。艾伦比计划在秋天发动巴勒斯坦战役，而费萨尔的部队可以在英军的右翼活动，来牵制敌军。这一计划意味着费萨尔要离开汉志以及他的父亲和兄弟，但他还是接受了这一计划。他被委任为英军将领，在艾伦比帐下效力。

几个月之前，阿拉伯局曾经考虑过让费萨尔的部队参加巴勒斯坦和叙利亚战役可能会产生哪些问题。1917 年 5 月 16 日，阿拉伯局向克莱顿汇报说，费萨尔手下的贝都因人无法与正规军抗衡；此外，如果他们在行动中进入定居地区，可能会招致城镇居民的不满。阿拉伯局认为，解决这些问题的办法是从奥斯曼军队的叙利亚逃亡者中招募兵员，让他们投到费萨尔帐下效力，从而"让谢里夫费萨尔的军事行动变成以解放这些地区为目标的有组织的活动，而不是一系列随性为之的针对铁路的突袭"。[4†]

IV

1917 年秋天，艾伦比发动了入侵巴勒斯坦的战役。土耳其人和他们的德国指挥官预计艾伦比会进攻加沙沿岸地区，毕竟这里是进入巴勒斯坦最明显的通道。因此，他们在加沙沿岸地区做了大量的防御准备工作。艾伦比仅仅对这一地区进行了佯攻。与此同时，他的主力部队迅速而隐秘地穿越沙漠，攻击了内陆的贝尔谢巴（Beersheba）。奥斯曼军队被打了个措手不及，仓皇撤退。

土耳其人之所以会被打一个措手不及，梅纳茨哈根功不可没。10 月 10 日，梅纳茨哈根骑马进入无人区，遇到了奥斯曼骑兵巡逻队。他在对方开枪后佯装中枪，并且遗失了一个染了血迹的袋子。袋子里装着英国的机密文件，文件内容表明英军的主攻方向将是加沙。劳合·乔治后来写道，"是梅纳茨哈根的诡计让我们赢得了这场战斗"，他评价道，"我在各国军中从未见过比他更能干、更成功的人物"，又补充说，"尽管他的军衔在战争中最高只升到了上校"。[6]

艾伦比的部队沿着加沙—贝尔谢巴一线推进，费萨尔的部队则在英军的右翼袭扰土耳其军队。作为英国和阿拉伯军官之间的联络官，T. E. 劳伦斯从少校一直升迁到上校。他在这场战役中丰富多彩的经历为他赢得了广泛的知名度，同时也招来了许多人的嫉妒。

法国派到汉志的代表布雷蒙后来充满妒意地说，劳伦斯"代表着"20 万英镑。[7] 不过，实际数字不止于此。到战争结束时，阿拉伯起义耗费英国的资金至少是这个数字的 50 倍之多。不管具体数额是多少，在当时那都是很大的一笔钱，对于沙漠中的贝都因人来说更是如此。这些贝都因部落从没见过这么多财富。劳伦斯带来的钱

　　　　　　　　　　　　　　　　　终结所有和平的和平

财不仅改变了这些部落的立场，而且还让这位掌管钱财的英国年轻人改头换面，他的阿拉伯长袍变得比费萨尔的长袍更加华丽。在将近半个世纪之后，有人问一位贝都因谢赫是否还记得劳伦斯，此人回答说："他就是那个带着金子的人。"[8]

要把金子安全地送到劳伦斯手中，这本身就是一个问题，因为值得信赖的人并不多。在开罗，温德姆·迪兹会在星期六下午亲自把金子装箱，然后看着它们被搬到骆驼身上，踏上前往沙漠、送交劳伦斯的旅程。

除了偶尔加入行动的部落武装之外，费萨尔的部队包括大约1 000名贝都因人和大约2 500名来自奥斯曼军队的前战俘。英国人希望这些前战俘可以把费萨尔的部队改造得像一支正规军，但最初的进展让他们很失望。1917年底，美国国务院驻开罗的一位代表汇报说，费萨尔的军队依然"无法对付纪律严明的敌军"。他的报告无疑反映了当时在开罗的英国人的看法。[9]

劳伦斯的突击队也令人感到失望。艾伦比给他们布置了特殊的任务，让他们去爆破一座高拱桥，切断以耶路撒冷为大本营的奥斯曼军队的铁路交通线。劳伦斯和他的人没能完成这个任务。不过，在把土耳其人的右翼逼退到雅法以北之后，艾伦比还是直插犹地亚山区，成功夺取了耶路撒冷——甚至赶在了圣诞节之前。劳伦斯对自己的失败十分自责，但艾伦比并没有责怪他，反而邀请身为克莱顿准将帐下参谋军官的劳伦斯参加了耶路撒冷的入城式。

V

1917 年 12 月 11 日，埃德蒙·艾伦比爵士率领手下军官从雅法门步行进入了圣城耶路撒冷。艾伦比在希律城堡宣读文告，宣布对该城实行军事管制。艾伦比对法国代表皮科解释说，由于该城处于军事管理区内，当地的军政大权完全由军队指挥官掌控。身为军队指挥官的艾伦比将有权决定军事管理持续到何时为止。艾伦比表示，只有在军事形势允许的情况下，他才能在这里恢复民政管理。在此之前，有关《赛克斯–皮科协定》和巴勒斯坦最终处置的问题都要暂时搁置。

首相把耶路撒冷称作"世界上最著名的城市"，而他的圣诞节梦想就是解放这座城市。他后来提到，随着耶路撒冷的解放，基督教世界得以"重新控制其最为神圣的圣地"。[10] 他宣称，占领巴格达和耶路撒冷不仅在心理层面产生了巨大的影响，同时也带来实际层面的影响："多年来，我们在战争指挥上的无能让土耳其人获得了军事上的虚名。这次的胜利不仅让我们开始瓦解他们的虚名，而且也对最终的胜利做出了实际的贡献。"[11]

在夺取耶路撒冷之后，费萨尔的阿拉伯武装又在一些阿拉伯军官或英国军官的帐下效命，展现了自身的价值。在外约旦，突袭队继续着打了就跑的游击战策略，而由乔伊斯训练、被他的同僚休伯特·杨运送到前线的正规军则打破了英国情报官员一直以来对他们的成见——英国情报官员此前向来认为阿拉伯人无法正面抗衡土耳其军队。在战役的下一个阶段，艾伦比为他们准备了一项重要的任务，打算让他们在英军右翼打乱土耳其人的部署。

　　　　　　　　　　　　　　　　　　终结所有和平的和平

此时的艾伦比本来可以率军继续向大马士革进发，并且从那里对伊斯坦布尔发动进攻，给奥斯曼帝国致命一击。但是，他现在却不得不停手。由于俄国已经投降，鲁登道夫得以把东线的德军调到西线。因此，德国人正在准备向西欧发动一场进攻。突然之间，艾伦比就被迫把几乎全部英国军队送回欧洲去。1918年春季的第一天，德军在法国北部发动突然袭击，攻破了协约国的防线，他们有机会在增援的美军赶到战场之前就赢得战争的胜利。鲁登道夫的猛攻一直到夏天才告一段落。在此期间，艾伦比就一直待在巴勒斯坦，为了未来的行动重建部队。

　　从圣诞节开始到夏末，就在艾伦比等待时机重新发动攻势的同时，英国政府和协约国阵营就奥斯曼帝国领土的最终分配问题展开了政治斗争。与此同时，恩维尔帕夏在北方发动了一场属于他自己的"鲁登道夫攻势"，意欲夺取俄国境内突厥语族人口居住的地区——阿塞拜疆和前沙俄突厥总督区，他甚至还想继续进攻波斯、阿富汗和印度，趁英国军队远在欧洲之际夺取大英帝国的东部领土。

　　事后看来，恩维尔的攻势就像鲁登道夫的攻势一样，看上去像是赌徒的孤注一掷。但是，在当时，奥斯曼帝国的实力和意图是难以评估的。而且，奥斯曼军队的攻势还将把此前尚未卷入战争的广袤的中东地区北部带到世界大战和国际政治的聚光灯下。

　　就在恩维尔向北部和东部发动进攻的同时，艾伦比终于得到了从西部向恩维尔的部队发动进攻的机会。

36

通往大马士革之路

I

从 1917 年圣诞节到 1918 年夏天，艾伦比完成了继续向土耳其人发动进攻的准备工作。1918 年 1—2 月，他修复并扩展了耶路撒冷到海岸地区的铁路线，以避免让他的部队过于依赖畜力运输和受损于战火的公路交通。他不断对敌人发动突袭，不给他们喘息之机。与此同时，他还训练了一些新招募的印度部队，为接下来的战役做准备。

大马士革是他进军路上的下一个目标。在任何一个历史时期，大马士革都是一座重要的城市，在这一点上它要胜过巴格达和耶路撒冷。大马士革的起源已经消失在了历史的迷雾之中，但人们相信它是世界上最古老的一直有人定居的城市。早在犹太人和阿拉伯人、穆斯林和基督徒、英国人和德国人出现之前，大马士革就已经是一座欣欣向荣的绿洲城镇了。如果英军能够夺取大马士革，那么不仅意味着英国将完全占领奥斯曼帝国的阿拉伯语地区，还可以确认英国人是古代世界征服者们的合法继承人。自古以来，那些伟大的征服者无不控制了叙利亚的绿洲。

英国自认为不同于传统的征服者，因为英国的征服代表着多个民族的利益，响应了多个事业的号召。艾伦比是一支联军的指挥官，他的部队将打着多面不同的旗帜出征，其中的一面是马克·赛克斯爵士为侯赛因和阿拉伯人的事业设计的旗帜。这面旗帜上有黑、白、绿、红四种颜色，象征着阿拉伯帝国往日的辉煌，同时暗示侯赛因是当代的穆斯林英雄。侯赛因对这面旗帜做的唯一一点改动，就是调整了一下红色的色调。[1] 赛克斯命令埃及的英国军需办公室制作了这面旗帜，并将其送到汉志军队的手中。

就在艾伦比准备向大马士革进军之际，这些由英国人设计，又由英国人制作的阿拉伯民族主义旗帜不禁让人想起了一个重要的问题：那些主导着中东政策的英国官员，究竟在多大程度上衷心支持那些他们在半路上才接受的事业？在 1914 年之前，马克·赛克斯爵士曾经对身为统治阶层的土耳其民族充满崇敬，但是在战争期间却拥抱了被奥斯曼暴政压迫的民族的解放事业。像梅纳茨哈根一样，赛克斯曾经是一名公开的反犹主义者，但他们二人现在却表达了对犹太人命运的关切。斯托尔斯和克莱顿这样的殖民地官员向来认为那些讲阿拉伯语的原住民没有自治的能力，可是当赛克斯主张让阿拉伯人恢复独立时，他们似乎又支持他的想法。这一系列态度转变并不都出自真心实意。

在光谱的一端是赛克斯，他是几乎所有这些承诺的发起者，同时也坚信英国应当信守这些承诺。在光谱的另一端是从事实际操作的官员，他们反对做出这些承诺，还时而对与这些承诺相关的事业加以抨击。1918 年初，在伦敦的赛克斯改变了职务，进入外交部开始负责奥斯曼帝国战区的政治事务。而在现场执行政治任务的那些人——在巴勒斯坦的克莱顿、在埃及的温盖特，以及在巴格达的英印政府官员，虽然不会公开表达他们的态度，但其实都对赛克斯的理想主义心存疑虑。在 1918 年英国政府的内部往来中，外交部和第一线的官员们在表面上依然彬彬有礼，但实际上却在相互角力。巴格达、耶路撒冷，以及未被协约国掌控的大马士革都在等待着它们的最终命运，但它们并不知道它们的命运可能最终取决于英国官僚体系内部一场拔河比赛的结果。

II

吉尔伯特·克莱顿准将此时成了艾伦比将军麾下的主要政治专员，但他依然在政治事务上代表着英国驻开罗高级专员雷金纳德·温盖特爵士，因而在埃及、苏丹和巴勒斯坦占领军的政治事务上都颇具发言权。作为一名职业军人，克莱顿十分谨慎小心，不愿意发表与其上级意见相左的看法。由于温盖特的观点与他相同，他与温盖特交流时往往会畅所欲言；而赛克斯的看法与他不同，因而他在与赛克斯交流时会比较谨慎。

克莱顿和斯托尔斯希望在中东建立一个在英国指导下的阿拉伯王国或邦联，不让法国插手（在黎巴嫩可能除外）。克莱顿不承认自己有反法情绪。他解释说，并不是他想要把法国人排除在叙利亚之外，而是法国人咎由自取：叙利亚人厌恶法国人，如果让法国人统治叙利亚，他们很可能会搞得一团糟。克莱顿表示，他并不会任由事态朝这个方向发展，但在他看来，这个结果是可以预料的。他在 1917 年 8 月 20 日写信给赛克斯说："你无须担心我怀有某种法绍达主义情绪。"[2] 他担心法国人会把自己的失败怪罪到英国人头上。他告诉赛克斯说，重要的是要留好记录，证明这并非英国的过错。

克莱顿不承认自己有反法倾向，但他承认自己对英国在中东的其他盟友持保留态度。即便按照当时的标准，克莱顿和他的同僚温盖特也可谓是坚决的反犹主义分子。温盖特曾经指责说，是犹太人害得英国与奥斯曼帝国开战。克莱顿则在 1916 年向温盖特汇报说，在倡导与奥斯曼帝国议和的活动背后，也有犹太人的身影。*

不过，在 1917 年，当与土耳其人议和的声音又甚嚣尘上之时，克莱顿又认为英国出于道义上的责任不能议和，因为"我们已经承诺要支持阿拉伯人、叙利亚人、犹太人和亚美尼亚人"，所以必须坚持下去，争取彻底的胜利。[4] 与此同时，他又反对英国做出这些承诺，包括支持犹太复国主义的承诺。在英国起草《贝尔福宣言》的时候，克莱顿曾经写信给赛克斯说，最好让阿龙·阿隆索赫恩和犹太人继续"忙活"，英国则不要发表任何明确陈述自身目标的声明。[5] 他写到，政治活动可能会分散犹太人和阿拉伯人的精力，让他们不能专心投入战争。天性谨慎的克莱顿认为无论如何都没有必要提前做出承诺。

在《贝尔福宣言》发表一个月之后，克莱顿又写信给赛克斯说，发表这份宣言可能是一个错误。

------

* 1916 年夏天，当保守党领袖兰斯当勋爵（Lord Lansdowne）私下里主张议和时，克莱顿恰好在伦敦。在回到开罗之后，他就给温盖特写道："我的所见所闻认了我一直以来的一个想法，我想你对此事也会感兴趣：犹太人有着广泛的影响力。他们的影响力随处可见，而且他们总是采取折中的态度，不愿意让任何人'失望'。英国犹太人、法国犹太人、德国犹太人、奥地利犹太人和萨洛尼卡的犹太人——但总之全是犹太人……你只要一听到和谈这件事，那么这个动议背后的某处肯定有犹太人。每当你听到亲土言论，或是与土耳其单独媾和的论调，背后一定也有犹太人（他们在 C.U.P. 里扮演着重要角色）。"[3]——原注

犹太复国运动能取得多少人的支持，特别是在美国和俄国能取得多少人的支持，这一点我并不完全清楚。我也并不全然了解他们可能会向我们索取多少东西。但是，我必须指出的一点是，如果我们像现在这样努力地推动犹太复国运动，我们可能会让阿拉伯的统一变得像一个既成事实，并且使得一些人可以利用它来反对我们。[6]

不过，克莱顿并不是那种支持阿拉伯独立的亲阿拉伯者。相反，早在 1917 年初，他就同温盖特一道提出要取消埃及名义上的独立，让英国直接兼并埃及。他们的提议遭到了外交部的反对。当时，克莱顿曾经给赛克斯写信，力陈自己的提议的合理性，并且抨击了伦敦那些阻挠其计划的官员。他宣称：

我知道这个提议很大胆，而且与他们的政策背道而驰，但请记住我的话，我知道我是对的。那些关于埃及苏丹和自治政府的空话都毫无意义。埃及人根本没准备好。如果你给他们一座皇宫，那么你自以为交给了埃及人民的权力和自治政府就会全部落入苏丹及其臣僚的手中，并且被他们拿去用来对付你。理论总是美好，但现实就是如此严酷。[7]

早在与奥斯曼帝国的战争爆发之前，克莱顿就成了第一个十分重视阿拉伯秘密社团作用的英国人。但是，他一直忽略了阿拉伯人告诉他的一件事：他们不想被基督徒或是欧洲人统治，就算是英国人也不行。1918 年初发生的一件事原本可以提醒他这一点。当时，英国驻马德里大使发来了一个外交邮袋，他在其中汇报了自己会见阿拉伯秘密社团领袖阿齐兹·马斯里的情况。马斯里提议组织一场运动，以推翻伊斯坦布尔的恩维尔-塔拉特政府，随后将奥斯曼帝国改造成一个联邦制国家，赋予阿拉伯人和其他民族地方自治权，并且让这个重组后的帝国与协约国和谈。[8] 在战争刚开始的时候，身在开罗的马斯里就经常对克莱顿说同样的话，但克莱顿似乎并没有意识到，马斯里的言外之意是，那些宁愿被土耳其政府统治的阿拉伯人并不愿意被英国驻埃及高级专员公署统治。因此，克莱顿的提议，即在中东的阿拉伯世界建立一个英国保护国的想法，其实是永远不会被马斯里接受的。

就这样，克莱顿虽然在嘴上说自己并非法国的敌人，同时又坚称自己是犹太复国主义者和阿拉伯人的朋友，但是作为要在巴勒斯坦、外约旦、黎巴嫩和叙利亚政策问题上给艾伦比提出建议的军官，他在实际行动的层面是在与这三股力量作对的。

III

马克·赛克斯爵士在政府事务上还是个新手——截至 1917 年，他接触行政工作仅仅两年时间。此外，他性格多变，很容易心血来潮、一时冲动。上文提到过，他很容易突然开始追寻一项使命，也时常半途而废。不过，尽管有些反复无常，但他并不是一个不诚实的人，反而从不掩饰自己的想法。他曾经是一个反阿拉伯人、反犹太人、反亚美尼亚人的人，现在却变得亲阿拉伯人、亲犹太人、亲亚美尼亚人。他只知道一种能够赢得新朋友信任的方法——用真心实意去打动他们。

赛克斯认为应当信守自己对阿拉伯人、犹太人、亚美尼亚人和法国人的承诺。于是，在1917—1918年，他一直在努力，想让这些迥然不同的势力实现联合。哈伊姆·魏茨曼曾这样评价赛克斯的与众不同："他在思考的时候不总是能保持前后一致，有时也不是很有逻辑，但他确实十分慷慨、热心。"⁹鉴于赛克斯在帮助犹太人实现民族夙愿方面扮演的角色，犹太复国运动领袖纳胡姆·索科洛夫把赛克斯办公室的大门称作"希望之门"，这倒也恰如其分。¹⁰不过，在英国政府内部，却有一些人不同意对外国人如此慷慨。实际上，赛克斯遇到的主要麻烦就是难以取得本国同僚的支持。他们对赛克斯的观点感到费解。按他们的标准来看，赛克斯这人堪称天真，而他们在此之前竟然没有意识到这一点。

赛克斯的部分问题在于，他不知道他的同事们究竟各自支持什么观点，也不明白他们中的一些人会隐藏自己的动机和计划。每当参加机密会议，与他信赖的英国政府内的同僚们交流时，他总是觉得可以开诚布公地表达自己的观点，同时误以为其他人也是这么想的。行政官员和像克莱顿这样的职业军官通常都有一种职业性的谨慎小心。与赛克斯不同，他们倾向于不让别人看到自己的底牌。而赛克斯是一个来自下议院的议员，最擅长发表演说。赛克斯的职业习惯是把想法说出来，而克莱顿等人的职业习惯却是保持缄默。

1917年夏天，赛克斯回到伦敦。他发现，趁他不在伦敦的时候，英国外交部里亲奥斯曼帝国的人员和美国驻伊斯坦布尔前大使亨利·摩根索曾试图单独与土耳其媾和，但是由于立刻遭到哈伊姆·魏茨曼和其他一些人的反对，只好作罢。赛克斯给克莱顿写道："我一回来就发现，外交部一直在小心谨慎地毁掉我过去两年中成就的一切。他们到处煽动反对英法协约（也就是反对法国）的情绪，还试图与土耳其单独媾和。实话说，我回来得正是时候，不然犹太复国运动也要被他们毁掉了……"对于犹太复国运动的命运，他说得不错，但是他对英国外交部的看法是错误的。反对法国的不是英国外交部，而是赛克斯自己创办的、克莱顿所在的阿拉伯局。

1917 年，就在赛克斯回来之前，阿拉伯局的主管戴维·霍格斯曾经在伦敦游说，试图推翻《赛克斯-皮科协定》和法国在中东的地位，主张建立一个由侯赛因领导的阿拉伯邦联，并将其变为英国的保护国。私下里，吉尔伯特·克莱顿的看法几乎与霍格斯一样，只不过霍格斯更开诚布公罢了。但赛克斯并不知道这一点。赛克斯写信给克莱顿说："霍格斯来了，写了一份反对法国和协定的备忘录，大搞了一番破坏。他在阿拉伯运动的头上浇冷水，还主张……由英国统治麦加。"赛克斯兴高采烈地汇报道："他被打了个惨败……"

赛克斯一直念叨说："最重要的事情就是永远不要屈服于奉行法绍达主义的法国人或英国人。"赛克斯宣称，他和 P（皮科）将会强硬要求英法两国政府相互守信，并且忠实于阿拉伯人："……只有一种可能的政策，那就是自始至终地坚守协约，而阿拉伯国家就是英法协约的孩子。"他还认为，也不能忘了告诫阿拉伯人，不要试图拆散英法协约。"让你手下的英国人对阿拉伯人表明态度，不要让他们接受'你们是好人他们是坏人'之类的奉承。我也会到巴黎去，让法国人把阿拉伯人的事业当成他们唯一的希望，并让法国人对其予以支持。殖民主义根本就是胡来，我相信我和 P 能够向法国人证明这一点。"[11]赛克斯似乎从未怀疑过皮科，其实皮科仍然是一名殖民主义者。在皮科看来，英国就是法国在中东的竞争对手。赛克斯似乎也没有想到过，克莱顿实际上也希望干脆把法国从中东踢出去。

事实证明，克莱顿甚至不愿意与皮科一起工作，而且反对执行在阿斯奎斯政府时期与法国签署的协议——根据协议，战争期间中东的被占领土应当由英法两国共同管理。作为被派驻到艾伦比司令部里的法方代表，皮科一直坚称爱德华·格雷爵士曾经就此对他做出过承诺。但克莱顿却在写给赛克斯的信中说："倘若真有此事，我也从未听说过。我坚决反对这种不切实际又不怀好意的安排。"[12]不过，艾伦比将军最终利用他的权威，决定推迟考虑这些事宜，直到他认定军事形势允许时为止。他的这一决定相当于暂时取消了之前的协议。

在涉及阿拉伯人、犹太人和亚美尼亚人的话题上，克莱顿与赛克斯交流时的表态更加谨慎。在《贝尔福宣言》发表后的那个星期，兴高采烈的赛克斯给态度冷漠的克莱顿发去了一封密电，告诉他犹太复国主义者打算为阿拉伯人和亚美尼亚人的事业出力，而他本人正在尝试组建一个联合委员会，将这三个群体团结起来。[13]哈伊姆·魏茨曼将代表犹太人，詹姆斯·马尔科姆代表亚美尼亚人，阿拉伯人则由一位叙利亚基督徒和一位阿拉伯穆斯林共同代表。赛克斯补充说，重中之重是邀请更多的阿拉伯人加入其中，因为这个委员会将向各地的阿拉伯人伸出援手。

几星期之后，赛克斯又给克莱顿发去电报，告诉他，自己已经说服了犹太复国运动的领导层，让他们采取亲阿拉伯路线。[14]他请求克莱顿告诉开罗的叙利亚阿拉伯人群体，对于他们和任何与协约

　　　　　　　　　　终结所有和平的和平

国的命运休戚与共的人来说，让土耳其人和德国人获得犹太复国主义者的支持都绝非好事。他的言外之意是，《贝尔福宣言》不仅代表了英国的利益，也代表了阿拉伯人的利益。在发电报给克莱顿后不久，赛克斯又告诉皮科，阿拉伯人的利益已经得到了妥善的照顾，而在巴勒斯坦定居的犹太人也会谨慎小心地顾及阿拉伯人的权益。[15]赛克斯还给克莱顿写了封信，告诉他犹太人和亚美尼亚人的领导层已经达成一致，阿拉伯领导人也应该加入他们的"联合"。[16]

克莱顿在回电中泼了冷水。他说："不管怎么说，麦加方面都不喜欢犹太人和亚美尼亚人，不想和他们产生任何联系；叙利亚和巴勒斯坦的阿拉伯人则担心会重演雅各和以扫的故事 *。无论如何，这种阿拉伯人—犹太人—亚美尼亚人的联合，既在历史上没有过先例，也不符合现有的民族情绪。因此，我们必须小心行事。"[17]他补充说，由于阿拉伯人派系林立，赛克斯说的那种派一个阿拉伯代表团去伦敦参加委员会的方案根本不切实际。

几天之后，他又换了一副更具安抚意味的语气写信给赛克斯说："我能理解你对阿拉伯人—犹太人—亚美尼亚人联合的看法，也明白这种联合可能带来的好处。我们应该尝试，但必须谨慎行事。实话说，要在几个星期之内改变几个世纪以来形成的民族情感，我认为成功的概率不大。"克莱顿对犹太人尤其怀有戒心，他补充道："我们必须……考虑，是否值得为了全心全意地支持犹太复国运动，而冒着在关键时期得罪阿拉伯人的风险。"[18]

第二天，克莱顿最亲密的同僚——英国驻埃及高级专员雷金纳

---

* 雅各和以扫的故事出自《圣经·旧约》。身为次子的雅各用食物跟饥肠辘辘的长兄以扫换取了长子名分，导致兄弟两人反目成仇。——译者注

德·温盖特爵士——写信给艾伦比说："马克·赛克斯太执迷于他自己关于犹太复国主义的那一套漂亮说辞。他如果不把脚步放慢一些，就很有可能无意间搞砸一切。不过，克莱顿给他写了一封很出色的信，我希望这封信可以起到些镇静作用。"[19]

不过，克莱顿还是如赛克斯所愿在开罗会见了叙利亚人的代表，而且似乎真的按照赛克斯的要求告诉他们说，鉴于阿拉伯人的事业与协约国的命运休戚与共，那么只有在犹太人支持协约国的情况下，阿拉伯人的事业才有可能成功。他告诉他们说，犹太人想要在巴勒斯坦获得一片家园，但无意在那里建立一个犹太国家。[20]

叙利亚阿拉伯人给出了积极的回应。阿拉伯局在发给克莱顿的一份报告中，援引了叙利亚委员会一位发言人的话说，该委员会的成员"清楚地知道，他们唯一也是最好的选择就是按您的建议与犹太人展开合作。他向我保证说，叙利亚人很了解犹太人的力量和立场，他们现在愿意着重宣传叙利亚人与犹太人之间在巴勒斯坦问题上的兄弟情谊和团结一致"。[21]

克莱顿给赛克斯发去报告说，他相信犹太人和阿拉伯人即将走到一起。他还说，他已经指示英国在费萨尔那里的联络官 T. E. 劳伦斯，让劳伦斯建议费萨尔与犹太人结成同盟。[22]

不过，在管理巴勒斯坦占领区的时候，英国官员却没有尝试利用这一有利的形势。虽然《贝尔福宣言》早在艾伦比进入耶路撒冷之前一个月就已经公布，但英国军事当局却拒绝在耶路撒冷发布《贝尔福宣言》。因此，《贝尔福宣言》的精神并没有体现在艾伦比的临时军政府的政策之中，艾伦比的上级罗纳德·斯托尔斯也拒绝在战争期间涉足任何有可能引起争议的事务。开罗的情报机关告诉外交部，在军事局势稳定下来，并且有一个专门的机构来解决可能会出现的问题之前，当局应当拒绝犹太人前来巴勒斯坦定居的申请。[23]

　　很显然，军事管理当局的官员们倾向于认为，伦敦的官员们并不理解让巴勒斯坦的穆斯林接受犹太人定居者日渐增多的前景有多么困难。因此，他们对执行《贝尔福宣言》表现得十分不情愿。有些观察家还注意到，他们更愿意接受"原住民"穆斯林，而不是难以被同样视作"原住民"的基督徒和犹太人。1918年夏天，身为战时内阁三名助理秘书之一的威廉·奥姆斯比-戈尔从特拉维夫寄信给其同僚马克·赛克斯，信中提到，来自埃及和苏丹的占领军军官们"难以理解一些宏大的问题，比如哪些国际政策可能影响到巴勒斯坦的局势。人们很容易发现，在印度或苏丹生活过的英国人往往会不自觉地更青睐穆斯林，而非基督徒和犹太人"。他补充道："在我看来，巴勒斯坦的阿拉伯人在采用他们的老办法，想通过一点小恩小惠来收买英国人，试图对犹太人来一个'先发制人'。"[24]

　　克莱顿把奥姆斯比-戈尔的信转给了赛克斯，并且随附了自己的一封信。他在信中说，他觉得奥姆斯比-戈尔的说法有一点误导性。他反驳说，他自己其实是支持犹太复国主义的。[25]显然，他现在改变了看法，认为阿拉伯人和犹太人之间是有可能达成某种协议的。他对当地的阿拉伯人评价不高。他在写给作家和东方旅行家格特鲁德·贝尔（贝尔此时在为英国驻巴格达行政当局服务）的信中说："巴勒斯坦的那些所谓阿拉伯人，根本无法与沙漠里真正的阿拉伯人相提并论，也比不上在叙利亚和美索不达米亚的文明地区生活的阿拉伯人。"[26]

　　1918年夏天，被任命为耶路撒冷军政长官的罗纳德·斯托尔斯在写给赛克斯的信中说，对于当地的非犹太人而言，"鉴于这片土地最终将落入他人之手，他们在这片土地上最终只能处于较低的地位。因此，我们的行事方式应当尽可能地体面、温和、圆滑，从这里被派出去的军队也应当享有一些战争荣誉"。斯托尔斯要求一切从缓，他写道："我们可能得花上几个月甚至几年的时间，才能让犹太人相信我们并不受阿拉伯人的驱使，同时也让阿拉伯人相信我们并没有被犹太人收买。"[27]

在这封信里，斯托尔斯还写道："我们或许能预料到这片土地的未来，但不应当因此而忽视了实力较弱，甚至注定将会消亡的那一部分人。如果我们能循序渐进，更有耐心地推动这种转变，避免露骨地表现出恶意，不留下难以磨灭的怨恨，那么我们最终得到的结果可能就会更加令人满意，也更具持续性。"[28]

这就给赛克斯和他在伦敦的同僚们提出了一个问题：这个身在第一线的人所倡导的政策是否更有利于（或是有害于）实现他们的目标。

IV

1918年初，赛克斯和他在外交部的同僚们开始将他们的巴勒斯坦政策付诸实施。2月13日，英国外交部发电报给英国驻开罗高级专员公署的雷金纳德·温盖特爵士，通知他一个犹太复国主义委员会已经获批成立，并将被派到中东地区办公。这个委员会由来自英国和其他国家的犹太复国主义者组成，其首脑是哈伊姆·魏茨曼博士，并由威廉·奥姆斯比-戈尔负责管理。这个委员会的任务就是为执行《贝尔福宣言》做准备。[29]

为了启动犹太复国主义委员会的工作，艾伦比的参谋艾伦·道内为魏茨曼安排了与费萨尔王子的会面。道内还写信给费萨尔身边的英国高阶军官皮尔斯·查尔斯·乔伊斯中校说："以我在一次简短的对话中建立起的对犹太复国主义者目标的认识，我相信双方建立起友好的关系并不会有太大的困难。"[30]

在见到费萨尔王子之后，魏茨曼感到十分激动。他在写给妻子的信中说，费萨尔是"我见过的第一个真正的阿拉伯民族主义者，是一个真正的领袖人物！他十分聪颖，又很诚实，英俊得如同画作中的人物！他对巴勒斯坦没有兴趣，但是他想得到大马士革和整个北叙利亚……他十分鄙夷那些巴勒斯坦的阿拉伯人，甚至不把他们当作阿拉伯人！"[31]

这与奥姆斯比-戈尔几个月之后在伦敦参加一场犹太复国主义者举办的会议时说的话不谋而合。根据他的发言纪要，奥姆斯比-戈尔当时对犹太复国主义政治委员会如此说道：

> 真正的阿拉伯运动发生在巴勒斯坦之外。费萨尔王子领导的运动与犹太复国运动有异曲同工之妙。投身这场运动的是真正的阿拉伯人，真正的好汉。生活在外约旦的阿拉伯人是一些十分出色的人，而生活在约旦河以西的那些人根本不是阿拉伯人，他们只不过是说阿拉伯语罢了。* 发源于汉志的阿拉伯运动正在向北方发展，与犹太复国运动一样有着崇高的理想。因

---

* 这可能是英国高级官员第一次表现出把犹太复国运动限制在约旦河西岸，即《圣经》记载中的巴勒斯坦的范围内的想法。

此，犹太复国主义者应当认可他们的志向。[32]

费萨尔身边的英国高阶军事顾问乔伊斯中校参加了魏茨曼与费萨尔的会谈。他汇报说，费萨尔愿意与犹太人展开合作，甚至将其当作实现阿拉伯运动目标的必要步骤。在没有得到其父授权的情况下，费萨尔无法做出任何决定，但乔伊斯认为，只要能够借此让协约国支持他们父子对叙利亚的领土要求，费萨尔愿意接受让犹太人定居巴勒斯坦的安排。[33] 会议进行得很顺利，为第二年和平会议上费萨尔对犹太复国运动提供公开支持打下了良好的基础。

在耶路撒冷，魏茨曼向当地的穆斯林保证，巴勒斯坦的面积足以容纳各个族群，犹太人定居点不会侵占穆斯林或基督徒的土地。但巴勒斯坦的穆斯林对他的反应要冷淡得多。巴勒斯坦英国行政官员的态度也让他十分不安：魏茨曼要求他们公开发布《贝尔福宣言》的内容，并向当地的穆斯林族群解释这一政策，但他的要求遭到了罗纳德·斯托尔斯及其同僚的拒绝。

在魏茨曼看来，让穆斯林人群意识到英国是真心支持犹太复国运动，这一任务应当由英军军事管理当局完成。斯托尔斯在英国外交部面前对这一说辞唱了反调。斯托尔斯认为，这一使命已经由伦敦的贝尔福和全世界的报刊完成了。在他看来，犹太复国主义委员会需要做的事情是设身处地地站在当地非犹太族群的立场上想问题，想想这些人需要得到怎样的保证。"穆斯林一直居住在巴勒斯坦，而就在它被一个基督教强国征服的前夕，这个征服者却宣布它会把巴勒斯坦的很大一部分交给另一个民族殖民，而那个民族在世界各地都不是很受欢迎。"温文尔雅的罗纳德·斯托尔斯没有忘记，作为耶路撒冷的长官，他可谓是庞提乌斯·彼拉多*的继承者。因此，对于他不想担责的事情，他决心要撇清关系。不过，他还是在英国外交部面前自称是"一名坚定的犹太复国主义者"。[34]

吉尔伯特·克莱顿也主张推迟行动。他在 1918 年初提到了他的策略。他不仅打算暂缓支持犹太复国运动，同时还像费萨尔一样，主张把犹太复国运动与阿拉伯人在叙利亚的地位这两件事联系在一起。克莱顿对强烈支持犹太复国运动的利奥·埃默里解释说："有两件事是最重要的：首先，在阿拉伯人分到一杯羹——也就是大马士革——之前，不要让犹太复国运动闹出太大的动静；第二，我们要反对任何殖民兼并的主张，强调法国人也支持阿拉伯自治的理念……从而干干净净地把法国人赶出去。"[35]

克莱顿和斯托尔斯都没有提到的一个问题是，倘若他们拒绝在耶路撒冷承认英国政府在伦敦发表的《贝尔福宣言》，那么巴勒斯坦的阿拉伯人和犹太人是否也会像叙利亚和黎巴嫩的穆斯林不信任法国人一样，变得不再信任英国人。犹太复国运动的领袖们的确有理由担心，像克莱顿、斯托尔斯这样的一线军官可能会让伦敦宣布的《贝尔福宣言》的实际效力大打折扣。

V

在巴格达和巴士拉，赛克斯和英国外交部主张的支持阿拉伯独立的政策最终只变成了一堆空话。珀西·考克斯爵士被迫离开驻地，

---

* 庞提乌斯·彼拉多（Pontius Pilate），公元 1 世纪罗马帝国犹太行省的总督。根据《圣经·新约》的记载，他在犹太人的压力下判处耶稣基督死刑。——译者注

开始了一场漫长的旅程，最终回到了波斯。他的副手阿诺德·T.威尔逊*上尉先是代理他的职责，后来又接替他成了当地的政治主官。作为英印军队里的一名军官，威尔逊既不愿意让他治下的地区获得独立，也不相信远在汉志的侯赛因国王能对这里的统治发挥什么作用。

格特鲁德·贝尔，当时最出名的关于阿拉伯的书籍作者，随底格里斯河流域的英军来到了巴格达，并担任威尔逊的助理。一开始，她利用自己出众的声望和丰富的亲友关系网络来支持威尔逊的政策。贝尔不太有政治头脑，更多的是凭借一腔热情来做事。此时的她对威尔逊的观点充满了热情。1918 年 2 月，她写信给她的老友、英国外交部常务次长查尔斯·哈丁爵士说："我们向有序政府的方向大步前进……没遇到什么重大的阻碍……我们在这里的统治力越强，当地的居民就越高兴。他们最害怕的是我们采取任何折中方案……"她总结说，在巴格达和巴士拉，没人能想象出现一个独立的阿拉伯政府会是什么样子。[36]

这可与马克·赛克斯爵士在解放巴格达之际起草的声明有着天壤之别。赛克斯在声明中呼吁重建一个阿拉伯国家，就像麦加的埃米尔在与麦克马洪通信时所提议的那样。赛克斯还暗示，侯赛因可以成为这个阿拉伯国家的领袖。

随着英国官员对麦加的统治者逐渐丧失了战时的那种热情，赛

---

* 阿诺德·T.威尔逊（Arnold T. Wilson，1884—1940），英印陆军军官，20 世纪 30 年代成为英国议员。他曾表态支持西班牙内战中的佛朗哥一方，还因被人认为是希特勒的仰慕者和法西斯分子而遭到批评。不过，在第二次世界大战爆发后，仍然身为议员的威尔逊参加了英国皇家空军，成为空军少尉。1940 年 5 月 31 日，他的轰炸机在敦刻尔克附近坠毁。——译者注

克斯的结盟政策在其他地方也在动摇。虽然赛克斯坚持支持侯赛因，但其他英国官员却注意到，这位国王在与阿卜杜勒·阿齐兹·伊本·沙特的竞争中正日渐处于下风，而伊本·沙特这位阿拉伯内志地区的主人一直受到印度政府的支持。1917 年春天，赛克斯在访问汉志时感受到了这种情势变化。当时，侯赛因表现出了出奇的温顺，同意与英国在美索不达米亚展开合作，甚至愿意与法国在叙利亚进行合作。但他补充道："我们希望大不列颠能够帮助我们对付伊本·沙特。"[37*]

1918 年 1 月，侯赛因告诉阿拉伯局的一位军官基纳汉·康沃利斯说，他在考虑自称哈里发。这正是基钦纳伯爵三年之前的计划。当时，克莱顿和斯托尔斯在备忘录里提出了这样的建议，后来加入阿拉伯局的那些军官们当年也支持这一计划。（参见第 22 章）

但是，到了 1918 年 1 月，阿拉伯局对侯赛因的评价已经很低了，因而立场完全变了。康沃利斯想打消侯赛因的念头，于是告诉他说，如果他打算自称哈里发，可能会招致十分严重的后果。在接到康沃利斯的汇报之后，英国驻开罗高级专员雷金纳德·温盖特爵士给英国外交部发电报说，他希望有机会阻止侯赛因"轻举妄动"。[40] 而在

---

* 基钦纳及其同僚在情报工作上的一项重大失误在于：他们没有注意到教义极端严格的瓦哈比教派正在伊本·沙特的支持下复苏，并且在 1912 年底形成了一个狂热的军事兄弟会组织——伊赫万（Ikhwan）。根据内阁战争委员会的会议纪要，他们在 1915 年 12 月 16 日就阿拉伯问题听取了马克·赛克斯爵士的证词。基钦纳在会议上问："瓦哈比派的存在吗？"赛克斯回答说："我认为它只是行将熄灭的余烬。"[38]
两年之后，也就是瓦哈比派的军事组织形成后 5 年，吉尔伯特·克莱顿第一次向赛克斯汇报说，"我们在阿拉伯半岛中部发现了瓦哈比派复兴的迹象。在历史上，每当伊斯兰教的声望出现下降，就会有类似的现象出现。我们目前还无法衡量这场运动的力量"，但目前的形势"有利于它发展壮大。我们现在十分关注这一问题……它可能会明显改变整个局势"。[39]——原注

1915 年 11 月 17 日，正是温盖特将军自己派了一位阿拉伯宗教领袖去见侯赛因，告诉他"穆罕默德的信徒和阿拉伯人希望有人能够夺回他们被人窃取的哈里发地位，继承阿拉伯人的合法遗产，而侯赛因正是完成这一任务的合适人选"，他还劝说这位哈希姆家族的领袖建立"哈希姆家系的阿拉伯哈里发王朝"。[41]

他们和他们的长官曾经鼓励侯赛因自称哈里发，这一历史让基钦纳的追随者们感到很难堪。他们先是在记忆中把这段历史清除了出去，随后又在他们留下的著作中忽略了这一细节，还在官方文件里删掉了相关记录。在 30 多年后出版的回忆录中，罗纳德·斯托尔斯爵士从基钦纳 1914 年发给侯赛因的电报中删去了有关哈里发地位的这一部分内容。T. E. 劳伦斯写到，基钦纳及其追随者从一开始就支持阿拉伯民族主义，但事实根本并非如此。他们对阿拉伯民族主义毫无信心，反而相信哈里发的影响力。他们认为，侯赛因可以帮助他们获得这种影响力。他们相信，在东方世界，民族主义毫无意义，而宗教则是一切。*

到了 1918 年，无论是出于对政治形势的考虑，还是为了便于改写历史，英国人决定改变他们关注的重心：费萨尔开始逐渐取代侯赛因，成了埃及方面青睐的阿拉伯领袖。与他的父亲不同，费萨尔很愿意接受英国人的建议和指导。

根据英国人得到的情报，在 1918 年秋天，侯赛因的儿子们统

---

* 如果他们的目标是煽动民族主义者起义，他们根本就不会去找侯赛因——侯赛因是土耳其人任命的圣地守护者，他的职责是利用土耳其军队来平息阿拉伯人的不满。相反，英国人可能会找一位民族主义军阀，这也恰恰是劳伦斯后来在他的著作《智慧的七柱》中将费萨尔描绘成的形象。比起其父，费萨尔更像是一位民族主义领袖。——原注

率的军队里只有几千名经过训练的士兵。在公开场合，英国人宣称大量的阿拉伯人已经涌到了汉志王子们的麾下；而在私下里，他们嘴里的故事就是另一回事了。1919 年的英国政府秘密文件承认："战争期间记录的追随者人数被严重夸大了。"[42] 驻杰达的英国情报机关在 1919 年发来的一份报告中称，侯赛因国王在军事上的实力根本微不足道：据估算，他的部众只有大约 1 000 名正规军、2 500 名非正规军和大约几千人的贝都因部落武装，他们的战斗力都被评价为"差"。报告中说，侯赛因国王"痴迷于征服的美梦"，但一旦英国人不再支持他，那么他"根本无力对抗伊本·沙特和声势日盛的瓦哈比派"。[43]

1918 年，阿拉伯局一份关于汉志起义的报告说："这场起义的重要性直到最近几个月才体现出来，而且其影响力每天都在继续蔓延。与此同时，我们必须说，谢里夫 90% 的部队与劫匪无异……"报告中还说，只有在英军抵达之后，阿拉伯人才会起来反抗土耳其人，所以"简而言之，谢里夫起义的规模完全取决于英国人推进的程度"。[44] 艾伦比麾下的情报主管梅纳茨哈根上校写道："我想大可以这么说：劳伦斯的沙漠战役对约旦河以西的主战场毫无意义。"[45]

但有些人不同意这种说法。赛克斯仍然支持与侯赛因的盟约，并且相信费萨尔和他的兄弟们正在为战争做着重大的贡献。他认为，在 1918 年，汉志起义在阿拉伯半岛和其他地方一共牵制了 3.8 万名奥斯曼军人。[46] 而根据敌方统帅利曼·冯·桑德斯的回忆录，在 1918 年，当他的军队开始逃跑时，阿拉伯贝都因部落武装给他们造成了很大的麻烦。[47] 吉尔伯特·克莱顿在备忘录中的措辞也表明，他相信费萨尔和劳伦斯在艾伦比的右翼实现了很重要的作战目标。

还有其他一些证据也表明，外约旦的阿拉伯武装成功地在土耳其人控制区内制造了混乱。

一直以来，此事都与政治因素纠缠在一起，我们很难说清楚费萨尔到底为协约国的胜利做出了多大的贡献。当时，这一问题事关英国是否应当支持侯赛因和费萨尔对付叙利亚当地的阿拉伯领袖，以及英国是否应当支持费萨尔反对侯赛因。

费萨尔在地理上与汉志及其家族隔离开来，进入了英国人的圈子，因此谢里夫自己的阵营里出现了紧张情绪。英国军政当局在秘密截获的一封电报里发现，侯赛因抱怨说："他们让我的儿子反对我。他现在处在**其他国家**的控制之下，对他的父亲缺乏忠诚，试图反叛。"[48]他还抱怨说："我的儿子桀骜不驯，形同叛逆，我却不得不看他的脸色行事，这让我痛苦万分。"他又威胁说，"如果费萨尔继续危害他自身的前途、民族和荣誉"，那么就有必要组建一个军事会议机构取而代之。[49]与此同时，阿拉伯局从开罗发出电报说，叙利亚的发言人表示他们愿意接受费萨尔为他们的立宪领袖，但必须由他本人出任君主，而不是以侯赛因的副手或代理人的身份。[50]

VI

从1914年开始，英国的领导层对侯赛因在阿拉伯世界内部的领导能力寄予了厚望。然而，到了1917—1918年，他们开始觉得有必要重新审视一下自己的看法。

随着英国逐步完成对中东阿拉伯世界的征服，英国官员开始担心他们在当地可能会遇到怎样的阻力。克莱顿从1914年开始就想与巴格达和大马士革的分离主义领袖达成共识，但他的计划失败了，因为这些领袖不愿意被非穆斯林统治。现在，既然英军已经开始朝着大马士革前进，这些领袖就必须考虑要怎样把大马士革人争取到协约国一方，并且让他们赞同协约国对中东未来的安排。虽然费萨尔同意了协约国的计划，但是这对大马士革人来说毫无意义。

1918 年夏天，威廉·奥姆斯比-戈尔告诉伦敦的犹太复国主义政治委员会：“叙利亚的律师、贸易商等‘知识阶层’是近东地区最棘手的难题。他们没有属于自己的文明，反而吸收了黎凡特地区所有的恶习。”[51]

早在一年之前，马克·赛克斯爵士就开始对叙利亚问题感到忧心忡忡。他既担心英国不会信守对盟友的诺言，也害怕盟友会背叛英国。他担心叙利亚人可能不会接受《赛克斯-皮科协定》和亨利·麦克马洪爵士给谢里夫侯赛因开出的条件。1917 年，他请求阿拉伯局帮他牵头与在开罗的叙利亚阿拉伯领袖会面。他的目的是让他们接受英国此前与法国和汉志在秘密协商中确定的条件，同时又不能告诉他们英国曾经与法国和汉志签署过这些秘密协议。他自称取得了成功，还亲笔写下了这样的记录：“主要难点是如何操控与会代表，让他们索取我们准备提供给他们的东西，同时又不让他们知道我们已经达成了涉及具体地盘的协议。”[52] “涉及具体地盘的协议”指的就是英国分别在 1915 年和 1916 年与法鲁基和法国达成的协议，当时的协议划定了大马士革-霍姆斯-哈马-阿勒颇一线作为阿拉伯独立运动在叙利亚的西部边界。

然而，从各个地区发来的报告表明，奥斯曼帝国政府有可能打算立刻赋予叙利亚以自治权，从而给阿拉伯民族主义运动来一个釜底抽薪。如此一来，英国人就会陷入十分尴尬的境地：大马士革本土的阿拉伯领导阶层有可能在叙利亚获得更广泛的支持，而英国人却要站在侯赛因国王一边与他们对抗。

临近 1917 年底，赛克斯给克莱顿发电报说："我对阿拉伯运动感到很忧心。要把麦加的父权政治体制和叙利亚的城市知识阶层结合起来绝非易事。"像往常一样，赛克斯很快又提出了一个折中方案，提议组建一个阿拉伯管理委员会来推进阿拉伯统一事业。克莱顿肯定告诉赛克斯这不可行，因为赛克斯回复他说："这的确十分困难，但军事胜利会让这一切变得容易一些。"赛克斯认为，应当劝说皮科向叙利亚人做出保证，告诉他们法国会支持他们最终取得独立地位。替阿拉伯人说服皮科的说辞跟替犹太复国主义者说服他的说辞是一样的：在遥远的中东做出一点牺牲，总比输掉战争要好，何况打赢战争还能收复紧邻本土的阿尔萨斯和洛林。[53]

赛克斯认为，英国应当信守所有承诺，而且只要做出的让步是合理的，英国也应该满足叙利亚人的要求。像往常一样，克莱顿把英国在战时做出的承诺视作耻辱，恨不得早日把它们都甩掉。他回复赛克斯说："毫无疑问，叙利亚人非常担心会被一个奉行麦加父权政治的政府统治。他们认为，麦加的谢里夫根本无法摆脱反动的行事作风，而那些作风与现代化的进步进程格格不入。"克莱顿认为，英国不应当再与侯赛因结盟。费萨尔自己可以成为一个被叙利亚邦联接受的领袖，而他的父亲只能充当精神领袖，不能成为政治领袖。不过，克莱顿还表示，如果最基本的问题不能得到解决，那么什么计划、委员会、声明或是宣传都可以免谈。他暗示说（虽然他从来没明确说出来过），这个最基本的问题就是赛克斯对法国人和犹太复国主义者做出的承诺。他认为，由于阿拉伯世界普遍担心英国打算把叙利亚交给法国，那么只要土耳其以成立一个叙利亚自治政府作为反制手段，英国的任何计划就都不会成功。在他看来，英国新近对犹太复国主义做出的公开承诺更是成了政策上的掣肘。唯一的解决方案就是让法国发表一个公开声明，宣布它无意吞并叙利亚的任何地区。[54]

曾经在米尔纳勋爵手下担任参谋的奥斯蒙德·沃尔龙德（Osmond Walrond）提出了另一个方案。此人在战前就很了解埃及，此时在开罗供职于阿拉伯局。他认为，英国忽略了阿拉伯秘密社团的重要性，因此他要去争取他们的支持。沃尔龙德在 1918 年夏天写信给克莱顿，描述了他与这些社团成员交谈的经过。他说，他要求他们选出一个可以代表他们的小型委员会，以便与他沟通。于是，他们选出了一个由七名成员组成的委员会。[55] 沃尔龙德打算效仿赛克斯一年前的所作所为，与另一个对侯赛因抱怀疑态度的开罗阿拉伯人组织进行磋商，设法让他们接受一份英国对中东未来方案的声明，从而让他们像侯赛因一样，在事实上接受英国的方案。

1918 年年中，为了回答沃尔龙德的七人叙利亚委员会提出的问题，马克·赛克斯爵士向他们发表了一份声明，说明了英国的意图。这是一份官方声明，得到了赛克斯在外交部的上级的批准，但其内容并没有什么新意。像马克·赛克斯爵士笔下出产的诸多声明文件一样，这份声明使用了不同的措辞来描述英国在战后中东的意图，但表达的是同样的意思。赛克斯在给七人委员会的声明中表示，只有在战前就已经取得独立，或是在声明发布之日之前已经自行解放的阿拉伯人的独立地位能得到承认。也就是说，这一声明实际上只承认阿拉伯半岛的阿拉伯人能获得彻底的独立，而阿拉伯半岛之外的阿拉伯世界将会在不同程度上被置于欧洲国家的影响或控制之下。这份声明后来饱受争议。

　　除非能让法国人合作，发表一份联合声明，否则赛克斯无法进一步打消阿拉伯人对法国的怀疑，他们难免会疑心法国仍然对叙利亚和黎巴嫩有所企图。1918 年秋天，英国外交部终于说服法国政府一同发表了一份新的声明，以便阐明协约国的意图，打消阿拉伯人的担忧和美国人的怀疑。1918 年 11 月 8 日，英国和法国发表了一份措辞含混的联合声明，表示将全力支持在中东地区建立本土政府。不过，这份声明的目的就是误导他人。比如，在法国人的坚持下，这份声明里没有明确地提到阿拉伯"独立"。[56] 为了迎合威尔逊和美国人的意见，马克·赛克斯爵士选择了一条理想主义路线，而法国官员像英国官员一样，并不会沿着这条路线前行。

37

争夺叙利亚之战

I

1918年夏末，埃德蒙·艾伦比爵士下达了向叙利亚进攻的命令。他料想，利曼·冯·桑德斯必定认为他会重演在巴勒斯坦南部使用过的战略。在耶路撒冷战役中，艾伦比在海岸地区虚晃一枪，率军向东奔袭，在内陆发动了猛攻。而到了进攻巴勒斯坦北部的时候，艾伦比采取了截然相反的战略：他在内陆进行佯攻，主力则沿着海岸推进，以便在海岸地带取得压倒性的局部兵力优势，突破土耳其人的防线。这里的地形也最适合他手下的澳新军团骑兵部队发挥作用。

在具有战斗力的部队人数方面，艾伦比拥有二比一的优势（他估计双方兵力对比为6.9∶3.6）。不过，为了尽量在沿岸地区集中兵力，他做了一个十分大胆的决定：在大约65英里长的战线上，他在大片地带完全不设防，全凭空中优势和高效的情报工作来让敌人远离其防线上的缺口。

在夜里，大部队静悄悄地向西移动，在防御薄弱的海岸平原地带集结。他们隐藏在橄榄树和柑橘树丛中，一直没有被敌人发现。而到了白天，小股部队会向东行军。他们在夜里折回出发点，到白天再重新向东进发，卷起大量的沙尘，让土耳其人认为有一支大军正在向东进发并准备在内陆发动进攻。在东部，小股英军部队建起巨大的营地，其中还有马厩，里面似乎养着马匹。在约旦以东，英国情报人员故意让人发现他们在大量采购粮草。

利曼·冯·桑德斯果然中计。他把部队集中在巴勒斯坦东部的内陆地区，结果在英军发动进攻时，他的部队部署完全主次颠倒。艾伦比的大军势如破竹，而奥斯曼军队的指挥官们在几天之后才意识到究竟发生了什么。

1918年9月19日4时30分，将近400门英军火炮突然对海岸平原地带的奥斯曼守军发动了炮击，打了势单力薄的守军（与英军人数对比为0.8∶4.5）一个措手不及。15分钟之后，步兵开始进攻。英国、法国和印度步兵击退了寡不敌众的奥斯曼守军。与此同时，骑兵部队则攻破了奥斯曼守军的防线，一举取得了米吉多（Megiddo）战役的胜利，而米吉多就是《圣经》中提到的哈米吉多顿 *。

清晨时分，英国皇家空军派出了专门的轰炸机小队，袭击了敌后的电话和电报交换站，切断了全部通信。另外一些英国战机则在敌方机场上空警戒，阻止德军侦察机升空。于是，利曼和他前线的指挥官之间失去了联系，无法得到足够的情报。

英军先行控制了敌后的重要道路，使得跟踉后撤的奥斯曼军队发现他们的退路已经被堵死。澳新军团的骑兵部队先是沿着海岸线向北突进了30英里，接着又转向内陆，准备切断奥斯曼军队撤往大

---

* 哈米吉多顿（Armageddon），《圣经·新约·启示录》中预言的末世大战发生的地点。——译者注

马士革的路线。英军战机则不断在撤退的土耳其人头上轰炸扫射。与此同时，艾伦比在东方布置的少量部队也开始了对内陆地区的进攻。9月23日，在黎明前夜色的掩护下，犹太军团的几个营控制了约旦河上关键的乌迈什-舍尔特堡（Ummesh Shert Fort）。澳大利亚第二轻骑兵旅渡过约旦河，形成了一个巨大的钳形攻势。到了傍晚时分，约旦河以东的奥斯曼军队发现自己被包了饺子。

自从费萨尔的部队于一年之前从亚喀巴来到位于外约旦南部、亚喀巴以北的马安（Ma'an），他们就一直在围攻当地的土耳其守军。在澳大利亚骑兵赶来之后，当地守军终于坚持不住了。澳大利亚人接受了他们的投降，并且保护他们不受阿拉伯攻城部队的伤害。在更北的地方，费萨尔手下的骆驼部队破坏了土耳其主力部队依赖的铁路线。

9月25日，艾伦比下令向大马士革进发，残余的奥斯曼军队土崩瓦解。[1]英军很快控制了叙利亚的主要城镇，同时迅速颁布了占领政策。不过，究竟是谁，又是出于何种原因制定了这些政策，至今仍有争议。

II

艾伦比在夏天的时候告诉伦敦，只要愿意服从他在军事上的绝对权威，他可以允许法国顾问在法国有特殊利益的地区处理行政事务。不过，伦敦方面需要清楚地告诉他，究竟哪里是法国有特殊利益的地区，以及是否依然以《赛克斯-皮科协定》为依据。[2]尽管英国内阁及其东方委员会强烈支持摒弃《赛克斯-皮科协定》，但英国外交部却仍然坚守这一协定，要求艾伦比按照该协定规定的领土划分行事。为此，战时委员会的秘书班子成员利奥·埃默里尖刻地抨击了外交部的政务主官贝尔福和塞西尔。[3] 不过，埃默里的同僚马克·赛克斯爵士其实是外交部里直接负责叙利亚政策的官员。因此，他很可能是最早做出这一决定，或是建议做出这一决定的人。

9 月 25 日，英国陆军部给开罗的温盖特和前线司令部的艾伦比下达命令说，如果叙利亚要成为某个欧洲国家的势力范围，那么这个国家应该是法国。[4] 这一措辞暗示，叙利亚有可能不会成为任何一个欧洲国家的势力范围，也就是说，费萨尔或许可以在这里宣布独立。但是，艾伦比得到的指令是在所有的民政事务（与军政事务相对）上使用法国官员。陆军部的电报上说，在艾伦比夺取大马士革之后，"最好根据 1916 年英法协议的安排，尽可能地由法国人充当联络者，通过一个阿拉伯人的政府开展工作"。[5]

临时政权的管理区域将用旗帜标记出来。英国外交部授权（实际上是命令）英军，在夺取大马士革和叙利亚其他重要的城市之后要升起侯赛因的旗帜，也就是赛克斯设计的那面黑、白、绿、红相间的旗帜。[6] 这一旗帜有两层政治含义：它既宣示了侯赛因对阿拉伯叙利亚地区的领土主张，* 同时还可以提醒法国，至少要在名义上尊重阿拉伯人在叙利亚内陆地区的独立地位。

9 月 25 日，艾伦比在巴勒斯坦城镇杰宁（Jenin）召开的一次会

---

* 吉尔伯特·克莱顿在 1918 年初写信给赛克斯说，"如果费萨尔能够在军事上取得成功，他或许可以得到叙利亚"，但是如果他做不到这点，那么从麦加来的人在叙利亚政坛上就只能落得无足轻重。[7] 升起侯赛因的旗帜可以象征费萨尔的军事成功，从而为他谋求政治领袖地位铺平道路。——原注

穆罕默德五世，奥斯曼帝国苏丹，1909—1918年在位（Karl Pietzner, Public Domain, 1915）

穆罕默德六世，奥斯曼帝国末代苏丹，1918—1922年在位（Sebah & Joaillier, Public Domain, 约1920年）

赛义德·哈利姆，1913—1917年任奥斯曼帝国大维齐尔（Karl Pietzner, Public Domain, 1915）

穆罕默德·贾维特，1909—1914年任奥斯曼帝国财政大臣（佚名，Public Domain，1918）

恩维尔，1914—1918年任奥斯曼帝国陆军大臣（Karl Pietzner, Public Domain, 1917）

塔拉特，1913—1917年任奥斯曼帝国内政大臣，1914—1917年任奥斯曼帝国财政大臣，1917—1918年任奥斯曼帝国大维齐尔（佚名，Public Domain，早于1921年）

杰马尔，1914—1918年任奥斯曼帝国海军大臣（Underwood & Underwood, Public Domain，年代不明）

凯末尔，土耳其共和国首任总统（佚名，Public Domain，1917）

阿斯奎斯，1908—1916 年任英国首相
（Harold Begbie, Public Domain, 1921）

劳合·乔治，1916—1922 年任英国首相（A. & R. Annan & Sons, Public Domain, 1915）

丘吉尔，1911—1915 年任英国海军大臣，1917—1919 年任英国军需大臣，1919—1921 年任英国陆军大臣和空军大臣，1921—1922 年任英国殖民地大臣，1940—1945 年、1951—1955 年两度出任英国首相（佚名，Public Domain, 1914）

爱德华·格雷，1905—1916 年任英国外交大臣，1919—1920 年任英国驻美大使（佚名，Public Domain, 1919）

基钦纳伯爵，1911—1914年任英国驻埃及总领事，1914—1916年任英国陆军大臣（Bassano Ltd, Public Domain, 1910）

马克·赛克斯，英国下议院议员，英国政府负责中东事务的主要官员，曾在基钦纳伯爵领导下的陆军部工作，之后还曾出任英国战时内阁助理秘书（佚名，Public Domain，1918）

雷金纳德·温盖特，1899—1916年任英国驻苏丹总督，1917—1919年任英国驻埃及高级专员（佚名，Public Domain，早于1899年）

罗纳德·斯托尔斯，基钦纳伯爵在开罗的东方事务秘书，1917—1920年任耶路撒冷军政长官，1920—1926年任耶路撒冷和犹太地总督（Bain News Service, Public Domain, 1900）

1922年，吉尔伯特·克莱顿（前排右三）会见耶路撒冷宗教界领袖。克莱顿之前曾任苏丹政府驻埃及官方代表、开罗方面情报工作主管（佚名，Public Domain，1922）

1918年，"阿拉伯的劳伦斯"（左）、阿拉伯局主管戴维·霍格斯（中）和道内中校（右）在阿拉伯局会面（Lowell Thomas, Public Domain, 1918）

"阿拉伯的劳伦斯"（James Mcbey, Public Domain, 1918）

米尔纳勋爵，1918—1919 年任英国陆军大臣，1919—1921 年任英国殖民地大臣（Bain News Service, Public Domain, 1900）

扬·史末资，1917—1919 年为大英帝国帝国战时内阁成员之一，1919—1924 年、1939—1948 年两度出任南非联邦总理（佚名，Public Domain，早于 1915 年）

莫里斯·汉基，1916—1919 年任英国战时内阁秘书，帝国战时内阁成立后，兼任帝国战时内阁秘书，1919—1938 年任英国内阁秘书（佚名，Public Domain，1921）

利奥·埃默里，"一战"期间曾任英国战时内阁助理秘书，1922—1924 年任英国海军大臣（Bassano Ltd, Public Domain, 1921）

威廉·奥姆斯比-戈尔，1916—1917 年在开罗的
阿拉伯局工作，随后曾任英国战时内阁助理秘书
以及米尔纳在议会里的私人秘书（Bassano Ltd，
Public Domain, 1921）

皮科，法国外交官，1917—1919 年为
法国派驻巴勒斯坦和叙利亚的高级专
员（佚名，Public Domain, 1918）

萨宗诺夫，俄国外交官，1910—1916
年任俄国外交大臣（佚名，Public
Domain，拍摄于 1910—1920 年）

上图　冯·旺根海姆，1912—1915年任德国驻奥斯曼帝国大使（佚名，Public Domain，1919）

下图　德国派驻奥斯曼帝国陆军顾问团团长利曼·冯·桑德斯（左）及其女（中）与德国地中海舰队指挥官威廉·苏雄（右）在"戈本号"上（佚名，Public Domain，1917）

上左图　侯赛因·本·阿里，1908—1924年为麦加的谢里夫和埃米尔，1916年阿拉伯起义以后，称汉志国王（Hayman, Christy & Lilly, Public Domain, 1916）

上右图　侯赛因的儿子阿卜杜拉，1921—1946年为外约旦埃米尔，1946—1951年为约旦国王（Bain, Public Domain，早于1928年）

下图　侯赛因的儿子费萨尔，1921—1933年为伊拉克国王（佚名，Public Domain，约1920年）

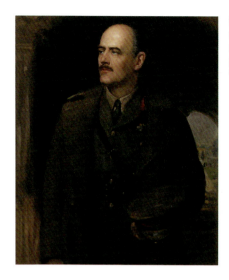

埃德蒙·艾伦比，1917年出任英国埃及远征军指挥官，领导英军接连攻克耶路撒冷和大马士革，取得西奈和巴勒斯坦战役的胜利，1919年晋升为英国陆军元帅（Philip Tennyson Cole, Public Domain, 1917）

斯坦利·毛德，1916年出任英印远征军指挥官，后率军进攻美索不达米亚，于1917年3月11日夺取了巴格达（Maull & Fox, Public Domain, 1917）

巴黎和会四巨头，从左到右依次为：英国首相劳合·乔治、意大利首相奥兰多、法国总理克列孟梭、美国总统威尔逊（Edward N. Jackson, Public Domain, 1919）

描绘英俄两国"大博弈"的漫画：英国狮、俄国熊和波斯猫（佚名，Public Domain，1878）

1882 年 9 月，在离开罗不远的泰勒凯比尔，英军击败埃及军队，开罗随后沦陷，英国实际上控制了埃及。图中为参加这次战役的英国军队（Richard Caton Woodville,Public Domain, 1882）

1908 年，青年土耳其党领导人宣布发动革命
（Charles Roden Buxton, Public Domain, 1908）

1908 年，一幅反映伊斯坦布尔民众庆祝青年土耳其党革命成功以及君主立宪制重新确立的希腊版画（Sotirios Christidis, Public Domain, 1908）

1912 年第一次巴尔干战争中，保加利亚人屠戮奥斯曼帝国军队（Jaroslav Věšín, Public Domain, 1912）

1913 年第二次巴尔干战争中的希腊军队（Georges Scott, Public Domain, 1913）

描绘三国协约的俄国漫画，左侧为象征法国的玛丽安娜女神，中间为象征俄国的"俄罗斯母亲"，右侧为象征英国的不列颠尼亚女神（佚名，Public Domain，1914）

一幅描绘同盟国的漫画，图中人物从左到右依次为：德意志皇帝威廉二世、奥斯曼苏丹穆罕默德五世、保加利亚国王斐迪南一世、奥地利皇帝弗兰茨·约瑟夫一世（B. B. & O. L. G. M. B. H., Public Domain, 1916）

奥斯曼帝国向协约国宣战（佚名，Public Domain，1914）

1914年的"戈本号"（Ernest Flagg, Public Domain，1914）

1914 年 12 月，萨勒卡默什森林中与奥斯曼军队作战的俄军（佚名，Public Domain，1914）

1915 年 4 月 25 日，澳新军团在加利波利半岛登陆（佚名，Public Domain，1915）

1915 年 8 月 7 日，一支协约国军队在加利波利半岛的苏夫拉湾登陆（Norman Wilkinson, Public Domain, 1915）

库特之围中的奥斯曼军队（佚名，Public Domain，1916）

库特之围后被俘的英印军队的士兵（佚名，Public Domain，1915）。1916年4月，库特的英印守军向奥斯曼帝国投降，被俘的人被押往安纳托利亚，途中饱受饥饿和疾病的摧残

1917年12月，耶路撒冷向英军投降（Lewis Larsson, Public Domain, 1917）

埃德蒙·艾伦比率军进入耶路撒冷（佚名，Public Domain，1917）

毛德率军进入巴格达（佚名，Public Domain，1917）

阿拉伯起义中的阿拉伯飞行员（Paul Castelnau, Public Domain, 1918）

1918年10月2日，澳大利亚军队进入大马士革（Public Domain, 1918）

1919年5月15日，希腊军队进入士麦那，受到士麦那希腊人的欢迎（佚名，Public Domain，1919）

1919年5月25日，伊斯坦布尔民众在苏丹阿赫迈特广场抗议协约国的占领统治（佚名，Public Domain，1919）

1920年，一支协约国军队进入已经被协约国占领的伊斯坦布尔（佚名，Public Domain，1920）

在《色佛尔和约》上签字的
四位奥斯曼帝国代表（佚名，
Public Domain，1920）

1920 年，T.E. 劳伦斯（前排左一）、温德姆·迪兹（前排右二）和外约旦埃米尔阿卜杜拉（前排左二）等人出席开罗会议（佚名，Public Domain，1920）

1921 年 3 月 28 日，丘吉尔（一排右二）与外约旦埃米尔阿卜杜拉（一排右四）在耶路撒冷会晤，英国驻巴勒斯坦高级专员赫伯特·塞缪尔爵士（一排右三）及其首席秘书温德姆·迪兹（二排右一）出席（佚名，Public Domain，1920）

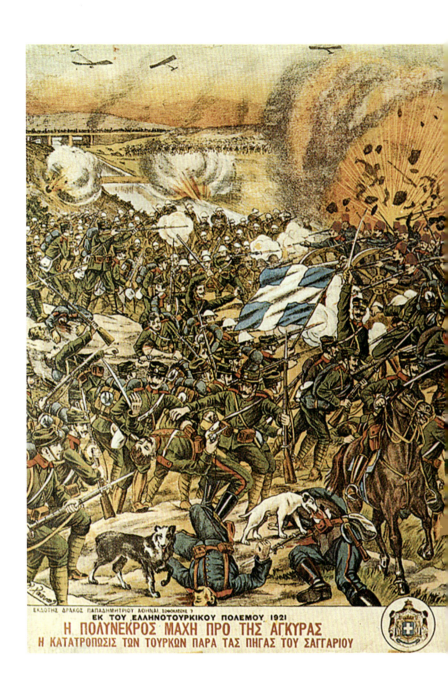

ΕΚΔΟΤΗΣ ΔΡΑΚΟΣ ΠΑΠΑΔΗΜΗΤΡΙΟΥ ΑΘΗΝΑΙ, ΣΟΦΟΚΛΕΟΥΣ 9

ΕΚ ΤΟΥ ΕΛΛΗΝΟΤΟΥΡΚΙΚΟΥ ΠΟΛΕΜΟΥ 1921

Η ΠΟΛΥΝΕΚΡΟΣ ΜΑΧΗ ΠΡΟ ΤΗΣ ΑΓΚΥΡΑΣ
Η ΚΑΤΑΤΡΟΠΩΣΙΣ ΤΩΝ ΤΟΥΡΚΩΝ ΠΑΡΑ ΤΑΣ ΠΗΓΑΣ ΤΟΥ ΣΑΓΓΑΡΙΟΥ

DE LA GUERRE GRECOTURQUE DE 1921
MBAT TERRIBLE DEVANT ANGUIRA
TURCS PRÈS DES SOURCES DU FLEUVE SANGARIO

一幅描绘 1921 年希土战争中萨卡里亚河战役的希腊版画（Sotiris Christidis, Public Domain, 1921）

1922 年 9 月，凯末尔（图中敬军礼者）率领土耳其军队进入士麦那（Başkanlığını Aydın, Public Domain, 1922）

议上批准了澳大利亚将军哈里·肖韦尔提出的进攻大马士革的方案。负责执行这一行动的肖韦尔后来写到，他在会议中提出了占领政策的问题。他说，大马士革是一座拥有30万人口的城市，单凭一名军事长官和几名助手无法接管其行政事务。艾伦比回答说，肖韦尔应当保留原有的奥斯曼行政长官及其行政班底，并加拨必需的宪兵部队帮助他们维持治安。肖韦尔又提到了有关阿拉伯独立运动组建叙利亚政府的传言，但艾伦比回答说，任何决定都要等他本人抵达大马士革之后再说。他又补充道："如果费萨尔给你惹麻烦，你就通过劳伦斯应对他。劳伦斯将担任你的联络官。"[8]

伦敦、巴黎和中东之间电报往来频繁。一方面，艾伦比让肖韦尔暂时保留大马士革的土耳其行政机构；但在另一方面，英国外交部却告诉法国政府说，艾伦比将依照《赛克斯-皮科协定》的规定，通过一名法国联络官与大马士革的一个阿拉伯临时政府打交道。[9]作为回报，法国政府同意将阿拉伯人视作参战的一方，也就是协约国的盟友。[10]英法之间交流的内容表明，英国外交部预计艾伦比早晚会用一个阿拉伯政府替代大马士革的土耳其政府，但同时它又不认为《赛克斯-皮科协定》里的安排会在那之前生效。

以这些协议做后盾，英国外交部让陆军部给艾伦比下达了重要的新指示，进一步发展了之前心照不宣的政策路线。正在被艾伦比征服的叙利亚土地将被视作"享有独立国家地位的盟国领土"，而不是被占领的敌国领土。正因如此，英国外交部才发布了那个令人议论纷纷的指示："应当通过一些显眼或正式的举动来确认阿拉伯人对本土的统治，如在重要地点升起阿拉伯旗帜并向其致敬。"[11]

赛克斯（可能是他）又在电报里描绘了一个具有强烈个人特质

的天才方案。根据现有的英法协议，如果英国在叙利亚的任何一个地方建立了军政府，法国就有权派遣法国军官代表协约国方面管理民政事务。10月1日，艾伦比得到英国外交部的指示，要他尽量把军政府管理的区域控制在最小范围，从而可以相应地限制法国人的职权范围。英国外交部还让他在外约旦也这样做。这样一来，法国人就没办法指责英国在叙利亚内陆地区的所作所为是为了限制法国的作用，尽管实际上这就是英国人的动机所在。

在读过这些电报之后，温盖特给艾伦比写道："让我们看看大家会如何看待谢里夫的旗帜和法国联络官这件事吧，一定会非常有趣。"[12] 实际上，英国外交部相当于让艾伦比一边执行《赛克斯-皮科协定》上的正式规定（这是马克·赛克斯的主张），一边又要歪曲该协定的精神。对于这个解决方案，法国人感到不满意，因为他们想得到更多；费萨尔和阿拉伯局也不满意，因为他们想让法国人两手空空。

根据《赛克斯-皮科协定》的规定，法国应当取得对海岸线的直接控制权。与此同时，叙利亚内陆地区应当获得独立。这种独立不仅是协定上规定的那种名义上的独立，而是实质性的独立。而法国不仅将如协定上规定的那样派出正式的联络官，以后还会派遣官方顾问到费萨尔那里去。叙利亚的统治者将出自哈希姆家族，这一点与麦克马洪信函中的内容一致。因此，随着赛克斯设计的旗帜飘扬在大马士革、霍姆斯、哈马和阿勒颇的上空，赛克斯倡导的一系列中东政策终于拼凑成形。赛克斯一直表示，他要让英国在中东问题上做出的各种承诺彼此契合，都能融入他所签订的协定的正式框架之中。

与此同时，艾伦比将军的前线司令部在 9 月 29 日决定，费萨尔手下的阿拉伯人将是唯一代表协约国进占大马士革的部队。此举应当是为了避免这座伊斯兰都市对基督教国家占领军的反感。*由于费萨尔距离大马士革还有三天的路程，司令部命令追击土耳其败军的澳新军团骑兵在此期间不得穿过大马士革城，只能绕城行进。

但是在一片你进我退的混乱中，解放大马士革这出戏剧的演员们并没有按照艾伦比和克莱顿写好的剧本来出演。奥斯曼政府并没有留在城中，而是在 9 月 30 日中午随土耳其军队逃离大马士革，留下了一片混乱。当地的阿拉伯要人埃米尔·阿卜杜·卡迪尔（Emir Abd el Kader）和他的兄弟赛义德（Said）看准时机，在某种程度上控制了大马士革。他们二人是名门之后，其先人是一位阿尔及利亚战士，曾在 19 世纪抵抗法国，后来接受法国政府资助，过上了流亡生活。†阿卜杜·卡迪尔兄弟可能是侯赛因和伊斯兰主义的支持者，而不是费萨尔和阿拉伯民族主义的支持者，二人被劳伦斯视为私敌。‡据说，是他们二人在 9 月 30 日下午以侯赛因的名义升起了

---

* 是何人出于何种原因下达了这一命令，我们缺少证据。艾伦比帐下的政治主官吉尔伯特·克莱顿将军给英国外交部发的一份报告表明，他担心一旦澳大利亚军队进占大马士革，可能会导致城内发生骚乱，因为大马士革人会揣测英国人是否打算将这座城市交给法国人。克莱顿一直担心，倘若英国向法国妥协，可能会激起叙利亚阿拉伯人对英国的敌意。克莱顿后来向英国外交部报告说："在我们准许谢里夫的部队占领大马士革之后，人们对法国人动机的猜疑打消了不少。"[13]——原注

† 这里指的是阿卜杜·卡迪尔（1808—1883），阿尔及利亚宗教和军事领袖，曾在 19 世纪中叶抵抗法国的殖民入侵。他战败被俘数年之后得到释放，因其崇高人格和人道主义精神享有很高声誉。——译者注

‡ 关于阿卜杜·卡迪尔与劳伦斯之间的矛盾根源有着多种说法。阿卜杜·卡迪尔可能担心英国人娶了侯赛因，也可能担心费萨尔被劳伦斯控制；反过来，劳伦斯可能怀疑卡迪尔兄弟是反基督徒的泛伊斯兰沙文主义分子，也可能担心他们亲法或亲土。也有人认为他们之间的矛盾完全出于私人原因，或许是因为阿卜杜·卡迪尔打算散布一些有损劳伦斯个人名声的消息。——原注

汉志旗帜。因此，当阿拉伯旗帜真的升起时，完全是大马士革的阿拉伯人自作主张的结果，与英国外交部的计划毫无关系。

一支澳大利亚骑兵旅得到命令，要去阻截沿大马士革以北道路撤往霍姆斯的奥斯曼军队。当10月1日的第一缕阳光洒在大地上时，这支澳大利亚骑兵旅决定穿城而过，于是进入了大马士革。赛义德·阿卜杜·卡迪尔在当地显贵的陪伴下正式迎接了这支部队。就这样，率先进入大马士革的荣誉就落到了这些澳大利亚人头上，与原本的计划完全不符。

一个小时之后，肖韦尔将军及其僚属在城南几英里处见到了在当地驻扎的一个师的指挥官乔治·巴罗爵士（Sir George Barrow）。劳伦斯原本应当与巴罗待在一起，肖韦尔想要来找劳伦斯商讨保留大马士革原有行政机构的问题。但肖韦尔十分失望地发现，劳伦斯已经于当日清晨悄悄溜走，随第五骑兵师进入了大马士革，他既没有得到上级的准许，也没有告知任何人。于是，肖韦尔只好借了一辆车，亲自驾车进入大马士革，想看看到底是怎么回事。

至此，艾伦比和克莱顿让费萨尔解放大马士革的计划完全落空了。费萨尔距离大马士革还有几天的路程，而澳大利亚人和英国人都已经入城，别管他们的理由是为了穿城而过，还是想看看到底发生了什么事情。原本接到命令不得率部进城的肖韦尔，现在也跟在他们后面进入了大马士革。

T. E. 劳伦斯本来应当担任肖韦尔的参谋联络官，但他在当天早上却擅离职守，开着他最喜欢的老破劳斯莱斯装甲车进了大马士革城。与他同行的还有另一名英国军官 W. E. 斯特林（W. E. Stirling）和费萨尔的主要支持者之一、前奥斯曼军官努里·赛义德[*]。他们发现，费萨尔的一些部落武装盟友已经先行抵达了大马士革，并且承认阿卜杜·卡迪尔兄弟为大马士革的行政首脑。努里随即发动了一场武装政变，命令阿卜杜·卡迪尔兄弟交出权力，接着任命了一名亲费萨尔的行政长官。随后，气急败坏的肖韦尔将军抵达大马士革，要求他们对一切做出解释。

劳伦斯找借口说，他以为肖韦尔会想让他先侦查一番，而他本来正要回去提交报告。

随后，肖韦尔要劳伦斯把大马士革的行政长官带来，劳伦斯就把努里挑的人选带了过来，告诉肖韦尔就是此人。肖韦尔说他胡扯，因为他带来的明显是一个阿拉伯人，而奥斯曼政府的行政长官应该是一个土耳其人。劳伦斯回答说，奥斯曼政府的行政长官已经逃走（这是事实），所以当地人民推选此人取而代之（这是假话）。

肖韦尔信以为真，于是确认了此人的行政长官身份。据他本人的记载，肖韦尔很快发现只有一个亲费萨尔的小圈子支持这个人选，大马士革的大部分居民对这个选择并不满意。但是，既然已经正式宣布了任命，肖韦尔没有办法再收回成命。鉴于城中严重的骚乱，肖韦尔于 10 月 2 日命令英军进城，以压制反对者。而这正是艾伦比和克莱顿一直以来想要避免的情况：人民群起反抗，基督徒军队为了恢复秩序而亵渎一座伊斯兰都市。与此同时，原本可以争取当地民心的费萨尔的阿拉伯部队却还没有抵达。

一直到 10 月 3 日上午，劳伦斯才宣布费萨尔和他的几百名支持者即将到达。他请求为他们举办一场入城仪式。肖韦尔后来十分

---

[*] 努里·赛义德（Nuri el-Said，1888—1958），他后来成为伊拉克的重要政治人物，多次出任首相。1958 年在伊拉克革命中被杀。——译者注

不满地写道："鉴于费萨尔在'征服'大马士革的过程中贡献甚微，我并不喜欢为他举办入城仪式的主意。不过，既然办了也没有什么危害，我还是同意了。"[14]

入城仪式定在了当天下午 3 点，但艾伦比将军的日程安排与之产生了冲突。艾伦比当天下午只有几个小时在大马士革，于是召费萨尔和劳伦斯到他下榻的维多利亚酒店来会面。由于肖韦尔任命了一名亲费萨尔的阿拉伯人担任大马士革的行政长官，艾伦比就必须依照《赛克斯-皮科协定》和协约国之间协议的规定，通过法国人与叙利亚的阿拉伯政权打交道。如果能够按照艾伦比最初的指示暂时留住土耳其的行政长官，这种复杂的局面原本可以不这么早出现。艾伦比没有责怪肖韦尔，只是说他的所作所为已经把法国人卷了进来，所以自己现在必须马上会见费萨尔。

艾伦比、肖韦尔和费萨尔携各自的参谋长出席了会议，与会的还有被派到汉志的英国使团中的几位英国军官、来自开罗阿拉伯局的一位军官和费萨尔手下的前线总指挥。劳伦斯充当翻译。

在这次会议中，英军指挥官详细地向这位阿拉伯王子介绍了英法两国之间的协定，还告诉他说，在最终的和平会议召开之前，他决定一切事务都遵照这一协定办理。他提到的这些协定条款，正是马克·赛克斯爵士和英国外交部指示他坚持的那些条款。劳伦斯或许曾经寄希望于克莱顿和艾伦比会纵容他推翻英国外交部的政策，他可能还让费萨尔也产生了类似的希望；但这些希望都在当天下午破灭了。对于阿拉伯邦联的领土不包括巴勒斯坦一事，费萨尔并不介意，他说他可以接受；真正让他感到极为失望的是其领土也不会包括黎巴嫩（指黎巴嫩山，即"白山"），而且叙利亚也无法摆脱法国的控制。

根据肖韦尔的会议纪要，艾伦比（他被肖韦尔称作"首长"）直白地告诉费萨尔：

（a）法国将成为叙利亚的保护者；

（b）作为其父侯赛因国王的代表，费萨尔将拥有叙利亚的行政权（不包括巴勒斯坦和黎巴嫩），但他需要遵照法国的指导，并获得法国的财政支持；

（c）阿拉伯人的领地只包括叙利亚内陆地区，费萨尔不能获得黎巴嫩；

（d）费萨尔将立刻获得一名法国联络官，劳伦斯将与之共同工作，并为其提供所需的任何帮助。

费萨尔表示了强烈抗议。他说，他根本不知道法国人还会参与其中；他愿意接受英国的援助；艾伦比派来的顾问告诉他，阿拉伯人将拥有除巴勒斯坦之外的整个叙利亚，包括黎巴嫩在内；他难以接受一个没有海港的国家；他拒绝接受法国联络官，也不愿意接受法国人的任何指导。

艾伦比转向劳伦斯问道："你没有告诉他法国将会成为叙利亚的保护者吗？"劳伦斯说："没有，阁下，我对此事一无所知。"艾伦比接着说："但你很清楚，费萨尔不会得到黎巴嫩。"劳伦斯说："不，阁下，我不清楚这一点。"

在又做了一番讨论之后，艾伦比告诉费萨尔说，他本人，埃德蒙·艾伦比爵士，是总司令，而费萨尔只是他麾下的一名将领，这就意味着费萨尔必须服从命令。在战争结束，整个问题得到解决之前，费萨尔必须接受这种安排。费萨尔接受了这一决定，随后带着他的随从离开，但把劳伦斯留了下来。[15]

在坦率直言的艾伦比面前，费萨尔和劳伦斯都算不上诚实。艾伦比描述的条款正是《赛克斯-皮科协定》中规定的条款，他们二人对这些条款都很了解。劳伦斯后来对伦敦解释说，费萨尔之所以说自己不知道这些条款，其真实意思是他没有得到过正式通知。[16]至于劳伦斯自己，他连这个借口也没有；很简单，他就是撒了谎。*

在费萨尔离开会场之后，劳伦斯告诉艾伦比，他无意跟一名法国顾问一起为费萨尔服务。他说，他积攒了一些假期，希望可以立刻回英国休假。艾伦比同意了。所有迹象都表明，艾伦比并没有生劳伦斯的气，他反而支持劳伦斯回伦敦，亲自向英国外交部陈述其想法。

离开会场后的费萨尔终于举行了迟来的入城仪式，率领300~600名骑兵草草走了个过场。或许是在劳伦斯的怂恿下（劳伦斯后来拒不承认），费萨尔随后派了一支100人的突击队到贝鲁特去。他们没有遇到任何抵抗，于10月5日升起了汉志的阿拉伯旗帜。第二天，大为警觉的法国人把军舰开进了贝鲁特港，并且派了一小股部队登陆。10月8日，艾伦比的埃及远征军麾下的印度部队进入贝鲁特。艾伦比掌控了局势，命令费萨尔的部队降下阿拉伯旗帜，离开贝鲁特。就这样，法国人获得了贝鲁特的控制权。随后，弗朗索瓦·乔治·皮科来到贝鲁特，成了法国在当地的民政和政治事务

---

* 在《智慧的七柱》第101节中，他承认自己其实知道这一协议："幸运的是，我在此之前还把协议的存在告知了费萨尔……"——原注

代表，但要服从总司令艾伦比的领导。

克莱顿建议费萨尔从黎巴嫩撤回他的追随者。10 月 11 日，克莱顿写信给温盖特说："我告诉费萨尔……如果他想强行夺取这片土地，这只会让他在未来的和平会议上处于不利的地位……这不是一个简单的问题。我希望双方在未来可以做一些交换，达成妥协。"[17]

事实证明，在贝鲁特的法国武装力量太过弱小，无法像法国国内的殖民主义分子期望的那样吞并整个叙利亚。因此，法国人打算寻求一个妥协方案，以备在无法完全占有叙利亚时启用。*前线的法国军官们想出的方案是从叙利亚的版图中切割出一块独立领地，其中不仅包括黎巴嫩山一带基督徒定居的地区，还包括一大片以穆斯林居民为主的区域，这片区域将交由法国人支持下的马龙派基督徒统治。[19]为了推行这一计划而采取的一系列行动，在早已埋下不和种子的协约国阵营内部进一步加剧了政治纷争。

在艾伦比井井有条的指挥体系的表象之下，奥斯曼行政当局的消失其实留下了无尽的争吵、阴谋和派系斗争。贝都因人与城市定居者冲突不断。从前的敌人从阿拉伯民族运动的内部蚕食着费萨尔的领导权。鲜为人知的争端在暗中解决。在大马士革，亲费萨尔的警察开枪打死了埃米尔·阿卜杜·卡迪尔，理由是他拒捕。

自然因素更是不在艾伦比的控制范围之内。在土耳其人控制的领土上，卫生工作无人在意，这导致英国骑兵在穿越这片土地的过程中饱受疟疾的困扰。在两个星期的潜伏期之后，疟疾整团整团地

---

* 法军中有一部分是被法国招募的亚美尼亚流亡者，其他则是来自北非的当地部队。有人这么描述这支法军："他们一共只有 3 000 名亚美尼亚人和 3 000 名非洲人，以及'800 名得到承诺无须参加战斗的法国人'。"[18]——原注

击倒了即将征服整个叙利亚的英国骑兵。接踵而来的流感则不仅让人虚弱不堪，而且造成许多人死亡。

III

身在中东司令部的艾伦比为劳伦斯上校在伦敦安排了热情的接待。劳伦斯此次来伦敦是为了向当局陈说反对法国的主张。10月底，劳伦斯面见内阁东方委员会。他汇报说，皮科提出要派给费萨尔法国顾问，但费萨尔认为自己有权选择想要的顾问。费萨尔提出想要英国顾问，或者由来自美国的犹太复国主义者充当顾问——考虑到后来双方之间的敌意，这一要求看起来非常有趣。[20]

劳伦斯说，费萨尔提出要求的根据是马克·赛克斯爵士对七人委员会的声明。在这一声明中，赛克斯向反对费萨尔的叙利亚流亡分子领袖描述了协约国方面的目标。劳伦斯以费萨尔的名义曲解了这份声明，声称它承诺给予任何被阿拉伯人解放的阿拉伯地区以独立地位。（实际上，这份声明的确切内容是，在声明发布的日期——1918年6月——之前被阿拉伯人解放的地区将获得独立地位，而在声明发布时依然被奥斯曼帝国控制的区域不在此列。）费萨尔更是进一步曲解了这份声明。据说，费萨尔自称与英国人和法国人达成了协议，谁先抵达某一座城市，谁就可以拥有对该城的统治权。[21]

劳伦斯还开始宣称是费萨尔的部队最先进入了大马士革。他说，4 000名效忠于费萨尔的部落武装人员在9月30日至10月1日的夜里溜进了大马士革，因此他们是最先进入该城的协约国部队。但是，第一手的证据表明，这所谓4 000名部落武装人员根本就是

　　　　　　　　　　　　　终结所有和平的和平

子虚乌有。部落武装如果要进入大马士革，就必须先穿过英国人的防线，但是既没有人在大马士革城中看到过他们，也没有人看到过他们进城或者离开。[22]

不过，劳伦斯的主张——不应当让法国人在讲阿拉伯语的穆斯林居住的中东地区获得影响力乃至控制力——还是获得了东方委员会、内阁和媒体的支持。

1918年11月底，《泰晤士报》刊发了几篇未署名文章。这些文章的作者其实就是劳伦斯，他在文章中夸大其词地描绘了费萨尔麾下部队的成就，还自称这些记述都来自记者的亲眼所见。其他一些刊物也开始讲述劳伦斯这个版本的故事，这让身在叙利亚的澳大利亚部队大为不满。代表伦敦各报刊被正式派驻到艾伦比的埃及远征军中的一位记者写道："部队中发行的一份官方报纸刊载了一篇文章，声称是阿拉伯军队率先进入了大马士革。实际上，第一个进占大马士革的荣誉归属于澳大利亚轻骑兵。肖韦尔将军迅速纠正了这一错误。"[23]

出于个人和政治方面的考虑，劳伦斯一直坚称是费萨尔的部队解放了大马士革。他编造故事的技艺十分高超，以至于他所虚构的故事的一部分都进入了史书。不过，他也一定知道，早晚有一天他的谎言会被揭穿。20世纪20年代，劳伦斯的朋友、诗人兼小说家罗伯特·格雷夫斯（Robert Graves）在为劳伦斯写传记时，曾打算以劳伦斯在《智慧的七柱》中的记载为基础写作大马士革的解放一节。劳伦斯提醒他说："我写作大马士革这一章节的时候可谓是如履薄冰。如果有人要沿着我的脚步前行，一不小心就会踩破冰面。《智慧的七柱》中关于这一段的记载许多并不完全属实。"[24]

IV

劳伦斯试图用他关于大马士革战役的说辞来说服英国政府放弃《赛克斯-皮科协定》，而几乎所有与劳伦斯交谈过的英国官员也都打算抛弃这个协定。吉尔伯特·克莱顿于 1917 年写信给劳伦斯说，虽然英国在道义上有遵守这一协定的责任，但只要忽视这个协定，它就会自然而然地消亡："其实它已经死了。我们只需要悄悄等候，人们很快会意识到这一点的。"[25]1918 年，克莱顿告诉皮科，这个协定已经无法执行，因为它早已"彻底过时了"。[26]

东方委员会不仅想要忽略《赛克斯-皮科协定》，更想干脆废除这一协定。东方委员会认为，在磋商如何管理被占领地区的时候，英国外交部会想办法修改这一协定，或直接将其废弃。英国外交部并没有这样做，反而坚称，除非法国同意修改或取消这一协定，否则英国必须遵守该协定。东方委员会的主席是寇松勋爵，当他了解到英国究竟与法国签署了哪些条款时，他态度严厉地评论道："本委员会一直想要摆脱《赛克斯-皮科协定》，而外交部似乎完全依赖于这个协定。"[27]

当年与法国人协商出这一协定的马克·赛克斯爵士仍然坚信《赛克斯-皮科协定》能满足当下的需要。1917 年春天，他写信给英国驻美索不达米亚当局的政治主官珀西·考克斯说，《赛克斯-皮科协定》的优点之一是，它不会与伍德罗·威尔逊的美国政府和新兴的社会主义俄国政权在民族自决和反兼并原则方面发生冲突。"阿拉伯民族主义理念或许有些荒谬，"他写道，"但是如果我们可以说自己在帮助一个在我们保护之下的民族沿着民族主义的路线成长，议

　　　　　　　　　　　　　终结所有和平的和平

会将很愿意接受这一套说辞。"他认为，侯赛因或许无法在实际层面上对战争做出太多贡献，但是他可以带来一些道义层面上的帮助，而法国人可以认识到这一点。"我认为，法国人会愿意与我们合作，采用协商一致的政策应对讲阿拉伯语的人民。"[28]

当时，阿拉伯局的主管戴维·霍格斯写信给吉尔伯特·克莱顿说，除了马克·赛克斯爵士之外，没有人支持《赛克斯-皮科协定》，甚至没有人认真对待它。[29]这种说法略有一点夸张，因为英国外交部的官员（赛克斯也是外交部的一员）都很重视这个协定。不过，除此之外，戴维·霍格斯的说法大体上是准确的。

寇松勋爵声称，《赛克斯-皮科协定》不仅过时，而且"完全不切实际"。[30]作为负责制定英国在中东的战后目标的东方委员会的主席，寇松勋爵明确表示英国应该让法国完全撤出叙利亚。[31]不过，陆军部的一位代表告诉委员会，要想打破这一协定，唯一的办法就是"打着阿拉伯人的旗号"去请求美国人践行威尔逊提出的民族自决原则。[32]

寇松认为："早在《赛克斯-皮科协定》达成之时，它就只不过是为了……一种尚未出现，也被人断定几乎不可能出现的情形而准备的精巧方案。我想，只有这样才能解释为什么该协定里会划出那样荒谬无知的边界线。"[33]

劳合·乔治也觉得这一协定有些过时，不过他确实从一开始就反对这一协定。他向来愿意给他欣赏的人物找借口，于是他也为赛克斯寻找借口，甚至改写了历史以帮他洗脱指责。劳合·乔治在几十年后写道：

像马克·赛克斯爵士那样聪颖的人，竟然会在那样一份协定上签字，真让人百思不得其解。他一直以之为耻，并且辩白称，他之所以会同意那些条款，只是因为外交部明确地指示他必须这样做。因此，他对于自己的名字与这份协定挂钩一事非常厌恶，毕竟他完全不同意签署这样一份协定，他只是在上面挂名而已。[34]

在劳合·乔治看来，"无论从什么角度看"，《赛克斯-皮科协定》"都非常愚蠢"。[35]

就连赛克斯自己最后也认同了这一看法：1918 年 3 月 3 日，他写信给温盖特和克莱顿说，考虑到美国参战、伍德罗·威尔逊提出的十四点原则、布尔什维克革命和布尔什维克披露协议内容带来的不良影响，英国应当放弃《赛克斯-皮科协定》。[36]1918 年 6 月 18 日，赛克斯对东方委员会表示，谢里夫一派没有理由对《赛克斯-皮科协定》表示不满，因为他早已向侯赛因完整披露过协定的内容；不过，英国应当要求法国同意废弃这一协定。[37]一个月后，他又告诉该委员会："虽然法国人拒绝承认，但 1916 年的协定已经名存实亡。我们现在必须修改这项协定，或者拟定新的协定取而代之。"[38]不过，在法国人拒绝了修改协定的提议之后，他又转而在该协定的基础上去磋商关于在新占领土上组建行政机构的问题。

1918 年 10 月 5 日，利奥·埃默里在日记中写道："与赛克斯聊了一下到底应当拿《赛克斯-皮科协定》怎么办。他想出了一个新的天才计划，试图让法国人离开除了黎巴嫩之外的阿拉伯地区。"作为补偿，法国人可以得到"从阿达纳[*]到波斯和高加索"的整个库尔德斯坦和亚美尼亚。[39] 但法国人并不同意这一安排。

考虑到费萨尔曾经对艾伦比抗议说"他难以接受一个没有海港的国家"，赛克斯想要修改《赛克斯-皮科协定》，提出一个折中方案，把一个原本在法国直接控制的区域内的海港划进由费萨尔统治的区域。艾伦比将军似乎也对这一方案抱有希望。12 月 15 日，他在写给妻子的信中说："赛克斯为了安抚阿拉伯人挖空了心思，他打算给他们一座海港；而皮科身上的沙文主义色彩也比以前淡了些。"[40] 但是，这个方案最终也不了了之。

法国人拒绝放弃《赛克斯-皮科协定》赋予他们的任何权利。不过，第一线的一些英国军官认为，强行履行这一协定可能会带来灾难性的后果。

已故的基钦纳伯爵的追随者们像以往一样众口一词。他们一直强调说，为了保证巴勒斯坦的犹太人和阿拉伯人之间的友好关系，英法必须废除《赛克斯-皮科协定》。马克·赛克斯爵士本人的确把维系犹太人和阿拉伯人之间的友好关系当作他的目标之一，但他那些提出这一说辞的同僚们是否也持同样看法就很值得怀疑了。

耶路撒冷总督罗纳德·斯托尔斯报告说，阿拉伯人愿意接受犹太复国计划，但前提是必须由英国人在巴勒斯坦组建政府。[41] 吉尔伯特·克莱顿报告说，阿拉伯人和犹太复国主义者的事业"相互依存"，只要能说服法国人认同《赛克斯-皮科协定》"已经变得不切实际"，阿拉伯人和犹太复国主义者就都会心满意足，并且愿意与协

---

* 阿达纳（Adana），今土耳其中南部城市。——译者注

约国合作。[42]哈伊姆·魏茨曼也助了一臂之力。他写信给贝尔福表达了同样的意思，并且补充说，法国人试图谋取排他性的商业特权，这种做法会损害犹太人和阿拉伯人的民族自决主张。[43]T. E. 劳伦斯告诉东方委员会："让巴勒斯坦和叙利亚的犹太复国主义者和阿拉伯人达成一致并不困难，前提是巴勒斯坦的管理权要留在英国人手里。"[44]

尽管劳合·乔治和第一线的英国军官都再三表示英国对叙利亚毫无图谋，但如果有关巴勒斯坦的协议内容可以取消，那么关于叙利亚的协议内容也没理由不取消。劳合·乔治和第一线的英国军官坚称，他们想让法国放弃其主张，并不是为了英国的利益，而是为了费萨尔统治下的独立的阿拉伯国家的利益。这纯粹是谎话，因为阿拉伯局的军官们根本不相信阿拉伯人有自治的能力。所以，他们嘴里说的所谓"费萨尔统治下的独立国家"，实际上是一个在英国指导下的国家，而代表英国指导它的正是他们自己。

阿拉伯局的主管戴维·霍格斯接替克莱顿成了前线的政治主官。他从刚刚解放的大马士革发回报告说，费萨尔的阿拉伯行政当局能力堪忧。他写到，必须由一个欧洲强国来主持时局。[45]既然要把法国排除在外，那么在他心目中应当由哪个欧洲强国来担负责任就是不言自明的事情了。

V

在大马士革的维多利亚酒店会见费萨尔之后，时隔近两个星期，埃德蒙·艾伦比爵士又回到了大马士革，参加费萨尔王子的晚宴。他告诉妻子说："他为我准备了一顿棒极了的晚宴。用符合文明国家的通常标准准备的阿拉伯菜肴都非常好吃。佐餐的饮料只有水，不过味道清冽甘甜，不是微温的大麦茶！"艾伦比又补充道："你会喜欢费萨尔的。他热情，纤瘦，十分敏感。他的手很漂亮，仿佛是一双女人的手，每当他讲话时，他的手指总会紧张地抖来抖去。不过，他十分有决心，而且坚持原则。"在政治方面，"他对和平谈判的前景感到很紧张。不过，我告诉他说，他一定要信任协约国，相信它们会公正地对待他"。[46]

"信任协约国"，费萨尔肯定不会认为这一原则值得他托付未来，因为协约国之间都互不信任。法国人不相信英国人支持犹太人和阿拉伯人的事业完全出于好心，而英国人每天讨论的话题不是到底应不应该撕毁他们与法国之间的协议，而是如何撕毁他们与法国之间的协议。英国和法国都不想兑现他们在战争期间给予意大利人的承诺，也不愿意推进伍德罗·威尔逊的理想主义方案。每当华盛顿倾听他们的意见时，他们却装出一副满怀同情的样子。

费萨尔知道，就在仅仅一年之前，英国的领导者们曾经背着他与土耳其人议和。根据他们的和谈方案，英国打算肢解俄国，而不打算瓜分奥斯曼帝国。这就意味着，他和他的父亲会被丢给土耳其人，任由土耳其人处置。他还知道，英国和法国曾经在两年前达成秘密协定，打算由两国瓜分阿拉伯世界；一直到了别无选择的时候它们才把这项协定的细节告知费萨尔。

费萨尔生存的世界里没有信任这个词。就在这一年，他自己曾经与土耳其人联络，打算转投敌方阵营。他的父亲也跟土耳其人有过类似的来往。他们父子二人并不忠于英国人，而费萨尔本人甚至也没有忠于他的父亲。

　　费萨尔手下唯一的正规军部队都是来自敌营的叛逃者，而一旦他的地位出现动摇，这些人也可能会轻易地背叛他。他的贝都因部落盟友们因反复无常而闻名，经常在阿拉伯半岛的纷争中变换阵营，甚至临阵倒戈。他们之所以忠于他，基本上只是为了得到金钱，而掌握那些钱财的是劳伦斯，不是费萨尔本人。至于叙利亚人，他们接受费萨尔的统治完全是因为英国军队的命令。

　　就连他的身体也背叛了他：他不停抖动的手指暴露了他的紧张情绪——他也的确有足够的理由感到紧张。

第八部分

战后分赃

"胜利者属于战利品"

——F.斯科特·菲茨杰拉德

38

分道扬镳

I

疲惫不堪的奥斯曼帝国和大英帝国，凭着最后一丝歇斯底里般的战争冲动，在遥远的沙漠和内海地带打了一系列战役。这些战争末期的战役几乎没人记得，也没有取得任何决定性的结果。不过，在这一系列军事和政治较量的过程中，发生了两个将要深刻改变20世纪历史的事件：西方军队发现自己与曾经的盟友俄国发生了战争，石油变成了争夺中东的战争中的重要因素。

一切始于恩维尔帕夏。他没有想办法去应对叙利亚的败局，反而挑了一个弱一点的对手，开辟了一个新的战场。于是，就在英国人在奥斯曼帝国的阿拉伯各省份连战连捷的同时，北方的奥斯曼军队正在曾经的俄罗斯帝国的土地上凯歌高奏。在1918年的下半年，土耳其和英国似乎并不是在进行同一场战争，而是在打两场毫不相干的战争。它们追求的目标也十分相似：不让盟友分享胜利果实。像劳合·乔治一样，恩维尔帕夏醉心于赢取战利品的前景，不愿意与其他国家分享胜利。这位近乎独裁者的土耳其领袖如同那位近乎独裁者的英国领袖一样，为了他的帝国野心，不惜危及本国与盟友之间的关系。

并不是争夺殖民地的帝国主义行为引发了战争，反而是战争引发了帝国主义。交战双方蒙受了巨大的损失，于是尝试获得新的领土作为补偿。俄罗斯帝国的崩溃满足了征服新世界的需要，它的领土就在那里等待着被占领。米尔纳勋爵担心，一旦俄国退出战争，德国可能会变得更加难以击败。因此，他提出了一种折中的和平方案：英国不需要从奥斯曼帝国身上获取补偿，而是通过瓜分俄国来获得补偿。但是，击垮了沙皇俄国的德国并不愿意与协约国分享胜利果实。德国继续与俄国作战，试图将其推翻。随着对农产品和原材料的需求越发迫切，德国的战后扩张野心也越发膨胀，进而与它的盟友土耳其产生了冲突。

一直以来，恩维尔帕夏就梦想有朝一日可以将亚洲所有突厥语族的民族统一到奥斯曼帝国的版图之内。不过，直到彼得格勒的政权分崩离析，他的这一梦想才终于有了实现的可能，变成可行的政治计划。在战争结束后，包括温斯顿·丘吉尔在内的一些人宣称，青年土耳其党一直以泛突厥主义（"泛图兰主义"）理想为目标，并且为了向中亚扩张才把土耳其带进了战争。但是，今日可见的证据恰恰反驳了这种说法：从 C.U.P. 在 1914 年到 1917 年间向德国提出的要求中，我们可以看出，奥斯曼帝国的领导者们当时主要考虑的都是防御问题，最多也只是想维持他们的现有疆界，并且在这个疆界内为奥斯曼帝国赢得更加彻底的独立地位。一直到 1917 年，恩维尔才开始认真考虑向东方扩展奥斯曼帝国的版图。曾经在沙皇控制下的大片领土似乎成了唾手可得的战利品，奥斯曼帝国可以夺取这些土地，以弥补把南方的阿拉伯语地区丢给英国人的损失。

1917 年秋天，英国情报部门准备了一份关于泛图兰主义运动——将所有讲突厥语族语言的民族团结起来的运动——的报告。报告中估计，在奥斯曼帝国的版图之外，在亚洲大约还有超过 1 700 万人使用至少一种突厥语族的语言。报告中说："讲突厥语的中亚地区是世界上最大的连续语言区之一，比俄语的语言区更大，几乎与美洲的英语或西班牙语语言区一样大。"虽然对作为一种意识形态的泛图兰主义充满了轻蔑态度，但这份报告认为，它可以在青年土耳其党手中变成一种危险的工具。"那里的人口都是突厥人，他们都是逊尼派穆斯林，但现在控制那片土地的〔俄国〕并不是一个古老的伊斯兰国家，而是一个新兴的基督教征服者。"如果 C.U.P. 在那里建立一个突厥–伊斯兰国家，并且与波斯和阿富汗联起手来，印度就将面对直接威胁。"这样一来，在西北边疆的反英部落背后就会出现一片广袤的反英腹地。"[1]

恩维尔很清楚这些可能性，但他并没有主动做什么，而是坐等事态向有利的方向发展。沙皇被推翻之后，在土耳其的东北部还有 50 万俄军，占据着诸如特拉布宗、埃尔祖鲁姆和卡尔斯等城镇。至少在一开始，这些军队还并不同情布尔什维克，但已经对战争感到厌倦。随着军队纪律日渐崩坏，俄军开始擅离职守，逃回俄国。在取得德国总参谋部的同意之后，奥斯曼军队并没有对日益薄弱的俄军防线发动进攻，而是任由俄军自行瓦解。

到了 1917 年秋天，也就是布尔什维克在彼得格勒夺取政权的时候，在外高加索的边境地带实际上只剩下一支志愿兵部队和几百名俄国军官。[2]不过，恩维尔依然按兵不动，等候布尔什维克来求和。几个星期之后，他们的确来求和了。

在与波斯接壤的东部边境，土耳其人的军事形势也出现了好转。在此之前，波斯南部的英国军队一直有北方的俄军做屏障，但是现在却失去了这种保护。以前，俄国军队一直要防范波斯的民族主义者兴风作浪，而随着革命狂热日益席卷俄国军队，他们开始变得对这些人越来越友好。1917 年 5 月 27 日，德黑兰亲协约国的政府垮台。6 月 6 日，一个民族主义色彩浓重的政府取而代之，并开始联络彼得格勒，希望减少俄国在波斯的兵力。

伦敦的陆军部和印度政府内的高级官员们担心，土耳其可能会经由波斯向阿富汗进攻，[3] 但帝国总参谋长并不认同这一观点。英国内阁举棋不定，不知道是应当向波斯新政权做出让步，还是坐视两国关系恶化；无论怎么选择，都有显而易见的风险。

在英国官员看来，随着彼得格勒的克伦斯基政府权威日渐消解，波斯北部的俄军也变得越发不可靠。1917 年 10 月 31 日，白厅的一个跨部门委员会决定，英国将资助驻扎在波斯北部的俄军中的反布尔什维克分子；但是，这些俄国人并不愿意为英国人效命。

随着布尔什维克在接下来的那个星期夺取彼得格勒的政权，事态终于发展到了顶峰。就在短短几个月之后的 1918 年 1 月 29 日，苏俄外交人民委员托洛茨基宣布废除 1907 年签订的英俄协约，而这一协约是英俄瓜分波斯的依据所在。托洛茨基宣布，苏俄政府不对任何留在波斯土地上的俄国反布尔什维克军队的行为负责，同时表示希望其他占据波斯土地的外国军队——土耳其军队和英国军队——也能撤出波斯。

英国政府担心，在俄国军队撤出之后，奥斯曼军队就可以穿过波斯的土地，从后方威胁留在美索不达米亚的印度军队。尽管英俄两国在这一地区进行过长期的争斗，但此时的英国完全依赖俄国在波斯北部挡住土耳其人。在这种保护突然消失之后，英国人显得有些手足无措。

II

1918 年 3 月，德国对战败的俄国人提出了严苛的停战条款。德俄双方签字的墨迹未干，奥斯曼帝国就与德意志帝国发生了争吵，因为它们都想得到原本俄罗斯帝国治下那些与土耳其接壤的省份。此时，被统称为"外高加索"的三个地区——信奉基督教的格鲁吉亚和亚美尼亚，以及穆斯林居住的阿塞拜疆——都已经成了独立的国家。为了继续作战，德国急需格鲁吉亚的农产品、矿产和铁路系统，而它对于阿塞拜疆的油田则更是垂涎三尺。另外，出于对战后安排的考虑，德国的领导者们还想把外高加索地区变成德国进入中东市场的桥头堡。

奥斯曼帝国的领导者们同样看中了这几个接壤省份的商业价值，他们想恢复与波斯的旧商路，同时还想重振他们在黑海沿岸和克里米亚的贸易活动。更重要的是，恩维尔想要打造一个疆域延伸到中亚地区的新的突厥帝国，而外高加索地区就是连接中亚的枢纽。

恩维尔确信，德国人在与俄国人和谈的时候并没有考虑土耳其的利益。因此，他决定无视德国在外高加索的利益，派遣他剩余部队中最精锐的部分越过边境，前去征服格鲁吉亚和亚美尼亚，并继续向阿塞拜疆进军。为此，他必须在德国军官遍布的奥斯曼帝国正规军之外建立一支特殊的部队。在这支新的"伊斯兰军"之中没有德国人，只有奥斯曼军人和阿塞拜疆鞑靼人。这支部队的目标是夺取阿塞拜疆的主要城市巴库。巴库是一座拥有 30 万人口、坐落在里海之滨的工业化城市，此时处在当地的苏维埃政权控制之下。在巴库城中，只有大约一半居民是穆斯林，其风土人情与周边鞑靼人居住的内陆地区大相径庭。当时，巴库是中东地区的重要产油城市。

到了 1918 年，石油在军事上的重要性已经广为人知。[*] 在大战爆发前，丘吉尔的海军部就已把燃油当成了海军舰船的主要燃料，而到了战争期间，协约国在陆路运输方面也越发依赖用汽油当燃料的卡车。到了战争末期，坦克和飞机开始登上舞台，而它们同样要消耗大量的燃油。1918 年，法国的克列孟梭政府和美国海军部都意识到石油已经成为至关重要的资源。

1918 年，德国深受资源短缺困扰，完全寄希望于从新侵占的俄国南部和西部地区补充资源，并且基本上已经控制了格鲁吉亚的经济资源。但是，在柏林方面看来，来自格鲁吉亚的资源还远远不够。恩维尔向阿塞拜疆的巴库进军，有可能会让德国无法得到其急需的石油资源，同时还可能破坏德俄之间的停战协议。德国总参谋部气急败坏，屡次愤怒地向恩维尔表示抗议，但均被后者无视。

德国海军大臣告诉德国外交部和总参谋部的首脑，德国必须拥有巴库的石油资源，所以必须遏制奥斯曼军队对这座城市的进攻。[5]德国领导人告诉苏俄驻柏林大使，只要俄国保证拿出巴库出产的一部分石油给德国，德国就会采取行动制止奥斯曼军队的进攻。"我们当然会同意。"列宁在发给斯大林的电报中如是说。[6]

---

[*] 温斯顿·丘吉尔在战前就意识到了石油的重要性，还曾经安排英国政府收购英国-波斯石油公司（今天的英国石油公司的前身）的多数股权。他的提议遭遇了大量的反对意见，特别是印度政府中的英国官员的激烈反对，他们完全看不出此举有什么必要性。[4]——原注

在战略位置方面，巴库也极具重要性。巴库是一座重要的港口，主宰着里海的航运。如果恩维尔夺取了这座城市，他就可以通过水路将军队运往里海东岸。在那里，他不仅可以将前沙俄突厥总督区的穆斯林聚拢到自己的麾下，同时还可以利用俄国人此前在那里兴建的铁路网络抵达阿富汗，进而攻击印度。

英国人十分清楚这一危险，因而怀着不好的预感密切观察着恩维尔的一举一动。

III

在波斯北部，有两个规模不大的英国军事代表团在边境的另一侧观察着事态的进展，但不太清楚自己应当在其中扮演怎样的角色。[7]

1918 年初，L. C. 邓斯特维尔（L. C. Dunsterville）少将被任命为英国派赴高加索行动的指挥官。在抵达外高加索地区的首府梯弗里斯*之后，邓斯特维尔就会成为英国在当地的代表，负责帮助土耳其境内的俄军抵挡奥斯曼军队的反攻。

邓斯特维尔的车队由 41 辆福特小汽车和货车组成，经由美索不达米亚进入波斯，随后向里海岸边的一座名叫安扎利港†的波斯港口驶去，计划从那里出发前往外高加索。等到英国人抵达安扎利港时，外高加索的大部分地区都已经落入了奥斯曼人或德国人的手中。

---

* 梯弗里斯（Tiflis），今第比利斯，格鲁吉亚共和国首都。——译者注

† 安扎利港（Enzeli），伊朗北部港口，1935 年被更名为巴列维港，1979 年伊朗伊斯兰革命后恢复原名。——译者注

此外，还有一个由波斯民族主义分子组成的革命团体在这一地区活动，他们不仅与布尔什维克结盟，还为一路推进的奥斯曼帝国伊斯兰军做事。英国政府深感忧虑，命令邓斯特维尔采取措施保证前往安扎利港的道路通畅无阻。

就在恩维尔的部队进逼巴库之际，英国政府内部展开了辩论，探讨在这场出人意料的中亚战役中，邓斯特维尔率领的这支势单力薄的队伍究竟应当怎样做，或是能够扮演怎样的角色。这场战役已经把土耳其人、德国人、俄国人和另外一些势力都卷了进去。此外，他们还讨论了威尔弗雷德·马勒森（Wilfred Malleson）少将的代表团应当发挥怎样的作用。马勒森是来自英印军队情报部门的一位军官，曾经在基钦纳伯爵帐下任参谋多年。西姆拉方面把他和另外六名军官派到了波斯东部的马什哈德（Meshed），观察俄属突厥人聚居区的情况。西姆拉方面相信，广袤的俄属突厥人聚居区将是恩维尔的下一个目标。也就是说，邓斯特维尔得到的命令是观察里海西岸的情况，马勒森的任务则是留意里海东岸的情形。

在马勒森的负责区域内，有好几件事让英国的军事首脑们十分关切。首先，这一地区大量的棉花库存可能会落入敌手；其次，这一地区关押着大约 3.5 万名德国和奥地利战俘，他们可能会被布尔什维克或恩维尔的部队释放。

日渐加剧的政治乱局让英国领导层越发难以看透里海东西两岸的敌人的动机。在政治层面上，德国似乎不仅与梯弗里斯当地的反布尔什维克势力紧密合作，同时还与彼得格勒的布尔什维克眉来眼去；至于公开的盟友土耳其人，德国反而与他们发生了争吵，成了私下里的敌人。恩维尔那支由奥斯曼土耳其人和阿塞拜疆鞑靼人组成的伊斯兰军正在向巴库进军，统治那座城市的则是一个像该城人口构成一样四分五裂的苏维埃政权。在城市人口中占据半数的阿塞拜疆人更青睐奥斯曼帝国，而害怕遭到屠杀的亚美尼亚人则唯独抗拒土耳其人。社会革命党人和其他非布尔什维克派别的俄国人都担心英国人的干涉，但他们到后来都变得更害怕土耳其人。当地苏维埃的主席、布尔什维克人斯捷潘·绍米扬（Stepan Shaumian）一方面领导着对奥斯曼-阿塞拜疆联军的抵抗，另一方面却宁愿接受土耳其人的统治，也不想被英国人插手干涉。他还得到了列宁和斯大林的直接命令，不得接受英国人的援助。

在前沙俄突厥总督区，一个由布尔什维克控制的苏维埃政权统治着绿洲城镇塔什干。不过，布哈拉当地的势力击败了该政权的武装，迫使其承认在 19 世纪的"大博弈"中被迫臣服于俄国的布哈拉埃米尔再一次成为独立的统治者。伦敦方面听到的传闻是，重新恢复独立的布哈拉汗国和希瓦汗国可能会与奥斯曼帝国结盟。[8]

在伦敦方面看来，中亚的乱局中既隐藏着危险，也蕴含着机遇。危险之处在于，中亚的乱局可能会导致印度和身在波斯与美索不达米亚的英印军队遭到攻击，从而引燃一场无法扑灭的大火。英国总参谋部在一份备忘录中这样写道：

[德国] 会利用泛图兰主义运动和穆斯林的宗教狂热，煽动起一场长久以来一直蠢蠢欲动的宗教战争，从而把压抑已久的伊斯兰扩张冲动引向印度……如果俄国一切正常，波斯处于我们的掌控之下，那么我们还可以应对这种困难。但是，如果放任德国的代理人随意接触阿富汗和印度边境地带那些无法无

天的部落，数不清的野蛮战士就会听信传言，被想象中的巨大财富吸引着涌入平原地区，烧杀抢掠。多年来苦心经营的成果将在几个星期之内化为乌有，而其他地方急需的部队则不得不被派到这里去增援屏弱的守军。而且，除了白人部队*之外，其他人根本不可靠。[9]

英国的决策者们相信俄国的布尔什维克政权拿了德意志帝国的钱，但同时他们也不清楚奥斯曼帝国政府与威廉大街产生了何种程度的矛盾。因此，在他们看来，在1918年，德国人不仅已经控制了北亚地区，还正在谋求夺取中亚，并且准备向南亚的英国领地发动进攻。这种判断与他们在战时的一贯观点——德国意在建立一个世界帝国——相吻合。此外，英国人还一直担心，到战争结束的时候，整个亚洲可能会沦为德国治下一个巨大的奴隶殖民地，其提供的财富和原材料将滋养德国的工业，让德国称霸全球。

利奥·埃默里向劳合·乔治提议，英国应当实施一个战略来消除这种威胁。如果英国能够夺取中亚，那么米尔纳在前一年提出的由英德瓜分俄国的方案就可以成为现实。1917年底，埃默里在自己的日记中写道："战争的重心出人意料地移到了东方。在接下来的战争中，我们将决定英德边界在亚洲的走向。"他预言道，想在东欧寻求战后补偿的法国将会大失所望，"而我们这些微不足道的英国人会在战争结束时发现，我们这个不好斗的小小帝国获得了前沙俄突厥总督区、波斯和高加索的土地！"[10]

---

* 这里指印度军队中的英国军人，而不是印度军人。——原注

埃默里一直认为，世界上有一大片区域就应当处于英国的统治之下，而现在这一区域的范围又一次扩大了。像米尔纳的其他同僚一样，埃默里关注的焦点是"一片庞大的半圆形地域，从开普敦到开罗，再经由巴勒斯坦、美索不达米亚和波斯到印度，继而通过新加坡到澳大利亚和新西兰"。他在 1917 年底对澳大利亚总理表示，在这个区域内，"我们想要的……是英国版的'门罗主义'，要让这片区域在未来免遭其他野心勃勃的强国染指"。[11]

到了 1918 年 6 月，埃默里感到（他还把他的想法告诉了劳合·乔治），如果不对德国在亚洲的扩张加以遏制，那么"南方的英国世界"就无法"安宁地享受和平，不得不时常担忧德国的威胁"。他写道："一旦西线'那微不足道的战事'结束……我们就必须认真投入到这场争夺亚洲的战争中来。"[12]这再次印证了他一直以来的观点：英国的外交政策过于看重英国在欧洲的利益，而忽略了英国在其他地方的利益。他在 1917 年写道："依本人愚见，最大的危险在于，英国外交部和公众……可能会在和谈条件的问题上过于关注欧洲的利益，而不能站在一个全球性帝国的角度上审视问题……"[13]他还认为，英国人对战争的看法也过于以欧洲为中心了。他觉察到了刚刚在亚洲萌生的危险。

他在 1917 年 10 月 16 日写信给史末资，警告说恩维尔将在外高加索地区获得"大约 500 万突厥人"，从而将奥斯曼帝国与突厥人聚居区的人民联系在一起。[14]第二年初发生的事情似乎印证了他的看法。

在 1918 年上半年，埃默里像英国其他的军政领袖一样，相信德国和奥斯曼帝国对外高加索的征服表明德国正在实施约翰·巴肯在《绿斗篷》一书中描绘过的"伟大方案"。巴肯在这篇冒险小说中提到，德国人计划席卷亚洲的伊斯兰世界，直抵印度边境，一举摧毁大英帝国在东方的统治并取而代之。[15] 因此，在埃默里看来，无论是在战争中还是在和谈中，英国都应当坚守一条西起乌拉尔、东抵西伯利亚、横贯曾经的沙皇俄国的防线。[16]

无论是英国陆军部还是印度政府都无意去征调足以部署在如此辽阔的地域上的军队，而埃默里甚至提议邀请日本和美国一起占领从乌拉尔到西伯利亚一线。[17] 英国和协约国的军事统帅们也主张要求日本派兵，让日军穿过西伯利亚来到亚洲的另一端，在里海西岸与恩维尔的部队作战。[18]

但是，劳合·乔治和米尔纳勋爵完全沉浸在欧洲和巴勒斯坦的战事之中，埃默里根本没法吸引他们的注意力。由于缺乏他们的领导，他们的下属也无法拿出具有连贯性的政策。埃默里和军队的高级指挥官们提出了雄心勃勃的地缘政治目标，但英国却没有拿出资源和战略去实现这些目标。

于是，在没有指导和援助的情况下，英印政府派出的小小的代表团就这样进入了亚洲的腹地。

IV

在 1918 年夏天，随着布尔什维克领袖的逃离，中亚的石油之都巴库成了一切活动的焦点。一个非布尔什维克的新政府草草上台，随即向英国人伸出了橄榄枝。在得到上级的许可之后，邓斯特维尔决定进入巴库并保卫这座城市。8 月 4 日，邓斯特维尔手下的先头部队抵达巴库，打破了德国人获取巴库石油资源的美梦。于是，德国人开始把英国人当作最大的威胁，认定其危险程度超过了土耳其人；而此时的布尔什维克则得出了恰恰相反的结论。[19]德国人请求布尔什维克政权准许他们向英国人控制的巴库发动进攻，无论是单独进攻还是与恩维尔的伊斯兰军协同作战都可以。布尔什维克政权表示可以接受德国人占领巴库，但不同意他们与伊斯兰军并肩作战。在彼得格勒方面看来，就算是英国人也要好过土耳其人。然而，德国在格鲁吉亚的军事力量太过单薄，无法及时派来军队在巴库发动战役。于是，出现在战场上的双方就变成了伊斯兰军和英国的军事代表团。

关于邓斯特维尔手下的官兵数量，有900人和1 400人两种说法；[20]而伊斯兰军的人数大概要比对手多出10到20倍。当伊斯兰军进攻巴库时，英国人是孤立无援的，当地武装基本上没有起到什么作用。9月14日，在占据城市六个星期，也就是让敌人无法得到石油六个星期之后，邓斯特维尔将部队撤出巴库，退往波斯。英国路透社的一封电报称，从巴库撤军的行动是战争中"最扣人心弦的篇章"之一。[21]

差不多就在邓斯特维尔率军增援巴库的时候，马勒森将军也受邀去解救突厥人聚居区。在那里，反布尔什维克的俄国孟什维克和社会革命党人在铁路工人的支持下建立了政权。突厥人的政府宣称自己不受布尔什维克统治下的苏俄管辖。马勒森接受他们的邀请，实际上相当于卷入了俄国内战。他之所以这样做，主要是担心德国可能会夺取突厥人聚居区的棉花资源，同时他也害怕当地的德国和奥匈帝国战俘会得到释放。

突厥人聚居区那些讲突厥语族语言的当地人其实对布尔什维克

和反布尔什维克的俄国定居者都十分反感。不过，在只能二者择一的情况下，他们选择支持反布尔什维克一方。一旦恩维尔的伊斯兰军抵达此地，当地人很可能会转而支持他们。

在被西方世界视为偏远荒芜之地的突厥人聚居区平原上，摸不清状况的几支军队相遇了。在杜沙克（Dushak）、卡哈（Kaakha）和梅尔夫（Merv）的战场上，马勒森将军麾下的英印军队与恩维尔的伊斯兰军并肩作战，对抗苏俄军队以及被布尔什维克释放并武装起来的德意志帝国和奥匈帝国的战俘。在这里，联盟关系颠倒了：英国人与土耳其人联起手来，开始对付俄国人和德国人。

马勒森将军一直到1919年4月才撤出中亚，那时战争已经结束了半年。而他之所以在那时撤出，只是因为邓尼金将军麾下的反布尔什维克白军进占了中亚地区。马勒森干涉俄国的最初动机是阻止奥斯曼帝国和德意志帝国的进攻，到最后却变成了一场反对布尔什维克的行动。＊当时，英国当局并没有弄清这三者的区别。在他们看来，在这场世界大战之中，三者都是对面阵营里的敌人。

印度政府还派出了由三名军官组成的第三支代表团。这三个人完全不知道邓斯特维尔和马勒森已经进入了俄国曾经的领地。他们的目的地是位于中国西部边境的喀什，要从那里观察国境线另一侧的事态发展。他们刚一抵达那里，就决定越过边界进入俄国突厥人聚居区，前往当地苏维埃政权的所在地——塔什干。他们打算与布尔什维克政权在战俘和棉花问题上展开合作。等他们到达了塔什干，

＊ 英国和协约国军队在俄国其他地方的干涉行动不在本书的叙述范围之内。印度政府并没有为文中所述的这三场行动和其他干涉行动做任何统筹安排，西姆拉方面派出这三个团队的举动也并不是某种总体干涉方案的一部分。——原注

他们才知道马勒森已经卷入了此事，而且是站在与苏维埃敌对的政权一方。

两名军官返回了喀什，而第三名军官——弗雷德里克·马什曼·贝利（Frederick Marshman Bailey）中校——决定留在塔什干。贝利认为，一旦当地的苏维埃政权垮台，他就可以在这里代表英国的利益。他后来发现当地政权打算对他采取行动，于是他就乔装打扮，藏匿了起来。他给自己伪造了许多身份，比如匈牙利厨子、罗马尼亚马车夫或是来自阿尔巴尼亚的蝴蝶收藏家。他坚持在暗中收集信息，一直到1920年。最后，他把自己伪装成了俄国布尔什维克反间谍组织的一名特工。苏维埃政权把他称作一场规模庞大的反革命阴谋的主谋。

不久前还曾经是战友的伦敦和彼得格勒，现在已经成了敌人。在1917年和1918年之间，整个政治局势都颠倒了过来。

V

奥斯曼帝国于东方凯歌高奏的同时，在南方和西方陷入了崩溃的境地。1918年，戴维·劳合·乔治接到一份秘密报告称，恩维尔时而吹嘘要打造一个西起亚得里亚海、东抵印度的奥斯曼帝国，时而又谈起投降问题。据说，恩维尔曾经沮丧地预言道："如果德国赢得了战争，土耳其就会沦为德国的附庸。"[22]

执掌德国总参谋部大权的天才人物鲁登道夫认为，德国不能相信奥斯曼帝国政府。他指出，对于德国来说，巴库的石油资源是至关重要的，但土耳其人显然想把外高加索的所有资源都据为己有。[23]

1918 年 9 月，鲁登道夫在代表德国总参谋部回答威廉大街的问询时称，总参谋部正在研究土耳其背叛德国，倒向协约国阵营之后可能产生的后果。[24]

德国与俄国布尔什维克的紧密合作激怒了奥斯曼帝国。德国插手外高加索事务激起了土耳其媒体的一致批评。塔拉特则告诉柏林方面，如果德国不惜牺牲土耳其的利益，继续与俄国——"无论过去和未来都是我们的敌人"——做交易，那么奥斯曼帝国政府可能会自行选择自己在战争中的道路。[25]1918 年 9 月 7 日，塔拉特亲赴柏林，主张把中亚地区数以百万计的突厥语族人口组织起来，对英国——以及俄国——发动攻势。[26]

与此同时，英国也处在与俄国爆发战争的边缘。马勒森依然留在中亚。他的反布尔什维克盟友在那里处决了一批布尔什维克政委，而彼得格勒政府将此事归罪于英国人。1918 年秋天，同盟国一方突然崩溃，停火谈判随之而来，身在里海另一侧的英国军队开始通过巴库前往几个独立的外高加索共和国，以接替那里的奥斯曼和德国驻军。就这样，在里海两侧，曾经属于俄罗斯帝国的领土都落入了英国支持下的反布尔什维克或分离主义团体手中。

有一名曾经参加过马勒森与布尔什维克在中亚的最初战役的英国人评论说，无论是反布尔什维克的武装还是布尔什维克的武装，都穿着一模一样的制服。他写道："在短兵相接之际，很难分清敌友。"[27] 在 1918 年的秋天，这一评语不仅适用于中亚，同样也适用于整个中东。

39

在特洛伊的海岸旁

I

1918 年夏天，帝国总参谋长告诉伦敦的战时内阁，协约国方面难以在 1919 年年中之前赢得欧洲战事，胜利更有可能在 1920 年夏天来临。前线的指挥官们对早日取得战争胜利的前景更为乐观一些。但是，鉴于他们在过去犯了太多错误，伦敦方面对他们的乐观预期持怀疑态度。

在 1918 年春天和初夏，鲁登道夫发动了强有力的攻势，一度再次威胁到了巴黎的安全。协约国最终挡住了他的攻势，德国人节节败退。不过，到 1918 年 9 月，鲁登道夫已经构建了一道坚固的防线，没有任何理由认为他无法凭借这道防线长期坚守下去。在东线，战争似乎也会继续下去，恩维尔派往里海的军队看上去随时可以继续对波斯、阿富汗或是印度发动进攻。

突然之间，协约国在保加利亚取得了出人意料的突破。1918 年夏末，一直被人忽视的、驻扎在希腊萨洛尼卡的协约国军队在新任法国指挥官路易斯-费利克斯-弗朗索瓦·弗朗谢·德斯佩雷（Loius-Felix-François Franchet d'Esperey）的指挥下，发动了一场闪电攻势。1918 年 9 月 26 日，保加利亚崩溃并请求停火。这一请求本应送交巴黎的协约国最高战争委员会批准，但弗朗谢·德斯佩雷不敢拖延，以免耽误多瑙河的攻势。他亲自制定了议和条款，在几天之内就签订了和约，随即立刻从多瑙河一线向德国和奥地利发动了毁灭性的进攻。劳合·乔治从战争爆发之初就一直徒劳无功地主张的"东方"战略，就这样在弗朗谢·德斯佩雷手中成功了。*

9月29日，鲁登道夫得知保加利亚已经在当天与协约国媾和。他告诉德国政府，德国也必须请求议和，因为他已经没有部队可以投入弗朗谢·德斯佩雷在东南方向开辟的多瑙河新战线了。

英国内阁也没有料到敌人会失败得这么快、这么突然，因此并没有做好准备，也不敢完全相信这一消息。英国不仅没有起草针对各个敌国的停火条款，甚至没有考虑过这个问题。就在弗朗谢·德斯佩雷接到保加利亚停火请求的一天之后，英国帝国总参谋长询问说："如果土耳其也请求议和，我们的外交部打算怎样做？"[1] 外交大臣贝尔福十分坦率地回答说，他不知道。

然而，这是一个马上就要面对的问题，留给英国人的时间只有几天。在10月1日到6日之间，奥斯曼帝国政府和几位地位显赫的土耳其领导人先后试探和平的意向。在10月3日至4日夜，德国也给威尔逊总统发去了照会，开启了持续数个星期之久的议和过程。与此同时，战斗仍在继续，德军成功守住了从法国东部延伸到比利时的防线。

10月1日，英国战时内阁决定召开协约国最高战争委员会会议，以解决土耳其议和条款问题。然而，与此同时，战时内阁又决

---

* 当然，有人认为这一战略在1918年之前并不具备成功的条件。——原注

定派出两艘无畏舰到爱琴海去增强英国在土耳其外海的实力，以防范法国人。

英国内阁十分担心，等到战争结束的时候，英国的武装力量可能还来不及占领中东至关重要的一些地区。埃默里警告史末资和帝国总参谋长说，如果英国内阁打算把中东地区纳入英国的势力范围，英军就必须在停火生效前占领这一地区。[2] 美索不达米亚的英印军队距离石油资源丰富、战略位置重要的摩苏尔还有几个星期的路程。10 月 2 日，这支军队的指挥官接到英国陆军部的指示，建议他"尽可能多地占领蕴藏石油的地区"。[3]

10 月 3 日，战时内阁就与奥斯曼帝国停火或签订和平协议的问题进行了漫长的讨论。首相希望在英国打下来的奥斯曼帝国亚洲地区少分一点战利品给法国和意大利。他宣称，平心而论，英国的盟友们根本配不上起初许诺给它们的那些战利品。会议纪要中写道：

> 首相说，他一直在重温《赛克斯-皮科协定》的内容。他得出的结论是，这一协定的内容已经不适应当前的环境，从英国的角度讲这完全是一个不利的协定。这份两年多以前签订的协定完全没有体现以下事实：协约国在土耳其的胜利绝大部分都是英国军队的功劳，而协约国其他成员的贡献微乎其微。[4]

首相的推理似是而非。贝尔福却真正指出了首相推理过程中的谬误，仿佛首相是真心实意在讲求公平似的：

> 贝尔福先生提醒战时内阁，我们最初的理念是，协约国夺

取的土地都应当被放入一个共有的"池子"里，而不应被视作将其攻占下来的国家的私有财产。这一理念的逻辑基础是，每条战线对协约国的贡献都同等重要，但有的战线无利可图，有的战线则较容易取得巨大的成功。他相信协约国曾就此问题发表过某种声明。[5]

博纳·劳为贝尔福的说法提供了佐证。

劳合·乔治又换了一种说法。他说，英国和土耳其应该立即达成和平协议，而非一个简单的停火协议。（显然，鉴于英国军队已经占领了奥斯曼帝国的大片土地，立刻签署和平协议很可能会对英国有利，因为它是唯一一个可以迫使奥斯曼帝国做出让步的强国。）

劳合·乔治认为，奥斯曼帝国除非知道随后的和平协议的条件，否则可能不会愿意只是接受停火协议。他还认为，出于对法国和意大利的野心的恐惧，奥斯曼帝国可能会拒绝这样的安排，反而选择继续战斗下去。首相说，这意味着英国也还要继续战斗下去，而这种战斗完全是为了实现法国和意大利的野心；这是英国无法接受的情况，完全不应予以考虑。他表示，他会在巴黎对法国和意大利的领导者提出这一问题，并且有信心说服他们。

最终，内阁还是起草了一个停火协议出来，首相就在10月第一个星期临近结束时带着这个协议草案去了巴黎，准备与其他协约国政府的首脑进行商谈。在巴黎，协约国达成一致，同意大体上按照英国起草的方案与土耳其达成停火协议，同时表示无论土耳其最初与协约国中的哪一国接触，停火协议都应由该国代表协约国协商。但是，协约国首脑不假思索地拒绝了劳合·乔治提出的立刻签署和平协议的方案。

究竟应当由谁在对付奥斯曼帝国的各条战线时行使最高军事指挥权，这个问题在协约国领导层中引发了愈演愈烈的争论。在地中海掌控了海军最高指挥权的法国人打算拿走英军指挥官萨默塞特·阿瑟·高夫-考尔索普（Somerset Arthur Gough-Calthorpe）海军中将在爱琴海海域的指挥权，而后者则认为法国人"完全没有打一场漂亮海战的能力"。[6] 这个问题不只是军事层面上的，因为哪个国家掌握了指挥权，那么这个国家基本上就可以得到率先接触战利品的机会。

在弗朗谢·德斯佩雷的麾下，英国将军乔治·弗朗西斯·米尔恩[*]负责指挥靠近土耳其一侧的东翼部队。春风得意的弗朗谢·德斯佩雷打算拆散麾下的英国部队，将东翼战线交给一名法国指挥官指挥，并且打算亲率大军向伊斯坦布尔进军，举行一次入城仪式。劳合·乔治否决了举行入城式的提议，并且成功地说服了克列孟梭，让他确保米尔恩将军仍然可以指挥萨洛尼卡面向土耳其一线的部队。在斐迪南·福煦[†]元帅的支持下，劳合·乔治还改变了克列孟梭和弗朗谢·德斯佩雷原本坚持的将所有力量集中在巴尔干战场的计划，转而让米尔恩将军麾下的部分部队向伊斯坦布尔进军，以支援协约国海军对达达尼尔海峡的进攻。

劳合·乔治在 10 月 15 日写给克列孟梭的信中提出，应当由一

---

[*] 乔治·弗朗西斯·米尔恩（George Francis Milne，1866—1948），第一代米尔恩男爵，后来曾出任帝国总参谋长，升任元帅。——译者注

[†] 斐迪南·福煦（Ferdinand Foch，1851—1929），法国将领，"一战"期间曾任协约国联军总司令。——译者注

名英国海军将领在伊斯坦布尔完成海上入城式。克列孟梭于 10 月
21 日回信拒绝了他的提议。克列孟梭提议，协约国舰队应当在法国
人的指挥下沿海峡北上，进入奥斯曼帝国的首都。克列孟梭提出，
既然对土耳其发动萨洛尼卡战役的指挥权已经交给了一名英国将
领，那么海上战役的指挥权就绝不能再交给另一位英国军官。他指
出，法国应当在与土耳其有关的事务上扮演至关重要的角色，因为
法国在土耳其有着重大的国家利益——法国人持有巨额的奥斯曼帝
国公债。

II

在伊斯坦布尔的住宅区佩拉的一户希腊人家中，有一位名叫斯
图尔特·F. 纽科姆（Stewart F. Newcombe）的英国中校正躲藏在这
里。这名英国军官曾经在阿拉伯起义运动中十分活跃，大约在一年
前被俘。当时艾伦比正在发动耶路撒冷战役，纽科姆为了分散敌人
的注意力，领导了一次大胆的进攻行动。在两次失败的尝试之后，
他终于逃出了土耳其人的监牢，从 1918 年 9 月 22 日开始就一直躲
在佩拉。他很快得知，奥斯曼政治家们正急欲与协约国达成停火
协议。

在奥斯曼帝国的首都，主流意见正在出现重大转变。在 9 月中
旬之前，C.U.P. 的大部分成员还相信土耳其会取得战争的最终胜利。
内阁里的文官们满怀敬意地听信了恩维尔的保证，坚信一切都很顺
利。随后，身为陆军大臣的恩维尔又把德国人在法国的退却解释为
一场绝妙的欺骗行动，他让奥斯曼帝国的内阁成员们相信，德国总

参谋部是故意给协约国军队设了一个圈套，只等他们上钩。恩维尔甚至提出，为了确保不会泄露柏林方面的真实意图，内阁成员们应当在公开场合表示德国人已经落败、退却，并且装出对此深信不疑的样子。[7]

身为大维齐尔的塔拉特对情况了解得更多，他知道德国人真的吃了败仗，因而提出德国和土耳其应当一起与协约国展开和谈。不过，就连他也不认为这是一个十分紧迫的任务，因为恩维尔让他误以为当前的军事形势依然比较乐观，还有一些回旋的余地。[8]

9月，塔拉特去了柏林和索菲亚，从盟友那里得到了有关真实情况的一些信息。在回国的路上，他目睹了保加利亚军队的崩溃。保加利亚人正式通知他说，保加利亚将寻求单独媾和。保加利亚是德国与土耳其在陆地上的纽带。因此，在塔拉特看来，一旦保加利亚退出战争，土耳其也必然遭遇失败。回国后的塔拉特决心寻求和谈。塔拉特的政府与德国人一道，马上开始试探美国人的态度，希望能够按照伍德罗·威尔逊的十四点原则向美国投降。由于并没有与奥斯曼帝国交战，华盛顿方面就此事征求了英国的意见，却迟迟没有收到伦敦方面的答复。不知出于什么原因，英国人的答复一直没有送到华盛顿方面手中，因此华盛顿方面也就无法答复奥斯曼帝国。这就意味着，奥斯曼帝国无法享受到十四点原则保证的权益，因为只有向美国投降的国家才有可能得到美国人提出的和平条款。

恰在此时，仍然躲在藏身处的纽科姆发挥了作用。在决心继续进行战争的恩维尔看来，继续作战可以帮助土耳其赢得更有利的条件。他指出，土耳其军队在高加索和里海的胜利足以证明，土耳其有能力在东方赢得胜利，进而迫使英国在1919年做出让步，同意更有利于土耳其的和平条款。纽科姆反驳了恩维尔的这种论调。他试图向青年土耳其党的领袖们证明，事实恰恰相反，英国人在1918年开出的条件会比1919年更宽仁。纽科姆通过土耳其友人之手将自己的见解传达给了奥斯曼帝国政府。他后来汇报说，他的观点发挥了重要作用。据他的线人汇报，这种看法让C.U.P.的领导层产生了分裂。[9]

实际上，造成分裂的真正原因是奥斯曼帝国内阁意识到了恩维尔一直在欺骗他们，因为保加利亚已然崩溃，而德国也决定求和。土耳其的盟友们并没有像恩维尔所说的那样即将赢得战争，反而面临着被毁灭的威胁。这就意味着，奥斯曼帝国将陷入孤立无援的境地，得不到燃料、弹药、资金和增援，不得不独自面对势如破竹的协约国。10月初，奥斯曼帝国财政大臣在日记中写道："恩维尔帕夏最大的罪过在于，他一直对他的朋友们隐瞒实情。如果他在五到六个月之前就告诉我们真实的处境，我们自然……会在那个时候设法单独媾和，谋求比较有利的和平条款。但是他却隐瞒了一切……他自欺欺人，让整个国家落到这般田地。"[10]

10月1日上午，就在他得知德国即将求和的消息之后不久，塔拉特召集内阁开会，告诉内阁成员他们必须辞职。他告诉他们，奥斯曼帝国不得不立即寻求停火，而如果协约国认为他本人和他的C.U.P.同僚们依然在执掌权力，奥斯曼帝国就会面临更加严厉的和平条款。[11]恩维尔和杰马尔不同意塔拉特的看法。他们认为，目前的内阁硬撑下去可以取得更有利的和平条款。不过，他们二人的意见并没有得到多数内阁成员的支持。塔拉特的意见占了上风。他随后通知苏丹，他和他的内阁打算辞职。

此时的苏丹是穆罕默德六世（Mehmed VI），他在几个月之前才接替驾崩的兄长成为新一任苏丹。花了九牛二虎之力后，新的大维齐尔和内阁人选才总算确定下来。苏丹本人更倾向于一个政治立场上比较中立的内阁，或者从反对派阵营中遴选一些内阁成员。但是，塔拉特和青年土耳其党依然控制着议会、警察和军队，他们要求本党必须在内阁里拥有代表，以便继续监控新政权。为了找到一个能够获得苏丹认可，同时又愿意接受塔拉特的条件的政治人物，他们一共花了一个星期的时间。最终，他们选择了艾哈迈德·伊泽特帕夏（Ahmet Izzet Pasha）。这位杰出的元帅被视作可以为协约国接受的人选。他组建了一个新的内阁，其中包括了几名 C.U.P. 的成员。10 月 13 日，塔拉特和他的内阁成员正式辞职。次日，伊泽特帕夏驱车从沉默阴郁的人群中驶过，来到奥斯曼帝国政府所在地就任。

奥斯曼帝国的处境比协约国了解到的还要糟糕。保加利亚的崩溃切断了奥斯曼帝国通往奥地利和德国的陆路交通，让土耳其人失去了获得物资供应的希望。在土耳其内部，50 万逃兵四处劫掠，到处散播混乱。新任大维齐尔感到，奥斯曼帝国已经无法继续进行这场战争了，但是为了不动摇自己的地位，他并没有对外袒露这一想法。就任两天之后，伊泽特帕夏就打算派纽科姆中校到希腊——那里有离土耳其最近的协约国军队司令部，试图结束这场战争。但是，他却找不到飞机送纽科姆中校去希腊。

于是，奥斯曼帝国通过海路派出了一名特使——另一位英国战俘查尔斯·汤曾德少将。汤曾德于 1916 年春天在美索不达米亚的库特向奥斯曼军队投降，从那以后就一直被软禁在伊斯坦布尔附近的一座岛屿上。奥斯曼帝国的领袖们一直把他当作一位重要人士予以优待，因此他在奥斯曼帝国首都的政治圈子里享有一定的自由。像纽科姆一样，汤曾德在1918年秋天觉察到了日渐浓厚的和平气息，于是决定为整个进程助一臂之力。[12]

在得知塔拉特政府倒台的消息之后，汤曾德与新任大维齐尔进行了一次会面，随后于10月17日来到奥斯曼帝国政府所在地。他带去了一些笔记，其上记录了他预计英国可能会提出的和谈条款。他认为，英国可能会愿意让奥斯曼帝国保有叙利亚和美索不达米亚，甚至还包括高加索地区，只要奥斯曼帝国可以重组为一个类似邦联的帝国，给予这些地区以地方自治权。

汤曾德提出，他可以帮助土耳其沿着这样的思路取得宽大的和平条件，并且可以立刻与英国当局取得联系。大维齐尔对他说，向英国宣战是奥斯曼帝国犯下的罪行，而应当为此罪行负责的是恩维尔。他接受了汤曾德的提议，准许他帮助奥斯曼帝国争取体面的和平条款，同时又不给汤曾德留下"无论什么条件都可以照单全收"的印象。

当晚，汤曾德会见了奥斯曼帝国海军大臣，此人是新一届政府中与他关系最亲密的人物。随后，奥斯曼帝国海军大臣开始准备土耳其的停火协议，其内容与汤曾德的提议大体相仿。接着，他安排汤曾德从士麦那港出海，趁着夜色，乘一艘拖船离开了土耳其。

10月20日清晨，汤曾德乘坐的拖船抵达希腊的米蒂利尼（Mitylene），遇到了英国海军的一艘轮船。汤曾德从米蒂利尼向伦敦的英国外交部发电报，详细转达了土耳其的态度。在他的请求下，一艘快艇载着他去见了英国在爱琴海一带的海军指挥官考尔索普海军中将，后者的大本营位于希腊的利姆诺斯岛（Lemnos）上。

汤曾德告诉伦敦，新任大维齐尔愿意基于他本人在伊斯坦布尔开出的宽厚条款与协约国议和。他让伦敦方面以为，如果英国不能提供这样的优厚条款，那么奥斯曼帝国就会继续作战。不过，最重要的一点是，他明确表示奥斯曼帝国政府只愿意与英国商谈，而非协约国其他成员。（实际上，汤曾德并不知道，伊泽特最初打算与法国联系，但是他的特使没能抵达法军的司令部。[13] 在随后的几十年里，英国人一直以为土耳其坚持要向自己投降，而不愿意向法国人投降。大多数历史学家也是这么认为的。）

10月20日当天，考尔索普也把消息用电报发给了伦敦方面。据首相的说法，考尔索普在电报中强调说："土耳其人特别想要与我们商谈，而不愿意与法国人洽谈。"[14] 与此同时，考尔索普还抨击了法国人的计划，不同意把即将驶向伊斯坦布尔的舰队的指挥权交给法国人。考尔索普在电报中说："如果一支法国指挥下的舰队驶入君士坦丁堡，这将会带来十分糟糕的后果。"[15] 当然，除非两岸上的要塞向协约国投降，否则任何协约国舰队都是无法平安驶入达达尼尔海峡的。考尔索普汇报说，汤曾德表示土耳其人愿意在这一点上让步，但只能对英国做出让步，而不是协约国其他成员，前提是倘若德国留在周边地区的军队采取任何行动，英国必须保护土耳其。"汤曾德将军认为，土耳其人现在愿意派出全权代表与英国代表进行和谈，也愿意让英国人接管达达尼尔海峡两岸的要塞，只要英国人可以保证帮助他们对付留在土耳其本土和黑海的德国人。"[16]

来自汤曾德和考尔索普的电报导致英国内阁召开了战争期间最漫长的一次会议。英国内阁仍然担心对德战争可能会一直打到1919年或1920年，因而希望确保皇家海军可以安全地经由达达尼尔海峡进入黑海，从而在欧洲战事进行到最后阶段时可以让皇家海军出现在罗马尼亚海岸。英国内阁认为，在必要的情况下，英国可以放弃协约国提出的24项停火条款中的其他条款，前提是土耳其人必须同意停止一切敌对行动，交出达达尼尔海峡要塞，并尽一切努力确保舰队可以安全穿过海峡进入黑海。

由于签署和平协议需要与协约国其他各方协商，必然会导致拖延，英国内阁授权考尔索普与奥斯曼帝国先协商停火协议。[17]内阁告诉他，交出达达尼尔海峡要塞和海峡的自由航行权是必需的条件。内阁还要求他尽可能地争取24项条款中的其他条款，但如果土耳其人拒不接受，他也可以让步。

英国内阁授权考尔索普去协商停火协议，并且偏离了协约国此前达成一致的停火条件，他们做的这些决定事先都没有征询法国人的意见。因此，法国外交部长向英国提出了抗议。克列孟梭更是勃然大怒。他之所以发火，并不是因为他改变了自己的观点，转而对中东地区有了什么企图，而是因为他不想让法国被人当作一个处于从属地位，或是在战争中被击败的国家对待。[18]英国内阁立即把米尔纳勋爵派到巴黎向克列孟梭说明情况，总算暂时平息了法国人的怒火。

等到法国人了解到英国如何解读协约国内部有关进行停火谈判事宜的协议的时候，一场新的争端又开始了。根据这项协议，土耳其首先找到哪个协约国阵营成员国请求停火，就应当由哪个国家负责进行停火谈判。土耳其人通过汤曾德率先联络了英国。在英国人看来，根据协议内容，英国不仅应当参与停火谈判，而且应该作为协约国的唯一代表参与停火谈判。

英国政府在发给考尔索普海军中将的指示中表示，如果法国人试图参与停火谈判，考尔索普应当将他们排除在外。英国人可能担心，法国人一旦加入谈判可能就会坚持对土耳其提出各种索求，从而推迟停火协议的达成，甚至让停火协议难产。[19] 许多法国人深信不疑的另一种解释是，英国人就是打算公然食言，不让法国在战后的中东获得原本许诺给它的地位。

III

1918 年 10 月 27 日星期日上午 9 点 30 分，停火谈判开始了。会议在英国战列舰"阿伽门农号"上召开，该舰停泊在希腊利姆诺斯岛的穆兹罗斯港（Mudros）外海。规模不大的奥斯曼帝国代表团由汤曾德的朋友、新任海军大臣拉乌夫贝伊（Rauf Bey）领衔。率领英国代表团的是考尔索普海军中将。

考尔索普向奥斯曼帝国代表团出示了一封来自让·F. C. 阿梅（Jean F. C. Amet）海军中将的信。让·阿梅是驻扎在该地区的法国海军高级军官。他在信中表示，法国政府希望他可以参与谈判。阿梅提出，他应当作为多米尼克·M. 戈谢（Dominique M. Gauchet）的代表到"阿伽门农号"上参加谈判——多米尼克·M. 戈谢是地中海地区协约国海军总司令，亦即考尔索普的上级长官。

奥斯曼帝国代表团解释说，他们只获得了与英国人谈判的授权，不能与法国人谈判。考尔索普答复说，英国人本来也不愿意让法国人参加。于是，他拒绝邀请阿梅海军中将登上"阿伽门农号"。

谈判在舱面上的船长休息室举行。考尔索普摆出一副开诚布公的样子,逐条朗读并讨论英国提出的停火条款。由于奥斯曼代表一开始没有办法看到整个停火协议的全貌,他们并没有立刻意识到这24项条款叠加起来会呈现出怎样的效果。不仅如此,考尔索普还向他们保证说,英国并无恶意,只想帮忙。他解释说,协约国方面之所以提出内容如此庞杂的条款,主要是为了考虑到各种各样的可能性,其中包括许多几乎不可能发生的情形。与此同时,他还让对方相信,协约国方面不太可能做出任何让步,奥斯曼帝国必须大体上全盘接受所有条款。

10月30日晚,别无选择的奥斯曼帝国代表团团长拉乌夫贝伊签署了停火协议,他签署的协议内容与协约国的草案基本一致。根据协议,一切敌对行动应当在次日中午停止。实际上,这份停火协议就是一份投降书,它准许协约国在自身安全受到威胁时占领奥斯曼帝国境内的战略要地,这实际上意味着协约国可以随意占领任何它们想要占领的地方。

在回到伊斯坦布尔之后,拉乌夫贝伊和代表团声称停火协议并不意味着投降,还把停火协议的条款美化了一番,让人们误以为它们并没有那么苛刻。[20] 这就为日后的幻灭和不满埋下了种子。

就在停火谈判进行期间,塔拉特在恩维尔的别墅召见他的亲信,成立了一个秘密组织。一旦协约国方面打算报复青年土耳其党的领袖,这个组织要负责保护他们,同时准备在必要的情况下武装反对协约国的停火条款。一个个地下小组开始在伊斯坦布尔组建起来,随后更是散播到了其他地方。

恩维尔、塔拉特和杰马尔为自己准备了逃跑方案(大维齐尔对此事也知情)。[21]11月2日,伊斯坦布尔曾经的主人们与他们的德国盟友一起逃亡。第二天，也就是 11 月 3 日，大维齐尔通过动议，要求德国遣返这些流亡者。但是，此时的德国也在分崩离析的过程之中，这些流亡者全都消失得无影无踪。

IV

英国人在穆兹罗斯自作主张，这让法国总理克列孟梭大为光火。10 月 30 日，他在奥赛码头举行的协约国最高战争委员会会议上向英国人表示了强烈抗议。不过，据旁观者说，劳合·乔治的反击更为激烈。伍德罗·威尔逊的特使豪斯上校说，这两位政府首脑"像卖鱼的妇人一样争吵，至少劳合·乔治是如此"。[22]

劳合·乔治对克列孟梭和在场的其他人说：

> 除了英国之外，其他国家对远征巴勒斯坦做出的最大贡献也不过是派了一丁点儿黑人部队罢了……此时此刻，英军在土耳其的土地上有大约 50 万人。英国在战争中俘获了土耳其人三四个集团军的部队，在与土耳其人的战斗中蒙受了几十万人的伤亡。而其他国家仅仅派了几个黑鬼警察，还是为了确保我们不会洗劫圣墓！结果，到了签署停火协议的时候，却又给我们来了这么一出闹剧。[23]

贝尔福指出，弗朗谢·德斯佩雷与保加利亚商讨停火协议的时候也没有征求英国的意见，因此考尔索普与土耳其人商讨停火协议的时候不征求法国人的意见，实际上也无可指摘。最终，克列孟梭在征询了本国外交部长的意见之后表示，既然《穆兹罗斯停火协议》已经签署完毕，他也只好接受，让此事就此告一段落。

1918年11月12日，在土耳其停火协议签署近两个星期之后，西线实现停火的第二天，考尔索普海军中将指挥下的一支舰队从古老的特洛伊遗址附近驶过，* 进入了达达尼尔海峡，舰队悬挂着英国的旗帜，以战胜者的姿态驶向伊斯坦布尔。

V

英国首相之所以要在土耳其问题上速战速决，其中一个原因就是他想赶在美国干涉之前把事情解决。英国战时内阁秘书莫里斯·汉基在10月6日的日记中记录了首相的一席话。在这段话中，首相十分罕见地坦言了自己的动机。

> 劳合·乔治采取了十分强硬的态度，想让我们背弃《赛克斯-皮科协定》，以便把巴勒斯坦留在我们手中，并且把摩苏尔纳入英国的势力范围，甚至还要把法国人排除在叙利亚之外。他还要了个花招，提出让美国占有巴勒斯坦和叙利亚，从而让法国人宁愿把巴勒斯坦交给我们，以便获得一个据有叙利亚的理由。他十分蔑视威尔逊总统，急于在美国插手前由法国、意大利和大不列颠完成对土耳其的瓜分。他还认为，如果我们现

---

* 3 000多年前，特洛伊曾经目睹过另一个战时盟友反目的故事。那个联盟的领袖阿伽门农与英国人在"阿伽门农号"上所做的事情如出一辙：他夺走了原本许诺给盟友的战利品。——原注

在就把土耳其的一部分据为己有，以后再拿下德国殖民地，那么我们在战争中的丰厚收获或许就不会那么引人注意了。[24]

贝尔福对此持截然不同的观点。就在法国人提出了与劳合·乔治不谋而合的想法——在美国人到来前解决问题——的时候，贝尔福认为这一想法近乎疯狂。"在探讨世界的未来安排时，他们故意要把美国人排除在外……这既不符合我们的利益，也不符合法国人自身的利益……毫无疑问，豪斯渴望与我们进行密切合作。因此，如果让他觉得我们正在背着他解决重大问题或是我们有这样的打算，后果就会十分糟糕。"[25] 贝尔福认为，要想达成一个效力持久的和平协议，就必须让美国人参与其中。与首相不同，他在提出让美国取得巴勒斯坦的托管权时不仅是真心实意的，还相信必须要让美国接受这一安排。

而来自陆军部和战时内阁秘书处的、已经成为首相亲密政治伙伴的利奥·埃默里则担心美国会真的接受这一提议。他写信给犹太复国运动领导哈伊姆·魏茨曼，要他着手反对将巴勒斯坦委托给美国的计划。魏茨曼发表了一份声明说，他认同埃默里的看法，英国更适合做那个负责托管巴勒斯坦的大国。[26]

但是，战时内阁秘书，即埃默里的顶头上司莫里斯·汉基却支持让美国托管巴勒斯坦，因为这样既不会给英国增添负担，同时也可以将所有潜在的敌人排除在巴勒斯坦之外。他对劳合·乔治说，他想让美国拥有巴勒斯坦，"以便构建一个可以保护埃及的缓冲国"。[27] 他的言外之意则是巴勒斯坦本身并无价值，这也是以前基钦纳对巴勒斯坦的老看法。自然，劳合·乔治对这一看法不能认同。

VI

1918 年 12 月 1 日，克列孟梭在伦敦唐宁街 10 号会见了劳合·乔治。此时，距离停火协议签署已经过去了一个月，而距离和平会议在巴黎召开还有两个月的时间。一直到 12 月底，美国总统才会造访伦敦，并提出他对未来的理想主义设想；在那之前，英法两国还有时间达成秘密协议。英法两国首脑进行了私下会面，没有留下任何会议记录。大约 8 个月之后，贝尔福在给英国内阁的一封信中提到了此次谈话的一些内容，据说是劳合·乔治告诉他的。劳合·乔治后来有关和平协议的回忆录印证了贝尔福记载的内容。

二人先探讨了欧洲问题，随后提到了中东这一话题。克列孟梭询问英国对法国的领土要求有哪些异议，劳合·乔治回答说："摩苏尔。" * 克列孟梭说："你可以获得摩苏尔。还有别的吗？"劳合·乔治又答道："巴勒斯坦。"克列孟梭又说："你也可以获得巴勒斯坦。"[28] 尽管并没有留下任何书面记录，英国人似乎也没有意识到克列孟梭的让步是为了换取什么回报，但克列孟梭言出必行，即便在巴黎和会的激烈争执过程中他也没有收回此时做出的承诺。

在中东问题上对英国让步，以此换取其在欧洲对德立场方面支持法国，这是克列孟梭在其漫长的政治生涯中始终坚持的政策。法国总理本人似乎也相信，这就是他在 12 月 1 日的会谈中所取得的成

---

* 摩苏尔是今天伊拉克北部产油区的商业中心，赛克斯和基钦纳在 1916 年签署的《赛克斯–皮科协定》中将它许诺给了法国。法国政界认为，劳合·乔治给了其他保证作为回报，但并不清楚具体是什么保证。——原注

就。显然，克列孟梭认为自己至少已经取得了劳合·乔治心照不宣的默契。既然自己已经表态支持英国在中东的诉求，那么英国也会支持法国在欧洲的诉求。事实证明，他的看法是错误的。

实际上，在12月1日这天，英法两国首脑在中东问题上也没能达成任何协议。在12月1日，当克列孟梭要求劳合·乔治全盘托出他在中东问题上的诉求时，劳合·乔治并没有阐明他的全部诉求——这一事实在接下来的几个月中才逐渐浮出水面。除了他当时提到的地区之外，劳合·乔治还想让法国放弃对叙利亚的诉求。

劳合·乔治此举并非单纯为了执行他个人的外交政策。12月2日，也就是劳合·乔治与克列孟梭会面的第二天，寇松勋爵告诉内阁的东方委员会说，他认为必须把法国排除在叙利亚之外。东方委员会的职责是重新制定英国在中东的政策目标，而寇松勋爵就是这个委员会的主席。寇松勋爵曾经在"大博弈"中扮演过十分重要的角色，现在则又回到了"大博弈"的那套逻辑之中。寇松勋爵曾经担任过印度总督，还曾经在俄国的扩张期亲临与俄国接壤的土地。因此，他曾经深信，英国的战略目标就是要阻止任何强国切入通往印度的道路，而他现在重新拾起这一信念。鉴于法国是英国在欧洲的盟友，我们当然没有理由相信法国有夺取英国的东方道路的任何企图；但如果任由法国占据叙利亚，它就会拥有这样做的条件——实际上，这样一来，法国就会成为唯一一个可能构成这种威胁的强国。

正如英国总参谋部在1918年12月9日的一份备忘录中所写的那样："从军事角度而言，很难想象还有什么安排比1916年签署的

《赛克斯-皮科协定》更糟糕了，这份协定把一个野心勃勃的强国安插进了英国在中东的势力范围内部。"[29]寇松勋爵也持这一观点。

寇松勋爵对东方委员会说：

> 我把个人公务生涯的大量时间都花在了法国身上，在法国占据优势的几乎所有遥远的地区对付法国的政治野心。出于对国家安全的考虑，我们与法国结成了盟友关系，我也希望这种关系能够持续下去。但是，法国人与我们有着不同的民族性格，两国在很多问题上也有政治利益冲突。我真的担心法国可能在未来成为我们最畏惧的强国。[30]

至于应当在亚洲的哪些地方把法国排除在外，寇松勋爵心中设想的地域十分广阔。大英帝国总参谋长亨利·威尔逊爵士（Sir Henry Wilson）在这一问题上与寇松勋爵持相似的观点。他曾写道："从顿河的左岸一直到印度，都是我们需要保护、关系到我们利益的地区。"[31]贝尔福对此观点持怀疑态度。他评论说，印度的大门"正在越来越远离印度本身，我不知道总参谋部还要把它再向西推移多远"。[32]

英国首相则并不依靠任何地缘政治理论来指导他的政策。在人们看来，劳合·乔治的目标就是要尽可能地保留已经占领的土地。在叙利亚问题上，他似乎只是一个没有系统性思考、把手脚伸得过长的机会主义分子。

VII

首相的目标得到了基钦纳在中东的追随者的支持。他们在过去一年多的时间里一直主张英国应当占有巴勒斯坦，其借口是唯有如此才能调和阿拉伯人和犹太人之间的矛盾。在《穆兹罗斯停火协议》签署几个月之后，吉尔伯特·克莱顿将军发表了一份备忘录，沿着这一思路阐述了自己的想法。这一备忘录似乎还被送到了首相的桌上。克莱顿宣称，在占领奥斯曼帝国领土几个月之后，他清楚地意识到了一个问题：英国在巴勒斯坦和叙利亚问题上对法国的承诺将与其对阿拉伯民族主义者和犹太复国主义者的承诺发生冲突。他认为，这种矛盾还将持续下去，并且给英国带来危险。他写到，英国必须做出选择。克莱顿说，如果英国把叙利亚交给法国，那么英国就应该把巴勒斯坦转交给美国，或是其他愿意接过这一负担的国家。但是，在他看来，更好的选择是由英国同时接管巴勒斯坦和叙利亚，这样就可以同时满足犹太人和阿拉伯人的心愿。至于法国人，他们可以在其他地方得到补偿，比如可以让他们得到伊斯坦布尔。[33]

1919 年冬天，首相办公室向英国媒体分发了一份机密的背景备忘录。这份备忘录的主旨是强调费萨尔的部队在艾伦比将军征服叙利亚的过程中"提供了重要帮助"，并且"赶在艾伦比将军的其他部队前面率先进入了叙利亚四座重要的内陆城镇［大马士革、霍姆斯、哈马和阿勒颇］"。这份备忘录强调，在进入这几座叙利亚城镇时，费萨尔部队的身份是当地武装，而不是来自汉志的外来入侵者。"在解放叙利亚的过程中出力的大部分阿拉伯部队是来自当地的武装。"[34] 这份备忘录想要强调的是，讲阿拉伯语的叙利亚人民是揭竿而起、自我解放的，倘若在这里建立外国统治，就会违背西方民主国家奉行的原则。

在费萨尔的阿拉伯部队中，大约有 3 500 人参加了巴勒斯坦战役和叙利亚战役。不过，劳合·乔治却从费萨尔那里得到了一份公开声明，费萨尔在其中声称有大约 10 万人曾经在战争期间为他或他的父亲服务过，或是曾经与他们结盟。英国首相在与法国人辩论时也采用了这个数字。劳合·乔治很清楚，这个数字里的水分很大（他后来曾经写道："东方式的算术总是充满了浪漫想象"）。他也深信，阿拉伯人对征服巴勒斯坦和叙利亚的贡献"基本上是微不足道的"。[35] 但是，首相争辩说，如果法国人要他反对自己的另一个重要盟友——费萨尔，那他就会陷入十分为难的境地，就像要他反对法国人也会让他感到十分为难一样。他声称，费萨尔和一支由叙利亚人组成的大军解放了他们自己的国家，并且在艾伦比将军的指导下管理着这个国家，因此，英国不能允许法国做出对他们不利的事情。出于对叙利亚的盟友义务，英国只好不履行自己对法国的盟友义务（实际上这才是真正要说的）。

1919 年冬末，艾伦比与劳合·乔治及其秘书弗朗西丝·史蒂文森一起吃了一次午餐。弗朗西丝·史蒂文森在她的日记中写道："D［劳合·乔治］要求他如实告诉法国人一个事实：法国人在叙利亚不受欢迎。我相信他在首相、克列孟梭和威尔逊接下来的会面中提及了这一点。法国人在叙利亚问题上很固执，声称英国人是想将叙利亚据为己有。"她提到，劳合·乔治对此给出的评语是："法国不是个洒脱的赢家，它对自己的胜利成果不满意。"[36]

就在首相与艾伦比共进午餐前不久，米尔纳勋爵从巴黎给首相写了一封信，描述了他与克列孟梭的对话。米尔纳写道，他"颇为开诚布公地告诉"法国总理，"正如他本人觉得《赛克斯－皮科协定》需要大幅修改一样，我们对这一协定的内容也不满意。不过，我们并没有要把法国赶出叙利亚的意思，也不想将叙利亚据为己有……叙利亚的难题并不是我们制造的，主要的根源是法国与阿拉伯人的关系不幸恶化。这就让我们陷入了十分窘迫的境地……"因为费萨尔手下的阿拉伯人"为我们的胜利做出了重大贡献"。

米尔纳清楚，他在英国的动机和目标方面并没有对克列孟梭开诚布公，因为他又补充道："在英国政府内部，几乎所有的军事高官或外交要员都反对我，因为我完全不同意将法国哄骗出叙利亚的想法。"[37]

就像米尔纳对克列孟梭的表态一样，劳合·乔治当然也声称他并不想为英国谋得叙利亚，甚至还拒绝了由英国托管叙利亚的提议。他声称自己支持费萨尔的阿拉伯民族主义主张。但是，所谓阿拉伯民族主义主张只是个幌子，英国实际上希望由自己来统治叙利亚。就像克列孟梭对米尔纳说的那样，费萨尔只会对英国顾问言听计从——米尔纳也没有否认这一点。[38]

米尔纳提醒劳合·乔治注意，克列孟梭在中东问题上要远比他身后的法国政府和官僚体系更开放。米尔纳没有直接言明的一点是，倘若这位法国总理无法取得令人满意的条件，那么他可能会被更难对付的家伙取代。

1919年秋天，被劳合·乔治请来做工程督察官的来自帝国化学公司（Imperial Chemicals）的实业家阿尔弗雷德·蒙德（Alfred

Mond）汇报说，埃德蒙·罗斯柴尔德男爵 * 在巴黎对他说，由于英国倾向于支持阿拉伯人而不是支持法国人，法国人对英国的态度很冷淡。蒙德强调说："维系英法联盟的完整至关重要。"[39] 但首相似乎没有注意到，他的所作所为可能会危及两国之间的同盟关系。

马克·赛克斯爵士曾经付出多年的心血，就是为了证明各国未来在中东都可以得到合理的报偿。但是，当他从叙利亚回到英国时，他显然改变了自己的看法（如果劳合·乔治随后做出的私下评论可信的话——或许并不可信）。首相说：

> 赛克斯感到忧愁、焦虑……我们与法国之间的所有麻烦，都源自他起草的那份协议。我们把它叫作"赛克斯–P"协议。赛克斯与皮科协商敲定了这一协议，而那个法国人在协商中占了上风。赛克斯意识到自己给我们惹了多少麻烦，因而感到十分焦虑。我对那份协议发表了一些评论，说完就发现自己的话语让他受到了伤害。我感到很抱歉，真希望自己什么都没说。我对此深感自责。他已经尽了自己的全力，我并不想强调他犯的错误，或是让他感到更加难堪。[40]

T. E. 劳伦斯也表达了相似的看法。他认为，此时的赛克斯对自己以前希望与英国的盟友分享中东的做法感到后悔，期望可以将功补过。[41]

倘若这是真的，赛克斯也已经没有时间将功补过了。1919 年 2

---

* 埃德蒙·罗斯柴尔德（Baron Edmund Rothschild，1845—1934），罗斯柴尔德家族的法国成员。——译者注

月 16 日，他死在了巴黎洛提酒店自己的房间里，成了 1918—1919 年全球流感大暴发的受害者之一。* 对于这场流感暴发的源头，法国人责怪西班牙人，西班牙人责怪法国人，美国人责怪东欧，西欧人责怪美国，而艾伦比的军队则将其归罪于撤退的土耳其人。[43]

---

* 这场流感杀死了超过 2 000 万人，而战争中丧生的人口只有 850 万。据说，在 1919 年，地球上的每一个男人、女人和儿童都感染了这种流感。[42]——原注

第九部分

退潮

40

嘀嗒作响的时钟

I

在第一次世界大战中的胜利让大英帝国达到了它的顶峰：随着它在中东和其他一些地方获得新的领土，大英帝国已经变得比以往任何时候都要大，也比以往的任何其他帝国都更加庞大。尽管他的国家已经被战争拖得疲惫不堪，并且对遥远而昂贵的冒险感到厌倦，但劳合·乔治仍然想尽可能地保住英国在战争中获得的土地。在即将开始的与其他协约国和盟友的谈判之中，这也将是他的主要目标。不过，在参加和平会议之前，首相想要先取得国内选民的支持。

在与德国签署停火协议的当晚，首相只邀请了两位政要与他和帝国总参谋长亨利·威尔逊爵士在唐宁街共进晚餐，他们是：温斯顿·丘吉尔和丘吉尔的挚友、杰出的总检察长弗雷德里克·埃德温·史密斯。亨利·威尔逊爵士在日记中写道："我们探讨了许多事情，但最主要的话题就是大选！"[1]

首相十分敏锐地意识到他在政治上的优势。他知道，如果此时举行大选，战争胜利带来的激动情绪有机会帮助他取胜。凭借稳固的议会多数席位和新一届议会任期，他可以拥有更多的时间来推行自己的政策。因此，他想要趁自己的受欢迎程度尚在顶峰之时确立他在议会中的优势。毕竟，在1918年底，他依然是"那个赢得了战争的人"。保守党领袖的评论道出了许多人的心声："只要他愿意，他可以成为终身首相。"[2]

大选于1918年12月14日举行。为了让前线士兵的选票能够及时送回国内，计票工作一直到12月28日才开始。自由党的首相劳合·乔治和他的政治伙伴保守党领袖安德鲁·博纳·劳率领执政联盟参加竞选。自由党中阿斯奎斯的那一派成了执政联盟的竞争对手，工党也脱离了执政联盟独立参加竞选。

执政联盟取得了压倒性的胜利，就连劳合·乔治也对他们取得的巨大优势感到震惊。在新一届的英国下议院里，劳合·乔治的支持者们取得了大约85%的席位。阿斯奎斯派系的自由党人被执政联盟打得惨败，就连阿斯奎斯本人都失去了议席；其他几位在战前的自由党内声名显赫的领袖也遭遇了相同的命运。工党取代了阿斯奎斯的自由党，有史以来第一次成了正式的反对党。

战争期间通过的一些法律彻底改变了英国选民的结构。30岁以上的女性和21岁以上的全体男性都获得了投票权，这是破天荒的第一次。在1918年，英国共计有2 100万人拥有投票权，而在战前这一数字仅为750万人。在为海外的帝国扩张事业掏腰包之类的议题上，这些新近获得投票权的工人阶级和女性选民似乎与以往的选民有着截然不同的看法。

对于劳合·乔治来说，这场精彩的胜利背后也有一个令人不安的因素：执政联盟新赢得的选票大部分都落入了博纳·劳的保守党手中，而没有投向劳合·乔治的自由党。实际上，保守党已经成了新一届下议院里的多数党。许多保守党议员都是第一次当选，他们中的许多人都是靠近本党右翼的商界人士。这些人的政治意图与首相并不相同。

不过，至少在眼下，首相获得了安德鲁·博纳·劳的全力支持，因而在政治上他感到很安全。劳合·乔治与这位保守党领袖结成了紧密而互惠的工作伙伴关系。温和而羞涩的博纳·劳很愿意让精力充沛、风度翩翩的首相大人领导大局并出现在聚光灯下。"我告诉你，我们永远都不能放弃这个小个子，"博纳·劳曾经这样对他的亲信之一谈及唐宁街 10 号里面那位身材不高的主人，"他和我们拥有共同的未来。"[3]

II

45 岁的温斯顿·丘吉尔一直试图洗刷掉自己过往的污名。这一次，劳合·乔治提出让他在战后内阁中担任陆军大臣和空军大臣。1919 年 1 月 9 日，首相提出让他担任这两个职务（"当然，只有一份薪水！"）。[4]丘吉尔于次日接受了任命。在此前担任军需大臣时，丘吉尔并不是战时内阁的成员。因此，此次入主陆军部意味着他将重返政府的最内层决策圈。可以预见到的是，对丘吉尔的任命激起了强烈的反对声。

一份保守主义报纸评论道："我们有充足的理由相信，无论负责何事，这位杰出而不同寻常的人物都迟早会搞得一团糟。性格决定命运。丘吉尔先生的身上，存在一些悲剧性的缺陷，这让他每一次都做出错误的选择……对他的这一任命不禁让我们为国家的未来感到十分担忧。"[5]

丘吉尔有着浪费国家资源的坏名声。不论这种说法是对是错，丘吉尔都必须努力摆脱这个名声，用事实证明自己也可以有经济头脑。他声称，如果英国拥有的资源不足以支持一些雄心勃勃的计划，那么英国就必须缩减这些计划的规模。他认为，英国可能没有足够的资金和人力，难以支持劳合·乔治在中东取代奥斯曼帝国的计划。不过，首相干脆无视了他的观点。

首相宣称，英国有资格在中东扮演至关重要的角色，因为曾经有过那么一两次，英国在中东的兵力达到了 250 万，而且在那里有大约 25 万人伤亡；与之相比，除了加利波利战役之外，法国人在中东几乎没有遭受过任何损失，而美国人干脆就没去过中东。[6] 劳合·乔治在和平会议上声称，现在有 108.4 万名英国及其殖民地军人在奥斯曼帝国的土地上，这是英国在中东的权利主张的重要基础。[7] 他指出，除了英国军队之外，其他国家根本没有派出什么像样的占领军。

英国内阁秘书说，首相在战争期间"从未忘记占领敌国土地会在最终的和平会议上给英国带来怎样的优势"。[8] 劳合·乔治曾经对一位友人说："一旦我们对一块土地实现了军事占领，一切都会变得非常不一样。"[9]

温斯顿·丘吉尔一再重申，由 100 万英军占领中东这种情况只能是暂时的，因为英军强烈要求撤回国内。这也是丘吉尔在陆军大臣任上遇到的第一个难题。在他看来，对于整个英国政府来说，这都是要率先解决的问题。

1919 年 1 月 10 日，也就是丘吉尔出任陆军大臣的第一天，帝国总参谋长就来找他紧急会商一场危机的解决方案：士兵们发动了示威，要求立刻复员。到处都是一片混乱，丘吉尔担心这场风波可能会引发布尔什维克革命。他后来写道，这些担忧在当时不无道理，因为"许多可怕的事情已经发生，既有的组织结构已经发生了大规模的崩溃。各个国家在战争中已经忍受了如此之久的痛苦，因此一旦有一点点震动，甚至只是一点痉挛，都会动摇国家的基础"。[10] 丘吉尔认为，必须尽量调集铁路和运兵船的运力，尽快把这些部队都运回英国。

两个星期后，又有 5 000 名英军士兵在加来哗变，要求复员。不过，丘吉尔已经先行一步，准备了一个看起来比较合理的复员方案。在他的指导下，英国在 1919 年迅速地执行着这个复员方案。

但是，复员行动却可能会削弱英国在和会谈判桌上的话语权。1919 年 1 月 15 日，英国驻欧洲远征军总司令、陆军元帅道格拉斯·黑格爵士（Sir Douglas Haig）告诉丘吉尔，英军正在"迅速消失"，除非英国建立一支占领军，"否则德国人很快就可以换一种方式议和了"。[11] 土耳其的情况也是如此。几天之后，丘吉尔向首相提交了一份备忘录。他在备忘录中说，"在接下来的许多个月中，我们必须在敌国领土上保有强大的占领军，其实力足以让德国、土耳其和其他国家接受"必要的条款，"否则我们就会丢掉……花费了巨大代价，历经千辛万苦取得的……胜利果实"。[12]

为了给首相留出足够的时间来争取他想要的和平条款，丘吉尔打算在英国进行历史上第一次和平时期的征兵，以募集新的部队组成占领军。不过，考虑到国内的政治局势，首相命令丘吉尔缩减陆军规模。丘吉尔只好承诺，将在 1920 年 3 月底结束征兵。丘吉尔告诫下议院说，"在拿到你们想要的和平条件之前，千万不要解散军队"，[13] 但迫于国内政治因素，他还是不得不迅速让军队复员。到了

1919 年 10 月，丘吉尔只能承认"英国陆军已经消失了"。[14] 然而，我们很快就会看到，英国在东方尚未获得它想要的条件。1914 年，在所有的内阁大臣中，丘吉尔最清楚地看到各国的动员进度将让列强卷入一场世界大战；而到了 1919 年，在所有的内阁大臣中，又是丘吉尔最清楚地看到，大英帝国的复员进度将使其在抓牢胜利果实之前就被迫放弃所占领的土地。

他还看到，如果想要实现收支平衡，英国政府就必须立刻削减开支。丘吉尔对下议院许诺说："我将尽全力大幅削减武装力量的规模，因为这是恢复财政健康的必经之路。"[15] 在接下来的几年里，他把军事开支从 1919 年的 6.04 亿英镑削减到了 1922 年的 1.11 亿英镑，让英国的军事开支减少了 82%。[16]

他还提出了另一个必须面对的问题：将英军撤出中东，意味着把中东交到印度士兵手中。在 1914 年开始的大战中，英属印度共计向海外派出了超过 100 万名军人，其中许多人都是穆斯林。[17] 丘吉尔在 1920 年初向内阁指出，剩下的占领军里大部分都是穆斯林士兵，而交给他们的任务——压制他们的穆斯林弟兄——并不令他们感到愉快。他认为，这一安排可能会带来政治上的不良后果。丘吉尔写道："使用印度军队是我们安定中东局势为数不多的手段中必不可少的一环。因此，我们必须谨慎小心，不要做出任何可能让印度人对这些军队的任务心生反感的事情，或是做出任何可能动摇他们的忠诚的事情。"[18] 既然英国现在只能依靠伊斯兰军队，英国的中东政策就必须做出一些调整，以确保不会伤害穆斯林的感情。丘吉尔主张，英国必须对土耳其人采取更加友好的态度——但他的看法并没有对首相产生什么影响。

III

在经历了领导国家进行战争的艰难岁月之后，戴维·劳合·乔治身上依旧充满了能量。他在自己 56 岁生日前的那个星期组建了战后联合政府。根据他的个人计划，他的当务之急在外交领域。他准备花大量的时间在国外，重新勾勒这个世界的政治版图。为了能够将个人精力集中在外交政策上，他把内政和下议院的事务都交给了博纳·劳。

但事实证明，博纳·劳并不能胜任这项工作，他没能让首相心无旁骛地专注于重建世界的任务。爱尔兰战端再起，英国内部的社会和经济冲突也没能在投票站解决，而是蔓延到了街头和工厂。经济总量在萎缩，但劳资双方却都想保住他们在战争期间新收获的权益，于是他们在大选结束一个月之后就开始了全面对抗。暴力事件开始出现。出于对布尔什维主义的恐惧，英国政府开始与陆、海军参谋长探讨镇压潜在的工人阶级革命的问题。

在 1920 年和 1921 年，英国经济发生崩溃。物价下滑，出口锐减，企业破产，全国面临着史无前例的大规模失业潮。政治家们开始质疑，英国是否还有能力在巴勒斯坦和美索不达米亚这样的地方进行外交冒险，是否还有能力支撑这些旨在换得国内社会安定的政策。首相曾经支持过由议会领袖克里斯托弗·艾迪生（Christopher Addison）博士主导的一项住房和社会改革计划，但迫于保守党人对政府开支无度的抨击，他放弃了这项自由党色彩浓厚的项目和艾迪生博士本人。不过，劳合·乔治一直认为："要想阻止革命思潮的泛滥，就必须立刻开展大规模的社会进步改革。"[19] 在他看来，放弃这些改革计划无异于为动乱和暴力敞开大门。然而，他最终还是选择了放弃这些改革计划，而不是放弃他在中东的帝国野心。

就这样，这位在战争期间创造了奇迹的首相，面对着逐渐消失的军队、日渐凋敝的经济和走向分崩离析的社会，依然把自己的精力集中在重塑中东和世界版图的工作上。与此同时，不被理睬的温斯顿·丘吉尔仍旧在警告众人，时间已经所剩无几了。

41

背叛

I

事实证明，英国首相及他的协约国同僚们最终敲定的中东协议文本本身，远远不如他们达成这些协议的过程重要。首先，他们花了很长的时间才达成这些协议，而在此期间，时局一直在恶化。那些态度友好的外国政要被不那么愿意合作的人物取代；曾经的盟友之间爆发了争吵；被打败的敌人完成了重组和复苏；而正如丘吉尔一直担心的那样，英国军队逐渐撤走，失去了保住新征服土地的能力。

另一个削弱了最终条款效力的因素是，所有人都知道其他各方在谈判之中并不诚实。英国首相的谈判策略是利用美国来对付意大利和法国，同时指望美国可以在未来保护英国免受苏俄或是重新武装起来的德国的威胁。一直到了1918—1919年谈判期结束，1919—1920年谈判期开始的时候，劳合·乔治才发觉美国无意成为英国或是任何国家的盟友，而是打算远离国际事务和"纠缠不清的联盟关系"。我们后面会看到，劳合·乔治不得不改弦更张，转而寻求与法国结盟，而这就要求他改变在中东的反法立场。然而，到了那个时候，中东问题给英法联盟造成的损害已经是既成事实了。

最终，英国领导人觉得美国人背叛了自己，而美国人则认为英国人背叛了他们为之而战的理想。劳合·乔治缺乏道德上的顾忌，伍德罗·威尔逊则缺乏谈判技巧，这就导致围绕中东协议的谈判不仅有一个糟糕的开始，还将有一个更加糟糕的结束。

II

伍德罗·威尔逊决心在制定和约的过程中发挥更强的个人作用，于是亲自来到欧洲参与谈判——他也因此成了历史上第一个在任内离开西半球的美国总统。这一前无古人的举动让协约国首脑们十分紧张。克列孟梭认为，他和其他几位首相、总理都只是政府的首脑，而美国总统同时还是国家元首，这就会让他在地位上胜过他人一筹。因此，根据地位优先原则，美国总统应当获得和平会议主席的身份。

媒体和其他一些声音认为，威尔逊应该留在美国国内，全力为他的和平条款争取参议院和全国上下的支持，同时让他的顾问爱德华·豪斯在欧洲代表他参会。总统没有理睬这些声音。或许正是由于出现了这些声音，他开始怀疑自己是否应该信赖豪斯上校。1918年12月，威尔逊带着大批顾问搭乘邮轮"乔治·华盛顿号"启程，并于12月13日星期五抵达布雷斯特（Brest）。

每到一处，威尔逊都获得了十分热烈的欢迎。约翰·梅纳德·凯恩斯写道："当威尔逊总统启程离开华盛顿时，他在世界范围内拥有着史无前例的崇高声望和道德影响力。"[1] 然而，威尔逊曾在演讲中提到过的不会在和平会议上发生的事情，恰恰都在和平会议上发生了。人民与土地恰恰成了"游戏中的棋子，任由国与国之间交易"。也并非所有决定都"出于对当地人民之利益与福祉的考量"，而是成了"相互角逐的大国之间对主张的调整或妥协"。*就连美国本身也没有打算遵循威尔逊此前提出的原则。

在 1918 年 11 月，差不多就是停火协议签署的那段时间，威尔逊所在的党派在中期选举中丧失了对美国参议院的控制。于是，美国参议院外交委员会落入了总统的对手手中。早在和平会议开始之前，总统就知道，无论他达成了怎样的条款，都有可能无法在国内获得批准。然而，生性顽固的总统却不愿意为了平息国内的政治问题而做出任何妥协或交易。

而在国外，人们很快就发现威尔逊并没有想清楚究竟要如何把自己提出的那些慷慨而充满理想主义色彩的原则变成现实。来到欧洲的威尔逊怀揣着许多笼统的想法，却没有任何具体的方案。凯恩斯回忆道："鉴于美国总统就任何事宜都没有具体的方案，委员会在讨论问题时基本上都是以法国或英国提出的草案为基础的。"[2]威尔逊既缺少对具体情况的了解，也缺乏谈判技巧，最终只能变成一个妨碍议事的人物。他时常反对与会同僚们提出的思路，但又无力说服别人沿着自己的思路前进。

豪斯建议他在国外对协约国妥协，在国内对参议院妥协。威尔逊拒绝了这个建议，并且与提出这个建议的密友反目成仇。总统与豪斯分道扬镳，从 1919 年年中开始就拒绝与他见面。

---

* 关于威尔逊的演讲内容，详见第 31 章。——原注

III

劳合·乔治的中东战略是，利用美国的反帝情绪来反对意大利和法国提出的诉求，让美国总统的注意力远离那些可能与英国产生摩擦的地方。参加和平会议的英方秘书莫里斯·汉基在会议召开前就在日记中写道，劳合·乔治"试图让威尔逊总统把注意力放在德属东非上，从而让他忽略巴勒斯坦"。[3]实际上，在大多数时候，劳合·乔治根本不用为此做出什么特别的努力：欧洲问题不可避免地成了和谈中的重中之重，而其他问题相对而言没有那么引人注目。在整个和会期间，与会者都十分担忧苏俄问题，害怕布尔什维克革命会席卷整个欧洲。德国的未来则是另外一个重要话题。至于奥斯曼帝国，只能算是一个次要问题，焦头烂额的威尔逊根本无法在中东问题上集中注意力。等到威尔逊把注意力放到中东问题上的时候，劳合·乔治又十分机敏地把英国占领区的问题排除在了大会议程之外，让美国总统无暇仔细研究。与此同时，英国首相又成功操纵了美国总统的注意力，让总统把自己的反帝热情都用在了研究英国在中东的对手——也就是它在战时的盟友——的野心方面。

IV

意大利最初之所以同意加入协约国一方参战，是因为英国和法国对其做出了领土承诺，其中包括在瓜分奥斯曼帝国的过程中分上一杯羹。1917年年中，意大利、英国和法国签署了《圣让–德莫里耶讷协定》（Agreement of Saint-Jean-de-Maurienne），详细阐述了如何瓜分土耳其领土。根据其中的条款，这份协定必须经过俄国人同意方能生效。由于布尔什维克推翻了俄国政府，这份协定一直未能生效。不过，意大利人还是提出了领土主张，要求与英法获得平等待遇。正如一位意大利参议员所说："如果其他国家什么都不要，那么我们也没有任何诉求。"[4]

意大利之前获得的承诺是，只要它参战，就可以获得安纳托利亚——有时候也被叫作小亚细亚——的一部分。但是，这一地区既没有需要被意大利保护的意大利裔居民，也没有其他需要被它保护的族群。实际上，按照伍德罗·威尔逊的民族自决原则，意大利没有任何理由占据小亚细亚的任何地区。意大利首相埃马努埃莱·奥兰多（Emanuele Orlando）似乎意识到了他的诉求有很多问题，但意大利公众却陷入了一种民族主义狂热之中，以外交大臣西德尼·松尼诺男爵为代表的意大利议会和内阁也是如此。[5]奥兰多和松尼诺有充足的理由担心，如果他们无法说服协约国遵守战时给予意大利的承诺，那么他们自己在国内的政治地位就会遭到削弱。因此，他们有十足的动力采取行动。

从 1919 年 3 月中旬起，意大利军队开始在安纳托利亚南部的安塔利亚登陆。他们打着恢复当地秩序的旗号，不久后重新登船。渐渐地，他们在登陆后不再登船返回。两个月之后，意大利人已经在安塔利亚和更靠近北方的沿海城市马尔马里斯（Marmaris）建立了近乎永久性质的据点。[6]协约国方面担心意大利人会继续向内陆进军，进而在安纳托利亚占领他们自认为应该分给他们的那一部分。

劳合·乔治推动美国去带头解决这一问题。伍德罗·威尔逊向意大利公众呼吁，要他们在欧洲和中东的领土诉求方面采取温和的态度。随后，意大利代表团于 1919 年 4 月 24 日离开了和会，回国去争取国内支持。在意大利人离去之后，美国、法国和英国开始联起手来对付他们。在它们看来，昔日的盟友意大利突然变成了一个威胁和平的帝国主义侵略者，其他协约国只好联合起来反对意大利。克列孟梭评论道："对于国际联盟来说，这是怎样的一个开端啊！"[7]

1919 年 5 月 2 日，在听到意大利舰队正在驶往士麦那的消息之后，威尔逊总统十分愤怒地提出可以派遣美国海军前去干涉，甚至谈到了美国对意大利开战以阻止其侵略野心的可能性。[8] 到了 5 月 5 日，威尔逊和其他人大谈意大利人正在犯下的战争暴行，情绪激动的协约国已经下定决心要在意大利代表团于 5 月 7 日返回之前采取行动了。在劳合·乔治的提议下，协约国达成了共识，决定要求邻近的希腊派兵在士麦那登陆。在名义上，登陆的希腊军队的任务是维持秩序，但实际上其目标就是防止意大利人登陆。5 月 15 日，希腊军队开始在士麦那登陆。

让希腊派兵登陆，原本只是协约国采取的一个针对意大利的临时措施，但这一行动从一开始就产生了另一个更加深远的影响。参加和会的英国秘书团首脑莫里斯·汉基认为，希腊军队登陆的士麦那地区应当从土耳其分离出来，并入希腊。[9] 持这种观点的并不只有莫里斯·汉基。希腊首相埃莱夫塞里奥斯·韦尼泽洛斯大谈希腊的历史使命，成功说服了劳合·乔治和威尔逊。

韦尼泽洛斯让其他协约国的领袖欣然接受了他的观点，这着实令人称奇。不过，即便他没有这样的魔力，他的主张也要比意大利人的主张更站得住脚。从本质上说，韦尼泽洛斯的主张不仅符合威尔逊提出的原则，也符合劳合·乔治的利益。与意大利人的主张不同，韦尼泽洛斯对安纳托利亚的主张既有人口结构上的根据，也有历史层面上的依据。士麦那这座沿海城市本就是一座希腊人的城市，而且从最遥远的古典时代开始就是希腊文化的中心之一。根据当时最新版本（1911 年版）的《大英百科全书》，士麦那的 25 万人口中"有一半都是希腊人"，《大英百科全书》还说，"抛开政府因素不谈，现代士麦那在各方面都是一个基督教城市……"劳合·乔治对于基督教和希腊文化充满感情，因此，把士麦那的管理权从信奉伊斯兰教的土耳其人手中转交到信奉基督教的希腊人手中，这一提议对劳合·乔治而言非常有吸引力。同时，它也符合威尔逊总统的民族自决原则。

像意大利一样，希腊也较晚才加入协约国阵营参战。但是，希腊与意大利的不同之处在于，英国从"大博弈"的早期就已经把支持和保护希腊视为己任了。英国海军在 1827 年打赢了纳瓦里诺海战（Battle of Navarino），帮助希腊实现了独立。英国和希腊有着传统的友谊。在劳合·乔治看来，韦尼泽洛斯的希腊是英国的天然盟友。[*]

意大利和希腊有着相互冲突的诉求，它们看上了行将就木的奥斯曼帝国身上的同一块土地。通过派出希腊部队，威尔逊和协约国的领袖们意欲在做出最终的归属决定之前阻止意大利人捷足先登。但是，这一行动本身就相当于拒绝了意大利的诉求，而倾向于希腊的诉求。在英国这边，有一些人对这种结果并不满意，但是在劳合·乔治看来，这一结果符合英国的利益和原则。

与此同时，劳合·乔治还一举两得。他让美国总统在出面解决

---

[*] 早在 1914 年夏天，韦尼泽洛斯就曾提出让希腊作为英国的盟友投入到对奥斯曼帝国的战争之中。当时，土耳其和英国甚至还没有下定决心相互开战。——原注

士麦那问题时执行的其实是英国主张的政策，同时又让伍德罗·威尔逊把注意力从英国的野心转向了意大利的图谋。威尔逊甚至还与意大利领导人摊牌，严厉谴责他们的"帝国主义野心"。[10] 劳合·乔治则选择了更友好的方式，用他绝佳的口才吹捧意大利人的高贵品质，居然把意大利首相奥兰多说得潸然泪下。奥兰多走到窗子旁，激动地啜泣起来，结果被街对面的一个人看到了。那人说："他们究竟对这位可怜的老绅士做了些什么？"[11]

不久之后，人们就清楚地看到了他们所作所为的后果。1919 年 6 月 19 日，由于未能在和会上捍卫意大利的领土主张，奥兰多被迫辞去了意大利首相职务。

V

劳合·乔治转移威尔逊注意力的第二个计划，是让他反对法国对叙利亚的领土主张。

尽管美国从未投入过对土耳其的战争，但美国总统依然获准参加与奥斯曼帝国的谈判。与德国不同，协约国没有准许土耳其依据伍德罗·威尔逊的十四点原则投降，因此十四点原则对奥斯曼帝国来说并不适用。但是，每当他针对公共议题发表意见时，十四点原则依然代表了威尔逊的政治哲学。劳合·乔治对此洞若观火。于是，当威尔逊总统把注意力转向奥斯曼帝国内部讲阿拉伯语的省份时，英国首相十分精明地把他的注意力从英国的图谋上吸引开，转而落在法国的企图上。他设法让威尔逊注意到，法国正威胁着叙利亚的独立，而这是有悖于威尔逊的观点和原则的。

英国代表并没有对美国总统和其他与会代表过分捏造事实，没有声称是费萨尔解放了大马士革。艾伦比将军十分诚实地告诉与会者："在大马士革被占领后不久，费萨尔获得了控制并管理这座城市的许可。"[12] 不过，英国人还是谎称费萨尔及其追随者在解放叙利亚的过程中发挥了十分重要的作用。英国人宣称，费萨尔因此有权成为自由的叙利亚的统治者；英国人还特地强调说，只要费萨尔愿意，他应当有权拒绝法国人对他指手画脚，或是为他提供顾问。劳合·乔治指出，这正是争议的关键所在。英国首相认为，产生争端的双方分别是费萨尔的叙利亚和克列孟梭的法国。他声称，英国同时是双方的朋友，因此无法挑边站。

威尔逊自然而然地支持叙利亚人的主张，赞成他们选择自己的政府和命运。而且，鉴于费萨尔愿意通过合作的方式达成协议，威尔逊情不自禁地对费萨尔产生了好感。费萨尔会见了美国犹太复国运动领袖路易斯·布兰代斯的代表费利克斯·法兰克福特*。法兰克福特在会后向布兰代斯汇报说："在和会上，阿拉伯问题不再是实现我们计划的障碍了。"[13] 的确，作为和会上的阿拉伯人代表，费萨尔告诉与会者说，巴勒斯坦并不在他主张的阿拉伯独立的范围之内。费萨尔在面对犹太人诉求的时候表现得十分通情达理，这就与克列孟梭对阿拉伯独立所持的强硬态度形成了鲜明对比——在克列孟梭看来，阿拉伯独立就是英国人虚伪的诡计。

英国人表示，无论法国人能对费萨尔施加多大的影响力，他们都不介意。在法国人看来，这是极为狡诈的说法，因为所有人都知

---

* 费利克斯·法兰克福特（Felix Frankfurter，1882—1965），出生于奥地利的犹太裔美国律师、法学家。——译者注

道，费萨尔根本不愿意接受法国的指导或影响。很显然，他对英国人感恩戴德。他自己拿英国人的钱，他率领的代表团也花英国人的钱。在和会上，费萨尔无论走到哪儿都带着他的英国联络官 T. E. 劳伦斯。劳伦斯既是他的朋友、顾问、心腹、翻译，也是他密不可分的伙伴。

法国人意识到，如果承认费萨尔为叙利亚的代言人，无异于将叙利亚拱手让给英国。于是，法国自己挑选了一些代表叙利亚人的领袖。其中最著名的人物都曾经在法国生活多年，一些人还获得了奥赛码头的赞助。他们声称，虽然叙利亚人与阿拉伯人在语言和宗教信仰方面有一些相似之处，但叙利亚人并不是阿拉伯人，因此应当拥有一个属于他们自己的国家，并接受法国的指导。

劳合·乔治深知，对于克列孟梭来说，德国问题才是至关重要的，这一点在 1918 年底的时候已经显露无遗——当时，克列孟梭为了巩固英法联盟，不惜将巴勒斯坦和摩苏尔让给了劳合·乔治。因此，劳合·乔治反击法国的手段就是把英法的反德联盟与解决叙利亚问题相挂钩。

只要费萨尔答应法国提出的条件，克列孟梭就愿意接受费萨尔为叙利亚的领袖——这一表态已经是克列孟梭在政治上所能接受的极限了。如果英国人要求他不仅接受费萨尔的独立，还必须接受整个阿拉伯的独立，那么就无异于要求他突破底线，毁掉自己的政治生涯。但是，克列孟梭又需要得到英国的帮助，共同对付德国。于是，劳合·乔治把这两件事情联系在一起，让克列孟梭处于十分痛苦的处境之中。在他们的会谈中，法国总理经常陷入气急败坏的情绪之中，甚至一度愤怒地要劳合·乔治选择，是用剑还是用手枪进行决斗。[14]

其实，他已经很直白地表明了他的立场。他曾经对劳合·乔治的一位顾问说，法国的政界不会接受放弃叙利亚："从个人角度而言，他对近东事务并不特别关心，"但是法国"一直以来都在这一地区扮演着重要的角色，而且……法国公众希望得到一个与法国地位相称的解决方案"。[15] 这并非夸大其词。法国外交部的官员们甚至组织了一次媒体攻势，在《世界报》（Le Temps）和《辩论日报》（Le Journal des Débats）上攻击本国总理，指控他对英国做出了过多让步。[16] 然而，劳合·乔治仍然继续对他施压，迫使他做出更多让步，甚至打破了克列孟梭心目中英国对法国做出过的坚定承诺。"我不会再做出更多让步了，"克列孟梭说，"劳合·乔治是个骗子。"[17]

劳合·乔治究竟出于什么原因一心想要把法国排除在中东之外，我们仍然不是很清楚。法国对叙利亚及其北部紧邻的奇里乞亚地区有领土诉求，而劳合·乔治的公开态度是英军必须留在这些地区，以维护法国人和费萨尔治下的阿拉伯人之间的和平。[18] 但是，英国人的所谓和平是偏袒其中一方的。一小股法军依然占据着以贝鲁特为中心的一片狭窄的沿海地带。阿拉伯武装持续不断地从费萨尔的地盘出发，对法国人发动游击式的突袭。但是，由于艾伦比的英国军队的存在，法国人没有办法到费萨尔的地盘上进行报复。

艾伦比将军警告称，阿拉伯人和法国人之间可能会爆发战争。威尔逊总统似乎对这一警告颇为当真，旋即提出了一个让劳合·乔治和克列孟梭都大吃一惊的计划：派一个委员会到中东去，弄清楚当地人民的真实意愿。在英法两国的职业官僚看来，这一提议幼稚可笑，因为他们根本不相信中东存在欧美意义上的那种民意。对劳合·乔治而言，这一提议令人沮丧，因为派一个委员会很耗时间。不过，英国首相还是想尽一切可能达到自己的目的——他试图让这个委员会只把注意力放在法国的领土主张上面，还要让其注意到法国人想要统治的那些阿拉伯人对此有多么不情愿。

像法国人一样，英国人在中东也是狮子大张口，但劳合·乔治却成功地让英国的诉求免受仔细审查。当威尔逊总统的调查委员会起程去了解中东人民的意愿时，他们并没有去英印政府直接统治的美索不达米亚。英国人宣称埃及是英国的保护国，实际上扩大了自己的统治范围，但他们成功地让美国人认可了这一事实，埃及问题甚至没有进入和会的议事日程。1919年初，波斯作为非正式的保护国，也进入了英国的势力范围。同样，波斯问题也没有被纳入和会的讨论范围，英波两国在1919年8月19日签署的一项协议已确认了这一事实。在战争期间，英国对波斯湾沿岸小邦的控制日渐稳固和常态化，而这一情况同样没有在巴黎得到探讨或争论。除此之外，英国通过与侯赛因和伊本·沙特结盟，成为他们的赞助人，在阿拉伯半岛获得了至高地位——这一切也没有经过和会讨论。劳合·乔治和克列孟梭早先就达成了一致，同意将巴勒斯坦交给英国。这样一来，叙利亚问题就成了委员会日程里唯一有争议的事项。

由于和会上的争论让克列孟梭越发沮丧恼火，他决定拒绝向委员会派出法国成员；劳合·乔治突然开始担心自己把法国人得罪得太厉害了，决定也不派遣英国代表参加委员会。于是，委员会中的美国成员——俄亥俄州欧柏林学院（Oberlin College）的校长亨利·金（Henry King）和芝加哥商人、民主党赞助者查尔斯·克兰（Charles Crane）——只好独自出发了。

金-克兰委员会去了叙利亚和巴勒斯坦。在这些地方，往往是由英国军官来决定谁能出面做证，谁不能。英国人对证人和证词的组织和操纵让法国人大为恼火。不过，这些最终都变得无关紧要了，因为巴黎和会从来没正视过这个委员会提交的报告，这份报告也没有发挥过任何正式的作用，甚至连它的文本都是三年多之后才公之于众的。委员会的调查加剧了法国与英国之间的敌意，还给阿拉伯各族群带去了虚假的希望。中东问题专家格特鲁德·贝尔谴责说，这份调查就是一场罪恶的欺骗。[19] 更重要的是，调查花掉了太多的时间，而劳合·乔治就快要没有时间了。

VI

英国从未真的推动过让美国托管巴勒斯坦一事，而是建议美国代表国际联盟托管安纳托利亚部分地区、伊斯坦布尔、达达尼尔海峡、亚美尼亚和高加索地区。这个名单最后缩短到了伊斯坦布尔、达达尼尔海峡和亚美尼亚。

英国想让美国负责这些托管地，有两重原因：首先，这样可以让美国也卷入中东问题解决方案，确保美国会支持英国提出的条款；其次，一旦苏俄有朝一日进攻土耳其，美国就会出现在战争前线。

威尔逊和其他身在巴黎的美国人很明确地告诉与会者，美国国会很难接受托管方案。不过，美国总统还是同意尝试说服国会。事后证明，这成了导致劳合·乔治失败的祸根。即便在威尔逊的败象已经显露无遗之后许久，英国首相还是不得不继续等待美国官方遥遥无期的答复。

1919 年 6 月 29 日，也就是美国总统抵达欧洲参加和会的半年多之后，他最终归国。他到处向民众发表演讲，直接宣传他的理念，最终在极度疲惫中倒下，身体和政治上都陷入了部分瘫痪的状态。威尔逊在政治上昏着儿连连，就连潜在的支持者也开始反对他，结果他的提议在参议院都遭遇了失败。美国既没有批准《凡尔赛和约》，也没有加入国际联盟。

威尔逊左半身瘫痪，他的头脑可能也受到了损伤。尽管如此，他和他的妻子却拒绝将权力移交他人。在威尔逊过世多年以后，劳合·乔治曾这样描写患病的威尔逊："到了最后，他唯一没有受到损害的机能……就是他非同寻常的固执。"[20]

从 1919 年 7 月到 11 月，由于美国对托管伊斯坦布尔和亚美尼亚一事的态度尚未确定，所有与奥斯曼帝国有关的决议都被推迟了。即便在身体机能部分恢复之后，威尔逊总统也直到 1920 年 5 月 24 日才提出了有关美国托管亚美尼亚的提案。美国参议院在第二个星期否决了这一提案。

莫里斯·汉基在日记中评论道："在弄清楚美国人是否愿意在土耳其领取一块托管地之前，我们没有办法继续推进对土耳其的和约谈判。"[21] 他提到，如果无法迅速签署对土耳其和约，安纳托利亚的局势可能会出现变故。劳合·乔治抱怨说，威尔逊让协约国陷入了"进退维谷的困境"。[22]

美国盟友的失败让劳合·乔治不得不与法国和意大利搞好关系。但是，英国首相发现，现在与他打交道的协约国领袖们要比之前难对付得多。比起土地割让，意大利的新领导层更看重在土耳其获取商业利益。因此，对于劳合·乔治瓜分土耳其的方案，意大利人不仅变得不愿意参与，还转而采取了反对态度。尤其是新任的意大利外交大臣卡洛·斯福尔扎伯爵（Count Carlo Sforza），他对土耳其民族主义抱同情态度。

在法国，克列孟梭于 1920 年谋求总统职务未果，随即卸任了总理一职，退出政坛。在劳合·乔治看来，克列孟梭的失败要部分归咎于他愿意在中东对英国做出让步的态度。[23] 接替克列孟梭出任法国总理的是亚历山大·米勒兰，他无意对英国做出这样的让步。

1920 年 2 月 12 日，协约国首脑终于聚首唐宁街 10 号，开始起草对奥斯曼帝国和约。寇松勋爵发言道："之所以迟至今日才商讨和约条款，完全是因为各国不得不等待美国人做出决定。"[24] 他的这一表态既代表了他自己的想法，也代表了英国首相的看法。但是，更确切地说，谈判拖延的真正原因是劳合·乔治试图利用美国来对付英国的战时盟友们。

VII

伍德罗·威尔逊曾经预言，除非和平条款对各方而言都是公平的，否则这种和平不可能持久。在这一方面，无论是在当时还是后来，协约国在第一次世界大战结束之后强加给战败国的条款都被许多人认为是失败的。费利克斯·法兰克福特后来回忆道："1919 年参加巴黎和会的那几个月，很可能是我人生中最感到沮丧的一段岁月。威尔逊的演讲曾经让人们心中产生了崇高的希望，但是这种希望却一点点地破灭了。这种感觉就仿佛身边亲近的人的死亡给人带来的感受。"[25]或许是威尔逊让全世界产生了过高的期望。当中东地区开始接连不断地爆发起义的时候，莫里斯·汉基指责说，正是伍德罗·威尔逊的十四点原则和"不切实际的民族自决原则"造成了这一切。[26]

抛开那些具体的决定不谈，人们普遍认为这场和会本身就有一些根本性的问题。协约国在战时做出的许诺和表达的原则，被公众当作评判协约国的所作所为的标准。因此，他们普遍认为和会上的决策方式本身就构成了背叛。包括与会者在内的所有人都认为，当他们在和会上做出一个决定的时候，他们往往对这个决定将会影响到的土地和人民一无所知，或是对他们的命运毫不关心。在制定有关欧洲的和平条款时如此，在制定"欧洲人强加给遥远而陌生的中东"的和平条款时更是如此。阿瑟·贝尔福注意到，威尔逊、劳合·乔治和克列孟梭在和会上完全倚赖莫里斯·汉基的专业知识（汉基在召开和会时41岁，比贝尔福年轻35岁）。贝尔福评论道："这三个无所不能又一无所知的人，就坐在那里划分世界，指导他们的只有一个孩子。"[27]一位意大利外交官写道："在巴黎和会上常常可以见到这样的景象：这位或那位可以影响全球的政治家站在地图前，一边伸出食指找寻着他此前从未听说过的某个城镇或某条河流，一边喃喃自语道：'那个该死的地方在哪儿……'"[28]劳合·乔治一直使用着《圣经》里常用的说法，要求英国必须统治"从达恩（Dan）到贝尔谢巴"*的巴勒斯坦地区，但他其实根本不知道达恩在什么地方。他一直在19世纪出版的圣经地图里寻找这座城市，但

---

* 《圣经》（和合本）译作"从但到别是巴"，这段话在《圣经》中多次出现，描述以色列部落从南到北的定居范围。——译者注

直到停火协议签署将近一年之后，艾伦比将军才终于能够向他汇报说他们已经确定了达恩的位置，而这座城镇的位置并不如首相所愿——英国人要求的边界要更靠北一些。

人们还产生了这样一种印象：如同在其他地方一样，在中东，绝大多数利益相关群体都被排除在了决策圈子之外，起初，筹划全部谈判内容的只有五个协约国。随后，这个决策圈子又缩小到了四人委员会，即美国、英国、法国和意大利的领导人。国内的不同意见和困局导致意大利退出了谈判，随后美国也由于国内的政治因素而退出。在停火一年之后，法国外交部长曾这样对英国外交大臣评价中东时局："现在只剩下了两方的利益需要得到慎重考量并取得折中方案，即大不列颠和法兰西。"[29] 英国外交大臣赞同他的说法，并与他一起开始研究处置奥斯曼帝国的方案。

然而，还有几十个相关群体的利益受到威胁，而代表这些利益群体的发言人的规模则更加庞大。就拿来自亚美尼亚的代表来说，除了两个相互敌对的主要代表之外，还有四十几个独立的亚美尼亚人代表出现在了和会现场。由于和会的缘故而来到巴黎的有 1 万人之多。留下来做决定的只有英法两国政府，而他们只考虑到了很少一部分人的利益；抱有各种诉求的人群在背景中熙熙攘攘，让这一事实更加凸显。

对于那些带着某种诉求来到和会的人来说，道义主张或战时承诺往往是他们构建论点的基础。就像今天的学者依然在做的那样，他们会仔细研读、比较协约国领袖，特别是形形色色的英国政府官员在战时的承诺，试图弄清楚这些承诺是否能够以某种方式共存而不至于产生矛盾。在他们看来，这些承诺似乎就足以构成在法庭上站得住脚的权利主张。人们带着相互冲突的诉求来参加和会，寄希望于形形色色的声明和协议可以被视作具有法律效力的承诺或合同，例如《君士坦丁堡协议》（1915）、《伦敦条约》（1915）、侯赛因-麦克马洪通信（1915—1916）、《赛克斯-皮科协定》（1916）、《圣让-德莫里耶讷协定》（1917）、《贝尔福宣言》（1917）、霍格斯备忘录（1918）、《七人委员会声明》（1918）、《英法声明》（1918），以及伍德罗·威尔逊总统提出的十四点原则（1918 年 1 月 8 日）、四点原则（1918 年 2 月 11 日）、四个目标（1918 年 7 月 4 日）和五个细则（1918 年 9 月 27 日）。

戴维·劳合·乔治把谈判视作一个讨价还价的过程，而非法律辩论的过程。他对自己在中东和谈中的作为颇感骄傲，因为他为英国争得了实实在在的利益。英国首相对一位密友说："你看，威尔逊带了一大堆'指券'*回家，我却带回来满满一袋的金币：德国殖民地、美索不达米亚……人各有志，不可强求。"[30] 英国首相一共为大英帝国增添了将近 100 万平方英里的土地。

劳合·乔治并没有无视谈判中的道德因素，但他对此问题的解读方式却完全是为了维护自身的利益。劳合·乔治在十多年后曾这样为他签订的和约辩护："在巴黎签署的和约比历史上任何有文字记录的战争和约都更照顾受压迫民族的民族解放事业……没有哪个和约像 1919 年的和约那样，从异族暴君的统治下解放了那么多受压迫的民族。"[31]

当有人指责他没有履行对讲阿拉伯语的人民许下的诺言时，他

---

* 指券（assignats），法国大革命时期发行的一种毫无价值的纸币。——原注

感到尤为愤怒：

> 协约国完全履行了在各项声明中做出的承诺。在所有的受压迫民族中，没有哪个民族比阿拉伯人更得益于协约国的诚实守信。正是由于协约国方面的巨大牺牲，特别是不列颠及整个大英帝国付出的牺牲，阿拉伯人才得以在伊拉克、阿拉伯半岛、叙利亚、外约旦等地赢得了独立。别忘了，大部分阿拉伯人在战争期间还在为土耳其压迫者效命。

他还特地补充说："巴勒斯坦的阿拉伯人曾为了维护土耳其人的统治而战。"[32]

倘若他能在 1918 年底的时候就拿出自己的中东解决方案，他或许可以更有效地将其贯彻实施。然而，为了让英国从战时的承诺中脱身，他已经花费了太多的时间，因而失去了最佳时机。到了 1920 年夏天，一切都为时已晚，英国首相已经无法再把自己的和平方案强加于英国的战时盟友和局势越发动荡的中东地区。因为正如丘吉尔曾经不止一次警告他的那样，到了这个时候，他的手中已经没有足够的军队来确保这一点了。

42

和平会议的虚幻世界

I

莫里斯·汉基提出了"会议外交"（Diplomacy by Conference）一词，来形容劳合·乔治战后任期中的所作所为，这在后来成了描绘这位首相身处的虚幻世界的标准用词。[1] 劳合·乔治尽可能地摆脱了他的其他职责，把三年多的时间都花在了参加旨在重塑战后世界的各种国际会议上。停火协议刚一签订，协约国之间的会议几乎就立刻开始了，并且逐渐变成了一种常态。在 1919 年到 1922 年之间，劳合·乔治至少参加了 33 场国际会议。而在这些会议开始之前，他还参加了一些非正式会议，例如 1918 年底他与克列孟梭和威尔逊在伦敦的会面。1919 年 1 月，和平会议的正式预备会议在巴黎召开，会议地点后来又时不时地发生变动。会上讨论的内容是对德意志帝国、奥匈帝国、奥斯曼帝国及它们的盟友保加利亚提出的和约条款。在第一次伦敦会议（开始于 1920 年 2 月）上，与会各国就对奥斯曼帝国的和平条款达成了一致，条款内容在意大利里维埃拉的度假胜地圣雷莫（San Remo）召开的会议上获得了确认，最终于 1920 年 8 月 10 日在巴黎郊外的住宅区色佛尔（Sèvres）被写进了条约。

就中东和平协议谈判本身而言，最具决定性的事实就是这一谈判耗费了太多的时间。在所有的和约之中，对奥斯曼帝国的和约是最后一个完成的。从劳合·乔治与克列孟梭在停火之后的非正式会谈算起，与会各方一共耗费了 16 个月的时间才就重大问题达成了协议，随后又花了 4 个月的时间解决其他问题并签署和约。全部加在一起，对奥斯曼帝国的和约花费了将近两年的时间才得以完成。而在一开始，劳合·乔治预计整个过程只需要花费大概一个星期。[2]

由于这一漫长的拖延，局势不停地发生着变化，迫使当局不得不做出一系列抉择以应对变化。事实证明，这些变化和抉择远比和约条款本身更重要。在协约国的政治家们看来，他们分别在圣雷莫和色佛尔决定了讲阿拉伯语的亚洲地区和奥斯曼帝国土耳其语地区的命运；但实际上，对上述两个地区而言，协约国在 1918 年和 1919 年未能完成的事情对它们的未来更具影响力。

劳合·乔治在一开始就明确表示，他的国家不可能无限期地在奥斯曼帝国的领土上维持一支 108.4 万人的占领军。[3] 我们也曾提到过，丘吉尔和总参谋部曾经告诉他，必须在还有足够的军队确保和约能够顺利履行时尽快达成协议。到了 6 个月之后的 1919 年夏天，英国内阁得知占领军的规模已经缩减了超过 2/3，还剩下 32 万人。[4] 英军指挥官们严格按照撤军时间表缩减着英军的规模，而这张时间表和英国日益萎缩的财政资源实际上给参加和会的英国首相设置了一个个的截止期限。

在北方与俄国接壤的高加索地区，英军依然留在原地。他们曾经寄希望于英国政府可以说服美国、意大利或是法国派兵前来，代替他们保卫刚刚获得独立的亚美尼亚、格鲁吉亚和阿塞拜疆，以防日后恢复元气的俄国或土耳其对这些国家发动进攻。但是，英国没有足够的人力和财力完成这一使命，最终只好放弃这一任务，任由这些国家自生自灭。

英国首相无视温斯顿·丘吉尔的强烈反对，命令英军从这些曾经属于俄国的土地上撤出。尽管丘吉尔近来痴迷于削减开支，但他更是一位积极的反共分子，愿意出钱派人去俄国推翻苏维埃政权。莫里斯·汉基相信"布尔什维克是欧洲在未来岁月中面临的最大威胁"，[5]但就连他也说丘吉尔"反布尔什维克到了疯疯癫癫的地步"。[6]丘吉尔坚决要求在土耳其国境以北保留英军的存在，以便在俄国内战中帮助白军对付红军。劳合·乔治则抱有另一种政治上的忧虑。首相告诉汉基说，他之所以急于从曾经属于俄国的领土上撤出所有英军，是因为担心这些英军可能会变得"不听话"。他的言外之意是担心这些部队受到革命氛围的感染。[7]在他的命令下，英国在1919年夏天从俄土边境以北撤出了全部军队。

在俄国旧边境线以南，有一片范围模糊的地区被称作库尔德斯坦。今天，这片山谷地区是土耳其与叙利亚、伊拉克和伊朗接壤的地带。身在库尔德斯坦的英国军官想要在这里再建立一个保护国。根据《赛克斯-皮科协定》，这一地区属于法国的势力范围。因此，英国人打算以威尔逊的民族自决原则为武器，要求法国人将这片土地交给库尔德人，由他们组建一些自治的库尔德国家，并由英国人充当政治顾问。库尔德人是一个历史悠久的山地民族，从来不知道统一为何物，他们总是把精力花在与邻居的暴力争端上，特别是常与阿拉伯人和亚美尼亚人为敌。在1919年，初来乍到的英国人试图把他们组织起来，结果却激起了三次针对英国人的起义。不久之后，英国军队就撤出了库尔德斯坦。

II

英国在土耳其的地位也在继续动摇。英国当局所能凭借的依旧是《穆兹罗斯停火协议》。这份简短的停火协议基本上只规定了航海和军事方面的一些事项，要求土耳其当局除了维护国内秩序必需的部队之外，遣散其余全部军队。缴械的奥斯曼军队把武器和弹药堆成了山。英国军官三两成队在乡间穿行，监督土耳其军队投降。根据停火协议，奥斯曼当局可以继续控制帝国内部讲土耳其语的地区，但协约国有权占领战略要地，以防安全形势恶化。在实际操作层面，英国海军控制了海岸线，同时英军还控制了通信系统和交通系统，但没有对土耳其实行军事占领。

在理论上，奥斯曼帝国的首都伊斯坦布尔并没有被占领，但协约国军队却随处可见。除了停泊于此的英国舰队之外，协约国军队在奥斯曼帝国欧洲部分的总司令、法国将领路易斯·弗朗谢·德斯佩雷还曾举行过一次入城仪式，他骑着一匹白色的战马进入了这座城市。

为了进行停火谈判而组建起来的奥斯曼帝国政府在停火协议达成后不久就被穆罕默德六世解散了。穆罕默德六世于 1918 年 6 月成为苏丹，他考虑的主要问题就是如何能保住自己的宝座。因此，他的政策就是要讨好协约国。当他发现土耳其政治家们打算反对协约国的要求和提议时，他就解散了议会，亲自发号施令。不久之后，穆罕默德任命他的姐夫*为大维齐尔，执掌政府，从而让奥斯曼帝国

---

* 这里指达马特·费里德帕夏（Damat Ferid Pasha, 1853—1923）。——译者注

从宪政倒退回了个人统治。

然而，苏丹政府做不到大权独揽。青年土耳其党的民政网络和军事网络依旧在整个安纳托利亚活跃着，恩维尔的"私人领地"陆军部此时也基本还在他们的掌控之内。[8] 他们密谋反对新任苏丹和他的臣僚，并希望迫使协约国提出较为温和的和平条款。

在首都之外，一切权力机构的影响力都在萎缩。在内陆地区，强盗行径和族群冲突变得十分频繁。在整个小亚细亚地区，秩序开始瓦解，这让协约国方面深感担忧，特别是考虑到这种情况已经开始威胁到基督徒的安全。在土耳其穆斯林袭击了黑海港口萨姆松*腹地的几座希腊人村庄之后，协约国方面要求大维齐尔采取行动。大维齐尔十分惊慌，赶忙与代理内政大臣进行了商议。后者表示，他们无法在伊斯坦布尔控制那里的局势，必须派一名官员到现场去解决问题。代理内政大臣举荐了他的一位友人——加利波利战役的英雄穆斯塔法·凯末尔将军。由于不赞同恩维尔的意见，凯末尔在战争期间怀才不遇，一直未能得到重要的指挥职位。大维齐尔接受了这一举荐。就这样，凯末尔成了第九军的督察使，其履职范围覆盖安纳托利亚大部分地区，获得了极大的民政权力和军事权力。

1919 年 5 月 6 日傍晚，凯末尔动身前往萨姆松，从而开始了 20 世纪一场伟大的政治冒险。当天午夜，英国有关奥斯曼事务的情报专家温德姆·迪兹匆忙赶到奥斯曼帝国政府，试图告诫大维齐尔不要放走凯末尔，但他来得太迟了。

凯末尔已经起程前往萨姆松，而正如温德姆·迪兹所料，他的

---

* 萨姆松（Samsun），土耳其北部、黑海沿岸的一座港口城市，其历史可以追溯到古希腊时期。——译者注

目标是在整个土耳其召集军队，以便在协约国提出过于严苛的和平条款时举兵反抗。凯末尔聚拢的部队大部分都是来自未被占领的土耳其中部和东部的奥斯曼军队。凭借苏丹的任命和他本人高超的能力，凯末尔决定亲自领导这支部队。

III

1918—1919 年的土耳其黑暗而寒冷。燃料缺乏，伊斯坦布尔的灯光一直很暗淡。而在其他地方，那些在战争爆发时还属于奥斯曼帝国的土地，如今按照 1907 年海牙《陆战法规和惯例公约》（Convention Respecting the Laws and Customs of War on Land）的规定，其所有权变得模糊不清。这些土地大部分被英军占领，英国因而有义务尽量维持这些土地在奥斯曼帝国统治下的原貌，直到有人做出关于它们命运的最终决定。

奥斯曼帝国将与其征服者签署一份和平条约，从而做出这一最终决定。在奥斯曼帝国这一边，似乎并不会有什么麻烦：苏丹生活在英国战舰的阴影之下，生怕丢掉自己的宝座，无论英国的海军指挥官拿给他什么样的文件，他几乎都会签字。因此，协约国要做的就是在内部达成一致，决定究竟应当向奥斯曼帝国提出怎样的条款。

1919 年 5 月，由于美国总统威尔逊和英国首相劳合·乔治决定在安纳托利亚利用希腊人来对付意大利人，这一局面发生了根本性变化。让他们始料未及的是，此举让希腊人燃起了重返小亚细亚的希望，同时也让土耳其人产生了恐惧。土耳其穆斯林对他们的两大基督徒邻居——希腊人和亚美尼亚人——的仇恨总是能够激发巨大的力量，即便在这一国力衰微的时刻也是如此。就在协约国政治家把注意力放在其他地方的时候，身处安纳托利亚内陆地区的奥斯曼军人重新集结起来，从他们当初堆成的武器山里拿回了自己的武器。

在希腊军队登陆士麦那的消息传开几天后，被任命为督察使的穆斯塔法·凯末尔接到命令，要求他回到伊斯坦布尔。他没有服从这一命令，而是在历史悠久的地方首府阿马西亚（Amasya）会见了三位同僚，一同起草了一份独立宣言。凯末尔将苏丹政府视作协约国的阶下囚。他先是在土耳其东部的埃尔祖鲁姆参加了一次地区性的民族主义者集会，随后又在安纳托利亚内陆位于埃尔祖鲁姆和安哥拉*中间点的锡瓦斯（Sivas）召开了一次国民大会。一大批与他年龄相仿或者更年轻的军官向他效忠。他们当中的许多人像凯末尔一样，与 C.U.P. 的军中组织有关联。总体来说，凯末尔身边聚拢的主要是校级军官，而非将军们。[9] 尽管他十分谨慎地宣称自己与已经正式解散的 C.U.P. 没有任何关联，但是由青年土耳其党组织的军民抵抗网络的领导权似乎也落入了凯末尔的手中。虽然凯末尔身上带有强烈的世俗色彩，但伊斯兰教的神职人员成了他最强有力的支持者。

对于穆斯塔法·凯末尔——这位年近 40 岁、瘦削、顽强、意志坚定、图谋反对协约国占领的军官，协约国的领袖们知之甚少。英国外交部和英国的情报部门甚至都无法告诉首相，凯末尔究竟是拥护苏丹的，还是反对苏丹的。

身在欧洲的协约国领袖们对土耳其正在发生的一切一无所知，继续进行着旨在决定土耳其命运的会谈。1920 年 2 月 28 日，在伦敦

---

* 安哥拉（Angora）即今土耳其首都安卡拉。——译者注

召开的一次会议上，协约国领袖们惊讶地得知，有一支 3 万人的土耳其大军在凯末尔的指挥下，在安纳托利亚南部的马拉什（Marash）击败了一小股法军。劳合·乔治后来表示，真正让他们感到惊讶的并非这场战斗的结果（因为法军的确寡不敌众），而是凯末尔麾下这支正规军的存在。劳合·乔治说，这是他和他的同僚们第一次听说有这样一支队。"我们的军事情报机关还从未蠢得如此彻底过。"他后来在回忆录中写道，一如既往地把责任安在了别人头上。[10]

IV

就在凯末尔的起义运动波及整个安纳托利亚的同时，在奥斯曼帝国南部的阿拉伯语地区，另一场运动也愈演愈烈。对于大马士革的伊斯兰战士而言，法国人在沿海地区的贝鲁特、的黎波里、西顿[*]和提尔[†]等地象征性的存在是颇具诱惑力的目标。法国人在叙利亚和黎巴嫩沿岸的入侵有可能会打破当地基督徒和穆斯林群体之间的脆弱平衡，因而引发了穆斯林的激烈反对——这与在土耳其出现的反希腊人情绪不无相似之处。

像对待安纳托利亚内陆地区一样，英国也允许叙利亚的内陆地区实现自治。在理论上，叙利亚政权的首脑是远在巴黎参加和会的费萨尔；然而，在实际上，他对真正执掌叙利亚政权的人几乎没有任何控制力，而这些人彼此之间也势同仇雠。在奥斯曼帝国政权撤

---

[*] 西顿（Sidon），黎巴嫩南部海滨城市，亦称作赛达（Sayda）。——译者注

[†] 提尔（Tyre），黎巴嫩南部海滨城市，亦称作苏尔（Sour），《圣经》（和合本）中译作"推罗"。——译者注

出后的一年多时间里，以大马士革为首府的叙利亚内陆地区一直处于阿拉伯人稍显混乱的统治之下。而在获得过独立之后，他们就无意再放弃这种新鲜的感受。

1919 年，一位英国情报主官在伦敦向英国外交大臣示警说，大马士革的阿拉伯政府与土耳其的凯末尔运动正打算结盟。[11] 不过，阿拉伯人和土耳其人的这两场运动并不像他说的那样充满共同点：凯末尔是一名西方意义上的民族主义者，而在阿拉伯人掌控下的大马士革，尽管每个人都在嘴上说着民族主义的时髦字眼，但这并非他们熟悉的语言。对于 1919 年在大马士革统治周边地区阿拉伯人的领袖们来说，他们中的大部分人（或许是五分之四）在 1918 年时还算不上阿拉伯民族主义者或阿拉伯独立运动的支持者。[12] 他们中的叙利亚人大部分出自地主家庭，更愿意维持既有秩序以保护自身利益。有分析显示，[13] 大马士革的领导层中有很多人曾经是奥斯曼帝国军队中的官兵，战败后变得无所事事，其中许多人来自伊拉克和巴勒斯坦。在战争期间，他们中的大多数人都依然效忠于土耳其，对英国作战。

在奥斯曼军队撤出大马士革后的一年中，这些出身于奥斯曼帝国、曾经在战争期间与英国为敌的阿拉伯人，在为了法国人的事情而分心的英国人鼻子底下重新控制住了这些已经获得解放的省份。不过，这些来自不同地区的奥斯曼阿拉伯人有着各自不同的政治考量。来自耶路撒冷等地的阿拉伯人反对巴勒斯坦的犹太复国运动，来自巴格达的阿拉伯人抱怨英国对美索不达米亚的统治，而叙利亚人想要把法国人逐出叙利亚和黎巴嫩的沿海地区。与此同时，那些亲奥斯曼、反费萨尔的传统权贵家族的领袖，与雄心勃勃、想要打出一片属于自己的政治天地的年轻战士之间充满了矛盾。在各个政党和新兴的秘密社团的唇枪舌剑背后，隐藏着鲜为人知的家族冲突和地方冲突。在如此错综复杂、令人难以理解的政治环境之中，费萨尔的稳固地位主要靠两个因素支持：首先是英国人，尤其是艾伦比将军麾下英军的支持；其次，阿拉伯人普遍相信，英国会为了费萨尔而反对法国的殖民主义图谋。

事后来看，在 1919 年，英国人其实有一段不到九个月的窗口期可以把法国人吓回去。而到了 1919 年夏天，面对财政紧张和社会动荡的压力，劳合·乔治和英国陆军部意识到，从叙利亚撤军一事已经不能再拖了。1919 年 9 月 4 日，英国首相召集他的顾问们探讨中东政策，地点位于他的好友里德尔爵士*在法国诺曼底海岸特鲁维尔（Trouville）附近的度假屋。在此之前几天，里德尔还曾经在日记里写道，劳合·乔治对"法国人在叙利亚问题上的态度非常恼火。他说，叙利亚人不想要法国人，协约国要怎样迫使他们接受自己讨厌的人对他们实施托管统治呢？他对法国的态度发生了巨变……他不停提到法国人有多么贪婪"。[14] 但是现在，无论是他本人还是他的顾问们都别无他法，只能把叙利亚丢给法国人。

1919 年 9 月 13 日，英国宣布将于 11 月撤出，留出空间来让法国人和费萨尔自行解决他们之间的问题。英国的领袖们认为，此举可以让他们同时履行对法国和阿拉伯人的承诺。这一说辞毫无诚意。在此之前，英国人曾经诈称费萨尔在叙利亚统率着一支阿拉伯大军，但英国政府官员很清楚这是假话。一旦英国军队撤出，费萨尔的命运就完全掌控在法国人的手中了。在英国和中东的基钦纳的追随者

---

* 里德尔爵士，即乔治·里德尔（George Riddell，1865—1934），第一代里德尔男爵，英国律师、报纸所有人、公务员。——译者注

们看来，这种做法是对他们所做的一切努力的背叛；而在法国人看来，虽然英国人最终选择了放弃，但他们在过去九个月中曾经试图迫使自己退让，这种做法让人无法原谅。

费萨尔，这位紧张到手指发抖的王子一直试图走出欺骗的迷宫，而英国的撤出声明对他来说无异于在这座迷宫中陡然出现的又一条岔路。不过，有一个诱人的机会曾经短暂地出现在他的面前。像往常一样，在政治状况允许的情况下，克列孟梭依然愿意在中东迁就英国人。因此，他下定决心，只要费萨尔愿意做出一些妥协，他可以接受让费萨尔成为叙利亚国王的安排（因为这是英国的主张）。法国总理同意与这位阿拉伯领袖恢复谈判，他的目标只是要满足法国的最低要求：由法国统治大黎巴嫩地区，而独立的叙利亚成为法国的附属国。但是，法国人提出的要求却让费萨尔夹在两股力量之间左右为难。大马士革城中好斗的阿拉伯人自称是费萨尔的追随者，但他们对他谈不上有什么忠心。他们之所以愿意承认费萨尔为自己的统治者，只是寄希望于他能把法国人挡在国门之外；而只有在费萨尔接受法国人进入叙利亚的前提下，法国人才愿意承认费萨尔的统治地位。费萨尔在叙利亚人生地不熟，因此除了左右斡旋之外也别无他法。他只能一边试图让克列孟梭做出让步，另一边再让大马士革的阿拉伯战士也做出让步。

1920 年 1 月初，费萨尔和克列孟梭达成了一项秘密协议。协议保密的原因是克列孟梭此时正在谋求成为法国总统，因此不能让他的反对者有机会指责他在叙利亚问题上过于软弱——他打算承认费萨尔的阿拉伯国家的独立性，但要求费萨尔只使用法国的顾问。根据这项协议，叙利亚实际上将成为法国的托管地，但只是条件最为宽松的那一类。于是，费萨尔动身前往大马士革，打算说服当地的阿拉伯领袖们接受这些相对温和的条款。然而，他的这一举动只是在政治迷宫中的一次盲目转向：就在 1 月 17 日，在谋求总统职位失败之后，克列孟梭退出了政坛。与他的前任不同，接替克列孟梭成为法国总理的亚历山大·米勒兰无意在中东照顾英国的脸面。因此，他认为法国没有任何必要接受叙利亚独立，或是让费萨尔坐上叙利亚的王位。

V

1920 年初，由于英国不再阻挡法国在叙利亚的野心，英法两国终于扫清了障碍，开始制定准备强加给战败的奥斯曼帝国的条款。根据英法两国达成的协议，奥斯曼帝国的阿拉伯语地区将从帝国中剥离出来，由这两个欧洲强国分而治之：巴勒斯坦和美索不达米亚归英国，阿拉伯半岛维持独立，不过统治半岛的君主们将受到英国的影响；埃及和海湾地区已经被英国占领；包括黎巴嫩在内的叙利亚归属法国；如果国际联盟托管协议所言不虚的话（协约国正是凭借这一协议规定的内容来分赃），那么包括外约旦在内的巴勒斯坦、包括黎巴嫩在内的叙利亚，以及伊拉克终将获得独立。不过，在协约国，尤其是法国看来，所谓的独立承诺不过是表面文章罢了。法国在处理叙利亚和黎巴嫩事务时一直怀着将其吞并的野心。

包括佐泽卡尼索斯群岛 * 在内的大部分爱琴海岛屿和土耳其欧洲部分（东色雷斯）都割让给了希腊。位于安纳托利亚西部的士麦

---

* 佐泽卡尼索斯群岛（Dodecanese islands），位于爱琴海东南部、小亚细亚西南海岸的群岛，由十二个大岛和一系列小岛组成。——译者注

那及其周边地区将由希腊统治五年，随后其归属将交由全民公决决定——全民公决很可能将这一地区并入希腊王国。在英国皇家海军兵威之下的达达尼尔海峡将成为国际共管区。达达尼尔海峡连同伊斯坦布尔将一起成为"人质"，以确保土耳其会在善待基督徒少数群体等问题上乖乖听话。在安纳托利亚东部，亚美尼亚将获得独立，库尔德斯坦将获得自治。土耳其的财政将由英、法、意三国监督。在这些条条框框的限制之下，还留在奥斯曼帝国苏丹手中的只剩下了名义上拥有独立地位的安纳托利亚土耳其语地区。

以上就是在 1920 年上半年于伦敦和圣雷莫达成，并强加给奥斯曼苏丹政府的条款。1920 年 8 月，苏丹政府十分不情愿地在法国的色佛尔签署了这份强加给它的和约。似乎只有法国人雷蒙·普恩加莱*注意到，签署这份和约的地点十分不吉利：色佛尔以出产瓷器闻名，而瓷器脆弱易碎。

在和约最终签署时，起初参会的四巨头只剩下劳合·乔治还在原职。在第一次世界大战爆发之初的英国内阁成员中，他也是唯一一个在整个战争期间乃至战争结束之后一直留在内阁里的成员。作为唯一一个"挺过"战争时期的英国政治家，他又成了唯一一个在和谈过程中坚持到最后的协约国领袖。对奥斯曼帝国的和约是他的得意之作，但同时也是导致他最终失败的祸根。

---

* 雷蒙·普恩加莱（Raymond Poincaré，1860—1934），法国政治家，1912—1913 年任法国总理兼外交部长，1913—1920 年任总统，1922—1924 年、1926—1929 年再度任总理。——译者注

第十部分

风暴来临

43

麻烦初现：1919—1921 年

战争结束时，英国的武装力量进占中东，这个地区的反应是很平淡的。然而，麻烦很快开始出现。首先是在埃及。先是在 1918 年埃及出现了要求独立的呼声，继而在 1919 年演变成了骚乱。尽管两件事之间似乎并没有直接联系，但与印度接壤的阿富汗紧接着在 1919 年爆发了战争。差不多与此同时，英国在阿拉伯半岛的政策也开始出现问题。英国在中东遇到的乱子一个接着一个：部落间的冲突搅乱了外约旦的局势；1920 年春天，巴勒斯坦西部的阿拉伯人开始发动针对犹太人的动乱；1920 年夏天，伊拉克发生叛乱。这当然可以解释为单纯的运气不佳，但另一种显而易见的解释可能更为准确，那就是这一切混乱都要归咎于战后英国在中东羸弱的军事存在。英军的虚弱让各地的反英力量都开始敢于反抗英国。

像英国人一样，节约开支和复员部队的压力也削弱了法国人在中东的实力，于是当地的阿拉伯政治领袖们也开始抗拒法国人的命令。最终，法国将会在叙利亚与这些阿拉伯人开战。俄国则先是在战争中落败，接着又饱受革命与内战的摧残，此时在属于它的中东领地——中亚地区——也面临着穆斯林发动的叛乱和独立运动。不过，法国人和俄国人并没有因此就与英国人结成统一战线，反而图谋削弱英国在中东的地位。这样一来，局势就变得异常复杂，以至于有些人认为，法俄两国根本就是造成英国在中东困境的罪魁祸首，而非仅仅起到推波助澜的作用。

回过头看，1919年到1921年间英国似乎在中东经历了一段四处起火的困难时期，但英国在当时的感受却并非如此，至少一开始绝非如此。例如，在当时的人看来，1919年在埃及发生的骚乱只是一场被迅速平息了的法律和秩序层面的危机，而不是第二年春天巴勒斯坦动乱或春夏之交的伊拉克叛乱的序幕。在接下来的几个章节中，我将大致按照时间顺序来描述英国和法国（英国把叙利亚交给了法国）在中东面临的挑战，把它们当作相互独立的问题来看待。

尽管时人并没有把这些事件看作一个整体，但许多英国官员相信，这些反对英国统治的阴谋与暴乱是由一小撮阴谋家煽动起来的。随着这些威胁英国统治中东的挑战于1919年和1920年浮出水面，并在1921年呈现在大为惊愕的英国公众、媒体和议会面前，劳合·乔治政府不得不思考一个重要的问题：发生在中东的这些骚乱和起义究竟是有计划、有组织的事件，还是只是单纯的偶发事件？

44

埃及：1918 年和 1919 年之交的冬天

　　战后第一个对英国在中东地位的挑战来自埃及。在这个阿拉伯语国家，英国已经"临时"统治了几十载，当地的英国行政官员从一开始就让自己相信，这些讲阿拉伯语的埃及人对英国的统治青睐有加。不过，英国人曾几次三番地对埃及人许诺，有朝一日将允许埃及独立。埃及的政治家们相信了英国人的承诺。他们认为，等到战争胜利的时候，英国或许会同意制定一个时间表，逐步让埃及实现独立。*至少有一个埃及当地的政治团体认为应当相信英国的承诺。1918 年 11 月 13 日，也就是奥斯曼帝国在"阿伽门农号"上宣布投降的两个星期之后，一个由赋闲的埃及政治人物组成的代表团得到了在开罗会见英国驻埃及高级专员雷金纳德·温盖特爵士的机会。组建并领导该代表团的是年届花甲的律师萨德·扎格卢勒（Saad Zaghlul）。此人曾做过法官和行政官员，担任过教育大臣和司法大臣，还是立法会的领袖之一（但英国在战争爆发时命令埃及立法会无限期休会）。扎格卢勒对温盖特解释说，鉴于战争已经结束，他们希望英国可以早日取消戒严，撤销埃及的保护国身份，这就是他们

---

* 1914 年底，就在英国与奥斯曼帝国进入战争状态之后，阿斯奎斯政府正式宣布埃及不再臣服于奥斯曼帝国苏丹，从此成为英国的保护国；不过，在英国当局提出的战争目标里，埃及的自由与独立赫然在列。[1]——原注

要求会面的目的。扎格卢勒告诉温盖特，他相信英国将会履行给予埃及独立地位的承诺，因此希望协约国可以在和平谈判期间听取埃及的意见。他还请求前往伦敦，与英国政府商讨改变埃及政治地位的事宜。

当时的英国官员根本没有考虑过与埃及谈判并给予埃及独立地位的问题。从一位英国官员在事后对扎格卢勒来访一事的记叙中，我们可以一窥他们的想法："11 月 13 日，他前来拜访高级专员，表示希望可以前往伦敦提出让埃及完全实现自治的方案。由于该方案毫无益处，高级专员拒绝了这一提议。"[2]

从温盖特那里失望而归的扎格卢勒在当日就做出了强行推动其方案的尝试。他可能获得了新任埃及苏丹艾哈迈德·福阿德*的支持，着手组织一个可以获得埃及各团体和各阶层支持的代表团。在其活动的刺激下，埃及各派政治人物都开始组建自己的代表团。1918 年 11 月 17 日，温盖特给英国外交部发电报说，埃及政界要求获得一个"实现完全自治的方案"。他说，他已经警告他们不要轻举妄动，但苏丹及其大臣无力压制这些民族主义诉求。[3]实际上，苏丹手下的大臣们不愿意被视作由英国人挑选出来的棋子，因而要求英国允许扎格卢勒及其同僚前往欧洲，否则他们就拒绝率领埃及代表团出国。结果，英国没有批准任何代表团在 1918 年前往伦敦或是巴黎。

1919 年 1 月，随着巴黎和会召开的日期日渐临近，扎格卢勒及其华夫脱党（Wafd，即"代表"）加紧了行动。1 月 12 日，他们得

---

* 艾哈迈德·福阿德（Ahmed Fuad，1868—1936），在其兄长于 1917 年 10 月去世后，艾哈迈德·福阿德成了埃及苏丹，即福阿德一世。——原注

到了一个令人愤慨的消息：一个来自叙利亚的代表团将获准参与和会。第二天，华夫脱党人在一位成员的家里召开了所谓的全体大会，扎格卢勒在会上宣布埃及也应当享有与叙利亚同等的权利，并提出了埃及独立的口号。随后，英国当局开始阻止扎格卢勒在公开场合演讲。就在扎格卢勒被迫噤声的同时，苏丹的大臣们拒绝率领代表团前往欧洲，并宣布辞职。英国军事当局随即逮捕了扎格卢勒和他的三位主要同事，并于3月9日将他们流放到了马耳他。

示威和罢工席卷了埃及，这让英国当局大吃一惊。从当时由开罗发给伦敦的电报可以看出，英国驻埃及高级专员公署对埃及在战争期间发生的事情不甚理解。[4]他们没有意识到，战争已经给埃及带来巨大的社会变迁和经济变迁，使埃及社会产生了新的阶层、新的野心、新的利益、新的怨恨，以及新的不和与不满之源。

不过，英国驻埃及高级专员公署很清楚这一点：许多埃及人乐于看到英国在对土耳其的战争中落败。温盖特、克莱顿等人指出，让这些人掌控埃及的未来将是一件危险的事情，因此英国应当吞并埃及，直接统治这个国家。但他们的主张未能得到英国政府的支持。阿拉伯局的霍格斯海军少校在1917年7月22日的一份备忘录中对克莱顿的吞并主张表示了支持。他声称，埃及"现在是一个潜在的敌国"，要想防范风险，英国必须担起责任，重整埃及社会。[5]

埃及的政局十分错综复杂。无论是新任的苏丹、苏丹的大臣，还是像扎格卢勒这样的反对派领袖，全都在名义上打着民族主义的旗号，实则朝秦暮楚、钩心斗角，试图获得对埃及经济与社会感到不满的形形色色的群体的支持。这些暗流正在侵蚀埃及作为英国的保护国的统治架构，有可能在未来的某一刻令其土崩瓦解。然而，对于这一切，英国当局似乎浑然不觉。他们仅仅把扎格卢勒当作一个心怀不满，试图利用自己的政治诉求在政府里谋得一官半职的家伙。英国驻埃及高级专员公署曾在1917年这样描述扎格卢勒："他年纪渐长，很可能只是想捞一份薪水。"[6] 然而，就在此人被逮捕并被放逐不到一个星期之后，在开罗、亚历山大和尼罗河三角洲其他城镇爆发的示威活动就演变成了暴力行动，随后又爆发了大规模的罢工。埃及铁路线的一些关键节点被破坏，具有讽刺意味的是，这与英国在战争期间应对奥斯曼军队入侵的预案中设想的情境如出一辙。运输行业的工人也开始罢工。1919年3月16日，也就是扎格卢勒被放逐后一个星期，开罗与尼罗河三角洲及上埃及之间的铁路交通和电报通信就全被切断了，外国人殖民点也遭到了围攻。混乱之火逐渐失控。

3月18日，遍及埃及各地的针对英国军事人员的袭击达到了顶峰：在一列从阿斯旺（Aswan）驶往开罗的列车上，两名军官、五名士兵和一名监狱督察官被杀。高级专员公署汇报称，该机构"无法恢复对上埃及的控制，当地几乎传不出任何消息"。[7] 新近面世的一份记载称，这场动乱"一时之间似乎要引发一场印度兵变以来帝国东部最大规模的叛乱"。[8] 这类担心虽然有些夸张，但这确实是人们当时普遍的感受。

最让高级专员公署感到震惊的是，这场叛乱中出现了"布尔什维主义倾向"，而且"当前在埃及发生的运动有着十足的民族主义色彩，获得了各个阶层和宗教派别的普遍同情……"[9]科普特人[*]与穆斯林并肩游行，神学学生与世俗学校的学生一起示威，女人（虽然仅限于上层社会的女性）也与男人一起走上街头。[10]特别让英国当局感到不安的是乡间的农民也卷入其中，因为他们原本指望这些保守的人会保持平和。他们随后又惊恐地发现，这些活动是有组织的。突然之间，英国人意识到他们面对的是一位得到全民拥护的埃及政治家，这一点不仅让他们大为吃惊，恐怕也会让这位政治家本人感到惊讶。

艾伦比将军很快就被派来应对这一局势。他于3月25日抵达开罗，表示一定要制止这场动乱。4月7日，他宣布释放扎格卢勒。在1919年春夏两季，英军逐渐恢复了埃及的秩序，但罢工与示威依然在持续。

1919年底，伦敦派出了由米尔纳勋爵领衔的一个调查委员会。这个调查委员会得出的结论是，埃及的保护国地位必须废止，代之以新的英埃关系。从1920年到1922年，英国一直都在与埃及协商，试图确立两国之间的崭新关系。

整个谈判过程令人沮丧。英国在此期间又一次驱逐了扎格卢勒，但此举毫无益处。英国人对中东一直抱有一种幻想——中东人民愿意被英国统治或是得到英国的支持，但这种幻想却迎头撞上了坚硬的现实之墙。埃及的苏丹和其他领袖不肯接受自治方案，甚至连名义上独立的方案都不愿意采纳。他们要求埃及必须获得彻底的独立，但严重依赖苏伊士运河的英国人拒不接受这一要求。尽管为

---

[*]　科普特人（Copts），埃及的基督徒群体，大约占埃及总人口的10%~15%。——译者注

了与埃及的领导层达成某种协议，英国官员做了种种尝试，但最终还是未能如愿以偿。于是，在接下来的岁月中，英国不得不继续在埃及驻军，在没有取得该国政界同意的情况下维持其霸权。

而在中东另一端的阿富汗，英国究竟能否在不取得当地领袖人物支持的前提下继续维持其霸权已然成了一个问题。

45

阿富汗：1919年春

　　在连接英国与印度的道路上，拥有苏伊士运河的埃及是一个战略要地，而拥有通往印度平原的多个山口的阿富汗则是另一个战略要地。在一个世纪的时间里，为了避免这个民风剽悍的山地王国落入敌手，英国军队不止一次流血牺牲。1907年，阿富汗问题终于以英国政治家满意的方式得到解决：俄国同意阿富汗王国成为英国的保护国。

　　然而，阿富汗的埃米尔于1919年2月19日遇刺身亡。在经历了对继承权的短暂争夺之后，已故埃米尔的第三子、26岁的阿马努拉·汗（Amanullah Khan）写信给印度总督，宣布自己即位成为"自由独立的阿富汗政府"的元首。[1] 自然，根据英俄两国于1907年达成的协议，阿富汗并不拥有完全的自由与独立，其外交事务由英国控制。但是，这位新的统治者却在4月19日宣布将独立处理一切内政和外交事务。

　　阿马努拉暗地里计划通过开伯尔山口*进攻英属印度。与此同时，印度民族主义者还将在边境地区最重要的英军驻守城镇白沙瓦（Peshawar）发动起义。[2] 阿马努拉相信，他们的行动将引发印度全

---

* 开伯尔山口（Khyber Pass），兴都库什山脉最重要的山口，位于今巴基斯坦西北部与阿富汗接壤地区。——译者注

国范围的大起义。

然而，阿马努拉麾下的指挥官动作太快，在白沙瓦起义尚未准备完毕之时就采取了行动，十分不明智地给英国人敲响了警钟。1919年5月3日，一支阿富汗军队跨过边境，经由开伯尔山口进入英属印度，占领了一座边境村庄，以及向附近的一处印度军事据点供水的泵站。5月5日，印度总督给伦敦发电报说，一场战争——第三次阿富汗战争——似乎爆发了。

阿马努拉声称，他派遣部队到边境地带是为了回应英国在印度的镇压行径，即阿姆利则大屠杀＊，以及酿成这一惨案的英国政策。阿马努拉宣称，以伊斯兰教与人类之名，他认定印度人民有权揭竿而起反抗英国的统治，而他的部队出现在边境是为了防止混乱局势蔓延。

英国人对他的动机心存疑虑。他们知道，在第一次世界大战期间，有一个德国军事代表团几乎说服了阿富汗政府向印度发动入侵。他们还相信，那些曾追随恩维尔的泛突厥主义分子和俄国新兴的布尔什维克政权都可能把阿富汗政府引向危险的道路。5月，在阿马努拉的部队跨过边境的同时，英国当局收到了令人紧张的消息，得知阿富汗人计划兵分三路向他们发动进攻。充当前锋的将是响应"圣战"号召的宗教狂热分子，而阿富汗正规军和边境部落武装也将联手支援他们的进攻。[3]与此同时，由于印度内部发生了大规模叛乱，英军将会被困在原地，动弹不得。[4]

身处边境地区的英国军官深信有必要立刻采取行动，于是向阿

＊ 阿姆利则大屠杀（Amritsar Massacre），1919年4月11日，一小股英军在锡克教圣城、印度城市阿姆利则向在公园里举行政治集会的人群开火，造成379人丧生。——原注

富汗人的据点发动了进攻。在漫长的战线上，一些无关痛痒的战斗在各地打响。对英国人来说，这是一场混乱、不得人心且令人失望的战役，事实证明，当地部队很不可靠，而这只是困扰英国人的因素之一。财政已然不堪重负，而英印政府却不得不为这场持续了一个月的战役增加 1 475 万英镑的预算。[5]

英军成功地将阿富汗军队逐出了印度，并且在 5 月底取得了战略优势，但他们却无力入侵、降伏并占领阿富汗人的王国。帮助英国人打赢战争的是他们的飞机，装备简陋的部落武装根本无法对付飞机。特别是皇家空军对阿富汗城市的轰炸让阿马努拉丧失了勇气，进而求和。但是，在阿富汗人看来，他们在这场战争中可不只是与英国人打了个平手。他们虽然撤出了印度，但是却在本国的疆界内重新赢得了自由。

1919 年 8 月 8 日，第三次阿富汗战争随着《拉瓦尔品第和约》（Treaty of Rawalpindi）的签订而画上了句号。根据和约，英国承认阿富汗完全独立的地位，放弃了对阿富汗外交的控制——英国此前控制阿富汗外交是为了防止敌对的强国，尤其是苏俄，掌控这个战略地位异常重要的山地王国。然而，就在《拉瓦尔品第和约》签订后不久，重新获得独立地位的阿富汗政府就与苏俄布尔什维克签署了一份条约，条约的一项内容就是允许俄国人在阿富汗王国设立领事馆。到了 1921 年，紧张兮兮的英国当局要求阿富汗人修改他们与布尔什维克签署的条约。他们宣称，俄国人在"如此远离其势力范围的地方"设立领事馆，"显然只是为了在印度边境搞阴谋诡计"。[6]

1921 年，英国人与阿富汗政权展开了新一轮谈判。1921 年 9 月 1 日，《泰晤士报》撰文提出了一些自由主义主张。文章里提到，

"寇松勋爵有关东方的知识已然过时，英国内阁应当摆脱他的影响"，正视阿富汗的民族主义与独立地位，以此来赢得喀布尔政权对英国的友谊。

但是，英国多年来对阿富汗的"指导"并没有赢得阿富汗人的友谊，而是让阿富汗人对英国充满了厌恶情绪。在 1921 年谈判期间，英国代表团得到了阿富汗人密谋反对英国的证据：英国的情报机关破译了苏俄的密码，发现阿富汗打算与俄国人一起对大英帝国采取军事行动。[7] 尽管英国代表团秉持自由主义精神在谈判中做出了让步，但喀布尔政权仍然在为布尔什维克代表大行方便。英国人很快发现，苏俄间谍已经成功说服了好战的边境部落。[8]

当然，我们可以说，阿富汗一直以来都是一个难题，英国在这里遭遇的挫折只是一个孤立的个案。但是，英国在阿拉伯半岛的政策也遭遇了彻头彻尾的失败，而这一地区原本看上去愿意被纳入英国的势力范围，统治阿拉伯半岛的君主们也对英国十分友好。1919年春天，正在打第三次阿富汗战争的英国人突然发现自己在阿拉伯半岛也大势已去。尽管这二者之间，乃至它们与埃及发生的事情之间并没有明显的联系，但英国中东帝国的西部、东部和南部却同时出现了问题。这或许说明，大英帝国的扩张已经过头了。

终结所有和平的和平

46

阿拉伯半岛：1919年春

在整个中东，阿拉伯半岛似乎是英国最自然不过的保留地。英国皇家海军可以轻而易举地控制阿拉伯半岛漫长的海岸线，而半岛上最重要的两位统治者——西部的侯赛因与中东部的伊本·沙特——都时常接受英国政府数额不菲的资助。在1919年，也没有任何其他的欧洲强国试图涉足阿拉伯半岛的政治事务。这片土地完全留给了英国。

然而，就在第一次世界大战尚未结束时，伦敦的内阁就不得不承认自己在阿拉伯半岛的政策已经陷入了混乱。英国在当地的两个盟友——汉志国王侯赛因与内志酋长伊本·沙特——已然拔刀相向。侯赛因抱怨说，他不得不从英国提供的资助中每个月拿出12 000英镑来防范伊本·沙特的进攻，而伊本·沙特每个月也从英国手里接受5 000英镑的资助。[1]替侯赛因转达怨言的英国代表认为，伊本·沙特和侯赛因正在交战，而英国竟然同时资助着交战双方，这简直是滑天下之大稽。[2]为了讨论解决这一问题的方案，英国政府内部爆发了激烈的争吵，结果导致英国人迟迟拿不出一个方案。他们起草了一份又一份的指示和最后通牒，却没有任何一份文件能够正式外发。一些官员做出了某些决定，却不知道自己的决定又被另一些官员取消了。英国政府朝三暮四，拿不准主意。

争端的焦点是两座绿洲小镇——胡尔迈（Khurma）和图赖拜（Turaba）。在这里，侯赛因的权威正在消解，而伊本·沙特的影响力在日渐增强。这两座城镇的归属权实际上牵扯着更大的利益，因为谁能拥有胡尔迈和图赖拜，谁就能获得附近部落的效忠，而这些部落拥有大片的牧场。更重要的是，侯赛因与伊本·沙特之间有着宗教之争。1918 年初的《阿拉伯简报》记录了侯赛因对伊本·沙特的指责：他指责伊本·沙特的部众通过劝诱居民改宗的方式来蚕食他的领土。伊本·沙特宣称他拥有胡尔迈和图赖拜统治权的理由就是当地的居民已经改宗了他信奉的教派。

　　1745 年，沙特家族与 18 世纪著名的宗教领袖穆罕默德·伊本·阿卜杜勒·瓦哈比（Muhammad ibn Abdul Wahhab）结成了联盟，两个家族之间的联盟关系又由于频繁的通婚而日渐加强。因此，伊本·沙特的家族一直是瓦哈比的宗教思想的捍卫者。瓦哈比派（他们的对手如此称呼他们）主张改革宗教，严守清规戒律；而在其反对者看来，他们就是一群宗教狂热分子。伊本·沙特十分巧妙地利用了他们的宗教狂热来服务于自己的政治目的。

　　1912 年底兴起的一场宗教复兴运动改变了阿拉伯半岛的政局，使之朝着有利于伊本·沙特的方向发展。生活在部落里的人们开始在市镇上卖掉自己的马匹、骆驼和其他财产，以便加入互助的农业社团，按照严格的瓦哈比派教义生活。这一运动被称作"依赫瓦尼"（Ikhwan，字面意思是"兄弟"）。伊本·沙特立刻把自己包装成了这场运动的首领，[3] 从而获得了阿拉伯半岛上最勇武的战士——贝都因人——的支持。在"兄弟"组织中，部落之间的分野逐渐消失，各个部落的谢赫的权威也日渐消解，而伊本·沙特的权力则越来越大。

这个强硬捍卫清规戒律的教派正在逐渐渗透进邻近的汉志地区，而在侯赛因看来，这一态势有可能威胁到他的统治。作为一名正统的逊尼派教徒，侯赛因将瓦哈比派视作宗教和政治两个层面上的敌人。他一次又一次地派出远征队，试图让胡尔迈和图赖拜放弃瓦哈比教义，但都遭遇了失败。1919 年春天，借着协约国战胜奥斯曼帝国的余威，侯赛因派出了最后一支远征队。侯赛因的儿子阿卜杜拉亲率 5 000 名训练有素的汉志军人出征，他们还配备着英国在大战期间送来的先进武器。1919 年 5 月 21 日，阿卜杜拉的部队占领了图赖拜。伊本·沙特从利雅得也派出了一支部队，打算向阿卜杜拉发动进攻。双方都准备打一场正面决战，但战争的进程却出人意料。5 月 25 日夜，一支由 1 100 名骆驼骑兵组成、负责为伊本·沙特的大军执行侦察任务的"兄弟"武装袭击了阿卜杜拉的营地。尽管仅仅装备了刀剑、长矛和过时的火枪，这些骑兵却席卷了阿卜杜拉的营地，消灭了尚在睡梦中的汉志军队。阿卜杜拉穿着睡衣侥幸逃脱，但他的部队却没有这样的好运气。[4]

侯赛因的部队一败涂地，英国人不得不前来救援。英国战机来到了汉志，英国人也向伊本·沙特发去了警告。[5]一贯长于外交的伊本·沙特回避了正面冲突，装出一副遵从英国意愿的样子，声称自己愿意尽全力约束那些头脑发热的"兄弟"组织成员。侯赛因则截然相反，非常固执，英国人费了好大力气才说服他在 1920 年 8 月接受临时停火。开罗和伦敦当局似乎选错了边——伊本·沙特节节胜利，在 1920 年夺取了山地省份阿西尔，随后在 1921 年底推翻了在阿拉伯半岛上与他为敌的拉希德家族。以 15 万"兄弟"组织武装为前锋，[6]伊本·沙特的征服行动席卷阿拉伯半岛。

1920 年 9 月 20 日，《泰晤士报》的中东特派记者提到，当前的局势发展证明，阿拉伯局让侯赛因成为伊斯兰世界哈里发的想法（这一想法源自基钦纳勋爵在 1914 年秋天提出的建议）将会是一场灾难。他预言伊本·沙特将占领汉志。4 年之后，伊本·沙特的确做到了这点，迫使侯赛因流亡海外。

　　为了支持侯赛因，英国人十分不情愿地站到了伊本·沙特的对立面。毕竟，这事关英国的威望。英国外交部的一位官员写道："如果我们手中的傀儡这么快就被赶下宝座，那我们在整个东方都会沦为笑柄。"[7] 然而，英国人对此却无能为力。像阿富汗一样，阿拉伯半岛的地理条件十分严酷，英国人连象征性地展现一下兵威的机会都没有。有人问海湾沿岸一带的英国官员，阿拉伯半岛沿海是否有什么目标可以供英国皇家海军打击。这些英国官员回答说，这里根本没有任何值得炮击的目标。[8]

　　就这样，英国官员在 1919 年开始意识到，无论是在其中东帝国的南部、西部还是东部，自己都已经无法掌控局势了。至于背后的原因，他们没能立刻理解。在他们看来，似乎也没有什么显而易见的办法能够让他们管理好当地人。

　　不过，对英国人来说，最严重的威胁或许来自土耳其——他们以为在 1918 年已经击败的奥斯曼帝国的心脏地带。

47

土耳其：1920 年 1 月

奥斯曼帝国残存部分的命运是中东问题的关键所在。从 1919 年到 1921 年，协约国争吵不休，就是为了争论如何处置奥斯曼帝国在安纳托利亚的土耳其语核心区。在这个问题上，劳合·乔治来来回回改了好几次主意。在 1919 年初，他认为应该让美国占领伊斯坦布尔和亚美尼亚，由希腊领有以士麦那为核心的一片飞地，再由法国和意大利一北一南瓜分剩余地区。几个月之后，他又彻底改了主意，与自己的内阁达成了共识，主张"正如德国当年无权瓜分波兰，协约国今日也无权瓜分土耳其"。[1] 然而，到了 1920 年，他却又打算强加给奥斯曼帝国苏丹一份十分严苛的和约。不过，事实证明，迫使土耳其政府接受这份和约的条款比劳合·乔治预想的要难得多。

1919 年底，签署了停火协议的奥斯曼帝国举行了新的土耳其参议院选举，土耳其民族主义者在选举中大获全胜。参议院还没召开会议，新当选的议员们就齐聚在了内陆深处、远离海洋与英国舰炮的安哥拉。时年 38 岁的民族主义将领穆斯塔法·凯末尔也把他的总部移到了这座城市。齐聚此地的议员们表示支持凯末尔的政治纲领宣言——《国民公约》（National Pact），主张建立一个独立的、属于土耳其穆斯林的民族国家。《国民公约》在土耳其获得了广泛的支持。正如驻扎在地中海的一位英国海军指挥官所说的那样："希腊占领土麦那所激发出的土耳其爱国主义热情，远远超过了大战期间出现的爱国情绪。"[2]

1920年1月中旬，新一届参议院会议在伊斯坦布尔开幕。1920年1月28日，议员们在一次秘密会议上投票通过了《国民公约》，并于2月17日将此事公之于众。此时，法国和英国的领袖正在欧洲开会，商议着他们打算强加给土耳其的最终条款，而在这一过程中被排除在外的奥斯曼帝国参议院已经拿出了自己愿意接受的最低条件。如果说20世纪的政治主题是欧洲对邻近各大洲的统治的终结，那么我们可以说，奥斯曼帝国参议院的独立宣言标志了这个世纪的降临。

英法两国的军事首脑告诫他们各自的政府首脑说，如果想要迫使心怀不满的土耳其人接受他们意欲强加的条件，至少需要27个陆军师做后盾。[3]这个数字远远超出了协约国的能力范围。英国的帝国总参谋部要求劳合·乔治重新考虑他提出的和平条款，但遭到了拒绝。1920年初，敌对行动开始了。英国此前同意让法国占领与叙利亚接壤、位于安纳托利亚南部的奇里乞亚，但如今在这一土耳其语地区却爆发了战斗。从2月到4月，凯末尔的武装让法国人连吃败仗。法军不仅丢失了多个据点，还付出了数百人伤亡、上千人被俘的代价。一边面对着军队复员的压力，另一边又要保卫法国在叙利亚的利益，法国总理米勒兰夹在中间，进退维谷，只好命令当地的法军指挥官与土耳其民族主义者谈判，试图与后者达成某种协议。[4]

劳合·乔治反对妥协，他主张以牙还牙。3月中旬，在英国的主导下，协约国完成了对伊斯坦布尔的军事占领。[5]协约国军队取代了奥斯曼警察，宣布戒严，并解散了奥斯曼帝国参议院。协约国占领军迅速逮捕了包括多名参议员在内的150名奥斯曼军政官员，并将他们流放到了马耳他。就在此前一年，扎格卢勒及他的埃及同僚们也曾被流放到那里（不过他们后来被释放）。[6] 法国和意大利连忙向凯末尔保证，这些做法都是英国的意思，与它们无关。[7]

苏丹的都城伊斯坦布尔被占领，其实对穆斯塔法·凯末尔并不会造成任何损害。与英国当局一些人的认知相反，凯末尔早已不效忠于苏丹了。而且，协约国的行动还带来了预料之外的效果——即便苏丹政府原本还拥有一些威望或合法性，现在它们也已经荡然无存了，反而是凯末尔政权的地位得到了加强。在第二个月，仍然拥有人身自由的100名参议员来到安哥拉，与"抵抗团体"选出的190名议员一同组成了新的议会。[8] 大国民议会（Grand National Assembly）选举出了新的政府，穆斯塔法·凯末尔当选为总统。[9] 他们宣布苏丹的一切行为无效，因为他已经沦为协约国的阶下囚。在被协约国占领的伊斯坦布尔，苏丹政府指责安哥拉政府的领袖人物为叛国者。凯末尔的安哥拉政府则十分谨慎，没有明确其与苏丹政府之间的关系。

与此同时，若干半自治状态的军阀和犯罪团伙也冒了出来，让安纳托利亚的局势变得越发混乱。这些势力有的时候自行其是，有的时候则与苏丹或安哥拉的政府结成联盟，抑或是与英国人、希腊人或共产主义分子（不只包括俄国人）合作。其中一些是当地武装，地方上田连阡陌的大家族有时会为了保护自己的利益支持他们；另一些则是四处劫掠的游牧民和难民团伙，还有库尔德人、切尔克斯人和来自克里米亚和中亚的鞑靼人。尽管有一些群体会鼓吹自己的政治目标，比如绿军，但他们最终往往也会堕落成打着冠冕堂皇旗号的土匪。[10] 苦于无政府状态和内战的奥斯曼帝国土耳其语地区变得越来越像 1918 年之后的俄国——曾经的沙皇俄国成了一片混乱的战场，白军、红军、土匪、军阀、外国军队和本土独立运动团体相互混战。这两个古老帝国之间的边界被地方起义军和形形色色的其他武装团伙搞得模糊不清。除此之外，布尔什维克的特工和宣传攻势也已经渗透进了安纳托利亚，这两个已然瓦解、陷入一团混乱的辽阔帝国之间的边界似乎已经不复存在。

设在安哥拉的凯末尔新政府做的第一个决定就是向苏俄派出一支使团。在此之前，凯末尔的民族主义政党可能已经与列宁的布尔什维克初步达成了一些协议。[11]1920 年 5 月，凯末尔的使团抵达苏俄。双方建立了工作联系，尽管困难重重，以至于双边关系直到近一年之后才稳定下来（双方于 1921 年 3 月 16 日签署了和约）；而英国当局误读了它们之间的关系。苏俄布尔什维克收留了流亡在外的奥斯曼帝国战时领袖恩维尔帕夏，并且支持他的事业。因此，英国人误以为恩维尔是安哥拉政府的幕后主宰。[12] 实际上，恩维尔和凯末尔是不共戴天的死敌。在意识到这一点之后，俄国人先是试图通过利用恩维尔和凯末尔之间的矛盾从中渔利，但最终发现他们不得不在二者之中挑选一个。

英国人先是错误地以为凯末尔是在秘密执行苏丹安排的任务，继而错误地以为他效忠于恩维尔，现在又错误地以为他在替布尔什维克效力。实际上，凯末尔是苏俄布尔什维克的顽固敌人。他的羽翼刚刚丰满，就立刻镇压了苏俄支持下的土耳其共产党。土耳其共产党的领袖被杀，其手下或死或被囚。因此，苏俄领导层中的许多人都将凯末尔视作敌人。在凯末尔一派看来，苏俄之所以同意与安

　　　　　　　　　　　　　　终结所有和平的和平

哥拉方面打交道，完全是因为斯大林不顾苏俄外交部的反对，从中强硬干预。[13] 显然，担任民族事务人民委员一职的斯大林意识到凯末尔或许能够损害英国的利益，而这是斯大林的主要目的之一。因此，为了达到自己的目的，这位秉持现实主义的布尔什维克甚至愿意支持凯末尔这样的人。于是，来自苏俄的金钱和物资开始源源不断地流过俄土边境，以支持那些反布尔什维克的民族主义者。这是苏俄第一次给予外国重大军事援助，而这笔援助的具体数目至今仍是一个谜。不过，向土耳其反布尔什维克分子提供援助的计划一定在布尔什维克政府内部遭遇了巨大的阻力，因为从土耳其使团抵达苏俄请求援助的 1920 年春天算起，整个援助行动花了一年的时间才安排完毕。

与此同时，随着土耳其有可能倒向苏俄，协约国军方变得越发确信自己的看法：劳合·乔治迫使苏丹政府签订条件严苛的和约，可谓犯了个大错误。英法两国第一线的海陆军将官们认为，他们根本没有足够的兵力去逼迫愤愤不平的土耳其人接受这样的和约。希腊首相韦尼泽洛斯告诉其他协约国的领袖，希腊军队可以独立完成这一任务；但英国的军事主官们却没有他么信心十足。

劳合·乔治的一位密友问他，他是否还认为把士麦那交给希腊人是明智之举。英国首相回答说："毫无疑问，你必须决定到底要支持谁。土耳其人在战争期间差点导致我们战败，就差一点，所以你不能相信他们。而且，他们还是个十分腐朽堕落的民族。而希腊人是我们的朋友，作为一个民族也蒸蒸日上……我们必须保证君士坦丁堡和达达尼尔海峡的安全，而不彻底粉碎土耳其的力量，我们就无法做到这点。"关于英国军方领导对其政策的质疑，他说："军方当然反对希腊人，他们一贯如此。他们更喜欢土耳其人。军方都是些托利党人，而支持土耳其人正是托利党的政策。"[14]

1920 年 6 月 14 日深夜，凯末尔的土耳其民族主义武装在伊斯坦布尔附近袭击了英军的一个营，这对占据着奥斯曼帝国首都，软禁着奥斯曼帝国苏丹的协约国军队构成了威胁。此时，距离凯末尔向苏俄派出使团刚刚过去一个月（不过俄土两国之间的条约要到一年之后才签订），凯末尔的部队也才刚刚在奇里乞亚击败了法国人。因此，土耳其人的这一进攻让协约国大为警觉。英军指挥官发报请求增援。身在伦敦的帝国总参谋长不情愿地发现，唯一能赶来增援的只有希腊人，于是他只好向英国内阁提议，请求希腊派出一个师来协防伊斯坦布尔。韦尼泽洛斯表示，只要协约国允许希腊人从士麦那出兵，他就愿意提供增援。协约国如果答应，就意味着允许希腊军队攻占韦尼泽洛斯打算吞并的那一大片飞地，从而让希腊军队从暂时占领的治安军变成永久进驻的占领军。

劳合·乔治对此正求之不得。在此之前，他曾经见过韦尼泽洛斯，告诉他其他协约国不会出兵相助，希腊人只能靠自己的力量去执行《色佛尔和约》。他和韦尼泽洛斯还一致认为，他们的军事顾问对困难的预警纯属夸大其词。[15]1920 年 6 月 20 日，法国总理米勒兰与劳合·乔治达成一致，同意希腊军队从士麦那出发，发起有限度的进攻。6 月 22 日，希腊军队兵分三路发动进攻。到 7 月初，他们已经占领了远及安纳托利亚高原的小亚细亚地区。而在达达尼尔海峡的另一端，希腊军队横扫了整个东色雷斯。几个月之前，协约国军队在占领伊斯坦布尔的时候已经粉碎了奥斯曼帝国首都的抵抗力量；而现在，希腊军队则似乎粉碎了其首都之外的抵抗力量——如

终结所有和平的和平

果忽略凯末尔的话。"土耳其已经不复存在。"劳合·乔治得意扬扬地宣布。[16]1920年8月10日，实际上已经沦为囚徒的土耳其苏丹及其无助的政府派出代表，签署了《色佛尔和约》。

《色佛尔和约》几乎完全涵盖了劳合·乔治和韦尼泽洛斯最想要的条款。这一条约几乎让奥斯曼帝国化为乌有，同时还把希腊人近3 000年前就开始定居的小亚细亚沿岸地区归还给了希腊。像阿拉伯人一样，希腊人彼此之间并没有紧密的政治联系，将他们凝聚在一起的只是共同的语言和文明。因此，1920年希腊在英国的政治支持下取得的成就，是将其领土疆界扩张到了其文化疆界的范围，将其政治版图从欧洲扩展到了讲希腊语的亚洲地区。对于格莱斯顿政治遗产的继承者戴维·劳合·乔治来说，这是希腊文化与基督教文化的胜利，他所鼓吹的这一自由主义梦想终于化作了现实。

在色佛尔签署和约之后，韦尼泽洛斯和劳合·乔治几乎立刻就意识到了一个问题：如何确保和约条款不会在将来被推翻。英国的武装力量已经大规模复员，希腊国内也有要求军队复员的巨大政治压力。一旦协约国从土耳其撤军，凯末尔就有可能从安纳托利亚高原出兵夺回沿海地区，把和约变成一张废纸。1920年10月，韦尼泽洛斯向劳合·乔治提出了另一种方案：趁希腊军队的实力还在，派兵深入内陆地区消灭凯末尔的民族主义武装。[17]就像身处莫斯科燃烧的废墟中的拿破仑一样，韦尼泽洛斯和劳合·乔治也面对着一个既不正面决战，但也绝不投降的敌手。实际上，凯末尔就是想效仿俄国人在1812年击败拿破仑的成功战例：诱敌深入，将敌人拖垮。

韦尼泽洛斯和劳合·乔治原本会做出怎样的决定，我们永远也无法确知了，因为现代历史上最奇怪的一场政治意外恰在此时发生，让他们失去了对局势的掌控。1920年9月30日，年轻的希腊国王亚历山大在宫中散步时被一只猴子咬伤，随即发起高烧。10月25日，亚历山大驾崩。对此，温斯顿·丘吉尔后来写过一段著名的评语："毫不夸张地说，这次猴子咬伤导致了25万人死亡。"[18] 在他看来，倘若仍由亚历山大和韦尼泽洛斯统治希腊，希腊在1921年和1922年对土耳其战争的悲剧性结局就可以避免。*

异常复杂的希腊王位继承问题摆在了众人面前，与此同时，希腊大选也在进行中。大选的结果令人吃惊，被普遍看好、据信深得民心的韦尼泽洛斯败选，而被他和法国人在大战期间罢黜和放逐的、持亲德立场和反协约国立场的政治力量夺回了政权。

亚历山大的父亲、1917年被迫退位的康斯坦丁一世实现复辟。韦尼泽洛斯和协约国的仇敌、曾被法国人驱逐的迪米特里奥斯·古纳里斯（Demetrios Gounaris）从流放地归来，控制了希腊政府。康斯坦丁国王及其臣僚很愿意进攻土耳其，但对于协约国中希望远离小亚细亚这摊浑水的人来说，希腊发生的变故提供了一个绝佳时机。法国和意大利利用这一时机撤回了对希腊的支援，实际上相当于不再支持《色佛尔和约》。法意两国都对劳合·乔治的冒险政策越发感到不满。特别是法国，它原本只是囿于对韦尼泽洛斯的个人承诺，如今既然韦尼泽洛斯败选，它认为自己对希腊再无责任。从此以后，意大利和法国越来越看重土耳其未来的凯末尔政府，认为其可能会给自己的国家带来经济上的利益和优势。

---

* 详见第60章。——原注

在英国，丘吉尔和陆军部也认为应当向凯末尔做出让步，以避免他倒向苏俄布尔什维克。丘吉尔认为，英国应当尽快与凯末尔议和，从而回到"大博弈"时代的传统政策，以"土耳其作为屏障对抗苏俄的野心"。[19] 然而，劳合·乔治反对此类提议。[20] 无论是本国大规模的失业和其他严重的经济与社会问题，还是埃及、阿富汗、阿拉伯半岛及中东其他地方出现的种种问题，这一切困难都没能让劳合·乔治像丘吉尔那样意识到，英国已经拿不出任何资源去压制土耳其了。

不过，为了解决问题，协约国还是做了点表面文章。他们在伦敦召开了一次圆桌会议，还邀请了凯末尔一方的代表参会。根据计划，第一次全体会议将于 1921 年 2 月 21 日在伦敦召开。希腊新政府同意参会，但在会议召开之前，希腊军队的最高指挥层却下令对凯末尔的防线进行一次试探。显然，希腊军队总司令主要从军事角度考虑问题，而没有顾及谈判事宜。他向内陆地区的凯末尔军队防线派出了一支侦察部队。希腊人冒着严寒在艰苦、破败的高原地带行军，随后在一个名叫伊诺努（Inonu）的小村庄附近遇到了凯末尔的同僚伊斯梅特（Ismet）率领的一支土耳其军队，结果被其击退。对于土耳其人来说，这一战果可谓吉兆，预示了未来的胜利。而被击退的希腊人也相信他们已经试出了土耳其人的实力，并且认为土耳其人的防御十分薄弱。

在 2 月份举行的伦敦会议上，有关安纳托利亚命运的争论几乎没有取得任何进展。希腊人早已下定决心走向战争，以赢得彻底胜利。凯末尔一派的土耳其人则不能容忍希腊在士麦那一带占据一块飞地；而如果同意让出这块飞地，希腊政府又会在国内遭遇巨大的政治压力。已经下野的韦尼泽洛斯依然十分活跃，他告诉劳合·乔治，倘若康斯坦丁国王的政府放弃士麦那，那么安纳托利亚希腊人定居区的韦尼泽洛斯一派的政治领袖就会宣布士麦那成为一个独立的共和国，继续反土战争。他写信告诉英国首相："希腊主义的力量远远超出希腊王国的疆域范围……如果希腊王国不愿意，或是没有能力保住士麦那及其周边地区，那么土耳其境内的希腊主义运动团体就有可能接过这一重任，只要协约国，或者更确切地说英国愿意支持这一目标……"[21] 劳合·乔治措辞谨慎地表示，他或许可以考虑伸出援手。[22]

伦敦会议一无所获，与会各方都无意妥协。鉴于法国和意大利都愿意进行单独谈判，凯末尔派出的代表深受鼓舞，深信己方无须做出任何让步。与之相似，由于英国首相充满了反土热情，希腊人也决心毫不妥协。韦尼泽洛斯认为："对于全人类而言，世界大战最重要的成果既不是奥匈帝国的解体，也不是德意志版图的缩小，而是土耳其帝国的消亡。"劳合·乔治对韦尼泽洛斯的这一看法深以为然。[23]

然而，英国首相却并没有看到奥斯曼抵抗力量的消亡。在土耳其本土，凯末尔依然在对抗协约国；而在南方的叙利亚，奥斯曼的军官、官员和显贵们聚集在大马士革，宣告了阿拉伯人对协约国的反抗。

48

叙利亚与黎巴嫩：1920年春夏

I

在名义上，叙利亚的统治者是来自麦加的费萨尔王子，他曾经在巴勒斯坦和叙利亚战役中统率协约国大军右翼的阿拉伯突击部队。在等待和平谈判的同时，艾伦比将军在1918年秋天准许费萨尔以大马士革为首府管理叙利亚事务。在1919年的大部分时间里，费萨尔本人都在欧洲与协约国进行谈判，因而把叙利亚的行政权委托给了其他人。

古老的绿洲城镇大马士革是附近阿拉伯语区域的中心城市，在英国人的许可之下，它获得了暂时的独立。来自前奥斯曼帝国各个地区的、心怀不满的阿拉伯军政领袖们纷纷集聚在了这里。[1] 相互之间矛盾重重的各方头目打着费萨尔的旗号，漫不经心地管理着这座都市。结果，在1919年和1920年，大马士革一直处于动荡不安的状态之中：历史悠久的世家大族与野心勃勃的后来者为敌，不同的地区产生了各自的激进政治团体。

在费萨尔的号召下，叙利亚全国大会（General Syrian Congress）于1919年6月6日召开。费萨尔深知自己在大马士革是个外来人，同时他也一直把伍德罗·威尔逊主张的原则放在心上。因此，他打算通过召开这个大会来证明自己是叙利亚各地人民的可靠代言人，并利用这个大会来为自己即将在和平会议上提出的要求背书。考虑到国际政治的真实面貌，费萨尔在巴黎和会上将不得不做出许多让步。但是，费萨尔没有意识到，他应当把叙利亚全国大会的控制权交到那些愿意支持他做出让步的人手中。

在战争期间，有一些人对奥斯曼帝国的忠诚并没有出现过动摇，其中就包括叙利亚那些保守的世家大族，他们对费萨尔、协约国和好斗的阿拉伯民族主义团体依旧充满了敌意。然而，他们却在大马士革以及霍姆斯、哈马和阿勒颇等主要内陆城镇的选举中赢得了代表席位。不过，激进的民族主义分子与一些保守派达成了协议，从而控制了叙利亚全国大会。[2]

在三个最主要的民族主义组织中，由奥斯曼军队中阿拉伯裔军官组成的阿赫德被来自美索不达米亚的成员掌控，这些人最关切的是自己家乡的未来命运。另一个组织阿拉伯俱乐部由来自巴勒斯坦地区的成员掌控，这个组织从一开始就是一个反犹太复国主义的组织，致力于逼迫费萨尔放弃对犹太复国运动的承诺。虽然巴勒斯坦人在战争期间基本上持亲奥斯曼、反费萨尔的态度，但阿拉伯俱乐部执行委员会中的多名成员还是在费萨尔政府中占据了重要位置。第三个民族主义组织是最重要的，即法塔特所创立的独立党（Istiqlal Party），该组织拥有广泛的社会基础，巴勒斯坦人也在其中占据领导岗位。

叙利亚全国大会在1919年年中甫一召开，就明确了它的目标——它呼吁建立一个包括今天的叙利亚、黎巴嫩、约旦和以色列在内的完全独立的大叙利亚。费萨尔原本希望能够将这一地区交给美国或英国托管，通过获得美国、英国和犹太复国主义者的支持来与法国人相抗衡。因此，对于费萨尔来说，叙利亚全国大会的主张显然让事态逐渐脱离了他的掌控，迫使他必须采取措施"将叙利亚全国大会边缘化"。[3] 但是，为了在欧洲与大国谈判，他不得不离开了叙利亚。

如前文所述，在1919年欧洲谈判结束之际，费萨尔与法国总理克列孟梭达成了一项秘密协议。根据该协议，费萨尔可以统治独立的叙利亚，而作为托管者的法国对其并无严格的管辖权。[4] 在克列孟梭看来，这些条款十分慷慨，法国任何其他政治家都不会给予叙利亚的阿拉伯人这种程度的独立地位，也不会允许亲英的费萨尔留在大马士革，更不用说让他当叙利亚的君主了。在克列孟梭于1920年1月下台后，新一届法国议会中强大的殖民主义势力很有可能试图阻挠法国履行这些条款。只不过，当法国人发现这一秘密协议存在后，他们也可能会认为自己有义务尊重这一协议的内容，这也是费萨尔唯一的希望，当然前提是叙利亚的阿拉伯人也要愿意遵守这一协议。然而，当费萨尔于1920年1月14日从欧洲回到叙利亚时，他发现阿拉伯民族主义者们不愿意让法国插手叙利亚的任何事务。费萨尔告诫大马士革的一个阿拉伯民族主义团体的委员会说，拒绝他与克列孟梭达成的协议就意味着与法国开战。但他的劝说是徒劳的，该委员会答复道："我们已经做好了向英国和法国宣战的准备。"[5] 1月下旬，主战的阿拉伯民族主义者掌控的叙利亚全国大会投票否决了费萨尔-克列孟梭协议。

费萨尔发现自己无法说服民族主义者支持对法国妥协的政策。换句话说，他发现自己根本无力领导这些民族主义者。于是，费萨尔在表面上改弦更张，假意表示意欲追随民族主义者的政策路线。据说，他在 2 月份表态称，要"用刀剑"来从法国人手中赢得阿拉伯人的完全独立。[6] 不过，这实际上只是他蛊惑人心、与民族主义者争夺民众支持的手段。他一边在嘴上表现出主战的姿态，一边向唯一有可能支持他的妥协政策的本地势力——那些曾经与他为敌、在世界大战期间支持奥斯曼帝国对抗协约国和费萨尔的保守世家大族——抛出橄榄枝。费萨尔说服这些定居在大马士革及其他内陆城镇的世家大族成立了一个新的政党——叙利亚民族党。这个政党表面上鼓吹大叙利亚独立，但实际上却愿意接受费萨尔-克列孟梭协议，可以接受法国势力的存在。实际上，叙利亚民族党并不要求叙利亚必须马上获得完全的独立，并且还准备承认巴勒斯坦的犹太人民族家园。[*7]

为了在叙利亚民族党组织起自己的力量之前将其压制下去，主战的民族主义组织重新召开了叙利亚全国大会。1920 年 3 月初，第二届叙利亚全国大会开幕，并且立刻通过决议，宣称叙利亚是一个在费萨尔国王统治下的君主立宪国家，在包括黎巴嫩和巴勒斯坦在内的"原有"疆界内享有完全的独立。[8] 与此同时，在巴勒斯坦，一个阿拉伯代表团向英国军政长官提交了一份反对犹太复国主义的决议，并请求成为独立的叙利亚的一部分。还有一群美索不达米亚人召开会议，宣布他们的家乡——巴士拉和巴格达等省份——也要获得独立，并宣布费萨尔的兄长阿卜杜拉为他们的国王。[9] 就这样，

---

* 巴勒斯坦和叙利亚的阿拉伯人都把这两个地区视作同一个国家的不同部分。因此，犹太复国主义在大马士革也是一个重要议题，虽然不像在耶路撒冷、雅法和海法那样是最为重要的议题。——原注

在 1920 年初，也就是伊斯坦布尔的奥斯曼帝国参议院公开反抗协约国，宣布帝国土耳其语地区独立的几个星期之后，帝国的阿拉伯语地区似乎也走上了相同的道路。

艾伦比将军大吃一惊，他向自己的上级警告道，如果英国和法国"依然拒不承认费萨尔和叙利亚大会的所作所为，我相信战争一定会爆发。一旦敌对行动开始出现，阿拉伯人会把法国人和英国人都视作他们的敌人。这样一来，我们就会被法国人拖进一场有损于我们自身利益，并且完全没有做好准备的战争中"。[10] 英国为此责怪法国。寇松勋爵把法国大使召到英国外交部，历数法国人犯下的种种错误；他还明确表示，时局之所以急转直下，完全拜法国人所赐。[11]

来自大马士革的宣言让英法两国，尤其是英国，感到十分震惊。它们警告费萨尔说，如果他胆敢践行该宣言，就会导致十分严重的后果。[12] 但是，在他无法掌控的议会的裹挟下，费萨尔不仅默许其追随者在沿海地区向法国人和基督徒发动游击战争，[13] 还转而支持在国境以北的奇里乞亚屡次击败法国人的土耳其凯末尔政权。费萨尔及其手下的游击队让法国人无法使用阿勒颇铁路，从而切断了法国人的陆上增援路线，法国人只得通过海路为奇里乞亚被围困的守军提供支援。[14]

然而，叙利亚的民族主义者没有意识到，他们和费萨尔的地位在很大程度上要依靠英国的支持。他们的宣言威胁到了英国在美索不达米亚和巴勒斯坦的统治，实际上迫使英国回到了法国的怀抱，让这两个欧洲强国在中东暂时恢复了同盟关系。就连最初对法国遭到反抗感到幸灾乐祸的劳合·乔治也意识到，除了与法国达成协议之外已经别无选择。叙利亚人之所以能不受惩罚地肆意挑衅，仰仗的完全是劳合·乔治的政策和艾伦比麾下的军队。一旦这一后盾不在了，法国政府就可以随意采取行动了——法国国内的殖民主义势力迅速意识到了这一点。

法国的主要着眼点是要切断叙利亚人与土耳其凯末尔政权之间的危险联系。1920年5月20日，殖民主义组织法国亚洲委员会的头号吹鼓手、法国在叙利亚的首席政治代表罗贝尔·德凯（Robert de Caix）率领一个代表团抵达安哥拉，与凯末尔本人商讨停火协议。德凯成功地与凯末尔达成了临时停火协议。有了这一停火协议，再加上法国与英国的协议，法国在叙利亚采取军事行动的道路已经铺平。

1920年5月27日，巴黎命令贝鲁特的法军指挥官亨利·古罗（Henri Gouraud）将军做好与费萨尔开战的准备。1920年巴士底日 *，古罗将军在巴黎方面的催促下向费萨尔发出最后通牒。最后通牒中包括了一些在古罗看来不可能被费萨尔接受的条款，例如解散阿拉伯军队。然而，费萨尔显然已经吓破了胆，竟然接受了法国人的条件，结果导致大马士革民众发动叛乱反对费萨尔。尽管费萨尔的答复已经极尽谦卑，但古罗将军还是在巴黎的命令之下表示费萨尔的答复不够令人满意。费萨尔连忙又做了一次答复，提出愿意无条件投降，但是在德凯的劝说下，古罗表示为时已晚，随即命令军队向大马士革进军。

法国能投入到这场战役中的兵力十分有限。与此同时，法国与凯末尔的停火协议又告终结，这让法国人突然陷入了两面受敌的窘

---

* 巴士底日，即7月14日，法国国庆日。——译者注

境：北有凯末尔，东有费萨尔。看起来，法国人似乎两面遇敌，但运气却站在了法国人这边，因为叙利亚人根本没做出什么像样的抵抗。大部分由塞内加尔人组成的法国黎凡特军在崎岖的峡谷中行进，如果换作善战的敌人，一定会在这里设伏，但费萨尔的游击队却莫名其妙地坐等塞内加尔人走出峡谷才上前迎敌。[15] 恰在此时，法国空军的一个中队飞过头顶，这让大马士革的防卫者们惊慌失措，未做任何抵抗就转身逃走。[16] 1920 年 7 月 26 日，法军占领大马士革。7 月 27 日，他们宣布流放费萨尔，后者于次日离境。法国总理宣称，叙利亚从此归法国所有，"整个叙利亚，直到永远"。[17]

接着，法国当局将叙利亚拆分成了几个部分。其中的一个被称作大黎巴嫩，也就是今天的黎巴嫩的前身。1920 年 8 月 1 日，古罗将军宣布建立大黎巴嫩，其疆域与《赛克斯-皮科协定》中交给法国直接统治的地区大体相同。大黎巴嫩包括奥斯曼时期的黎巴嫩省，即在法国保护下的马龙派基督徒及其世仇德鲁兹人*居住的核心区域；除此之外，大黎巴嫩还涵盖贝鲁特、的黎波里、西顿、提尔等海滨城市，以及深入内陆的贝卡（Bekaa）谷地。这些新增加的土地都不在基督教势力集中的原黎巴嫩省范围内，其上居住着大量的逊尼派和什叶派穆斯林。

黎巴嫩版图的扩大导致这里成了一个以穆斯林为主体的国家，而统治这个国家的却是身为少数派的马龙派基督徒。随着各色团体对马龙派基督徒统治地位的挑战，这里将会在 20 世纪 70 年代和 80 年代发生大量的流血事件。不过，黎巴嫩版图的扩大究竟是由马龙

---

* 德鲁兹人（Druses）是阿拉伯人的一支，信仰伊斯兰教什叶派中的德鲁兹派。——译者注

派基督徒推动的，还是由法国人推动的，这无法判定。[18] 许多股力量共同导致古罗将军做出了进攻的决定，而这一决定所带来的风险，当时的人们并没有充分意识到。

II

由于法国人轻而易举地夺取了大马士革，人们开始相信，是英国人为了蒙骗法国人，以便让法国人放弃对叙利亚的主张，故意夸大了费萨尔和阿拉伯民族主义者的实力。在法国托管叙利亚期间，各种动乱时有发生。每当叙利亚爆发起义，法国人就会自然而然地指责英国人。[19] 劳合·乔治曾经试图不把叙利亚交给法国，结果得罪了法国人；现在他改变了政策，让法国人得到了叙利亚，法国人也还是不领情。

随着他在1919年将英军撤出，劳合·乔治实际上已经失去了对叙利亚局势的控制，就如同他已经失去了对安纳托利亚内陆地区、阿拉伯半岛沙漠地带、阿富汗山区和埃及乡间的控制一样。在叙利亚，英国人成了众矢之的，遭到各方的指责。法国人埋怨英国扶植了费萨尔，阿拉伯人则埋怨英国坐视费萨尔倒台。

现在，活跃在巴勒斯坦和伊拉克境内、效忠于费萨尔的阿拉伯游击队开始与英国的敌人混在一起。这不禁让人们发出这样的疑问：英国为什么要在中东据有一席之地？英国公众听到的说法是，英国在中东的目标之一就是要支持费萨尔的阿拉伯运动。但现在，既然费萨尔麾下的阿拉伯人已经变成了英国的敌人，英国为什么还要继续支持他们呢？不仅如此，费萨尔的支持者们还在各地破坏着

　　　　　　　　　　　　　　终结所有和平的和平

英法之间的关系，尤其是在英国控制下的约旦河以东。他们在那里的所作所为似乎在诱使法国入侵外约旦，而这会让英国卷入一场它既不情愿卷入，又十分危险的国际纠纷。英法之间的关系已经十分脆弱，特别是在巴勒斯坦问题上，因为法国也在觊觎这片土地。英国人担心，在约旦河以东活跃的费萨尔游击队可能会给法国殖民主义势力送去一个派兵入侵的绝佳理由。

49

巴勒斯坦东部（外约旦）：1920 年

就在法国政府下令入侵并征服叙利亚的几乎同时，它还开始了一场外交和宣传攻势，试图阻止与叙利亚相邻的巴勒斯坦变成"一个犹太复国主义者的国度"。[1] 由于英国在支持巴勒斯坦的犹太复国运动，法国的这一攻势就有了一层反英色彩。不过，比起英国占领巴勒斯坦，法国更不愿意让犹太人控制巴勒斯坦。法国政府还担心，在英国的支持下犹太复国运动可能会威胁到法国在圣地的商业利益和宗教利益。

无论是奥赛码头使用的文雅措辞，还是报刊上使用的粗鲁语言，都表达出了反犹主义情绪。[2] 不过，当英法这两个欧洲盟国于1920 年 6 月开启划分巴勒斯坦与叙利亚-黎巴嫩（"巴勒斯坦"和"叙利亚"都是很模糊的概念，两者之间当时尚无明晰的边界）的具体边界的谈判时，法国谈判代表强硬捍卫的其实还是法国的自身利益。在法国人看来，这一边界就是英法两国在黎凡特地区的边界。法国的殖民主义团体认为，法国的领导层已经在亚洲放弃了太多的主张和利益，因此要求法国政府此时采取绝不妥协的态度。法国参议院外交委员会的新任主席同时也是法国重要的殖民主义团体东方委员会（Comité de l'Orient）的主席。他像通俗小报一样，随时准备把妥协退让斥责为叛国行为。在有关巴勒斯坦边界的谈判中，双方讨论的焦点是约旦河与耶尔穆克河（Yarmuk）上游的归属权。最终，法国人成功地把宝贵的河流上游划入了叙利亚-黎巴嫩。

代表身在中东的法国天主教传教士的东方善会（Oeuvre des Ecoles d'Orient）认为，犹太民族家园"只不过是英国人用来动摇法国地位的工具"。[3]该组织还声称，在犹太复国主义和布尔什维主义的背后隐藏着犹太人的世界阴谋，他们"想方设法要摧毁基督教世界"。[4]负责维护法国在叙利亚的政治利益的罗贝尔·德凯赞同这一观点，宣称"犹太人身上常带有亲近革命和热衷预言的特质"，而那些从东欧来到巴勒斯坦的犹太复国主义者身上也往往带有这些特质，并且"拥抱了布尔什维主义"。[5]因此，在法国人看来，他们在叙利亚和黎巴嫩的利益受到了一场同时具备英国、犹太、犹太复国主义和布尔什维主义色彩的运动的威胁。在东方善会的主席看来，在巴勒斯坦采取行动对抗新教徒和犹太人，不仅是法国国家利益的要求，更事关天主教的宗教感情。他说："'基督的国度'绝不能落入犹太人和盎格鲁-撒克逊异端之手，它必须永远属于法国和天主教会，不容侵犯。如果我们不能确保这片神圣的土地远离英国盟友的贪婪野心，那将是法国的奇耻大辱和无法弥补的罪行。"[6]

当时，法国政府资助了一个名为"文学社"（Literary Society）的反英政治团体，该组织在耶路撒冷及巴勒斯坦其他城镇都有分支机构。不过，在1920年，法国对英国利益的最直接威胁还是在约旦东部被称作外约旦的这一区域。外约旦面积广阔，占英国巴勒斯坦托管地总面积的大约75%，大部分地区无人定居。从部落的生活方式和组织结构来看，外约旦与阿拉伯半岛十分相似；而从历史层面上来说，外约旦的大片区域都是《圣经》中提到的土地，它还曾经是罗马的阿拉伯行省的一部分。自从艾伦比于1918年秋天赶走了土耳其人之后，这一地区基本上就陷入了无政府状态，因为英国军政机关将这里的管理权留给了无能的费萨尔大马士革政权。站在英国人的立场上来看，此举可谓是一个错误，因为法国人在取代费萨尔及其臣僚成为大马士革的统治者之后，可以顺理成章地作为费萨尔的继任者宣称拥有对外约旦的主权。

由于部族冲突，外约旦是一块秩序混乱的土地。英国人担心法国人可能会利用这一点，打着秩序与文明的旗号进占外约旦。反对法国在叙利亚统治的阿拉伯人也聚集在外约旦，这些人宣称自己的目标是让费萨尔重新坐上大马士革的宝座。他们有可能会从外约旦出发，向法国控制下的叙利亚发动袭击，从而给法国人留下报复性入侵的借口。

以巴勒斯坦西部为统治中心的英国当局提出，可以派遣英军进入外约旦。但由于伦敦方面的反对，他们根本派不出任何军队。伦敦方面只允许他们派出寥寥几位行政官员到外约旦去。[7]

在外约旦服役的一位英军军官C. D. 布伦顿向他的长官汇报说，当地人认为英国人将会撤出外约旦，而且"他们对于英国占领此地一事都不满意"。[8]布伦顿上尉预言说，外约旦很容易就会陷入彻底的无政府状态。他解释道：

> 当地人并不会组成一个同心同德的政治实体，因为定居居民和贝都因人之间有着巨大的分歧。定居居民希望能有一个政府保护他们免受贝都因人的勒索和暴力威胁；贝都因人则更喜欢无政府主义，因为除了自己养的牲畜之外，勒索农民和劫掠

也是他们的谋生手段。你不能指望这两种人会为了一个共同的国家组织起一个政府。[9]

布伦顿最直接的顾虑是，有一个来自费萨尔所在的哈希姆家族的代表正在煽动反法情绪。布伦顿在1920年9月9日汇报说，这个哈希姆家族的代表宣布在叙利亚对法国人发动"圣战"，并且开始招募志愿者，还从安曼（Amman）的监狱里释放囚犯，让他们加入他的队伍。[10]两天之后，情绪略微平复的布伦顿又汇报说，这个哈希姆家族的代表实际上只招募到了50名志愿者。[11]不过，他对英国政府管理外约旦的方式仍然很不满意："在一片部分人口是劫掠成性的野蛮人的土地上，由一些英国人充当顾问帮助他们实行地方自治，这种统治方式听上去好像一个颇有吸引力的实验。"然后他笔锋一转，指出这种方式实际上根本行不通。[12]

由于英国在外约旦没有驻军，如果法国入侵这一地区，英国根本无力阻挡。因此，为了保住外约旦，英国只能想方设法不刺激法国派兵入侵。如果阿拉伯人从外约旦出发袭击叙利亚境内的法国目标，就有可能引起法军入侵。所以，英国必须阻止阿拉伯人的这种做法。外约旦的一位英国官员F. R. 萨默塞特提出，要想达到这一目标，就要挑动阿拉伯各部落内斗。

如果萨默塞特的计划能够成功，就可以让法国人失去一个入侵毫无防范的外约旦的理由或是借口。但是，如果法国使用除武装入侵之外的手段，比如政治、宣传或颠覆活动来攻击英国的托管统治，并且将攻击范围从外约旦扩大到整个巴勒斯坦，英国又当如何应对呢？在1920年，阿拉伯民族主义者是仇恨法国的，但万一有一天法国人设法让他们转而仇恨英国人，又当如何是好呢？萨默塞特担心，法国人可能会打出一个能够获得全巴勒斯坦阿拉伯人欢迎的旗号——反犹太复国主义[13]。他们可以借此发动一场宣传攻势，鼓吹组建包括外约旦和巴勒斯坦西部在内的大叙利亚。法国或许会向阿拉伯人承诺，只要他们允许法国从英国手中夺走巴勒斯坦（包括外约旦在内），法国就会出手阻止犹太复国主义。这样一来，阿拉伯人可能就会转而支持法国。萨默塞特认为，犹太复国主义者公开表明自己的终极目标，既会损害他们自身的利益，也会损害英国的利益。他的这一观点得到了英国官僚体系中很多人的认同。"犯众怒的是犹太人，而不是我们，"他写道，"如果犹太人能闭上他们的大嘴巴，他们本可以把这片土地全部买下来。"[14] T. E. 劳伦斯则持另外一种观点："他相信，只要能够推行公正的政策，犹太复国主义面对的阻力就会在四五年内减弱甚至消失。"[15]

但是，就当时而言，阿拉伯人还在激烈反对犹太复国主义，并且威胁到了英国控制下的巴勒斯坦的和平安定。

50

巴勒斯坦——阿拉伯人与犹太人：1920 年

1917—1918 年，艾伦比将军在将土耳其人逐出巴勒斯坦之后，就在这里建立了一个英国军政府。从那时起，这个军政府就被迫承担了一个不受欢迎且难以执行的任务：根据《贝尔福宣言》的原则，在巴勒斯坦建立一个犹太人家园。为此，这个军政府一直十分怨恨伦敦政府。从一开始，艾伦比将军帐下的政治主官吉尔伯特·克莱顿和耶路撒冷总督罗纳德·斯托尔斯就避免释放出任何支持这一政策的信号。私下里，他们二人都赞同犹太复国主义，尽管克莱顿似乎是用最狭义的定义来理解这一概念：在巴勒斯坦建立一个更大的犹太社区，成为全世界犹太人的文化中心和精神家园，但英国管理下的多民族的巴勒斯坦不会变成一个犹太人国家。而其他在巴勒斯坦工作的英国军官对犹太复国主义连这点基本的同情都没有，并且在这一问题上与反对犹太复国主义的阿拉伯人站在一起。在他们看来，伦敦的犹太复国主义政策肯定是由置身事外、对当地实际情况并不了解的官员制定的，明显只会带来麻烦。

而在犹太复国运动领袖们看来，英国当局态度摇摆，甚至干脆充满了敌意，这阻碍了他们试图让阿拉伯人接受《贝尔福宣言》的努力。他们认为，如果能让当地的阿拉伯人意识到《贝尔福宣言》是英国政府必将推行的唯一政策，阿拉伯人就会默默接受这一现实，甚至还会欣然接受这一政策带来的好处。魏茨曼博士和犹太复国运动的其他领导者强调说，他们很愿意与阿拉伯人展开合作，新来的犹太人移民也不会从现有居民手中夺走任何东西，而是愿意购买荒地，进行开垦、移民。他们再三重申，犹太人的移民活动会给整个巴勒斯坦乃至阿拉伯中东世界带来巨大的经济收益。

在巴勒斯坦，不同的阿拉伯社群几乎对任何事情都有着不同的看法，甚至在犹太复国主义问题上也有巨大的分歧。1919 年 2 月，反犹太复国主义的穆斯林-基督徒协会召开的一次大会充分展现了这一点。在与会的 30 位活跃的政治人物中，大部分人同意搁置分歧，呼吁组建一个以费萨尔为首脑、以叙利亚为核心的阿拉伯邦联。但是，有些与会者更倾向于创造一个独立的巴勒斯坦，有些人亲英，有些人则亲法。结果，30 位代表中有 5 人没有在一项旨在反对犹太复国主义的决议上签字。在接下来的两年中，我们可以看到，与会代表及他们的同僚的政治观点很不稳定：有些曾经呼吁让费萨尔当国王的人后来转而反对他；亲英和反英的派别对调了对英国的态度；在看到法国对大马士革的征服之后，大叙利亚理想的支持者们被迫把关注点缩小到了巴勒斯坦英国托管地内部。

居住在城市里的大家族之间的对抗决定了巴勒斯坦阿拉伯人的政治格局。在英国占领期间，最引人注目的一对仇敌是耶路撒冷的侯赛尼家族（al-Husseini）和纳沙希比家族（al-Nashashibi）。在 1920 年，纳沙希比家族的政治态度从反英转变成了亲英，支持妥协。从此之后，犹太复国主义领导者们认为自己已经与纳沙希比家族形成了互利合作的基础，并且有可能在此基础上实现阿拉伯人与犹太人的和谐相处。与此同时，侯赛尼家族却从英国的支持者变成了英国的反对者。然而，由于当地的英国政权表现出了对反犹太复国运动的同情，侯赛尼家族发现自己在阿拉伯人社会领导地位的竞争中获得了更多的支持。如果连英国军官都认为阿拉伯人不应当做出让步，那么倾向于妥协的阿拉伯领袖们又怎么可能让他们的追随者理解让步的必要性呢？

1919年底，暴力冲突爆发了。贝都因部落袭击了上加利利的犹太人定居点，这里是英法两国军政府管辖区域之间的权力真空地带。1920年初，阿拉伯劫掠者进入犹太复国主义者定居点，并在随后的枪战中杀死了数名定居者，其中就包括前文提到过的俄籍犹太人战争英雄约瑟夫·特鲁姆佩尔道上尉。

那一年春天，耶路撒冷将要爆发暴力事件的传言层出不穷。为了应对这一局势，曾经在艾伦比军中组建犹太军团的俄国犹太裔记者弗拉基米尔·亚博京斯基取得了其他犹太复国运动领袖的同意，着手组建一个自卫组织。这个自卫组织中的大部分人都像他一样，是曾在英军的犹太军团中服役的老兵。亚博京斯基将创立自卫组织一事告诉了英国的耶路撒冷总督。他提出，希望能够获得英国当局的委任，并由英国当局给他们发放武器。英国人拒绝了。于是，他找到耶路撒冷旧城区的一名亚美尼亚军火走私贩子，从他那里购买武器。

在耶路撒冷，预料之中的暴力事件于1920年4月4日发生了。当时正值春季，是穆斯林纪念先知穆萨的节日期间。一些情绪亢奋的演说家将阿拉伯人煽动起来，发动了针对犹太人的动乱。在持续三天的动乱中，一些犹太人丧生，数百名犹太人受伤。[1]在有亚博京斯基的自卫组织巡逻的新耶路撒冷没有出现任何伤亡，所有的死伤都发生在耶路撒冷旧城区——英军不许亚博京斯基的部队进入旧城区。

在旧城区，暴徒们呼喊着"政府站在我们这一边！"，[2]这给旧城区的屠杀增添了更加不祥的色彩。等到英国军政府开始惩处肇事者时，人们意识到暴徒们的口号不无道理：只有少数几名暴徒被送上法庭接受严肃审判。亚博京斯基及其战友们却很快被送上了不公开的军事法庭，罪名是向自卫组织分发武器。他们被判处 15 年苦役，要在阿卡的要塞监狱里服刑。[3]这些判决激起了强烈的反弹，导致英国政府下令组建一个调查庭去调查军政府在巴勒斯坦的治理情况。

英国政府派出的调查庭在耶路撒冷举行了听证会。在听证会上，军政府官员们声称过错在犹太人一方，指责他们向穆斯林挑衅。犹太人一方的证人则指责英国军政府怂恿暴徒。在此之前，开罗的军事情报主管理查德·梅纳茨哈根被派到巴勒斯坦，负责向伦敦政府汇报支持犹太复国主义的政策的执行情况。他在法庭上证实了犹太人的说法。英国政府大为吃惊，接受了他们的证词。[4]

梅纳茨哈根在日记中坦言："我不知道这个世界是不是依然如此自私，以至于无法接受犹太复国主义的价值。我知道的是，这个世界的确充斥着反犹主义，人们对犹太人的头脑和财富充满了怀疑。除了犹太人之外，这里只有我支持犹太复国主义，孤身一人……讽刺的是，我也经常会受到反犹情绪的影响……"[5]梅纳茨哈根担心，他的同僚身上的反犹主义情绪可能最终会演变为反犹主义行动。因此，他在巴勒斯坦期间一直在监视他们。他后来向艾伦比将军汇报说，他在军政府内部安插了一个眼线，结果发现那位在军政府里担

　　　　　　　　　　　终结所有和平的和平

任办公室主任的英军上校曾经与耶路撒冷的阿拉伯人穆夫提[*]密谋，意欲煽动新的反犹暴乱。[6]

在派出调查庭几个星期之后，伦敦政府解散了巴勒斯坦军政府，代之以一个文官政府。劳合·乔治任命赫伯特·塞缪尔为新政府的首脑，出任高级专员。身为犹太人的塞缪尔是自由党的领袖人物，他在1914年，也就是对土耳其战争爆发的那一年，在英国政府里第一个提出要在巴勒斯坦建立一个英国保护下的犹太人家园。对塞缪尔的任命表明，英国首相在巴勒斯坦政策上并没有动摇。但是，军政府怂恿下的暴力事件却让伦敦政府内的其他人对支持犹太人家园一事产生了动摇。就连终其一生都热情支持犹太复国主义事业的温斯顿·丘吉尔也在1920年6月13日写给劳合·乔治的信中说："为了控制住巴勒斯坦，我们每年要花掉600万英镑。犹太复国运动会继续与阿拉伯人产生摩擦。法国人……反对犹太复国运动，并且会试图让阿拉伯人把我们当成真正的敌人。我们在巴勒斯坦的冒险……永远也不会带来什么实实在在的收益。"[7]

与此同时，在伊拉克又发生了惊人的起义，几乎耗尽了英国的财力。埃及的骚乱、阿富汗的战争、阿拉伯半岛的宗教战争、土耳其的民族主义叛乱和法属叙利亚的乱局，再加上伊拉克的起义，这一切都加深了英国政府内部对中东政策的疑虑，也让许多英国人相信，英国应当彻底撤出中东。

---

[*] 穆夫提（Mufti）是负责解释伊斯兰教法的学者，通常是伊斯兰教法的权威。——译者注

51

美索不达米亚（伊拉克）：1920年

在战争刚刚结束之后，阿拉伯民族主义运动十分活跃的那段日子里，大马士革的人们可以注意到，来自不同地区的阿拉伯民族主义活跃分子有着各自的特点。其中，来自美索不达米亚——阿拉伯语世界东半部——的活跃分子大部分都是军人。这些来自美索不达米亚的军人在名义上效忠于费萨尔兄弟，但他们中的大多数人曾经是奥斯曼军官，直到战争结束还效忠于苏丹和青年土耳其党政府。这些人都是战场上的行家里手，而且一贯与英国为敌。因此，对于英国在中东的计划而言，他们是比大马士革或耶路撒冷的政治家和鼓动家更危险的潜在威胁。

起初，英国在美索不达米亚各省的行政机关并没有意识到这一点。在他们看来，当地更大的麻烦来自形形色色的族群之间的紧张关系，以及无法无天的库尔德人和贝都因部落。相较于有组织的民族主义浪潮，无凝聚性、族群冲突和习惯性的混乱无序被视作更重要的威胁。在英国地方当局看来，谈论什么民族自治政府的无非是一些野心勃勃的可疑阴谋家，只要协约国领导人们不再宣传威尔逊那套蛊惑人心的东西，这些人根本成不了什么气候。

战争结束时，效力于英印军队的阿诺德·威尔逊上尉（他后来被提升为中校）成了美索不达米亚诸省份的行政专员，暂时获得了这一地区的管理权。他的助手是鼎鼎大名的格特鲁德·贝尔，她是当时在有关阿拉伯的领域中最著名的英国作家。格特鲁德·贝尔倾向于让英国在美索不达米亚建立保护国，阿诺德·威尔逊则倾向于在这里建立直接统治。不过，他们在1918年达成了共识，阿诺德·威尔逊将贝尔的一份备忘录转交给英国政府。贝尔在这份备忘录中提出，在和平会议召开之前和期间讨论民族自决是有害的。她此前曾经写道："在目睹战争顺利终结之后，美索不达米亚人民会认为由英国继续统治这里是顺理成章的事情，他们从整体上也愿意接受强者的统治。"而伍德罗·威尔逊等人在和会上支持民族自决的表态，则"带来了其他的可能性，而这些可能性让人们普遍感到忧虑，同时给了那些更不稳定、更加狂热的人实施政治阴谋的机会"。[1]

然而伦敦方面正在逐渐接受美国提出的原则，至少也受到了其影响。因此，英国内阁指示阿诺德·威尔逊，让他征求美索不达米亚人民的意见，看他们愿意在本地区建立怎样的国家或政府。威尔逊给伦敦的答复是，他没有办法弄清楚当地公众的意见。[2]

巴士拉省、巴格达省以及摩苏尔省（劳合·乔治取得了克列孟梭的同意，将摩苏尔省从法国的势力范围内划了出来，同时又不想把它交还给土耳其）都会交给阿诺德·威尔逊管理。但是，阿诺德·威尔逊却并不认为这几个省份能够构成一个统一的整体。在他看来，伊拉克（英国越发喜欢用这个阿拉伯词语来描述美索不达米亚）太过支离破碎，完全无法整合。考虑到摩苏尔的战略重要性，将其加入伊拉克似乎颇有必要，而且它还很可能拥有十分宝贵的油田。但是，摩苏尔又被认为是库尔德斯坦的一部分。阿诺德·威尔逊指出，在他管辖范围内的好战的库尔德人"有50万之众，他们永远也不会接受一位阿拉伯统治者"。[3]

在威尔逊看来，一个关键的问题是，美索不达米亚近200万的什叶派穆斯林不会接受人口占少数的逊尼派穆斯林的统治，"但目前为止还没有哪个政府方案不让逊尼派成为统治阶层"。[4] 这两个教派势不两立，甚至各自组建了一个阿拉伯民族主义团体。[5] 规模庞大的犹太人群体也需要被考虑进去，他们控制了巴格达的商业；此外，还有为数不少的基督徒，其中包括从土耳其逃亡出来，聚集到摩苏尔地区的聂斯脱里派和迦勒底派基督徒。

威尔逊告诉伦敦方面，伊拉克75%的人口都过着部落生活，"他们从未有过服从任何政府的传统"。[6] 格特鲁德·贝尔在写给她父亲的信中也表达了同样的观点。她说："地方上的大人物们强烈反对拥立一位阿拉伯埃米尔的想法。我想，他们甚至不愿意接受一个阿拉伯人管理的政府。他们表示不愿意刚出狼穴，又入虎口。"[7]

阿拉伯民族主义者们考虑着更大范围内的政治统一问题，[*] 而有些人则干脆质疑统一美索不达米亚各省的可行性。格特鲁德·贝尔在思索统一伊拉克的方案时，一位美国传教士告诫她说，她忽略了当地根深蒂固的历史因素："如果你试图在伊拉克周围勾勒国界，把它变成一个政治实体，那你就忽视了4 000年来的历史。自古以来，亚述一直朝着西、东、北三个方向发展，而巴比伦朝着南方发展，它们从来都不是一个独立的政治单元，没有共同的国家意识。要让

---

[*] 来自美索不达米亚的军官努里·赛义德在大战期间曾经是费萨尔麾下的得力干将之一，他主张建立一个同时统治叙利亚和美索不达米亚的政府；[8] 而那些与大马士革的叙利亚全国大会有关联的美索不达米亚代表则认为叙利亚和美索不达米亚应当由位于大马士革和巴格达的两个政府分别管理。——原注

这两者实现融合，你必须循序渐进，假以时日。他们目前还没有形成国家认同。"[9]

巴格达一位著名的阿拉伯政治人物却有着另一番见解。1920年6月12日，此人告诉格特鲁德·贝尔说，英国占领巴格达已逾三载，嘴上一直说着建立独立政府的事情，实际上却什么也没做。相比之下，英国人刚刚占领大马士革，就立刻扶植了费萨尔的独立政权。此人知道格特鲁德·贝尔是英国负责制订美索不达米亚政府计划的官员之一，因而提醒她说："你们在公开声明里说将会组建一个由当地人民发起并自由选择的本土政府，但实际上却自顾自地做着计划，没有咨询任何人。我想，挑选一两个当地的头面人物作为顾问并非难事，而这样本可以平息那些反对你们的声音……"[10]

格特鲁德·贝尔不认为当地有爆发起义的风险，但她的长官阿诺德·威尔逊（她密谋反对这位长官）却持不同观点。他警告伦敦说，由于大批士兵已经复员，他手下的武装力量严重不足。他手里只有一支实力单薄的机动部队，却要在17万平方英里的土地上巡逻。[11]他指出，费萨尔的追随者们可能会构成威胁。包括努里·赛义德在内，那些曾经与劳伦斯一同在汉志军队中效力，与协约国军队并肩作战的美索不达米亚高级军官被怀疑会挑起事端，因此被禁止返回故乡。但是，在大马士革方面发表宣言呼吁美索不达米亚独立之后，还是有一些活跃分子偷偷潜回了美索不达米亚，其中的许多人都曾经在大战期间为敌人效力。另外还有一些传言说，土耳其的凯末尔政权也派来了代理人。[12]

措辞模糊的传言、持续不断的动乱和接连发生的杀戮事件让英国人的神经高度紧张。1919年夏天，三位年轻的英军上尉在库尔德斯坦被杀害。印度政府于1919年10月派来一位经验丰富的官员接替他们的工作，结果此人在一个月之后也遭杀害。

1919年圣诞节，阿诺德·威尔逊请求伦敦方面派杰拉尔德·利奇曼（Gerald Leachman）上校来助他一臂之力。此人在东方沙漠中的旅行、冒险与作战经历已经让他成了一个传奇人物。利奇曼在1920年春季到来前重返美索不达米亚，发现就在他回来前的10天之内，已经有六名英国军官遇害。[13] 这还不算完，在接下来的一个月，一队英国军官在沙漠中遇袭，利奇曼带人将他们解救了出来。然而，到了初夏时节，他手下又有两名政治军官被绑为人质，随后惨遭杀害，而他对此束手无策。面对在沙漠中异常活跃的阿拉伯突袭小队，利奇曼认为唯一的解决方案就是把这些心怀不满的部落"整体消灭"。[14]

到了6月，这些部落突然发动了全面叛乱。刺激他们发动叛乱的因素可能是政府试图向他们征税。到了6月14日，一向对阿拉伯民族主义不太在意的格特鲁德·贝尔走向了另一个极端，宣称民族主义者的恐怖统治已经开始。[15] 她有些夸大其词，但是在幼发拉底河中游地区，的确出现了哨所被攻陷、英国军官被杀害、交通被切断的情形。[16] 不同的叛乱分子有着各种各样的动机和目标，但不论出于何种原因，整个地区的确已经揭竿而起，反对英国的统治。叛乱活动随即又蔓延至幼发拉底河下游。在什叶派圣城卡尔巴拉，叛乱者宣布对英国发动"圣战"。[17] 在西北部边境，曾经效命于费萨尔帐下的一位军官率领阿拉伯骑兵踏平了英国人的据点，屠杀了据点里的守军。

坏消息接踵而至：利奇曼于8月11日离开巴格达，在幼发拉

　　　　　　　　　　　　　　　终结所有和平的和平

底河沿岸某地与英国的部落盟友会面。邀请他前来的部落谢赫先是骗他打发了卫队，随后命人从背后开枪杀死了他。路透社在报道谋杀事件时使用的标题是《阿拉伯人背信弃义》,《泰晤士报》则刊出文章《美索不达米亚局势：从糟糕到更糟》。[18] 利奇曼遇刺的消息一传开，幼发拉底河沿岸地区又有更多的部落加入了反对英国人的起义。在巴格达的北部和西部都爆发了新的叛乱。到了 8 月中旬，一些叛乱者认为时机已经成熟，宣布成立一个阿拉伯临时政府。[19]

1920 年 8 月 7 日,《泰晤士报》在社论中质问："英国政府一心要把一个精心构建、成本不菲的政府强加在阿拉伯人民头上，而阿拉伯人民既没有提出过这一请求，现在也不愿意接受这样一个政府。为了实现这个无谓的目标，我们还要再牺牲掉多少宝贵的生命？" 8 月 10 日,《泰晤士报》又在一篇类似的文章中写道，为了支持"中东政府的愚蠢政策","我们今年在美索不达米亚和波斯花掉的金钱可能将高达 1 亿英镑"。

为了恢复秩序，印度政府投入了大量的人力和物力。人口稠密的中心城市很快恢复了秩序，但要想恢复对乡村地区的控制绝非一时之功。到了 10 月份，那些交通被切断的幼发拉底河流域的城镇才得到解救，而整个地区直到 1921 年 2 月才大体上恢复秩序。为了镇压叛乱，英国人一共付出了近 2 000 人伤亡的代价。其中，丧生人数达到了 450 人。[20]

英国人并不清楚这场叛乱的源头是什么。阿诺德·威尔逊提交了一份清单，列举了 13 个可能引发这场叛乱的因素。他特别强调说，费萨尔的支持者和土耳其的凯末尔政权肯定脱不了干系，而且他们有可能获得了美国标准石油公司的支持。[21] 供职于印度事务部的一位情报军官制作了一张涉嫌参与谋划这场叛乱的势力图表,指出费萨尔和土耳其人都参与其中。他尤其强调说,此事与土耳其人有着重大干系,而且他们还在服从柏林通过莫斯科和瑞士传递的命令。[22] 他所绘制的这张图表在伦敦的内阁成员中广为流传。

英印政府遇事通常都是做足了准备的,但伊拉克这场让人摸不着头脑的起义却让其慌了手脚。阿诺德·威尔逊在1920年底告诉英国内阁:"美索不达米亚的阿拉伯人会喜欢英国的统治,他们对成立一个阿拉伯人政府并不感兴趣。"[23] 倘若真的如此,那么美索不达米亚这场突如其来的叛乱就不能被解释为一场阿拉伯独立运动。"我们面对的敌人,"威尔逊说,"是无政府主义加上宗教狂热。这里面几乎没有民族主义的成分。"[24] 他认为,那些部落"反对一切形式的政府",根本不知道他们自己在为何而战。[25] 他在8月中旬时曾说:"这场革命运动早就失去了任何政治诉求,完全变成了一场无政府主义骚乱。"[26]

然而,在伊拉克起义发生之前,中东各地早已麻烦不断,所以阿诺德·威尔逊的说法并不能算是一个让人满意的解释。为什么那些遭人蔑视的土耳其人在凯末尔的领导下能够成功地坚持反抗协约国?为什么得到英国支持的侯赛因国王在阿拉伯半岛的霸权争夺中日渐失势?为什么埃及人无论如何也不愿意接受英军继续驻扎?为什么阿富汗人要与俄国人相勾结?为什么费萨尔会败给法国人,却又默许他的追随者们袭击英国人?为什么巴勒斯坦和伊拉克的阿拉伯人会发动叛乱?而这一切,为什么都发生在英国经济滑坡、英国政府没有足够的时间、精力和资源去力挽狂澜的时刻?

关于中东究竟发生了什么,伦敦方面无法取得共识,但有许多人认定是外部势力操纵了这一切，整个东方世界发生的种种动乱都在某种程度上彼此联系。英国人揣测的罪魁祸首包括：恩维尔帕夏、穆斯塔法·凯末尔、费萨尔、泛伊斯兰主义、德国人、标准石油公司、犹太人和布尔什维克。

事实上，英国人对布尔什维克的怀疑不无道理。俄国人一直在找机会削弱英国在亚洲的实力。他们认为，如果能够在其他地方对英国施加压力，那么伊拉克的叛乱就有可能取得成功。他们在英国统治薄弱的区域中选中了波斯，这里正是英俄"大博弈"时期两国时常发生政治冲突的地方。

52

波斯（伊朗）：1920 年

在第一次世界大战结束之际，英国首相的注意力一直放在其他地方，无暇关注波斯的情况。这个奥斯曼帝国的东方邻邦并不是劳合·乔治很感兴趣的地方。于是，波斯就成了乔治·寇松主管的地区。这位内阁东方委员会的主席从 1919 年开始又成了英国的外交大臣，他对波斯的关心程度超过了其他任何地区。

寇松喜欢夸大他所了解地区的重要性，而他毫无疑问是一位波斯专家。众所周知，他曾经在 1889 年就走访过这片当时的人们知之甚少的土地，而他的著作《波斯与波斯问题》更是英语世界里这一领域的权威著作。相应地，在他看来，英国在这个国家有着重大的利益。

寇松勋爵还带来了他在 19 世纪萌生的一个构想：在中东建立一条"伊斯兰国家连接线"，作为阻挡俄国扩张的盾牌。[1] 无论是在他 19 世纪后期探索中亚时的思考与写作中，还是在他 20 世纪初出任印度总督时处理政务的过程中，俄国的扩张野心始终是他考虑的重要因素之一。由于爆发了布尔什维克革命，俄国从它的扩张前沿地区撤了出来。于是，寇松提议抓住这一时机，把他的"英国支持下的伊斯兰国家连接线"的构想化为现实。在他 19 世纪的构想中，这条连接线应该横贯整个中东，从奥斯曼帝国延伸到波斯帝国，直抵中亚和阿富汗的各个汗国、埃米尔国。但是，寇松并没有能力去重建如此之长的一条连接线。

迫于温斯顿·丘吉尔和他推行的极端紧缩政策带来的压力，分布在亚洲各地的英军几乎都在撤出，而其中许多地方正是寇松勋爵希望英军能够留下来的。在他构想的整条连接线上，只有波斯还在英国的掌控之中。但是，在制定政策的时候，寇松依然保持着独断专行的作风。内阁东方委员会的成员之一埃德温·蒙塔古曾经看过该委员会一次会议的纪要手稿，除了寇松，其他委员会成员在这场会议中都没有出现。纪要中写道："委员会赞同主席的看法。""您想必不会允许这样的情况持续下去吧？"蒙塔古在写给寇松的信中说，"整个委员会由主席一人组成，而主席自然赞同主席本人的意见。"[2]但凡是有关波斯的事务，寇松就是用这样的方式推进的。他全然不顾内阁同僚的迟疑态度，独自一人主导着政策走向。

他曾经在20年前这样写道："维持波斯的完整应当是大英帝国政治纲领中的关键部分。"[3]因此，维护波斯的领土完整，使其免受俄国侵蚀，一直是他的核心政策目标。只不过，他掌控的政策手段寥寥无几，作用微弱。

在世界大战结束的时候，英国及英属印度在波斯的四个区域拥有小规模驻军。在波斯的东北部和西北部，有马勒森少将和邓斯特维尔少将分别率领的两支力量单薄的军事代表团，他们在俄国的冒险经历我们曾经在前文中介绍过（见第38章）。在波斯湾沿岸地区有一些印度军队驻守。另外，在南方，还有一支在大战期间征募的、由英国军官指挥的波斯人部队，即南波斯来复枪部队。不过，在停火协议签署之前，当地部落发动了一场反英叛乱，导致这支部队发生了兵变，还有许多士兵逃亡。因此，这支部队的战斗力也成了一个疑问。

即便英国陆军部和印度政府不要求进一步缩减驻军规模和减少对波斯的援助，这些部队也远远不足以完成寇松勋爵的目标。于是，寇松把精力集中在了组建一个英国指导的新波斯政权这一目标上。在他的构想中，这个新政权应当能够把这片混乱无序、四分五裂、陷入无政府状态的土地改造成一个能够自我供养、自我防卫的高效的国家，从而不再需要英国的经济援助和驻军。

为了实现他的计划，寇松勋爵试图操纵英国与波斯两国政府签订一份条约。在波斯，当时在位的是日渐衰落的卡扎尔王朝[*]的最后一任国王——软弱的年轻国王艾哈迈德·沙阿[†]。这位国王并不会给寇松带来任何麻烦，他担心拒绝英国人会让自己性命不保。与此同时，他还每年从英国政府那里领取一笔资助，条件是必须保证由一位亲英的首相掌权。在寇松勋爵的监督之下，英国驻德黑兰公使与波斯首相及其两位同僚签订了一份条约——波斯方面的这三位谈判代表为此向英国秘密索取了 13 万英镑的贿赂。[4]

1919 年 8 月 9 日签订的这份《英波协定》让寇松十分自豪。"伟大的胜利，"他写道，"而且全是我一人之功。"[5] 根据这份协定，英国人可以在波斯修建全国性的铁路网络，而英国专家将负责整顿波斯的财政。英国还将向波斯提供贷款以支持这两项事业。为了保证波斯能够偿付贷款，该国的海关事务将由英国官员监督。

---

[*]　卡扎尔王朝（Kadjar dynasty），1789—1925 年统治波斯的王朝。——译者注

[†]　艾哈迈德·沙阿（Ahmed Shah，1898—1930），卡扎尔王朝末代国王，后于 1923 年离开波斯前往欧洲，于 1925 年被正式废黜。1930 年在法国巴黎去世。——译者注

在寇松看来，这份协定可以提高波斯的独立性。他没有预料到其他人会在这份协定的基础上构建出别的东西。他没有想过，由于这份协定似乎给了英国独占波斯的政治特权，那些对石油问题十分敏感的盟友——法国和美国——可能会反对这一协定。同样，他也没有料到波斯国内的情绪会朝着哪个方向发展。他想当然地以为，波斯会像以往一样担心俄国的扩张野心，因而愿意得到他国的保护。但实际上，随着俄罗斯帝国于1917年崩溃，波斯对俄国的恐惧似乎消失了。到了1919年，对于在一片混乱的波斯国土上仍然享有权力的利益群体，尤其是地方上和部落的领导阶层而言，英国成了唯一可能会威胁到其自治权的欧洲强国。至于公众舆论方面，在德黑兰的26种报章或杂志中，有25种谴责了《英波协定》。[6]

《英波协定》刚刚生效不久，伦敦和德黑兰政府就发现，根据波斯宪法的规定，该国签署的所有条约都必须获得马吉里（Majlis，波斯的立法机构）的批准。而在1915年之后，马吉里就没有召开过会议，英波两国政府在签订协定时也忽视了它的存在。

在当时的传统外交圈子看来，立法机关拒不批准本国政府签订的条约并不是什么光彩的事情。立法机关对条约的批准只是个技术性的细节，谈判的参与者很容易忽视这一环节的存在。但是，这个问题一经提出，就变成了一件重要的事情。寇松勋爵认为，由波斯立法机关批准这一条约是十分重要的，因为他可以借此向英国内阁中的同僚和法美两国的批评者证明，这一条约表达了波斯国家的真实意愿。尽管马吉里算不上一个完美的民意代表机构，但也只有这个机构的投票能够发挥这样的作用。然而，德黑兰走马灯似的不断更换的首相们却都不愿意召集马吉里开会，因为他们担心自己会失去对议员的控制。但不经过立法机构批准，条约就无法生效。于是，波斯依然处于混乱无序的状态之下，英国官员担心波斯在这种状态下很容易受到布尔什维克的宣传与煽动的影响。

自始至终，布尔什维克政府所宣称的波斯政策都与英国的政策截然不同。1918年初，苏维埃政府谴责了沙俄对波斯的政治与军事诉求，称这些要求都侵犯了波斯的主权。到了1919年初夏，苏维埃政府又放弃了沙俄在波斯境内的一切经济诉求，免除了波斯拖欠沙俄的债务，取消了沙俄在波斯享有的全部特权，并放弃了沙俄在波斯的全部财产。当然，我们可以说苏维埃政府放弃的只不过是它没有能力索取的东西，从这种意义上说，它并没有真的放弃任何东西。但是，苏俄在1919年夏天放弃经济诉求的举动，还是让在当年夏天签订了《英波协定》，在经济方面向寇松勋爵做出了大量让步的波斯人感到松了一口气。对波斯的民族主义者而言，他们至少可以暂时不去担心苏俄的野心了。因此，他们对打着保护波斯的旗号，却对波斯进行严密控制的寇松勋爵的做法产生了强烈不满。

于是，民族主义者的态度开始变得强硬了。1919年末到1920年初的冬季已经过去，《英波协定》却依旧迟迟得不到批准。寇松对此无能为力，十分沮丧。到了1920年春天，局势出现了新的变化。

1918年8月，在邓斯特维尔少将的军事代表团进占巴库继而又撤出的军事行动期间，英国皇家海军上校戴维·T. 诺里斯（David T. Norris）组织了一支规模不大的英军舰队前去控制里海，以支援邓斯特维尔。1919年夏天，英国政府把这支舰队交给了邓尼金将军麾下的白军，使其参与了俄国内战。邓尼金失败之后，俄国的反布尔什维克分子驾驶着这支舰队残存的 18 艘舰艇来到安扎利港寻求庇护。这座里海沿岸的小城是波斯的重要港口，此时也是英国皇家海军的基地。当地的波斯官员和尚留在此地的英国和印度守军将这支舰队扣押了下来。到 1920 年春天，英国和波斯政府依然没有想好应当怎样处理这支舰队。无论是在规模上还是实力上，这支舰队依然有能力把持里海的控制权。

1920 年 5 月 18 日清晨，13 艘苏俄战舰对安扎利港发动了突然袭击。在舰炮的火力掩护下，苏俄军队在安扎利港登陆，截断了驻扎在一个半岛顶端的英国守军的退路。在徒劳地请示了远在德黑兰的上级之后，被困的英军指挥官决定接受苏俄方面提出的条件：英军可以撤离安扎利港，但是必须把全部武器装备和邓尼金的舰队都交给布尔什维克。

几星期之后，波斯社会主义共和国在安扎利港所在的吉兰省（Gilan）宣布成立，波斯共产党也在该省创立，以支持这一政权。俄国人在这一过程中扮演了重要角色，但苏俄政府却矢口否认这一点。莫斯科方面甚至不承认自己曾经下令进攻安扎利港。苏俄发言人声称，是当地的苏俄海军指挥官自作主张夺取了安扎利港。

如果说《英波协定》和英国在波斯的主导地位还算有过什么正当理由的话，那么安扎利港引发的一系列事件也让这些理由都变得苍白无力了。英国曾承诺要保卫波斯，使其免受俄国和布尔什维主义的侵袭，但现在看来，它根本没有能力做到这一点。在安扎利港的守军撤出之后，英国陆军部又赶忙下令从波斯撤出其余的英军。正如温斯顿·丘吉尔在给乔治·寇松的信中所写的那样，与布尔什维克议和有其道理，与布尔什维克开战亦有其道理，唯有当前奉行的政策毫无道理。[7] 波斯的新任首相表示，《英波协定》已经被暂时搁置。对于此时的局势，英国首相完全怪罪于他的外交大臣。劳合·乔治说，让英国在波斯承担本来不该由它承担的责任，这几乎完全是寇松造成的。[8]

1920 年夏末，由苏俄代表列夫·加米涅夫担任团长的一个和平代表团来到伦敦，试图结束苏俄与其大战期间的盟友之间的冲突。加米涅夫是俄国布尔什维克的几位主要领导人之一，也是列宁多年的政治密友。在伦敦期间，加米涅夫似乎留意到了伊拉克的起义活动给英国政府造成了多大的冲击，他意识到苏俄政府可以利用波斯的局势使英国在伊拉克的困境进一步恶化。在一份从伦敦发给远在莫斯科的苏维埃外交人民委员的密电（但被英国情报机关解码）中，加米涅夫表示"在波斯北部对英国军队施压，有助于让美索不达米亚的起义军站住阵脚"。他接着写道，一场从波斯的安扎利港延伸到伊拉克巴格达的革命"将危及大英帝国的根本利益，打破亚洲的政治格局"。[9] 这是一场动乱与另一场动乱之间的联系，英国官员毫无缘由地笃信这一点。但是，与他们的看法不同，只有波斯北部的事件（以及阿富汗的事件，在某种程度上）是由苏俄直接操纵的。

1920 年秋天，一位新的英军指挥官——埃德蒙·艾恩赛德*少将——前来就任，负责应对波斯北部的局势。他对时局的看法与寇松勋爵大相径庭。艾恩赛德是个身高超过 190 厘米、体重 125 千克的强硬人物，他毫不犹豫地开始执行自己的计划。[10] 与丘吉尔一样，

---

* 埃德蒙·艾恩赛德（Edmund Ironside，1880—1959），第一代艾恩赛德男爵，在第二次世界大战期间曾短暂担任大英帝国总参谋长，后获得元帅军衔。——译者注

艾恩赛德也认为除非能对布尔什维克发动全面战争，将其一举击败，否则其他反对布尔什维克的尝试都是愚蠢和徒劳的。在他看来，最好的解决方案就是英俄双方各退一步，分别撤军，前提是要能够保留一个有能力管理国家的波斯政府。

在整个波斯北部地区，只有一支在某种程度上能算作本土部队的力量能为艾恩赛德所用——由俄国沙皇于1879年组建，用于保卫波斯沙阿的波斯哥萨克师。但是，这支由俄国组建和领导的部队也有它的问题：它的指挥官和为数不少的军官、士官都是俄国人，而且它曾长年接受俄国的资助。俄国爆发革命之后，英国政府开始负责资助这支部队。但是，在1920年，这支部队的指挥官、一位名叫弗谢沃洛德·斯塔罗塞尔斯基（Vsevolod Starosselski）的俄国上校却拒绝执行英国人的命令。尽管他反对布尔什维克，但他仍然坚持维护"俄国利益"。[11]

艾恩赛德将军将波斯哥萨克师视作可以利用的工具。这支军队的主体还是波斯人，俄国人只是少数：它拥有6 000名波斯士兵和237位波斯军官，而只有56名俄国军官和66名俄国士官。[12]其俄国指挥官斯塔罗塞尔斯基的地位也岌岌可危：他起初对波斯社会主义共和国取得了一些胜利，后来的战绩却是一败涂地。

艾恩赛德迅速采取行动，设法解除了斯塔罗塞尔斯基的职务，随后又赶走了斯塔罗塞尔斯基的继任者。在他们留下的位置上，艾恩赛德安排了一位强悍、顽固的波斯上校礼萨汗（Reza Khan），此人后来被艾恩赛德称作他所见过的"最有男子汉气概的波斯人"。[13]

艾恩赛德知道，英国陆军部计划在1921年将英军完全撤出波斯。因此，他决定让礼萨汗在英国人离开后统治这个国家。1921年

2月12日，艾恩赛德告诉礼萨汗，如果他打算发动政变，剩余的英军不会加以阻挠，唯一的条件就是他必须答应不废黜英国支持的君主艾哈迈德·沙阿。礼萨汗同意了。*

2月15日，艾恩赛德与波斯君主会面，但未能说服他任命礼萨汗为高官。于是，礼萨汗于2月21日率领3 000名哥萨克师士兵进入德黑兰夺取了政权，自封为波斯武装部队总司令。"到目前为止，一切还算顺利，"艾恩赛德在听说这一消息后评论道，"似乎所有人都认定是我策划了这场政变。严格地说，我想确实是我干的。"14

实际上，直到一位美国学者在半个多世纪之后进行了相关研究，艾恩赛德在这些事件中扮演的角色才真相大白。15在伦敦，英国官员并不知道艾恩赛德曾经参与其中。因此，波斯发生的种种先是让他们感到困惑，继而又让他们觉得沮丧。1921年2月26日，刚刚掌权五天的德黑兰新政府正式拒绝了《英波协定》。同日，它命令波斯驻莫斯科的外交代表与苏俄签署了一份条约，这也是这个新政府签署的第一份外交条约。2月26日发生的这两件事标志着波斯态度的革命性转变——波斯从接受英国保护、反对俄国，变成了接受俄国保护、反对英国。与此同时，苏俄与另一个伊斯兰国家阿富汗签订了条约。而就在一个月之后，苏俄与土耳其凯末尔政权之间的条约也正式签署。英国在长达一个多世纪的"大博弈"中一直与俄国争夺土耳其、波斯和阿富汗这三个国家，而它们的新统治者

---

* 不过，礼萨汗还是在1925年废黜了当时居住在巴黎的艾哈迈德·沙阿，自立为王，即礼萨·沙阿·巴列维国王，开创了巴列维王朝。1935年，礼萨·沙阿将国名从波斯改为伊朗。——原注

上台后做出的第一个外交选择都是与莫斯科签订条约。不仅如此，土耳其凯末尔政权还在苏俄的支持下，在莫斯科与阿富汗签订了条约——这也是该政权首次与其他伊斯兰国家签订条约。在苏俄的保护下，莫斯科新收获的伊斯兰友邦联起手来反对英国。这些条约中都明确表示要反对帝国主义，毫无疑问它们针对的就是英帝国主义。于是，英国官员们再一次感到，东方这些反对英国的叛乱活动都是彼此联系的。

寇松勋爵曾在1918年说："法国可能在未来成为我们最害怕的强国。"可是到了1920年，他又说："在我的一生中，从未见过比苏俄在东方对大英帝国造成的威胁更可怕的挑战。"[16] 他的意思并不是说饱经世界大战、革命与内战摧残的俄国有多么强大，而是说布尔什维克可能在东方世界四处煽动当地的危险分子。在俄国人的怂恿之下，恩维尔在青年土耳其党政府中的同僚杰马尔帕夏于1920年动身前往阿富汗，担任军事顾问。杰马尔帕夏的行动恰恰诠释了英国政府最害怕的事情：C.U.P.、战败的德国的残存影响力、泛伊斯兰主义、布尔什维主义和俄国，所有这些力量走到了一起，即将在大英帝国最脆弱的时候给予它致命一击。

就这样，苏俄开始支持波斯民族主义反对英国。加米涅夫相信，在波斯向英国施压，或许可以帮助邻近的伊拉克境内的叛军继续反抗英国的统治。与此同时，受到苏俄支持、由青年土耳其人运动促成（英国人是这么认为的）的土耳其民族主义运动，正在凯末尔的领导下威胁着劳合·乔治强加给奥斯曼帝国的和约。此外，埃及和巴勒斯坦的阿拉伯反抗者也走上街头，阿拉伯半岛的伊本·沙特与叙利亚的费萨尔则带着部队走上战场，他们在各个地方抗拒着英国人安排给他们的命运。对于经济面临崩溃，无力处理外部乱局的英国来说，中东的局势已经不可收拾。在英国人看来，这些麻烦的背后都有一个坚定不移的敌人：苏维埃俄国。

第十一部分

俄国重返中东

53

揭去敌人的面纱

I

诚然，苏俄的确支持了波斯和土耳其的民族主义，还试图帮助伊拉克的反抗分子。但是，俄国人既没有煽动，也没有指导这些运动。英国人指责布尔什维克的苏俄参与了一场影响广泛的国际阴谋，煽动了横跨整个中东的多场叛乱。他们对此越发深信不疑，但这并不是事实。各地的起义都发端于当地的特定局势，彼此之间并没有什么联系，其中许多场运动还只是一时心血来潮的产物。尽管苏俄试图对这些地方性运动加以利用，但无论是布尔什维主义还是布尔什维克在这些运动中扮演的角色都是无足轻重的。不过，英国人的看法里有一点是正确的：英国已经与新兴的苏俄政权产生了冲突，而且试图利用当地反抗力量来反对英国统治的布尔什维克的确将中东视作英俄冲突的主要舞台之一。

英国和其他协约国的官员普遍认为，布尔什维克政变并非仅仅在世界大战中意外地帮助了德国那么简单，帮助德国根本就是布尔什维克政变的主要动机。因此，这些官员将布尔什维克视作敌方的代理人，而他们信奉的共产主义理论只不过是无关紧要的幌子和宣传工具。对布尔什维克的这种看法与英国官员，特别是中东地区的英国官员早在大战爆发之前很久就产生的一种观点十分契合——他们把德国支持下的布尔什维主义放在了一种更古老的阴谋论框架中去理解：亲德的国际犹太人阴谋。

20世纪初在奥斯曼帝国发生的一切似乎证明了犹太人的亲德态度。我们在前文中曾经提到，杰拉尔德·菲茨莫里斯曾经向英国政府汇报说，青年土耳其党是犹太人手中的工具。今天的历史学家知道，菲茨莫里斯报告的内容并非事实，但是他的说法在当时被广为接受。等到C.U.P.执掌了国家权力，将奥斯曼帝国驶向德国的轨道，这就更成了犹太人与德国结盟的明证。

持这种观点的中东问题行家——如温盖特和克莱顿这些人——相信，伊斯兰教是伊斯坦布尔的苏丹兼哈里发可以随意使用的一种武器。英国政界认为，既然犹太人控制下的青年土耳其党已经掌控了奥斯曼帝国政府，那么伊斯兰教、奥斯曼帝国和泛突厥主义运动就都已经落入了德国-犹太联盟的手中。

正是沿着这样的思路，英国官员才将俄国的第二次革命视作这个大阴谋的最新表现。布尔什维克领导者中有多位犹太人，因此，在英国政府中的许多人看来，让布尔什维克掌权不仅是德国人的目标，更是犹太人的计划。

于是，当战后的中东频繁爆发叛乱之际，英国官员很自然地认为这些都是一个长期阴谋的一部分。英国的情报部门将布尔什维主义和国际金融家、泛阿拉伯主义和泛突厥主义、伊斯兰教和俄国都描述为国际犹太人以及普鲁士主导下的德国联手筹划的大阴谋中的代理人。英国政界认为，像恩维尔和凯末尔这样的死敌其实是在为同一个阵营服务，阿拉伯人和犹太人也是如此。

大量的巴勒斯坦阿拉伯穆斯林采取行动反对犹太复国主义者移民，他们表达了强烈的反犹情绪，英国官员当然知道这一点。但是，这并不一定能改变他们有关犹太人控制了伊斯兰教的观点。英国人认为，伊斯兰教完全在哈里发的掌控下，而哈里发又是英国的敌人手中的棋子。这点让英国人十分担心。奇怪的是，即便在奥斯曼帝国的苏丹兼哈里发已经形同囚徒，被关押于伊斯坦布尔之后，英国人依然持这样的观点。在他们看来，阿拉伯人显然无法管理好自己，因此接下来的问题就是中东的阿拉伯世界应当由谁来统治——是土耳其傀儡背后的德国人和犹太人呢，还是英国人呢？他们认为，英国政府的吸引人之处在于其正派、诚实，而敌人的优势在于土耳其人的政府是一个伊斯兰教的政府。因此，他们认定，就像布尔什维主义、土耳其人和俄国人一样，伊斯兰教也是犹太金融家和普鲁士将军们用来阴谋损害英国的工具。

把整个事情放在历史的聚光灯下观察，我们会看到这个阴谋论几乎荒唐到了疯狂的地步。但是，在那个时候，有许多原本头脑清醒正常、能够获得充分信息的英国官员对这个阴谋论全盘接受，至少是部分相信。此外，还有一个实实在在的证据支持这一理论：亚历山大·帕尔乌斯的所作所为。帕尔乌斯正是一个密谋帮助德国摧毁俄罗斯帝国的犹太人。他与伊斯坦布尔的青年土耳其党政权联系密切，并且在布尔什维克起义的过程中发挥了重要作用，而这场起义能够帮助德国赢得战争。他在战后也确实继续从事密谋工作。他符合温盖特和克莱顿对犹太人的全部想象：富有、从事颠覆活动、亲德。

考虑到这样的背景，英国情报机关在战后几年中的所作所似乎就没有那么荒诞了。1919 年 5 月 5 日，也就是第一次世界大战停火短短半年之后，一名英国情报人员向阿拉伯局提交了一份报告。这份报告的内容源于他与在瑞士避难的青年土耳其党领袖的大量谈话。在阿拉伯局的情报人员看来，协约国的胜利并没有终结敌人的反英情绪。相反，柏林的泛伊斯兰主义宣传局在印度、埃及、土耳其、波斯和其他地方继续着战时的工作，到处煽动"伊斯兰起义"。"大英帝国在东方的敌人已经联起手来，目标就是推翻英国在东方的统治，"这名情报人员报告说，"他们依靠德国和俄国布尔什维克的支持……"[1] 这份报告指出，为中东叛军和布尔什维克充当中间人的正是亚历山大·帕尔乌斯。

在美索不达米亚于次年爆发暴力事件之后，又有更多观点相似的情报报告浮现了出来。其中比较著名的一份报告来自供职于印度事务部政治司的特别情报官 N. N. E. 布雷（N. N. E. Bray）。上文提到过的那份于 1920 年夏末流传于英国内阁的密谋关系图表正出自此人之手。布雷认为，美索不达米亚的"民族主义与泛伊斯兰主义运动都是由柏林方面通过瑞士和莫斯科煽动起来的。意大利人、法国人和布尔什维克也各怀鬼胎，让局势变得更加复杂"。[2]

布雷要求英国政府查出操纵这个影响广泛的国际阴谋的"规模不大的核心组织"。[3] 英国政府始终未能找到这个组织，因为它根本就不存在。但是，英国政府内的主流意见至少在一段时间内相信，英国的中东领地上发生的诸多叛乱是外部敌对势力协调策动的产物。英国外交部有几名官员认为，中东乱局的源头还是在这些中东国家内部，但持这种观点的官员只占少数。

事实上，的确有一股外部力量与中东所有的乱局有关，但英国

　　　　　　　　　　　　终结所有和平的和平

政界依然没有意识到这一点——这股力量就是英国自己。中东地区的居民以厌恶外邦人而闻名，而且这个以穆斯林居民为主的地区对被非穆斯林统治一事尤为敏感。因此，如果一个外来的基督教国家想在这里建立统治，它就应当预料到会遭遇当地人民的敌意。在中东世界，无论英国统治者走到哪里，他们都被一片阴影笼罩着，而那片阴影就是他们自己。

英国在中东面对着的，是当地人持久，甚至永无止境的反抗。这些反抗往往是单独发生的，经常只是些偶发事件。它们并不是由外国人策划的，而是针对外国人的。倘若大英帝国能在中东维持一支百万人规模的占领军，当地的居民可能会意识到英国的统治已经无法避免，奋起抗争已经毫无意义，从而屈服于现状。但是，只要英国开始撤军，中东地区的一系列叛乱就变得无法避免了。然而，正如基钦纳及其同僚在 1908 年之后将自己在中东的失败经历归咎于他人一样，英国的中东政策执行者们依然把自己面对的麻烦归咎于所谓受犹太人控制、受德国人影响的青年土耳其党领导层及其所谓国际分支（主要是伊斯兰势力和后来的布尔什维主义运动），他们怪罪的对象一直从恩维尔延伸到亚历山大·帕尔乌斯和列宁。

II

1920 年，一本哗众取宠、号称揭露了所谓全球阴谋起源的书首次在伦敦出版。这本书名叫《犹太人之祸》（*The Jewish Peril*），是《锡安长老会纪要》（*Protocols of the Learned Elders of Zion*）一书的英译版。与此同时，该书的法文版也在巴黎出版。据说，这本书是

19世纪末一次犹太人和共济会会议的纪要，他们在此次会议上密谋推翻资本主义和基督教世界，建立一个由犹太人和共济会共同统治的世界国家。

《锡安长老会纪要》最早出现在俄国，分别于1903年和1905年以报纸刊载和出版成书的形式发行。据说，这本书是由沙皇俄国的一位名叫谢尔盖·尼卢斯（Sergei Nilus）的官员发现的。在1917年俄国革命之前，这本书的影响力微乎其微。但是，由于多位布尔什维克领袖都是犹太人，同时共产主义理念与《锡安长老会纪要》中提出的理念有一定的相似性，这本书在1917年俄国革命之后开始广为流传。因此，在1920年，伦敦和巴黎开始有一些人对尼卢斯的说辞信以为真。《锡安长老会纪要》一书解释了为什么在东方各地会发生那么多针对英国的奇怪叛乱。

一直到了1921年夏天，也就是《锡安长老会纪要》在伦敦和巴黎流传了一年之后，才由《泰晤士报》驻伊斯坦布尔记者菲利普·格雷夫斯证明了其虚假性。菲利普·格雷夫斯揭露说，该书是由沙皇俄国的秘密警察一手炮制的。一位名叫米哈伊尔·拉斯罗夫列夫（Michael Raslovleff，此人的姓名直到1978年才公之于众）的白军流亡者告诉格雷夫斯，这本书甚至不是由沙俄的秘密警察亲自撰写的，而是剽窃的产物。拉斯罗夫列夫之所以把这个消息透露给格雷夫斯，只是因为他"急需用钱"。他向格雷夫斯证明，《锡安长老会纪要》里面整段整段的内容都抄自一位法国律师分别于1864年和1865年在日内瓦和布鲁塞尔出版的讽刺拿破仑三世的作品。[4] 这部作品鲜为人知，只有寥寥几本尚存世上。拉斯罗夫列夫展示给格雷夫斯的那本是他从一名前沙俄秘密警察手中购买的，《泰晤士报》

又在伦敦的大英博物馆里找到了一本。拉斯罗夫列夫说，如果不是这本书的存世量如此之少的话，肯定会有人在《锡安长老会纪要》出版之际就意识到这是一部剽窃之作。（人们后来发现，《锡安长老会纪要》还剽窃了其他一些书的内容，包括与那本法国讽刺作品出版时间几乎相同的一本幻想小说。）

III

在以《泰晤士报》为代表的英国舆论界看来，英国在中东遭遇的种种挫败不应当怪罪在外国阴谋家的头上，而应当归咎于英国官员，尤其是那些亲阿拉伯分子。伊拉克的起义让《泰晤士报》的一位中东特约记者大受震动，他在 1920 年 9 月 20 日发表的一份通讯中写道："在经过仔细的研究后，我认为开罗的阿拉伯局、开罗的总司令部、巴勒斯坦占领区管理局和去年设立的叙利亚占领区管理局都对今天英国在美索不达米亚的生命损失和财产损失有着不可推卸的责任。"他指控说："英国的泛阿拉伯主义宣传是对当今世界和平最大的威胁之一。"除了少数几名真心支持阿拉伯独立的英国官员之外，他谴责了那些"对阿拉伯人自我治理毫无信心，却坚信英国的帝国主义使命极度危险的英国官员"，称他们打着阿拉伯独立的旗号操控着阿拉伯事务。他没有明确点出温盖特、克莱顿和霍格斯的名字，但是他描述的正是他们。他认为，导致中东乱局的并不是布尔什维克，而恰恰是这些人。

《泰晤士报》在当天的一篇头版文章中指责了阿拉伯局长期以来的一种设想，即在中东建立一个以侯赛因为国王的阿拉伯邦联：

"……任何政府部门都不应再做这个不切实际的阿拉伯邦联迷梦。"一年之后的1921年9月27日，《泰晤士报》驳斥了阿拉伯局提出的所谓英国在伊斯兰世界有着特殊使命的说法。《泰晤士报》意识到，在中东爆发的穆斯林叛乱往往都是针对欧洲基督教国家的统治的。该报写道："这绝不是某一个欧洲国家有能力独自解决的问题。"

正如《泰晤士报》指出的那样，最大的危险在于英国承担了超出其能力范围的任务。该报认为，英国面临的最重大的挑战是国内的经济挑战。英国需要对国内进行投资，以便在经济与社会层面上实现复苏。因此，一个将大把金钱花在中东冒险上的政府才是对英国的最大威胁。《泰晤士报》在1921年7月18日的社论中就此事谴责了英国政府，文章说："自从签署停火协议以来，他们已经在美索不达米亚的半游牧部落身上花费了将近1.5亿英镑的巨资；而与此同时，他们每年花在贫民窟改造上的资金却只有区区20万英镑，还被迫暂停了《1918年教育法案》规定下的全部开支。"

不过，就在《泰晤士报》指出英国的危险来自英国官僚体系的同时，英国官僚体系中的大部分人却依然把注意力放在苏俄对中东的威胁，以及应当如何应对这一威胁的问题上。

54

在中东面对苏俄的挑战

I

在英国政府中，主要由三个部门负责应对中东的俄国问题——外交部、陆军部和印度事务部。不过，这三个部门的首脑在苏俄挑战的本质与如何应对这一挑战这两个问题上无法达成共识。

在 1919 年成为外交大臣的寇松勋爵一直坚守着"大博弈"思维，他主张英国应当在中东占据前伸防御阵地，以防范苏俄。他认为，英军应该进驻外高加索（这一地区已经脱离了苏俄）和波斯北部进行防御准备。他与同样担任过印度总督的外交部常务次长哈丁男爵都认为，一旦苏俄在中东占领了某一片区域，就会引起相邻区域的连锁反应，最终导致印度的沦丧。[1]

印度事务大臣埃德温·蒙塔古和印度总督、第三代切姆斯福德男爵（3rd Baron Chelmsford）弗雷德里克·约翰·纳皮尔·塞西杰（Frederic John Napier Thesiger）对此持不同意见。蒙塔古和切姆斯福德男爵认为，布尔什维克的苏俄在中东主要对英国构成政治上的威胁，而非军事上的威胁。他们主张，英国应当与苏俄争夺亚洲伊斯兰世界民族主义者的支持。在他们看来，英国目前采取的政策可能会把这些势力推入莫斯科的怀抱，而英军的存在只会进一步加大英国与这些势力之间的隔阂。

1920 年初，蒙塔古在写给寇松的信中说，"布尔什维克对波斯和印度的威胁"基本上是英国政府奉行的反伊斯兰教政策的产物。"我们本可以让那些泛伊斯兰主义者以大不列颠为友"，他写道，但是"我们却让他们变成了我们的敌人"。[2] 自然，自从基钦纳伯爵于 1914 年开始掌管伦敦的中东政策之后，印度政府就对其政策持反对态度。在 1920 年写这封信之前，蒙塔古也一直在抨击英国政府的亲阿拉伯政策和亲犹太复国主义政策；对于基钦纳一派所持的"伊斯兰教是由英国的敌人掌控和指挥的一股力量"的观点，他也一直持反对态度。

1921 年初，切姆斯福德男爵在发给蒙塔古的电报中站在历史的角度上评论说，1914 年之前，英国是"帮助伊斯兰教对抗俄国恶魔的英雄"。[3] 但现在，劳合·乔治强加在无助的奥斯曼帝国头上的严苛的《色佛尔和约》，以及寇松强加在别无选择的波斯帝国头上的单边条约，都生动地向印度的穆斯林表明"英国在压迫伊斯兰教"。[4] 而在战争中催生出了新政权的俄国，至少在中东问题上倡导着民族独立。在这位印度总督看来，要想阻止俄国布尔什维克势力扩张至中东，长远的解决方案并非建立前伸的军事阵地，而是支持该地区穆斯林人口的"民族主义精神"。毕竟，伊斯兰教信仰的基本信条与布尔什维主义格格不入，民族主义精神则会让他们起来反对俄国的扩张。[5] 他认为，英国不应当在中东维持军事存在，甚至连经济存在也毫无必要，因为这可能会让当地的领袖人物把英国当作对其独立性的最大威胁。

在这一时期负责指挥波斯北部遗留英军的埃德蒙·艾恩赛德少

将认为，他的部队根本就不应该待在这个地方。在他看来，印度西北边境崎岖不平的地形提供了绝佳的防御阵地，英军完全没有必要做前伸防御。更何况，在波斯为印度设立前伸防御阵地，就必须修建一条漫长的交通线，因此这一战略非常不切实际。[6]

最终，英国外交部与印度事务部之间的争论由陆军部来做了了断。帝国总参谋长亨利·威尔逊爵士指出，他根本没有足够的部队去执行寇松勋爵倡导的前进政策，于是驳回了外交部主张的中东政策。他在1920年向英国内阁提交的一份报告中称，英军根本没有足够的预备役部队在必要的时候增援世界上任何一个地方的守军。[7]他认为，唯一可行的政策就是节约资源，把英国的军事力量集中使用在最重要的地方。无论是波斯还是高加索，显然都不在此列。

1920年初，身兼陆军大臣和空军大臣的温斯顿·丘吉尔主张，即便英国有能力向波斯和高加索边境派兵，他们也更应该被派到俄国去，帮助那里的沙俄将领们推翻布尔什维克政权。丘吉尔对克里姆林宫新统治者的话信以为真，他把他们描述为国际主义者和革命分子。他相信他们中的大多数甚至不是俄罗斯人，而是犹太人。因此，丘吉尔不认为他们会追寻俄国的民族主义目标或帝国主义目标。但是，他的这种看法无法解释为什么布尔什维克政权在中东的目标与沙俄时期有着惊人的相似。[8]

丘吉尔和他的部分同僚认为，布尔什维克在亚洲的伊斯兰世界对英国构成了巨大的威胁，他们的这一态度在1920年某次内阁成员会议的纪要中表露无遗：“每一天，他们都在向着东方的布哈拉和阿富汗大步前进，还在中东地区针对英国展开了常态化的宣传攻势，方法得当，无所不包。”[9]帝国总参谋长警告诸位内阁大臣说：“布尔什维克将把里海收入囊中……在波斯北部制造事端。动乱将会波及依然动荡不安的阿富汗，进而影响印度。据说，印度的局势已经处于过去30年中最危险的状态。"[10] 无独有偶，温斯顿·丘吉尔在写给首相的信中发问道："倘若布尔什维克占据了高加索地区，并与土耳其民族主义者联起手来，我们将如何应对？他们还可能控制住里海，入侵波斯北部；或是霸占中亚突厥人聚居区，与阿富汗联手从外部威胁印度，同时又在印度内部煽动革命。"[11]

在公众的眼中，发生在布尔什维克与获得英国资助的白军之间的俄国内战是丘吉尔的私人战争。白军在1919年末开始败退，继而在1920年初土崩瓦解，而这一失败又被视作丘吉尔本人的又一次惨重失败。首相在写给丘吉尔的信中说："我认为你过分执迷于俄国事务了。我想我有充足的理由担心你并没有将足够的才干、精力与勇气用在削减开支这件事上。"[12] 几个月后，当再一次谈到丘吉尔与俄国问题时，首相变得更加直言不讳了。帝国总参谋长在日记中写道："他认为温斯顿已经发了疯……"[13]

不过，作为一位依赖在下议院占多数的保守党支持的自由党首相，劳合·乔治还是不得不允许他的这位陆军大臣去支持俄国白军，直到白军已经败象毕露。不过，到了白军崩溃的时候，首相也不介意谋求与红军达成某种协议。他并不担心布尔什维克在中东的帝国野心，正如他不曾担心沙皇在中东的帝国野心一样。

首相相信可以与俄国人达成协议，于是回到了他所属的自由党的传统道路上。在他以前的同僚阿斯奎斯和格雷看来，俄国人在中东的一些诉求，比如梦寐以求的暖水港，是不无道理的，而且只要满足了他们的这些要求，俄国人是不会得寸进尺的。劳合·乔治也持同样的观点。他认为，所谓俄国对印度的威胁根本就是无稽之谈，因为俄国布尔什维克缺乏威胁印度所需的必要资源。而且，"就算在俄国人有充足装备的时候，他们也无法翻越那些山地"。[14] 诚然，布尔什维克在印度的宣传可能会构成威胁，但他认为"靠军事封锁是挡不住思想渗透的"。[15]

从 1920 年到 1921 年初，劳合·乔治与莫斯科方面就一项贸易协议展开了谈判。如果这一贸易协议能够达成，英国就等同于在实际上承认了布尔什维克政权，并且把俄国带回到国际社会之中。劳合·乔治告诉里德尔，他坚决要求布尔什维克方面停止其在波斯、阿富汗和东方其他地区的海外宣传，这是谈判的先决条件。里德尔在日记中写道："劳合·乔治认为列宁会同意的。"[16] 但事实恰恰相反。苏维埃政府在发给谈判代表的电报中指示道："我们只能在与英国的政治谈判中同意在东方做出让步，且前提条件是英国必须在东方做出类似的让步。至于具体在哪些问题上让步，可以留待以后再做讨论。"[17] 从中可以看出，俄国人在中东的帝国野心依旧，而且其野心要比劳合·乔治设想的大得多。

55

莫斯科的目标

I

就在英国的领导层就布尔什维克的共产主义与俄国的帝国主义之异同问题争论不休的同时，布尔什维克的领袖们也在争论这一问题，并且要据此来决定他们在战后的中东政策。

直到第一次世界大战爆发前十年，俄罗斯帝国在很长一段时期内都在以惊人的速度吞噬着邻国的土地。据计算，当时的俄罗斯帝国在之前的400年里，平均每天要从其邻国夺取50平方英里的土地。[1] 随着对外国土地的征服，俄国也获得了外族人口。1897年，俄国在进行第一次科学的人口普查时发现，俄罗斯帝国的大部分臣民都不是俄罗斯人，其中突厥语族的人口比例就超过了10%，而穆斯林人口至少占总人口的14%。

多年以来，列宁一直主张俄罗斯之外的各民族应当享有民族自决的权利。在理论上，他坚决反对他所谓的大俄罗斯沙文主义。他在1915年提到，伟大的俄国工人阶级必须要求俄国政府撤出蒙古、中亚和波斯。[2]

在1917年的俄国社会民主工党第七次代表大会上，列宁克服了来自同僚们的阻力，推动通过了一项决议，宣布俄罗斯帝国统治下的非俄罗斯民族均有分离的自由。

但是，被列宁安排负责民族事务的那位同僚却有着不同的想法。此人就是来自外高加索的布尔什维克约瑟夫·朱加什维利（Joseph Dzhugashvili）。他在使用过多个化名之后，给自己取了个俄罗斯名字：斯大林。在民族问题方面，斯大林虽然在表面上表示遵从列宁的观点，但其实并不认同。实际上，他在民族问题与苏联的组成方式问题上与列宁有着巨大分歧。在列宁的设想中，每一个苏维埃国家——俄罗斯、乌克兰、格鲁吉亚和形形色色的其他国家——都应当是独立的国家，只是基于彼此之间的条约像盟友一样展开合作。而在斯大林看来，乌克兰、格鲁吉亚和其他国家都应当依附于俄罗斯。最终，斯大林的方案占了上风。1922 年 12 月 30 日，苏维埃社会主义共和国联盟苏维埃第一次代表大会批准了以俄罗斯为主体的苏联的成立。

II

在实际操作层面，列宁与斯大林的方案究竟有多大的区别呢？

列宁认为，俄罗斯帝国版图内的欧洲各民族应当有争取独立的自由。在这一点上，他的意见显然与斯大林相左。不过，有证据表明，列宁私下里认为中东各民族不应当获得独立，至少在短期内不行。* 在

---

* 巴什基尔人（Bashkir）领袖泽基·瓦利迪·托甘（Zeki Velidi Togan）在多年后提到，列宁曾在 1920 年告诉他，这些殖民地地区的问题在于缺少无产阶级。共产主义理论要求实现无产阶级专政和对国家的领导，但是在东方国家却缺乏能够领导农民的工人阶级，这就意味着东方各民族暂时还没有做好获得自由的准备。据托甘说，列宁曾表示，即便在社会主义革命在全世界都取得胜利之后，曾经受欧洲列强统治的前殖民地地区也仍然应当暂时接受原宗主国的监护，直到它们发育出自己的工人阶级。[3]——原注

斯大林看来，中东各民族永远都不应当独立，这自然与列宁的观点不同，但是在短期这个时间范围内，他们两人的意见其实是一致的。

虽然列宁不同意强迫非俄罗斯民族屈服于俄罗斯的统治，但是与斯大林一样，列宁并不介意迫使非布尔什维克屈服于布尔什维克的统治。在这一点上，列宁与斯大林的政策在实际操作层面上的差异并不像理论层面上那样大。在列宁的领导下，苏维埃俄国解放了曾经在俄罗斯帝国版图内的非俄罗斯部分，并在当地建立了布尔什维克苏维埃政权。

但是，在俄国控制的中亚地区，占少数的布尔什维克大多是俄罗斯人，而占多数的非布尔什维克大多是当地人。因此，布尔什维克对非布尔什维克的统治（列宁的政策）实际上就变成了俄罗斯人对非俄罗斯人的统治（斯大林的政策）。

III

起初，布尔什维克政府向中亚的当地人承诺将给予他们自由。在 1917 年底，也就是布尔什维克在彼得格勒夺取政权之后，苏维埃发布公告寻求支持。在这份有列宁和斯大林签字的公告中，苏维埃政府承认穆斯林人口有权完全自主地组织本民族的国家生活。[4]

尽管如此，布尔什维克领袖们是否还会试图再度统治沙俄版图内的中东殖民地呢？布尔什维克在这方面的政策会告诉伦敦，他们究竟是共产主义革命者，还是俄罗斯帝国主义者。

俄国版图内的中东地区，即中亚突厥人聚居区，是历代沙皇从曾经独立的伊斯兰世界里巧取豪夺的一片殖民地。正如阿尔及利亚、摩洛哥、苏丹和亚非两洲其他一些部落地区一样，这一地区也是被现代化的欧洲武力征服的。像其他殖民地一样，这一地区的经济也饱受其欧洲宗主的掠夺，当地人对来自欧洲的殖民者充满了仇恨。对于操着突厥语族语言的穆斯林人口而言，没有什么人比抢夺自己土地的俄国人更可恨了。

外部世界对深处欧亚大陆腹地的突厥人聚居区知之甚少。俄国统治下的突厥人聚居区，其面积大约 150 万平方英里。位于其东部边境的庞大山脉阻隔了来自太平洋的湿润空气，因此其大部分土地都是干旱且缺乏树木的平原。在第一次世界大战时期，当地人口近 1 000 万，大部分讲突厥语族语言，其中约有 20%~25% 是游牧民或半游牧民，其他人则聚居在丰饶的绿洲城镇周围。

1914 年爆发的战争和 1917 年的两次革命让中亚地区陷入了混乱和无政府状态，这部分要归咎于当地的辽阔土地和地形条件，以及复杂的人口结构。即便在最好的年月，这片边疆地区也堪称动荡不安，充斥着部族斗争和原住民对俄国殖民活动的反抗。尽管突厥人聚居区远离战争前线，但俄国在战时采取的一些措施却激起了当地部落的反抗。在彼得格勒发生了两次革命之后，当地的政府更是彻底瘫痪。社会矛盾开始浮出水面，封建领袖的复辟企图遭到了人数较少的城市中产阶级的抗拒。形形色色的领袖人物和政治团体层出不穷，扛起各自的旗帜相互厮杀。军队、武装集团和强盗团伙在沙漠和辽阔空旷的平原间神出鬼没。

战争与革命给当地带来了巨大的冲击：难民想要逃出来，而冒险家想要冲进去。德国人、匈牙利人、捷克人和来自其他十几个民族的军人涌出战俘营，追寻着各自的目标。大篷车和车厢破烂的火车行驶在荒芜的中亚大地上，上面搭载着形形色色的人物，他们的身份、目标与动机扑朔迷离。苏维埃政权相信，或是假装相信，外国策划的种种阴谋正在此地的炎炎烈日下生长、成熟。

在革命后混乱的几年里，中亚各地出现了一些新的本土政权，莫斯科方面将它们视为眼中钉。1917年底，中亚的穆斯林在浩罕汗国的故都、位于费尔干纳（Fergana）盆地西部的浩罕建立政权，与塔什干苏维埃（这个苏维埃里面一个穆斯林也没有，完全由俄罗斯移民组成）对立。浩罕政权既缺乏金钱和武器，也找不到盟友，孤立无援。斯大林根本不承认这个政权。1918年2月18日，红军攻占了浩罕。然而，从浩罕城中却走出来一批游击武装，这些组织松散的武装团伙发起了一场被称作巴斯玛奇（Basmachis）的运动，他们将会在未来困扰俄国人多年。

苏俄政权在接下来的几年里将抵抗组织各个击破。正如哈萨克人在1918年发现的那样，当地人根本得不到俄国白军的支持，因为白军也反对当地的民族主义运动。生活在中亚平原上的哈萨克人曾经宣布自治，并请求沙俄海军上将高尔察克*帮助他们抵御布尔什维克。结果，他们发现高尔察克也是他们的敌人。

对苏维埃政权的计划构成最大威胁的是希瓦和布哈拉的"本土政权"，这两个中亚国家曾经是沙俄治下的保护国。由于位于与波斯、阿富汗和中国接壤的边境地带，它们可以与外部世界取得联系，

---

* 亚历山大·高尔察克（Aleksandr Kolchak，1874—1920），俄罗斯帝国海军上将、极地探险家，曾参加日俄战争和第一次世界大战。俄国内战期间，高尔察克在西伯利亚组建反布尔什维克政权，在近两年的时间里曾是获得国际承认的国家领袖。1920年，白军大势已去，捷克斯洛伐克军团将高尔察克拘捕并移交给布尔什维克政权。他随后被处决。——译者注

并且可以成为反苏维埃联盟的一个核心根据地。

趁希瓦发生内乱，红军于 1920 年 9 月 13 日夺取希瓦，并建立起一个与苏维埃政权结盟的政权。此后，莫斯科方面屡次更换希瓦政权的领导层，为将希瓦最终并入苏联铺平了道路。

在希瓦政权覆灭后，布哈拉成了中亚地区突厥语族民族运动的最后堡垒。在对付布哈拉的过程中，苏维埃政权发现可以利用青年土耳其党领袖恩维尔帕夏的力量来实现这一目标——正是此人，被英国情报机关认定一直是布尔什维克运动背后的阴谋家。

56

喋血布哈拉

I

在英国情报机关看来，青年土耳其党的领导层也是控制布尔什维克政权的德国和犹太人阴谋的参与者。然而，在1918—1922年，就在英国的领导者试图弄清楚布尔什维克领导层的真正动机的同时，流亡在外的青年土耳其党领袖们也在做着同样的事情——他们并不曾掌控过布尔什维克，甚至对他们知之甚少。

1918年11月，在撤军中的德国人的帮助下，恩维尔帕夏、杰马尔帕夏和塔拉特贝伊逃出了崩溃的奥斯曼帝国，渡过黑海来到敖德萨（Odessa）。恩维尔和塔拉特后来又辗转前往柏林，并于1919年夏末到狱中拜会了布尔什维克代表卡尔·拉狄克（Karl Radek）。1919年，新成立的德国政府镇压了德国的共产主义起义，并逮捕了拉狄克。不过，作为在狱中获得优待的大人物，拉狄克仍然能够处理政治事务。

拉狄克向青年土耳其党的领袖们提出了一个惊人的政治提议：他建议恩维尔到莫斯科去，让俄国布尔什维克与土耳其民族主义者联起手来对付英国。恩维尔与俄国作了一辈子对，而且对布尔什维主义也谈不上友好。但拉狄克向他保证："在苏维埃俄国，任何愿意打击英帝国主义的人都会受到欢迎。"[1]

恩维尔在柏林有一位密友——汉斯·冯·塞克特*将军。根据《凡尔赛和约》，协约国只准许德国保留规模十分有限的军事力量，而此人正是新的德国军队的杰出缔造者和首脑。时年53岁的冯·塞克特戴着单片眼镜，个性坚韧，是一名典型的德国职业军官。在大战期间，青年土耳其党最终选择了他充当土耳其军队的顾问。在战争的最后几个月，冯·塞克特还曾担任过土耳其军队的总参谋长。

冯·塞克特同意帮助恩维尔完成前往莫斯科的艰险旅途。随着俄国内战的持续进行，东欧一片混乱，波兰、拉脱维亚、爱沙尼亚、立陶宛和匈牙利的民族主义武装都在与共产主义革命者或俄国布尔什维克交战。恩维尔让冯·塞克特意识到，布尔什维克是有可能向协约国发动进攻的。卡尔·拉狄克后来写道，恩维尔"是第一个让德国军人意识到这一点的人：如果德国人真的想对付协约国，他们必须依赖苏俄这个新生的，同时也在不断壮大的世界性强国"。[2] 恩维尔传递给冯·塞克特的这一理念在几年之后开花结果——冯·塞克特推动了德国军队与苏俄的合作。

1919年10月，冯·塞克特帐下的一名参谋安排恩维尔搭乘一家飞机制造商的公司飞机飞往莫斯科。但是，这一安排却出了问题。由于引擎出现故障，这架飞机不得不在立陶宛紧急着陆。虽然携带了伪造证件的恩维尔没有被人识破身份，但他还是在立陶宛被关押了两个月。此时的立陶宛正与拉脱维亚和爱沙尼亚一道与苏俄交战，恩维尔因此一度被怀疑为间谍。恩维尔在获释后回到了柏林，随后又一次尝试前往莫斯科。这一回，他又在拉脱维亚被捕入狱。他后

---

* 汉斯·冯·塞克特（Hans von Seeckt, 1866—1936），德国陆军大将，魏玛共和国时期主持重组德国军队，晚年曾来华担任国民政府军事顾问。——译者注

来回忆说，当地的情报军官不断审问他，但他设法让他们相信自己确实名叫阿尔特曼（Altman），是"一名无足轻重的德国犹太裔共产主义者"。[3]1920 年夏天，也就是距他第一次离开柏林近一年之后，恩维尔终于抵达了莫斯科。

他反共反俄的政治生涯似乎就此终止了。1920 年 8 月 26 日，恩维尔从莫斯科给冯·塞克特写信，敦促他向苏俄伸出援手。恩维尔声称：

> 这里有一个派系是真正掌权的派系，托洛茨基也是其中一员，而他是赞同与德国达成协议的。这个派系愿意承认德国在 1914 年的边界。在他们看来，要结束当今世界的乱局只有一种方法——与德国和土耳其合作。为了巩固这一派系的地位，并把整个苏维埃政权都争取到我们这边来，您是否有可能提供一些非官方的帮助呢？如果能出售一些武器就再好不过了。[4]

与此同时，恩维尔还向冯·塞克特汇报说："我们在前天达成了俄土友好协议，俄国人同意为我们提供包括黄金在内的各种支持。"[5]（即便布尔什维克的领袖们此时真的打算帮助恩维尔成为土耳其起义军的领袖，等到他们后来意识到土耳其政治局势的复杂性之后，他们也改了主意。）

II

1920 年 9 月 1 日，布尔什维克在阿塞拜疆的首府巴库召开了

"第一次东方民族代表大会"。来自亚洲各民族的1 891名代表参会，其中有235名代表是土耳其人。这次代表大会获得了第三国际的支持，但很大一部分与会代表并非共产主义者。恩维尔作为共产国际请来的客人参加了大会。代表共产国际参会的人员包括卡尔·拉狄克、格里哥里·季诺维也夫和匈牙利人库恩·贝拉（Kun Béla）。身为共产国际领袖的季诺维也夫担任此次代表大会的主席。

尽管恩维尔自称得到了列宁的接见，并且获得了季诺维也夫的邀请参加大会，但人们对他最深刻的印象还是德意志帝国的盟友和残害亚美尼亚人的屠夫。许多与会代表都不同意让他出席会议。双方妥协的结果是，恩维尔不能在大会上亲自发言，但是可以准备一份声明由他人代为朗读。即便如此，在宣读其声明的过程中，会场上还是充满了嘘声和抗议声。在声明中，恩维尔自称代表了"摩洛哥、阿尔及尔、突尼斯、的黎波里、埃及、阿拉伯和印度斯坦的各革命组织"。[6]不仅如此，他还想要重新获得土耳其的领导权。但是，支持凯末尔的土耳其代表清清楚楚地告诉俄国人，如果苏俄支持恩维尔，那就是与他们为敌。

尽管会议邀请函上满是世界革命之类的共产主义话语，但是大会一召开，季诺维也夫就开始号召与会代表投身到俄国对抗英国的国家斗争中来。他在开幕词中呼吁道："兄弟们，我们向你们呼吁，投身到这场神圣的战争中来吧，我们首先要对抗的就是英帝国主义！"[7]由于聆听这一战斗召唤的许多与会者并非共产主义者，甚至是反共分子，因而不免会有对共产国际的指责声，认为它处心积虑地想利用与会者为苏俄的外交政策服务。共产国际感到有必要为自己辩解。卡尔·拉狄克在大会上说："苏维埃政府的东方政策并非一种外交手段，并不是要把东方各民族送到前线当炮灰，为苏维埃共和国赴汤蹈火……让我们走到一起的是共同的使命……"[8] 然而，恩维尔作为共产国际的嘉宾出席会议一事，恰恰提供了反证。在接下来的几个星期里，至少在欧洲的社会主义圈子里，人们都是这样议论的。在列宁的一位前同事看来，共产国际禁不住诱惑，"还是把东方各民族看成了对抗协约国的外交战中的棋子"。[9] 一位社会民主党人评论说，布尔什维克在巴库放弃了社会主义理想，转而投身到了大国政治之中。[10]

巴库的代表大会结束一个月后，恩维尔回到了柏林，开始采购武器。他有可能是为了自己采购武器，因为他打算重返安纳托利亚，接管抵抗协约国的军队的指挥权，让凯末尔靠边站。他仍然拥有出身于 C.U.P. 的武装人员的支持，同时还在外高加索边境地区掌控着一个组织。因此，他重返土耳其夺权的想法并不完全是天方夜谭。

对于莫斯科方面而言，支持恩维尔是一个备选项，可以在必要的时候拿出来威胁穆斯塔法·凯末尔。但是，就眼下而言，恩维尔还派不上什么用场。* 我们在后文可以看到，苏俄政权直到一年之后才为恩维尔找到合适的用途——派他去动荡不安的中亚，目的地是

---

* 不过，他的同僚杰马尔帕夏却立刻为人所用。1920 年，在莫斯科方面的建议下，杰马尔去了阿富汗，帮助俄国打消阿富汗人的敌意。据说，阿富汗君主在 1920 年底给列宁的一封信中写道："杰马尔帕夏阁下已经将苏维埃共和国解放整个东方世界的伟大理想和愿望都告诉了我们……"[11] 杰马尔成了阿富汗君主阿马努拉·汗的顾问，帮助他起草了一部新的宪法，并着手重组军队。杰马尔告诉一位穆斯林同事，他的目标是重整并加强阿富汗军队，以便与苏俄军队一起威胁印度。[12] 除了军队之外，这位土耳其领袖还建立了一个名叫伊斯兰革命联盟的组织，该组织的目标是帮助印度脱离英国的统治。他与边境地区好战的部落密谋，让他们一直保持高涨的反英情绪。抛开上述一切不谈，对于十分担忧来自阿富汗的威胁的西姆拉和白厅而言，杰马尔帕夏只要出现在战略地位十分重要的喀布尔，又把目光投向麻烦不断的印度帝国，这一事实本身就足以让其感到紧张不安。——原注

布哈拉。

1921年，在等待指派期间，恩维尔作为苏维埃政府的客人住在了莫斯科。他总是戴着一顶可以掩饰矮小身材的巨大的土耳其圆顶帽（tarboosh），成了苏俄首都街头上一道引人注目的风景。美国作家路易丝·布莱恩特*住在他隔壁长达半年之久，每天都能看到他。据她说，恩维尔俨然成了莫斯科的社交明星。她写道："尽管他身上带有显而易见的机会主义倾向……残忍……缺乏良知，但他仍然颇具魅力。"[13] 不过，虽然恩维尔成了苏俄的社会名流，但她能感到他对这一切十分厌倦。[14]

随着其对手穆斯塔法·凯末尔与苏俄的关系日渐升温，恩维尔在莫斯科的地位开始下降。克里姆林宫与穆斯塔法·凯末尔的土耳其民族主义政府达成了协议，苏俄合并格鲁吉亚、亚美尼亚和阿塞拜疆的计划获得了土耳其政府的同意。1921年1月28日，凯末尔一派把17名土耳其共产主义领袖投进了黑海，但即便是这样公开的反共行径也不能阻碍列宁和斯大林与凯末尔政权达成协议。莫斯科方面与土耳其、波斯和阿富汗持反共态度的伊斯兰民族主义政权签署了一系列相互联系的条约，似乎印证了苏俄政府的确走在巴库会议展现的那条道路上：回归"大博弈"时期俄国的传统目标。苏俄政府鼓励带有革命倾向的土耳其凯末尔政府与保守的阿富汗政府在莫斯科签署协议，以便让双方联手反对大英帝国的扩张与压迫（这一目标写在了协议的第二款里）。

1921年夏天，穆斯塔法·凯末尔第一次挫败了英国支持下的希

---

* 路易丝·布莱恩特（Louise Bryant，1885—1936），美国记者、女权运动者、政治活动家，她在俄国内战期间做了许多亲布尔什维克的报道。——译者注

腊军队，随后又取得了一系列令人惊异的胜利。形势在向着有利于他的方向发展。苏俄政权则在秋天更进一步，与凯末尔结盟。恩维尔意识到，自己已经在竞争中输给了凯末尔。

在恩维尔的请求下，苏俄政府在 1921 年夏天将恩维尔送到了高加索地区。恩维尔向苏俄外交人民委员保证说，他去高加索不是为了与凯末尔作对。他食言了。到达外高加索之后，恩维尔在距离土耳其边境不远的格鲁吉亚城市巴统（Batum）召集其支持者举行了一场大会，还试图越境进入土耳其，但被苏俄当局强行扣押。恩维尔一直留在土耳其边境一事让苏俄领导人十分难堪，于是他们决定让他离开。不知道这究竟是苏俄方面的主意，还是恩维尔本人的提议，他最终获得了前往中亚的任务。

在中亚，莫斯科试图在当地突厥语族穆斯林人口聚居地建立苏维埃政权，希望恩维尔可以帮助其实现这一目标。

恩维尔在中亚的任务目标与他在政治上的所有主张都背道而驰——他曾经以从俄国统治下解放突厥语族民族为己任。他的任务目标也违背了布尔什维克掌权前的承诺——他们原本宣称支持俄罗斯以外的各民族脱离俄罗斯帝国的统治。他们先是在格鲁吉亚、亚美尼亚和阿塞拜疆建立苏维埃政权，然后又与伊斯兰世界持反共立场的领袖们结成联盟，如今又给了恩维尔这样的指示。这种种行为不禁让人疑惑，布尔什维克是否已经把他们曾经信奉的革命理想放在了次要地位，使之变成了可以暂缓实现的目标，甚至已经干脆放弃了这些理想。在这一问题上，恩维尔无疑有他自己的看法。但是，在动身前往中亚的布哈拉时，他在布尔什维克面前掩盖了自己的想法。

III

在 1920 年的夏天，也就是恩维尔被派去前一年，布哈拉是留在突厥语族人民手中的最后一座独立堡垒。布哈拉位于俄国突厥人聚居区的东南角，背靠大山，与南边的阿富汗和东边的中国接壤，控制着阿姆河右岸大约 8.5 万平方英里的土地。布哈拉拥有 250 万到 300 万人口，多于其人口稀少的突厥语族邻邦。布哈拉作为俄国保护国的地位随着 1917 年革命的爆发逐渐变弱，布哈拉的埃米尔、曼吉特（Mangit）家族最后一位传人赛义德·米尔·穆罕默德·阿利姆·汗宣布布哈拉重获独立，开始像他的祖先一样在布哈拉实行君主专制。苏维埃政权听说，这位埃米尔公然反叛的背后有英国人的参与，而英属印度的确曾向布哈拉运送了 100 峰骆驼的物资。1918 年，苏俄军队向布哈拉发动了进攻。尽管只有 1.1 万名正规军，但布哈拉埃米尔手下这支规模不大的军队却有能力打赢这场短暂的战争。

在布尔什维克发动进攻的时候，布哈拉依然富有，且有着充足的物资补给。布哈拉汗国素以其治下的绿洲之富庶而闻名，其都城布哈拉也仍然是中亚地区最重要的贸易城镇。根据旅行者的记述，布哈拉城内 11 千米长的大集市依旧熙熙攘攘，照常经营。[15] 各种手工制品商人生意兴隆，贵重金属、珠宝、地毯、皮革、丝绸、货币、各类食品的交易也十分繁忙。与此同时，布哈拉仍然是中亚地区重要的书籍市场，大量用东方语言书写的珍贵手稿和作品在这里交易。

但是，在 1918 年挫败苏俄的进攻之后，布哈拉埃米尔切断了与俄国的一切经贸往来，使这里的商业繁荣不复存在。与此同时，他还坐视当地的灌溉工程被废弃。到了1920年夏天，布哈拉开始面临严峻的经济形势，这个国家生产的粮食已经无法养活自己。[16] 人民不满，社会动荡，反对苏俄干涉的青年布哈拉运动与欢迎苏俄干涉但规模较小的当地共产党都起来反对统治者的昏聩政策和带有中世纪色彩的统治方式。在某些方面，这位埃米尔的确把中世纪的统治方式带了回来。兴建于12世纪的格利扬尖塔（Kalyan Minaret）——用于把死刑犯从塔顶扔下去的死亡之塔——再次投入使用。这位埃米尔的后宫里住满了男孩和女孩，其统治的专制程度与其祖先相比有过之而无不及。

这位埃米尔不得人心的统治给了红军插手的机会。1920年夏天，红军再一次发动了进攻。在米哈伊尔·伏龙芝（Mikhail Frunze）的指挥下，苏俄军队炮轰布哈拉。就在青年布哈拉党人在城中发动起义的同时，拥有飞机和装甲车辆的红军于9月2日大举进攻，终结了布哈拉的中世纪统治。可能拥有全世界最多的伊斯兰手稿的图书馆不幸毁于战火。

睡在皇宫里的埃米尔被一通电话惊醒，随后带着其后宫和三马车的金银珠宝逃走了。有传言说，他在逃跑路上时不时地丢下他最喜欢的舞蹈演员中的某一个，希望这些男孩可以拖延追击者的步伐。他先在东部的山区里停了下脚，随后在国境另一侧的阿富汗找到了避难所。

在夺取布哈拉城之后，苏俄政府承认了布哈拉人民共和国是完全独立的。伏龙芝的部队留了下来，从这个国家征用了一些物资。

在布哈拉东部的山区，忠于埃米尔的巴斯玛奇武装团伙开始袭扰红军。尽管在这些武装团伙之间并不存在真正的协同作战，但他们还是对苏维埃的统治构成了威胁。即便到了1921年底，红军仍然无法彻底消灭这些武装团伙。

IV

1921年11月8日，恩维尔帕夏带着平定突厥人聚居区的任务抵达了布哈拉。

恩维尔帕夏穿过一片片遍布果树、甜瓜、葡萄藤、玫瑰、罂粟和烟叶的田园，来到了实现其泛突厥主义理想的伊甸园：这座城市，是突厥语族民族的古老家园。13千米长、开有垛堞的石质高墙围绕着这座拥有11座城门和181座瞭望塔的城市，有着上千年历史的布哈拉城本身就是辉煌的伊斯兰历史的化身。这里曾经是中亚最崇高的圣城，拥有360座清真寺，男人严格按照教义的规定生活，女人则戴着面纱。布哈拉城中的男性头戴头巾，身穿传统的条纹长袍"哈拉特"（khalat）。尽管恩维尔穿着欧式剪裁的军人短袍来到这里，但在他和当地人之间却有着一种兄弟之情。

恩维尔与这个地方的亲密关系甚至还能延伸到布哈拉的新政府身上。青年布哈拉党与恩维尔曾在伊斯坦布尔领导的青年土耳其党不无相似之处。与此同时，出身于巴什基尔的泽基·瓦利迪·托甘等改革派领袖也聚集在此地。在抵达布哈拉三天之后，恩维尔又匆匆离去，但与他同行的却包括了新政府里的头面人物，包括其主席、军事委员和内政委员等人。他告诉俄国人，他们要去一起打猎。实际上，他们去了布哈拉东部的山区，恩维尔在那里联络了忠于埃米尔的游击队。恩维尔被埃米尔任命为总司令，从此开始领导对抗苏俄的运动。

恩维尔同时获得了埃米尔和青年布哈拉运动领袖的支持，从而可以把各派势力团结在一起。他派出的特使在整个突厥人聚居区找寻各支巴斯玛奇武装，以便让他们统一在他的帅旗之下。他公开宣称要在中亚创建一个独立的伊斯兰国家，一如既往地强调伊斯兰各民族的团结。他强烈的伊斯兰主义既让他赢得了毛拉们的支持，也让他获得了重要邻邦——阿富汗——的埃米尔的支持。

然而，恩维尔的性格弱点又一次发挥了作用。他是个爱慕虚荣、趾高气扬的人物，喜欢制服、勋章和头衔。在制作签署文件用的公章时，他让人用黄金做了一个镌刻着"伊斯兰全军总司令、哈里发的女婿、先知的代言人"的印玺。[17] 不久之后，他就开始自称突厥人的埃米尔，而此举显然不利于他与他所效忠的埃米尔之间的关系。1922 年上半年，布哈拉埃米尔与恩维尔断绝了关系，褫夺了他的军队指挥权和他所依赖的财政支持。阿富汗的埃米尔也未能率军前来支援。

恩维尔的叛变在开始阶段取得了一些成功。他向布哈拉城发动了一次大胆的突袭，让他的对手大惊失色。但是，他究竟取得了何种程度的成功，仍然是人们争论的话题。根据一些记载，恩维尔一度控制了布哈拉大部分地区；而另一些记载则表示，恩维尔不过是林立的头目中的一个，只拥有不超过 3 000 名追随者（而全国范围内活跃的巴斯玛奇起义者总人数达到了 1.6 万人）。[18] 不过，有一点是明确的：无论如何，恩维尔的活动都让克里姆林宫深为忧虑。

1922 年暮春，恩维尔写信给苏俄政府，要求其承认他在突厥人聚居区建立的伊斯兰政权，并撤出其军队。如果苏俄政府能够答应他的条件，他愿意恢复与苏俄政府之间的和平和友谊。莫斯科拒绝了他的提议。

1922年夏天，红军在秘密警察部队的支援下发动了清剿战役。恩维尔的弱点帮了他们大忙——他依旧是一个只能帮倒忙的军事统帅。而作为政治家，他也同样笨拙。他得罪了其他巴斯玛奇组织的头领，其中许多人都转而反对他。在红军的打击下，到了仲夏时节，他手下只剩下了寥寥无几的一干逃亡者。

苏俄探子和巡逻队开始在狭窄的山间溪谷中搜寻他的踪迹。最终，他们找到了他的山中老巢，红军悄悄地包围了他的队伍。1922年8月4日凌晨时分，苏俄军队发动了进攻，恩维尔的手下纷纷被消灭。

关于恩维尔之死，有好几种不同的记述。[19]其中最有说服力的一种说法是，当俄国人进攻时，他手里抓着袖珍本《古兰经》，然后像往常一样冲上前去。人们后来在战场上找到了他身首异处的遗体。他毫无生气的手中握着的《古兰经》被人拿走，放进了苏俄秘密警察的档案库里。

V

1920年夏天，刚刚从中东回到伦敦的珀西·考克斯爵士告诉内阁，布尔什维克想要保住俄罗斯帝国以前的疆域，但是并不急于采取新的军事行动。[20]在伦敦，有些人并不认同珀西·考克斯的观点，其中最引人注目的就是温斯顿·丘吉尔。不过，当时的事态发展并不能为任何一方提供证据。自然，克里姆林宫很乐意在中东颠覆大英帝国的统治，但谈及克里姆林宫此举背后的长期意图，非但劳合·乔治政府说不清楚，即便到了今天人们也无法达成共识。

在"一战"期间和战争刚刚结束时，英国官员提出了一系列关于他们在中东面对的对手的问题，而恩维尔帕夏的战后冒险为我们解答这些问题提供了佐证。在此之前，英国官员一直把恩维尔视作在穆斯塔法·凯末尔背后支持其反协约国立场的有力人物，但事实证明，恩维尔和凯末尔根本就势同水火，而且，在土耳其国内更有号召力，从而能够从苏俄搞到武器的也并非恩维尔，而是凯末尔。英国官员还曾经把恩维尔视作德国军方的工具。但是，尽管他的确能够求助于冯·塞克特这样的私人朋友，但恩维尔在俄国时完全是自主行动的。而且，就在恩维尔于1922年进行他的最后一战的同时，冯·塞克特手下的德国防卫军其实在与布尔什维克进行着秘密合作，而没有与恩维尔合作。

多年来，英国和俄国一直面对着恩维尔煽动泛突厥主义暴乱的潜在威胁。然而，当他真的发出这一号召时，却并没有太多人响应。即便在他领导的那些游击武装团伙里，真正将团伙成员凝聚在一起的也不是对突厥语族民族的认同，而是伊斯兰教。尽管英国官员依旧充满警觉地探讨着泛伊斯兰主义，但是在布哈拉的战事中，泛伊斯兰主义也只是一个空洞的口号：生活在部落中的中东居民只对自己所属的宗族有认同感，并没有把这种忠诚上升到更高的层次；而且在整个事件的过程中，也没有任何一个伊斯兰国家——哪怕是友好的阿富汗——向恩维尔施以援手。的确，在突厥人聚居区的多个地区都有当地的穆斯林居民揭竿而起，反抗俄国定居者，就像巴勒斯坦的穆斯林居民起来反对犹太定居者一样，但是这些穆斯林小群体都仅仅关注与自己息息相关的本地事务。我们可以说，在整个中东，各地的穆斯林并没有联合起来做什么事情，而只是各自做了相似的事情。

当恩维尔动身前往莫斯科的时候，英国人以为恩维尔和他的新朋友俄国人同属于某一个历史悠久的政治联合体，有着共同的政治目标。实际上，他们的目标大相径庭。恩维尔和布尔什维克都想利用对方，但都没能成功。事实证明，布尔什维克很善于利用一切可以加以利用的力量。克里姆林宫可以为了十分现实的利益轻而易举地与各方力量结成暂时的策略性同盟，伦敦方面却一直误以为这种同盟是长期性的。对于已经穷途末路，很快就要把头颅丢给俄国人的恩维尔来说，倘若他在人生的最后时刻得知英国的情报机关一直把他当作莫斯科的人，恐怕他也会感到十分可笑。

如果英国情报机关能够及时知晓发生在恩维尔身上的完整故事的话，他们就会意识到自己在思考"谁在操控布尔什维克俄国"这一问题时犯了大错。英国人普遍认为布尔什维克是由身在柏林的德国将领们操纵的。但是，当恩维尔于1919年抵达柏林时，他发现德国军队与俄国全无联系，而且德国对克里姆林宫的新主人也毫无兴趣。实际上，是恩维尔向德国军方指出了他们与布尔什维克政权建立联系的好处，而不是德国军方向恩维尔指出他与布尔什维克政权建立联系的好处。迟至1921年，冯·塞克特才把恩维尔的这一建议付诸实施。

实际上，恩维尔意识到了列宁及其同僚有着自己的打算，而英国情报机关最大的错误就是误读了这一点。克里姆林宫是发号施令者，而不是命令的执行者；他们编织着自己的计划，而并非执行他人计划的棋子。温斯顿·丘吉尔原本看清了这一点，但他又错误地认为苏维埃政权的领导层既不是俄国人，也不关心俄国的利益。随着恩维尔帕夏在布哈拉的死亡，英国人总该放弃掉这种理论了——以及他们对自己在中东的敌人的林林总总的其他幻想。

第十二部分

1922 年中东解决方案

57

温斯顿·丘吉尔接手

I

苏俄解决了"一战"后困扰自己的、在自己南部边疆的亚洲伊斯兰世界出现的独立运动，并借此表明了它将如何处理与沙俄帝国版图内的非俄罗斯民族之间的关系：只要力所能及，苏俄便要在当地建立苏维埃政权。1922 年 12 月 30 日，随着苏维埃社会主义共和国联盟苏维埃第一次代表大会批准了苏联的成立，这一政策正式成为苏联奉行的国策。

法国试图控制的中东伊斯兰地区也在"一战"后出现了独立运动。正如我们在前文中所看到的那样，法国在 1920 年也镇压了这些独立运动。对于一心想让法国保住欧洲强国地位的克列孟梭来说，追求打造海外帝国是会分散法国注意力的危险之举。但是，他的继任者们却举兵入侵叙利亚，以一种更加野心勃勃，但也更不切实际的态度重新定义了法国在战后世界的政治地位。1922 年 7 月 24 日，国际联盟正式承认了法国对叙利亚和黎巴嫩的托管。

在第一次世界大战爆发之初，三个协约国同意在战后共同瓜分中东。但是，到了战后，失去了共同目标的三个国家以各自的方式去平息亚洲伊斯兰地区的乱局，并且各自提出了自己的政治目标。

它们都沿着自己的道路走到了1922年。像俄国与法国一样，英国也在这一年颁布文件，正式确认了其在中东的势力范围。

在三个国家当中，英国在战后的中东面对着最全面的挑战。在面对这些挑战的同时，其国内正经历着经济危机和社会与政治层面上的剧变。对于英国最具个性和创造力的两位政治家——劳合·乔治和丘吉尔——来说，他们在1922年之前经受了中东政策问题带来的严峻挑战。正如温斯顿·丘吉尔所预见到的那样，当地人的反抗、不同族群之间的矛盾和各地的乱局让英国在中东各地——从埃及到阿富汗——的政策都陷入了崩溃的境地。

II

自从战争结束以来，英国政府内部的丘吉尔一直是首相的中东政策最猛烈的抨击者。他警告说，进入和平状态的英国没有足够的兵力去控制中东的乱局，英国议会也不会同意在这方面花钱。因此，他主张英国应当提出土耳其人乐于接受的和平条款。1919年10月25日，他颇具先见之明地指出，希腊在士麦那的冒险可能会玩火自焚，而法国可能会派遣阿尔及利亚大军入侵叙利亚，危及英法之间的同盟关系。他还担心意大利人"会在土耳其搅局"，以及"被我们带到巴勒斯坦去的犹太人会想当然地认为当地居民会被迁走"。他认为，协约国的中东政策应当来一个180度的大转弯，让奥斯曼帝国恢复其战前的疆界，并劝说欧洲列强放弃对叙利亚、巴勒斯坦和其他地区的领土主张。"我们应当联起手来保证土耳其帝国的领土完整，同时将其置于严格的国际控制之下"，他提出，"而不应当将其肢解成一块块领地供列强瓜分。"[1]

丘吉尔很了解英国 19 世纪的中东政策取得的成果，因此他坚持认为劳合·乔治政府应当采取相似的政策。他在 1920 年 11 月 23 日提交给英国内阁的一份备忘录中写道，"我们应当与穆斯塔法·凯末尔达成协议，与土耳其建立和平友好的关系"，以免与"强大、持久，同时又必然存在的土耳其和伊斯兰势力结怨。我们应该再一次把土耳其变成防范俄国野心的屏障，土耳其扮演的这一角色对我们来说一直是至关重要的"。[2]

丘吉尔在不久之后又给首相写了一封信。丘吉尔在信中表示，英国压制中东的所谓必要性完全源自劳合·乔治本人"对土耳其复仇"的情感，而作为陆军大臣，他不得不为此向议会索要大量资金，他对此深感厌恶。他写道："我们似乎在变成世界上最反土耳其、最亲布尔什维克的强国。在我看来，这与我们应该选择的道路截然相反。"他提醒首相，这届政府高度依赖于保守党的支持，而保守党人更倾向于 19 世纪时的传统政策——支持土耳其，对抗俄罗斯。

> 您所有的成功与巨大的个人权力都源自您的自由党追随者与保守党的联合……眼下，鉴于联合政府中的自由党力量十分薄弱，我们就更不应该在土耳其和布尔什维克问题上选择有悖于保守党人本能和传统的政策方向。[3]

丘吉尔接着又把重点从国内政策转向了外交政策。大约 12 天之后，他在发给内阁的一份备忘录中站在最宏观的角度上批评了英国的中东政策。丘吉尔认为："一系列不幸的变故导致了今天的局面：我们与在中东地区最具影响力的四股势力都无法形成共识。"他指的是俄国人、希腊人、土耳其人和阿拉伯人。他指出，成功的中东政策应当"分化这些势力，以确保我们在与其中某几方发生矛盾时，总能在另外几方里找到盟友。在历史上，我们一直是这样做的。当俄国是我们的敌人时，土耳其人就是我们的朋友；当土耳其人变成我们的敌人时，俄国人就成了我们的朋友"。[4] 丘吉尔分析道，列宁的俄国不愿意帮助英国实现其目标，康斯坦丁国王统治下的希腊则无力做到这一点。因此，唯一可行的选择就是与土耳其人和阿拉伯人结盟。

帝国总参谋长亨利·威尔逊爵士在日记中赞扬道，丘吉尔"为内阁写了一篇好文章。他说得很清楚，一个让布尔什维克、土耳其人、希腊人和阿拉伯人都憎恨我们的政策显然是糟糕的政策，我们应该与土耳其人和阿拉伯人建立友好关系，以布尔什维克为敌人，同时忽略希腊人。我一直以来就是这样主张的"。[5]

正如马克·赛克斯爵士在世界大战前期曾经说过的那样，身居高位的丘吉尔也指出，当前这种由多个地区不同部门各自为政的做法导致英国的中东政策始终无法统一。丘吉尔不止一次告诉内阁财政委员会，在这种情形之下，很难控制财政支出。1920 年 12 月 31日，在丘吉尔的提议下，英国内阁决定在殖民地部之下成立一个特别的中东司，负责管理处于乱局中的各托管地、巴勒斯坦（包括外约旦）和伊拉克。

殖民地大臣米尔纳勋爵的身体和精神都日渐不济，不愿意承担这些繁重的新职责，因而立刻辞职离开了政府。1921 年 1 月 1 日，劳合·乔治提出让丘吉尔接手殖民地部。丘吉尔在稍微迟疑之后表示同意。根据安排，米尔纳应当在 2 月 7 日将职权移交给丘吉尔，但丘吉尔立即就开始参与中东司的组建和处理事务了。

丘吉尔马上着手尝试扩大殖民地部的职权，他不仅想要完全的民政权力和军事权力，还想把整个阿拉伯半岛的事务都纳入殖民地部的管辖范围。此外，他还经常对埃及的未来发表观点十分明确的评论。外交大臣寇松勋爵时常抗议，指责丘吉尔侵入了他的职权范围。寇松抱怨说："温斯顿……想把一切都塞到他的新部门里，把它变成一个亚洲外交部。"[6] 有一位陆军部的官员认为，丘吉尔的计划是建立"一个完全听命于他的类似于陆军部的部门"。[7]

首相接受了丘吉尔的提议，任命了一个特殊的部门间委员会，由曾经在丘吉尔手下效力的事务官詹姆斯·马斯特森·史密斯爵士（Sir James Masterson Smith）担任主席。这个委员会负责考虑赋予殖民地部新成立的中东司多大的权力——丘吉尔希望这个委员会可以扩充他的权力。

丘吉尔不再谈论恢复奥斯曼帝国疆界的问题，而是抱着一种开放的心态开始行使他的新职权。很显然，他打算寻求英国政府内最能干的一些官员的指导，试图让英国在信守已然做出的承诺的前提下减少成本。

III

到了 1921 年，在身处巴格达的格特鲁德·贝尔的影响下，印度政府已经接受了开罗方面的观点，转而更倾向于建立保护国，而非由英国人进行直接统治。他们愿意支持侯赛因国王的儿子们成为阿拉伯人的领导者。这一态度的转变结束了英国官僚系统内部的争执，英国在中东事务上的行家里手们终于开始用同一种声音说话了。丘吉尔很幸运，他终于不必像之前的历任大臣那样夹在各派官员之间左右为难了。

丘吉尔从其他部门抽调人手，以便组建一支富有经验、头脑清醒的团队，来帮助他承担在中东事务上的职责。在这一团队尚未成形之际，他主要依赖阿瑟·希策尔爵士为他提供信息、建议和具有专业眼光的指导。此人从 1894 年起就在印度事务部担任事务官，时任印度事务部助理次长。希策尔谢绝了丘吉尔让他担任新组建的中东司司长的提议，随后推荐了另一位事务官约翰·埃弗林·沙克伯勒（John Evelyn Shuckburgh）担任这一职务。沙克伯勒从 1900 年起就服务于印度事务部，曾经在希策尔手下工作。希策尔告诉丘吉尔，沙克伯勒"有着一流的头脑，处事冷静，心思缜密，律己甚严。他唯一的缺点就是有时候可能谨慎过头"。[8]

丘吉尔从外交部挑选了休伯特·温斯洛普·杨担任沙克伯勒的助手。此人在战争期间任陆军少校，负责为费萨尔的阿拉伯部队提供运输和补给。马斯特森·史密斯委员会对杨与沙克伯勒的任命表示支持，认为沙克伯勒是"最合适的人选"，而杨也是"必不可少的"。[9]但是，丘吉尔的另一个人选提议却遭到了该委员会的强烈质疑——他打算任命 T. E. 劳伦斯为阿拉伯事务顾问，而委员会告诫丘吉尔说，劳伦斯"绝非能够轻易融入官僚机构的那类人"。[10]

劳伦斯的确有着抗命不遵和越级报告的名声，他还带头公开抨击英国对待美索不达米亚阿拉伯人的政策——这一政策现在成了丘吉尔负责的工作。1920 年夏天，劳伦斯在《星期日泰晤士报》

（*Sunday Times*）的一篇文章里这样评论伊拉克的局势：

> 我们的政府比原来的土耳其体制更糟糕。为了维持当地的
> 和平，土耳其人维持了一支 1.4 万人的当地武装，平均每年要
> 杀掉 200 个阿拉伯人；而我们在那里维持了一支 9 万人的武装，
> 还为他们装备了飞机、装甲车、炮艇和装甲列车。在今年夏天
> 的叛乱之中，我们已经杀死了大约 1 万名阿拉伯人。我们不可
> 能一直这么做下去，因为那里很贫穷，人口稀少……[11]

曾经在开罗的阿拉伯局担任下级军官的劳伦斯此时已经成了一
位名人。这主要得归功于一位名叫劳威尔·托马斯的美国人。25 岁
的劳威尔·托马斯来自俄亥俄州，是一名初出茅庐的脱口秀演员。
在此之前，他一直在北美各地闯荡，博取名利，还曾经在普林斯顿
大学兼职教授演讲课程。1917 年底，他攒够了钱来到英国，随后又
带一名摄影师到了中东前线，试图找到一个带有地方特色和浪漫色
彩，并且适合兜售的故事。他在那里找到了身穿阿拉伯长袍的劳伦
斯，决定把他包装成一个有趣故事的主角。他即将动笔的这个故事，
写的是侯赛因和费萨尔的阿拉伯追随者，以及他们在对土耳其的战
争中扮演的角色。他将以这个故事为基础制作一个节目，把劳伦斯
描绘成摧垮了土耳其帝国的阿拉伯起义的启迪者和领导者——为了
娱乐效果，他不惜扭曲事实。

托马斯策划的节目是一场配以图片的演讲。1919 年 3 月，这场
名叫《最后的远征》（*The Last Crusade*）的演出在纽约的世纪剧院
开幕，还得到了纽约《环球报》的大力支持。几周后，他把演出地

点搬到了老麦迪逊广场公园，以便能够容纳纷至沓来的观众。随后，一位来自英国的剧院经理又把这个演出搬到了伦敦，在伦敦最大的剧场——位于考文特花园（Covent Garden）的皇家歌剧院和阿尔伯特音乐厅——轮番演出。

这一演出可谓包装宣传史上的杰作，创造了演出业的一系列纪录。演出在伦敦持续了6个月之久，接待观众总数可能达到了100万人。托马斯随即又开始了全球巡演。年轻的劳威尔·托马斯名利兼收，"阿拉伯的劳伦斯"则成了世界闻名的英雄。*

托马斯生硬的描写让劳伦斯有点难堪，但劳伦斯还是很享受这一切给他带来的荣耀。当《最后的远征》在伦敦上演时，劳伦斯经常从牛津赶去观看。托马斯的夫人至少在五个不同的场合看到劳伦斯出现在观众席上，这让劳伦斯"羞得满脸通红，尴尬地笑了笑，然后赶忙溜走"。[15]

公众对托马斯的描述信以为真。因此，当劳伦斯成为温斯顿·丘吉尔手下的一名顾问时，他的风头盖过了所有人。他声名日隆，把关于自己的传说也当成了真实发生的历史。[16]在后来的岁月里，劳伦斯也严重夸大了自己在丘吉尔任殖民地大臣时期的贡献。

---

* 几年之后，托马斯基于这一演出写了一本名叫《与劳伦斯在阿拉伯同行》（*With Lawrence in Arabia*）的书，复述了一遍这个他曾经演绎给全球上百万名观众的故事。这本书可读性很强，用夸张的手法生动地讲述了劳伦斯的职业生涯，但其中很多内容并不属实。例如，每期发行26份的《阿拉伯简报》，到了托马斯的笔下其发行量就缩减到了4份。[12]在战争期间，费萨尔的部队一共有3 500人，外加其兄弟手下的几千名士兵，到劳威尔·托马斯的书里就被夸大成了一支20万之众的阿拉伯大军。[13]
托马斯把基钦纳、温盖特、克莱顿、霍格斯、道内、乔伊斯、杨和其他重要的英国官员都放在了角落里，把年轻的 T. E. 劳伦斯描绘成了独自点燃并领导汉志起义的英雄人物。在托马斯的笔下，劳伦斯在1916年2月就来到了阿拉伯半岛的沙漠里煽动汉志起义；[14]但实际上，当时的劳伦斯还在开罗的办公室里，一直到当年10月才第一次来到阿拉伯半岛。——原注

不过，劳伦斯的确对英国的政策产生了巨大的间接影响。丘吉尔对阿拉伯事务缺乏了解，在战争期间，他自1916年之后就没有接触过中东事务。因此，他对劳伦斯有关阿拉伯起义的说法信以为真。他并不知道劳伦斯和劳合·乔治的幕僚们在多大程度上夸大了费萨尔手下的阿拉伯人在战争中发挥的作用，因此接受了劳伦斯的说法，以为英国对费萨尔及其追随者多有亏欠。

IV

在1918年之后，多位英国政要彻底扭转了他们对中东的看法。在即将取得战争胜利的那段令人忘乎所以的日子里，他们认为有必要夺取、占有中东地区每一寸能够带来战略优势的土地。然而，到了1919年之后，英国议会和媒体又开始叫嚷着要从那些偏僻的角落撤军，以免投入过高的成本。*

从他在1919年初接手陆军部和空军部的第一天起，丘吉尔就开始回应英国社会的这一政治态度转变。† 等到他于1921年初接管殖民地部的时候，他又一次把节约开支当成了他的首要任务。作为

---

* 皇家空军的掌门人休·特伦查德爵士（Sir Hugh Trenchard，时任皇家空军总参谋长）在1919年9月5日写信给皇家空军中东指挥官说："从你的多封电报中可以看出，你恐怕没有感受到伦敦这边的氛围。在这里，最重要的是不惜一切代价节约开支……"[17]——原注

† 他的计划是不惜一切代价节约开支。他削减军费开支的举动太过激进，让最重要的那位军事顾问十分紧张。帝国总参谋长在第二年的日记里写道："丘吉尔肆意削减守备力量。他只考虑财政问题，全然不顾剩下的那点可怜的部队是不是处于岌岌可危的境地。"他总结道："温斯顿……正在干傻事，直奔灾难而去。"[18] 实际上，丘吉尔的所作所为无非是与当时的政治风向保持一致，牺牲其他方面，专注于节约开支。只有在与布尔什维克俄国打交道的时候，丘吉尔才不会把财政放在压倒一切的位置上，这让英国政界回忆起他以往不遗余力、花钱如流水的作风。——原注

殖民地大臣，丘吉尔宣称"削减开支是中东事务中的头等大事"，[19] 并以此为标准衡量所有提议和方案。最终，数字证明了他的成功：到 1922 年 9 月，丘吉尔将英国在中东的开销削减了 75%，把每年的开支从 4 500 万英镑减少到了 1 100 万英镑。[20]

丘吉尔同意与法国修好，以便节约对抗法国所需的开支。此外，他还倾向于让费萨尔兄弟——所谓"谢里夫派"或"哈希姆家族"——成为阿拉伯世界大部分地区的统治者，以便实现英国人节约开支的目标：这样一来，"英王政府就可以通过向一个阿拉伯国家施加压力的方式在另一个阿拉伯国家达到其目的"。[21] 他相信，英国只要向该家族的某一个成员施压，就可以迫使整个家族对英国让步。如果这个家族的每个成员都统治一个王国，那么英国就只需要威胁其中的一个王国，即可达到迫使所有阿拉伯国家就范的目的。

他时不时地会设想让英国部分撤出甚至完全撤出中东。1921 年 1 月 8 日，他给英国驻美索不达米亚高级专员发电报说，除非他们能够削减开支，否则英国就不得不撤出美索不达米亚，退守沿海地带。[22] 还有一次，他提议完全放弃巴勒斯坦和美索不达米亚，把它们转交给美国人管理（他认为这是劳合·乔治的想法）。[23]

在接受殖民地大臣任命的时候，丘吉尔曾给首相写道："我有些担心，涉足美索不达米亚这片令人厌恶的浑水，会对我的政治生涯产生不好的影响……"[24] 他担心自己会因为接手他人开启的失败政策而遭到责备，就像远征达达尼尔海峡时那样。另一方面，他天生不喜欢在受到攻击时下达撤退的命令。他内心倾向于让英国的势力留在巴勒斯坦和美索不达米亚，否则就意味着英国未能履行自己的承诺——且不论这承诺明智与否。

接任殖民地大臣的丘吉尔有着一套关于如何成本低廉地保有中东的宏大战略。当他还在空军大臣和陆军大臣任上时，丘吉尔曾提议使用飞机*和装甲车辆来管理美索不达米亚，以便减少英国在中东的开支。他当时写道，只需要有一些防御齐备的空军基地，英国皇家空军就能够"时而出现在这里，时而出现在那里，掌控住整个地区，而无须耗费大量人力物力维持漫长的交通线"。[25]

丘吉尔知道，这一战略无法帮助英国抵御外敌对美索不达米亚的入侵，而只能"维持内部治安"。[26]因此，丘吉尔对英国的中东困局的理解必然是这样的：所有乱象都源自本地。他提出的军事方案在面对俄国人、土耳其人或复苏后的德国人时起不到什么效果，这就意味着他并不认为英国在美索不达米亚面对的威胁源自这些国家。[†]

我们可以从丘吉尔提出的战略中看出，他对帝国的概念有一种老式的理解，这种理解与史末资、埃默里、霍格斯和 T. E. 劳伦斯富有理想主义色彩的理解大相径庭，而正是后一种理解方式在某种程度上促使英国在战时试图控制亚洲的阿拉伯地区。劳伦斯仍然幻想着让一个自由的阿拉伯中东自治领以平等的身份加入大英帝国。他在 1919 年写下的一段话广为流传："我的志向就是要让阿拉伯成为我们的第一个棕色人种自治领，而不是又一个棕色人种殖民地。"[27]而丘吉尔的战略目标是压制当地人反叛，这就意味着英国将依靠强力而不是共识来统治其阿拉伯子民。他的这一观念源自他在基钦纳

---

* 从 1919 年起担任空军大臣的丘吉尔与空军总参谋长、有"皇家空军之父"美誉的休·特伦查德爵士一道主导了革命性运用空军力量，并使之服务于英国战后政策的探索。——原注

† 丘吉尔一直担心劳合·乔治的反土耳其政策会招致土耳其人对伊拉克的进攻，因为当地英军完全无力抵挡。——原注

主导的苏丹战役中的经历，他深信现代化的欧洲武器可以轻而易举地制服使用传统武器的当地人。

在推行其战略时，丘吉尔也借鉴了晚近的经验教训。在他看来，发生在达达尼尔海峡的灾难完全是其远在伦敦的部门下属和身在前线的军官破坏他的既定政策的结果。因此，他不厌其烦、想方设法地要让他手下的主要官员们感到他当前推行的政策也是他们自己主张的政策。考虑到用空军替代陆军的方案遭到了陆军部和驻美索不达米亚高级专员的强烈反对，他的这一审慎做法就显得更有必要了。

1921年2月7日，丘吉尔给英国驻美索不达米亚高级专员珀西·考克斯爵士发电报说："当前的问题靠电报往来是解决不了的。我……没有时间去美索不达米亚。因此，我提议在3月的第一个或第二个星期在开罗举行一次会议……会议将为期一周……殖民地部新组建的中东司的主要官员将陪同我出席会议。"[28]

丘吉尔随即通知前线的指挥官们从巴勒斯坦和波斯湾赶来参加会议。1921年2月18日，他把有关美索不达米亚问题的备忘录发给了约翰·沙克伯勒，并委托他为美索不达米亚和巴勒斯坦问题分别编排会议日程。

V

丘吉尔选择的会议地点——埃及，从地理角度讲是个好地点，但是从政治角度讲就并非如此了：埃及人很清楚，丘吉尔认为埃及不应当获得独立。1921年2月21日，他在写给妻子的信中说："听说我要到埃及，当地人似乎很兴奋，他们好像以为我到埃及去是为了有关他们的事情。这当然纯属误解。我并没有背负什么使命，也无权处理任何埃及问题。我得把这个问题说清楚，不然他们可能会示威游行，派代表请愿。"[29]

此时担任英国驻埃及高级专员的艾伦比发布了一份官方声明，明确表示丘吉尔此行并非为了商议埃及问题。2 月 24 日，外交大臣寇松勋爵给丘吉尔写了一封密信，力劝他把会议地点改到耶路撒冷。寇松表示，丘吉尔在这一关键时刻出现在开罗，可能会破坏艾伦比与埃及政府达成协议的努力。[30]但丘吉尔拒绝改变安排。

开罗会议如期召开。不过，这一地点的选择，却让丘吉尔与艾伦比倡导的政策形成了正面对垒：丘吉尔打算坚持反对阿拉伯民族主义，艾伦比则无意于此。艾伦比不顾内阁、首相和丘吉尔的意见，坚持要结束埃及作为英国保护国的地位，给予埃及一定程度的独立性——这与米尔纳勋爵之前的提议倒是相吻合。

艾伦比不惜以辞职相逼，终于赢得了胜利。1922 年 2 月 28 日，英国政府单方面发表了所谓《艾伦比宣言》，同意埃及在形式上独立（但实际上英国保留了许多影响深远的权力，比如可以监督埃及的外交政策，且可以随意利用埃及领土进行军事调动）。比起单方面的宣言，其实艾伦比更想签署一份条约，但没有哪个埃及政府会同意签署这样一份留给英国人如此多权力的文件。

显然，丘吉尔担心艾伦比做出的让步——即便只是赋予埃及名义上的独立——会让他难以推行自己的政策，因为他不打算赋予其他阿拉伯国家独立地位。机缘巧合，艾伦比和丘吉尔这两套截然相反的政策在 1921 年同时出现在了开罗城。实际上，这两种政策也有相似之处——他们都是英国人单方面做出的关于如何治理阿拉伯世界的决定，而阿拉伯的领导者们对它们都持不接受的态度。

VI

1921 年 3 月 12 日星期六的上午，开罗会议终于在塞米勒米斯酒店（Semiramis Hotel）召开。据说，在接下来的十几天中，有 40 名官员参加了大约四五十场会议。"与中东有关的人物都来了……" T. E. 劳伦斯在写给其长兄的信中说。[31]

第一个也是最重要的议题就是如何削减占领美索不达米亚所需的成本。为了研究这一问题，一个政治委员会和一个军事委员会特地成立了。这两个委员会都按照丘吉尔及其幕僚在前往开罗的船上起草的日程开展工作，把最初的 4 天用在了制订美索不达米亚方案上面。

丘吉尔及其幕僚预料到了来自第一线的军官们可能会考虑哪些建议。格特鲁德·贝尔陪同其长官珀西·考克斯爵士从巴格达赶来参会。她后来写道："丘吉尔先生十分令人敬佩，他愿意与其他人妥协，巧妙地实现合作。他引导着大型政治会议的走向，也会在途中参与各个小组会议。当我和珀西爵士拿出一个具体方案时，我们欣喜地发现，我们的方案［与丘吉尔提出的方案］不谋而合。"[32]

丘吉尔在 1921 年 3 月 15 日晚上发了一封电报给伦敦。身在伦敦的首相于次日接到了他的汇报："各方……就政治和军事上的诸问题全部达成了共识。"[33] 这本身就是一项了不起的成就。

开罗会议上形成的方案主要包括四个部分。费萨尔将得到美索不达米亚的王位，但他们将不遗余力地让这一安排看上去像是当地人民做出的选择，而不是英国人的安排。在保留英国驻军这一问题上，军方选择了丘吉尔以空军为基础的战略。不过，皇家空军的掌门人休·特伦查德爵士预计，要执行这一战略大概需要一年的准备时间。在此期间，英国将不得不更多地依赖费萨尔的力量来维护当地治安。至于西北部的库尔德人地区是应当被纳入新组建的伊拉克国家，还是应当成为一个独立的库尔德斯坦国家，英国的专家们未能达成共识；但他们同意暂时让库尔德人地区组成一个单独的实体，并划归英国驻美索不达米亚高级专员领导。除了库尔德人之外，还有其他一些有着独特认同的族群，他们的诉求也会给英国带来麻烦。尤其是在西北部地区，有一些无处可去的小族群，例如在战争期间由于亲协约国立场而被迫逃离家乡土耳其的亚述（聂斯脱里派）基督徒。对于这些挣扎求生的无家可归的族群，开罗会议的与会者认为他们能做的事情很少。

与对伊拉克的安排类似，开罗会议也倾向于让哈希姆家族成员成为外约旦的统治者——虽然只是暂时的。当地局势十分动荡。大英帝国总参谋长认为，英国必须再派两个营的兵力过去才能控制住外约旦，但"我们显然派不出额外的两个营"。[34] 就在开罗会议进行的同时，费萨尔的兄长阿卜杜拉在 30 名军官和 200 名贝都因人的陪同下来到了外约旦城市安曼，显然是要从这里取道进入叙利亚，进攻大马士革。阿卜杜拉声称自己此来安曼只是为了换换环境，调养一下黄疸病发之后的身体。没人相信他的说辞。

丘吉尔的方案实际上是要收买阿卜杜拉：只要他不去攻击法属叙利亚，就给他在外约旦安排一个位置。（英国担心，如果阿拉伯人从英属巴勒斯坦出发去攻击叙利亚的法国人，法国可能会采取报复行动，入侵英属巴勒斯坦。）丘吉尔打算让阿卜杜拉担任外约旦的临时总督，负责恢复当地治安。在利用阿卜杜拉恢复约旦东部地区秩序的同时，丘吉尔还希望可以借此实现其他目的。参加开罗会议的丘吉尔还带着其幕僚于2月底准备的一份备忘录，其内容旨在解决巴勒斯坦的阿拉伯人与犹太人问题。这份由沙克伯勒、杨和劳伦斯起草的备忘录诠释了1915年麦克马洪－侯赛因通信中使用的地理名词，试图借此将阿拉伯独立运动的范围局限在约旦河以东。鉴于《贝尔福宣言》中没有给出任何地理名词的定义，丘吉尔的顾问们认为，英国可以在约旦西部的巴勒斯坦建立一个犹太民族家园，再在约旦东部的巴勒斯坦建立一个阿拉伯政权，通过这样的安排来协调英国在战时做出的不同承诺。[35]* 如果阿卜杜拉愿意接管外约旦的统治权，那么就可以让他来负责筹建这个巴勒斯坦的阿拉伯政权。

丘吉尔的外约旦方案在开罗会议上遇到了一些阻力。英国驻巴勒斯坦高级专员赫伯特·塞缪尔爵士和他的首席秘书温德姆·迪兹指出，既然外约旦已经被国际联盟划入了巴勒斯坦（国联交给英国的巴勒斯坦托管地）内部，英国就无权单方面将其与巴勒斯坦的其他部分分开。塞缪尔担心，单独属于阿拉伯人的外约旦可能会成为巴勒斯坦西部的反犹太复国主义活动的基地。[36] 劳合·乔治则表达了另外一种担忧：考虑到法国人已经将费萨尔视作"不受欢迎的

---

* 也就是说，丘吉尔的助手们承认英国曾经在战时向侯赛因治下的阿拉伯人做出过实际承诺。这标志着英国官僚系统的重大态度转变，因为战时负责相关事务的官员，诸如麦克马洪和克莱顿，都认为他们向侯赛因做出承诺时使用的措辞实际上意味着英国并没有真的做出什么承诺。在他们看来，那些承诺毫无意义。——原注

人"，那么倘若英国把哈希姆家族两兄弟安排在距离叙利亚不远的美索不达米亚和外约旦，这一行为可能会被法国人视为挑衅。3 月 22 日，英国首相给丘吉尔发电报说："内阁……讨论了你关于外约旦的提议。他们有许多顾虑。如果我们同时把他们兄弟二人安排在与法国的势力范围紧邻的区域，不免会引起法国人巨大的疑虑，还可能被解读为我们故意要威胁法国人在叙利亚的利益。"[37]

在外约旦问题上，丘吉尔"用阿拉伯方案替代巴勒斯坦方案"的思路得到了首相的认可，[38] 但劳合·乔治担心在约旦东部建立单独的阿拉伯政权的做法可能会让英国深陷其中，麻烦不断，产生高昂的成本。

丘吉尔说服了内阁，让他们意识到，除非派一支英军进入外约旦——哪怕只是一小股部队——否则他们无法在外约旦组织任何政府。他表示，他们只需要让阿卜杜拉在外约旦待上几个月，在此期间他可以帮助英国人恢复当地的秩序，随后还可以让他帮忙挑选一个本地人继任总督之职。对于劳合·乔治提出的对外约旦的折中策略，丘吉尔表示同意——"保留该地区及其政权的阿拉伯特征，将其视作巴勒斯坦的一个阿拉伯省份或属地"。[39]

在丘吉尔看来，阿卜杜拉可以帮助英国人压制反法活动和反犹太复国运动——否则这两股力量有可能在约旦东部地区建立自己的大本营。他认为，哈希姆王朝方案可以帮助英国解决这些问题，而不像某些批评者说的那样制造出这些问题。T. E. 劳伦斯认为，阿卜杜拉是英国在这一地区理想的代理人，因为他"既不过于强大，又不是外约旦当地人，因而必须依赖英王政府才能保住权力"。[40]

扶持哈希姆家族可能带来的最后一个问题是敌对的沙特家族的

反应。丘吉尔提出的方案是为伊本·沙特提供每年 10 万英镑的补贴。[41]

开罗会议于 3 月 22 日闭幕，丘吉尔在 3 月 23 日午夜乘火车离开开罗，前往巴勒斯坦。在抵达巴勒斯坦之后，他与阿卜杜拉在耶路撒冷举行了四次会晤，并达成了一项协议。丘吉尔在发给内阁的备忘录中写道，阿卜杜拉"态度温和友好，有政治家风范"。在面对反犹太复国主义的阿拉伯示威者时，阿卜杜拉"一直保持着完全正确的态度。他谴责了那些示威者，公开表示英国人是他的朋友，以及他深信英国将信守对犹太人和阿拉伯人的诺言"。[42]阿卜杜拉同意在一名英国政治主官和来自英国的财政补贴的支持下统治外约旦 6 个月，且不需要英国派遣任何部队。他还同意协助英国人修建机场——在丘吉尔的计划中，英国对该地区的控制有朝一日将以这些机场为核心。

英国在平定外约旦和伊拉克局势的问题上，完全寄希望于阿卜杜拉和费萨尔。丘吉尔在回国路上途经法国里维埃拉的卡代（Cap d'Ail），他在那里写信给寇松勋爵说："在我们的阿拉伯问题解决方案的影响下，阿卜杜拉完成了彻底的转变。他极为优雅，讨人喜欢，我只希望他不会被自己的追随者谋害。"[43]

回到伦敦之后，丘吉尔又为自己的中东政策赢得了内阁和下议院的支持。由于他在开罗期间已经赢得了一线官员们的支持，丘吉尔这位殖民地大臣实际上已经在推行自己的中东蓝图的道路上赢得了英国整个领导层的支持——至少是暂时支持。不过，《泰晤士报》在 1921 年 6 月 15 日评论道："他的计划有一丝杂乱的气息。"文章颇具先见之明地指出，丘吉尔试图在缺乏必要资源的情况下让持不同立场的各方达成妥协，并承认其各自的主张；这样一来，英国就可能会承担一些它完全无力承担的责任。

就在开罗会议临近尾声的同时，英国官员们还在忙另一件事：让费萨尔成为即将成立的伊拉克国家的君主。英国人躲在幕后操纵，试图让费萨尔看起来像是伊拉克民众自由、自发的选择。英国官员已经得到了费萨尔愿意合作的保证。

VII

在接任殖民地大臣一职之前，丘吉尔就利用 T. E. 劳伦斯与费萨尔之间亲密的私人关系，打探出了费萨尔的想法。劳伦斯在 1 月中旬向丘吉尔的私人秘书汇报说，费萨尔愿意在完全不涉及法属叙利亚问题的情况下与英国展开磋商，他还同意放弃其父对巴勒斯坦的全部领土主张。劳伦斯写道："既然他做出了这样的新姿态，那么所有那些关于兑现或是背弃承诺的问题就都可以抛在一边了。现在可以从实际情况出发展开新的讨论，这样做也最有可能获得具有建设性的成果。"[44]

在开罗会议上，劳伦斯、考克斯、格特鲁德·贝尔等政治委员会的成员为费萨尔登上伊拉克王位制定了一个时间表。按照他们的计划，费萨尔要先到麦加，并且从麦加给伊拉克的头面人物们发电报。费萨尔要在电报里说，在友人的敦促之下，他在与父兄讨论之后决定前来服务伊拉克人民。

开罗会议闭幕后，劳伦斯给远在伦敦的费萨尔发去了一封急电："一切如愿进行，请立即选取最快路线前往麦加……我将在途中与你会合，并详加解释。对外只说归国旨在面见令尊，切勿公开发表任何言论。"[45]

差不多与此同时，珀西·考克斯爵士从留守巴格达主事的军官那里得到了一个令人不安的消息："在您离开之后，形势发生了剧变。"巴士拉极具影响力的政治领袖赛义德·塔利布与年长的巴格达地方要人纳基卜（Naqib）达成协议，由赛义德·塔利布支持纳基卜争取当地的统治权；作为交换，赛义德·塔利布将成为纳基卜的继任者。他们二人"提出了一个由伊拉克人统治伊拉克的方案。有迹象表明，这个方案可能会得到很多人的支持，而费萨尔的主张会遭到强烈反对……"[46]考克斯连忙赶回巴格达，劝说其他竞争者退出——其中也包括伊本·沙特，他反对由哈希姆家族统治伊拉克，但英国人用金钱和其他一些利益收买了他。

与此同时，赛义德·塔利布在伊拉克境内四处活动，会见部落领袖，发表公开讲话。他承认有必要与英国合作，但也提出了自己的口号："伊拉克人的伊拉克！"[47]英国情报军官警告称，塔利布"在各地都受到了热烈欢迎"。[48]

赛义德·塔利布早就与珀西·考克斯爵士有约，要去巴格达的高级专员公署喝茶。他在4月中旬赴约，进门后发现考克斯本人不在，只有考克斯夫人在家接待宾客。就在他结束了茶会，正要离开高级专员公署的时候，另一名客人奉缺席的主人——珀西·考克斯爵士——之命，逮捕了塔利布。塔利布随即被流放到了印度洋上的锡兰岛（Ceylon，今斯里兰卡）。在塔利布被捕的次日，珀西·考克斯爵士发布公报称，塔利布涉嫌煽动暴力，为维护法律与秩序，特将其流放。*

但是，反对费萨尔的行动并没有停止，而只是换了其他形式。人们提出了各种各样的替代方案：成立共和国，拥立一位土耳其君主，巴士拉省与巴格达省分治，或是在高级专员珀西·考克斯爵士的统治下维持现状。

与此同时，在英国顾问的建议下（这些建议是应费萨尔本人的请求提供的），费萨尔从伦敦赶到汉志与其父商谈，随后又在英国的帮助下于6月24日进入巴士拉。在登船前往巴士拉时，他得到了一个好消息：官方的伊拉克地方领导机构——位于巴格达、由纳基卜主持的大臣会议（Council of Ministers）——正式邀请他入境。

在公开场合，英国政府依旧维持着官方口吻，宣称英国在伊拉克统治者的遴选问题上是中立的、不偏不倚的。私下里，考克斯让费萨尔走出去争取民众支持，这样一来英国就可以宣称自己选择费萨尔是听取了民众的呼声。[49]

7月11日，伊拉克大臣会议一致通过决议，宣布费萨尔为伊拉克的宪政君主。7月16日，大臣会议同意就这一决议举行全民公决。8月18日，伊拉克内政部宣布，费萨尔在全民公决中大获全胜。8月23日，伊拉克举行了费萨尔的加冕仪式，从此这个新王国的官方名称从美索不达米亚更改为伊拉克（意为"根深蒂固、植被茂盛之地"）。

---

* 塔利布是否有煽动暴力的行为，尚且存疑。在为《每日电讯报》记者举办的私人晚宴上，塔利布曾表示，如果英国不能公平地对待各位候选者，各部落可能会再一次揭竿而起。关于他的具体措辞，有着不同的记载。考克斯看到的记录来自格特鲁德·贝尔，而贝尔并没有参加那次晚宴。——原注

不过，在正式加冕之前，费萨尔就给英国人惹了麻烦：他坚持要求伊拉克应当正式独立，反对把伊拉克变成国际联盟的托管地。他提出，伊拉克和英国应当以两个国家的身份签署一份条约，以此来规定两国之间的关系。英国人声称，除非得到国际联盟的授权，英国无权更改伊拉克的地位；只要伊拉克承认自己的受托管地位，英国就可以与伊拉克签订条约。费萨尔拒绝在条约中承认伊拉克的受托管地位。这一谈判持续了一年多，时常让伦敦方面感到烦恼。

丘吉尔在 1922 年夏末对劳合·乔治写道："费萨尔在跟我们玩背信弃义的低劣把戏。"[50] 丘吉尔建议首相与内阁成员开会，探讨一下是应该废黜费萨尔，还是干脆让英国撤出伊拉克。几天之后，丘吉尔在内阁的一次会议上汇报说：

> 费萨尔国王一直在伊拉克制造麻烦，让局势变得日益复杂。他反对把伊拉克变成托管地，但又声称他愿意与英国签署条约。他不愿意接受托管安排，因为他把托管视作对伊拉克的侮辱，任人怎么劝说也无济于事。最近，他开始接触极端主义分子，那些人现在把他看成自己的保护人。[51]

不久之后，丘吉尔在给首相的信中写道："我对伊拉克局势深表担忧，您交给我的任务现在变成了不可能完成的任务。"他接着写道，"几乎每一份报纸，不论是托利党的、自由党的还是工党的"，都"坚持反对"英国留在伊拉克。他又补充道："我本人也看不出我们能从伊拉克收获到什么。"[52] 他建议英国政府向费萨尔发出最后通牒。如果费萨尔不接受最后通牒，"我就走人"。[53]

首相答复道："一般来讲，我不赞成逃跑政策，不论是在伊拉克还是在别的什么地方……"[54] 他还提到了人们当时普遍相信的一件事——这一地区可能有丰富的石油储量："如果现在离开，我们可能会在一两年后发现，自己把世界上最富饶的油田拱手让给了法国人和美国人。"[55]

于是，珀西·考克斯爵士继续进行谈判。在经历了数次极具戏剧性的政治危机之后，他终于在1922年10月10日达成了一项协议，其中包括了许多实际上相当于确认了托管关系的条款。这份条约的有效期本来应该是20年，但是，由于伊拉克方面的反对，半年之后其有效期就从20年缩短到了4年。即便这样，伊拉克人依然渴望获得更多的独立性。而与此同时，伦敦的《泰晤士报》却在抱怨这份条约对英国不公平，因为英国承担了太多的义务。

的确，根据条约规定，英国应当立刻采取行动，保护伊拉克免受崛起中的伊本·沙特的威胁。这位阿拉伯君主是哈希姆家族的世仇，同时威胁着费萨尔和阿卜杜拉两兄弟，而英国政府自认为有义务保护他们。1922年底，珀西·考克斯爵士与伊本·沙特在港口城市欧盖尔（'Uqair）会谈，迫使后者接受了一项协议，规定了沙特王国与科威特和伊拉克之间的边界。

尽管他们需要英国的保护，但伊拉克政客们却依旧我行我素。像同年发表的承认了埃及名义上独立的《艾伦比宣言》一样，1922年《英国–伊拉克条约》也标志着东方阿拉伯世界政治环境的重大变化。*伊拉克和埃及都仅仅获得了有限的自治权，但它们都被承认为具有独立国家地位的政治实体。两国的政治领袖们都在鼓动独立，而由英国人选定的两国君主为了保住自己的地位，也只能效法他们。

VIII

与伊拉克一样，外约旦也仍然是殖民地部要考虑的问题。不过，与过于独立的费萨尔相反，阿卜杜拉的问题在于他太消极。解决外约旦问题的哈希姆王朝方案有点站不住脚。

英国人之所以想拥立阿卜杜拉，目的之一就是阻止他袭击法属叙利亚。T. E. 劳伦斯后来回忆说，他曾经向丘吉尔保证："我很了解阿卜杜拉，他一枪都不会放的。"[58] 这位阿拉伯王子精明而慵懒，往往不愿意参与危险的角力。实际上，在阿卜杜拉成为临时总督的几个星期之后，英国观察家们就意识到，作为一个统治者，阿卜杜拉有些过于软弱了。4月，阿卜杜拉的权威遭到了挑战：他派去调解部落争端的代表团被杀害。阿卜杜拉没有选择亲自派兵镇压暴乱，而是请求英国的高级专员替他出马。英国驻当地的高级专员同意动

---

* 这一时期标志性事件之一发生在 1922 年初。珀西·考克斯爵士抢在伊拉克本土政府执政之前，把从底格里斯河畔的古城萨迈拉（Sāmarrā'）发掘出的一批文物送到了大英博物馆。[56] 在此前的至少一个世纪中，欧洲的领事、旅行者和考古学家一直肆无忌惮地把在中东发现的古物、建筑和艺术品带回欧洲。到了 1922 年，考克斯担心这一情形即将在伊拉克画上句号。差不多与此同时，霍华德·卡特（Howard Carter）在埃及的帝王谷完成了一次重大考古发现——他发现了图坦卡蒙法老的陵墓。但他做了一件以前的考古学家都不会去做的事情。1922 年 11 月 26 日夜，卡特及其助手们秘密潜入墓穴，挑走了一批文物。随后，他们又重新封闭了墓穴。第二天，他们又代表新成立的埃及王国政府进入了墓穴，谎称这是他们第一次进入墓穴。从 11 月 27 日开始，埃及文物部的一位官员就一直守在现场，确保外国人无法再带走图坦卡蒙法老的任何宝藏。[57]——原注

用英国飞机和装甲车辆；但是别忘了，英国当初之所以在安曼扶植阿卜杜拉政权，就是为了避免动用英国的武装力量。

差不多与此同时，法国驻伦敦大使向英国政府抗议说，阿卜杜拉在外约旦的存在刺激了叙利亚的反法暴力行径。英国人反驳说，恰恰相反，阿卜杜拉的存在可以阻止这类暴力行为的出现。但是，人们很快就发现，阿卜杜拉要么是没有能力，要么就是没有意愿去完成这一使命。6月下旬，有4个人设下圈套，试图刺杀征服了叙利亚的法国总督亨利·古罗。"法国人把怀疑的目光投向了外约旦。"英国驻巴勒斯坦高级专员告诉丘吉尔说。[59] 由于英国人和阿卜杜拉未能阻止此类攻击，法国当局向英国表示抗议。等到他们发现嫌疑人仍然在外约旦自由行动时，他们的抗议就更激烈了。

英国高级专员在6月告诉丘吉尔，他对阿卜杜拉方案的效果很不满意。他告诉丘吉尔，阿卜杜拉不得人心的原因之一是，外约旦人认为阿卜杜拉从叙利亚带来的助手们既喜欢挥霍，又十分无能。[60] 与此同时，驻埃及和巴勒斯坦英军总司令也写道："解决外约旦问题的阿卜杜拉方案就是一场骗局……如果想让他成事，就必须有一个强悍的英国人全权指导他，还需要有英国军队给他撑腰。"[61] 一段时间之后，休伯特·杨告诉沙克伯勒说："我们现在有两个选择：要么继续支持阿卜杜拉——但他几乎已经没有什么影响力了，甚至连一个步兵班的作用都发挥不了；要么我们就鼓足勇气，派一小支部队过去，哪怕只是暂时的……"[62]

此时的英国政府里，实际上只有 T. E. 劳伦斯仍然认为阿卜杜拉在外约旦是有用的（虽然只是暂时有用）。"扶植他的全部成本还不到供养一个营的成本。只要阿卜杜拉的政权不是过于不受欢迎，或者不是过于无能，那么无论我们的终极目标是什么，阿卜杜拉政权都不至于对其造成什么损害。"[63] 由于英国政府仍然无法决定是否要把外约旦永久性地剥离出巴勒斯坦（将其变成一个独立的政治实体，或是并入侯赛因国王的汉志），因此阿卜杜拉临时政权的存在起码可以让英国人不急于做出决定。不过，劳伦斯关于阿卜杜拉方案成本低廉的说法才是最讨温斯顿·丘吉尔欢心的。

阿卜杜拉代表哈希姆家族与英国签订了一份条约，借此来表示自己对英国人来说依然有用。这一条约是由劳伦斯带到中东的。作为丘吉尔的全权代表，劳伦斯在汉志待了几个月的时间，试图说服侯赛因国王签署这份条约。这份条约意在一并解决侯赛因从"一战"爆发之初为他自己和阿拉伯人提出的各种诉求。根据条约草案，英国将承认侯赛因为汉志国王，并且每年为他提供 10 万英镑的财政支持；作为回报，他必须承认法国在叙利亚和英国在巴勒斯坦的托管权。侯赛因时而表示他愿意签署这一条约，但又屡次改变主意。劳伦斯表示，侯赛因有一次甚至要求"承认他对所有阿拉伯君主的统治权"。[64] 劳伦斯认为，他已经无法与麦加的这位老人打交道了。于是，他转而让阿卜杜拉在条约上签了字。由于侯赛因拒绝签字，所以阿卜杜拉的签字并没有什么意义；不过，劳伦斯似乎很赞许阿卜杜拉试图帮忙的举动。

在当了几个月的外约旦总督之后，阿卜杜拉对未来的看法发生了改变。起初，他让英国人以为他只打算在外约旦待很短的一段时间，因为相较于他在其他地方巨大的野心，这个地方并不算重要。T.E. 劳伦斯确信自己可以在必要的时候劝说阿卜杜拉离开这里。到了 1921 年 10 月，劳伦斯却汇报说，阿卜杜拉打算在外约旦待下去。

阿卜杜拉试图获得叙利亚的王位，而近期的事态发展让他相信法国人可能很快就会愿意与他达成妥协，实现他的目标。因此，他打算留在叙利亚周边地区。

与此同时，用一个能力更强的统治者替代阿卜杜拉的需求也变得没有那么紧迫了。阿拉伯半岛最伟大的探险家之一、强悍的英国人哈里·圣约翰·菲尔比（Harry St. John Philby）成了阿卜杜拉新的官方顾问。更重要的是，劳伦斯的友人 F. G. 皮克（F. G. Peake）上校正在打造一支在英国军官指挥下的贝都因正规军——后来，这支部队在皮克继任者约翰·格拉布（John Glubb）的手中发展成了令人敬畏的阿拉伯军团（Arab Legion）*。当地的法治和治安形势都在好转，同时还像劳伦斯所倡导的那样并没有增加太多开支。因此，劳伦斯开始转而相信让阿卜杜拉留在外约旦或许是一个好主意。

但是，把身为阿拉伯人的阿卜杜拉立为外约旦的统治者，同时把外约旦变成禁止犹太人移居的阿拉伯保留地，这一做法本身有违《贝尔福宣言》中关于扶植犹太民族家园的内容。如果英国人真的打算把巴勒斯坦变成一个犹太人国度，那么在巴勒斯坦 75% 的土地上禁止犹太人移居，并且将其管理权交给一位阿拉伯人而不是犹太人，这绝对不是一个好的开端。国际联盟将巴勒斯坦的托管权交给英国，这一授权中就包含了《贝尔福宣言》的内容。在 1921 年至 1922 年间，英国议会正在审议国际联盟让英国托管巴勒斯坦，以及在建立犹太民族家园的同时保护非犹太居民权利的提议。丘吉尔的临时解决方案不鼓励，甚至不允许在巴勒斯坦东部建立犹太民族家园，而

---

* 这支部队最早负责维护外约旦地区的治安，第二次世界大战中曾投入地中海和中东战场，二战后还参加过阿以战争。——译者注

这与国际联盟的托管方案是冲突的。于是，丘吉尔决定修改托管方案，以免除英国在约旦河以东贯彻《贝尔福宣言》的义务。

犹太复国运动的领袖们担心，在东部缩减犹太人领地可能会破坏他们的计划——要知道，在与法国人商议巴勒斯坦和叙利亚-黎巴嫩边界的时候，英国人已经在北部缩减过犹太人的领地了。哈伊姆·魏茨曼在1921年初给丘吉尔的信中写道，与法国达成的协议"隔绝了巴勒斯坦与利塔尼河（Litani），夺走了约旦河与耶尔穆克河上游地区，以及犹太人定居点中人们寄予最多期望的、位于太巴列湖 * 以东的富饶的平原地区"。至于外约旦，他写道："基列（Gilead）、摩押（Moab）和以东（Edom），以及亚嫩河（Arnon）和雅博河（Jabbok）†……在历史上、地理上和经济上都与巴勒斯坦息息相关。在巴勒斯坦北部的富饶平原被法国人拿走之后，犹太民族家园的兴旺发达很大程度上要依靠这些地区。"[65] 美国犹太复国运动领袖布兰代斯法官在1921年底给贝尔福发了一封电报，表达了同样的看法。他对巴勒斯坦失去利塔尼河大为不满，还强调了外约旦平原在经济上的重要意义。[66]

不过，在外约旦分而治之的问题上，犹太复国运动的领袖们并没有大加挞伐。他们把这一举动看作权宜之计——这种看法不无道理。他们的看法与英国殖民地部不谋而合。殖民地部高级官员们的看法并不一致，但沙克伯勒总结说，他和同事们还是达成了共识，决定暂时

---

* 太巴列湖（Lake Tiberia），亦称加利利海，是世界上海拔最低的淡水湖，也是仅次于死海的海拔第二低的湖泊，今位于以色列境内。——译者注
† 基列、摩押、以东、亚嫩河、雅博河（今称扎卡河，约旦重要支流）均为《圣经·旧约》中提到的地名，大部分位于今天的约旦境内。——译者注

不让犹太复国运动进入外约旦，但也不会永久性地对其关上大门。[67]

丘吉尔没有预见到，把阿卜杜拉留在外约旦，有朝一日会让英国卷入沙特家族与哈希姆家族之间激烈的阿拉伯宗教战争。不过，在 1922 年，也就是阿卜杜拉来到外约旦短短一年之后，伊本·沙特的先头部队——狂热的瓦哈比兄弟会——就穿过了未勘定的沙漠边境，前来攻击阿卜杜拉。在被英军飞机和装甲车辆阻挠之前，三四千人之众的瓦哈比兄弟会骑兵一直杀到了距离安曼（今天约旦的首都）只有一小时路程（骑骆驼）的地方。在接下来的岁月中，英国在治理与保卫外约旦这一任务中的投入远远超出了丘吉尔的本意，英国官员也很快不再认为阿卜杜拉能够解决问题，而是把他看作一个麻烦。[*]

不过，英国殖民地部对外约旦的这一临时性的行政安排恰好创造出了一个长期存续的政治现实。这位阿拉伯王子带着他的外国随员在安曼驻扎下来，成了巴勒斯坦托管地复杂政局中一个发挥着持久性作用的新要素。虽然不断有人提出应当让阿拉伯人和犹太人平分巴勒斯坦，但这一提法实际上忽略了一个事实：巴勒斯坦 75% 的土地已经给了一个并不出身于巴勒斯坦的阿拉伯王朝。这个新创造出来的外约旦省，也就是后来的独立国家约旦，逐渐演变成了独立于巴勒斯坦其余部分的实体。到了今天，人们往往忘记了这一事实：约旦曾经一直是巴勒斯坦的一部分。

---

* 在保护阿卜杜拉的同时，英国实际上让沙漠中的阿拉伯人分裂成了两部分——以约旦边境为界，两边各效忠于一个阿拉伯王室。到了 1988 年，人们还可以从两个国家的名字上看出它们的归属——沙特阿拉伯王国和约旦哈希姆王国，两个阿拉伯王室依然隔着国界对峙着。——原注

58

丘吉尔与巴勒斯坦问题

对于在 1921—1922 年担任殖民地大臣的丘吉尔来说，约旦河以西的巴勒斯坦问题比外约旦和伊拉克的问题要更加棘手。巴勒斯坦问题的核心是犹太复国主义，它所引发的种种激烈情绪时常让人忘了要解决的究竟是什么问题。犹太复国主义者认为，巴勒斯坦这片土地可以供养的人口，至少是当时定居人口的 5~10 倍——我们今天知道，他们的这一主张是正确的。因此，他们认为，巴勒斯坦还有足够容纳数百万犹太定居者的空间，而且完全无须迁移当地大约 60 万的阿拉伯居民。

当时，准备作为开拓先锋定居巴勒斯坦的犹太人根本没有那么多，但犹太复国主义者希望会有越来越多的人前往巴勒斯坦定居，而阿拉伯人则对同一前景感到忧心忡忡。因此，犹太人是否享有不受限制地前往巴勒斯坦的权利就成了巴勒斯坦政治的中心议题。同情犹太复国主义的人们认为，犹太人的进取心可以让巴勒斯坦变成一片富饶的土地，他们后来也证明了这一点。但是，生活贫困的阿拉伯农民却相信，他们将被迫与外来人分享本就不多的财富。

如前文所述，在丘吉尔于 1921 年 2 月就任英国殖民地大臣之前一年，巴勒斯坦曾爆发过阿拉伯人发动的反犹太复国主义动乱。

丘吉尔在 1921 年 3 月召开了旨在解决中东问题的开罗会议，而就在会议结束后不久，巴勒斯坦再次发生了动乱。1921 年 5 月 1 日，动乱在雅法爆发。先是有一些抢劫事件，随后就出现了流血事件：在动乱的第一天，阿拉伯暴徒杀死了 35 名犹太人。在这血腥的一个星期里，阿拉伯人围攻了主要城镇外的犹太人农业定居点，战斗遍及整个巴勒斯坦。而最初引发雅法阿拉伯人动乱的导火索，是一小群犹太共产主义者在雅法市中心举行的示威游行，他们的目的是反击此前一场人数更多的犹太社会主义者游行。这就让英国人产生了动乱始于布尔什维克的印象。曾在军事当局中服务过一段时间的 C. D. 布伦顿上尉宣称，暴乱的发动者是"犹太布尔什维克"，他还说"今天的暴乱可能会在明天演变成革命"。[1]

面对阿拉伯人的袭击，英国驻巴勒斯坦高级专员赫伯特·塞缪尔爵士暂停了犹太人向巴勒斯坦的移民。犹太复国运动领袖们认为，塞缪尔此举实际上是在鼓励阿拉伯人使用暴力，他们担心暴力行径会不断出现，让英国巴勒斯坦托管地陷入动荡不安之中。

塞缪尔政府恢复秩序的动作十分缓慢。《泰晤士报》在 1921 年 8 月 10 日报道说："实际上，公共安全根本无从谈起，尤其是在北方。几乎每天都有来自外约旦的武装袭击……"《泰晤士报》记者表示，"犹太人和阿拉伯人都对当局毫无信心"，他补充道，"上年纪的人都说，在土耳其人治下的安全状况要好得多"。

尽管阿拉伯人的动乱看起来很可能会再度发生，但犹太复国运动领袖依然试图与阿拉伯人和解。他们仍然相信大部分阿拉伯人倾向于和平与合作。*

II

在一边平息阿拉伯人动乱，一边继续支持犹太复国运动的同时，丘吉尔发现他面临着一个严重的问题：他的计划所仰仗的英国军队不愿意执行他的政策。

对身在巴勒斯坦的英国人来说，反犹太复国主义者的立场很容易理解：阿拉伯人在这里居住了很久，他们不希望自己的生活环境发生变化。英国军人和官员每天都在与阿拉伯人打交道，阿拉伯人就是这样对他们说的。当然，犹太人也曾经居住在巴勒斯坦，他们与这片土地之间的联系要更加久远。但是，犹太复国主义的立场虽然不无道理，他们的依据却并不都是实实在在的：他们有时参考历史，有时诉诸理论，有时全凭空想（他们说犹太人的进取心可以提高巴勒斯坦各民族的生活水准，但这一切只有在未来才能验证）。犹太复国运动的另一个理由是犹太人在俄国和波兰这样的地方备受迫害。但是，巴勒斯坦英国当局的成员从未目睹过犹太人在这些地方遭到迫害，因此未必知晓这一点。

当初在艾伦比帐下创办了犹太军团的那位好战的犹太复国主义

---

* 纳胡姆·索科洛夫在 1921 年夏天召开的第十二届犹太复国主义者大会上致开幕词时说，犹太人"坚定地要与阿拉伯民族和平共处"。他强调了两个民族之间的历史渊源，表示两个民族的合作"将为中东人民创造最美好的新生活"，"两个民族的利益完全一致……"他认为，近期发生的阿拉伯人动乱只是一小撮犯罪分子的罪行。他还向阿拉伯人保证说，犹太人"并不是抱着凌驾于他人之上的姿态来到圣地的。他们将靠着自己的勤奋、平和与谦逊，为这片土地带来新的财富，造福于自身和整个东方"。[2]——原注

者弗拉基米尔·亚博京斯基认为，英国军方把犹太复国主义当成一种"空想"的理论，认为它不切实际地想要改造世界，根本不靠谱。在亚博京斯基看来，英国统治阶层通常本能地反感那些意在改造世界的空想计划。[3]

亚博京斯基还指出，英国行政当局雇用了专业的阿拉伯学者，这些人被（他们理解中的）阿拉伯世界深深吸引，因此才刻苦地学习了阿拉伯语，努力让自己获得足以担任公职的资质，并且愿意离开英国，把自己的职业生涯奉献给中东阿拉伯世界。因此，很自然地，他们也不愿意看到巴勒斯坦的阿拉伯属性发生改变。

虽然没有特别强调，但亚博京斯基提到了可能导致英国人反对《贝尔福宣言》的最重要的一个因素：它会带来麻烦。英国殖民当局的任务是让当地居民平静、满足，但构成当地人口主体的阿拉伯人并不欢迎《贝尔福宣言》。身在巴勒斯坦的英国行政官员和军事人员有理由相信，如果不是伦敦方面采取的这一政策，他们原本可以在这个心满意足的地方享受轻松、宁静的生活。但是，出于他们难以理解的某些原因，伦敦方面采取了可能引发族群矛盾和暴力行为的政策，同时让当地的英国当局面临困难甚至危险。

但是，颇具讽刺意味的是，英国官员们对本国政策的不满情绪反过来又增加了他们面对的困难与危险，因为一方面伦敦还不打算屈服，另一方面他们的不满情绪实际上鼓励了阿拉伯人继续反抗、毫不退让。有一件事产生了深远的影响：巴勒斯坦当局干预了穆斯林群体对新的宗教领袖的选择。

这一切始于 1921 年 3 月 21 日。那天，耶路撒冷的穆夫提去世了。所谓穆夫提，就是负责解释伊斯兰教法的官员，而耶路撒冷的穆夫提是该地区首要的伊斯兰教法学者。英国当局还给了他一个自己发明的头衔，任命他为大穆夫提，担任巴勒斯坦地区穆斯林群体的领袖。[4] 根据被英国部分沿用的奥斯曼法律，应当由一个穆斯林选举团提名三位新任大穆夫提候选人，再由政府从中选出一位大穆夫提。

二十四五岁的政治鼓动家阿明·侯赛尼（Amin al-Husseini）并非三名候选人中的一员，但他却被任命为新任大穆夫提。此人曾因为领导 1920 年动乱而被判处 10 年监禁（后来获得了赦免）。他能够当选，全都拜一位强烈反对犹太复国主义的官员欧内斯特·T. 里奇蒙（Ernest T. Richmond）所赐——此人是英国驻巴勒斯坦高级专员秘书班子中的一员。

里奇蒙是一位建筑师，曾在"一战"前服务于埃及公共事业局（Egyptian Public Works Administration）。他在巴勒斯坦的职位是罗纳德·斯托尔斯给他的，他还曾经与这位密友在耶路撒冷合住过一栋房子。里奇蒙负责为巴勒斯坦英国当局联络穆斯林群体，其工作（借用吉尔伯特·克莱顿将军的话说）"在某种程度上就是对付犹太复国主义组织"。[5] 据伦敦的殖民地部的一位官员说，里奇蒙是英国政府的"犹太复国主义政策的公开敌人"。[6] 他坚定不移地反对英国政府的这项政策。他在几年之后的 1924 年写信给支持犹太复国运动的英国驻巴勒斯坦高级专员说，这位高级专员及其下属、伦敦殖民地部的中东局以及巴勒斯坦的犹太复国主义委员会"都是在一种邪恶理念的支配和驱使下行事的"。[7]

1921 年，里奇蒙之所以帮助阿明·侯赛尼获得大穆夫提的职位和巴勒斯坦穆斯林领袖的地位，想必是他相信此举一定可以打击犹

　　　　　　　　　终结所有和平的和平

太复国运动。时间将会证明，他这一选择实际上给巴勒斯坦的阿拉伯人带来了更大的、更具毁灭性的打击，因为这位大穆夫提将率领他们进入一条血流成河的绝路。这位大穆夫提是一名孤注一掷的冒险家，他让巴勒斯坦的阿拉伯-犹太矛盾升级成了一场不是你死就是我亡的搏杀，为此赌上了阿拉伯人的土地与生命。最终，这位大穆夫提选择的道路将会让他亲近纳粹德国，与阿道夫·希特勒结盟。虽然阿明·侯赛尼并不能控制群雄并立的巴勒斯坦阿拉伯世界，但他的大穆夫提身份可以让他更容易击败其他争权者，赢得高度分裂的巴勒斯坦阿拉伯人群的支持。

如果英国当局利用其权力与其他方面的影响力选择了别的领导者，巴勒斯坦穆斯林是否会接受这样的安排呢？这一问题的答案我们不得而知。但是，里奇蒙的反犹太复国主义措施没能对阿拉伯人的事业起到促进作用，更无助于丘吉尔和英国政府为饱受动乱之苦的巴勒斯坦带去和平和进步的努力。

III

面对错综复杂、充满情绪因素、混乱异常的巴勒斯坦问题，丘吉尔提出了一个简单、理性而清晰的解决方案。他认为应当尝试犹太复国主义者的试验，并且相信这一举措将有益于所有人。1921 年3 月30 日，参加完开罗会议，赶到巴勒斯坦的丘吉尔告诉一位巴勒斯坦阿拉伯人代表说：

散落各地的犹太人理应拥有一个可以将他们重新团结起来

的民族中心和民族家园，而除了在过去的3 000年中与他们有着密切而深刻联系的巴勒斯坦之外，又有什么地方适合扮演这一角色呢？我们相信，此举将造福世界，造福犹太人，造福大英帝国，同时也造福在巴勒斯坦繁衍生息的阿拉伯人，这也是我们奋斗的目标……阿拉伯人将分享犹太复国主义带来的福祉与进步。[8]

丘吉尔一直对犹太人的奋发精神与他们在沙皇治下遭遇的磨难抱有同情。与贝尔福一样，丘吉尔也认为犹太人在俄国和其他国家所遭受的磨难对全世界而言都是一个问题，而在巴勒斯坦建立一个犹太家园将解决这一问题。

在丘吉尔看来，政治上活跃的犹太人分为三类：投身于所在国政治生活之中的犹太人；拥抱了布尔什维克所奉行的推崇暴力与颠覆的国际纲领的犹太人；追寻哈伊姆·魏茨曼博士的脚步，走上犹太复国主义道路的犹太人。世界上大部分犹太人都成长在像俄国这样拒绝赋予犹太人完整和平等的公民权的国家。因此，在丘吉尔看来，这些犹太人可以选择的道路就只剩下变成布尔什维克或变成犹太复国主义者了。丘吉尔本人也是一名热忱的爱国者，因而深信犹太民族主义是应当被鼓励的健康现象。

1920年初，也就是他接任殖民地大臣之前，丘吉尔曾这样写道：

如果——最好如此——在我们的有生之年，约旦河两岸可以建立起一个英国王室庇佑下的、拥有三四百万犹太人口的犹

　　　　　　　　　　　　　　　终结所有和平的和平

太国家，那么无论从什么角度来看，这一事件都将是有益的，而且尤为符合大英帝国的最根本利益。[9]

丘吉尔并非不知道巴勒斯坦阿拉伯人对犹太复国主义的排斥，但他相信可以用一种既坚持根本原则，又对阿拉伯人有诱惑力的折中方案来化解这种敌意。身为英国殖民地大臣的丘吉尔试图减少英国对犹太复国主义的支持，以此来缓和巴勒斯坦阿拉伯人的情绪。如前文所述，他认为应当先在巴勒斯坦位于约旦河以西的那四分之一部分试行犹太复国主义方案，至于是否要把犹太复国运动推广到巴勒斯坦另外四分之三的土地上，也就是外约旦，则不急于定夺。此外，丘吉尔还试图重新解读英国做过的承诺。他提出要在巴勒斯坦内部建立一个犹太民族家园，而不是把巴勒斯坦变成一个犹太政治实体。他声称，《贝尔福宣言》的真实含义就是如此。（在1921年夏天于贝尔福宅邸的一次私下谈话中，贝尔福和英国首相都驳斥了丘吉尔的说法，并且告诉他："宣言的内容始终都意在最终建立一个犹太国家。"）[10]

为了平息阿拉伯人的猜忌之心，丘吉尔还想告诉阿拉伯人，他们在经济问题上的担忧是毫无根据的。他反复强调说，犹太移民并不会抢走阿拉伯人的饭碗和阿拉伯人的土地。恰恰相反，犹太移民将创造出新的工作岗位和新的财富，造福整个社会。

丘吉尔在1921年6月告诉英国下议院："阿拉伯人真的没什么好担心的……犹太人将为这片土地带来更多的财富，更能妥善地利用其资源，来到巴勒斯坦的犹太人的人数不会超出这片土地所能供养的限度。"[11]8月，他又对一位来到伦敦的阿拉伯代表重复道：

我再三对你们说，我们不会允许没有自力更生能力的犹太人来到这里……他们不会夺走任何人的土地、权利与财产……如果有人愿意卖给他们土地，他们也愿意买下来，那他们就可以来巴勒斯坦；或者如果他们愿意把贫瘠的土地开垦灌溉成富饶的土地，他们也可以来……[12]

"这里有足够的土地提供给所有人，"[13] 他告诉他们，"没人伤害你们……犹太人的境遇要比你们艰苦得多。你们已经有了赖以为生的财产，而他们只能试着在贫瘠的不毛之地上创造财富，为来到这里的犹太人找到生计。"[14]

他还在同一份声明中抱怨说，阿拉伯人不应当拒绝谈判："参加讨论的时候不应当打定主意绝不让步，而只想着让对方做出重大让步，同时又不保证只使用和平手段来让对方做出这些让步。"

IV

终其一生，丘吉尔都沉浸在欧洲的政治文化之中——在提出一项提议时，政治家通常会考虑到各方的需求和愿望，包括对手的。因此，在1914—1915年，当基钦纳、克莱顿和斯托尔斯密谋要把法国排除在战后的中东阿拉伯世界之外时，他们也认为英国必须让法国在世界其他地方获得领土作为补偿。尽管他们对法国愿意接受的具体条件缺乏足够现实的认识，但他们清楚地认识到了这样一点：如果英国获得了新的领土，那么法国一定也会要求得到可以相匹配的收获。

　　　　　　　　　　　　终结所有和平的和平

与之相类似，在战后的土耳其，作为一位有着欧式思维的政治家，凯末尔在提出土耳其的民族主义领土诉求时，考虑的不仅是土耳其需要得到什么，他还考虑到了土耳其的邻国愿意接受怎样的条件。

这些都是丘吉尔习惯的政治思维。但是，在来到伦敦的巴勒斯坦阿拉伯人代表身上，他却看不到这种政治思维。这些阿拉伯人所做的无非是不断重复自己的要求。巴勒斯坦过去是，现在也依然是一片充满复杂且矛盾的渴求的土地，但这些阿拉伯代表却全然不顾他人的诉求、担忧、需要和梦想，而只考虑自己。犹太复国运动的领袖们反对法国人，支持阿拉伯人对叙利亚的领土诉求，试图借此来补偿阿拉伯民族主义者；他们考虑在巴勒斯坦内部设置阿拉伯人享有自治权的地区，还打算让那些愿意生活在犹太民族家园之内的阿拉伯人获得经济上和其他方面的实惠。然而，与他们不同，阿拉伯人的领袖们却无意满足犹太人的渴望，或考虑他们的需求。

当伦敦方面在大战期间开始考虑战后中东治理问题的时候，他们不曾想到与中东人打交道会如此让人沮丧。在丘吉尔看来，阿拉伯代表团成员的所作所为根本不是政治家的行事方式：他们就没打算达成任何协议。哪怕只让他们让出 1% 以获得 99%，他们似乎也不会同意。既然如此，他们的谈判对手也就没有做出任何妥协的必要了。丘吉尔向阿拉伯代表表示了自己的不满，但毫无用处。

V

来到伦敦的阿拉伯代表团由穆萨·卡赛姆·帕夏·侯赛尼

（Musa Kazim Pasha al-Husseini）*率领，此人是巴勒斯坦阿拉伯大会
（Palestine Arab Congress）执行委员会的主席。他似乎不想理解丘吉
尔所说的话。阿拉伯代表团的成员总是提出一个问题，等到丘吉尔
给出答复之后，再问出同样的问题，就好像没有听到丘吉尔的回答
一样。丘吉尔对他们的这种策略感到恼怒而无可奈何，但仍然重复
着自己的答案，似乎希望最终能够让他们理解自己的意思。就这样，
他不断地重复说，没有人会从阿拉伯人手中夺走巴勒斯坦的土地，
阿拉伯人可以自行决定是否要把土地卖给犹太人。

在中东，事情往往跟看上去的不尽相同，巴勒斯坦的土地问题
也是如此。来到伦敦的阿拉伯代表其实明白丘吉尔有关阿拉伯人出
售土地给犹太人的话，因为代表团的主席穆萨·卡赛姆·帕夏本人
就曾经把土地卖给犹太定居者。[15]其代表团里的其他一些成员也曾
经在1921—1922年以及随后的年月里把土地卖给犹太人。

早在1918年，费萨尔王子和哈伊姆·魏茨曼博士就曾经达成
过共识：巴勒斯坦并不缺乏土地，真正的问题是大片土地都握在一
小群阿拉伯地主和放高利贷者的手中。[16]为数众多的农民在饱受侵
蚀、缺乏灌溉的贫瘠土地上艰苦耕作，只能勉强维生；而远居他处
的极具影响力的地主家族却逐渐兼并了大片肥沃的土地。

正如魏茨曼在1918年向费萨尔阐述的那样，犹太复国主义者
无意侵占阿拉伯农民耕种的土地，他们只会开垦荒地，并且用科学
的农业方法恢复土地的肥力。不过，事实证明，那些阿拉伯大地主
其实很愿意把自己手中肥沃的土地出售给犹太定居者，以赚取丰厚

---

* 与他那位年轻的亲戚、新任大穆夫提并非同一人。——原注

的利润。*犹太买家经常用很高的价格竞购土地。1921 年，贝鲁特的一户阿拉伯人家庭把耶斯列谷地†的一片土地以 40~80 倍于原价的价格卖给了犹太定居者。[17] 并没有人强迫阿拉伯人把土地卖给犹太人，而是阿拉伯人主动要把土地卖给犹太人。唯一的瓶颈因素是金钱：犹太定居者没有足够的金钱去把阿拉伯人想卖掉的土地都买下来。[18]

虽然他们在表面上谴责这些土地交易，但实际上，无论是巴勒斯坦之外的阿拉伯人还是巴勒斯坦的阿拉伯上层人物都深深牵涉到这些土地交易之中。在 1920 年到 1928 年之间，被推选出来的巴勒斯坦阿拉伯高级官员之中至少有 1/4 曾经亲自或通过家人将土地出售给犹太定居者。[19]

由于这些交易的存在，犹太复国运动领导阶层可能低估了当地人对犹太定居者的反对程度。英国政府则不仅低估了其反对程度，而且彻底误判了阿拉伯人反应的性质。丘吉尔及其同僚把虚假的土地问题当了真，误解了或是佯装误解了阿拉伯人反对犹太复国主义的根本原因。阿拉伯人对犹太移民的反感源自情感、宗教和排外主义，每当外来人涌入并改变一个地方的时候，当地人往往会陷入这种复杂的情绪之中。巴勒斯坦的阿拉伯人想要保卫自己受到威胁的

---

* 出于种种原因，在第一次世界大战期间和战后不久这段时间，持有巴勒斯坦耕地的经济收益处于低谷。阿拉伯的有产阶层之所以能够维持收入水平，完全是因为犹太人在高价购买土地。与阿拉伯人在公开场合所说的不同，犹太定居者对待富有的阿拉伯人很仁厚。那些富有的阿拉伯人关于犹太人强迫他们出卖土地的说法完全是谎言。真正心存不满的是穷困潦倒的阿拉伯农民。身为社会主义者的犹太农民反对剥削他人，所以完全是自力更生。因此，在犹太人买下阿拉伯人的农场后，农场上的阿拉伯雇农往往会面临失业的命运。——原注

† 耶斯列（Jezreel）谷地，位于今天以色列北部的一片富饶的平原。——译者注

生活方式。那些前去会见温斯顿·丘吉尔的阿拉伯人代表并没有阐明他们反对犹太复国主义的这一根本原因，而是宣称这片土地无法养活更多的居民。丘吉尔对他们的说辞信以为真，以为他们反对犹太复国主义是出于经济上的考量，于是试图证明他们在经济上的担忧站不住脚。

VI

1922 年，丘吉尔做出了一个影响深远，同时能够证明阿拉伯人在经济方面的担忧毫无必要的决定——他批准由来自俄国的犹太工程师平哈斯·鲁滕贝格（Pinhas Rutenberg）在奥杰河*和约旦河河谷兴修水电工程。根据这项宏大的计划，这些水电工程将提供电力与灌溉，为开垦土地和 20 世纪的经济发展创造条件。这也是证明犹太复国主义者的主张——巴勒斯坦可以承载上百万人口，而不是阿拉伯人所宣称的几十万人口——重要的第一步。

尤其给丘吉尔留下深刻印象的是，他发现犹太人在为水电项目融资和推动这一项目时，完全不以营利为目的。他十分感动，告诉英国下议院说，只有犹太复国主义者才会不以营利为目的实施这样的工程：

> 有人告诉我说，阿拉伯人也会这样做的。谁会相信呢？全凭他们自己的话，巴勒斯坦的阿拉伯人就是等上 1 000 年也不

---

* 奥杰河（Auja），以色列称雅孔河（Yarkon），位于今以色列中部。奥杰河是它的阿拉伯语名称。——译者注

会真的去努力灌溉土地，让巴勒斯坦地区用上电。这群逆来顺受的人啊，他们会继续心满意足地生活在这片被太阳炙烤的荒芜土地上，任凭约旦河的河水不受限制地白白流入死海之中。[20]

丘吉尔一如既往地告诫阿拉伯人，他们最好抓住机会，因为英国无论如何都会履行自己的诺言。1921年夏天，他在伦敦告诉顽固的巴勒斯坦阿拉伯人代表说："英国政府决心践行《贝尔福宣言》，我已经不止一次地告诉你们这一点了。我在耶路撒冷对你们说过，在下议院对你们说过，现在又对你们说一次。英国政府打算践行《贝尔福宣言》，事实如此。"[21]

但是，巴勒斯坦的英国当局的军官们却让阿拉伯领袖们产生了别的看法。丘吉尔沮丧地推算出，在驻巴勒斯坦的英军当中，大约有90%的人反对《贝尔福宣言》。[22]1921年10月29日，驻埃及和巴勒斯坦英军总司令 W. N. 康格里夫（W. N. Congreve）将军给全军发布了一份通告说，虽然"军方不应持有政治观点"，但他们可以怀有同情之心，而"在巴勒斯坦问题上，他们的同情心显然在阿拉伯人一方。在态度中立的观察家看来，阿拉伯人一直是英国政府不公正政策压迫下的受害者"。他借用了丘吉尔对《贝尔福宣言》的狭义解读，表示自己相信"英国政府永远不会支持犹太复国主义者中极端派的贪婪主张，那些人一心想要建立一个属于犹太人的巴勒斯坦，只给阿拉伯人留下苟延残喘的空间"。[23]约翰·沙克伯勒在把这份通告转发给丘吉尔时表示："驻巴勒斯坦英军大体上是反对犹太复国主义的，而且无论别人说什么都不为所动，这真是一件不幸的事。"[24]

1921 年夏天，沙克伯勒的副手休伯特·杨准备了一份备忘录，由丘吉尔转交给内阁。他在这份备忘录中提出要"撤换掉所有反对犹太复国主义的行政官员，不论品级有多高"。[25] 但是，这一提议并没有触及军事官员。而且，尽管行政官员的最高首脑是赫伯特·塞缪尔爵士和温德姆·迪兹这样的人物，他们手下官员的政治倾向似乎也没有丝毫动摇。

　　在犹太社群之中，也有些人对英国当局感到绝望。犹太军团的缔造者弗拉基米尔·亚博京斯基认为，既然警察和军队都无法保护犹太人，犹太人就必须有能力保卫自己。1922 年 3 月 27 日，《泰晤士报》驻近东地区的记者报道说："犹太复国主义者中的一些极端分子开始冒险走私军火，还组织了一支名叫'哈加拿'（Hagana）的秘密自卫武装。"

　　渐渐地，英国国内一些有影响力的人物也开始动摇，担心英国没有能力继续占领巴勒斯坦和支持看上去如此难以实现的犹太复国主义梦想。《泰晤士报》曾经是《贝尔福宣言》的积极支持者，曾在 1920 年 4 月 27 日称这一政策是"协约国可能给予犹太民族的唯一正确的政策"。但是，随着困难日渐增多，《泰晤士报》也变得不那么坚定了。1922 年春天，《泰晤士报》刊载了菲利普·格雷夫斯分成六个部分的系列文章——此人曾经在战争期间为阿拉伯局效力。他在文章中解释了英国在巴勒斯坦日益不得人心的原因。比起那些同情动乱的英国军人，格雷夫斯把矛头更多地指向了动乱的受害者——在巴勒斯坦的犹太人。他认为，英国军队已经不想再打仗了。实际上，英国公众也对战争感到厌倦。

　　1922 年 4 月 11 日，在格雷夫斯的系列文章收尾的那一期报纸上，《泰晤士报》发表了一篇从"英国纳税人"角度出发的社论，回顾了犹太复国运动在巴勒斯坦的实验，同时质疑英国是否还有能力继续支持这场实验。"这是一场有趣的实验，但问题是我们有没有仔细考虑过实验的成本。"

于是，殖民地大臣丘吉尔发现，英国政府曾经得到国内支持的巴勒斯坦政策，现在却遭遇了来自国内的阻力。1922 年 6 月 21 日，英国上议院以 60 票赞成，29 票反对通过了一项动议，宣称英国不应当接受巴勒斯坦托管地（这正是《贝尔福宣言》政策的具体体现）的安排。上议院的动议并不具有约束力，却让殖民地部成了 7 月 4 日晚上举行的下议院辩论中的焦点。多名议员发言，批评丘吉尔试图实践《贝尔福宣言》的举动。但这些批评者中的许多人此前也曾支持过《贝尔福宣言》。因此，丘吉尔就用他们以前的表态攻击他们，他这样做收效良好。丘吉尔朗读了十多份在《贝尔福宣言》发表之初表示支持该宣言的声明，并且告诉下议院，如果需要的话，他还可以找到更多类似的声明。他告诉他的对手们，既然他们自己曾经支持英国做出这一承诺，现在就没有资格反戈一击，指责他履行这一承诺的努力。[26]

像以前在多个其他场合一样，丘吉尔又一次饱含感情地阐述英国为什么需要践行自己的诺言。他对下议院说，英国之所以发表《贝尔福宣言》，"不仅仅是因为它符合公义——虽然我认为它的确非常符合公义"，更重要的是，英国人在那个时候认为犹太人的支持可以让英国在战争的较量中"获得十分明显的优势"。[27] 他说，他当时并非战时内阁的成员，也没有参与《贝尔福宣言》的制定。但是，像议会里的其他议员一样，他忠实地支持战时内阁制定的政策，因而当时机到来时，他也认为有责任履行战时内阁代表英国做出的承诺。

丘吉尔在演讲中回应了所有对他的攻击，包括他批准鲁滕贝格的水电项目后引发的猛烈攻击。他宣称，他已经把管理巴勒斯坦的成本从 1920 年的 800 万英镑削减到了 1921 年的 400 万英镑，这一数字在 1922 年预计会进一步减少到约 200 万英镑；而在有了鲁滕贝格的开发项目之后，英国政府终于获得了从巴勒斯坦取得经济回报的可能性。[28]

丘吉尔的演讲大获成功。英国政府的巴勒斯坦政策获得了 292 票赞成，仅有 35 票反对。丘吉尔发电报给远在耶路撒冷的迪兹说，下议院的投票结果"直接推翻了上议院的决议"。[29] 换句话说，英国将批准国际联盟提出的巴勒斯坦托管方案。

不久，巴勒斯坦阿拉伯大会执行委员会发了一封电报给英国殖民地大臣，表示他们拒绝接受国际联盟的托管方案，同时拒绝了英国政府的白皮书。在这份白皮书中，丘吉尔阐述了英国政府对犹太复国运动大为缩水的承诺。另一方面，尽管十分不情愿，但哈伊姆·魏茨曼博士还是代表犹太复国主义组织接受了英国政府开出的条件，他希望这些条件可以构成一个框架，犹太人可以在此框架下逐渐成为在巴勒斯坦占人口多数的族群，届时再谋求自治。魏茨曼接受了英国人能够提供给他的最好的条件，寄希望于在未来改进这些条件；而阿拉伯大会执行委员会却拒绝了英国人能够提供给他们的最好的条件，寄希望于有朝一日能由他们自己决定大局。

7 月 22 日，国际联盟终于正式批准了修改后的巴勒斯坦托管方案，英国得以在约旦河以西践行重新定义过的《贝尔福宣言》。

VII

在仔细考量了阿拉伯人的对抗情绪和英国人对此的反应之后，两位颇具影响力的犹太复国运动领袖——戴维·本-古里安和弗拉基米尔·亚博京斯基——又像往常一样得出了截然相反的结论。

出生在波兰的本-古里安是劳工锡安主义运动的领袖。早在1906年，20岁的本-古里安就来到巴勒斯坦定居。在第一次世界大战爆发之初，他曾是奥斯曼帝国的支持者，但他最终加入了英国军队。他是一名社会主义者，坚信只有通过劳动才能赢得在一个地方定居的权利，他还认为犹太人和阿拉伯人同样有权在巴勒斯坦生活和工作。在他看来，1920年和1921年爆发的阿拉伯暴乱是一群"野蛮人"被英国当局误导的结果，英国人让他们误以为使用暴力就能达到自己的目的。[30] 作为一名工人运动领袖，他主张阿拉伯与犹太工农有着共同的利益，应当一起对抗他们的雇主和地主，他的目标就是让阿拉伯人意识到这一点。他希望能够创造一个阿拉伯人与犹太人共享自治权的巴勒斯坦。

在本-古里安看来，1920年和1921年爆发的阿拉伯暴乱证明，犹太复国主义者没有能够让阿拉伯人清楚地认识到他们的宗教权利和民事权利永远不会受到侵犯。[31] 像往常一样，他认为解决问题的根本在于教育与沟通。尽管他从一开始就知道阿拉伯人有可能永远不会接受犹太人的移民、定居，但他没有让自己执着于这种可能性，也不允许自己相信这种情况真的会发生。一些历史学家现在认为，尽管本-古里安声称自己相信阿拉伯人与犹太人可以进行合作，[32] 但他心里未必真的完全相信这一前景。本-古里安更有可能是这样一种人——他认为总是想着失败的可能性是毫无益处的。他是一名"建构主义者",相信有志者事竟成。他相信犹太人的劳动和创造也会造福于巴勒斯坦的阿拉伯人,因此他继续主张与阿拉伯人和英国当局进行合作。

与他相反,出生在俄国,曾经缔造了艾伦比麾下的犹太军团的记者亚博京斯基则认为阿拉伯人永远不会和平地坐视犹太人成为巴勒斯坦的多数居民。因此,在犹太定居者建立自己的家园并日渐壮大成为当地的多数居民的过程中,必须依靠一道由武装力量构成的"铁墙"才能保护他们。他认为,犹太人显然不能依赖于英国人的保护,必须组织起自己的军队来保卫自己。[33] 这种处境近乎让人绝望,亚博京斯基发现只有少数人像自己一样愿意接受这一现实。

一个怪象就这样出现了:在第一次世界大战爆发之初曾经试图组建一支犹太人军队为奥斯曼帝国而战的本-古里安,现在依赖于英国政府;而曾经组织起一个犹太军团为英国而战的亚博京斯基,却对英国人失去了信心。

在以后的岁月中,本-古里安将会成为犹太复国运动主流派别的领袖,而亚博京斯基将会在整个20世纪20年代领导反对派,抵抗犹太复国主义领导人的主流路线。到20世纪30年代末,亚博京斯基还将脱离官方的犹太复国主义组织,自行成立修正主义派别的犹太复国主义组织。他将对丘吉尔在1922年从犹太民族家园的领地上剥离外约旦的做法大加挞伐,主张建立一个横跨约旦河两岸的犹太国家。本-古里安与亚博京斯基之间的分歧一直延续到了今日的以色列政坛——工党继承了本-古里安的主张，赫鲁特党[*]则继承了亚博京斯基的路线。

在以色列，尤其是在赫鲁特党内部，人们依然认为约旦是，或者应当是一个属于阿拉伯人的巴勒斯坦国家，而丘吉尔在1922年将外约旦（当时的称呼）与巴勒斯坦托管地的其他部分分割开来的做法是非法的。

VIII

至此，奥斯曼帝国阿拉伯语地区的政治版图已经重新划分。土耳其人失去了这一地区的统治权。在东方，库尔德人、逊尼派、什叶派和犹太人被整合进了一个名叫伊拉克的崭新的美索不达米亚国家，由一位阿拉伯王子统治。它看上去是一个独立的国家，但英国将其视作自己的保护国。叙利亚和版图扩大了许多的黎巴嫩被法国人统治。从巴勒斯坦地区分出来一个新的阿拉伯实体，即未来的约旦。在约旦河以西是巴勒斯坦，其中包括一个犹太民族家园。这一切与丘吉尔曾经支持过的"恢复奥斯曼帝国"的想法相去甚远。

不过，丘吉尔还是完成了他在出任殖民地大臣时为自己制定的在中东地区的主要目标。他的首要目标是削减成本，他在这方面确实成绩卓著。不仅如此，他相信自己创造了一个可以在未来十分经济地运行下去的体系。有了从埃及延伸到伊拉克的多个空军基地，他可以用最低的成本控制住中东国家。

---

* 赫鲁特党（Herut Party），以色列政党，"赫鲁特"意为自由。该党于1988年并入后来在以色列长期执政的政党利库德集团。——译者注

他的另一个目标是向世人展示英国会信守诺言。他没有能够完全履行对犹太复国主义者的承诺，不过对侯赛因国王一家可谓问心无愧。T. E. 劳伦斯曾经是在这一领域对本国政府批评得最厉害的英国人，但他也认为丘吉尔的功劳不止于此。1922 年底，劳伦斯提到了侯赛因与时任英国驻埃及高级专员的亨利·麦克马洪爵士在战时有关阿拉伯独立运动边界的通信。他写道："他（丘吉尔）履行了麦克马洪有关巴勒斯坦、外约旦和阿拉伯半岛的全部承诺（有些没见过这些通信的人把它称作"条约"）。而在美索不达米亚，他所做的事情甚至远远超出了此前的承诺……我不想长篇大论，但我必须说，我坚信英国光明正大地解决了阿拉伯问题。"[34]

尽管阿拉伯问题是他的主要职责，但其实这并不是丘吉尔在中东最关心的事情。丘吉尔最关心的是奥斯曼帝国残存的土耳其语地区。在丘吉尔看来，劳合·乔治在这一地区的政策是一个危险的错误，有可能让英国在中东的全部地位毁于一旦。

59

联盟分崩离析

I

丘吉尔对劳合·乔治的土耳其政策的抱怨并没有被首相理睬。劳合·乔治曾经在周围所有专业人士的反对声浪中用事实证明过自己的正确。此时的他，因为自己的崇高地位与辉煌胜利而志得意满，因此对同僚们的意见不屑一顾。劳合·乔治独断专行，并不听从国内外各种政治群体的意见——尽管他的权力正源自他们。

多年以来，劳合·乔治一直是各种联合体中的核心人物。作为他所在的自由党与保守党结成的议会联盟的领袖，他依旧享有下议院中的多数支持，这确保他能够一直担任联合政府的领袖。同时，作为英国的首相，他还领导着一个多元化的联合体——大英帝国与加拿大、纽芬兰、南非、澳大利亚和新西兰等自治领的联合体，它们在第一次世界大战中与欧洲大陆上的协约国结成联盟，对抗同盟国。到了1921年，在这个战时联盟的诸位领袖中，只有劳合·乔治依然大权在握。然而，在奥斯曼帝国仍在抵抗的领土上，以劳合·乔治为核心的各个联合体开始出现瓦解的迹象。

在欧洲协约国之中，俄国第一个退出了战时联盟，并随即反戈一击，与联盟为敌。早在战争尚未结束之时，新掌权的布尔什维克政权就开始在中东和中亚的南部边疆与俄国的旧盟友们产生冲突。

与此同时，苏维埃政府又在停火后的几年中与战时的敌人土耳其结成了一种相互利用的同盟关系，同时与恩维尔帕夏和穆斯塔法·凯末尔合作。苏俄向凯末尔提供了武器和资金，支持他继续反抗协约国。1921年，苏俄政府及其卫星政权与凯末尔的土耳其政权达成了全面协议，确认了彼此的疆界和合作关系。

同样在1921年，苏俄又开始与另一个曾经的敌国发展合作关系。在恩维尔帕夏的提议下，新组建的德国军队的高层与苏维埃政权结成了秘密伙伴关系。德军统帅、恩维尔的友人冯·塞克特将军在德国国防部内部组建了"R特别行动处"（Special Branch R），专门负责管理这种秘密合作关系，合作内容包括军用物资生产、军事训练和新武器开发。德国军官借此机会可以在苏俄的土地上接触战胜国禁止他们接触的武器——尤其是坦克和飞机。[1]德国的工业企业在苏俄设立工厂，生产毒气、榴弹和军用飞机。德军在苏维埃俄国的土地上建起军事学院，为本国训练坦克手和战斗机飞行员。与此同时，苏俄也把军官送到德国，让他们按照备受敬畏的德国总参谋部设计出来的方式进行学习。1922年，德国政府在《拉巴洛条约》*的秘密条款中批准了这些秘密安排。战争结束前在伊斯坦布尔担任奥斯曼军队总参谋长，并且自1919年起担任德军统帅的汉斯·冯·塞克特将军竟然会在1922年向苏俄总参谋部报告达达尼尔海峡的军事形势，我们可以从这一颇具象征性的事件中一窥最新的事态发展，看出俄国在其1914年对抗德国和土耳其的战争之后发生

---

* 《拉巴洛条约》（Treaty of Rapallo）是1922年4月16日苏俄与德国签订的条约，确立了两国之间的政治联系与外交关系。——原注

　　　　　　　　　　　　　　　　终结所有和平的和平

了多么巨大的变化。现在，这三个国家一起把矛头对准了英国。

II

接下来倒戈的是意大利。停火协议甫一签署，意大利就开始表现出对奥斯曼帝国不幸遭遇的同情。意大利的同情心可能源自民族主义者之间传统的同志之情，毕竟他们都是19世纪的意大利爱国者朱塞佩·马志尼的信徒；另一个原因是，意大利希望可以保留并扩大战前在土耳其的经济利益。1918年底被任命为意大利驻伊斯坦布尔高级专员的卡洛·斯福尔扎伯爵是一位态度开放、富于同情心且又务实的政治家。他刚一到任，就立刻着手与穆斯塔法·凯末尔建立联系，他还鼓励土耳其人拒绝协约国的过分要求。在协约国委员会内部，意大利人也毫不掩饰自己对英法提出的和平条款的反对态度。1920年，当奥斯曼苏丹即将在英法的逼迫下签署《色佛尔和约》时，英国陆军部的一位高级官员汇报说，意大利正在转而支持拒绝接受这一和约的凯末尔。在《色佛尔和约》签订前一个月，寇松勋爵就因为意大利在中东的"背信弃义"指责了斯福尔扎伯爵。[2]

自停火协议签署之后，意大利与其盟友在中东的目标分歧就变得日益显著了。从实用主义的角度出发，意大利根本没有动力去支持英法的计划，特别是在协约国把希腊军队派到士麦那，使得意大利无法得到这一地区之后。在历届意大利政府看来，协约国的政策似乎都是服务于希腊的利益，而罗马方面对造福希腊毫无兴趣。尤其是在斯福尔扎伯爵于1920年出任意大利外交大臣之后，意大利开始把希腊看作对手，而不是盟友；每当希腊有所收获，意大利根本无意支持希腊的诉求，而是想为自己谋求与之等价的收获。但意大利的主张从来没有获得过协约国的支持。在与凯末尔的部队于安纳托利亚中部的科尼亚（Konya）发生一次冲突之后，意大利当局意识到，他们在土耳其占领的土地只能依靠他们自己来保卫，而无法得到其他国家的帮助；面对凯末尔的进攻，他们很可能会被击败。考虑到国内日益恶化的经济、财政和社会环境，意大利最终决定放弃对土耳其的领土主张，并从安纳托利亚撤军。意大利希望可以借此来换取凯末尔的安哥拉政府在经济上的让步。斯福尔扎与凯末尔政权达成了秘密协议，只要后者向意大利做出经济方面的让步，意大利就会为其提供大量的武器装备。

身为外交大臣的斯福尔扎伯爵继续向英法两国政府施压，要求修改《色佛尔和约》。他还告诫寇松勋爵说，除非协约国与凯末尔达成某种共识，否则安哥拉政权将不得不与莫斯科方面结盟。他警告说，这个举动将会带来巨大的灾难。[3] 出于各种各样的原因，虽然意大利政府并不赞同《色佛尔和约》的内容，但始终也没有公然反对这份和约，以免与英国公开对抗。

在意大利国内，也有一些声音主张采取更有力的行动，以实现意大利的野心。1919 年，著名的作家和民族主义者加布里埃尔·邓南遮（Gabriele D'Annunzio）率领其支持者夺取了达尔马提亚的港口城镇阜姆*，这在意大利激起了狂热情绪，也让人们看到了一个可以利用的力量源泉。贝尼托·墨索里尼利用了意大利国内对未

---

* 阜姆（Fiume），即今克罗地亚城市里耶卡，阜姆是其意大利语名称。"一战"前，阜姆是奥匈帝国的重要军港，在行政上隶属于匈牙利王国，但其主要人口是意大利人和克罗地亚人。"一战"结束后，新成立的塞尔维亚-克罗地亚-斯洛文尼亚王国（后改称南斯拉夫王国）与意大利王国对这座城市展开了争夺。——译者注

能从战争中分一杯羹的不满情绪，通过他的报纸《意大利人民报》（*Popolo d'Italia*）加以煽动。这位鼓动家将自己形容为"所有道路的冒险家"，他不分立场左右，鼓吹所有政治派别最极端的主张。他声称，英法正在蒙骗意大利，以使其无法在中东得到任何战利品。[4]他断言，意大利有权成为地中海的霸主，这是意大利"伟大的帝国使命"。[5]他指出，英国就是那个挡在意大利崛起之路上的大国，因此他提议支持埃及、印度和爱尔兰的反叛力量。

1922年，墨索里尼在其政治拥趸（法西斯党徒）的支持下，当上了意大利首相。与此同时，意大利与英国在土耳其和地中海东部领土问题上的意见分歧也演变成了持续时间更久、影响范围更大的敌对情绪。墨索里尼的政治主张是要把英国彻底逐出地中海。[6]在他的领导下，意大利像俄国一样，也从大英帝国的盟友变成了大英帝国的敌人。

III

1919—1920年，美国也退出了协约国的阵营——美国参议院先是否决了《凡尔赛和约》，又拒绝批准美国加入国际联盟，还拒绝了由美国托管亚美尼亚的提议。1920年3月24日，美国国务卿在代表威尔逊总统答复法国驻美大使的照会中表明了美国的新立场：美国不会派代表参加与奥斯曼帝国的和谈，也不会参与或签署任何与奥斯曼帝国相关的和平条约，但美国希望美国的意见能够在和约中有所体现。除了威尔逊总统在中东一些具体事务上的答复之外，美国在这份照会中还重申了门户开放政策*，要求和约的非签约国也得到平等待遇，还要求在中东地区保留美国的既有权利。

1919 年，美国国务院宣布美国在被占领的奥斯曼帝国领土上享有若干合法权利，其中不仅包括不平等条约赋予美国人在土耳其的各种权利与特权，还包括达达尼尔海峡的自由航行权、保护美国教会学校和其他教会活动的权利，以及开展考古活动和商业活动的充分机会。在美国的各种主张中，最惹眼的部分是对美国各石油公司利益的保护，这让美国和英国产生了冲突。

石油争端的第一次出现与纽约标准石油公司有关（Standard Oil Company of New York，缩写为"Socony"）。这家公司在战前就已经开始在中东进行石油勘探活动，并且从奥斯曼帝国政府那里取得了在巴勒斯坦和叙利亚独家勘探石油的许可。不过，它在伊拉克并没有这样的特权。鉴于它已经是伊拉克最主要的石油制品供应商，纽约标准石油公司希望在伊拉克也能取得类似的特权；公司的营销战略也要求它在销售地当地或附近拥有生产能力。

1919 年 9 月，纽约标准石油公司派了两名地质学家到伊拉克勘探石油。其中一人十分不谨慎地给妻子写了一封信，告诉她"我即将动身前往的地方，可能是世界上储量最大的油田"；由于"事关重大"，他们必须努力"为美国民众获取他们应得的权益"。[7] 他的信在协约国控制下的伊斯坦布尔被英国审查官截获，其内容随即被发给了伦敦的英国政府。伦敦方面立刻给驻伊拉克高级专员阿诺德·威尔逊爵士下令，要求他禁止这两名地质学家进行勘探活动。

---

* 门户开放政策要求该地区市场对美国商人完全开放。——原注

在纽约标准石油公司的要求下，美国国务院表示了抗议，但英国外交大臣寇松勋爵却用一个看上去说得过去，但并不完全属实的借口加以推诿：在和平局面彻底恢复之前，无论哪国人都不允许进行勘探活动。

下一个卷进来的是新泽西标准石油公司。早在1910年，新泽西标准石油公司的首席地质学家就认定伊拉克有开采石油的潜力，但是在战争结束前，该公司并无任何实质动作。1919年2月，该公司的总裁向董事会提议，公司应该到伊拉克勘探石油。一个月后，该公司的海外生产主管被派到巴黎，向参加和会的美国代表团提出了这一要求。

随后，新泽西标准石油公司的董事会主席A. C. 贝德福德（A. C. Bedford）来到欧洲，亲自处理这一事宜。在战争期间，英法两国达成了许多在战后瓜分中东石油财富的秘密协议，同时用虚假的承诺应付美国政府，让美国以为英法没有做出任何会将美国的利益排斥在外的决定——而贝德福德正是为了美国的利益而来。1920年4月27日，英法两国终于在圣雷莫达成了一项秘密的石油协议，其内容实际上相当于中东未来的石油产出全部由两国来瓜分。贝德福德从法国代表团的一位成员手中拿到了这一协议的一份副本，随后把它交给了美国大使馆。

鉴于英法两国在《圣雷莫协议》中密谋瓜分整个中东未来的石油产出，美国政府认定这一协议不只会威胁到一两家美国石油公司利益，而是会损害美国的国家利益。人们在战争中第一次注意到了石油对于陆海军的重要意义，而美国在战争结束后还经历过一次油荒带来的恐慌：原油价格上涨，美国国内普遍担心本国的石油储备在日益枯竭。美国国务院的经济顾问提到，为了保证能够给商用和军用船只提供足够的燃油，并且巩固美国作为世界首要石油供应国和石油制品供应国的地位，"取得稳定、安全的外国原油供应……有着经济上的必要性"。[8]

1920 年夏，《圣雷莫协议》被公之于众。美国终于可以表明自己知道这一协议的存在，于是提出了抗议。英国外交大臣寇松勋爵回应说，英国只控制了世界石油生产总量的 4.5%，而美国控制了80%；此外，美国还不允许其他国家进入它控制的区域。[9]美国国务卿班布里奇·科尔比（Bainbridge Colby）反驳说，美国只占有全球已知石油储备的十二分之一，且美国对石油的需求超过了自身的产出，只有全力开发现有的石油储备才能满足不断增长的需求。[10]

英国官员意识到英国已经得罪了美国，进而开始怀疑美国的石油利益集团是不是伊拉克的反英起义和土耳其的凯末尔主义运动的幕后黑手。据说，英国安全部门在伊拉克逮捕的一名叛军领袖身上找到了一封来自某家标准石油公司的信件。这封信件表明，美国驻巴格达领事正在为以圣城卡尔巴拉为中心活动的什叶派叛军提供来自美国的资金。[11]

美国驻巴格达领事的确反对英国人在伊拉克的统治，但华盛顿方面并非如此。事实恰好相反，美国国务院和美国的石油公司其实都赞成由英国来统治这一地区。石油公司只愿意在（其认为）稳定、负责的政权统治下的区域从事石油的勘探、开发和生产。新泽西标准石油公司的总裁向美国国务院汇报说，伊拉克就是一个相互厮杀的部落的集合。在他看来，只有英国控制下的伊拉克政府才有可能为这个国家带来法律与秩序。[12]时任美国国务院近东事务局局长的艾伦·杜勒斯（Allen Dulles）不希望英法两国放弃它们在中东的领地，因为那样会损害美国的利益。持这种观点者在美国政府中大有人在。[13] 杜勒斯汇报说，想在伊拉克的石油开发中分一杯羹的几家美国石油公司雇用了一位名叫盖伊·韦尔曼（Guy Wellman）的律师，此人认为，这些公司与其试图单干，不如与英国方面协商合作会更有利可图。[14]

1920 年夏天，一个可以解决英美矛盾的方案开始浮出水面，因为地质学家告诉英国政府，在伊拉克勘探石油的风险比之前想象的更大。[15] 与此同时，英国外交部还得知，由于工程规模浩大，即便他们在伊拉克找到了石油，英国也缺乏足够的资本独自开发，不得不请求美国共同开发。[16] 由于这些因素和一些政治原因，英国石油行业的重要人物约翰·卡德曼爵士（Sir John Cadman）被派往美国进行谈判。1922 年 6 月 22 日，新泽西标准石油公司的 A. C. 贝德福德来到美国国务院，代表七家美国石油公司申请参与由英国主导的特许商业活动。美国国务院答复说，只要这一机会的大门向所有资质合格的美国石油公司开放，美国国务院就不会反对。于是，英美双方的磋商开始了。*

就这样，英国与美国的争端得到了化解。但与此同时，美国也把"由欧洲人控制中东"这一重任甩给了孤立无援的英国人。

---

* 双方的最终协议，即所谓"红线协议"（Red Line agreement），一直到 1928 年 7 月 31 日才达成。——原注

IV

法国是英国的主要盟友中与英国关系最亲密的一个，也是最后一个抛弃这一联盟的。有关是否信守《赛克斯-皮科协定》的漫长争吵以及英国对哈希姆家族政治诉求的支持都损害了英法两国之间的关系。左翼资深政治家阿里斯蒂德·白里安曾经多次出任法国总理，在克列孟梭退隐之后，他被视为主张维系英法联盟的政治派别的领袖。但是，当他于1921年1月再次成为法国总理之后，英法两国却终于决裂了。

导致这一切的直接原因是，白里安发现法国已经无力继续保有其占领的土耳其南部省份奇里乞亚了。法国在这里维持着8万人的占领军，其开销之大已经让法国难以承受，法国议会不愿意再为此付钱了。奇里乞亚的位置也让法国占领军很难受，因为它刚好夹在忠于凯末尔的土耳其人与麻烦不断的叙利亚之间。于是，法国总理白里安于1921年春天派一位名叫亨利·富兰克林-布永（Henri Franklin-Bouillon）的参议员出使安哥拉，试图与土耳其人谈判，寻求一个撤出方案。富兰克林-布永曾担任法国下议院外交事务委员会的主席，是殖民主义团体的一名领袖，他深信土耳其可以成为法国重要的伊斯兰盟友。

1921年秋天，富兰克林-布永第二次出使安哥拉，成功达成了一项协议，结束了法国与土耳其之间的战争，并且在事实上承认了安哥拉的民族主义政权为土耳其的合法政府。对于土耳其民族主义者来说，《安哥拉协定》是最重大的外交胜利。用穆斯塔法·凯末尔的话说，这一条约"向全世界证明"了《色佛尔和约》现在"只是一张废纸"。[17] 英国将此举视作法国对英国的背叛，因为这相当于法国与土耳其单独媾和，使土耳其人得以腾出手来对付受英国保护的希腊和伊拉克。正如英国所猜测的那样，法国也为安哥拉政权提供了大量的军备。[18] 就这样，拿着法国装备的土耳其人与得到英国支持的希腊人直接对垒，英法这两个曾经于1914年并肩投入对奥斯曼帝国战争的协约国盟友发现，它们现在成了土耳其的战场上的对手。

1921年10月26日，丘吉尔向英国内阁提交了一份备忘录，提到了法国将为凯末尔政权提供援助的消息。丘吉尔在备忘录中评论道："这一消息让人难以置信。如果消息属实，那么法国人的行为无疑只能被定义为外交领域中的'不友好行为'。"[19] 要知道，根据标准的外交工具书，在外交语境中，"当一国意欲警告他国某种行为可能会招致战争时，通常会将其行为描述为'不友好行为'"。[20] 因此，丘吉尔的措辞实际上十分严厉。他的话意味着，《安哥拉协定》有可能会导致法国与英国之间爆发战争。

有一段时间，丘吉尔担心土耳其民族主义者会转向东方，进攻脆弱的伊拉克费萨尔政权；他还相信，法国可能会准许土耳其使用巴格达铁路的奇里乞亚段，为土耳其的行动提供帮助。丘吉尔在备忘录中写道："显然，法国人通过富兰克林-布永先生磋商的这一协定，不仅旨在保护法国在土耳其的利益，而且在必要的时候还可以牺牲大不列颠的利益以保全法国的利益。他们显然相信我们与希腊人之间有一个类似的反法协定。而且，很自然地，他们对费萨尔被英国人扶上伊拉克王位一事也十分不满。"[21] 在丘吉尔看来，法国人最乐于看到的情况就是费萨尔的倒台和英国政策的失败，而这也意味着丘吉尔自己的一系列努力付之东流。

白里安总理并没有意识到《安哥拉协定》会对英国的欧洲政策产生多么巨大的影响。1921年，鉴于美国政府对战后的法国对德政策已经失去了同情心，*白里安要求英国向法国做出保证，不让德国的威胁死灰复燃。他十分担心法国会陷入孤立的境地，于是向劳合·乔治和寇松提议，让英国与法国结成同盟，帮助法国防范德国。英国领导人表示，除非法国能够解决《安哥拉协定》在中东造成的争端，否则他们不会考虑与法国结盟。在英国人拒绝了他的提议之后，白里安政府就倒台了。

　　法国前总统雷蒙·普恩加莱成了新一任法国总理。他代表着白里安的对立面，对英国也谈不上友好。他的外交主张是法国不需要英国，但应当与波兰、罗马尼亚、南斯拉夫和捷克斯洛伐克等中欧、东欧小国结成同盟体系。在英国人看来，法国人此举无异于要在欧洲大陆建立霸权，就像法国在路易十四和拿破仑时代所做的那样。普恩加莱的这一政策进一步恶化了英法关系。1922年6月，英国中止了谈判，英法结盟的前景彻底破灭。在随后的岁月里，两国之间的分歧变得越发明显。

V

　　在某种程度上，英国在外交上的孤立处境是穆斯塔法·凯末尔

---

* 在停火之后，福煦元帅希望可以把法德边界推进到莱茵河一线，利用这一自然界线保证法国的安全。但是，在伍德罗·威尔逊及其十四点原则的压力下，法国被迫放弃了这一要求，转而要求其主要盟友对法国做出安全保证。这一保证条约从未生效过。1919年11月19日，美国参议院否决了这一条约。更重要的是，法国在未来获得美国援助的前景也在变得越发黯淡。——原注

　　　　　　　　　　　　　　　　　　　　　　　终结所有和平的和平

精明的外交手腕的产物。安哥拉政府故意挑动协约国产生内讧。

但是，导致联盟崩溃的根本原因是英国决定由欧洲人来统治曾经的奥斯曼帝国，即便联盟的崩溃同时也是其他因素作用的结果，但正是这一点让联盟崩溃的后果变得如此危险。我们通过这一点可以清楚地看到英国的中东政策在 1914 年之前和之后的巨大区别。

在 19 世纪，英国与欧洲列强达成协议，不让任何一个欧洲强国侵占中东，从而避免了欧洲列强之间的矛盾激化，同时也促进了国际环境的稳定。在解决种种问题的过程中，英国经常提到欧洲大国协调的问题，使得多边磋商与合作成为一种惯例，从而让国际政治变得更加文明。因此，尽管充满了分歧与不和，但中东在总体上还是为国际环境的和谐做出了贡献。

但是，在阿斯奎斯政府于 1915 年答应了俄国的领土要求之后，中东就变成了一个纷争之源。如果沙皇打算控制奥斯曼帝国讲土耳其语的北方地区，那么英国（按照基钦纳伯爵的想法）就必须在讲阿拉伯语的南方地区取得霸权。相应地，法国就会要求得到叙利亚和巴勒斯坦。就这样，一个要求导致另一个要求，每个列强都认为他人索要的太多。即便英国在战后能够信守诺言，立即按照列强激烈争论后划定的界线瓜分奥斯曼帝国，列强之间也非常容易在日后产生矛盾——只要它们之中有一个国家在未来采取扩张政策。而实际上，劳合·乔治不仅违背了承诺，还打算让大英帝国拿走全部好处。这样一来，冲突就变得不可避免了。更糟糕的是，他根本没有足够的资源来实现他的目标。

联盟往往会在战争结束时瓦解。而且，那些在战前与英国一同致力于国际和谐的盟友现在正逐渐丧失对全球政治的控制。但是，在战争结束后，最先让英国与其战时盟友俄国、意大利、法国和美国产生分歧的正是中东问题。英国的中东政策引起了他国的怨恨，让英国无法与其前盟友在世界其他地方的政策上取得共识，最终导致了联盟的土崩瓦解。

60

希腊悲剧

I

在1919年和1920年，劳合·乔治扬扬自得，却忘了他的力量源自英国与各国之间的国家联盟以及英国国内的政党联盟。他主持着国家间的联盟与国内的政党联盟，但它们并不在他的掌控之内。1921年，政局的变化给了他一个提醒：就在英国与盟友关系土崩瓦解之际，首相发现他在对土耳其的战争政策问题上，也越发在英国政府内部受到孤立。希腊发生了君主更替和政府更迭，亲协约国的韦尼泽洛斯下台。有鉴于此，博纳·劳倾向于与土耳其人达成和解。他的意见不容忽视，因为他是议会中多数党的领袖。倘若博纳·劳依然留在政府当中，他原本有机会强行改变英国的对土政策，并且提醒劳合·乔治，自己的支持者们也同样持亲土耳其的立场。但是，由于健康原因，博纳·劳于1921年冬退出了政界，首相因此失去了一个能够约束其行为的政治伙伴。博纳·劳引退后，首相与英国下议院渐行渐远。他意识到，内阁同僚、外交部和陆军部都反对自己的希腊-土耳其政策，他决定无视他们的意见。

1921年3月，伦敦会议休会，协约国、希腊人和凯末尔在会上未能达成任何协议。劳合·乔治随即派莫里斯·汉基去克拉里奇酒店（Claridge's Hotel）面见住在那里的希腊领袖们，告诉他们，只要他们认为有必要对凯末尔动武，他不会加以阻拦。[1]希腊政府把这当作对重新开战的许可，于是在1921年3月23日发动了新一轮攻势。尽管己方指挥不力，敌方抵抗顽强，但希腊军队还是从平原地区推进到了高原地带。

历史学家和国际关系学者阿诺德·汤因比作为《曼彻斯特卫报》的记者随希腊军队出征。他报道说，就在他乘车从平原向高原行进的途中，"我开始意识到希腊人在安纳托利亚采取军事行动是一场机会多么渺茫的赌博。他们想战胜凯末尔，但周遭的环境将给他们带来巨大的阻力"。[2]就在那个星期结束时，凯末尔麾下的伊斯梅特将军在伊诺努村击退了希腊人，迫使希腊军队撤退。

希腊政府将这次失败归罪于军队指挥官们。4月7日，此时已经成为希腊首相的古纳里斯偕同僚拜会了希腊杰出的军事家扬尼斯·梅塔克萨斯*，请求他指挥希腊军队在安纳托利亚的下一轮攻势。梅塔克萨斯拒绝了他们，并告诫这些政客说，希腊不可能赢得在土耳其的战争。他认为，土耳其人已经燃起了民族主义热情，"决心为了自由和独立而战……他们认为小亚细亚是自己的家园，而我们是入侵者。我们对小亚细亚基于历史的领土主张无法影响到他们的民族感情。他们的看法究竟是对是错，那是另外一个问题，重要的是他们的感受就是如此"。[3]

政客们告诉梅塔克萨斯，出于政治考量，他们现在无法放弃这

---

* 扬尼斯·梅塔克萨斯（Ioannis Metaxas，1871—1941），希腊军事家、政治家，曾参加1897年希土战争和两次巴尔干战争。1936—1941年成为希腊首相，建立独裁政治，在1940年的意希战争中抵御了意大利的入侵。——译者注

场战争。尽管他们十分清楚自己所冒的风险，但他们还是不得不孤注一掷，指望在夏季发动最后一场攻势，赢得战争的胜利。

6月22日，协约国向希腊政府提议调停，但希腊人礼貌地拒绝了这一提议。希腊人答复说，他们已经为这场进攻准备了很长时间，不可能现在取消行动。

康斯坦丁国王和古纳里斯认为自己别无选择，只能发动远征，而劳合·乔治的命运也取决于这场战争的成败。两支外国军队在小亚细亚鲜为人知的内陆地区对峙，而这位英国领袖除了等待之外无计可施。他的秘书兼情人这样写道：

> 他在内阁激烈争吵，主张支持希腊人（但只是在道义上，而非在前线），内阁里只有他和贝尔福持亲希腊态度……[他]赢了，但他很担心希腊人的进攻会遭遇失败，让人们看到他的主张是错的。他说，小亚细亚的局势将对他的政治声誉产生极大影响……如果希腊人能够取胜，《凡尔赛和约》就能够得到捍卫，土耳其人的统治就将终结。一个崭新的、亲英的希腊帝国将会出现，从而有助于英国在东方的利益。他完全相信自己在这件事上的判断，愿意为此而赌上一切。[4]

1921年7月10日，希腊军队兵分三路发动进攻，进展顺利。希腊军队的指挥官们吸取了1月和3月时的教训，并没有重复之前犯下的错误。希腊军队攻占了安纳托利亚西部的战略要地——铁路枢纽埃斯基谢希尔（Eskishehir）。

劳合·乔治欣喜若狂，肆意讥讽他的对手们。他给陆军大臣写道：

希腊军队的驻地传来消息说，他们已经攻占了埃斯基谢希尔，土耳其军队在全线撤退。不论从哪个角度看，这都是头等重要的新闻，因为这场战争将很大程度上决定东方的未来。但是，依我看来，陆军部并没有为弄清楚当地的状况做任何努力……参谋部在这件事上糊涂透顶。等到令人鄙夷的政客们要求彻查真相，人们才发现参谋部提供的有关交战双方力量对比的情报简直错得离谱。

首相大人还留了一个漂亮的结尾："您的部门里面难道没有一个情报局吗？您或许想看看他们到底在干些什么。每次做预算的时候他们好像总是有许多人手，但是到了问他们要情报的时候却仿佛一个人也没有。"[5]

在埃斯基谢希尔附近，战败的土耳其指挥官伊斯梅特将军并没有下令撤退，因为凯末尔替他接过了这副重担。"帕夏在来的路上。"备感轻松的伊斯梅特告诉一位同僚。面色凝重的穆斯塔法·凯末尔来到前线，亲自下令撤退。[6]凯末尔知道，当人们意识到他打算将安纳托利亚西部丢给敌人时，他们会感到十分震惊。[7]凯末尔的决定在大国民议会引发了骚动，他的政敌、私敌、恩维尔的追随者和失败主义者联起手来反对他。一段时间以后，凯末尔召开了一次大国民议会秘密会议，他在会上提出了一个罗马式的动议：他要求代表们推选他为独裁官，期限3个月。作为最高统帅，他将为在此期间的所有失败负全责。无论是战胜论者还是战败论者都支持这一提议，因此提议得到了通过。

凯末尔命令军队后撤，一直退到距离首都安哥拉只有 80 千米的地方，随后将军队部署在萨卡里亚河*一处巨大的河湾后方。他抓紧有限的时间，征用了一切可用的资源，从居民手中拿走了 40% 的食物、衣物、皮革，征调马匹，做好了打总体战的准备。他命令部队在靠近安哥拉一侧河岸的陡坡上修建堑壕。到 8 月中旬，他的军队拥有了一条牢固的天然防线，在萨卡里亚河大河湾后方居高临下，形成了将近 100 千米的环绕安哥拉的防卫圈。

1921 年 8 月 14 日，希腊军队开始了迈向安哥拉的胜利进军。在参谋部里，希腊军队的军需主管告诫说，他们漫长的交通线在萨卡里亚河对岸就会超出极限。但他的同僚们却认为这不足为虑，因为他们并没有打算把军队派到超出萨卡里亚河对岸太远的地方。[8] 希腊军队的指挥官们认为，他们已经击败了敌人，现在要做的就是将其彻底击垮。他们还邀请同行的英国联络官在安哥拉参加战役后的胜利庆典。

8 月 23 日，前进中的希腊军队与敌人发生了第一次接触。8 月 26 日，希腊军队发动了全面进攻。希腊步兵渡过萨卡里亚河，一点一点地仰攻阵地，将敌人从一道道构建在山坡上的防线赶到位于更高处的下一道防线。残酷的厮杀持续了数个星期之久，希腊军队平均每天可以向前推进 1 英里。最终，他们占领了关键的高地，但他们却没有赢得胜利：土耳其骑兵不断发动突袭，截断了他们的食品

---

* 萨卡里亚河（Sakarya），古称珊伽里俄斯河，流经土耳其西北部，是土耳其第三长的河流，注入黑海。——译者注

与弹药补给。希腊军队筋疲力尽，无法继续战斗，只好撤下高地，于9月14日回到萨卡里亚河另一侧，随后撤回了他们一个月前的出发地——埃斯基谢希尔。战役结束了。

在安哥拉，心怀感激的大国民议会将穆斯塔法·凯末尔晋升为元帅，并授予他"加齐"称号——在土耳其穆斯林的语境中，这一称呼意味着"信仰的战士"，相当于欧洲人心目中的"十字军"。

II

在1921年夏天与1922年夏天之间，战争进入了间歇期。在此期间，希腊首相古纳里斯和他的外交大臣去了西方，寻求协约国的支持。但是，在欧洲大陆上却鲜有同情他们的人。在伦敦，他们在英国外交部的使节休息室里等候着，手里拿着帽子，坐等寇松勋爵拿出某种方法来解决他们的问题。劳合·乔治对他们说："我本人是希腊的朋友，但是……我所有的同僚都反对我。我对你们爱莫能助，真的没有办法。"[9]

英国首相再也无法为希腊人提供任何支持了，只能勉励他们继续战斗下去。他的方案就是让希腊人坚持下去，以期事态能够有所转机。1922年春天，劳合·乔治告诉以私人身份前来伦敦，到英国下议院拜访的韦尼泽洛斯，只有让康斯坦丁国王退居幕后，协约国的公众才会重新支持希腊。"在此之前，希腊必须坚持其政策，"劳合·乔治补充道，"这是对希腊民族的一个考验。如果他们现在能够坚持下去，他们就可以把握住自己的未来……希腊人必须穿越旷野，靠在石头上采集到的吗哪维生，经受住当前的严峻考验。"*他还说，他"永远不会与背弃了希腊对士麦那的领土主张的希腊人握手"。[10]

劳合·乔治发觉自己正日渐孤立，哪怕在本国政府内部也是如此。与此同时，外交大臣寇松勋爵实际上掌控了英国应对希腊危机的一切行动。寇松勋爵与其他协约国一道，试图与土耳其民族主义者达成和解。

希腊国王康斯坦丁担心协约国会在当年夏天背叛他，于是从安纳托利亚撤出了三个团和两个营的希腊军队，将他们改派到色雷斯——位于欧洲、正对着伊斯坦布尔的土耳其省份。希腊政府随即宣布，希腊将占领伊斯坦布尔，以结束这场战争。希腊国王孤注一掷，打算借此来迫使协约国采取行动，解决希腊与土耳其的冲突，他期望协约国的解决方案将会有利于希腊方面。他猜测，协约国方面至少会同意让部署在色雷斯的希腊军队穿过伊斯坦布尔，去增援驻扎在安纳托利亚海岸，实力已经遭到削弱的希腊守军。但是，事与愿违，伊斯坦布尔的协约国占领军挡住了希腊人的去路。

与此同时，在看到康斯坦丁从安纳托利亚海岸地区撤出部分军队之后，凯末尔立刻对实力遭到削弱的希腊军队防线发动了进攻。他秘密集结了部队，于 8 月 26 日清晨向南线发动了进攻。经过两天的激战，希腊人开始溃退。据英国人从雅典发回的报告说，"人们众口一词，认定"希腊军队在小亚细亚的总指挥"已经疯了"，劳合·乔治后来更是将此人称作"精神病人"。无论这些说法是否有夸

---

* 劳合·乔治此处引用的是《圣经》中的典故，出自《出埃及记》，典故的梗概是：以色列人
   在逃出埃及之后，在旷野中没有东西吃。于是，上帝降下被称作"吗哪"（manna）的食物，
   养活以色列人，直到以色列人回到迦南为止。——译者注

张的成分，不争的事实都是他已经无力应对当前的局面。[11]9月4日，希腊政府任命了一名新的指挥官。然而，希腊政府并不知道这位指挥官此时已经成了土耳其人的战俘，希腊军队的通信体系已经彻底瘫痪了。据说，此人是从凯末尔那里得知自己被任命为最高指挥官的消息的。[12]

9月3日，星期日，里德尔勋爵正和劳合·乔治在一起时，首相大人收到了来自希腊友人们的一封信：

> ［他们］乞求劳合·乔治为希腊人做些什么。他解释了一通……自己为什么无法为他们做任何事，还猛烈抨击了康斯坦丁国王的所作所为。他说，康斯坦丁国王应当为发生的一切负责，其中最大的昏着儿就是任命了一名最为无能和不合适的将领统率军队。劳合·乔治又说，据他所知，整个英国只有他本人、贝尔福和寇松勋爵三个人支持希腊人。他为时局感到悲痛，却无能为力。[13]

希腊集结了一支舰队去解救小亚细亚的希腊军队。在沿海地带，成群的希腊士兵向船只停靠的方向涌去，希望能够上船。这是一场逃亡者与时间的竞赛，他们要赶在9月的雨水和一心复仇的土耳其军队到来前离开这里。

小亚细亚地区古老的希腊人社群陷入了恐慌。9月7日，士麦那大主教写信给韦尼泽洛斯说：

> 小亚细亚的希腊文明、希腊国家和整个希腊民族正陷入无

人可以拯救的地狱之中……灾祸的烈焰正在炙烤着小亚细亚的希腊人民，我认为有必要……向您发出最后的请求……当阁下读到我的这封信时，我们这些在劫难逃、注定要牺牲成仁的人是否还存于世上……这是一个现实的问题。[14]

然而，他的请求是徒劳的。韦尼泽洛斯没有能力给予他们任何帮助。而就在两天之后，这位大主教迎来了他所预见的命运，成了一名殉道者：当地的土耳其指挥官把他交给了几百名挥舞着利刃的穆斯林暴徒。他们把他带到一间理发店，将他残害至死。[*]

1922年夏末，吞噬一切的宗教矛盾与民族矛盾在小亚细亚最伟大的城市士麦那交会。9月13日，星期三，仇恨化作火焰，席卷了士麦那城的亚美尼亚人定居区。接着，火焰蔓延到——或者被人为地引燃到——希腊人和其他欧洲人定居区。这座古老都市50%~75%的城区遭到毁灭，土耳其人定居区却安然无恙。这座基督教城市里曾经居住着几十万人，我们无法得知究竟有多少人丧生于这座城市的最终毁灭之中。《芝加哥每日新闻》的一位记者在废墟中用便携式打字机第一个敲出了新闻报道："除了丑陋的土耳其人定居区之外，整个士麦那都已经不复存在。这里的少数族群问题被彻底解决了。火灾的源头毋庸置疑……是土耳其正规军士兵在这里使用了火把。"[18] 直至今日，亲土耳其的学者们依然拒不承认这一被广为接受

---

[*] 从战争爆发时起，穆斯林与基督徒群体之间的暴行就愈演愈烈。1919年，当希腊军队首次在士麦那登陆时，士兵们就曾屠杀过手无寸铁的土耳其人。阿诺德·汤因比报道说，在走访被土耳其人摧毁的希腊人村庄时，他发现村里的房屋是被人故意纵火一间间烧毁的，土耳其人似乎乐在其中。[15] 康斯坦丁国王声称，敌方给希腊人的尸体剥了皮。[16] 汤因比还指控说，在1921年的战役之中，希腊军队故意把整村的土耳其平民驱离自己的家园。[17]——原注

的指控。[19]

美国、法国、英国和意大利的军舰开始从燃烧的码头接走本国国民。起初，美国人和英国人拒绝帮助其他人，意大利人则愿意接纳任何能够赶到他们船上的人，至于法国人，他们愿意接纳任何自称是法国人的人——只要他们能用法语说出这句话。最后，英国人和美国人也开始不分国籍地帮助逃难者。鉴于凯末尔威胁要把所有服役年龄的希腊裔和亚美尼亚裔男子都掳为战俘，希腊和协约国在接下来的几个星期中组织营救了大量的平民。与此同时，希腊军队也完成了撤离。

到1922年底，大约有150万名希腊人逃出或是被逐出了土耳其。欧内斯特·海明威当时是《多伦多星报》的一名战地记者。他在文章中提到，他亲眼看到一无所有的希腊难民排成30多千米的长队，他始终无法把这一幕赶出自己的脑海。*他的克罗地亚裔女房东倒是见惯了这样的场景，还引用了一句土耳其谚语："斧子有罪，树也有错。"[20] 说话轻巧的还不止这位女房东。在随后的几个星期里，协约国的政客们在各自经过深刻反省之后，分别以自己的方式得出了结论：这场惨剧要怪罪到其他什么人头上。

在英国，人们经常指责的对象包括法国、意大利和布尔什维克俄国，但他们最主要的指责对象是美国。10月，英国大使在华盛顿告诉美国国务卿，协约国之所以同意采用国际联盟托管这种新颖而耗时的方式去分配中东，完全是为了取悦美国，而美国却在后来完全退出了中东的和平进程；美国还曾经同意负责托管伊斯坦布尔、

---

* 士麦那的惨剧是《在士麦那码头上》这部作品的背景。这部作品收在他的第一部选集《〈第五纵队〉与首辑四十九篇》里。——原注

达达尼尔海峡和亚美尼亚，却在两年之后自食其言。英国大使十分含蓄地表示，协约国在 1919 年本可以用自己的方式在当时就解决这一问题；但是，为了迁就美国，争取美国的合作，英国等待了好几年，承担了一些新的职责，现在却被独自抛下，完全靠一己之力去捍卫美国人提出来的托管方案。[21]

美国国务卿查尔斯·埃文斯·休斯（Charles Evans Hughes）的答复如下：

> 对于美国政府应当为当前局势负责的说法，他完全不能同意……美国从不曾试图在中东划分势力范围……也没有参与君士坦丁堡的密谋……也不应当为希腊军队在过去一年半中的灾难负责……应当为这场灾难负责的是过去的一年半里欧洲的外交活动。[22]

这一相互指责背后的真实原因，其实是美国外交政策的重大变化。这一切都缘于美国总统的更迭——沃伦·加梅利尔·哈定取代了伍德罗·威尔逊。威尔逊总统的中东政策的主要目标之一是支持基督教群体，尤其是美国的教会学校和教会活动；而哈定总统对这些不感兴趣。当土耳其人向士麦那进军时，包括美以美会*在内的美国宗教团体呼吁美国政府派兵介入，以避免基督徒惨遭屠戮，但哈定总统却告诉国务卿休斯说："我们的教会朋友在倡导和平的时候通常是公正而热忱的，可一旦他们向其他宗教开战，坦白地说，我对

---

* 美以美会（Methodist Episcopal Church），存在于 1784 年到 1939 年之间的一个基督教卫理宗教派，后并入美国卫理公会。——译者注

他们就不大有耐心了。"[23]

威尔逊总统的中东政策的另一个主要目标是，确保该地区的各族人民由他们自行选择的政府统治。哈定总统对这一点同样不屑一顾。哈定政府唯一的诉求就是保护美国的利益。在中东，所谓美国的利益基本上就是美国的商业利益，主要是石油利益。土耳其凯末尔政府愿意在石油方面给予一个美国团体一些特权，同时似乎也有能力为石油公司提供它们所需的良好境内治安和稳定营商环境。土耳其愿意向美国公司敞开大门，这一点获得了美国国务院的赞赏，有可能改变了美国国务院对凯末尔政权的观感。

10月，美国国务卿在波士顿发表演讲，提到了士麦那毁灭后希腊人、亚美尼亚人和其他基督徒所遭受的苦难。"固然没有什么借口能够为土耳其人的野蛮行径开脱，"他说，"但如果不考虑到希腊军队对安纳托利亚的入侵，在那里发动的战争，他们撤退时在燃烧的城镇中制造的恐怖，以及在此期间普遍的破坏与残酷行径，我们是无法公正地评价整个局势的。"美国国务卿承认，战争双方都实施了一些暴行，但他不认为美国原本应当介入其中。他指出，所有这一切都是一场美国并未参与的战争产生的后果，如果与当地局势联系紧密的协约国都没有选择干涉，那么美国自然也没有任何责任参与其中。他对听众们说，美国所做的努力仅限于保护美国在土耳其的利益，而这种做法是十分正当的。[24]

III

凯末尔下一个，也是最终的进军目标，是伊斯坦布尔和土耳其的欧洲部分——东色雷斯。在他和他的目标之间，是应当持中立态度的协约国占领军。面对朝着自己进军的土耳其民族主义者大军，协约国占领军慌了手脚。在此之前，战争一直离他们很远；但现在，一旦凯末尔发动进攻，被迫应战的将是他们自己。

正因如此，英国人在得到土耳其人进军的消息后也大为惊恐。一直到 9 月 4 日，《泰晤士报》的报道中还说"希腊军队无疑吃了败仗，但失败的程度被人们夸大了"；可到了 9 月 5 日，标题就换成了《希腊军队战败》；9 月 6 日的标题是《局势危急》；从 9 月中旬开始，《近东灾难》《近东危机》这样的标题就开始令人不安地接连出现。燃烧中的士麦那的照片占据了原本属于社会名流婚礼、戏剧开幕和高尔夫锦标赛的版面。在停火 4 年之后，英国人震惊地发现他们可能不得不再打一场战争，只为了保卫遥远的伊斯坦布尔。对大多数英国人来说，这是他们最不情愿接受的一件事。他们的第一反应就是要抛弃那个让他们陷入这种困境的政府。

但是，对英国政要而言，土耳其人即将进攻的地区有着十分特殊的意义：伊斯坦布尔和达达尼尔海峡在全球航运中发挥着举足轻重的作用，而东色雷斯是欧洲的一部分。在此之前一直持亲土耳其态度的温斯顿·丘吉尔此时又一次表示了对劳合·乔治政策的支持。他在 9 月告诉内阁说："这条分隔欧亚两洲的深水航线有着十分重要的地位，我们必须尽一切可能保证这条航线的安全。倘若土耳其人占领了加利波利半岛和君士坦丁堡，我们就会失去战争中得到的所有胜利果实……"²⁵ 劳合·乔治强烈支持他的看法，说道："无论如何我们都不能允许加利波利半岛落入土耳其人手中。这是世界上最具战略意义的地方。由于这条海峡被封闭，世界大战多打了两年。

让土耳其人占领加利波利半岛是无法想象的事情；为了阻止他们，我们不惜一战。"[26]

到 9 月中旬，在土耳其人与协约国军队之间已经没有了任何希腊部队，双方之间直接的武装冲突似乎已经迫在眉睫。9 月 15 日，英国内阁召开了一系列紧急会议。丘吉尔在会上对同僚们说："协约国所处的不利局面的根源在于，由于美国迟迟不肯表明态度，协约国的军队实际上已经瓦解了。"[27] 在他看来，英国需要更多的军队，因为他"坚决反对在没有武力支持的情况下做虚假的恫吓"。他强调说，英国必须争取各自治领和法国的支持，以增援面对凯末尔进犯的英军。*

1922 年 9 月 15 日，内阁指示温斯顿·丘吉尔起草一封电报（劳合·乔治随后会在电报上签字），告知各自治领英国决定保卫土耳其的中立区，要求它们提供军事援助。临近午夜，这封密文电报被发给了各自治领的总理。

内阁认为，公众也应当知晓时局的严重性。为此，丘吉尔和劳合·乔治在 9 月 16 日准备了一份新闻稿，刊发在当晚的报纸上。除了劳合·乔治和丘吉尔二人之外，内阁里的其他人都没有在公开发表前读过这篇新闻稿。他们在这份公告中表示，英国政府愿意与土

---

* 英国之所以需要争取自治领的支持，是因为在第一次世界大战结束后，自治领的地位发生了变化——这本身也是第一次世界大战带来的影响之一。在 1919 年巴黎和会上，南非的扬·克里斯蒂安·史末资、加拿大总理罗伯特·博登（Robert Borden）和澳大利亚总理威廉·休斯（William Hughes）成功地为各自所属的自治领争取到了与英国和其他协约国同等的主权国家席位。当时，英国向法国提供了一份保证协议，而史末资和南非总理路易斯·博塔则成功迫使劳合·乔治让步，使南非不受制于该保证协议。从那以后，英国参战，而一个或多个自治领却保持中立这种情况就有了理论上的可能。[28]1922 年，这种理论上的可能性经受了实践的考验。——原注

耳其和谈，但和谈绝不能在土耳其人的枪口下进行。如果实力上处于劣势的伊斯兰国家土耳其能够力挫协约国，那么伊斯兰世界的其他部分有可能会受到鼓舞，进而试图摆脱殖民统治，公告中对此表示担忧。公告中还提到英国正在与法国、意大利和各自治领进行磋商，以便采取协同的军事行动，应对凯末尔的威胁。[29]

这份公告的好战口吻让英国公众大为警觉。《每日邮报》使用了一个通栏大标题：《制止这场新的战争！》。[30]这份公告还引发了海外的不安情绪。法国总理普恩加莱极为愤怒，认为英国政府在越俎代庖替自己表态，于是命令法军撤出中立区的前线。意大利人也如是效法。于是，留下来面对敌军的就只剩下英国军队了。

自治领的总理们也感觉受到了冒犯。总理们还没来得及转译他们收到的密电，用浅显易懂的英文写成的公告就已经刊载在了加拿大、澳大利亚和新西兰的报章上。在他们看来，丘吉尔和劳合·乔治这是不打算留给他们思考的时间，迫使他们仓促就范。加拿大和澳大利亚的回应是拒绝出兵。这不啻大英帝国内部的一场革命：有史以来第一次，自治领拒绝追随母国加入战争。南非保持沉默。只有新西兰和纽芬兰做出了积极的回应。

9月22日，劳合·乔治指派丘吉尔担任一个内阁委员会的主席，负责管理在土耳其的军事行动。[31]丘吉尔的杰出友人F. E. 史密斯此时刚刚被册封为伯肯黑德伯爵，他同时还担任着英国的大法官。此前，他一直对丘吉尔转投反土耳其阵营持批评态度，但他也在9月底加入了劳合·乔治和丘吉尔一方，成为主战派的一名领袖。伯肯黑德伯爵认为，此事事关英国的荣誉，英国不能让世人看到它屈服于武力。[32]

在英国，媒体的反战宣传仍在继续，公开的抗议活动开始出现。工会代表来到唐宁街，向首相本人表示抗议。

外交大臣寇松勋爵渡海前往巴黎，试图与盟友们协商出一个策略。9 月 23 日，他终于与普恩加莱和斯福尔扎达成了一致。他们决定满足凯末尔的一切要求——东色雷斯、伊斯坦布尔和达达尼尔海峡，唯一的条件是凯末尔必须要给协约国留面子——表面上协约国军队并非投降，而是通过谈判与土耳其人达成协议。对英国外交大臣来说，这不是一次令人愉快的会议：在遭遇普恩加莱的尖刻斥责之后，寇松无法控制自己的情绪，躲到旁边的房间里泪洒衣襟。

与此同时，英军与土耳其军队正在达达尼尔海峡亚洲一侧的海岸城镇查纳克［Chanak，今天叫作恰纳卡莱（Canakkale）］对峙——如今，这座城镇已经成了特洛伊废墟游的出发地。法军和意大利军队躲进了自己的营帐，只有势单力孤的英军在铁丝网后面保持警戒，他们得到的命令是不可以开第一枪。9 月 23 日，土耳其军队的先头部队抵达了英军防线前沿。他们没有开火，但也拒绝后撤。几天之后，更多的土耳其军队抵达了。到 9 月底，中立区里已经有了 4 500 名土耳其军人。他们隔着铁丝网与英国人对话，还把枪托朝前，以此表明他们不会首先开火。这种对峙的局面怪异而让人紧张。9 月 29 日，英国情报机关向内阁汇报说，凯末尔在苏俄的催促下，计划在次日发动进攻。内阁对这条错误的情报信以为真。在内阁的批准下，英国军方首脑起草了一份措辞严厉的最后通牒，交由当地的英军指挥官提交给凯末尔，威胁要开火。

当地的英军指挥官没有理睬伦敦方面可能会招致战争的指示，决定不把这一最后通牒递交给土耳其人。相反，他与凯末尔达成了

　　　　　　　　　　　　　终结所有和平的和平

协议，同意协商停火，从而化解了这场危机。出于种种原因——比如担心劳合·乔治和丘吉尔会冒险做出别的什么举动——凯末尔愿意推迟占领一些最终会落入土耳其人手中的领土，以保全协约国的颜面。如果凯末尔选择向欧洲进攻，那么一定会导致战争，而阻止了这一切的可能是英国领袖的好战姿态。考虑到英国人实际上处于十分不利的境地，这对劳合·乔治和丘吉尔来说不啻一场辉煌的胜利。

经过艰苦的讨价还价，双方于 10 月 11 日上午在海滨城镇穆达尼亚（Mudanya）达成了停火协议。重大的实质性问题依然没有解决，要留待在未来的和谈中继续协商。凯末尔在《国民公约》中提出并一直坚持至今的条件基本上得到了满足：在安纳托利亚和东色雷斯将出现一个独立的土耳其民族国家。不久之后，土耳其的凯末尔政权就从撤退的协约国军队手中接过了伊斯坦布尔、达达尼尔海峡和东色雷斯的控制权。

1922 年 11 月，凯末尔的大国民议会废黜了苏丹。苏丹离开伊斯坦布尔，流亡海外。就这样，历史悠久的奥斯曼帝国在 1922 年终结了。曾经统治中东 500 年的土耳其也就此与中东挥手作别，开始尝试转型成为一个欧洲国家。

IV

在整个危机期间和停火和谈的过程中，有两件事给英国人留下了深刻的印象。首先，法国代表在和谈中扮演了反面角色，一直怂恿土耳其人拒绝英国开出的条件。在英国人看来，这是法国人在整个土耳其危机期间一系列背信弃义行为的顶峰。正如英国的中东政策曾经让法国重新考虑，并最终抛弃了与英国的盟友关系一样，法国此时奉行的政策也让大英帝国的首脑们改用一种忧心忡忡的眼光重新看待法国。南非总理在不久之后写信给当时的英国首相说："法国又一次成了欧洲大陆的领袖，以前的所有恶习也都回到了法国身上……法国人想要争夺世界霸权；他们与凯末尔联手玩了一场最危险的背弃盟友的游戏；野心勃勃的法国人终将意识到，大英帝国已经成了他们仅剩的敌人。"[33]

这场危机中另一个让人不安的方面是英国内阁核心圈诸君鲁莽的行事方式——这个圈子包括劳合·乔治、伯肯黑德伯爵、丘吉尔、财政大臣罗伯特·霍恩爵士（Sir Robert Horne）及保守党领袖奥斯汀·张伯伦。他们看上去急于挑起另一场战争，不仅在公众和媒体的眼中如此，在他们的同僚看来也是如此。当时的海军大臣曾说，他觉得"劳合·乔治、温斯顿、伯肯黑德、霍恩十分想看到战争的爆发，甚至就连奥斯汀也是这样"。[34]内阁秘书莫里斯·汉基在1922年10月17日的日记中写道，丘吉尔"对土耳其没有攻击我们公开表示遗憾"。在汉基看来，劳合·乔治在这件事上与丘吉尔持相同观点。[35]

10月2日的《泰晤士报》斥责内阁大臣们"轻率、摇摆而又无能"，并且警告称："他们可能为了在国内积累政治资本而不惜把英国领上战争之路；一旦他们或他们中的某些人有此嫌疑，那么英国永远也不会原谅他们。"

英国政府内部一位资历尚浅的保守党成员斯坦利·鲍德温*私下

---

* 斯坦利·鲍德温（Stanley Baldwin，1867—1947），英国保守党政治家，在两次大战之间曾三次出任英国首相。——译者注

里把首相看成"一个恶魔"。他曾对妻子坦言："我发现……为了打一场'基督徒'对抗穆斯林的战争，劳合·乔治一心想要对土耳其宣战，而且也的确想方设法要让英国与土耳其开战……一旦开战，他们就会利用这一时机立刻举行大选……他们相信此举可以让自己继续掌权若干年……"[36]博纳·劳则表达了另外一种担忧：为了赢得明年的大选，首相可能会同意进行和谈；而一旦重新当选，他就会走回头路，重新发动战争。[37]

劳合·乔治的朋友里德尔勋爵告诉首相："英国人不会赞成一场新的战争。""我不这么认为，"首相说，"只要涉及海峡问题，英国人就会愿意支持我们的行动，如果需要的话采取武力也是可以的。"[38]几十载后，劳合·乔治在回忆录中描述查纳克危机时断言："我当然认真想过开战，而且我确信我们会赢。"[39]

V

就在查纳克危机接近尾声时，前线的三名希腊军官——两名陆军上校和一名海军上校——发动了一场军事政变。一开始出现了一些混乱，但最终并没有人进行抵抗。9月26日，希腊政府辞职。第二天早上，康斯坦丁国王退位。当天下午，他的儿子即位，成为乔治二世。9月28日，发动政变的部队主力开进了雅典。

发动政变的三名军官接管了政权，随即下令逮捕前政府的领导人。他们不顾英国政府的抗议，在11月13日把古纳里斯和前政府中的几位大臣送上了军事法庭。审判者用法律语言包装出了长篇累牍的指控，但这些指控基本上都不属实。从本质上说，这就是一场政治指控，他们怪罪古纳里斯等人招致了一场民族灾难。

11 月 28 日清晨，军事法庭庭长宣读了判决，全部 8 名受审者均被判犯有叛国罪。其中两人被判处终身监禁，而包括前首相古纳里斯在内的另外 6 人被判处死刑。几个小时之后，这 6 名死囚就被送到了雅典以东、伊米托斯山（Mount Hymettus）山脚下的刑场。在那里，彼此间隔 12 米的葬坑已经挖好。每一位死刑犯面前都有一个 5 人行刑队，距离犯人 15 步。行刑在中午之前就完成了。古纳里斯等人拒绝佩戴眼罩，睁着双眼走向死亡。[40]

VI

1922 年 10 月 8 日，已经退休的保守党领袖安德鲁·博纳·劳给《泰晤士报》和《每日快报》写了一封信。在这封于次日刊登出来的信中，博纳·劳表示支持劳合·乔治政府在查纳克对土耳其采取的强硬立场。与此同时，他还指出，英国所做的一些努力，例如保障达达尼尔海峡的自由通行权和避免基督徒在未来遭到屠杀，都不是为了英国一国的利益，而是为了全世界的利益。因此，他写道："采取这些行动的重担完全落在大英帝国肩上……是不公平的。"他宣称："我们出现在达达尼尔海峡和君士坦丁堡，并不是我们独断专行的结果，而是执行打赢了战争的盟国的意志；而美国也是这些盟国中的一员。"

博纳·劳认为，如果美国和协约国不打算分担重任，英国就应当把这一重担卸下来。他的这段表述被广为引用："我们无法独自充当世界警察的角色，本国的财政和社会状况都让我们无法做到这点。"他提出，英国应当警告法国，倘若法国不能意识到有必要在亚洲和欧洲都表明立场，那么英国可能也会放弃强迫德国履行和约的责任，还可能会效法美国，只关注本国的利益。[41]

从整体上看，博纳·劳在信中并没有质疑英国政府在此之前一直奉行的政策，而只是对未来提出了一些建议。不过，信中体现出的孤立主义态度，以及那句经常被脱离语境引用的关于不做世界警察的表述，在一些反对劳合·乔治政策的人群中引发了巨大的反响，他们认为劳合·乔治的政策十分危险，过于野心勃勃。不仅如此，博纳·劳通过主动在公共场合表态的方式表明，鉴于自己已经恢复了健康，他或许可以考虑重新进入政坛——而这有可能会打破保守党内部脆弱的权力平衡，进而危及联合政府的存续。

博纳·劳十分精明地选择了自己的外交政策议题。保守党人在传统上是亲土耳其的，对首相亲希腊的远征决策充满反感。"**与土耳其人的相互理解是我们的传统政策**，它非常重要。"（加粗部分为原文所加）这位桀骜不驯的保守党领袖在 10 月 2 日写道。[42] 在普通的保守党人看来，这又是一个他们奉行的原则与立场被联合政府无视的明证。在做出承认爱尔兰独立的让步与承认俄国布尔什维克政权等行为之后，劳合·乔治的反土耳其政策成了压垮骆驼脊梁的最后一根稻草。在普通的保守党人面前，首相已经将自己的信誉挥霍殆尽。而与此同时，英国经济衰退，失业率居高不下，出口贸易锐减，卖官鬻爵的丑闻迭出，一系列外交政策的失败又在查纳克危机这一事件上达到了顶点。因此，此时的劳合·乔治在大选中已经没有什么资本了。保守党人曾经为了在选举中获胜而不得不追随劳合·乔治，但现在他们不必如此了。

首相本人对事态则有不同的看法。在他看来，其政府的坚定态度在查纳克挡住了土耳其军队，这是他和丘吉尔的个人胜利。他错误地相信选民们也会这样认为。基于这一误判，他打算趁势提前举行大选，就像他在1918年底刚刚赢得第一次世界大战时所做的那样。

奥斯汀·张伯伦与伯肯黑德伯爵作为政府中的保守党领袖，同意以联合执政的形式与劳合·乔治一同加入选战。为了捍卫这一决定，身为保守党党魁的张伯伦召集下议院和政府内的保守党成员于10月19日星期二上午开会，会议地点选在了保守党的主要俱乐部——卡尔顿俱乐部。

如果说有什么人可以站出来反对张伯伦，瓦解联合政府，取代劳合·乔治出任英国首相，那么博纳·劳无疑是最佳人选。他犹豫不决，但以《泰晤士报》和比弗布鲁克男爵掌管下的报纸为首的媒体却发起了强大的宣传攻势，敦促他采取行动。

比弗布鲁克男爵是博纳·劳最亲密的政治伙伴。在战争期间，他为缔造劳合·乔治的联合政府立下了汗马功劳；而现在，他又要行动起来瓦解这一联合政府。比弗布鲁克男爵于10月11日写信给一位美国友人说：

> 我们即将面临一场政治危机。首相失败的希腊政策已经彻底摧毁了他在保守党人心目中的地位……我们很快就会看到，保守党到底是会保持完整，还是说这位首相有足够的力量可以促成保守党的分裂。只凭一届任期短暂的政府就把两个政党融为一体，那可以说是一个了不起的成就——只不过，他必须先

摧毁托利党才能做到这一点。[43]

比弗布鲁克男爵成功打消了博纳·劳的疑虑，让这位保守党的前领袖也出席了在卡尔顿俱乐部举行的这次决定性会议。在会上，劳发表了反对联合执政的演说。尽管他的演说很糟糕，但他的干预还是发挥了决定性作用。与会者以187票比87票通过决议，决定保守党在即将到来的选举中独立参选。

在得知这一消息之后，戴维·劳合·乔治立刻向英王乔治递交了辞呈。不久之后，安德鲁·博纳·劳就接替他成为首相，并宣布于11月15日举行大选。

尽管保守党在11月15日的选举中得票优势并不明显，但英国议会赢者通吃的规则让保守党大获全胜，在新一届下议院中获得了多数席位。劳合·乔治被抛弃了，他和阿斯奎斯甚至连反对党领袖的地位都没有捞到；因为工党击败了自由党，成了议会中的第二大党。

在选战期间，比弗布鲁克男爵掌管下的报纸对联合政府奉行的中东政策大加挞伐，还要求英国撤出新占有的领地：伊拉克、巴勒斯坦和外约旦。尽管比弗布鲁克男爵发动的这场媒体攻势并没有得到博纳·劳的首肯，但它还是给人留下了这样的印象：新一届政府全盘斥责了英国在中东的战后政策。此外，它还质疑了英国在中东继续支持阿拉伯人和犹太人诉求的承诺。

结果，在选战期间，殖民地大臣温斯顿·丘吉尔与叛逃到博纳·劳阵营的寇松勋爵就英国过去几年在中东的政绩问题展开了一场公开论战。丘吉尔抨击道，寇松"对英国给予犹太人和阿拉伯人的承诺一事同样负有重大责任"。[44]T. E. 劳伦斯也写信给《每日快报》的编辑，支持自己的前任上司："如果英国能够巧妙地摆脱对中东托管地的义务，那也全赖温斯顿之功。他十分有勇气，拥有一个政治家应当具有的好脾气、精明、自信和周全考虑。还有那么几次，我看到他放弃了政治家的那套把戏，做了一些诚实的事情。"[45]

在联合政府的大溃败中，丘吉尔也丢掉了他在邓迪（Dundee）选区的席位。T. E. 劳伦斯写道："温斯顿的遭遇让我难过得难以名状。我真的希望报章评论不要太过恶毒，但想必这已经伤害了他。邓迪人真是一群可恶的浑蛋。"[46]

在联合政府的自由党领袖之中，只有戴维·劳合·乔治保住了自己的议会席位，但他再也没有能够进入内阁。如同折载于达达尼尔海峡的基钦纳伯爵和温斯顿·丘吉尔一样，劳合·乔治的政治地位也毁于中东。在 1922 年之后将近 1/4 世纪的时间里，这位曾经无所不能，掌控着世界命运的首相大人只能忍受政治上的无力与孤立，被那些能力不如他的人害怕、怀疑，同时又因为执政时在道义上不光彩而遭人鄙视。他徒有一身才干，却没有机会在大萧条、绥靖和第二次世界大战时期施展出来，帮助英国应对种种政治挑战，而这也要部分归咎于他自身。人们一直没有忘记他在政治上的不诚实和在道义与财政方面的马虎作风。与此同时，人们却经常忘了他曾经以一人之力让英国避免了在第一次世界大战中落败的命运，以及他的同僚们愿意让他出任终身首相的表态。他于 1945 年去世。

劳合·乔治把他后来的岁月都花在了写回忆录上。他的回忆录往往失之偏颇、偏离事实，但文笔优美；他在写作过程中重新打了一遍他曾经打过的战役。他在回忆录中提到，他在中东发动这失败的最后一场远征的本意是要让这个世界变得更好。关于保守党人在卡尔顿俱乐部所做的决定，他这样写道："政府就此倒台，首当其冲的受害者是亚美尼亚和希腊的亚洲部分的解放事业，接着是国际联盟，以及所有化干戈为玉帛的努力。"[*][47]

---

[*] 劳合·乔治和支持联合政府的保守党人之所以失势，是因为他们忽视了议会中普通议员的政治情绪。为了避免这样的错误再次出现，保守党组建了一个后座议员组织，以便将他们的想法传递给党内领袖。这个组织一直持续至今，被称作 1922 年委员会。——原注

61

中东问题解决方案

I

在苏伊士运河以东，劳合·乔治和他的同僚们书写了历史上的重要一章。协约国建立起对中东的控制，这标志着欧洲对世界其他地区的征服达到顶点。这是一场激动人心的大冒险——水手们驾船驶向地图上从未标记过的海域，探险家们追溯一条条河流的源头，一小队士兵闯入未知大陆的深处与远方帝国的大军对垒，而这是这场大冒险的最后一个章节。这场冒险始于几个世纪之前。哥伦布的帆船横跨大洋后，接踵而至的欧洲人征服了他们发现的美洲及其东西两侧水域上的土地，并在这些地方殖民。到了19世纪，这场冒险依然在继续，英国得到了印度帝国，列强则瓜分了非洲大陆。到20世纪来临的时候，除了东亚之外，只有中东还是一座欧洲人尚未攻破的堡垒。而到了第一次世界大战结束的时候，劳合·乔治已经可以骄傲地说，他的军队终于攻破了这座堡垒。

在1914年的大战爆发之前至少一个世纪的时间里，欧洲人一直认为某个或多个欧洲强国必将会占领中东。他们最大的担忧是分赃不均可能会让欧洲列强之间爆发毁灭性的战争。

因此，对于英国政府来说，1922年的中东解决方案可谓是一项双重桂冠。首先，英国在中东获得的战利品远比之前想象中的多得多（而英国的对手俄国得到的要比想象中的少得多）；而更重要的是，列强似乎愿意接受在20世纪20年代初形成的领土分配方案，而不准备再诉诸武力。

于是，从拿破仑远征埃及时起出现在国际政治舞台上的，麻烦不断甚至有可能产生爆炸性后果的中东问题，就在1922年随着战后安排的完成而成功解决了。有一个曾经很重要的问题是俄国在中东的政治疆界应当划在什么地方，在1922年，这个问题也得到了解决：俄国的疆界最终划定，与土耳其、波斯、阿富汗等一连串国家的北部边疆相邻，这些国家设法在俄国和西方的夹缝中保住了独立地位，并将在接下来的几十年中依旧如此。始自拿破仑时代的另一个重大问题是奥斯曼帝国的命运，而这个问题也在1922年得到了解决：奥斯曼苏丹的统治结束，其中东领土由土耳其、法国和英国瓜分。这就是中东问题在1922年的解决方式。

II

1922年解决方案并不是通过单一的行动、协议或是文件形成的，而是由诸多彼此独立的行动、协议和文件共同形成的。这些事件大部分发生在1922年。

1922年底颁布的《苏维埃社会主义共和国联盟成立条约》确定了苏联在中东的版图。苏联政治影响力的边界则由其与土耳其、波斯和阿富汗签订的一系列条约确定，而苏俄与英国在1921年签署的贸易协议也在某种程度上发挥了作用。

1922 年 11 月 1 日至 2 日，土耳其大国民议会投票一致通过废黜奥斯曼苏丹，宣告了土耳其民族国家的建立（其版图限于帝国瓦解后剩余的土耳其语地区）。土耳其的最终疆界大部分由土耳其与协约国在 1922 年秋天签署的停火协议确定，双方又在次年于瑞士城市洛桑签订了和约。*

　　奥斯曼帝国在中东的其他领土则由英法两国瓜分，经由下列文件确认：《国际联盟法国托管地》，规定了法国对叙利亚和黎巴嫩的统治（1922 年）；《国际联盟英国托管地》，规定了英国对包括外约旦在内的巴勒斯坦的统治（1922 年）；英国还在 1922 年与伊拉克签订条约，试图以此确认这个新建立的国家接受英国的托管统治。

　　在英国的中东势力范围内部，英国的统治方式也大部分于 1922 年由一系列行动和文件确认了下来。在那一年，英国把福阿德一世送上了埃及的王位，1922 年《艾伦比宣言》将埃及变成了一个名义上独立的保护国。在那一年，英国与伊拉克签署条约，在那里建立了一个保护国——英国一手缔造了这个国家，还把自己选定的费萨尔送上了伊拉克国王的宝座。依照 1922 年巴勒斯坦托管条约和丘吉尔的 1922 年巴勒斯坦白皮书，外约旦成了一个独立于巴勒斯坦的政治存在，英国人选定的阿卜杜拉也在这一年成了这个新的实体的终身主人。与此同时，在约旦河以西，犹太人获得了建立民族家园的许诺，其他民族则被许以完整的各项权利。在 1921 年曾经被提上议事日程的库尔德人独立或自治问题，却出于种种原因没能出现在1922 年的议事日程里，于是库尔德斯坦也没有能够形成——由于在

---

*　此时尚有些疆界问题未解决。例如，土耳其与叙利亚的边界直到 20 世纪 30 年代末才确定。——原注

1922 年没有能够形成任何决定，这反而在实际上决定了库尔德斯坦的命运。还是在 1922 年，英国迫使伊本·沙特接受了一系列边界协定，从而确立了沙特阿拉伯与伊拉克、科威特之间的疆界。

就这样，像法国和俄国一样，英国也在自己的中东势力范围内建立国家，指派统治者，并确认了它们之间的疆界。这些事情大部分都是在 1922 年及其前后完成的。欧洲列强终于实现了一直以来的愿望，把中东民族的政治命运握在了自己手中，而它们实现这一目标的途径，正是这里所说的 1922 年解决方案。

III

在世界上的其他地方，除了亚洲之外，欧洲人的占领总会导致当地政治结构的毁灭，取而代之的是欧洲人设计的新的政治结构。美洲、澳大利亚、新西兰和非洲都结束了部落并立的状态，像欧洲一样出现了一个个国家。全球大部分地区的政府都按照欧洲的模式，以欧洲人的准则和概念构建起来。

不过，欧洲人对中东的占领是否能像在其他地方那样留下深刻、持久的印记，还是一个问题。这不仅因为中东是一个拥有骄傲且悠久的文明和源远流长的信仰的地区，更是因为欧洲人想要带来的变化是如此巨大，必须要经过数代人的时间才能在这里扎根。要完成这一切都需要时间。古罗马塑造了欧洲，文艺复兴的欧洲塑造了美洲。在这两个例子中，塑造过程都长达几个世纪之久。而在 1922 年，西欧既没有意愿，也没有能力去推动一项如此宏大的事业。

因此，欧洲人一直期盼的对中东的帝国主义征服来得实在太晚了，欧洲人不再拥有完成这一事业的资源和恒心。对欧洲而言，战前的那个世界已经随着1914—1918年的大灾难而灰飞烟灭，欧洲在几个星期或几个月之间发生的变化要快过之前几十年或几个世纪之中发生的变化。而且，对于越来越多的欧洲人来说，帝国主义在这个时代已经变得不合时宜。

在战争的最初几年中，公开宣称要吞并新的殖民地还是可以被接受的行为。但是，随着威尔逊的美国和列宁的苏俄打着反帝的旗号向旧欧洲发起挑战，人们的思想和政治语汇都开始发生改变。1917年，对思潮变化向来敏感的马克·赛克斯爵士就意识到，他和皮科于短短一年之前在其中东协定中使用的那些帝国主义概念已经是属于上一个时代的事物了。

到战争结束的时候，英国社会基本上已经不再接受帝国主义。人们把帝国主义者的理想主义说辞（帝国主义可以把先进文明的益处带给落后地区）看作不切实际的想法，把帝国主义者的实用主义说辞（帝国扩张将造福不列颠）视作谎言。他们认为，当今的英国社会需要把所有剩余资源都用在重建上，而帝国主义只会浪费英国的宝贵资源。于是，对于英国报界、公众和议会中的大部分人来说，他们之所以同意让英国政府在中东的阿拉伯世界保持存在，只是因为温斯顿·丘吉尔提出了一个成本低廉又看似可以控制住这一地区的天才计划。

在第一次世界大战期间和战后，英国官员普遍认为英国应当长久地留在中东，而这至少要持续到按照欧洲的政治利益、思想与理念重塑完这个地区之后。但他们的这一看法完全基于一个十分脆弱的假设——丘吉尔的"飞机加装甲车"战略能够永久地压制住当地的反抗力量。他的这一战略再次体现出英国人对中东的低估，而这种低估在英国的中东政策中是一贯的：1911 年，格雷轻蔑地拒绝了奥斯曼帝国结盟的请求；1914 年，阿斯奎斯认为奥斯曼帝国投入战争所带来的威胁根本不足为虑；1915 年，基钦纳把自己的部队送上毁灭之路——他的部队在加利波利面对的是筑好工事、严阵以待的敌人；英国政府很清楚，如果守军拥有欧洲军队的战斗力，那么这场进攻无异于自杀，但基钦纳却假定敌人根本没有这样的战斗力。

1922 年，英国政府与英国社会达成了政治妥协——英国可以在中东建立霸权，只要实现这一目标不需要什么成本。对于那些低估了统治这一地区的困难程度的英国官员来说（他们对自己要承担的任务毫无概念），这一妥协意味着英国将会长久地留在中东。但是，当我们回过头审视这段历史时就会发现，这一政治妥协实际上已经决定了英国很可能被迫离开中东。

IV

站在英国的角度看，当 1922 年解决方案开始发挥效力时，它基本上就已经不合时宜了。1922 年解决方案基本上体现了英国政府在 1915—1917 年（大部分是在马克·赛克斯爵士的努力下）制定的战后中东政策。但是，英国政府已经发生了更迭，英国官方的思路已经改变。1922 年落实到中东的这些安排实际上已经不能准确体现出当时执政的政府的想法。

其中一个关键的矛盾点是在 1922 年准许法国接受国际联盟委

托对叙利亚进行托管统治。在 1915—1916 年，当时的外交大臣爱德华·格雷爵士和英国的谈判代表马克·赛克斯对法国在叙利亚的主张持同情态度，并最终接受了法国的主张。但是，到了 1922 年，此时的英国首相、外交大臣和一线官员都换成了一直强烈反对由法国占领叙利亚的那些人。

即便在自己的势力范围之内，英国政府对 1922 年的中东形势也感到十分不满。在 1914 年、1915 年和 1916 年，基钦纳伯爵及其副手们决定支持哈希姆家族——麦加的侯赛因和他的儿子们——成为战后中东阿拉伯世界的领袖。到了 1918 年，英国官员开始把侯赛因视作负担，因为他使英国卷入了他与伊本·沙特之间屡战屡败的冲突之中。到了 1922 年，英国政治家与官员们开始把侯赛因的儿子费萨尔视作反复无常的小人，把侯赛因的另一个儿子阿卜杜拉看作懒惰无能之辈。但是，费萨尔和阿卜杜拉却是英国自己在伊拉克和外约旦扶植的统治者，英国已经让自己卷入了哈希姆家族的事业。

另一个矛盾点是巴勒斯坦：在 1922 年，英国接受了国际联盟的委任，在巴勒斯坦建立了托管统治，以推行犹太复国主义政策。英国曾经在 1917 年热情地支持犹太复国运动，却在 20 年代初丧失了对这场运动的全部热情。

因此，统治中东的英国官员在接下来的岁月中全无方向感和信念，这也就不足为奇了。这正是 1922 年中东解决方案的特点导致的结果：在摧毁了该地区的旧秩序，并且在从埃及到伊拉克的各个地区部署了部队、装甲车和军用飞机之后，**英国的决策者们在 1922 年给中东带去了一套解决方案——一套就连他们自己都不再相信的方案。**

V

中东变成今天的样子，有两方面的原因：欧洲列强企图实现重塑中东的事业，但英法两国却无法保证它们在这里创造出来的王朝、国家和政治体系能长久地存续下去。在第一次世界大战期间和战后，英国及其盟友不可逆地摧毁了这一地区的旧秩序，彻底终结了土耳其人对中东阿拉伯世界的统治。* 为了取代这里的旧秩序，英国及其盟友在这里建立国家、拥立统治者、标示边界，建立起与世界上其他地方类似的国家体系。但是，它们却没有能够彻底消除当地的反对力量。

1914—1922 年发生的种种，在了结了欧洲的中东问题的同时，催生出了中东自身的中东问题。在欧洲人看来，1922 年中东解决方案（我们姑且这样称呼，虽然有一些安排是在 1922 年之前或之后做出的）解决了奥斯曼帝国将由什么政权和什么人取代的问题。但是，直到今日，中东依然有强大的地方力量不愿意接受这些安排，甚至还有可能推翻这些安排。

像世界上的其他地方一样，中东地区的一些争端是有关统治者或边界问题的。但是，中东地区的一大特点在于，有一些更为根本的问题也是争端的焦点：对于那些直接或间接由英法两国在 20 世纪 20 年代初创造出的国家——伊拉克、以色列、约旦和黎巴嫩——来说，问题的焦点并非仅在于它们的疆域和边界，而在于这些国家是否应当存在。因此，直到今天，中东依然是一个事关国家存亡的战

---

* 不可否认，土耳其人在毁灭自己的帝国的过程中也发挥了作用，此外，中东内部也有推动这一变化的力量。——原注

争时有发生的地区。

中东地区的争端还有更深刻的一层：在那些看上去无法解决的具体问题（例如库尔德人的政治未来，或是巴勒斯坦阿拉伯人的政治命运）的背后，还隐藏着一个更宏大的问题——欧洲人发明的现代政治体系将世界划分为一个个独立的世俗国家，赋予人们国籍，这种政治体系是否能够在中东的陌生土壤上移植成功？

在世界上的其他地方，人们对欧式政治的预设条件习以为常，没人会对它们加以认真思索。但是，1 000多年以来，这个地区的大部分居民信仰的宗教律法统辖着生活中的一切，包括政府和政治。对于这里来说，欧式政治有至少一个重要的预设条件——现代文明的世俗平民政府——是陌生的理念。

第一次世界大战时期的欧洲政治家确实在一定程度上意识到了这个问题及其严重性。协约国的领导者们在制订瓜分中东的计划时发现，伊斯兰教的深刻影响是中东政治的主要特征，他们必须应对这个问题。我们曾提到过，基钦纳伯爵在1914年制定了一项政策，试图将伊斯兰教信仰置于英国的控制之下。但是，谢里夫侯赛因在1916年对信徒们的号召并没有得到什么响应。于是，基钦纳的助手们决定转而树立其他可以效忠的目标来对抗泛伊斯兰主义的影响（例如让阿拉伯人效忠于一个阿拉伯民族的邦联，或是效忠于侯赛因国王的家族，或是效忠于即将创造出来的一些新国家，例如伊拉克）。事实上，这的确也是他们制订战后中东解决方案时考虑的目标之一。

但是，当时的欧洲官僚对伊斯兰教几乎一无所知。他们很轻易地就认定穆斯林对政治现代化——或曰政治欧洲化——的反抗正在消失。如果他们能看到 20 世纪后半叶发生的事情，他们一定会大吃一惊：瓦哈比信仰在沙特阿拉伯如火如荼，战争中的阿富汗充满了宗教狂热，穆斯林兄弟会依然活跃于埃及、叙利亚和其他逊尼派聚居区，霍梅尼在什叶派的伊朗发起了革命。

无论是出于宗教原因还是别的什么原因，当地人持续不断地反抗 1922 年解决方案及其预设条件，体现出了这一地区政治的特点：在中东，并没有什么能够通行于整个地区的**合法性**（比如某种公认的游戏规则）和信念，那些自称为国家的政治实体和自称为统治者的人也无法得到普遍的认可。从这种意义上讲，尽管协约国自以为在 1919 年至 1922 年间确立了奥斯曼苏丹的继承者，但实际上并没有什么继承者获得了彻底的认可。

或许有一天，对 1922 年解决方案的挑战，无论是对约旦、以色列、伊拉克和黎巴嫩的存在的挑战，还是对中东世俗国家政权的挑战，会最终消散。但是，在此之前，现代的中东世界依然会像公元 5 世纪时的欧洲一样——罗马帝国权威崩溃后的西方人曾经陷入一场文明危机，被迫依靠自己去寻找一个新的政治体系。回首欧洲的历史，我们就能知道那样一场政治文明的巨大危机可能带来多么剧烈的动荡。

欧洲人花了 1 500 年时间去解决后罗马时代的社会和政治认同危机：其中 1 000 年用来确立民族国家的政治组织形式，另外近 500 年的时间则用于决定哪些民族可以形成自己的国家。文明能否经受住劫掠与混战的摧残？教会与教皇、国家与皇帝，究竟由谁来统治？天主教与新教，究竟谁能主宰基督教世界？王朝帝国、民族国家和城邦国家，究竟谁主沉浮？

第戎的市民究竟将臣属于勃艮第还是法兰西？所有这一切问题，都要经过痛苦的探索与斗争才能得到解答。而在这一过程中，落败者，例如法国南部的阿尔比派*，通常会被彻底消灭。直到19世纪末，随着德国和意大利的建立，西欧的版图才最终成形，而此时距离古罗马的版图分崩离析已经过去了大约1 500年。

今天的中东危机或许不会产生那么显著的影响，也不会持续那么久远。但是，其中的关键问题是一样的：在他们习以为常的悠久的帝国统治瓦解之后，形形色色的不同民族要如何重组并建立新的政治认同？协约国在20世纪20年代初提出了一个后奥斯曼时代的设计方案，而延续至今的问题就是这一地区的人民是否愿意接受这一方案。

因此，1922年解决方案并非全然或大部分是已经结束的历史，它依然是今日中东的战争、冲突和政治博弈的核心。基钦纳、劳合·乔治和丘吉尔遗留下来的问题直至今日依旧是人们厮杀流血的原因，年复一年地在化为废墟的贝鲁特街头、缓慢流淌的底格里斯河–幼发拉底河两岸和《圣经》记述中的约旦河畔引发冲突。

VI

20世纪20年代早期的英国政治家与官员并没有能够预见到1922年解决方案的多舛命运。他们甚至没能预见到那些与之紧密相

---

* 阿尔比派（Albigensian），公元12—14世纪活跃于南欧地区的一个基督教教派，于公元13世纪被教皇宣布为异端，遭到镇压，最终消亡。——译者注

关的个人（包括这一解决方案的主设计师温斯顿·丘吉尔）自身短暂的政治前途，虽然这与他们自己的命运密切相关，而且他们对英国政治的熟悉程度要远超他们对中东政治的熟悉程度。

在 1922 年，英国人普遍认为丘吉尔的政治生涯已告终结。他在 10 月份丢掉了内阁的职务，又在 11 月丢掉了下议院的席位，看起来遭遇了惨败。他毫不怀疑自己有朝一日还会重返议会，但是他再度进入某届政府工作的机会已经变得十分渺茫，至少不太可能再得到什么重要的任命。

曾经在 11 月底与丘吉尔共进晚餐的一位人士后来回忆说："温斯顿情绪十分低落，整个晚上都没怎么说话。他认为自己的世界已经终结，至少他的政治生涯是如此。我也以为他的职业生涯已经结束了。"[1]

新一届议会于 1922 年 11 月 27 日召开，但鉴于丘吉尔已经不再是议会成员，他在英国也就没有什么值得挂念的了。12 月初，他乘船前往地中海。短短 10 年之前，当他的职业生涯正值初夏之际，他曾经与年轻的维奥莱特·阿斯奎斯及她的父亲一道搭乘"女巫号"游历地中海。然而，从政治意义上来讲，那一次航行就如同发生在另一个世纪——或者更确切地说，发生在另一个世界。

在抵达法国南部之后，丘吉尔在戛纳附近租下的别墅里安顿了下来，继续写作他的战争回忆录。在此之前他已经写了不少，因此他相信开头的几部分大概在一个月之内就可以在报纸上连载了。这部作品最终写了许多卷。

在写作回忆录的过程中，他回顾了自己在与土耳其有关的东方事务上那一系列让人难以置信的坏运气。他回忆了英国人如何在种种意外、混乱与错误之中让"戈本号"抵达了伊斯坦布尔，继而推动奥斯曼帝国投入了第一次世界大战——而丘吉尔本人曾经由于这场战争备受谴责。他还回忆了手下的海军将领们如何在胜利唾手可得之际令人难以置信地逃离了达达尼尔海峡的最狭处——他们本可以在第二天就赢得对土战争，为丘吉尔赢得胜利的桂冠，而不是耻辱与撤职。他告诉读者，一只猴子咬了希腊国王，继而让土耳其再度燃起战火，并最终导致劳合·乔治政府和丘吉尔本人倒台。

在完成并出版了回忆录的第一卷之后，丘吉尔于1923年年中返回英国，投入了看上去毫无希望的政治搏杀。晚秋时节，他再次参加了议会竞选，一次又一次地被人用战时在达达尼尔海峡的失败诘问，最终败给了工党候选人。冬末，丘吉尔在另一个选区参加竞选，但再度落败，这回的赢家是一名保守党候选人。

不过，对于丘吉尔来说，情况在发生变化。1924年下半年，他重新回到了议会。温斯顿·丘吉尔非但没有结束政治生涯，反而出任了财政大臣——这通常被看作内阁里第二重要的职位。这让英国政界大为惊异。

阴云开始散去。自由党的一位前同僚乔治·兰伯特（George Lambert）写信祝贺丘吉尔获得新职位，同时还做了一个更让人惊异的预言。"我亲爱的温斯顿，"他写道，"我的政治直觉向来很准。我想我能看到你成为首相的那一天。"[2]

注　释

第一部分　在历史的十字路口

1　老欧洲的最后岁月

1　Violet Bonham Carter, *Winston Churchill as I Knew Him* (London: Eyre & Spottiswoode and Collins, 1965), p. 263.

2　Ibid., p. 264.

3　Ibid., p. 262.

4　Ibid.

2　亚洲"大博弈"的遗产

1　全面的讨论及引用，可参阅：David Fromkin, "The Great Game in Asia," *Foreign Affairs* (spring 1980), p. 936。还可参阅 Edward Ingram, *Commitment to Empire: Prophecies of the Great Game in Asia ,1797–1800* (Oxford: Clarendon Press, 1981); and Edward Ingram, *The Beginnings of the Great Game in Asia ,1828–1834* (Oxford: Clarendon Press, 1979)。

2　George N. Curzon, *Persia and the Persian Question* (London: Frank Cass, 1966), Vol. 1, pp. 3–4.

3　G. D. Clayton, *Britain and the Eastern Question: Missolonghi to Gallipoli* (London: University of London Press, 1971), p. 139.

4　J. W. Kaye, according to H. W. C. Davis, "The Great Game in Asia, 1800–1844", *Raleigh Lecture on History* (London: British Academy, 1926), pp. 3–4.

5　Marian Kent, *Oil and Empire: British Policy and Mesopotamian Oil, 1900–1920*

(London: Macmillan Press for the London School of Economics, 1976), p. 6, and app. 8.

6 引用自 : Arthur Swinson, *North-West Frontier: People and Events, 1839–1947* (London: Hutchinson, 1967), p. 142。

7 M. S. Anderson, *The Eastern Question, 1774–1923: A Study in International Relations* (London and Basingstoke: Macmillan Press, 1966), p. 224.

8 Lady Gwendolen Cecil, *Life of Robert Marquis of Salisbury* (London: Hodder & Stoughton, 1921), Vol. 2, p. 326.

9 Paul Kennedy, *The Realities behind Diplomacy: Background Influences on British External Policy, 1865–1980* (Glasgow: Fontana, 1981), p. 20; Paul Kennedy, "A Historian of Imperial Decline Looks at America," *International Herald Tribune*, 3 November 1982, p. 6.

10 P. L. Cottrell, *British Overseas Investment in the Nineteenth Century* (London: Macmillan Press, 1975), p. 9.

11 Walter Bagehot, *The Collected Works* (London: *The Economist*, 1974), Vol. 8, p. 306.

12 Viscount Grey of Falloden, *Twenty-Five Years, 1892–1916* (London: Hodder & Stoughton, 1925), Vol. 1, p. 152.

3 战前的中东

1 3 000万人口 : Charles Issawi, *The Economic History of Turkey: 1800–1914* (Chicago and London: University of Chicago Press, 1980), p. 1。5 000万人口: George Lenczowski, *The Middle East in World Affairs*, 4th edn (Ithaca and London: Cornell University Press, 1980), p. 28。

2 *The Arab War: Confidential Information for General Headquarters from Gertrude Bell, Being Despatches Reprinted from the Secret "Arab Bulletin"* (Great Britain: The Golden Cockerel Press, n.d.), p. 9.

3 Issawi, *Economic History of Turkey*, p. 353.

4 *Encyclopaedia Britannica*, 11th edn, s.v. "Constantinople."

5 Bernard Lewis, *The Emergence of Modern Turkey*, 2nd edn (London, Oxford, and New York: Oxford University Press, 1968), p. 228.

6 John Presland (pseudonym for Gladys Skelton), *Deedes Bey: A Study of Sir Wyndham Deedes, 1883–1923* (London: Macmillan, 1942), p. 19.

7　Margaret FitzHerbert, *The Man Who Was Greenmantle: A Biography of Aubrey Herbert* (London: John Murray, 1983), p. 83.

8　Elie Kedourie, *Arabic Political Memoirs and Other Studies* (London: Frank Cass, 1974), p. 244.

9　Ibid., p. 260.

10　Ibid., p. 257.

11　Ibid., p. 261.

12　Ibid., p. 255.

13　关于青年土耳其人运动起因及其国内活动的记载，可参阅：Feroz Ahmad, *The Young Turks: The Committee of Union and Progress in Turkish Politics 1908–1914* (Oxford: Clarendon Press, 1969); and Ernest Edmondson Ramsaur, Jr, *The Young Turks: Prelude to the Revolution of 1908* (Princeton: Princeton University Press, 1957)。

14　John Buchan, *Greenmantle* (New York: Grosset & Dunlap, 1916), ch. 1; Lewis, *Modern Turkey*, pp. 207–8, n. 4.

4　青年土耳其人急于寻找盟友

1　Charles Issawi, *The Economic History of Turkey: 1800–1914* (Chicago and London: University of Chicago Press, 1980), p. 151.

2　Ibid.

3　Ibid.

4　Ibid., pp. 146–7 and 152–77.

5　Ibid., p. 147.

6　Ibid., p. 177.

7　Ibid., p. 178.

8　Harry N. Howard, *The Partition of Turkey: A Diplomatic History, 1913–1923* (New York: Howard Fertig, 1966), pp. 47 et seq.

9　Sir Mark Sykes, *The Caliphs' Last Heritage: A Short History of the Turkish Empire* (London: Macmillan, 1915), p. 2.

10　Ahmed Djemal Pasha, *Memories of a Turkish Statesman: 1913–1919* (New York: George H. Doran, 1922), p. 108.

11　Martin Gilbert, *Winston S. Churchill*, Vol. 3: *1914–1916, The Challenge of War*

(Boston: Houghton Mifflin, 1971), p. 189.

12 Ibid., p. 190.

13 Ulrich Trumpener, *Germany and the Ottoman Empire: 1914–1918* (Princeton: Princeton University Press, 1968), p. 20.

14 Ibid., p. 19.

15 Ibid.

5 战争前夕的温斯顿·丘吉尔

1 Ted Morgan, *Churchill: Young Man in a Hurry, 1874–1915* (New York: Simon & Schuster, 1982), p. 314.

2 Violet Bonham Carter, *Winston Churchill as I Knew Him* (London: Eyre & Spottiswoode and Collins, 1965), p. 262.

6 丘吉尔扣押土耳其军舰

1 Martin Gilbert, *Winston S. Churchill*, Vol. 3: *1914–1916, The Challenge of War* (Boston: Houghton Mifflin, 1971), pp. 179–80.

2 Ibid., opposite p. 156.

3 Richard Hough, *The Great War at Sea: 1914–1918* (Oxford and New York: Oxford University Press, 1983), p. 71.

4 Lord Kinross, *Ataturk: A Biography of Mustafa Kemal, Father of Modern Turkey* (New York: William Morrow, 1965), p. 79; Stanford J. Shaw and Ezel Kural Shaw, *History of the Ottoman Empire and Modern Turkey*, Vol. 2: *Reform, Revolution, and Republic: The Rise of Modern Turkey, 1808–1975* (Cambridge: Cambridge University Press, 1977), p. 311.

5 Winston S. Churchill, *The World Crisis: 1911–1914* (London: Thornton Butterworth, 1923), pp. 208–9.

6 Martin Gilbert, *Winston S. Churchill: Companion Volume*, Vol. 3, Part 1: *July 1914– April 1915* (Boston: Houghton Mifflin, 1973), pp. 1–2.

7 Ibid., p. 3.

8 Ibid., pp. 2–3.

9 Ibid., p. 5.

10 Ibid.

11 Ibid., p. 10.

12 Ibid., p. 9.

13 Ibid., p. 16.

14 Ibid.

15 Ibid., p. 19.

16 Ulrich Trumpener, *Germany and the Ottoman Empire: 1914–1918* (Princeton: Princeton University Press, 1968), p. 15.

17 Ibid., pp. 19–20.

18 Ibid., p. 16.

19 J. A. S. Grenville, *The Major International Treaties 1914–1973: A History and Guide with Texts* (New York: Stein & Day, 1975), p. 24; Harry N. Howard, *The Partition of Turkey: A Diplomatic History , 1913–1923* (New York: Howard Fertig, 1966), p. 49.

20 Trumpener, *Ottoman Empire*, pp. 14, 22.

21 Trumpener, *Ottoman Empire*.

22 Gilbert, *Churchill: Companion Volume*, p. 36.

23 Y. T. Kurat, "How Turkey Drifted into World War I," in K. C. Bourne and D. C. Watt (eds), *Studies in International History* (London: Longman, 1967), p. 299.

7 高门阴谋

1 Ulrich Trumpener, *Germany and the Ottoman Empire: 1914–1918* (Princeton: Princeton University Press, 1968).

2 Violet Bonham Carter, *Winston Churchill as I Knew Him* (London: Eyre & Spottiswoode and Collins, 1965), pp. 321–2.

3 Martin Gilbert, *Winston S. Churchill: Companion Volume*, Vol. 3, Part 1: *July 1914– April 1915* (Boston: Houghton Mifflin, 1973), p. 73.

4 Ibid.

5 Stanford J. Shaw and Ezel Kural Shaw, *History of the Ottoman Empire and Modern Turkey*, Vol. 2: *Reform, Revolution and Republic: The Rise of Modern Turkey, 1808– 1975* (Cambridge: Cambridge University Press, 1977), p. 312.

6 Ibid., p. 311.

7 H. H. Asquith, *Letters to Venetia Stanley*, ed. by Michael and Eleanor Brock (Oxford

and New York: Oxford University Press, 1982), p. 168.

8   Ibid., p. 171.

9   John Presland (pseudonym for Gladys Skelton), *Deedes Bey: A Study of Sir Wyndham Deedes, 1883–1923* (London: Macmillan, 1942), pp. 138–9.

10 Gilbert, *Churchill: Companion Volume*, p. 58.

11 Harry N. Howard, *The Partition of Turkey: A Diplomatic History, 1913–1923* (New York: Howard Fertig, 1966), p. 49.

12 Martin Gilbert, *Winston S. Churchill*, Vol. 3: *1914–1916, The Challenge of War* (Boston: Houghton Mifflin, 1971), p. 210.

13 Trumpener, *Ottoman Empire*, p. 31.

14 Ibid., p. 33.

15 Ibid.

16 Ibid.

17 Ibid., p. 32.

18 Viscount Grey of Falloden, *Twenty-Five Years, 1892–1916* (London: Hodder & Stoughton, 1925), Vol. 2, p. 164.

19 Joseph Heller, *British Policy Towards the Ottoman Empire: 1908–1914* (London: Frank Cass, 1983).

20 Trumpener, *Ottoman Empire*, p. 48.

21 Harry N. Howard, *Turkey, the Straits and U.S. Policy* (Baltimore and London: The Johns Hopkins University Press, 1974), p. 27, n. 2.

22 Trumpener, *Ottoman Empire*, p. 58.

23 Gilbert, *Churchill: The Challenge of War*, p. 216.

24 Shaw and Shaw, *Ottoman Empire*, p. 312.

25 Asquith, *Letters*, p. 309.

26 Martin Gilbert, *Winston S. Churchill*, Vol. 4: *1916–1922, The Stricken World* (Boston: Houghton Mifflin, 1975), pp. 752–3.

27 Asquith, *Letters*, pp. 165–6.

28 Ibid., p. 186.

29 Gilbert, *The Challenge of War*, p. 210.

30 Grey, *Twenty-Five Years*, p. 167.

31 Asquith, *Letters*, p. 402.

32 Christopher Sykes, *Two Studies in Virtue* (London: Collins, 1953), p. 205.

第二部分　喀土穆的基钦纳伯爵筹划未来

8　基钦纳接过指挥棒

1　Martin Gilbert, *Winston S. Churchill*, Vol. 3: *1914–1916, The Challenge of War* (Boston: Houghton Mifflin, 1971), p. 12.

2　George H. Cassar, *Kitchener: Architect of Victory* (London: William Kimber, 1977), p. 172.

3　H. H. Asquith, *Letters to Venetia Stanley*, ed. by Michael and Eleanor Brock (Oxford and New York: Oxford University Press, 1982), p. 157.

4　*Lord Riddell's War Diary ,1914–1918* (London: Ivor Nicholson & Watson, 1933), p. 48; Cassar, *Kitchener*, p. 193.

5　Violet Bonham Carter, *Winston Churchill as I Knew Him* (London: Eyre & Spottiswoode and Collins, 1965), p. 316.

6　Lord Beaverbrook, *Politicians and the War, 1914–1916* (London: Oldbourne Book Co., 1960), p. 172.

7　Duff Cooper, *Old Men Forget* (New York: E. P. Dutton, 1954), p. 54.

8　G. W. Steevens, *With Kitchener to Khartum* (New York: Dodd, Mead, 1900), p. 46.

9　Ibid., p. 48.

10　Ibid., p. 45.

11　*Encyclopaedia Britannica*, 12th edn, s.v. "Kitchener."

12　Cassar, *Kitchener*, p. 196.

13　Elie Kedourie, *In the Anglo-Arab Labyrinth: The McMahon-Husayn Correspondence and its Interpreters, 1914–1939* (Cambridge: Cambridge University Press, 1976), pp. 12–13; L. Hirszowicz, "The Sultan and the Khedive, 1892–1908," *Middle Eastern Studies* (October 1972); Jukka Nevakivi, "Lord Kitchener and the Partition of the Ottoman Empire, 1915–1916," in K. C. Bourne and D. C. Watt (eds), *Studies in International History* (London: Longman, 1967), p. 318.

14　Lord Edward Cecil, *The Leisure of an Egyptian Official* (London: Hodder & Stoughton, 1921), p. 187.

15　*The Memoirs of Sir Ronald Storrs* (New York: G. P. Putnam's Sons, 1937), p. 206.

16　Kedourie, *Anglo-Arab Labyrinth*, p. 29.

17　Sir Mark Sykes, *The Caliphs' Last Heritage: A Short History of the Turkish Empire*

(London: Macmillan, 1915).

18 *Encyclopaedia Britannica*, 11th edn, s.v. "Turkey" ; Lord Eversley, *The Turkish Empire, from 1288 to 1914* (New York: Howard Fertig, 1969), p. 6.

19 *Arab Bulletin*, no. 47, 11 April 1917.

20 H. V. F. Winstone, *The Illicit Adventure* (London: Jonathan Cape, 1982), pp. 107–9 and 220–1.

9 基钦纳的助手们

1 *Lord Riddell's War Diary, 1914–1918* (London: Ivor Nicholson & Watson, 1933), p. 75.

2 G. W. Steevens, *With Kitchener to Khartum* (New York: Dodd, Mead, 1900), pp. 64–5.

3 University of Durham. Sudan Archive. Gilbert Clayton Papers. 469/8.

4 Ibid.

5 *War Memoirs of David Lloyd George*, Vol. 3: *1916–1917* (Boston: Little, Brown, 1934), pp. 304–5.

6 Kew. Public Record Office. Kitchener Papers. 30/57 45. Document 0045.

7 University of Durham. Sudan Archive. Gilbert Clayton Papers. 470/4.

8 Kew. Public Record Office. Kitchener Papers. 30/57 45. Document 0071.

9 Ibid. Document 0073.

10 University of Durham. Sudan Archive. Clayton Key Papers. G//S 513. File 1.

11 Kew. Public Record Office. Kitchener Papers. 30/57 47. Document QQ16.

12 Ibid. Document QQ15.

13 Christopher M. Andrew and A. S. Kanya-Forstner, *The Climax of French Imperial Expansion: 1914–1924* (Stanford: Stanford University Press, 1981), p. 68.

14 Ibid., p. 69.

15 Ibid., p. 40.

16 Ibid., pp. 69–70.

10 基钦纳意欲控制伊斯兰教

1 *Encyclopaedia Britannica*, 12th edn, s.v. "World War."

2 John Buchan, *Greenmantle* (New York: Grosset & Dunlap, 1916), p. 17.

3 C. Ernest Dawn, *From Ottomanism to Arabism: Essays on the Origins of Arab*

Nationalism (Urbana, Chicago, and London: University of Illinois Press, 1973), pp. 54–68.

4 Elie Kedourie, *In the Anglo-Arab Labyrinth: The McMahon-Husayn Correspondence and its Interpreters 1914–1939* (Cambridge: Cambridge University Press, 1976), pp. 4–11.

5 Majid Khadduri, "Aziz 'Ali Al-Misri and the Arab Nationalist Movement," in Albert Hourani (ed.), *Middle Eastern Affairs: Number Four,* St Antony's Papers, no. 17 (London: Oxford University Press, 1965), pp. 140–3.

6 H. V. F. Winstone, *The Illicit Adventure* (London: Jonathan Cape, 1982), p. 380.

7 Kedourie, *Anglo-Arab Labyrinth,* pp. 13–14.

8 Ibid., p. 25.

9 Ibid., p. 17.

10 Zeine N. Zeine, *The Emergence of Arab Nationalism with a Background Study of Arab-Turkish Relations in the Near East* (Beirut: Khayats, 1966).

11 Dawn, *Ottomanism,* p. 152.

12 Albert Hourani, *The Emergence of the Modern Middle East* (Berkeley, Los Angeles and London: University of California Press, 1981), pp. 193–215; Dawn, *Ottomanism;* Zeine N. Zeine, *Arab Nationalism,* pp. 39–59.

13 George Antonius, *The Arab Awakening: The Story of the Arab National Movement* (New York: Capricorn Books, 1965), p. 133; Kedourie, *Anglo-Arab Labyrinth,* p. 19.

14 University of Durham. Sudan Archive. Gilbert Clayton Papers. 469/8.

15 Kedourie, *Anglo-Arab Labyrinth,* p. 22.

16 Ibid., pp. 17–18.

17 Kew. Public Record Office. Kitchener Papers. 30/57 47. Document QQ38.

11 印度的不满

1 Elie Kedourie, *In the Anglo-Arab Labyrinth: The McMahon-Husayn Correspondence and its Interpreters, 1914–1939* (Cambridge: Cambridge University Press, 1976), p. 30.

2 Briton Cooper Busch, *Britain, India, and the Arabs, 1914–1921* (Berkeley and London: University of California Press, 1971), p. 62.

3 Kedourie, *Anglo-Arab Labyrinth,* p. 30.

4 Busch, *Britain, India, and the Arabs,* p. 62.

5 Kedourie, *Anglo-Arab Labyrinth,* p. 120.

6 Ibid., p. 30.

7 H. V. F. Winstone, *Captain Shakespear* (London: Jonathan Cape, 1976).

8 Busch, *Britain, India, and the Arabs*, p. 60.

9 Ibid., p. 11.

10 Kedourie, *Anglo-Arab Labyrinth*, p. 52.

11 Ibid., pp. 47–51.

12 Ulrich Trumpener, *Germany and the Ottoman Empire: 1914–1918* (Princeton: Princeton University Press, 1968), p. 117.

13 Fritz Fischer, *Germany's Aims in the First World War* (New York: W. W. Norton, 1967), p. 126.

14 Trumpener, *Ottoman Empire*, p. 118.

15 Kedourie, *Anglo-Arab Labyrinth*, p. 76.

16 C. J. Lowe and M. L. Dockrill, *The Mirage of Power*, Vol. 3: *The Documents, British Foreign Policy, 1902–1922* (London and Boston: Routledge & Kegan Paul, 1972), p. 538.

17 University of Durham. Sudan Archive. Clayton Key Papers. G//S 513. File 1.

18 Kew. Public Record Office. Kitchener Papers. 30/57 45. Document 0074.

12 左右为难

1 C. Ernest Dawn, *From Ottomanism to Arabism: Essays on the Origins of Arab Nationalism* (Urbana, Chicago, and London: University of Illinois Press, 1973), p. 14, nn. 42 and 43.

2 Kew. Public Record Office. Kitchener Papers. 30/57 47.

3 Ibid. Document QQ15.

第三部分　英国陷入中东泥潭

13 土耳其指挥官险些输掉战争

1 关于高加索战役的一手资料来自 Major Franz Carl Endres in the *Encyclopaedia Britannica,* 12th edn, s.v. "Turkish Campaigns"。

2 一说为9万人，出处同上。另一说为18万人，见 *Encyclopaedia Britannica,* 15th

edn. s.v. "World Wars"。

3 Ibid.

4 Ahmed Emin, *Turkey in the World War* (New Haven: Yale University Press, 1930), p. 88.

5 Frank G. Weber, *Eagles on the Crescent: Germany, Austria, and the Diplomacy of the Turkish Alliance, 1914–1918* (Ithaca and London: Cornell University Press, 1970), p. 98; C. R. M. F. Cruttwell, *A History of the Great War*, 2nd edn (Oxford: Clarendon Press, 1936), p. 351.

6 Margaret FitzHerbert, *The Man Who Was Greenmantle: A Biography of Aubrey Herbert* (London: John Murray, 1983), p. 147.

7 H. H. Asquith, *Letters to Venetia Stanley*, ed. by Michael and Eleanor Brock (Oxford and New York: Oxford University Press, 1982), p. 414.

8 下面的数据来自: Charles Issawi, *The Economic History of Turkey: 1800–1914* (Chicago and London: University of Chicago Press, 1980), pp. 366 et seq。

9 Emin, *Turkey*, p. 92.

14 基钦纳允许英国进攻土耳其

1 Lord Beaverbrook, *Men and Power, 1917–1918* (London: Hutchinson, 1956), p. xvii.

2 Walter Hines Page, quoted in Kenneth O. Morgan, *Lloyd George* (London: Weidenfeld & Nicolson, 1974), p. 13.

3 A. J. P. Taylor, *English History, 1914–1945* (Oxford: Clarendon Press, 1965), p. 74.

4 Martin Gilbert, *Winston S. Churchill*, Vol. 3: *1914–1916, The Challenge of War* (Boston: Houghton Mifflin, 1971), p. 230.

5 Zara C. Steiner, *Britain and the Origins of the First World War* (London and Basingstoke: Macmillan, 1977).

6 *The Autobiography of Bertrand Russell* (London: Unwin Paperbacks, 1978), p. 239.

7 H. H. Asquith, *Letters to Venetia Stanley*, ed. by Michael and Eleanor Brock (Oxford and New York: Oxford University Press, 1982), p. 266.

8 Gilbert, *Churchill: The Challenge of War*, p. 226; John Grigg, *Lloyd George: From Peace to War, 1912–1916* (London: Methuen, 1985), p. 194.

9 Lord Beaverbrook, *Politicians and the War, 1914–1916* (London: Oldbourne, 1960), p. 175.

10 Gilbert, *Churchill: The Challenge of War*, pp. 328–9.

15 在达达尼尔向着胜利迈进

1 Martin Gilbert, *Winston S. Churchill*, Vol. 3: *1914–1916, The Challenge of War* (Boston: Houghton Mifflin, 1971), p. 234.

2 Martin Gilbert, *Winston S. Churchill: Companion Volume*, Vol. 3, Part 1: *July 1914– April 1915* (Boston: Houghton Mifflin, 1973), p. 380.

3 H. H. Asquith, *Letters to Venetia Stanley*, ed. by Michael and Eleanor Brock (Oxford and New York: Oxford University Press, 1982), p. 374.

4 Gilbert, *Churchill: Companion Volume*, p. 500.

5 Asquith, *Letters*, p. 429.

6 Gilbert, *Churchill: The Challenge of War*, p. 287.

7 Ibid., pp. 296–7.

8 Ibid., p. 288.

9 Violet Bonham Carter, *Winston Churchill as I Knew Him* (London: Eyre & Spottiswoode and Collins, 1965), pp. 359–60.

10 Ibid., p. 359.

11 Gilbert, *Churchill: Companion Volume*, pp. 558–9.

12 Alan Moorehead, *Gallipoli* (New York: Ballentine Books, 1956), p. 59.

13 Ulrich Trumpener, *Germany and the Ottoman Empire, 1914–1918* (Princeton: Princeton University Press, 1968), p. 142.

14 Ibid., p. 146.

15 L. S. Stavrianos, *The Balkans since 1453* (New York: Rinehart, 1958), p. 560.

16 Bonham Carter, *Churchill*, p. 368.

17 Ibid., p. 369.

18 Ibid., p. 361.

19 Gilbert, *Churchill: Companion Volume*, p. 625.

20 Bonham Carter, *Churchill*, p. 368.

21 Gilbert, *Churchill: The Challenge of War*, p. 315.

22 Ibid., p. 326.

23 Bonham Carter, *Churchill*, pp. 365–6.

终结所有和平的和平

16　俄国索要土耳其

1　Christopher M. Andrew and A. S. Kanya-Forstner, *The Climax of French Imperial Expansion: 1914–1924* (Stanford: Stanford University Press, 1981), p. 73.

2　Viscount Grey of Falloden, *Twenty-Five Years, 1892–1916* (London: Hodder & Stoughton, 1925), Vol. 2, pp. 180–1.

3　H. H. Asquith, *Letters to Venetia Stanley*, ed. by Michael and Eleanor Brock (Oxford and New York: Oxford University Press, 1982), p. 300.

4　Ibid., p. 463.

5　Martin Gilbert, *Winston S. Churchill*, Vol. 3: *1914–1916, The Challenge of War* (Boston: Houghton Mifflin, 1971), p. 320.

6　Ibid.

7　Asquith, *Letters*, p. 183, n. 5.

8　Gilbert, *Churchill: The Challenge of War*, p. 320.

9　Elie Kedourie, *In the Anglo-Arab Labyrinth: The McMahon-Husayn Correspondence and its Interpreters, 1914–1939* (Cambridge: Cambridge University Press, 1976), pp. 22–3.

10　David Lloyd George, *Memoirs of the Peace Conference* (New Haven: Yale University Press, 1939), Vol. 2, p. 669.

11　Gilbert, *Churchill: The Challenge of War*, p. 349.

12　Briton Cooper Busch, *Britain, India, and the Arabs, 1914–1921* (Berkeley and London: University of California Press, 1971), pp. 40–2.

13　Asquith, *Letters*, p. 510.

14　Ibid., p. 469.

15　Martin Gilbert, *Winston S. Churchill: Companion Volume*, Vol. 3, Part 1: *July 1914–April 1915* (Boston: Houghton Mifflin, 1973), p. 716.

16　Kew. Public Record Office. Kitchener Papers. 30/57 45. Document 0073.

17　Ibid. 30/57. Document QQ18.

18　Kedourie, *Anglo-Arab Labyrinth*, p. 33.

19　Ibid., pp. 49–50.

20　Ibid., p. 34.

21　H. V. F. Winstone, *Gertrude Bell* (London: Jonathan Cape, 1978), p. 165.

22　Marian Kent, "Asiatic Turkey, 1914–1916," in F. H. Hinsley (ed.), *British Foreign*

Policy under Sir Edward Grey (Cambridge: Cambridge University Press, 1977), p. 445.

23　Kedourie, Anglo-Arab Labyrinth, p. 43.

24　Ibid., p. 41.

25　C. J. Lowe and M. L. Dockrill, *The Mirage of Power*, Vol. 3: *The Documents, British Foreign Policy, 1902–1922* (London and Boston: Routledge & Kegan Paul, 1972), pp. 524–5.

17　英国制定其在中东的目标

1　Martin Gilbert, *Winston S. Churchill: Companion Volume*, Vol. 3, Part 1: *July 1914– April 1915* (Boston: Houghton Mifflin, 1973), pp. 52–3.

2　Roger Adelson, *Mark Sykes: Portrait of an Amateur* (London: Jonathan Cape, 1975), p. 180.

3　Ibid., p. 182.

4　Margaret FitzHerbert, *The Man Who Was Greenmantle: A Biography of Aubrey Herbert* (London: John Murray, 1983), pp. 147–9.

18　在命运的最狭处

1　Martin Gilbert, *Winston S. Churchill*, Vol. 3: *1914–1916, The Challenge of War* (Boston: Houghton Mifflin, 1971), p. 343.

2　Ibid.

3　Martin Gilbert, *Winston S. Churchill: Companion Volume*, Vol. 3, Part 1: *July 1914– April 1915* (Boston: Houghton Mifflin, 1973), p. 703.

4　Gilbert, *Churchill: The Challenge of War*, p. 358.

5　Stephen Roskill, *Hankey: Man of Secrets*, Vol. 1: *1877–1918* (London: Collins, 1970), p. 159.

6　Gilbert, *Churchill: The Challenge of War*, p. 359.

7　Ibid., p. 371.

8　H. H. Asquith, *Letters to Venetia Stanley*, ed. by Michael and Eleanor Brock (Oxford and New York: Oxford University Press, 1982), p. 488.

9　Gilbert, *Churchill: The Challenge of War*, p. 375.

10 Gilbert, *Churchill: Companion Volume*, p. 731.

19 战士

1 Martin Gilbert, *Winston S. Churchill: Companion Volume*, Vol. 3, Part 1, *July 1914–April 1915* (Boston: Houghton Mifflin, 1973), p. 582.

2 Sir Ian Hamilton, *Gallipoli Diary*, Vol. 1 (London: Edward Arnold, 1920), p. 5.

3 Ibid., p. 25.

4 Martin Gilbert, *Winston S. Churchill*, Vol. 3: *1914–1916, The Challenge of War* (Boston: Houghton Mifflin, 1971), p. 294.

5 John Grigg, *Lloyd George: From Peace to War, 1912–1916* (London: Methuen, 1985), p. 211.

6 Compton Mackenzie, *My Life and Times, Octave Five, 1915–1923* (London: Chatto & Windus, 1966), p. 269

20 政客

1 Martin Gilbert, *Winston S. Churchill*, Vol. 3: *1914–1916, The Challenge of War* (Boston: Houghton Mifflin, 1971), p. 450.

2 Margaret FitzHerbert, *The Man Who Was Greenmantle: A Biography of Aubrey Herbert* (London: John Murray, 1983), p. 151.

3 Ibid., p. 155.

4 *Lord Riddell's War Diary, 1914–1918* (London: Ivor Nicholson & Watson, 1933), p. 94.

5 Ibid., p. 109.

6 Gilbert, *Churchill: The Challenge of War*, p. 476.

7 Riddell, *Diary*, p. 89.

8 Gilbert, *Churchill: The Challenge of War*, p. 440.

21 熄灭的光

1 Martin Gilbert, *Winston S. Churchill*, Vol. 3: *1914–1916, The Challenge of War* (Boston: Houghton Mifflin, 1971), p. 529.

2　H. Montgomery Hyde, *Carson* (London: William Heinemann, 1953), p. 393.

3　Martin Gilbert, *Winston S. Churchill: Companion Volume*, Vol. 3, Part 2: *May 1915–December 1916* (Boston: Houghton Mifflin, 1973), p. 1158.

4　Gilbert, *Churchill: The Challenge of War*, p. 549.

5　John Presland (pseudonym for Gladys Skelton), *Deedes Bey: A Study of Sir Wyndham Deedes, 1883–1923* (London: Macmillan, 1942), p. 226.

6　Ibid., p. 231.

22　创立阿拉伯局

1　Roger Adelson, *Mark Sykes: Portrait of an Amateur* (London: Jonathan Cape, 1975), p. 187.

2　Briton Cooper Busch, *Britain, India, and the Arabs, 1914–1921* (Berkeley, Los Angeles, and London: University of California Press, 1971), p. 69.

3　Adelson, *Sykes*, p. 192.

4　C. J. Lowe and M. L. Dockrill, *The Mirage of Power*, Vol. 2: *British Foreign Policy, 1914–1922* (London and Boston: Routledge & Kegan Paul, 1972), p. 209.

5　H. V. F. Winstone, *Gertrude Bell* (London: Jonathan Cape, 1978), p. 162.

23　向阿拉伯人承诺

1　Roger Adelson, *Mark Sykes: Portrait of an Amateur* (London: Jonathan Cape, 1975), p. 187.

2　Ibid., p. 189.

3　*Secret Despatches from Arabia by T. E. Lawrence* (The Golden Cockerel Press), p. 69.

4　C. Ernest Dawn, *From Ottomanism to Arabism: Essays on the Origins of Arab Nationalism* (Urbana, Chicago and London: University of Illinois Press, 1973), p. 30.

5　Elie Kedourie, *In the Anglo-Arab Labyrinth: The McMahon-Husayn Correspondence and its Interpreters, 1914–1939* (Cambridge: Cambridge University Press, 1976), p. 75.

6　Ibid., p. 77.

7　Ibid., p. 78.

8 Elie Kedourie, *The Chatham House Version and Other Middle Eastern Studies* (London: Weidenfeld & Nicolson, 1970), p. 14.

9 Kew. Public Record Office. Kitchener Papers. 30/57 48. Document RR 26.

10 London. House of Lords Record Office. Beaverbrook Collection. Lloyd George Papers. F-205–3. Document 17.

11 Karl Baedeker, *Palestine and Syria: With Routes through Mesopotamia and Babylon and the Island of Cyprus: Handbook for Travellers*, 5th edn, remodelled and augmented (Leipzig: Karl Baedeker, 1912), p. 157.

12 Kew. Public Record Office. Kitchener Papers. 30/57 47. Document QQ46.

13 这些及相似的引用收录在: Elie Kedourie, *England and the Middle East: The Destruction of the Ottoman Empire, 1914–1921* (Hassocks, Sussex: Harvester Press, 1978), p. 69。

14 Ibid.

15 Adelson, *Sykes*, p. 189.

16 Kedourie, *Chatham House*, p. 15.

17 Sherif Hussein's second note to Sir Henry McMahon, 9 September 1915.

18 John Presland (pseudonym for Gladys Skelton), *Deedes Bey: A Study of Sir Wyndham Deedes, 1883–1923* (London: Macmillan, 1942), pp. 244–5.

19 University of Durham. Sudan Archive. Gilbert Clayton Papers. 470/2.

20 Ronald Sanders, *The High Walls of Jerusalem: A History of the Balfour Declaration and the Birth of the British Mandate for Palestine* (New York: Holt, Rinehart & Winston, 1983), p. 253.

21 Dawn, *Ottomanism*, p. 115.

22 Kedourie, *Anglo-Arab Labyrinth*, p. 108.

23 Presland, *Deedes Bey*, p. 247.

24 Kedourie, *Anglo-Arab Labyrinth*, pp. 119–20.

25 Ibid., p. 121.

26 Kew. Public Record Office. Kitchener Papers. 30/57 48. Document RR8.

24 向欧洲盟友承诺

1 Roger Adelson, *Mark Sykes: Portrait of an Amateur* (London: Jonathan Cape, 1975), pp. 196–7.

2 Ibid., p. 199.

3 Jukka Nevakivi, "Lord Kitchener and the Partition of the Ottoman Empire, 1915–1916," in K. Bourne and D. C. Watt (eds), *Studies in International History* (London: Longman, 1967), p. 328; Philip Magnus, *Kitchener: Portrait of an Imperialist* (Harmondsworth: Penguin, 1968), pp. 374–5.

4 Oxford. St Antony's College. Middle East Centre. Mark Sykes Papers. DS 42.1.

5 Christopher M. Andrew and A. S. Kanya-Forstner, *The Climax of French Imperial Expansion: 1914–1924* (Stanford: Stanford University Press, 1981), p. 66.

6 Ibid., p. 75.

7 Ibid., pp. 75–7; St Antony's College. Middle East Centre. Mark Sykes Papers. DR 588.25. Extrait de la "Revue Hebdomadaire." Etienne Flandin, "Nos droits en Syrie et en Palestine."

8 Andrew and Kanya-Forstner, *French Imperial Expansion*, p. 89.

9 Marian Kent, *Oil and Empire: British Policy and Mesopotamian Oil, 1900–1920* (London and Basingstoke: Macmillan Press for the London School of Economics, 1976), p. 122.

10 Andrew and Kanya-Forstner, *French Imperial Expansion*, p. 93.

11 Ibid., p. 96.

12 Oxford. St Antony's College. Middle East Centre. Mark Sykes Papers. DS 42.1.

13 Adelson, *Sykes*, p. 200.

14 Oxford. St Antony's College. Middle East Centre. Hubert Young Papers. Notes for Lecture at Military Staff College.

15 Margaret FitzHerbert, *The Man Who Was Greenmantle: A Biography of Aubrey Herbert* (London: John Murray, 1983), p. 173.

16 Adelson, *Sykes*, pp. 202 et seq.

17 Andrew and Kanya-Forstner, *French Imperial Expansion*, p. 101.

18 C. J. Lowe and M. L. Dockrill, *The Mirage of Power*, Vol. 2: *British Foreign Policy, 1914–1922* (London and Boston: Routledge & Kegan Paul, 1972), pp. 228–9.

19 Ibid.; Adelson, *Sykes*, pp. 202, et seq.

20 Adelson, *Sykes*, pp. 202 et seq.

21 Ronald Sanders, *The High Walls of Jerusalem: A History of the Balfour Declaration and the Birth of the British Mandate for Palestine* (New York: Holt, Rinehart & Winston, 1983), p. 334.

22 Adelson, *Sykes*, p. 226.

23 Kent, *Oil and Empire*, p. 123.

24 Ibid.

25 土耳其人在底格里斯河的胜利

1 下文的资料来自 Russell Braddon, *The Siege* (New York: Viking Press, 1969) 以及标准的工具书。有关奥布里·赫伯特扮演的角色，见 Margaret FitzHerbert, *The Man Who Was Greenmantle: A Biography of Aubrey Herbert* (London: John Murray, 1983), pp. 169 et seq。

第四部分 颠覆

26 敌后

1 Frank G. Weber, *Eagles on the Crescent: Germany, Austria, and the Diplomacy of the Turkish Alliance, 1914–1918* (Ithaca and London: Cornell University Press, 1970), pp. 100–6.

2 Oxford. St Antony's College. Middle East Centre. Mark Sykes Papers. DR 588.25.

3 Sukru Elekdag, ambassador of the Turkish Republic, letter to the editor, *New York Times*, 11 May 1983, p. 22.

4 Stanford J. Shaw and Ezel Kural Shaw, *History of the Ottoman Empire and Modern Turkey*, Vol. 2: *Reform, Revolution, and Republic: The Rise of Modern Turkey, 1808–1975* (Cambridge: Cambridge University Press, 1977), pp. 314 et seq.

5 Ulrich Trumpener, *Germany and the Ottoman Empire, 1914–1918* (Princeton: Princeton University Press, 1968), p. 203.

6 Ibid., p. 208.

7 Ibid., pp. 208–9.

8 Ibid., pp. 209–10.

9 Ibid., p. 212.

10 Ibid., pp. 213–16.

11 Ibid., p. 213.

12 Ibid., p. 213.

13 Ibid., p. 225.

14 Sukru Elekdag, "Armenians vs. Turks: The View from Istanbul," *Wall Street Journal*, 21 September 1983, p. 33.

15 Firuz Kazemzadeh, *The Struggle for Transcaucasia (1917–1921)* (New York: Philosophical Library, and Oxford: George Ronald, 1951), pp. 27–30.

27 基钦纳的最后使命

1 H. Montgomery Hyde, *Carson* (London: William Heinemann, 1953), p. 390.

2 Trevor Royle, *The Kitchener Enigma* (London: Michael Joseph, 1985), pp. 355 et seq.

3 Ibid., p. 373.

4 "Exposed: The Blunder that Killed Lord Kitchener," *The Sunday Times*, 22 September 1985, p. 13. 还可参阅 George H. Cassar, *Kitchener: Architect of Victory* (London: William Kimber, 1977), p. 478。但另一名幸存者称基钦纳并未穿着军大衣，见 Philip Warner, *Kitchener: The Man Behind the Legend* (London: Hamish Hamilton, 1985), p. 199。

28 侯赛因起义

1 John Presland (pseudonym for Gladys Skelton), *Deedes Bey: A Study of Sir Wyndham Deedes, 1883–1923* (London: Macmillan, 1942), p. 263.

2 C. Ernest Dawn, *From Ottomanism to Arabism: Essays on the Origins of Arab Nationalism* (Urbana, Chicago and London: University of Illinois Press, 1973), p. 33.

3 Kew. Public Record Office. Kitchener Papers. Foreign Office 882. Vol. 19. AB/16/5.

4 Oxford. St Antony's College. Middle East Centre. Mark Sykes Papers. DR 588 (DS 244.4).

5 University of Durham. Sudan Archive. Gilbert Clayton Papers. 470/4.

6 Majid Khadduri, "Aziz 'Ali Al-Misri and the Arab Nationalist Movement," in Albert Hourani (ed.), *Middle Eastern Affairs: Number Four*, St Antony's Papers, no. 17 (London: Oxford University Press, 1965), pp. 140–63, and pp. 154–5.

7 George Antonius, *The Arab Awakening: The Story of the Arab National Movement* (New York: Capricorn Books, 1965), p. 153.

8　Dawn, *Ottomanism*, p. 47.

9　*The Memoirs of Sir Ronald Storrs* (New York: G. P. Putnam's Sons, 1937), p. 167.

10　Ibid., p. 168.

11　Ibid., p. 167.

12　Elie Kedourie, *In the Anglo-Arab Labyrinth: The McMahon-Husayn Correspondence and its Interpreters, 1914–1939* (Cambridge: Cambridge University Press, 1976), p. 201.

13　Oxford. St Antony's College. Middle East Centre. Mark Sykes Papers. DR 588 (DS 244.4).

14　Ibid.

15　Bernard Lewis, *The Middle East and the West* (New York and London: Harper Torchbooks), p. 9.

16　关于布雷蒙行动的叙述基于 General Ed. Brémond, *Le Hedjaz dans la guerre mondiale* (Paris: Payot, 1931)。

17　Major Sir Hubert Young, *The Independent Arab* (London: John Murray, 1933).

18　Desmond Stewart, *T. E. Lawrence* (New York and London: Harper & Row, 1977), p. 148.

19　下文关于劳伦斯行动的叙述主要基于 Stewart, *Lawrence*; Young, *The Independent Arab*; 以及劳伦斯的作品。

20　*The Diaries of Parker Pasha*, ed. by H. V. F. Winstone (London and New York: Quartet Books, 1983), p. 158.

21　Oxford. St Antony's College. Middle East Centre. T. E. Lawrence Papers. DS 244.4.

22　London. Imperial War Museum. T. E. Lawrence Papers. 69/48/2.

第五部分　协约国跌落至命运谷底

29　协约国政府垮台：英国与法国

1　Robert Blake, *The Unknown Prime Minister: The Life and Times of Andrew Bonar Law, 1858–1918* (London: Eyre & Spottiswoode, 1955), p. 290.

2　米尔纳对战争的责任，可参见: Thomas Pakenham, *The Boer War* (New York: Random House, 1979)。

3　Norman Stone, *Europe Transformed, 1878–1919* (London: Fontana Paperbacks,

1983), p. 366.

A. J. P. Taylor, *The First World War: An Illustrated History* (London: Hamish Hamilton, 1963), p. 103.

Kenneth O. Morgan, *Lloyd George* (London: Weidenfeld & Nicolson, 1974), p. 92.

Blake, *The Unknown Prime Minister*, p. 294.

Ibid., p. 297.

Lord Riddell's War Diary, 1914–1918 (London: Ivor Nicholson & Watson, 1933), p. 334.

A. J. P. Taylor, *English History, 1914–1945* (Oxford: Clarendon Press, 1965), p. 73.

Stephen Roskill, *Hankey: Man of Secrets*, Vol. 1: *1877–1918* (London: Collins, 1970), p. 339.

Terence H. O'Brien, *Milner* (London: Constable, 1979), p. 79.

John Grigg, *Lloyd George: From Peace to War ,1912–1916* (London: Methuen, 1985), p. 489.

Roskill, *Hankey*, pp. 422–3.

Ibid., p. 436.

Ibid., p. 458.

Theodore Zeldin, *France 1848–1945*, Vol. 1: *Ambition, Love and Politics* (Oxford: Clarendon Press, 1973), pp. 698 et seq.

David Robin Watson, *Georges Clemenceau: A Political Biography* (London: Eyre Methuen, 1974), p. 269.

Ibid., p. 90.

Winston S. Churchill, *Great Contemporaries* (London: Fontana, 1959), pp. 248–9.

Watson, *Clemenceau*, p. 127.

Zeldin, *France*, p. 703.

Watson, *Clemenceau*, p. 28.

Roskill, *Hankey*, p. 466.

30 推翻沙皇

Encyclopaedia Britannica, 12th edn, s.v. "Turkish Campaigns (I)," an article written by Major Franz Carl Endres.

Quoted in Y. T. Kurat, "How Turkey Drifted into World War I," in K. C. Bourne and

终结所有和平的和平

D. C. Watt (eds), *Studies in International History* (London: Longman, 1967), pp. 291–315 at p. 294.

3   Harvey A. De Weerd, "Churchill, Lloyd George, Clemenceau: The Emergence of the Civilian," in Edward Meade Earle (ed.), *Makers of Modern Strategy: Military Thought from Machiavelli to Hitler* (Princeton: Princeton University Press, 1943), pp. 287–305 at pp. 290–1; James T. Shotwell, *The Great Decision* (New York: Macmillan, 1944), pp. 8–9.

4   A. J. P. Taylor, *English History, 1914–1945* (Oxford: Clarendon Press, 1965), p. 34.

5   Sheila Fitzpatrick, *The Russian Revolution* (Oxford and New York: Oxford University Press, 1982), p. 10; Alec Nove, *An Economic History of the U. S. S. R.* (Harmondsworth: Penguin, 1982), pp. 20–5; *Encyclopaedia Britannica*, 11th edn, s.v. "Russia."

6   Hugh Seton-Watson, *The Russian Empire, 1801–1917* (Oxford: Clarendon Press, 1967), pp. 704–5.

7   Norman Stone, *The Eastern Front, 1914–1917* (London: Hodder & Stoughton, 1975), p. 288; Michael Kettle, *The Allies and the Russian Collapse, March 1917–March 1918* (London: André Deutsch, 1981), p. 98.

8   Gordon A. Craig, *Germany, 1866–1945* (Oxford and New York: Oxford University Press, 1978), p. 375.

9   Ulrich Trumpener, *Germany and the Ottoman Empire, 1914–1918* (Princeton: Princeton University Press, 1968), p. 153.

10 Bertram D. Wolfe, *Three Who Made a Revolution: A Biographical History*, 4th rev. edn (New York: Dell, Delta Books, 1964), pp. 620 et seq.; Edmund Wilson, *To the Finland Station: A Study in the Writing and Acting of History* (Garden City, NY: Doubleday Anchor Books, 1953), pp. 445 et seq.

11 下面的叙述基于 Z. A. B. Zeman and W. B. Scharlau, *The Merchant of Revolution: The Life of Alexander Israel Helphand (Parvus), 1867–1924* (London: Oxford University Press, 1965); 以及德国档案文献，转引自 Z. A. B. Zeman (ed.), *Germany and the Revolution in Russia, 1915–1918* (London: Oxford University Press, 1958)。

12 Zeman and Scharlau, *The Merchant of Revolution*, p. 136.

13 Zeman (ed.), *Germany*, p. 1.

14 Kettle, *The Russian Collapse*, pp. 13–35.

15　Norman Stone, *Europe Transformed, 1878–1919* (London: Fontana, 1983), p. 371.

16　Edward Hallett Carr, *The Bolshevik Revolution, 1917–1923*, Vol. 1 (New York: Macmillan, 1951), p. 70.

17　*Lord Riddell's War Diary, 1914–1918* (London: Ivor Nicholson & Watson, 1933), p. 82.

18　Taylor, *English History*, pp. 94–5.

第六部分　新世界与应许之地

31　新世界

1　Arthur S. Link, *Wilson: Campaigns for Progressivism and Peace, 1916–1917* (Princeton: Princeton University Press, 1965), pp. 179–80.

2　Ibid., pp. 201–3.

3　Charles Seymour, *The Intimate Papers of Colonel House*, Vol. 3 (Boston: Houghton Mifflin, 1928), p. 51.

4　John Maynard Keynes, *The Economic Consequences of the Peace* (New York: Harcourt, Brace & Howe, 1920), p. 42.

5　*War Memoirs of David Lloyd George*, Vol. 3: *1916–1917* (Boston: Little, Brown, 1934), p. 64.

6　*The Papers of Woodrow Wilson*, ed. by Arthur S. Link et al., Vol. 41: *January 24– April 6, 1917* (Princeton: Princeton University Press, 1983), p. 438.

7　Ibid., p. 462.

8　Ibid., p. 520.

9　Ibid., p. 525.

10　Ibid.

11　Seymour, *Papers of Colonel House*, Vol. 3, p. 45.

12　Ronald Steel, *Walter Lippmann, and the American Century* (Boston and Toronto: Little Brown and Company, 1980), p. 133.

13　Seymour, *Papers of Colonel House*, Vol. 3, p. 323.

14　Ibid.

15　Seymour, *Papers of Colonel House*, Vol. 2, p. 415.

16 Steel, *Lippmann*, p. 136.

17 Lawrence Evans, *United States Policy and the Partition of Turkey, 1914–1924* (Baltimore: The Johns Hopkins University Press, 1965), p. 39.

18 Ibid., pp. 40–2.

19 Lawrence E. Gelfand, *The Inquiry: American Preparation for Peace, 1917–1919* (New Haven: Yale University Press, 1963), p. 47.

20 Ibid., p. 273.

21 Ibid., pp. 60–2.

22 Ibid., pp. 240–50.

23 Ibid., pp. 250–52.

24 Seymour, *Papers of Colonel House*, Vol. 3, p. 39.

25 Wilson, *Papers*, Vol. 41, pp. 537–8.

26 Gelfand, *The Inquiry*, p. 173.

32 劳合·乔治的犹太复国运动

1 Roger Adelson, *Mark Sykes: Portrait of an Amateur* (London: Jonathan Cape, 1975), p. 222.

2 Lord Beaverbrook, *Men and Power, 1917–1918* (London: Hutchinson, 1956), p. 47.

3 Ibid., p. 48.

4 *War Memoirs of David Lloyd George*, Vol. 4: *1917* (Boston: Little, Brown, 1934), p. 68.

5 Ibid., p. 66.

6 Ibid., p. 432.

7 Ibid., pp. 573–4.

8 Martin Gilbert, *Winston S. Churchill: Companion Volume*, Vol. 4, Part 1: *January 1917–June 1919* (Boston: Houghton Mifflin, 1978), p. 59.

9 Beaverbrook, *Men and Power*, p. 141.

10 Martin Gilbert, *Winston S. Churchill*, Vol. 4: *1916–1922, The Stricken World* (Boston: Houghton Mifflin, 1975), p. 18.

11 Gilbert, *Churchill: Companion Volume*, p. 99.

12 Gilbert, *Churchill*: Vol. 4, p. 30.

13 Gilbert, *Churchill: Companion Volume*, p. 101.

14 Ibid., p. 108.

15 London. House of Lords Record Office. Beaverbrook Collection. Lloyd George Papers. F—6—1. Documents 1 through 16 (b).

16 Gilbert, *Churchill: Companion Volume*, p. 60.

17 Elie Kedourie, *In the Anglo-Arab Labyrinth: The McMahon-Husayn Correspondence and its Interpreters, 1914–1939* (Cambridge: Cambridge University Press, 1976), p. 159.

18 David Lloyd George, *Memoirs of the Peace Conference* (New Haven: Yale University Press, 1939), Vol. 2, p. 721.

19 Ibid., p. 722.

20 Barbara W. Tuchman, *Bible and Sword: England and Palestine from the Bronze Age to Balfour* (New York: Funk & Wagnalls, 1956), p. 121.

21 Ronald Sanders, *The High Walls of Jerusalem: A History of the Balfour Declaration and the Birth of the British Mandate for Palestine* (New York: Holt, Rinehart & Winston, 1983), p. 5.

22 Sir Charles Webster, *The Foreign Policy of Palmerston, 1830–1841: Britain, the Liberal Movement and the Eastern Question* (New York: Humanities Press, 1969), Vol. 2, p. 761. See also Leonard Stein, *The Balfour Declaration* (London: Valentine Mitchell, 1961), pp. 5–9, and Tuchman, *Bible and Sword*, pp. 80–224.

23 H. H. Asquith, *Letters to Venetia Stanley*, ed. by Michael and Eleanor Brock (Oxford and New York: Oxford University Press, 1982), p. 406.

24 Ibid., p. 477.

25 Ibid.

26 Ibid.

27 Ibid., pp. 477–8.

28 Isaiah Friedman, *The Question of Palestine, 1914–1918, British-Jewish-Arab Relations* (London: Routledge & Kegan Paul, 1973), p. 129.

29 Alex Bein, *Theodore Herzl: A Biography,* trans. by Maurice Samuel (Philadelphia: Jewish Publication Society of America, 1941), pp. 411 et seq.

30 London. House of Lords Record Office. Beaverbrook Collection. Lloyd George Papers. G—33—1. Documents 14 through 16.

33 通向《贝尔福宣言》之路

1　Isaiah Friedman, *The Question of Palestine, 1914–1918, British-Jewish-Arab Relations* (London: Routledge & Kegan Paul, 1973), p. 123.

2　Vladimir Jabotinsky, *The Story of the Jewish Legion*, trans. by Samuel Katz (New York: Bernard Ackerman, 1945), p. 31.

3　Joseph B. Schechtman, *Rebel and Statesman: The Vladimir Jabotinsky Story, the Early Years* (New York: Thomas Yoseloff, 1956), pp. 204–7 认为主要归功于特鲁姆佩尔道。

4　Jabotinsky, *The Jewish Legion*, p. 66.

5　Rehovot, Israel. Weizmann Archives. Memorandum of 7 February 1917 meeting; Roger Adelson, *Mark Sykes: Portrait of an Amateur* (London: Jonathan Cape, 1975), p. 226.

6　L. S. Amery, *My Political Life*, Vol. 2: *War and Peace: 1914–1929* (London: Hutchinson, 1953), p. 115.

7　George Antonius, *The Arab Awakening: The Story of the Arab National Movement* (New York: Capricorn Books, 1965), p. 412.

8　*The Leo Amery Diaries*, Vol 1: *1896–1929*, ed. by John Barnes and David Nicholson (London: Hutchinson, 1980), p. 137.

9　W. K. Hancock, *Smuts: The Sanguine Years, 1870–1919* (Cambridge: Cambridge University Press, 1962), p. 426.

10　Lord Beaverbrook, *Men and Power, 1917–1918* (London: Hutchinson, 1956), pp. xxiv–xxv; A. J. P. Taylor, *English History, 1914–1945* (Oxford: Clarendon Press, 1965), p. 82.

11　*War Memoirs of Lloyd George*, Vol. 4: *1917* (Boston: Little, Brown, 1934), p. 90.

12　Ibid., pp. 66–7.

13　*Selections from the Smuts Papers*, Vol. 3: *June 1910–November 1918*, ed. by W. K. Hancock and Jean Van Der Poel (Cambridge: Cambridge University Press, 1966), p. 465.

14　Ibid., p. 500.

15　Hancock, *Smuts*, pp. 434–5.

16　*Selections from the Smuts Papers*, Vol. 5: *September 1919–November 1934*, ed. by Jean Van Der Poel (Cambridge: Cambridge University Press, 1973), p. 25.

17 Ibid., p. 18.

18 Hancock, *Smuts*, pp. 434–5.

19 *The Smuts Papers*, Vol. 4: *November 1918–August 1919*, ed. by W. K. Hancock and Jean Van Der Poel (Cambridge: Cambridge University Press, 1966), pp. 26–7.

20 Amery, *My Political Life*, p. 116.

34 应许之地

1 Rehovot, Israel. Weizmann Archives. Sacher letter, 2 February 1917; Scott letter, 3 February 1917; Weizmann letter, 3 February 1917.

2 Rehovot, Israel. Weizmann Archives. Memorandum of 7 February 1917 meeting.

3 Ibid.

4 Rehovot, Israel. Weizmann Archives. Notes of 8 February 1918 meeting.

5 Ronald Sanders, *The High Walls of Jerusalem: A History of the Balfour Declaration and the Birth of the British Mandate for Palestine* (New York: Holt, Rinehart & Winston, 1983), p. 466.

6 Roger Adelson, *Mark Sykes: Portrait of an Amateur* (London: Jonathan Cape, 1975), p. 225.

7 Christopher M. Andrew and A. S. Kanya-Forstner, *The Climax of French Imperial Expansion: 1914–1924* (Stanford: Stanford University Press, 1981), p. 124.

8 Adelson, *Sykes*, p. 225.

9 Sanders, *The High Walls of Jerusalem*, p. 493.

10 Rehovot, Israel. Weizmann Archives. Sledmere Papers. Notes of conference held at 10 Downing St, 3 April 1917.

11 Ibid.

12 Ibid.

13 Adelson, *Sykes*, p. 227.

14 Oxford. St Antony's College. Middle East Centre. Mark Sykes Papers. DS 149.

15 Ibid. DS 149 (DR 588.25).

16 Kingston upon Hull. University of Hull. Brynmor Jones Library. Mark Sykes Papers, DDSY(2). 12–7.

17 Oxford. St Antony's College. Middle East Centre. Mark Sykes Papers. DS 149; Adelson, *Sykes*, p. 229.

18　Adelson, *Sykes*, p. 231.

19　Oxford. St Antony's College. Middle East Centre. Mark Sykes Papers. DR 588.25.

20　Ibid. DR 588.25 (DS 42.1).

21　Adelson, *Sykes*, p. 229.

22　Rehovot, Israel. Weizmann Archives. Sledmere Papers. 14 August 1917.

23　*The Leo Amery Diaries*, Vol. 1: *1896–1929*, ed. by John Barnes and David Nicholson (London: Hutchinson, 1980), p. 170.

24　Kenneth Rose, *The Later Cecils* (New York and London: Harper & Row, 1975), p. 153.

25　Philip Guedalla, *Men of Affairs* (London: Hodder & Stoughton, n. d.), p. 193.

26　Oxford. St Antony's College. Middle East Centre. Mark Sykes Papers. DR 588.25.

27　Andrew and Kanya-Forstner, *French Imperial Expansion*, p. 129.

28　Sanders, *The High Walls of Jerusalem*, p. 534.

29　Martin Gilbert, *Winston S. Churchill: Companion Volume,* Vol. 4, Part 1: *January 1917–June 1919* (Boston: Houghton Mifflin, 1978), p. 107.

30　David Lloyd George, *Memoirs of the Peace Conference* (New Haven: Yale University Press, 1939), Vol. 2, p. 733.

31　有 1.3 万名谢克尔的使用者认为自己是犹太复国主义者，依据：Leonard Stein, *The Balfour Declaration* (London: Valentine Mitchell, 1961), p. 66。根据《美国犹太人年鉴》的估计，1909—1910 年，全世界的犹太人约为 1 150 万。*Encyclopaedia Britannica*, 11th edn., s.v. "Jews".

32　Isiah Friedman, *The Question of Palestine, 1914–1918, British-Jewish-Arab Relations* (London: Routledge & Kegan Paul, 1973), p. 178.

33　Walter Laqueur, *A History of Zionism* (New York: Holt, Rinehart & Winston, 1972), p. 184.

34　Rehovot, Israel. Weizmann Archives. Sir R. Graham letter to General Wingate, 21 September 1917.

35　*Amery Diaries*, p. 170.

36　Stein, *Balfour Declaration*, p. 529; Laqueur, *Zionism*, p. 181.

37　*Trial and Error: The Autobiography of Chaim Weizmann* (New York: Harper, 1949), p. 179.

38　London. House of Lords Record Office. Beaverbrook Collection. Lloyd George Papers. F—3—2—34.

39　Ibid.

40　Weizmann, *Trial and Error*, p. 208.

41　Lloyd George, *Peace Conference*, Vol. 2, p. 669.

42　Ibid., Vol. 3, p. 737.

43　Oxford. St Antony's College. Middle East Centre. Balfour Declaration.

44　Ibid.

45　Lloyd George, *Peace Conference*, Vol. 2, p. 723.

46　Ibid., p. 737.

47　Ezekiel Rabinowitz, *Justice Louis D. Brandeis: The Zionist Chapter of His Life* (New York: Philosophical Library, 1968), p. 6.

48　Michael E. Parrish, *Felix Frankfurter and His Times—The Reform Years* (New York: Free Press, and London: Collier Macmillan, 1982), p. 135.

49　Leonard Baker, *Brandeis and Frankfurter: A Dual Biography* (New York: Harper & Row, 1984), p. 74.

50　Ibid.

51　Rabinowitz, *Brandeis*, p. 4.

52　Alpheus Thomas Mason, *Brandeis: A Free Man's Life* (New York: Viking Press, 1946), p. 446.

53　*Letters of Louis D. Brandeis*, Vol. 4: *(1916–1921): Mr. Justice Brandeis*, ed. by Melvin I. Urofsky and David W. Levy (Albany: State University of New York Press, 1975), p. 355.

54　*Amery Diaries*, p. 189.

55　*Selections from the Smuts Papers*, Vol. 3: *June 1910–November 1918*, ed. by W. K. Hancock and Jean Van Der Poel (Cambridge: Cambridge University Press, 1966), p. 503.

第七部分　入侵中东

35　圣诞大礼——耶路撒冷

1　Briton Cooper Busch, *Britain, India, and the Arabs, 1914–1921* (Berkeley and London: University of California Press, 1971), p. 121.

2　Ibid., pp. 139–40.

3 Desmond Stewart, *T. E. Lawrence* (New York and London: Harper & Row, 1977), pp. 166–8.

4 Kew. Public Record Office. Arab Bureau Papers. Foreign Office 882. Vol. 18. Document TU/17/3.

5 Oxford. St Antony's College. Middle East Centre. Allenby Papers. DS 244.4.

6 *War Memoirs of David Lloyd George*, Vol. 6: *1918* (Boston: Little, Brown, 1937), p. 203.

7 General Ed. Brémond, *Le Hedjaz dans la guerre mondiale* (Paris: Payot, 1931), p. 9.

8 David Holden and Richard Johns, *The House of Saud: The Rise and Fall of the Most Powerful Dynasty in the Arab World* (New York: Holt, Rinehart & Winston, 1981), p. 53.

9 Oxford. St Antony's College. Middle East Centre. William Yale Papers. DS 149, DS 244.4, DS 126.1.

10 *War Memoirs of David Lloyd George*, Vol. 4: *1917* (Boston: Little, Brown, 1934), p. 98.

11 Ibid., p. 573.

36 通往大马士革之路

1 Oxford. St Antony's College. Middle East Centre. Mark Sykes Papers. DR 588.25.

2 Ibid. (DR 588.25) DS 42.1.

3 Ibid. Sir Gilbert F. Clayton Letter 3—8—16. DT 107.2 CG (DS 42.1).

4 Rehovot, Israel. Weizmann Archives. Clayton to Deedes, 6 September 1917.

5 Oxford. St Antony's College. Middle East Centre. Mark Sykes papers. (DR 588.25) DS 42.1.

6 Ibid. (DR 588.25) DS 149.

7 Ibid. (DR 588.25) DT 82.97.

8 Kew. Public Record Office. War Cabinet, Middle East Committee. CAB 27/23, p. 154.

9 *Trial and Error: The Autobiography of Chaim Weizmann* (New York: Harper 1949), p. 181.

10 Roger Adelson, *Mark Sykes: Portrait of an Amateur* (London: Jonathan Cape, 1975), p. 264.

11 Kingston upon Hull. University of Hull. Brynmor Jones Library. Mark Sykes Papers. 11–61.

12 Rehovot, Israel. Weizmann Archives. Clayton to Sykes, 15 December 1917.

13 Ibid. Sykes to Clayton, 14 November 1917.

14 Ibid. Sykes to Clayton, 1 December 1917.

15 Ibid. Sykes to Picot, 12 December 1917.

16 Oxford. St Antony's College. Middle East Centre. Mark Sykes Papers. DS 42.1. DR 588.25.

17 Ibid. (DS 149) DS 161.

18 Rehovot, Israel. Weizmann Archives. Clayton to Sykes, 15 December 1917.

19 Ibid. Wingate to Allenby, 16 December 1917.

20 Oxford. St Antony's College. Middle East Centre. William Yale Papers. DS 125.52, DS 126.1, DS 151.92.

21 Kew. Public Record Office. Arab Bureau Papers. Foreign Office 882. Vol. 17. Document 19A, pp. 4–5.

22 Ibid. Vol. 24. Document 36757.

23 Rehovot, Israel. Weizmann Archives. Deedes to Foreign Office, 19 November 1917.

24 Oxford. St Antony's College. Middle East Centre. Mark Sykes Papers. (DS 125) DS 125.3.01.

25 Ibid. DS 125.

26 Durham. University of Durham. Sudan Archive. Clayton Key Papers. G//S 513. File 1.

27 Oxford. St Antony's College. Middle East Centre. Mark Sykes Papers. (DS 125) DS 149.

28 Kingston upon Hull. University of Hull. Brynmor Jones Library. Mark Sykes Papers. 11–101.

29 Kew. Public Record Office. War Cabinet, Middle East Committee. CAB 27/23, p. 132.

30 Oxford. St Antony's College. Middle East Centre. Feisal Papers. B–31.

31 *The Letters and Papers of Chaim Weizmann*, Vol. 8, Series A: *November 1917– October 1918*, ed. by Dvorah Barzilay and Barnet Litvinoff (Jerusalem: Israel University Press, 1977), p. 210.

32 Reprinted in *Palestine Papers, 1917–1922: Seeds of Conflict*, compiled and annotated by Doreen Ingrams (London: John Murray, 1972), p. 33.

33 Ibid., p. 37; Kew. Public Record Office. Arab Bureau Papers. Foreign Office 882. Vol. 24. Document 105824.

34 Kew. Public Record Office. Arab Bureau Papers. Foreign Office 882. Vol. 24. Document 92392; Ingrams, *Palestine Papers*, pp. 24–6.

35 *The Leo Amery Diaries*, Vol. 1: *1896–1929*, ed. by John Barnes and David Nicholson (London: Hutchinson, 1980), p. 206.

36 Briton Cooper Busch, *Britain, India, and the Arabs, 1914–1921* (Berkeley and London: University of California Press, 1971), p. 156; H. V. F. Winstone, *Gertrude Bell* (London: Jonathan Cape, 1978), p. 202.

37 Oxford. St Antony's College. Middle East Centre. Mark Sykes Papers. DR 588.25.

38 Ibid. DR 588.

39 Ibid. (DR 588.25) DS 149.

40 Kew. Public Record Office. War Cabinet, Middle East Committee. CAB 27/23, pp. 127–8.

41 Kew. Public Record Office. Arab Bureau Papers. Foreign Office 882. Vol. 18. TU/15/5 (6).

42 Ibid. Vol. 20. M1/19/3.

43 Ibid. Vol. 20. HM/19/1.

44 Ibid. Vol. 17. Document 26.

45 Colonel R. Meinertzhagen, *Middle East Diary, 1917–1956* (London: Cresset Press, 1959), p. 28.

46 Oxford. St Antony's College. Middle East Centre. Mark Sykes Papers. DR 588.

47 Liman von Sanders, *Five Years in Turkey* (Annapolis: United States Naval Institute, 1927), pp. 306–20.

48 Oxford. St Antony's College. Middle East Centre. Feisal Papers. 0–14.

49 Durham. University of Durham. Sudan Archive. Reginald Wingate Papers. 149/7/1–109.

50 Kew. Public Record Office. Arab Bureau Papers. Foreign Office 882. Vol. 17. Document 33.

51 Ingrams, *Palestine Papers*, p. 33.

52 Oxford. St Antony's College. Middle East Centre. Mark Sykes Papers. DS 588.25.

53 Ibid. DR 588.25.

54 Ibid.

55 Kew. Public Record Office. Arab Bureau Papers. Foreign Office 882. Vol. 17, pp.

97–103.

56 Christopher M. Andrew and A. S. Kanya-Forstner, *The Climax of French Imperial Expansion: 1914–1924* (Stanford: Stanford University Press, 1981), p. 162.

37 争夺叙利亚之战

1 文中的叙述十分得益于一部生动的作品，即 Howard M. Sachar, *The Emergence of the Middle East: 1914–1924* (New York: Alfred A. Knopf, 1969) at pp. 238 et seq，另外也参考了见证者的叙述，取自 *Encyclopaedia Britannica*, 12th edn, s.v. "Turkish Campaigns"。

2 Kew. Public Record Office. Arab Bureau Papers. Foreign Office 883. Vol. 17, pp. 104–5.

3 *The Leo Amery Diaries*, Vol. 1: *1896–1929*, ed. by John Barnes and David Nicholson (London: Hutchinson, 1980), p. 241.

4 Oxford. Bodleian Library. Milner Papers. Palestine. 140/64.

5 Ibid. 140/54.

6 Ibid. 140/56.

7 Kew. Public Record Office. Arab Bureau Papers. Foreign Office 882. Vol. 24. Document 36757.

8 Oxford. St Antony's College. Middle East Centre. Allenby Papers. DS 244.4.

9 Durham. University of Durham. Sudan Archive. Reginald Wingate Papers. 149/9/1–158.

10 Ibid. 150/1/1–105.

11 Oxford. Bodleian Library. Milner Papers. Palestine. 140/64.

12 Durham. University of Durham. Sudan Archive. Reginald Wingate Papers. 150/1/1–105.

13 Kew. Public Record Office. Arab Bureau Papers. Foreign Office 882. Vol. 17, pp. 119–20.

14 Oxford. St Antony's College. Middle East Centre. Allenby Papers. DS 244.4.

15 Ibid.

16 Kew. Public Record Office. War Cabinet, Eastern Committee. CAB 27/24, pp. 148–52.

17 Durham. University of Durham. Sudan Archive. Reginald Wingate Papers. 150/2/1–

112.

18 Christopher M. Andrew and A. S. Kanya-Forstner, *The Climax of French Imperial Expansion: 1914–1924* (Stanford: Stanford University Press, 1981), p. 11.

19 Ibid., p. 161.

20 Kew. Public Record Office. War Cabinet, Eastern Committee. CAB 27/24, pp. 148–52.

21 Jukka Nevakivi, *Britain, France and the Arab Middle East, 1914–1920* (London: Athlone Press, 1969), p. 72, n. 3.

22 Oxford. St Antony's College. Middle East Centre. Allenby Papers. DS 244.4.

23 W. T. Massey, *Allenby's Final Triumph* (New York: E. P. Dutton, 1920), pp. 18–19.

24 *T. E. Lawrence to His Biographer, Robert Graves* (New York: Doubleday, Doran, 1938), p. 104.

25 Durham. University of Durham. Sudan Archive. Clayton Key Papers. G//S 513. File 1.

26 Oxford. Bodleian Library. Milner Papers. Palestine. 140/21–22.

27 Nevakivi, *Britain, France and the Arab Middle East*, p. 74.

28 Oxford. St Antony's College. Middle East Centre. Mark Sykes Papers. DR 588.25 (DS 42.1).

29 Oxford. St Antony's College. Middle East Centre. David Hogarth Papers. 30 (ii).

30 Kew. Public Record Office. War Cabinet, Eastern Committee. CAB 27/24, p. 186.

31 Ibid., p. 187.

32 Ibid., p. 169.

33 David Lloyd George, *Memoirs of the Peace Conference* (New Haven: Yale University Press, 1939), Vol. 2, pp. 664–5.

34 Ibid., p. 665.

35 *War Memoirs of David Lloyd George*, Vol. 4: *1917* (Boston: Little, Brown, 1934), p. 86.

36 *The Letters and Papers of Chaim Weizmann*, Vol. 8, Series A: *November 1917–October 1918*, ed. by Dvorah Barzilay and Barnet Litvinoff (Jerusalem: Israel University Press, 1977), p. 230.

37 Kew. Public Record Office. War Cabinet, Eastern Committee. CAB 27/24. Minutes of 18 June 1918 meeting.

38 Ibid. Minutes of 18 July 1918 meeting.

39 *The Amery Diaries*, p. 237.

40 London. King's College. Liddell Hart Centre for Military Archives. Allenby Papers. 1—9—21.

41 Kew. Public Record Office. Arab Bureau Papers. Foreign Office 882. Vol. 24. Document 92392.

42 Ibid. Document 123904.

43 Ibid. Document 138908.

44 Kew. Public Record Office. War Cabinet, Eastern Committee. CAB 27/24, pp. 153–61.

45 Durham. University of Durham. Sudan Archive. Reginald Wingate Papers. 150/10/1–137.

46 London. King's College. Liddell Hart Centre for Military Archives. Allenby Papers. 1—9—15.

第八部分　战后分赃

38　分道扬镳

1 Kew. Public Record Office. Arab Bureau Papers. Foreign Office 882. Vol. 18. Document TU/17/17.

2 Ulrich Trumpener, *Germany and the Ottoman Empire: 1914–1918* (Princeton: Princeton University Press, 1968), p. 167.

3 Frederick Stanwood, *War, Revolution and British Imperialism in Central Asia* (London: Ithaca Press, 1983), pp. 32–3.

4 Marian Kent, *Oil and Empire: British Policy and Mesopotamian Oil, 1900–1920* (London and Basingstoke: Macmillan Press for the London School of Economics, 1976), p. 118.

5 Trumpener, *Ottoman Empire*, p. 186.

6 Firuz Kazemzadeh, *The Struggle for Transcaucasia (1917–1921)* (New York: Philosophical Library and Oxford: George Ronald, 1951), p. 135.

7 下面的叙述主要参考：C. H. Ellis, *The Transcaspian Episode: 1918–1919* (London: Hutchinson, 1963); and Richard H. Ullman, *Anglo-Soviet Relations, 1917–1921: Intervention and the War* (Princeton: Princeton University Press, 1961)。

8 Stanwood, *Central Asia*, p. 134.

9   Ullman, *Anglo-Soviet Relations*, p. 304.

10 *The Leo Amery Diaries*, Vol. 1: *1896–1929*, ed. by John Barnes and David Nicholson (London: Hutchinson, 1980), p. 188.

11 Ibid., p. 173.

12 Stanwood, *Central Asia*, p. 139.

13 *The Amery Diaries*, p. 173.

14 Ibid., pp. 175–6.

15 Ibid., p. 194.

16 Stanwood, *Central Asia*, pp. 146–7.

17 Ibid.

18 Ullman, *Anglo-Soviet Relations*, pp. 304–5.

19 Trumpener, *Ottoman Empire*, pp. 188–91.

20 Ellis, *Transcaspian Episode*, p. 39; Kazemzadeh, *Transcaucasia*, pp. 135 et seq.

21 Durham. University of Durham. Sudan Archive. Reginald Wingate Papers. 149/8/1—93.

22 London. House of Lords Record Office. Beaverbrook Collection. Lloyd George Papers. F—6—1. Document 13.

23 Kazemzadeh, *Transcaucasia*, p. 147.

24 Trumpener, *Ottoman Empire*, p. 193.

25 Ibid.

26 Ibid., p. 194.

27 Ellis, *Transcaspian Episode*, p. 52.

39   在特洛伊的海岸旁

1   Gwynne Dyer, "The Turkish Armistice of 1918: 2—A Lost Opportunity: The Armistice Negotiations of Moudros," *Middle Eastern Studies* (October 1972), p. 315.

2   *The Leo Amery Diaries*, Vol. 1: *1896–1929*, ed. by John Barnes and David Nicholson (London: Hutchinson, 1980), p. 194.

3   Helmut Mejcher, "Oil and British Policy towards Mesopotamia," *Middle Eastern Studies* (October 1972), p. 387.

4   C. J. Lowe and M. L. Dockrill, *The Mirage of Power*, Vol. 3: *The Documents, British Foreign Policy, 1902–22* (London and Boston: Routledge & Kegan Paul, 1972), p. 553.

5   Ibid., pp. 553–4.

6   Arthur J. Marder, *From the Dreadnought to Scapa Flow: The Royal Navy in the Fisher Era, 1904–1919*, Vol. 5: *Victory and Aftermath, January 1918–June 1919* (London: Oxford University Press, 1970), p. 37.

7   Gwynne Dyer, "The Turkish Armistice of 1918: 1—The Turkish Decision for a Separate Peace, Autumn, 1918" *Middle Eastern Studies* (May 1972), p. 171, n. 30.

8   Ibid., pp. 148–9.

9   Kew. Public Record Office. Arab Bureau Papers. Foreign Office 882. Vol. 18. Document TU/18/3.

10   Dyer, "The Turkish Armistice: 1," p. 148.

11   Ibid., p. 152.

12   Charles Vere Ferres Townshend, *My Campaign* (New York: James A. McCann, 1920), Vol. 2, pp. 276 et seq.

13   Dyer, "The Turkish Armistice: 1," p. 161.

14   *War Memoirs of David Lloyd George*, Vol. 6: *1918* (Boston: Little, Brown, 1937), p. 278.

15   Ibid.

16   Ibid.

17   Stephen Roskill, *Hankey: Man of Secrets*, Vol. 1: *1877–1918* (London: Collins, 1970), pp. 619 et seq.

18   David Robin Watson, *Georges Clemenceau: A Political Biography* (London: Eyre Methuen, 1974), p. 371.

19   Dyer, "The Turkish Armistice: 2."

20   Salahi Ramsdan Sonyel, *Turkish Diplomacy, 1918–1923: Mustafa Kemal and the Turkish National Movement* (London and Beverly Hills: SAGE Publications, 1975), p. 3.

21   Erik Jan Zurcher, *The Unionist Factor: The Role of the Committee of Union and Progress in the Turkish National Movement, 1905–1926* (Leiden: E. J. Brill, 1984), p. 72.

22   Watson, *Clemenceau*, p. 367.

23   Lloyd George, *War Memoirs*, Vol. 6, pp. 279–80.

24   Roskill, *Hankey*, Vol. 1, p. 609.

25   Lowe and Dockrill, *The Mirage of Power*, Vol. 2, p. 359.

26　*The Letters and Papers of Chaim Weizmann*, Vol. 8, Series A: *November 1917–October 1918*, ed. by Dvorah Barzilay and Barnet Litvinoff (Jerusalem: Israel University Press, 1977), pp. 278–9.

27　Roskill, *Hankey*, Vol. 1, p. 594.

28　Balfour's memorandum, quoted in Elizabeth Monroe, *Britain's Moment in the Middle East: 1914–1971*, rev. edn (Baltimore: The Johns Hopkins University Press, 1981), pp. 50–1.

29　Michael L. Dockrill and J. Douglas Goold, *Peace without Promise: Britain and the Peace Conferences, 1919–1923* (London: Batsford Academic and Educational, 1981), p. 146.

30　Christopher M. Andrew and A. S. Kanya-Forstner, *The Climax of French Imperial Expansion: 1914–1924* (Stanford: Stanford University Press, 1981), p. 172.

31　Briton Cooper Busch, *Britain, India, and the Arabs, 1914–1921* (Berkeley and London: University of California Press, 1971), p. 163.

32　John Darwin, *Britain, Egypt, and the Middle East: Imperial Policy in the Aftermath of War, 1918–1922* (New York: St Martin's Press, 1981), p. 160.

33　London. House of Lords Record Office. Beaverbrook Collection. Lloyd George Papers. F—205—3. Document 9.

34　Ibid. Document 7.

35　David Lloyd George, *Memoirs of the Peace Conference* (New Haven: Yale University Press, 1939), Vol. 2, pp. 665–8.

36　Frances Stevenson, *Lloyd George: A Diary*, ed. by A. J. P. Taylor (New York and London: Harper & Row, 1971), p. 174.

37　London. House of Lords Record Office. Beaverbrook Collection. Lloyd George Papers. F—39—1—10.

38　Ibid. F—205—3. Document 7.

39　Ibid. F—36—6—56.

40　*Lord Riddell's Intimate Diary of the Peace Conference and after: 1918–1923* (New York: Reynal & Hitchcock, 1934), p. 25.

41　Desmond Stewart, *T. E. Lawrence* (New York and London: Harper & Row, 1977), p. 133; T. E. Lawrence, *Seven Pillars of Wisdom* (Garden City, New York: Doubleday, Doran & Company, Inc., 1935), ch. 6.

42　William H. McNeill, *Plagues and Peoples* (Garden City, NY: Doubleday Anchor

Books, 1976), p. 255.

43 Encyclopaedia Britannica, 14th edn, s.v. "Influenza" ; *Encyclopaedia Britannica*, 12th edn, s.v. "Turkish Campaigns."

第九部分 退潮

40 嘀嗒作响的时钟

1 Martin Gilbert, *Winston S. Churchill: Companion Volume*, Vol. 4, Part 1: *January 1917–June 1919* (Boston: Houghton Mifflin, 1978), p. 412.

2 Kenneth O. Morgan, *Lloyd George* (London: Weidenfeld & Nicolson, 1974), p. 126.

3 Charles Loch Mowat, *Britain between the Wars, 1918–1940* (London: Methuen University Paperback, 1968), p. 11.

4 Gilbert, *Churchill: Companion Volume*, p. 450.

5 Martin Gilbert, *Winston S. Churchill*, Vol. 4: *1916–1922, The Stricken World* (Boston: Houghton Mifflin, 1975), pp. 179–80.

6 Howard M. Sachar, *The Emergence of the Middle East: 1914–1924* (New York: Alfred A. Knopf, 1969), p. 246.

7 Paul C. Helmreich, *From Paris to Sèvres: The Partition of the Ottoman Empire at the Peace Conference of 1919–1920* (Columbus: Ohio State University Press, 1974), p. 28.

8 Elizabeth Monroe, *Britain's Moment in the Middle East: 1914–1971*, rev. edn (Baltimore: The Johns Hopkins University Press, 1981), p. 37.

9 Ibid., p. 38.

10 Winston S. *Churchill, The Aftermath: Being a Sequel to the World Crisis* (London: Macmillan, 1941), p. 60.

11 Gilbert, *Churchill: The Stricken World*, p. 182.

12 Gilbert, *Churchill: Companion Volume*, pp. 463–4.

13 Gilbert, *Churchill: The Stricken World*, p. 194.

14 Ibid., p. 196.

15 Ibid., p. 194.

16 Kenneth O. Morgan, *Consensus and Disunity: The Lloyd George Coalition Government, 1918–1922* (Oxford: Clarendon Press, 1979), p. 146.

17 John Darwin, *Britain, Egypt, and the Middle East: Imperial Policy in the Aftermath of War, 1918–1922* (New York: St Martin's Press, 1981), p. 12; *Encyclopaedia Britannica*, 15th edn, s.v. "Indian Subcontinent, History of the."

18 Gilbert, *Churchill: The Stricken World*, pp. 477–8.

19 Arno J. Mayer, *Politics and Diplomacy of Peacemaking: Containment and Counterrevolution at Versailles, 1918–1919* (New York: Alfred A. Knopf, 1967), p. 139.

41 背叛

1 John Maynard Keynes, *The Economic Consequences of the Peace* (New York: Harcourt, Brace & Howe, 1920), p. 38.

2 Ibid., p. 46.

3 Stephen Roskill, *Hankey: Man of Secrets*, Vol. 2: *1919–1931* (London: Collins, 1972), p. 38.

4 Paul C. Helmreich, *From Paris to Sèvres: The Partition of the Ottoman Empire at the Peace Conference of 1919–1920* (Columbus, Ohio: Ohio State University Press, 1974), p. 18.

5 Ibid., pp. 19–20.

6 Ibid., p. 94.

7 Ibid., p. 95.

8 Ibid.

9 Roskill, *Hankey*, Vol. 2, p. 72.

10 Ibid., p. 80.

11 Ibid., p. 81.

12 David Lloyd George, *Memoirs of the Peace Conference* (New Haven: Yale University Press, 1939), Vol. 2, p. 691.

13 Leonard Baker, *Brandeis and Frankfurter: A Dual Biography* (New York: Harper & Row, 1984), p. 171.

14 Christopher M. Andrew and A. S. Kanya-Forstner, *The Climax of French Imperial Expansion: 1914–1924* (Stanford: Stanford University Press, 1981), p. 197.

15 Ibid., p. 162.

16 Ibid., p. 194.

17 Ibid., p. 189.

18 Helmreich, *Paris to Sèvres*, p. 131.

19 Ibid., p. 139.

20 Lloyd George, *Memoirs*, p. 818.

21 Ibid., p. 26.

22 Lloyd George, *Memoirs*, p. 818.

23 Ibid., p. 711.

24 Ibid., p. 820.

25 Baker, *Brandeis and Frankfurter*, p. 170.

26 Roskill, *Hankey*, Vol. 2, p. 213.

27 Ibid., p. 89.

28 Daniele Varè, *Laughing Diplomat* (London: John Murray, 1938), p. 155.

29 Helmreich, *Paris to Sèvres*, p. 178.

30 *Lord Riddell's Intimate Diary of the Peace Conference and after: 1918–1923* (New York: Reynal & Hitchcock, 1934), p. 24.

31 Lloyd George, *Memoirs*, p. 491.

32 Ibid., pp. 723–4.

42 和平会议的虚幻世界

1 Stephen Roskill, *Hankey: Man of Secrets*, Vol. 2: *1919–1931* (London: Collins, 1972), p. 141.

2 Jukka Nevakivi, *Britain, France and the Arab Middle East, 1914–1920* (London: Athlone Press, 1969), p. 104.

3 Paul C. Helmreich, *From Paris to Sèvres: The Partition of the Ottoman Empire at the Peace Conference of 1919–1920* (Columbus: Ohio State University Press, 1974), p. 28.

4 John Darwin, *Britain, Egypt, and the Middle East: Imperial Policy in the Aftermath of War, 1918–1922* (New York: St Martin's Press, 1981), p. 172.

5 Roskill, *Hankey*, Vol. 2, p. 70.

6 Ibid., p. 115.

7 Ibid.

8 Erik Jan Zurcher, *The Unionist Factor: The Role of the Committee of Union and*

Progress in the Turkish National Movement, 1905–1926 (Leiden: E. J. Brill, 1984), pp. 68 et seq.

9 Ibid., pp. 95–6.

10 David Lloyd George, *Memoirs of the Peace Conference* (New Haven: Yale University Press, 1939), Vol. 2, p. 830.

11 Nevakivi, *Britain, France and the Arab Middle East,* p. 210.

12 C. Ernest Dawn, *From Ottomanism to Arabism: Essays on the Origins of Arab Nationalism* (Urbana, Chicago and London: University of Illinois Press, 1973), p. 158.

13 Ibid., p. 178, app. 7. Cf. Elie Kedourie, *England and the Middle East: The Destruction of the Ottoman Empire, 1914–1921* (Hassocks, Sussex: Harvester Press, 1978), p. 159.

14 *Lord Riddell's Intimate Diary of the Peace Conference and after: 1918–1923* (New York: Reynal & Hitchcock, 1934), p. 112.

第十部分　风暴来临

44　埃及：1918 年和 1919 年之交的冬天

1 P. J. Vatikiotis, *The History of Egypt*, 2nd edn (Baltimore: The Johns Hopkins University Press, 1980), pp. 250 et seq. 这里的论述主要参考了它，以及：John Darwin, *Britain, Egypt and the Middle East: Imperial Policy in the Aftermath of the War, 1918–1922* (New York: St Martin's Press, 1981)。

2 Sir James Rennell Rodd, a member of Lord Milner's mission to Egypt, 1920. *Encyclopaedia Britannica*, 12th edn, s.v. "Egypt."

3 Darwin, *Middle East*, p. 68.

4 Ibid., p. 71.

5 Durham. University of Durham. Sudan Archive. Reginald Wingate Papers. 470/7.

6 Darwin, *Middle East*, p. 77.

7 Ibid., p. 72.

8 Ibid., p. 74.

9 Ibid.

10 Vatikiotis, *Egypt*, p. 265.

45　阿富汗：1919 年春

1　T. A. Heathcote, *The Afghan Wars: 1839–1919* (London: Osprey, 1980), p. 172.

2　Leon B. Poullada, *Reform and Rebellion in Afghanistan, 1919–1929: King Amanullah's Failure to Modernize a Tribal Society* (Ithaca and London: Cornell University Press, 1973), p. 239.

3　*Encyclopaedia Britannica*, 12th edn, s.v. "Afghanistan."

4　Heathcote, *Afghan Wars*, p. 179.

5　Poullada, *Reform and Rebellion*, p. 238, n. 11.

6　*Encyclopaedia Britannica*, 12th edn, s.v. "Afghanistan"，根据该文献，和约是 1920 年签订的。

7　Poullada, *Reform and Rebellion*, p. 228.

8　Ibid., p. 247, n. 29.

46　阿拉伯半岛：1919 年春

1　Briton Cooper Busch, *Britain, India, and the Arabs, 1914–1921*(Berkeley and London: University of California Press, 1971), p. 324.

2　Ibid.

3　David Holden and Richard Johns, *The House of Saud: The Rise and Fall of the Most Powerful Dynasty in the Arab World* (New York: Holt, Rinehart & Winston, 1981), p. 69; Christine Moss Helms, *The Cohesion of Saudi Arabia: Evolution of Political Identity* (Baltimore: The Johns Hopkins University Press, 1981), p. 129; J. B. Kelly, *Arabia, the Gulf and the West* (New York: Basic Books, 1980), p. 230.

4　Holden and Johns, *Saud*, p. 71; Gary Troeller, *The Birth of Saudi Arabia: Britain and the Rise of the House of Saud* (London: Frank Cass, 1976), p. 142.

5　Troeller, *Saudi Arabia*, pp. 142–3; Busch, *Britain, India, and the Arabs*, pp. 328 et seq.; Holden and Johns, *Saud,* p. 72.

6　Helms, *Saudi Arabia*, p. 127.

7　Robert Vansittart, quoted in Busch, *Britain, India, and the Arabs*, p. 330.

8　Holden and Johns, *Saud*, p. 72.

终结所有和平的和平

47 土耳其: 1920 年 1 月

1   Michael L. Dockrill and J. Douglas Goold, *Peace without Promise: Britain and the Peace Conferences, 1919–1923* (London: Batsford Academic and Educational, 1981), p. 198.

2   Ibid., p. 199.

3   Ibid., p. 210.

4   Christopher M. Andrew and A. S. Kanya-Forstner, *The Climax of French Imperial Expansion: 1914–1924* (Stanford: Stanford University Press, 1981), p. 215.

5   Roderic H. Davison, "Turkish Diplomacy from Mudros to Lausanne," in Gordon A. Craig and Felix Gilbert (eds), *The Diplomats, 1919–1939* (Princeton: Princeton University Press, 1953), p. 181.

6   Stanford J. Shaw and Ezel Kural Shaw, *History of the Ottoman Empire and Modern Turkey*, Vol. 2: *Reform, Revolution, and Republic: The Rise of Modern Turkey, 1808–1975* (Cambridge: Cambridge University Press, 1977), p. 348.

7   Davison, "Turkish Diplomacy," p. 181.

8   Shaw and Shaw, *Ottoman Empire*, p. 349.

9   Davison, "Turkish Diplomacy," p. 181.

10 Shaw and Shaw, *Ottoman Empire*, pp. 352–3.

11 Davison, "Turkish Diplomacy," p. 183.

12 *Encyclopaedia Britannica*, 12th edn, s.v. "Turkey (Nationalist)."

13 Salahi Ramsdan Sonyel, *Turkish Diplomacy, 1918–1923: Mustafa Kemal and the Turkish National Movement* (London and Beverly Hills: SAGE Publications, 1975), pp. 62–5.

14 *Lord Riddell's Intimate Diary of the Peace Conference and after: 1918–1923* (New York: Reynal & Hitchcock, 1934), p. 208.

15 Michael Llewellyn Smith, *Ionian Vision: Greece in Asia Minor, 1919–1922* (New York: St Martin's Press, 1973), p. 124.

16 Dockrill and Goold, *Peace without Promise*, p. 215.

17 Smith, *Ionian Vision*, pp. 132–3.

18 Winston S. Churchill, *The Aftermath: Being a Sequel to the World Crisis* (London: Macmillan, 1941), p. 386.

19 Smith, *Ionian Vision*, p. 163.

20 Ibid., p. 164.

21 Ibid., p. 185.

22 Ibid., p. 186.

23 Ibid., p. 184.

48 叙利亚与黎巴嫩: 1920 年春夏

1   Elie Kedourie, *England and the Middle East: The Destruction of the Ottoman Empire, 1914–1921* (Hassocks, Sussex: Harvester Press, 1978), pp. 157–62.

2   Philip S. Khoury, *Urban Notables and Arab Nationalism: The Politics of Damascus, 1860–1920* (Cambridge: Cambridge University Press, 1983), pp. 86–8.

3   Ibid., p. 88.

4   Christopher M. Andrew and A. S. Kanya-Forstner, *The Climax of French Imperial Expansion: 1914–1924* (Stanford: Stanford University Press, 1981), p. 204.

5   Ibid., p. 215.

6   Jukka Nevakivi, *Britain, France and the Arab Middle East, 1914–1920* (London: Athlone Press, 1969), p. 216.

7   以下的记述参考: Khoury, *Urban Notables and Arab Nationalism*; 以及 Y. Porath, *The Emergence of the Palestinian-Arab National Movement, 1918–1929* (London: Frank Cass, 1974)。

8   Nevakivi, *Britain, France and the Arab Middle East*, p. 216.

9   Aaron S. Klieman, *Foundations of British Policy in the Arab World: The Cairo Conference of 1921* (Baltimore: The Johns Hopkins University Press, 1970), pp. 46–7.

10 Ibid.

11 Ibid.

12 Ibid., pp. 216–17.

13 Andrew and Kanya-Forstner, *French Imperial Expansion*, p. 215.

14 Ibid., p. 216.

15 Howard M. Sachar, *The Emergence of the Middle East: 1914–1924* (New York: Alfred A. Knopf, 1969), p. 287.

16 Ibid., p. 288.

17 Klieman, *Foundations of British Policy*, p. 51.

18 Elie Kedourie, *Islam in the Modern World and Other Studies* (New York: Holt,

Rinehart & Winston, 1981), pp. 85 et seq.

19   John Darwin, *Britain, Egypt, and the Middle East: Imperial Policy in the Aftermath of War, 1918–1922* (New York: St Martin's Press, 1981), p. 183.

49   巴勒斯坦东部（外约旦）：1920 年

1   Christopher M. Andrew and A. S. Kanya-Forstner, *The Climax of French Imperial Expansion: 1914–1924* (Stanford: Stanford University Press, 1981), p. 220.

2   Ibid.

3   Ibid.

4   Ibid.

5   Ibid.

6   Ibid., p. 217.

7   Aaron S. Klieman, *Foundations of British Policy in the Arab World: The Cairo Conference of 1921* (Baltimore: The Johns Hopkins University Press, 1970), p. 72.

8   Oxford. St Antony's College. Middle East Centre. C. D. Brunton Papers. DS 126—DS 154.5, no. 2.

9   Ibid.

10   Ibid., no. 3.

11   Ibid.

12   Ibid.

13   Oxford. St Antony's College. Middle East Centre. F.R. Somerset Papers. DS 97.59.

14   Ibid., DS 126, DS 149, DS 154.5.

15   Ibid.

50   巴勒斯坦——阿拉伯人与犹太人：1920 年

1   Howard M. Sachar, *A History of Israel: From the Rise of Zionism to Our Time* (New York: Alfred A. Knopf, 1976), p. 123.

2   Joseph B. Schechtman, *Rebel and Statesman: The Vladimir Jabotinsky Story, the Early Years* (New York: Thomas Yoseloff, 1956), p. 328.

3   Ibid., pp. 329 et seq.; Sachar, *History of Israel*, p. 123.

4   Sachar, *History of Israel*, pp. 123–4.

5　Oxford. Rhodes House. Richard Meinertzhagen Diaries. Vol. 21, p. 126 (12—31—19).

6　Ibid., p. 143 (4 July 1920).

7　Martin Gilbert, *Winston S. Churchill*, Vol. 4: *1916–1922, The Stricken World* (Boston: Houghton Mifflin, 1975), pp. 484–5.

51　美索不达米亚（伊拉克）：1920 年

1　H. V. F. Winstone, *Gertrude Bell* (London: Jonathan Cape, 1978), p. 207.

2　Ibid., p. 209.

3　Ibid., p. 215.

4　Ibid.

5　Elie Kedourie, *England and the Middle East: The Destruction of the Ottoman Empire, 1914–1921* (Hassocks, Sussex: Harvester Press, 1978), p. 191.

6　Winstone, *Bell,* p. 215.

7　Ibid., p. 219.

8　Jukka Nevakivi, *Britain, France and the Arab Middle East, 1914–1920* (London: Athlone Press, 1969), p. 177.

9　Winstone, *Bell,* p. 220.

10　Ibid., p. 222.

11　Howard M. Sachar, *The Emergence of the Middle East: 1914–1924* (New York: Alfred A. Knopf, 1969), p. 371.

12　Kedourie, *Middle East*, p. 192.

13　H. V. F. Winstone, *Leachman: 'OC Desert'* (London and New York: Quartet Books, 1982), p. 208.

14　Ibid., p. 215.

15　Aaron S. Klieman, *Foundations of British Policy in the Arab World: The Cairo Conference of 1921* (Baltimore: The Johns Hopkins University Press, 1970), p. 56.

16　Kedourie, *Middle East*, p. 192.

17　Briton Cooper Busch, *Britain, India, and the Arabs, 1914–1921* (Berkeley and London: University of California Press, 1971), p. 408.

18　Oxford. St Antony's College. Middle East Centre. Leachman Papers.

19　Sachar, *Middle East*, p. 372.

20　Busch, *Britain, India, and the Arabs*, pp. 408–9.

21　Klieman, *Foundations of British Policy*, p. 57.

22　Ibid., p. 58.

23　Stephen Roskill, *Hankey: Man of Secrets*, Vol. 2: *1919–1931* (London: Collins, 1972), p. 201.

24　John Darwin, *Britain, Egypt, and the Middle East: Imperial Policy in the Aftermath of War, 1918–1922* (New York: St Martin's Press, 1981), p. 200.

25　Ibid.

26　Ibid.

52　波斯（伊朗）：1920 年

1　Kenneth O. Morgan, *Consensus and Disunity: The Lloyd George Coalition Government, 1918–1922* (Oxford: Clarendon Press, 1979), p. 119.

2　Harold Nicolson, *Curzon: The Last Phase, 1919–1925* (Boston: Houghton Mifflin, 1934), p. 134.

3　Ibid., p. 122.

4　Richard H. Ullman, *Anglo-Soviet Relations, 1917–1921*, Vol. 3: *The Anglo-Soviet Accord* (Princeton: Princeton University Press, 1972), p. 353.

5　Nicolson, *Curzon*, p. 138.

6　Ullman, *Anglo-Soviet Relations*, Vol. 3, p. 352, n. 11.

7　Martin Gilbert, *Winston S. Churchill: Companion Volume*, Vol. 4, Part 2: *July 1919– March 1921*, p. 1103.

8　Stephen Roskill, *Hankey: Man of Secrets*, Vol. 2: *1919–1931* (London: Collins, 1972), p. 202.

9　Ullman, *Anglo-Soviet Relations*, Vol. 3, p. 374.

10　Ibid., p. 380.

11　Ibid., p. 378.

12　Ibid., p. 377.

13　Ibid., p. 386.

14　Ibid., p. 388.

15　Professor Richard H. Ullman of Princeton University, in the work cited above.

16　John Darwin, *Britain, Egypt, and the Middle East: Imperial Policy in the Aftermath of War, 1918–1922* (New York: St Martin's Press, 1981), p. 214.

第十一部分　俄国重返中东

53　揭去敌人的面纱

1　Kew. Public Record Office. Arab Bureau Papers. Foreign Office 882. Vol. 23. Document M1/19/9.

2　Aaron S. Klieman, *Foundations of British Policy in the Arab World: The Cairo Conference of 1921* (Baltimore: The Johns Hopkins University Press, 1970), p. 58.

3　Ibid.

4　*The Times*, 16 August 1985, p. 11.

54　在中东面对苏俄的挑战

1　Richard H. Ullman, *Anglo-Soviet Relations, 1917–1921*, Vol. 3: *The Anglo-Soviet Accord* (Princeton: Princeton University Press, 1972), p. 324.

2　Ibid., p. 328.

3　Ibid.

4　Ibid., p. 329.

5　Ibid.

6　Ibid., p. 327.

7　Ibid., p. 326–7.

8　Ibid., p. 326.

9　Martin Gilbert, *Churchill: Companion Volume*, Vol. 4, Part 2: *July 1919–March 1921*, pp. 988–9.

10　Ibid., p. 989.

11　Ibid., p. 1025.

12　Martin Gilbert, *Winston S. Churchill*, Vol. 4: *1916–1922, The Stricken World* (Boston: Houghton Mifflin, 1975), p. 331.

13　Ibid., p. 371.

14　*Lord Riddell's Intimate Diary of the Peace Conference and after: 1918–1923* (New York: Reynal & Hitchcock, 1934), p. 163.

15　Ibid.

16　Ibid.

17　Ullman, *Anglo-Soviet Relations*, Vol. 3, p. 427.

55　莫斯科的目标

1　Richard Pipes, *The Formation of the Soviet Union, Communism and Nationalism, 1917–1923,* rev. edn. (Cambridge, Mass.: Harvard University Press, 1964), p. 1.

2　Lenin, *Collected Works*, Vol. 19, p. 254, quoted in Allen S. Whiting, *Soviet Policy in China, 1912–1924* (Stanford University Press Paperback, 1968), p. 21.

3　Olaf Caroe, *Soviet Empire: The Turks of Central Asia and Stalinism*, 2nd edn (New York: St Martin's Press, 1967), p. 111.

4　Pipes, *Formation of the Soviet Union*, p. 155.

56　喋血布哈拉

1　Edward Hallett Carr, *The Bolshevik Revolution, 1917–1923* (Harmondsworth: Penguin, 1966), Vol. 3, p. 249, n. 1.

2　Ibid., p. 313.

3　Louise Bryant, *Mirrors of Moscow* (New York: T. Seltzer, 1923), p. 157.

4　Carr, *Bolshevik Revolution*, p. 327.

5　Ibid., p. 266, n. 2.

6　Ibid., p. 267.

7　Ibid., p. 263.

8　Ibid., p. 264.

9　Ibid., p. 268.

10　Ibid., n. 3.

11　Ibid., p. 290.

12　Leon B. Poullada, *Reform and Rebellion in Afghanistan, 1919–1929: King Amanullah's Failure to Modernize a Tribal Society* (Ithaca and London: Cornell University Press, 1973), p. 248.

13　Bryant, *Mirrors of Moscow*, p. 149.

14　Ibid., p. 160.

15　Lt.-Col. F. M. Bailey, *Mission To Tashkent* (London: Jonathan Cape, 1946).

16　Edward Allworth (ed.), *Central Asia: A Century of Russian Rule* (New York:

Columbia University Press, 1967), p. 244.

17 Fitzroy Maclean, *A Person from England, and Other Travellers* (London: Jonathan Cape, 1958).

18 Richard Pipes, *The Formation of the Soviet Union, Communism and Nationalism, 1917–1923*, rev. edn (Cambridge, Mass.: Harvard University Press, 1964), p. 258.

19 Maclean, *A Person from England*, pp. 357–8; Fitzroy Maclean, *To the Back of Beyond* (London: Jonathan Cape, 1974), pp. 95–6; Olaf Caroe, *Soviet Empire: The Turks of Central Asia and Stalinism*, 2nd edn (New York: St Martin's Press, 1967), pp. 24–125.

20 Martin Gilbert, *Winston S. Churchill: Companion Volume*, Vol. 4, Part 2: *July 1919– March 1921* (Boston: Houghton Mifflin, 1978), pp. 1165–6.

第十二部分　1922年中东解决方案

57　温斯顿·丘吉尔接手

1 Martin Gilbert, *Winston S. Churchill: Companion Volume*, Vol. 4, Part 2: *July 1919– March 1921* (Boston: Houghton Mifflin, 1978), p. 938.

2 Ibid., p. 1249.

3 Ibid., p. 1261.

4 Ibid., p. 1267.

5 Ibid., p. 1269.

6 Martin Gilbert, *Winston S. Churchill*, Vol. 4: *1916–1922, The Stricken World* (Boston: Houghton Mifflin, 1975), p. 528.

7 Ibid., p. 523.

8 Ibid., p. 524.

9 Ibid., p. 527.

10 Ibid.

11 *The Letters of T. E. Lawrence*, ed. by David Garnett (London: Jonathan Cape, 1938), p. 316.

12 Lowell Thomas, *With Lawrence in Arabia* (New York and London: Century, 1924), p. 308.

13 Ibid., p. 131.

14 Ibid., p. 407.

15 John E. Mack, *A Prince of Our Disorder: The Life of T. E. Lawrence* (Boston: Little, Brown, 1976), p. 276.

16 Desmond Stewart, *T. E. Lawrence* (New York and London: Harper & Row, 1977); Mack, *A Prince of Our Disorder*; Phillip Knightley and Colin Simpson, *The Secret Lives of Lawrence of Arabia* (London: Thomas Nelson, 1969).

17 Gilbert, *Churchill: Companion Volume*, p. 841.

18 Ibid., p. 1076.

19 Gilbert, *Churchill: The Stricken World*, p. 638.

20 Ibid., p. 894.

21 Ibid., p. 545.

22 Ibid., p. 511.

23 Ibid., p. 592.

24 Ibid., p. 509.

25 Ibid., p. 217.

26 Ibid.

27 *Letters of T. E. Lawrence*, p. 291.

28 Gilbert, *Churchill: Companion Volume*, p. 1334.

29 Ibid., p. 1367.

30 Ibid., p. 1377.

31 Ibid., p. 1405.

32 H. V. F. Winstone, *Gertrude Bell* (London: Jonathan Cape, 1978), p. 235.

33 Gilbert, *Churchill: Companion Volume*, p. 1391.

34 Ibid., p. 1383.

35 Gilbert, *Churchill: The Stricken World*, p. 538.

36 Ibid., pp. 552–3.

37 Gilbert, *Churchill: Companion Volume*, pp. 1407–8.

38 Ibid., p. 1408.

39 Ibid., p. 1413.

40 Gilbert, *Churchill: The Stricken World*, p. 553.

41 Gilbert, *Churchill: Companion Volume*, p. 404.

42 Ibid., p. 1428.

43 Ibid., p. 1432.

44 Gilbert, *Churchill: The Stricken World*, p. 516.

45 Gilbert, *Churchill: Companion Volume*, p. 1414.

46 Aaron S. Klieman, *Foundations of British Policy in the Arab World: The Cairo Conference of 1921* (Baltimore: The Johns Hopkins University Press, 1970), p. 140.

47 Ibid., p. 145.

48 Ibid., p. 146.

49 Ibid., p. 156.

50 Gilbert, *Churchill: Companion Volume*, p. 1966.

51 Ibid., p. 1967.

52 Gilbert, *Churchill: The Stricken World*, p. 817.

53 Ibid.

54 Ibid., p. 818.

55 Ibid.

56 Winstone, *Gertrude Bell*, pp. 242–3.

57 Thomas Hoving, *Tutankhamun: The Untold Story* (New York: Simon & Schuster, 1978), pp. 89 et seq.

58 *T. E. Lawrence to His Biographer, Liddell Hart* (New York: Doubleday, Doran, 1938), p. 131.

59 Klieman, *Foundations of British Policy*, p. 215.

60 Ibid., p. 216.

61 Ibid., p. 217.

62 Ibid., p. 223.

63 Ibid., p. 217.

64 Mack, *A Prince of Our Disorder*, p. 306.

65 Klieman, *Foundations of British Policy*, p. 285–8.

66 Ibid., p. 229.

67 Ibid., p. 233.

58 丘吉尔与巴勒斯坦问题

1 Oxford. St Antony's College. Middle East Centre. C. D. Brunton Papers.

2 Reported in *The Times*, 2 September 1921.

3 Vladimir Jabotinsky, *The Story of the Jewish Legion*, trans. by Samuel Katz (New

York: Bernard Ackerman, 1945), pp. 168–9.

4   Elie Kedourie, *The Chatham House Version and Other Middle Eastern Studies*, new edn (Hanover and London: University Press of New England, 1984), ch. 4.

5   Ibid., p. 65.

6   Ibid.

7   Ibid.

8   Martin Gilbert, *Winston S. Churchill: Companion Volume*, Vol. 4, Part 2: *July 1919–March 1921* (Boston: Houghton Mifflin, 1978), p. 1420.

9   Ibid., p. 1028, n. 1.

10 Ibid., Part 3: *April 1921–November 1922*, p. 1559.

11 Martin Gilbert, *Winston S. Churchill*, Vol. 4: *1916–1922, The Stricken World* (Boston: Houghton Mifflin, 1975), p. 597.

12 Ibid., p. 629.

13 Ibid., p. 630.

14 Ibid.

15 Kenneth W. Stein, *The Land Question in Palestine, 1917–1939* (Chapel Hill and London: University of North Carolina Press, 1984), p. 67.

16 Ibid., p. 37.

17 Ibid., p. 65.

18 Ibid., p. 37.

19 Ibid., p. 67.

20 Gilbert, *Churchill: The Stricken World*, pp. 655–6.

21 Ibid., p. 628.

22 Gilbert, *Churchill: Companion Volume*, Vol. 4, Part 3, p. 1647.

23 Ibid., p. 1659.

24 Ibid., n. 1.

25 Gilbert, *Churchill: The Stricken World*, p. 624.

26 Ibid., pp. 652–3.

27 Ibid.

28 Ibid., p. 659.

29 Ibid.

30 Shabtai Teveth, *Ben-Gurion and the Palestinian Arabs* (Oxford and New York: Oxford University Press, 1985), pp. 5, 6, 37, 47–55, 75–81.

31 Ibid., chs 5, 6, and 7.

32 Ibid.

33 Ibid., pp. 55–6; Joseph B. Schechtman, *Fighter and Prophet: The Vladimir Jabotinsky Story, the Last Years* (New York: Thomas Yoseloff, 1961), p. 324.

34 Gilbert, *Churchill: Companion Volume*, Vol. 4, Part 3, p. 2125.

59 联盟分崩离析

1 Walter Goerlitz, *History of the German General Staff: 1657–1945*, trans. by Brian Battershaw (New York: Praeger, 1953), pp. 231. et seq.

2 Salahi Ramsdan Sonyel, *Turkish Diplomacy, 1918–1923: Mustafa Kemal and the Turkish National Movement* (London and Beverly Hills: SAGE Publications, 1975), p. 83.

3 Ibid., p. 87.

4 Denis Mack Smith, *Mussolini* (New York: Vintage Books, 1983), p. 33.

5 Ibid.

6 Ibid., p. 43.

7 William Stivers, *Supremacy and Oil: Iraq, Turkey, and the Anglo-American World Order, 1918–1930* (Ithaca and London: Cornell University Press, 1982), p. 111.

8 Ibid., pp. 195–9.

9 Laurence Evans, *United States Policy and the Partition of Turkey, 1914–1924* (Baltimore: The Johns Hopkins University Press, 1965), p. 300.

10 Ibid., p. 303.

11 H. V. F. Winstone, *The Illicit Adventure* (London: Jonathan Cape, 1982), p. 348.

12 Stivers, *Supremacy and Oil*, p. 127.

13 Ibid., p. 123, n. 36.

14 Ibid., p. 126.

15 Ibid., p. 89.

16 Ibid., p. 90.

17 Sonyel, *Turkish Diplomacy*, p. 138.

18 Ibid., p. 139; Roderic H. Davison, "Turkish Diplomacy from Mudros to Lausanne," in Gordon A. Craig and Felix Gilbert (eds), *The Diplomats, 1919–1939* (Princeton: Princeton University Press, 1953), p. 193.

19 Martin Gilbert, *Winston S. Churchill: Companion Volume*, Vol. 4, Part 3: *April 1921–*

November 1922 (Boston: Houghton Mifflin, 1978), p. 1656.

20 Harold Nicolson, *Diplomacy*, 3rd edn (New York: Oxford University Press, 1964), p. 135.

21 Gilbert, *Churchill: Companion Volume*, pp. 1656–1657.

60 希腊悲剧

1 Stephen Roskill, *Hankey: Man of Secrets*, Vol. 2: *1919–1931* (London: Collins, 1972), p. 199.

2 Arnold J. Toynbee, *The Western Question in Greece and Turkey*, reprint of 2nd edn (New York: Howard Fertig, 1970), p. 247.

3 Michael Llewellyn Smith, *Ionian Vision: Greece in Asia Minor, 1919–1922* (New York: St Martin's Press, 1973), p. 203.

4 Ibid., p. 226.

5 Ibid.

6 Lord Kinross, *Ataturk: A Biography of Mustafa Kemal, Father of Modern Turkey* (New York: William Morrow, 1965), p. 307.

7 Ibid., p. 309.

8 Smith, *Ionian Vision*, pp. 228–9.

9 Ibid., p. 237.

10 Ibid., p. 271.

11 Ibid., p. 273.

12 Salahi Ramsdan Sonyel, *Turkish Diplomacy, 1918–1923: Mustafa Kemal and the Turkish National Movement* (London and Beverly Hills: SAGE Publications, 1975), pp. 172–3.

13 *Lord Riddell's Intimate Diary of the Peace Conference and after: 1918–1923* (New York: Reynal & Hitchcock, 1934), p. 385.

14 Smith, *Ionian Vision*, p. 303.

15 Toynbee, *The Western Question*, p. 152.

16 Smith, *Ionian Vision*, p. 232.

17 Toynbee, *The Western Question*, pp. 315–17.

18 Marjorie Housepian, *Smyrna 1922: The Destruction of a City* (London: Faber, 1972), p. 166.

19 Kinross, Ataturk, p. 270; Stanford J. Shaw and Ezel Kural Shaw, *History of the Ottoman Empire and Modern Turkey*, Vol 2: *Reform, Revolution, and Republic: The Rise of Modern Turkey, 1808–1975* (Cambridge: Cambridge University Press, 1977), p. 363.

20 William White (ed.), *By-Line: Ernest Hemingway* (New York: Charles Scribner's Sons, 1967), p. 60.

21 Laurence Evans, *United States Policy and the Partition of Turkey, 1914–1924* (Baltimore: The Johns Hopkins University Press, 1965), pp. 374–5.

22 Ibid., p. 375.

23 Ibid., p. 344.

24 Ibid., pp. 373–4.

25 Martin Gilbert, *Winston S. Churchill: Companion Volume*, Vol. 4, Part 3: *April 1921–November 1922* (Boston: Houghton Mifflin, 1978), p. 1980.

26 Ibid.

27 Ibid., p. 1988.

28 W. K. Hancock, *Smuts: The Fields of Fire, 1919–1950* (Cambridge: Cambridge University Press, 1968), pp. 4–5.

29 Gilbert, *Churchill: Companion Volume*, pp. 1993–5.

30 Martin Gilbert, *Winston S. Churchill*, Vol. 4: *1916–1922, The Stricken World* (Boston: Houghton Mifflin, 1975), p. 829.

31 Ibid., p. 834.

32 John Campbell, *F. E. Smith: First Earl of Birkenhead* (London: Jonathan Cape, 1983), p. 606.

33 Smuts to Bonar Law. Hancock, *Smuts*, p. 130.

34 Campbell, *F. E. Smith*, p. 607.

35 Roskill, *Hankey*, Vol. 2, p. 293.

36 Robert Blake, "Baldwin and the Right," in *The Baldwin Age*, ed. by John Raymond (London: Eyre & Spottiswoode, 1960), pp. 37, 41.

37 Lord Beaverbrook, *The Decline and Fall of Lloyd George: And Great Was the Fall Thereof* (London: Collins, 1963), p. 171.

38 Riddell, *Intimate Diary*, pp. 388–9.

39 David Lloyd George, *Memoirs of the Peace Conference* (New Haven: Yale University Press, 1939), Vol. 2, p. 871.

40　Smith, *Ionian Vision*, pp. 326–8.

41　Robert Blake, *The Unknown Prime Minister: The Life and Times of Andrew Bonar Law, 1858–1923* (London: Eyre & Spottiswoode, 1955), pp. 447–8.

42　Minister of Agriculture, Arthur S. D. Griffith-Boscawen, quoted in Kenneth O. Morgan, *Consensus and Disunity: The Lloyd George Coalition Government, 1918–1922* (Oxford: Clarendon Press, 1979), p. 325.

43　A. J. P. Taylor, *Beaverbrook* (New York: Simon & Schuster, 1972), p. 197.

44　Gilbert, *Churchill: Companion Volume*, p. 2105.

45　Ibid., p. 2122.

46　Ibid., p. 2125.

47　Lloyd George, *Memoirs*, p. 872.

61　中东问题解决方案

1　Martin Gilbert, *Winston S. Churchill*, Vol. 4: *1916–1922, The Stricken World* (Boston: Houghton Mifflin, 1975), p. 892.

2　Martin Gilbert, *Winston S. Churchill: Companion Volume*, Vol. 5, Part 1: *The Exchequer Years, 1922–1929* (Boston: Houghton Mifflin, 1981), p. 236.

参考书目

这是我除了在致谢中注明的私人和官方的档案和收藏外的参考书目。它只包含出版物，并且仅限于我使用的那些：我在过程中参考的，特别是为了写这本书而参考的已出版的作品。因此，在我所列举的条目中，有整整一半出现在注释中；那些没有出现在注释中的，很多都出现在我早期的手稿笔记中。

这个书目并未囊括我所关注的主题——在欧洲世界政治的背景下看待现代中东的产生（1914—1922）——已出版的全部作品。这样一份参考书目，如果恰当地组织起来，本身就能构成一本书。它将包括大量相关的和有价值的作品，其中一些我读过，另一些没有，因为我在写这本书的时候没有机会翻阅或重新翻阅它们，所以它们没有出现在下面。

Abd Allah ibn Hussein, *Memoirs of King Abdullah of Transjordan*, ed. by Philip P. Graves (London: Jonathan Cape, 1950).

_____, *My Memoirs Completed "Al Takmilah,"* trans. by Harold W. Glidden (London and New York: Longman, 1978).

Abdullah, Muhammad Morsy, *The United Arab Emirates: A Modern History* (New York: Barnes & Noble, 1978).

Adelson, Roger, *Mark Sykes: Portrait of an Amateur* (London: Jonathan Cape, 1975).

Ahmad, Feroz, *The Young Turks: The Committee of Union and Progress in Turkish Politics, 1908–1914* (Oxford: Clarendon Press, 1969).

Ajami, Fouad, *The Vanished Imam: Musa al Sadr and the Shia of Lebanon* (Ithaca and London: Cornell University Press, 1986).

Allworth, Edward (ed.), *Central Asia: A Century of Russian Rule* (New York: Columbia University Press, 1967).

Amery, L. S., *The Leo Amery Diaries*, Vol. I, *1896–1919*, edited by John Barnes and

David Nicholson (London, Melbourne, Sydney, Auckland, and Johannesburg: Hutchinson, 1980).

_____, *My Political Life*, Vol. 2, *War and Peace: 1914–1929* (London: Hutchinson, 1953).

Anderson, M. S., *The Eastern Question, 1774–1923: A Study in International Relations* (London and Basingstoke: Macmillan Press, 1966).

Andrew, Christopher M., and Kanya-Forstner, A. S., *The Climax of French Imperial Expansion: 1914–1924* (Stanford: Standford University Press, 1981).

Antonius, George, *The Arab Awakening: The Story of the Arab National Movement* (New York: Capricorn Books, 1965).

Arslanian, Artin H., "Dunsterville's Adventures: A Reappraisal," *International Journal of Middle Eastern Studies* (1980).

Asquith, H. H., *Letters to Venetia Stanley*, ed. by Michael and Eleanor Brock (Oxford and New York: Oxford University Press, 1982).

Asquith, Margot, *The Autobiography*, ed. by Mark Bonham Carter (London: Methuen, 1985).

Baedeker, Karl, *Palestine and Syria: With Routes through Mesopotamia and Babylon and the Island of Cyprus: Handbook For Travellers*, 5th edn, remodelled and augmented (Leipzig: Karl Baedeker, 1912).

Bagehot, Walter, *The Collected Works*, Vol. 8 (London: The Economist, 1974).

Bailey, Lt.-Col. F. M., *Mission to Tashkent* (London: Jonathan Cape, 1946).

Baker, Leonard, *Brandeis and Frankfurter: A Dual Biography* (New York: Harper & Row, 1984).

Baker, Ray Stannard, *Woodrow Wilson, Life and Letters, Princeton, 1890–1910* (Garden City: Doubleday, Page, 1927).

_____, *Woodrow Wilson, Life and Letters, War Leader, April 6, 1917–February 28, 1918* (New York: Doubleday, Doran, 1939).

Beaverbrook, Lord, *The Decline and Fall of Lloyd George: And Great Was the Fall Thereof* (London: Collins, 1963).

_____, *Men and Power: 1917–1918* (London: Hutchinson, 1956).

_____, *Politicians and the War, 1914–1916* (London: Oldbourne Book Co., 1960).

Bein, Alex, *Theodore Herzl: A Biography*, trans. by Maurice Samuel (Philadelphia: The Jewish Publication Society of America, 1941).

Bell, Gertrude, *The Arab War: Confidential Information for General Headquarters from Gertrude Bell, Being Despatches Reprinted from the Secret "Arab Bulletin"* (Great Britain: The Golden Cockerell Press, n.d.).

Bidwell, Robin, *Travellers in Arabia* (London, New York, Sydney, and Toronto: Hamlyn, 1976).

Blake, Robert, *Disraeli* (New York: St Martin's Press, 1967).

_____, *The Unknown Prime Minister: The Life and Times of Andrew Bonar Law, 1858–1918* (London: Eyre & Spottiswoode, 1955).

Bodley, Ronald, and Hearst, Lorna, *Gertrude Bell* (New York: Macmillan, 1940).

Bonham Carter, Violet, *Winston Churchill as I Knew Him* (London: Eyre & Spottiswoode and Collins, 1965).

Bourne, Kenneth, *The Foreign Policy of Victorian England, 1830–1902* (Oxford: Clarendon Press, 1970).

_____, *Palmerston: The Early Years, 1784–1841* (New York: Macmillan, 1982).

Bourne, K. C., and Watt, D. C. (eds.), *Studies in International History* (London: Longman, 1967).

Braddon, Russell, *The Siege* (New York: Viking Press, 1969).

Brandeis, Louis D., *Letters of Louis D. Brandeis*, Vol. IV, *(1916–1921): Mr. Justice Brandeis*, ed. by Melvin I. Urofsky and David W. Levy (Albany: State University of New York Press, 1975).

Brémond, General Ed., *Le Hedjaz dans la guerre mondiale* (Paris: Payot, 1931).

Brockelmann, Carl, *History of the Islamic Peoples*, trans. by Joel Carmichael and Moshe Perlmann (New York: G. P. Putnam's Sons, 1947).

Brown, L. Carl, *International Politics and the Middle East: Old Rules, Dangerous Game* (Princeton: Princeton University Press, 1984).

Buchan, John, *Memory Hold-The-Door* (London: Hodder and Stoughton, 1940).

Bullard, Sir Reader, *Britain and the Middle East, from Earliest Times to 1963*, 3rd rev. edn (London: Hutchinson University Library, 1964).

Busch, Briton Cooper, *Britain, India, and the Arabs, 1914–1921* (Berkeley, Los Angeles, and London: University of California Press, 1971).

Bryant, Louise, *Mirrors of Moscow* (New York: T. Seltzer, 1923).

Cain, P. J., *Economic Foundations of British Overseas Expansion, 1815–1914* (London and Basingstoke: Macmillan, 1980).

Campbell, John, *F. E. Smith: First Earl of Birkenhead* (London: Jonathan Cape, 1983).

Caroe, Olaf, *Soviet Empire: The Turks of Central Asia and Stalinism*, 2nd edn (New York: St Martin's Press, 1967).

Carr, Edward Hallet, *The Bolshevik Revolution, 1917–1923*, Vol. 3 (Harmondsworth: Penguin Books, 1966).

_____, *The Russian Revolution: From Lenin To Stalin (1917–1929)* (London and Basingstoke: Macmillan, 1979).

Carrere d'Encausse, H., *Reforme et revolution chez les Musulmans de l'empire Russe, Bukhara 1867–1924* (Paris: Armand Colin, 1968).

Cassar, George H., *Kitchener: Architect of Victory* (London: William Kimber, 1977).

Cassels, Lavender, *The Struggle for the Ottoman Empire: 1717–1740* (New York: Thomas Y. Crowell, 1967).

Cecil, Algernon, *Queen Victoria and Her Prime Ministers* (London: Eyre & Spottiswoode, 1953).

Cecil, Lord Edward, *The Leisure of an Egyptian Official* (London: Hodder and Stoughton, 1921).

Cecil, Lady Gwendolen, *Life of Robert Marquis of Salisbury*, 4 Vols (London: Hodder and Stoughton, 1921–32).

Chirol, Sir Valentine, "The Downfall of the Khalifate," *Foreign Affairs* (15 June 1924).

_____, "Islam and Britain," *Foreign Affairs* (15 March 1923).

Churchill, Randolph S., *Winston S. Churchill*, Vol. 2, *1901–1914, Young Statesman* (Boston: Houghton Mifflin, 1967).

_____, Companion Vol. 2, Part 3, *1911–1914* (Boston: Houghton Mifflin, 1969).

Churchill, Winston S., *The Aftermath: Being a Sequel to the World Crisis* (London: Macmillan, 1941).

_____, *Great Contemporaries* (London and Glasgow: Fontana, 1959).

_____, *The World Crisis: 1911–1914,* 4 Vols (London: Thornton Butterworth, 1923–1927).

Clayton, G. D., *Britain and the Eastern Question: Missolonghi to Gallipoli* (London: University of London Press, 1971).

Coles, Paul, *The Ottoman Impact on Europe* (Harcourt, Brace & World, 1968).

Cooper, Duff, *Old Men Forget* (New York: E. P. Dutton, 1954).

Cottrell, Alvin J. (ed.), *The Persian Gulf States: A General Survey* (Baltimore and

London: The Johns Hopkins University Press, 1980).

Cottrell, P. L., *British Overseas Investment in the Nineteenth Century* (London and Basingstoke: Macmillan Press, 1975).

Craig, Gordon A., *Germany, 1866–1945* (New York: Oxford University Press, 1978).

Craig, Gordon A., and Gilbert, Felix (eds.), *The Diplomats* (Princeton: Princeton University Press, 1953).

Cruttwell, C. R. M. F., *A History of the Great War*, 2nd edn (Oxford: Clarendon Press, 1936).

Curzon, George N., *Persia and the Persian Question*, Vol. 1 (London: Frank Cass, 1966).

Darwin, John, *Britain, Egypt, and the Middle East: Imperial Policy in the Aftermath of War, 1918–1922* (New York: St Martin's Press, 1981).

Davis, H. W. C., "The Great Game in Asia: 1800–1814," *Raleigh Lecture on History* (London: British Academy, 1926).

Dawn, C. Ernest, *From Ottomanism to Arabism: Essays on the Origins of Arab Nationalism* (Urbana, Chicago, and London: University of Illinois Press, 1973).

de Chair, Somerset, *The Golden Carpet* (London: Golden Cockerell Press, 1943).

de Lange, Nicholas, *Atlas of the Jewish World* (New York: Facts on File, 1984).

Djemal Pasha, Ahmed, *Memories of a Turkish Statesman: 1913–1919* (New York: George H. Doran, 1922).

———, *La Verité Sur La Question Syrienne* (Stamboul: IVieme Armée, 1916).

Dockrill, Michael L., and Goold, J. Douglas, *Peace without Promise: Britain and the Peace Conferences, 1919–1923* (London: Batsford Academic and Educational, 1981).

Doughty, Charles M., *Travels in Arabia Deserta*, with an Introduction by T. E. Lawrence, 2 Vols (New York: Dover Publications, 1979).

Dugdale, Blanche E. C., *Arthur James Balfour*, 2 Vols (New York: G. P. Putman's Sons, 1937).

Dyer, Gwynne, "The Turkish Armistice of 1918," *Middle Eastern Studies* (May and October 1972)

Earle, Edward Meade (ed.), *Makers of Modern Strategy: Military Thought from Machiavelli to Hitler* (Princeton: Princeton University Press, 1943).

Elekdag, Sukru, "Armenians vs. Turks: The View from Istanbul," *Wall Street Journal*, 21 September 1983.

———, Letter to the Editor, *New York Times*, 11 May 1983.

Ellis, C. H., *The Transcaspian Episode: 1918–1919* (London: Hutchinson, 1963).

Emin, Ahmed, *Turkey in the World War* (New Haven: Yale University Press, 1930).

Encyclopaedia Britannica, 11th edn, s.v.

— "Arabs"

— "Constantinople"

— "Hejaz"

— "Jews"

— "Mecca"

— "Palestine"

— "Russia"

— "Syria"

— "Turkey"

Encyclopaedia Britannica, 12th edn, s.v.

— "Afghanistan"

— "Egypt"

— "Kitchener"

— "Turkey: Nationalist"

— "Turkish Campaigns"

— "World War"

Encyclopaedia Britannica, 14th edn, s.v.

— "Guerrilla"

— "Influenza"

Ensor, R. C. K., *England: 1870–1914* (Oxford: Clarendon Press, 1936).

Evans, Laurence, *United States Policy and the Partition Of Turkey, 1914–1924* (Baltimore: The Johns Hopkins University Press, 1965).

Eversley, Lord, *The Turkish Empire, from 1288 to 1914* (New York: Howard Fertig, 1969).

Farwell, Byron, *Queen Victoria's Little Wars* (New York: Harper & Row, 1972).

Fischer, Fritz, *Germany's Aims in the First World War* (New York: W. W. Norton, 1967).

FitzHerbert, Margaret, *The Man Who Was Greenmantle: A Biography of Aubrey Herbert* (London: John Murray, 1983).

Fitzpatrick, Sheila, *The Russian Revolution* (Oxford and New York: Oxford University Press, 1982).

Fraser, T. G., *The Middle East, 1914–1979* (London: Edward Arnold, 1980).

Friedman, Isaiah, *Germany, Turkey, and Zionism: 1897–1918* (Oxford: Clarendon Press, 1977).

_____, *The Question of Palestine, 1914–1918, British-Jewish-Arab Relations* (London: Routledge & Kegan Paul, 1973).

Fromkin, David, "The Great Game in Asia," *Foreign Affairs* (spring 1980).

_____, *The Independence of Nations* (New York: Praeger, 1981).

Fussell, Paul, *The Great War and Modern Memory* (New York and London: Oxford University Press, 1975).

Gelfand, Lawrence E., *The Inquiry: American Preparation for Peace, 1917–1919* (New Haven and London: Yale University Press, 1963).

Gellner, Ernest, *Muslim Society* (Cambridge, London, New York, New Rochelle, Melbourne, and Sydney: Cambridge University Press, 1981).

Gilbert, Martin, *Atlas of British History* (Dorset Press, 1984).

_____, *Atlas of the First World War* (Dorset Press, 1984).

_____, *Atlas of Jewish History* (Dorset Press, 1984).

_____, *Atlas of Russian History* (Dorset Press, 1984).

_____, *Jerusalem: Rebirth of a City* (New York: Viking, 1985).

_____, *Winston S. Churchill*, Vol. 3, *1914–1916, The Challenge of War* (Boston: Houghton Mifflin, 1971).

_____, Companion Vol. 3, Part 1, *July 1914–April 1915* (Boston: Houghton Mifflin, 1973).

_____, Companion Vol. 3, Part 2, *May 1915–December 1916* (Boston: Houghton Mifflin, 1973).

_____, *Winston S. Churchill*, Vol. 4, *1916–1922, The Stricken World* (Boston: Houghton Mifflin, 1975).

_____, Companion Vol. 4, Part 1, *January 1917–June 1919* (Boston: Houghton Mifflin, 1978).

_____, Companion Vol. 4, Part 2, *July 1919–March 1921* (Boston: Houghton Mifflin, 1978).

_____, Companion Vol. 4, Part 3, *April 1921–November 1922* (Boston: Houghton Mifflin, 1978).

_____, *Winston S. Churchill*, Vol. 5, *1922–1939, The Prophet of Truth* (Boston:

Houghton Mifflin, 1977).

_____, Companion Vol. 5, Part 1, *The Exchequer Years, 1922–1929* (Boston: Houghton Mifflin, 1981).

Gleason, John Howes, *The Genesis of Russophobia in Great Britain: A Study of the Interaction of Policy and Opinion* (Cambridge, Mass.: Harvard University Press, 1950).

Goerlitz, Walter, *History of the German General Staff: 1657–1945*, trans. by Brian Battershaw (New York: Praeger, 1953).

Gooch, G. P., and Temperley, Harold (eds.), *British Documents on the Origins of the War, 1898–1914*, 11 Vols in 13 (New York: Johnson reprint corp., 1967).

Grenville, J. A. S., *Lord Salisbury and Foreign Policy: the Close of the Nineteenth Century* (London: Athlone Press, 1964).

_____, *The Major International Treaties 1914–1973: A History and Guide with Texts* (New York: Stein and Day, 1975).

Grey of Falloden, Viscount, *Twenty-Five Years, 1892–1916* (London: Hodder & Stoughton, 1925).

Grigg, John, *Lloyd George*, 3 Vols to date (London: Eyre Methuen, 1973–78, and Methuen, 1985).

Grousset, Rene, *The Empire of the Steppes: A History of Central Asia*, translated by Naomi Walford (New Brunswick, New Jersey: Rutgers University Press, 1970).

Guedalla, Philip, *Men of Affairs* (London: Hodder and Stoughton, n.d.).

Hambis, Louis (ed.), *L'Asie Centrale: histoire et civilisation* (Paris: Collège de France, Imprimerie nationale, 1977).

Hamilton, Sir Ian, *Gallipoli Diary*, 2 Vols (London: Edward Arnold, 1920).

Hancock, W. K., *Smuts*, 2 Vols (Cambridge: Cambridge University Press, 1962–68).

Headrick, Daniel R., *The Tools of Empire: Technology and European Imperialism in the Nineteenth Century* (New York and Oxford: Oxford University Press, 1981).

Heathcote, T. A., *The Afghan Wars: 1839–1919* (London, Osprey, 1980).

Heller, Joseph, *British Policy Towards the Ottoman Empire, 1908–1914* (London: Frank Cass, 1983).

_____, "Sir Louis Mallet and the Ottoman Empire: The Road to War," *Middle Eastern Studies* (January 1976).

Helmreich, Paul C., *From Paris to Sèvres: The Partition of the Ottoman Empire at the*

Peace Conference of 1919–1920 (Columbus: Ohio State University Press, 1974).

Helms, Christine Moss, *The Cohesion of Saudi Arabia: Evolution of Political Identity* (Baltimore and London: The Johns Hopkins University Press, 1981).

Hemingway, Ernest, *By-Line: Ernest Hemingway*, ed. by William White (New York: Charles Scribner's Sons, 1967).

Henry, G. A., *With Kitchener In The Soudan: A Story of Atbara and Omdurman* (New York: Charles Scribner's Sons, 1902).

Herzl, Theodor, *A Jewish State: An Attempt at a Modern Solution of the Jewish Question*, revised by J. de Haas from the translation of Sylvie D'Avigdor (New York: Maccabaean Publishing, 1904).

Hess, Moses, *Rome and Jerusalem: A Study in Jewish Nationalism*, translated by Meyer Waxman (New York: Bloch Publishing, 1945).

Hill, Stephen, "Gertrude Bell (1968–1926): A selection from the photographic archive of an archaeologist and traveller" (Department of Archaeology, The University of Newcastle Upon Tyne, 1977).

Hinsley, F. H. (ed.), *British Foreign Policy under Sir Edward Grey* (Cambridge, New York, and Melbourne: Cambridge University Press, 1977).

Hirszowicz, L., "The Sultan and the Khedive, 1892–1908," *Middle Eastern Studies* (October 1972).

Holden, David, and Johns, Richard, *The House of Saud: The Rise and Fall of the Most Powerful Dynasty in the Arab World* (New York: Holt, Rinehart & Winston, 1981).

Hough, Richard, *The Great War at Sea: 1914–1918* (Oxford and New York: Oxford University Press, 1983).

Hourani, Albert, *The Emergence of the Modern Middle East* (Berkeley, Los Angeles, and London: University of California Press, 1981).

_____, *Europe and The Middle East* (Berkeley and Los Angeles: University of California Press, 1980).

_____, (ed.), *Middle Eastern Affairs: Number Four*, St Antony's Papers, no. 17 (London: Oxford University Press, 1965).

House, Edward Mandell, and Seymour, Charles (eds.), *What Really Happened at Paris: The Story of the Peace Conference, 1918–1919* (New York: Charles Scribner's Sons, 1921).

Housepian, Marjorie, *Smyrna 1922: The Destruction of a City* (London: Faber and Faber,

1972).

Hoving, Thomas, *Tutankhamun: The Untold Story* (New York: Simon and Schuster, 1978).

Howard, Harry N., *The Partition of Turkey: A Diplomatic History, 1913–1923* (New York: Howard Fertig, 1966).

_____, *Turkey, the Straits and U.S. Policy* (Baltimore and London: The Johns Hopkins University Press, 1974).

Hunt, Barry, and Preston, Adrian, *War Aims and Strategic Policy in the Great War, 1914–1918* (London: Croom Helm, and Totowa, N. J.: Rowman and Littlefield, 1977).

Hurewitz, J. C., *Diplomacy in the Near and Middle East: A Documentary Record: 1914–1956*, 2 Vols (Princeton, Toronto, London, and New York: D. Van Nostrand, 1956).

Hyde, H. Montgomery, *Carson* (Melbourne, London, and Toronto: William Heinemann, 1953).

Ingram, Edward, *The Beginnings of the Great Game in Asia, 1828–1834* (Oxford: Clarendon Press, 1979).

_____, *Commitment to Empire: Prophecies of the Great Game in Asia, 1797–1800* (Oxford: Clarendon Press, 1981).

Ingrams, Doreen (ed.), *Palestine Papers, 1917–1922, Seeds of Conflict* (London: John Murray, 1972).

Issawi, Charles, *The Economic History of Turkey: 1800–1914* (Chicago and London: University of Chicago Press, 1980).

Jabotinsky, Vladimir, *The Story of the Jewish Legion*, translated by Samuel Katz (New York: Bernard Ackerman, 1945).

Jenkins, Roy, *Asquith: Portrait of a Man and an Era* (New York: E. P. Dutton, 1966).

Jones, Thomas, *Lloyd George* (Cambridge, Mass.: Harvard University Press, 1951).

Kazemzadeh, Firuz, *The Struggle for Transcaucasia (1917–1921)* (New York: Philosophical Library, and Oxford: George Ronald, 1951).

Kedourie, Elie, *Arabic Political Memoirs and Other Studies* (London: Frank Cass, 1974).

_____, *The Chatham House Version and Other Middle-Eastern Studies* (London: Weidenfield and Nicolson, 1970).

_____, *The Chatham House Version and Other Middle-Eastern Studies*, New Edition (Hanover and London: University Press of New England, 1984).

_____, *England and the Middle East: The Destruction of the Ottoman Empire, 1914–*

1921 (Hassocks, Sussex: The Harvester Press, 1978).

_____, "From Clerk to Clerk: Writing Diplomatic History," *The American Scholar* (Autumn 1979).

_____, *In the Anglo-Arab Labyrinth: The McMahon-Husayn Correspondence and its Interpreters, 1914–1939* (Cambridge, London, New York, and Melbourne: Cambridge University Press, 1976).

_____, *Islam in the Modern World and Other Studies* (New York: Holt, Rinehart & Winston, 1981).

_____, "The Surrender of Medina, January 1919," *Middle Eastern Studies* (January 1977).

_____, (ed.), *The Jewish World: History and Culture of the Jewish People* (New York: Harry N. Abrams, 1979).

Keep, John L. H., *The Russian Revolution: A Study in Mass Mobilization* (London: Weidenfeld & Nicolson, 1976).

Kelly, J. B., *Arabia, the Gulf and the West* (New York: Basic Books, 1980).

Kennan, George F., *Soviet-American Relations, 1917–1920*, 2 Vols (Princeton: Princeton University Press, 1956–58).

Kennedy, A. L., *Salisbury 1830–1903: Portrait of a Statesman* (London: John Murray, 1953).

Kennedy, Paul, "A Historian of Imperial Decline Looks at America," *International Herald Tribune*, 3 November 1982.

_____, *The Realities Behind Diplomacy: Background Influences on British External Policy, 1865–1980* (Glasgow: Fontana, 1981).

_____, *The Rise of the Anglo-German Antagonism: 1860–1914* (London: George Allen & Unwin, 1980).

_____, *Strategy and Diplomacy 1870–1945: Eight Studies* (London: George Allen & Unwin, 1983).

Kent, Marian, *Oil and Empire: British Policy and Mesopotamian Oil, 1900–1920* (London and Basingstoke: Macmillan Press, 1976).

Kettle, Michael, *The Allies and the Russian Collapse, March 1917–March 1918* (London: André Deutsch, 1981).

Keynes, John Maynard, *The Economic Consequences of the Peace* (New York: Harcourt Brace & Howe, 1920).

_____, *Essays In Biography*, ed. by Geoffrey Keynes (New York: Horizon Press, 1951).

Khoury, Philip S., *Urban Notables and Arab Nationalism: The Politics of Damascus, 1860–1920* (Cambridge, London, New York, New Rochelle, Melbourne, and Sydney: Cambridge University Press, 1983).

Kinross, Lord, *Ataturk: A Biography of Mustafa Kemal, Father of Modern Turkey* (New York: William Morrow, 1965).

_____, *The Ottoman Centuries: The Rise and Fall of the Turkish Empire* (New York: Morrow Quill Paperbacks, 1977).

Klieman, Aaron S., *Foundations of British Policy in the Arab World: The Cairo Conference of 1921* (Baltimore and London: The Johns Hopkins University Press, 1970).

Knightley, Phillip, and Simpson, Colin, *The Secret Lives of Lawrence of Arabia* (London: Thomas Nelson & Sons, 1969).

Kraemer, Joel L. (ed.), *Jerusalem: Problems and Prospects* (New York: Praeger, 1980).

Langer, William L., *The Diplomacy of Imperialism, 1890–1902* (New York: Alfred A. Knopf, 1951).

_____, *European Alliances and Alignments, 1871–1890* (New York: Alfred A. Knopf, 1956).

Laqueur, Walter, *A History of Zionism* (New York, Chicago, and San Francisco: Holt, Rinehart & Winston, 1972).

Lawrence, A. W. (ed.), *T. E. Lawrence By His Friends* (London: Jonathan Cape, 1954).

Lawrence, T. E., *Evolution of a Revolt: Early Postwar Writings of T. E. Lawrence*, ed. by Stanley and Rodelle Weintraub (University Park and London: The Pennsylvania State University Press, 1968).

_____, *The Home Letters of T. E. Lawrence and His Brothers* (Oxford: Basil Blackwell, 1954).

_____, *The Letters of T. E. Lawrence*, edited by David Garnett (London and Toronto: Jonathan Cape, 1938).

_____, *Oriental Assembly*, edited by A. W. Lawrence (London: Williams and Norgate, 1939).

_____, *Secret Despatches from Arabia* by T. E. Lawrence (The Golden Cockerell Press, n.d.).

_____, *Seven Pillars of Wisdom: A Triumph* (Garden City: Doubleday, Doran, 1935).

_____, *T. E. Lawrence to His Biographers: Robert Graves and Liddell Hart,* 2 Vols (New York: Doubleday, Doran, 1938).

Leggett, George, *The Cheka: Lenin's Political Police* (Oxford: Clarendon Press, 1981).

Lenczowski, George, *The Middle East in World Affairs,* 4th edn (Ithaca and London: Cornell University Press, 1980).

Lesch, Ann Mosely, *Arab Politics in Palestine, 1917–1939: The Frustration of A Nationalist Movement* (Ithaca and London: Cornell University Press, 1979).

Leslie, Shane, *Mark Sykes: His Life and Letters* (London, New York, Toronto, and Melbourne: Cassell, 1923).

Lewin, Moshe, *Lenin's Last Struggle,* trans. by A. M. Sheridan Smith (New York and London: Monthly Review Press, 1968).

Lewis, Bernard, *The Arabs in History,* rev. edn (New York: Harper Torchbooks, 1967).

_____, *The Emergence of Modern Turkey,* 2nd edn (London, Oxford, and New York: Oxford University Press, 1968).

_____, *The Middle East and the West* (New York, Hagerstown, San Francisco, and London: Harper Torchbooks, 1966).

_____, (ed.), *Islam and the Arab World* (New York: Alfred A. Knopf, 1976).

Liddell Hart, B. H., *Strategy: The Indirect Approach* (New York: Frederick A. Praeger, 1954).

Liman von Sanders, Otto, *Five Years in Turkey* (Annapolis: The United States Naval Institute, 1927).

Link, Arthur S., *Wilson: Campaigns for Progressivism and Peace* (Princeton: Princeton University Press, 1965).

Lloyd George, David, *Memoirs of the Peace Conference,* 2 Vols (New Haven: Yale University Press, 1939).

_____, *War Memoirs,* 6 Vols (Boston: Little, Brown, 1933–37).

Lockhart, R. H. Bruce, *The Two Revolutions: An Eye-Witness Study of Russia, 1917* (London: Phoenix House, 1957).

Lowe, C. J., and Dockrill, M. L., *The Mirage of Power,* 3 Vols (London and Boston: Routledge & Kegan Paul, 1972).

Mack, John E., *A Prince of Our Disorder: The Life of T. E. Lawrence* (Boston and Toronto: Little, Brown, 1976).

MacKenzie, Compton, *Gallipoli Memories* (Garden City: Doubleday, Doran, 1930).

_____, *Greek Memories* (University Publications of America, 1987).

_____, *My Life and Times, Octave Five, 1915–1923* (London: Chatto & Windus, 1966).

MacKinder, Sir Halford J., *The Scope and Methods of Geography, and the Geographical Pivot of History* (London: Royal Geographical Society, 1951).

Maclean, Fitzroy, *A Person from England, and Other Travellers* (London: Jonathan Cape, 1958).

_____, *To the Back of Beyond* (London: Jonathan Cape, 1974).

Magnus, Philip, *Kitchener: Portrait of an Imperalist* (Harmondsworth: Penguin, 1968).

Manchester, William, *The Last Lion: Winston Spencer Churchill, Visions of Glory, 1874–1932* (Boston and Toronto: Little, Brown, 1983).

Marder, Arthur, J., *From the Dreadnought to Scapa Flow: The Royal Navy in the Fisher Era, 1904–1919*, Vol. 5, *Victory and Aftermath, January 1918–June 1919* (London: Oxford University Press, 1970).

Mason, Alpheus Thomas, *Brandeis: A Free Man's Life* (New York: Viking Press, 1946).

Massey, W. T., *Allenby's Final Triumph* (New York: E. P. Dutton, 1920).

May, Ernest R. (ed.), *Knowing One's Enemies: Intelligence Assessment Before the Two World Wars* (Princeton: Princeton University Press, 1984).

Mayer, Arno J., *Politics and Diplomacy of Peacemaking: Containment and Counterrevolution at Versailles, 1918–1919* (New York: Alfred A. Knopf, 1967).

McNeill, William H., *Plagues and Peoples* (Garden City: Doubleday, Anchor Books, 1976).

Meinertzhagen, Colonel R., *Middle East Diary, 1917–1956* (London: The Cresset Press, 1959).

Mejcher, Helmut, "Oil and British Policy Towards Mesopotamia," *Middle Eastern Studies* (October 1972).

Monroe, Elizabeth, *Britain's Moment in the Middle East: 1914–1971*, rev. edn (Baltimore: The Johns Hopkins University Press, 1981).

Moorehead, Alan, *Gallipoli* (New York: Ballantine Books, 1956).

Morgan, Gerald, *Anglo-Russian Rivalry in Central Asia: 1810–1895* (London: Frank Cass, 1981).

Morgan, Kenneth O., *Consensus and Disunity: The Lloyd George Coalition Government, 1918–1922* (Oxford: Clarendon Press, 1979).

_____, *Lloyd George* (London: Weidenfeld & Nicolson, 1974).

Morgan, Kenneth, and Morgan, Jane, *Portrait of a Progressive: The Political Career of Christopher, Viscount Addison* (Oxford: Clarendon Press, 1980).

Morgan, Ted, *Churchill: Young Man in a Hurry, 1874–1915* (New York: Simon & Schuster, 1982).

Morison, J.L., "From Alexander to Burns to Frederick Roberts: A Survey of Imperial Frontier Policy," *Raleigh Lecture on History* (London: British Academy, 1936).

Morris, James, *Farewell the Trumpets: An Imperial Retreat* (New York and London: Harcourt Brace Jovanovich, 1978).

Mosley, Leonard, *Power Play: Oil in the Middle East* (New York: Random House, 1973).

Mousa, Suleiman, "A Matter of Principle: King Hussein of the Hijaz and the Arabs of Palestine," *International Journal of Middle Eastern Studies* (1978).

_____, *T. E. Lawrence: An Arab View* (London, New York, and Toronto: Oxford University Press, 1966).

Mowat, Charles Loch, *Britain Between the Wars, 1918–1940* (London: Methuen University Paperback, 1968).

Namier, L. B., *Avenues of History* (London: Hamish Hamilton, 1952).

Nevakivi, Jukka, *Britain, France and the Arab Middle East, 1914–1920* (London: The Athlone Press, 1969).

Nicholson, Harold, *Curzon: The Last Phase, 1919–1925* (Boston and New York: Houghton Mifflin, 1934).

_____, *Diplomacy*, 3rd edn (New York: Oxford University Press, A Galaxy Book, 1964).

Nordau, Max, *Max Nordau to His People: A Summons and Challenge* (New York: Scopus Publishing, 1941).

Norris, J. A., *The First Afghan War 1838–1842* (Cambridge: Cambridge University Press, 1967).

Nove, Alec, *An Economic History of the U.S.S.R.* (Harmondsworth: Penguin Books, 1982).

O'Brien, Terence H., *Milner* (London: Constable, 1979).

Pakenham, Thomas, *The Boer War* (New York: Random House, 1979).

Parrish, Michael E., *Felix Frankfurter and His Time—The Reform Years* (New York: Free Press, and London: Collier Macmillan, 1982).

Pinsker, Leo, *Road to Freedom: Writings and Addresses* (New York: Scopus Publishing, 1944).

Pipes, Richard, *The Formation of the Soviet Union, Communism and Nationalism, 1917–1923*, rev. edn (Cambridge, Mass.: Harvard University Press, 1964).

Porath, Y., *The Emergence of the Palestinian-Arab National Movement, 1918–1929* (London: Frank Cass, 1974).

Poullada, Leon B., *Reform and Rebellion in Afghanistan, 1919–1929: King Amanullah's Failure to Modernize a Tribal Society* (Ithaca and London: Cornell University Press, 1973).

Presland, John (pseudonym for Gladys Skelton), *Deedes Bey: A Study of Sir Wyndham Deedes, 1883–1923* (London: Macmillan, 1942).

Rabinowitz, Ezekiel, *Justice Louis D. Brandeis: The Zionist Chapter of His Life* (New York: Philosophical Library, 1968).

Ramsaur, Jr., Ernest Edmondson, *The Young Turks: Prelude to the Revolution of 1908* (Princeton: Princeton University Press, 1957).

Raymond, John (ed.), *The Baldwin Age* (London: Eyre & Spottiswoode, 1960).

Riddell, Lord, *Intimate Diary of the Peace Conference and after, 1918–1923* (New York: Reynal & Hitchcock, 1934).

_____, *The Riddell Diaries: 1908–1923*, edited by J. M. McEwen (London and Atlantic Highlands: The Athlone Press, 1986).

_____, *War Diary, 1914–1918* (London: Ivor Nicholson & Watson, 1933).

Ridley, Jasper, *Lord Palmerston* (London: Panther, 1972).

Robinson, Francis, *Atlas of the Islamic World since 1500* (New York: Facts on File, 1982).

Ro'i, Yaacov, "The Zionist Attitude to the Arabs 1908–1914," *Middle Eastern Studies* (April 1968).

Rose, Kenneth, *The Later Cecils* (New York, Evanston, San Francisco, and London: Harper & Row, 1975).

Rose, Norman, *Vansittart: Study of a Diplomat* (London: Heinemann, 1978).

Roskill, Stephen, *Hankey: Man of Secrets*, 2 Vols (London: Collins, 1970–72).

Round Table, *The Ottoman Domination* (London: T. Fisher Unwin, 1917).

Royle, Trevor, *The Kitchener Enigma* (London: Michael Joseph, 1985).

Sachar, Howard M., *The Emergence of the Middle East: 1914–1924* (New York: Alfred A. Knopf, 1969).

_____, *A History of Israel: From the Rise of Zionism to Our Time* (New York: Alfred A. Knopf, 1976).

Said, Edward W., *Orientalism* (New York: Vintage Books, 1971).

Sanders, Ronald, *The High Walls of Jerusalem: A History of the Balfour Declaration and the Birth of the British Mandate for Palestine* (New York: Holt, Rinehart & Winston, 1983).

Schapiro, Leonard, *The Russian Revolutions of 1917: The Origins of Modern Communism* (New York: Basic Books, 1984).

Schechtman, Joseph B., *The Vladimir Jabotinsky Story*, 2 Vols (New York: Thomas Yoseloff, 1956–61).

Schuyler, Eugene, *Turkistan: Notes of a Journey in Russian Turkistan, Kokand, Bukhara and Kuldja*, edited by Geoffrey Wheeler (New York and Washington: Frederick A. Praeger, 1966).

Searight, Sarah, *The British in The Middle East* (New York: Atheneum, 1970).

Seton-Watson, Hugh, *The Russian Empire, 1801–1917* (Oxford: Clarendon Press, 1967).

Seymour, Charles, *The Intimate Papers of Colonel House*, Vol. 3 (Boston and New York: Houghton Mifflin, 1928).

Shaw, Bernard, *Flyleaves*, edited by Dan H. Laurence and Daniel J. Leary (Austin: W. Thomas Taylor, 1977).

Shaw, Stanford J., "The Ottoman Census System and Population 1831–1914," *International Journal of Middle East Studies* (August 1978).

Shaw, Stanford J., and Shaw, Ezel Kural, *History of the Ottoman Empire and Modern Turkey*, Vol. 2, *Reform, Revolution, and Republic: The Rise of Modern Turkey, 1808–1975* (Cambridge, London, New York, and Melbourne: Cambridge University Press, 1977).

Shotwell, James D., *The Great Decision* (New York: Macmillan, 1944).

Smith, Denis Mack, *Mussolini* (New York: Vintage Books, 1983).

Smith, Michael Llewellyn, *Ionian Vision: Greece in Asia Minor, 1919–1922* (New York: St Martin's Press, 1973).

Smuts, J. C., *Selections from the Smuts Papers*, Vols. 3–4, edited by W. K. Hancock and Jean Van Der Poel (Cambridge: Cambridge University Press, 1966).

———, *Selections from the Smuts Papers*, Vol. 5, edited by Jean Van Der Poel (Cambridge: Cambridge University Press, 1973).

Sonyel, Salahi Ramsdan, *Turkish Diplomacy, 1918–1923: Mustafa Kemal and the Turkish National Movement* (London and Beverly Hills: SAGE Publications, 1975).

Stanwood, Frederick, *War, Revolution & British Imperialism in Central Asia* (London: Ithaca Press, 1983).

Stavrianos, L. S., *The Balkans since 1453* (New York: Rinehart, 1958).

Steadman, John M., *The Myth of Asia* (New York: Simon and Schuster, 1969).

Steel, Ronald, *Walter Lippmann and the American Century* (Boston and Toronto: Little, Brown, 1980).

Steevens, G. W., *With Kitchener to Khartum* (New York: Dodd, Mead, 1900).

Stein, Kenneth W., *The Land Question in Palestine, 1917–1939* (Chapel Hill and London: The University of North Carolina Press, 1984).

Stein, Leonard, *The Balfour Declaration* (London: Valentine Mitchell, 1961).

Steiner, Zara S., *Britain and the Origins of the First World War* (London and Basingstoke: Macmillan, 1970).

Stevenson, Frances, *Lloyd George: A Diary,* ed. by A. J. P. Taylor (New York, Evanston, San Francisco, and London: Harper & Row, 1971).

Stewart, Desmond, *T. E. Lawrence* (New York, Hagerstown, San Francisco, and London: Harper & Row, 1977).

Stivers, William, *Supremacy and Oil: Iraq, Turkey, and the Anglo-American World Order, 1918–1930* (Ithaca and London: Cornell University Press, 1982).

Stone, Norman, *The Eastern Front, 1914–1917* (London, Sydney, Auckland, and Toronto: Holder & Stoughton, 1975).

_____, *Europe Transformed, 1878–1919* (Fontana, 1983).

Storrs, Sir Ronald, *The Memoirs of Sir Ronald Storrs* (New York: G. P. Putnam's Sons, 1937).

Swanson, Glen W., "Enver Pasha: the Formative Years," *Middle Eastern Studies* (October 1980).

Swinson, Arthur, *North-West Frontier: People and Events, 1839–1947*(London: Hutchinson, 1967).

Sykes, Christopher, *Crossroads to Israel: 1917–1948* (Bloomington and London: Indiana University Press, 1973).

_____, *Two Studies in Virtue* (London: Collins, 1953).

Sykes, Sir Mark, *The Caliphs' Last Heritage: A Short History of the Turkish Empire* (London: Macmillan, 1915).

Tabacknick, Stephen E., and Matheson, Christopher, *Images of Lawrence* (London:

Jonathan Cape, 1988).

Taylor, A. J. P., *Beaverbrook* (New York: Simon & Schuster, 1972).

_____, *English History, 1914–1945* (Oxford: Clarendon Press, 1965).

_____, *Englishmen and Others* (London: Hamish Hamilton, 1956).

_____, *The First World War: An Illustrated History* (London: Hamish Hamilton, 1963).

_____, *From Saravejo to Potsdam* (Harcourt, Brace & World, 1966).

_____, *How Wars Begin* (London: Hamish Hamilton, 1979).

_____, *How Wars End* (London: Hamish Hamilton, 1985).

_____, *The Last of Old Europe: A Grand Tour* (London: Sidgwick & Jackson, 1976).

_____, *Politics in Wartime and Other Essays* (London: Hamish Hamilton, 1964).

_____, *Revolutions and Revolutionaries* (London: Hamish Hamilton, 1980).

_____, *The Struggle for Mastery in Europe, 1848–1918* (Oxford: Clarendon Press, 1954).

_____, *The War Lords* (London: Hamish Hamilton, 1977).

_____, (ed.), *Lloyd George: Twelve Essays* (New York: Atheneum, 1971).

_____, (ed.), *My Darling Pussy: The Letters of Lloyd George and Frances Stevenson, 1913–1941* (London: Weidenfeld and Nicolson, 1975).

Taylor, Robert, *Lord Salisbury* (London: Allen Lane, 1975).

Temperley, Harold, *The Foreign Policy of Canning 1822–1827: England, the NeoHoly Alliance, and the New World*, 2nd edn (Hamden, Connecticut: Archon, 1966).

_____, (ed.), *A History Of The Peace Conference Of Paris*, 6 Vols (London: Henry Froude and Hodder & Stoughton, 1920–24).

Temperley, Harold, and Penson, Lillian M. (eds.), *Foundations of British Foreign Policy From Pitt (1792) to Salisbury (1902)* (New York: Barnes & Noble, 1966).

Teveth, Shabtai, *Ben-Gurion and the Palestinian Arabs* (Oxford and New York: Oxford University Press, 1985).

Thomas, Lowell, *With Lawrence in Arabia* (New York and London: The Century Co., 1924).

Tidrick, Kathryn, *Heart-beguiling Araby* (Cambridge, London, New York, New Rochelle, Melbourne, and Sydney: Cambridge University Press, 1981).

Townshend, Charles, "Civilization and 'Frightfulness': Air Control in the Middle East Between the Wars," in Chris Wrigley, (ed.), *Warfare Diplomacy and Politics: Essays in Honour of A. J. P. Taylor* (London: Hamish Hamilton, 1986).

Townshend, Charles Vere Ferres, *My Campaign* (New York: James A. McCann, 1920).

Toynbee, Arnold J., *The Western Question in Greece and Turkey*, reprint of 2nd edn (1923) (New York: Howard Fertig, 1970).

Troeller, Gary, *The Birth of Saudi Arabia: Britain and the Rise of the House of Sa'ud* (London: Frank Cass, 1976).

Trumpener, Ulrich, *Germany and the Ottoman Empire: 1914–1918* (Princeton: Princeton University Press, 1968).

Tuchman, Barbara W., *Bible and Sword: England and Palestine from the Bronze Age to Balfour* (New York: Funk & Wagnalls, 1956).

_____, *The Guns of August* (New York: Dell, 1962).

_____, *The Zimmerman Telegram* (New York: Bantam Books, 1971).

Ullman, Richard H., *Anglo-Soviet Relations, 1917–1921*, 3 Vols (Princeton: Princeton University Press, 1961–72).

U.S. State Department, *Papers Relating to the Foreign Relations of the United States: The Paris Peace Conference 1919*, 13 Vols (Washington: Government Printing Office, 1942–47).

Vansittart, Lord, *The Mist Procession* (London: Hutchinson, 1958).

Varé, Daniele, *Laughing Diplomat* (London: John Murray, 1938).

Vatikiotis, P. J., *The History of Egypt*, 2nd edn (Baltimore: The Johns Hopkins University Press, 1980).

Vereté, Mayir, "The Balfour Declaration and its Makers," *Middle Eastern Studies* (January 1970).

_____, "Kitchener, Grey and the Question of Palestine in 1915–1916: A Note," *Middle Eastern Studies* (May 1973).

Warner, Philip, *Kitchener: The Man Behind the Legend* (London: Hamish Hamilton, 1985).

Watson, David Robin, *Georges Clemenceau: A Political Biography* (London: Eyre Methuen, 1974).

Weber, Frank G., *Eagles on the Crescent: Germany, Austria, and the Diplomacy of the Turkish Alliance, 1914–1918* (Ithaca and London: Cornell University Press, 1970).

Webster, Sir Charles, *The Foreign Policy of Palmerston, 1830–1841, Britain, The Liberal Movement and the Eastern Question*, 2 Vols (New York: Humanities Press, 1969).

Weizmann, Chaim, *The Letters and Papers of Chaim Weizmann*, Vol. 8, series A,

November 1917–October 1918, edited by Dvorah Barzilay and Barnet Litvinoff (Jerusalem: Israel University Press, 1977).

_____, *Trial and Error: The Autobiography of Chaim Weizman* (New York: Harper & Brothers, 1949).

Whiting, Allen S., *Soviet Policy in China, 1912–1924* (Stanford University Press Paperback Reprint, 1968).

Wilson, Edmund, *To the Finland Station: A Study in the Writing and Acting of History* (Garden City: Doubleday, Anchor Books, 1953).

Wilson, J. M., "Sense and Nonsense in the Biography of T. E. Lawrence," *T. E. Lawrence Studies* (spring 1976).

Wilson, Trevor, *The Myriad Faces of War: Britain and the Great War, 1914–1918* (Cambridge: Polity Press, 1986).

Wilson, Woodrow, *The Papers of Woodrow Wilson*, edited by Arthur S. Link et al., Vol. 41, *January 24–April 6, 1917* (Princeton: Princeton University Press, 1983).

Winstone, H. V. F., *Captain Shakespear* (London: Jonathan Cape, 1976).

_____, *Gertrude Bell* (London: Jonathan Cape, 1978).

_____, *The Illicit Adventure* (London: Jonathan Cape, 1982).

_____, *Leachman: 'OC Desert'* (London, Melbourne, and New York: Quartet Books, 1982).

_____ (ed.), *The Diaries of Parker Pasha* (London, Melbourne, and New York: Quartet Books, 1983).

Wolfe, Bertram D., *Three Who Made a Revolution: A Biographical History*, 4th rev. edn (New York: Dell Publishing, Delta Books, 1964).

Wolfers, Arnold, *Britain and France Between Two Wars* (New York: W. W. Norton, 1966).

Woodward, E. L., and Butler, Rohan, *Documents On British Foreign Policy, 1919–1939*, First Series, Vols 1–24 (London: His Majesty's Stationery Office, 1947; Her Majesty's Stationery Office, 1983).

Woolley, C. Leonard, and Lawrence, T. E., *The Wilderness of Zin* (Archaeological Report) (London: Palestine Exploration Fund, 1914).

Wrench, John Evelyn, *Geoffrey Dawson and Our Times* (London: Hutchinson, 1955).

Young, Sir Hubert, *The Independent Arab* (London: John Murray, 1933).

Zeine, Zeine N., *The Emergence of Arab Nationalism with a Background Study of Arab-Turkish Relations in the Near East* (Beirut: Khayats, 1966).

Zeldin, Theodore, *France, 1848–1945,* 2 Vols (Oxford: Clarendon Press, 1973–77).

Zeman, Z. A. B., and Scharlau, W. B., *The Merchant of Revolution: The Life of Alexander Israel Helphand (Parvus), 1867–1924* (London: Oxford University Press, 1965).

Zeman, Z. A. B. (ed.), *Germany and the Revolution in Russia, 1915–1918* (London: Oxford University Press, 1958).

Zurcher, Erik Jan, *The Unionist Factor: The Role of the Committee of Union and Progress in the Turkish National Movement ,1905–1926* (Leiden: E. J. Brill, 1984).